선·진·대·한·민·국·의·조·건

사회적 경제

All rights reserved.
All the contents in this book are protected by copyright law.
Unlawful use and copy of these are strictly prohibited.
Any of questions regarding above matter, need to contact 나녹那碌.

이 책에 수록된 모든 콘텐츠는 저작권법에 의해 보호받는 저작물이므로 무단전재와 무단복제를 금합니다.
나녹那碌 (nanoky@naver.com)으로 문의하기 바랍니다.

펴낸 곳 | 나녹那碌
펴낸이 | 형난옥
지은이 | 조재석
기획 | 형난옥
편집 | 김보미
디자인 | 김용아
초판 1쇄 인쇄 | 2020년 9월 10일
초판 1쇄 발행 | 2020년 9월 20일
등록일 | 제 300-2009-69호 2009. 06. 12
주소 | 서울시 종로구 평창 21길 60번지
전화 | 02- 395- 1598 팩스 | 02- 391- 1598

ISBN 978-89-94940-98-4 (93320)

이 도서의 국립중앙도서관 출판예정도서목록(CIP)은 서지정보유통지원시스템 홈페이지(http://seoji.nl.go.kr)와
국가자료종합목록 구축시스템(http://kolis-net.nl.go.kr)에서 이용하실 수 있습니다. (CIP제어번호 : CIP2020036644)

선·진·대·한·민·국·의·조·건

시　　　민　　　의

사회적
경제

시　　　민　에　의　한

시　　　민　을　위　한

조재석 지음

나녹
那碌

차례

책머리에 7

I 자본주의

1. 자본주의 탄생과 전개　19
2. 사회적경제 사상의 진화　28
3. 시장경제와 세계화 정책　55
4. 시장경제의 한계와 사회문제　71

II. 사회적경제

1. 사회적경제의 이해　133
2. 사회적경제의 경제학적 토양　160
3. 사회적경제와 거버넌스　214
4. 기업의 사회적 책임CSR　228
5. 사회적 가치와 평가　239

III. 사회적 기업

1. 사회적 기업의 이해　267
2. 사회적 기업과 사회혁신　274
3. 사회적 기업의 인증절차와 요건　280
4. 사회적 기업의 정부정책　286
5. 사회적 기업의 사례와 핵심가치　315

Ⅳ. 협동조합

1. 협동조합의 탄생과 원리 357
2. 협동조합의 선구자들 364
3. 협동조합의 발전과 전개 383
4. 협동조합 비즈니스 해외사례 406
5. 우리나라 협동조합의 기원과 운영 423

Ⅴ. 마을기업

1. 마을기업의 이해 441
2. 마을기업의 정부지원 447
3. 마을과 지역화폐 455
4. 마을기업의 혁신 사례 470

Ⅵ. 자활기업

1. 자활사업 483
2. 자활기업의 정부정책 491

참고자료 및 출처 506
찾아보기 513

책머리에

> 모든 학문과 기술의 궁극적 목표는 선善이다. 모든 학문과 기술의 으뜸인 정치의 선은 정의다. 정의는 특정한 사물을 평등한 사람들에게 평등하게 분배하는 것이다.
> – 아리스토텔레스

정치와 경제가 모든 사람을 위한 연민과 관용과 정의를 잊어버릴 때 가장 취약한 사람이 먼저 고통받는다. 어렵게 쌓은 민주주의도 모래 위의 성처럼 허망하게 무너질 수 있다. 21세기 시민으로서 옳고 그름을 판단할 수 있는 능력을 갖는 것은 책임이고 의무이며 권리이다. 공동체에 무엇을 재료로 안녕과 행복, 공정, 공공선의 삶에 대한 소명의식을 갖게 할 것인지 생각해야 한다. '사회적경제'는 수많은 사람의 삶의 궤적이면서 앎이 수렴되는 장소이고, 낯선 자를 환영하는 의지이다. 우리 생활 가까이에 있어야 하는 사회적 규범을 회복하여 다른 사람들의 목소리에 귀기울이고 끌어안는 너그러움과 사람을 향한 사랑이다. 신자유주의 시장경제로 파편화된 사람들의 절박한 필요를 성취할 수 있는 비전이고, 보편적 관심을 실현시킬 수 있는 선물이며, 뒤틀어진 역사의 물줄기를 바로 잡을 수 있는 비전이다.

근·현대 자본주의를 탄생시킨 것은 16세기 종교개혁에 의한 자율성의 윤리, 17세기 과학혁명, 18세기 영국을 시작으로 하는 산업혁명과 민주주의를 갈망한 프랑스의 정치적 시민혁명이었다. 산업혁명 이후 20세기 말까지 세계 경제를 주름잡은 곳은 영국과 미국을 중심으로 한 서양이었다. 지구촌을 기존의 체제와 완전히 다른 경제체제로 바꾸어 놓았고, 전례 없는 성장을 구가했으며, 수많은 사람의 경제행위를 자율적인 삶의 영역으로 통합해 내는 성과도 거두었다. 하지만 계산적이고, 이기적이며, 도덕적 감정이 없는 '경제적 인간'을 창출하여 행동을 지배한다는 가정을 일반화하는 오류를 범했다. 자본주의는 인류를 자유와 민주주의의 세상으로 초대하면서 봉건사회 예속으로부터 해방시켜 주는 듯했으나 역사의 전면에 등장하면서 한쪽은 민주주의를 이용해 더 많은 것을 얻으려 했고, 다른 한쪽은 부의 과도한 불평등이 민주주의를 파괴한다고 걱정했다. '경쟁'은 새로운 기술과 생산을 이끄는 수단으로 균형을 이루게 하는 것이었지만 주로 상대를 이기는 목적으로 사용되었다. 부富는 생산적 수단으로 사용되지 못하고 더 많은 돈을 벌어들이기 위한 수단으로 이용되면서 공적가치에서 멀어져 사회문제를 증폭시켰다. 자본이 노동을 고용하는 주인이 되면서 환경파괴, 폭정, 가난, 질병, 전쟁 등 자유와 평등을 파괴하거나 괴멸시켰다. 발전의 중추적 역할을 담당한 기업은 사회의 통제를 넘어 권력으로 등장하면서 불평등의 창조자가 되었다. 결국, 자본주의는 잘못된 가치관을 전사회적으로 전개하면서 공동체를 갈등의 무대로 비화시켜 '문명화된 야만'이라는 비판을 들어야 했다. 자본주의의 '경제활동의 자유', '사적이익의 추구', '사유재산권 보호' 등의 제도적 원칙에 대해 의문을 가질 수밖에 없었다.

   자본주의가 도래하기 전에는 인간 삶을 위한 '생산'과 '소비'는 삶의 모든 영역과 통합되어 있었다. 수학적 측정이 가능한 수준으로의 역할에 머물러야 했던 '경제학'은 이를 분리하여 학문의 영역으로 축소했을 뿐만 아니라 인류의 경제행위를 도덕적 제약과 사회적 구조로부터 결별시켰다. 삶의 본질은 왜곡되고 가치는 훼손되었다. 인간은 사리사욕만으로 경제행위를 하는 것도 아니고, 모든 것에 대한 상거래를 허용하지도 않았으며, 보상을 극대화하는 로봇도 아니다. 인간의 경제행위의 본질은 '개인의 사적 이윤추구'('보이지 않는 손', 경제시스템이 효과적으로 작동할 수 있도록 하지만 탐욕은 아님)와 '선악의 보이는 손'의 행위이기 때문이다. 역사는 편협한 사적 이윤추구가 바람직한 결과를 가져다주지 못할 때 공공의 이익을 가져다

줄 수 있는 사회적 규범이 필요하다는 것을 각인시켰고, 사회성을 담보하지 않은 경제는 공동체를 파괴할 수 있다는 것을 입증해 왔다. 윤리의식이나 도덕성, 사회발전과 지속성, 상호성이 위태로울 때 공동체를 위한 교육과 사회적 자본을 창출하기 위한 '보이는 손'의 시장개입은 정당할 뿐만 아니라 절실하다.

지난 두 세기 동안 지구촌은 권력과 부, 이기적 특성이 맹위를 떨친 시대였다. 신뢰와 호혜의 가치를 쑥대밭으로 만들었고, 공존의 가치를 전멸시켰다. 자본주의 '시장경제'는 모든 존재에 대해 화폐가치를 부여했고, 그것을 이상적인 것으로 간주했다. 인간 삶의 모든 것에 잘못된 경제적 사고방식을 적용하도록 강제하였다. 타인의 궁핍을 전제하거나 고통을 수반하는 사이비 경제운용방식으로 소수에게 부를 몰아주었다. 갈수록 깊어지는 필요의 욕구와 소외는 물질적 조건과 소유로 극복되거나 충족되는 것은 아니다. 이성적이지도 않고 이상적이지도 않은 혼돈의 질서로 위험을 포함할 뿐만 아니라 위험을 공유하는 시스템이다. 양심을 가진 인간의 가능성에 대한 지독한 모독이고, 지구촌에서 살아가는 모든 것에 대한 비극적 공멸을 암시하기도 한다. 다행히 20세기 후반 한국, 중국, 인도 등 아시아 국가들이 식민지로부터 탈피하고, 이식된 자본주의를 성공시키면서 '시장경제'와 '계획경제'의 혼합 가능성을 열었다. 효율성과 형평성의 양립 가능성, 경제주체들의 협동과 연대, 인적·물적 자원의 생산적 이용을 목표로 하는 공공정책의 유인 등으로 세계 경제 정책에 새로운 교훈을 주었다. 이들 국가와 유럽국가들 사이의 전통적, 경제적, 정치적, 문화적 다양성은 이기심을 기초로 하는 '경제적 인간'에 대한 가정에 문제가 있고, 재고의 여지가 있음을 증명했다.

경제이론은 여타의 사회과학과 함께 우리 사회를 이해하는 데 도움을 줄 수 있는 지식의 총체이다. 경제라는 도구가 요리하는 칼이 될지 사람을 죽이는 칼이 될지 정하는 것은 인간행동과 사회운동에 대한 통찰에서

비롯된다. 경제학은 다른 누구의 효용을 감소시키지 않으면서 자신의 효용을 증가시킬 방안을 찾고자 노력해 왔다. 효율도 중시하고, 형평의 가치도 중요하게 생각하는 부의 축적과 인간의 숨결에 관한 학문이다. 정치경제학은 인간과 기업의 경제행위에 대해 실증적·규범적 분석과 접근으로 사회적 통제의 필요성을 부각시켰다. 애덤 스미스는 『국부론』에서 보호무역으로 시장을 독점하여 돈을 번 상인들의 부를 나누자고 주장했고, 카를 마르크스는 『자본론』에서 생산수단을 평등하게 분배하여 공유하고 부르주아의 부를 나누자고 한다. 케인스는 유효수요를 창출할 수 있는 중산층을 늘리자는 복지모델을 주장했다. 이들은 모두 '경제학의 궁극적 목적은 분배'라고 생각했다. 대한민국은 지난 70년 동안 250배 성장하는 기염을 토했다. '이식된 자본주의가 성공한 세계 최초의 국가'가 되어 선진국 반열에 올랐지만 빈부격차가 심화되고, 삶의 질은 경제성장률을 따라가지 못했다. 부의 불평등이 정치적 민주주의마저 훼손하고 삶의 최고 가치인 '가능성의 평등'조차 놓치는 우를 범하면서 널리 세상을 이롭게 하는 홍익인간의 건국이념마저 의심케 하였다. 부의 불평등 심화는 현대 경제구조의 중대한 결점이며, 대부분의 사회문제는 사회구조의 심각한 모순으로부터 연유한다. 자본주의가 임계점에 도달하면서 경제학에 지배적인 학파가 없고, 다양한 이론과 접근법이 경합을 벌이고 있다. 보수적·반민주적·권위적 권력과 아집, 반사회적 탐욕의 덩어리를 벗겨내어 경제를 인간화하면 우리는 또 다시 기회를 맞이할 수 있다. 이데올로기적 적대는 지구상에서 폐기되어야 할 유물이다. 서로 다른 마음이 세상의 공기를 마실 때 새로운 세상을 열 수 있다. 어떤 철학과 사상을 가지고 무엇을 무기로 하여 새로운 세상을 빚어 낼 것인지 우리는 지금 경계에 서 있다. 사회발전과 역사의 진보를 믿고 현존하는 질서를 극복할 수 있는 대안을 찾아 구성원 모두가 역사의 물줄기에 자정을 공급하는 동력이 되어야 한다.

'사회적경제'는 경제를 사회로부터 분리된 차원으로 이해하는 주류경제학자들의 편협한 생각에 반발하여 탄생했다. 경제에서 유리된 사회적 가치를 되찾기 위한 역사적 투쟁이다. 경제적 이익을 극대화하는 시장경제와 다르게 시장에 사회적 규범이 통용되도록 하고, 자본주의가 발전하면서 야기한 경제적 불평등과 환경오염 등의 사회문제를 해결하기 위해 등장했다. 우리가 살아가는 방식의 경제와 경제행위에 대해 새로운 가치를 부여하고 전통적 규범을 적용하며 효율만이 아니라 형평의 가치를 중시한다. 자본주의에 대해 민주주의가 우선해야 한다는 사람중시 사상이다. 인간과 시장 그리고 기업을 이기심과 이타심으로 분리하는 것이 아니라, '사회성'과 '상호성'을 경제생활의 중심에 놓고 시민복지 모델을 구축하여 '공공의 행복'을 확대하도록 한다. 공동체로부터 배제된 욕구와 생산능력을 이어주고, 사람은 돈으로만 움직이는 존재가 아니라는 사회적 동기로 공동체산업을 조직하여 운영한다. '나'로 사는 것으로부터 '우리(공동체)'로 사는 사람으로 행동양식과 삶의 방식이 변하는 것이다. 시민의 시민에 의한 시민을 위한 경제이다.

협동조합의 선구자 로버트 오웬, 다원적 발전모델을 제시한 칼 폴라니 같은 사상가들은 "사람은 진리를 통해 자유로워지고, '공동체적 사회'를 건설함으로써 영원히 행복할 수 있다."고 생각했다. 공동체 정신은 수천 년 이어온 경제를 움직이는 핵심 동력이었다. 다수의 권익을 위한 공공선의 사회공동체로 나아가야 한다. 협동조합 운영 방식은 삶에 대한 인류의 전망을 지켜내고 밝게 했으며, 자본의 모순과 구조에 대해 사회적 역할과 공공의 기능을 대신했다. 협동조합에서 공통의 과제는 창의력을 이끌어내고, 혁신의 에너지를 발휘할 수 있도록 했다. 새로운 질서를 가능케 하는 사회지성의 집합체이고, 사회발전과 역사의 진보이며, 부당과 불편을 극복할 수 있는 사회정의 실현의 보루이다. 자본주의가 토해낸 불의, 불편, 부당을 극복하기 위한 대안운동으로서의 성과도 무시할 수 없다. 하지만, 사회적경제는 전통적·학술적·본질적 측면에서 보면 개념이 명확하게 잡히지 않았고, 내용 체계도 확실하게 구축되지 않아 보편적 기업 가치로서의 인식도 덜 되어 있고, 일부에서는 사회주의 덫을 씌우기도 한다. 걷잡을 수 없는 티핑 포인트를 맞이한 세계 경제에서 사회적경제의 확산은 고맙고 반가운 일이지만 세상을 빚어내는 이데올로기가 빈약하고, 지적·정신적 철학과 사상으로 무장하여 밀고 가는 인재는 희박하다. 스스로 새로움을 느끼고 필요로 하지 않는 한, 갈망하지 않는 한, 자신의 책임과 의무가 되지 않는 한, 인간미 넘치는 사회공동체는 요원하다. 선과 악을 가르는 경계가 우리의 심장을 가로질러 더 나은 사회로 진화해야 하는데 보수는 꿈이 없고, 진보는 품이 없다. 전체주의 사회에서는 갈등이 추방되지만 민주주의에서의 공적 갈등은 불가피하고 권장된다. 생태계 파괴와 경제적 불평등에 의한 사회적 불균형은 어쩔 수 없는 상황이 아니다. 이러한 난제들을 공적인 장場에서 논의할 수 있어야 민주사회이다. 인간적인 경제방식에 대한 알레르기 반응은 분단국가의 한계이겠지만 이제라도 '사회적인 삶'을 이해해야 하고, 이해를 공유해야 한다. 협력이란 행동하는 힘들의 상호작용이다. 꽃과 곤충도 협력하고, 밤하늘에 빛나는 달빛마저 협동의 산물이며, 우주만물이 모두 협력한다.

 정부는 시민으로부터 부여받은 권력의 힘으로 자원을 배분하고, 시장은 가격에 따라 자원을 배분하면서 필요의 욕구를 충족시킨다. 정부의 '보이는 손'의 균형과 시장의 '보이지 않는 손'의 효율로 자원을 배분하는데 이 둘 중 어느 한쪽만으로만 운영되는 경제체제는 예외 없이 문제를 발생시켰다. 소수가 다수의 재산, 돈, 노동, 삶의 통치권을 장악하는 것은 불의하기 때문에 정부라는 조직화된 권력에 기대는 것이다. 시장은 가격의 기능을 통해 개별 경제주체의 이익을 충족시킨다. 정부는 국민의 보편적 이익을 충족시키기 위해 권력을 수단화한다. 일반적으로 정부는 부담은 능력에 따라, 혜택은 필요에 따라 받게 하는데 실제 현장에서는 '부담'과 '혜택'이 일치하지 않기도 한다. 시장은 경제주체가 얻게 되는 편익을 고려하여 비용을 결정하고, 정부는 능력에 따른 부담으로 편익 보편화의 원칙을 고수한다. 민주주의는 다수결의 원칙과 같은 정치적인 원리가 아니라 한 집단 내 다른 구성원의 관심사를 인정하고 상호작용하는 사회적 습관을 의미하는데 인간과 사회는 결과가 아니라 과정과 노력으로 발전해 왔다. 민주주의가 잘 작동되면 훨씬 더 평등하고 더 많은 소득을 창출했으며 재분배했다.

자연은 인간의 확장성에 취약한 듯 보이지만 그대로 되갚아 주는 원칙주의자이다. '자비도 없고, 용서도 없다!' 자연을 정복했다는 인간이 누릴 수 있는 혜택이 점점 축소되어 현대사의 불의와 불합리, 역사의 왜곡과 질곡의 잔해가 지구촌 곳곳에 상흔으로 남았다. 중국 우한시에서 발생한 바이러스성 호흡기 질환, '코로나바이러스감염증-19(COVID-19)'가 2020년 지구촌을 혼돈의 도가니로 몰아넣었다. '코로나19' 사태는 "지구를 숙주로 살아가는 인간이 자연생태계마저 자본주의적 생산양식으로 변화시키면서 효율성은 강조하고 다양성은 배제한 문명의 이기가 원인이다", "이윤을 목적으로 효율을 선택한 자본주의의 공업화된 농업이 낳은 필연적 결과이다", "이윤율 하락과 그에 따른 공공의 생산적 투자 부족에 기인한다", "자기중심의 신자유주의 정책을 추진해 온 결과 계급에 따른 건강 불평등 때문이다." 등 많은 의견이 제기되었다. 요약하면, '코로나19' 사태는 '효율과 성장을 핵심으로 하는 자본주의적 이윤추구 방식과 인간중심의 사고와 생활방식에 경종을 울린 것이므로 그에 대한 반성과 새로운 생산양식으로의 대전환이 필요하다.'는 의견에 대체적으로 공감하는 분위기이다. 코로나19 사태는 바이러스 박멸을 위한 백신 개발로 끝나는 것이 아니고, 천문학적인 슈퍼 경기부양 정책으로 원상복구되는 것도 아니다. 효율과 성장을 핵심으로 하는 자본주의적 이윤추구 방식에 대한 반성과 새로운 생산양식으로의 대전환을 인간에게 요구하는 것이다. 동식물 집단을 건강하게 유지할 수 있는 유일한 방법은 '종의 다양성 유지'에 있다.

지속적인 자연생태계의 경고메시지에 어떻게 대응할 것인지 선택은 인류의 몫이다. '코로나19' 사태로 촉발된 글로벌 슬럼프를 타개할 수 있는 새로운 경제학이 필요한데, 그 대안으로 '사회적경제'를 제안한다. 사회적경제는 내가 꽃을 피우고 열매 맺는 것이 아니라 기름지지 못하고 메마른 대지가 필요로 하는 물과 햇빛 그리고 영양분을 공급하는 것이다. 구성원의 참여와 실천의 열정이 대한민국을 진정한 복지국가로 끌어올릴 것이다.

경제학에서는 생산을 통해 부가가치를 만들어내는 행위를 투자라고 하고, 거래에 의해 양도 이윤을 챙기는 행위를 투기라고 한다. 자본의 이윤 동기가 경제현실을 지배하면 노름판의 생리와 같은 투기가 된다. 이 책은 정치, 경제, 문화, 환경의 충격만이 아니라 우리가 성공했다고 자부하는 가치관에 대전환을 요구하고 있다. 자본에 굴종당하는 현대경제사에 배반과 야만의 역사를 헐어낼 수 있는 새로운 경제 양식이 필요하고, 올바른 자본과 정직한 노동의 대가로 만들어지는 '국민경제'의 건설을 꿈꾼다. 사상의 해방을 통해 구성원의 능력을 극대화시킬 수 있고, 윤리적 인간들이 모여 도덕적 집단행위를 할 수 있어야 정의로운 사회라고 믿고 있다. 사회적경제는 옳고 그름을 판단하고 대의를 위해 다름을 헤아리고 보듬는 자유롭고, 정의로우며, 민주적인 경제이다. 스스로 존엄한 존재임을 자각하면서 공동체에 대한 도덕적이고 윤리적인 책임과 의무는 이타주의로 나타나는데 경제적·사회적 측면에서 공정성과 공평성을 목표로 한다. 대한민국 근·현대사에는 역사 앞에 기억해 내고 용서하고 묻어야 하는 망각의 강이 흐른다. 피맺힌 역사가 다시 엉기지 않도록 뒤엉킨 역사의 실타래를 잘 풀어야 하는데 그것이 과업이고 숙명이라고 생각하고 있다. 운 좋게도 김수행, 정운영 교수라는 좋은 스승을 만나 '상호적 인간'을 핵심으로 하는 '사회적경제'를 이해할 수 있었고, 새로운 영역을 개척할 수 있었다. 출판사 '나녹'의 형난옥 대표로부터 "당신 안에 책이 있으니 책을 써라, 우리나라에 새로운 경제학이 필요하다."라는 이야기를 듣게 되면서 시작한 연구와 책 쓰기가 일정한 성과를 거두었다. 3년 전 출간한 『응답하라 사회적경제』(2017, 나녹)는 "자본주의 사회문제를 파헤치고, 사회적경제의 척박한 토양 위에 자양분을 제공했다."는 평가를 받았다. "사회적경제 교과서"라는 좋은 평판을 얻었으니 보잘것없는 가문의 무한한 영광이다.

사회적경제의 대지로 안내하는 시간은 실패에 대한 기억을 회한으로 남기고 싶지 않은 스스로에 대한 위로와 격려의 시간이기도 했다. 사회적경제가 현 정부의 핵심정책이 되다 보니 수요가 많아 최신의 통계자료를 쓰고, 바뀐 정부정책을 넣어 새 책을 내게 되었다. 대학, 언론, 정부기관, 사회적경제 기업, 전국의 시민단체 등에서 강의, 강연한 자료를 모아 정리했고, 사회적경제의 경제학적 개념을 더욱 풍부하게 구축하여 '이념과 사상의 결핍', '과잉실천'의 불균형을 바로잡고 새로운 비전을 세우고자 했다. 시대적 흐름과 요청에 따라 독자들이 사회적경제 기업을 창업·경영하는 데 꼭 알아야 할 '철학과 사상', '운영원리', '정부정책과 지원제도', '사회적 가치 평가' 등을 쉽게 이해할 수 있도록 했다. 지식과 정보의 4차 산업혁명 시대에 공생, 공존, 공유, '더불어 행복한 세상'을 목전에 둔 선진 대한민국의 내일을 여는 길동무가 되길 바란다.

최종원고를 교정·교열해준 고려대학교 박사과정 전세훈 군, 대학에서 강의할 수 있도록 길을 열어 준 대구한의대학교 양희용 실장, 언제나 비단결 같은 마음을 주시는 ㈔한국여성언론협회 박영숙 총재님, 부족한 강의에도 좋은 평가를 해 준 대구한의대학교, 숙명여자대학교 학생들에게 감사한다. 밤하늘 달을 보고 기도해 주시는 어머니 김우배 여사, 불확실한 미래를 참고 기다려준 두 아들에게 고맙다. 이 책은 아내의 경제적 도움과 인내 없이 세상에 나올 수 없었다. 암으로 투병중인 아내의 건강을 기원하며 이 책을 바친다.

2020년 8월 15일
지은이 조재석

I
자본주의

자본주의 탄생과 전개

사회·경제사상의 진화

시장경제와 세계화정책

시장경제의 한계와 사회문제

영화「기생충」(2019)이 지닌 기본적인 가치는 빈부격차에 대한 저항이다. 시대 문제를 지적하고 갈등 요인을 파헤친다는 점에서 고전적이며 보편적이다. 가진 자와 덜 가진 자, 풍요로움과 빈곤이라는 극과 극의 삶을 살고 있는 두 가족이 빚어내는 충격과 서스펜스는 전 세계가 직면한 극심한 빈부격차를 겨냥한다. 봉준호 감독의 「기생충」은 지금 여기에서 살고 있지만 삶은 너무나도 달라서 일상에서 만날 일도 엮일 일도 없어 보이지만 예측 불가능한 만남이 진행되면서 각박한 삶을 가로지르는 코미디 같은 스토리가 파문을 일으키고 슬픈 공감대를 자아낸다. 영화「기생충」이 전하는 메시지는 "우리 같이 잘살면 안 될까요?"의 '공생'이다. 황금종려상, 아카데미상 등 국제적 영화상을 휩쓸면서 견고한 '부', '백인', '남성' 등 주류의 가치관에 균열을 내고, '주류'가 변하고 있다는 현실을 세계에 각인시켰다.

1 자본주의 탄생과 전개

18세기 후반 영국에서 시작된 기술 혁신과 이에 수반하여 일어난 사회·경제구조상의 변혁을 산업혁명이라고 한다. 이 무렵 영국의 인구는 600~700만 명이었다. 그중 100~200만 명은 극빈자라 할 만큼 경제적으로 어려웠다. 이 심각한 상황을 타개하기 위해서는 귀족뿐 아니라 모든 사람의 욕구를 충족시킬 만한 생산이 필요했다. 대중의 욕구를 충족시켜 줄 '대량생산'이 새로운 사회 자본주의를 탄생시키는 원동력이 된 것이다. 영국 직물산업의 발달과 성장에 의해 주도된 산업혁명은 1740년 세계 최초로 방적기가 발명된 이래 1764년 '제니방적기'의 개량, 1765년 제임스 와트의 '증기기관' 발명으로 생산양식에 대변혁을 가져왔다. 자본주의는 시민혁명을 통한 개인주의와 자유주의 사상과 철학이 이러한 산업혁명의 생산성 확대와 결합되어 탄생했다. 경제 주체들의 자유로운 경제활동, 생산수단의 소유, 시장에 의한 가격 결정은 자본주의 경제 질서를 유지·발전시키며 250년간 지구촌을 호령하게 했다.

산업혁명의 대량생산 양식은 제철업, 석탄산업, 기계공업으로 확대되고 연쇄반응을 일으키면서 급속도로 확산되었다. 증기기관의 역동성과 박진감을 탑재한 산업혁명은 기술혁신에 의한 새로운 발명품을 쏟아내면서 사람들의 생활방식을 엄청나게 변화시켰다. 기계와 분업과 속도의 혁명이었다.

기계를 활용하면 더 빠르고 더 좋은 성과를 낼 수 있었으며 예전보다 생산비용이 비교할 수 없을 만큼 적게 들었다. 기계는 잠잘 필요도 없었고, 먹지도 않았으며, 휴식을 필요로 하지 않았다. 기계가 모든 것을 처리할 수 있어 사람이 덜 필요했을 뿐 아니라 여자나 어린아이여도 괜찮았다.

공장주 입장에서는 직공들에게 편안한 안식과 행복한 삶을 약속하지 않아도 좋았다. 생산 결과에 대한 모든 것을 자신이 취할 수 있었다. 노동자들에게 임금을 가장 적게 주는 악덕 공장주가 시장에서 상품을 가장 싸게 팔 수 있어 큰 성공을 거두는 기이한 현상이 벌어졌다. 자본과 임금노동자라는 계급적 이해의 적대관계를 전 사회적 자본주의 양식과 방식으로 이동하는 새로운 역사적 계기가 완성되고 있었다. 이즈음 공장이나 기계처럼 사람 운명을 좌우할 힘을 갖는 생산수단은 '공동 소유'가 되어야 한다고 주장한 사람이 있었으니 그가 바로 사회주의자 '카를 마르크스'이다.

한편, 프랑스 왕정은 사치스러운 생활과 전쟁으로 재정적 어려움에 처했는데 이것이 원인이 되어 1789년 혁명이 일어났다. "모든 인간은 이성적인 존재로서 법 앞에 평등하며 동등한 대우를 받아야 한다."는 자유의식에 고취된 평민들이 봉기하면서 절대왕정 체제를 전복시켰다. 누구나

자본주의 전개 과정

상업자본 발달(12c~16c)
· 상품생산이 아닌 유통이나 고리대금업의 비생산적 이윤 추구

산업자본주의(16c~19c)
· 상품생산에 의한 부가가치 창출, 이윤 추구(시민 · 산업혁명, 철학 사상 뒷받침)

독점자본주의(19c~20c)
· 거대기업의 시장지배력 행사, 제국주의 정책에 영향, 자본의 집중, 실업

수정자본주의(20c 초, 중) /한국이 세계 시장에 편입
· 세계 대공황을 계기로 정부가 시장원리를 바탕으로 자유시장에 개입

신자유주의(20c말) /한국은 박정희 정권(1960~1970년대)에서 계획경제, 보호무역
· 70년대 오일쇼크 스태그플레이션(경기침체, 물가상승) 현상, 작은정부론 정책

신자유주의와 위기
· 2008년 말 미국발 금융위기를 기점으로 정부의 역할 강조 ⇒ 사회적경제

관직에 오를 수 있고 모든 사람이 동일한 의무와 인권을 가지도록 했다. 이와 때를 같이하여 역사에 등장한 계층이 있었는데 이름하여 '자본가 계급'이다. 프랑스 시민혁명은 유럽과 세계사에서 정치권력이 왕족과 귀족으로부터 자본가 계급으로 옮겨지는 전혀 새로운 시대를 연 전환점이 되었다. 국가체제가 바뀌면서 민주주의 발전에 크게 기여했고 주변 피지배 민족의 자유와 독립 의지를 고취시켰다.

16~18세기 유럽의 절대군주, 경제관료, 무역상들은 한 국가의 국부國富는 그 국가가 보유한 금, 은 등 귀금속의 양에 달려 있다고 생각했다. 세계 부의 총량은 고정되어 있고 국제교역으로 무역흑자를 보는 나라가 있으면 적자를 보는 나라가 있다는 '제로섬 게임'으로 이해했다. 이러한 생각은 훗날 애덤 스미스 등 고전파 경제학자들이 주장한 '무역은 제로섬 게임이 아니라 윈-윈 게임'이라는 역설에 공격당하면서 쇠퇴한다. 중상주의자들은 흑자를 내기 위해서는 국가가 앞장서서 자국의 제조업과 상업을 육성할 필요가 있다고 생각했다. 무역에서 선택받은 제조업자와 무역업자는 국가로부터 독점권, 보조금 등의 특혜를 받았고, 특혜에 대한 답례는 절대군주의 위상을 강화하는 데 사용되었다. 이들이 추구한 국가의 부는 일반 국민의 부가 아니라 소수에 의한 부의 축적이었다. 무역흑자에 혈안이 된 중상주의자들이 발견해 낸 주요 상품 중의 하나가 '식민지 개척'이었고, 원주민들의 '노예화'였다.

15세기 후반, 이탈리아의 항구 도시 제노바에 터무니없는 꿈에 부풀어 있던 콜럼버스가 에스파냐의 이사벨라 여왕의 도움으로 아메리카 대륙을 발견하면서 유럽에는 금과 은이 갑자기 쏟아져 들어와 화폐가치가 떨어지고 물가가 오르는 가격 혁명이 일어났다. 이를 계기로 기업의 경영자나 상인은 장사를 하여 큰 이윤을 남길 수 있었다. 늘어난 이윤을 통해 자본을 축적하고 경영 규모를 확대해 근대 자본주의의 발판을 마련했다. 유럽의 상업 규모와 영역이 확대되어 경제 중심지가 지중해에서 대서양으로 바뀌면서 상업혁명이 일어나 유럽의 상권은 세계적인 규모로 성장했다. 이즈음 은행이 발달하여 어음제도, 신용과 지불 의무에 필요한 환전상이 나타났다. 1600년경 해외무역 등의 자금을 확보하기 위해 회사의 자본을 구성하는 주식을 발행하고, 이를 거래하는 증권거래소가 나타났으며, 자본과 경영이 분리된 주식회사가 만들어지기도 했다.

프랑스의 루이 14세(1643~1715년 재위)는 백성들이 굶주림에 허덕이는 것을 막고 세금을 잘 거두기 위해 경제 발전을 위한 '중상주의'의 보호주의 무역정책을 펼쳤다. 중상주의는 수입을 억제하고 수출을 늘려 국내 산업을 보호하는 한편, 원료를 구하고 국내 제품을 수출하기 위하여, 식민지 개척에 힘쓴 경제 정책이다. 당시 프랑스 재무장관 장 바티스트 콜베르(1619~1683)는 국가를 "최대의 이익을 내기 위해 노력하는 큰 기업"이라고 생각하고, 인구증가 정책, 물류 개선, 공장 건설, 상품의 품질을 개선하였다. 자국 산업은 보호하고, 수입품에 대해서는 높은 관세를 매기는 보호무역 정책을 썼다. 프랑스 경제학자 케네(1694~1774)는 농업을 생산과 부의 원천으로 보는 중농주의를 주장했다. 그는 경제활동을 하는 여러 집단 간의 관계를 정리한 '경제표'를 만들었는데 첫째, 왕, 성직자, 귀족처럼 땅을 가진 계급, 둘째, 수공업자나 공장 노동자, 셋째, 농부, 소작농으로 분류하고 '순수한 생산품'이 농부로부터 나온다고 생각하면서 농부를 '생산 계급'이

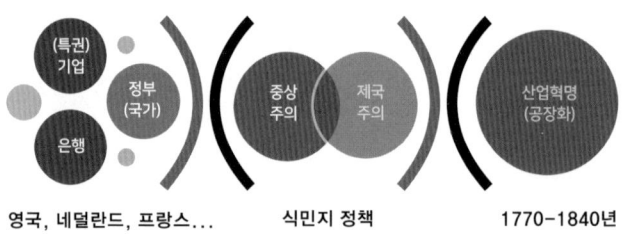

1차 산업혁명의 태동

라 불렀다.

산업혁명과 시민혁명에 의해 중세봉건사회가 해체된 후 민주주의와 자본주의 그리고 개인주의를 바탕으로 성립된 사회와 기계문명은 '산업자본주의'를 탄생시켰다. 산업혁명의 가장 큰 특징은 농업과 가내 수공업에서 공장제 공업으로의 변화이다. 인류를 농업사회에서 산업사회로 변화시켰으며, 공업 제품을 생산하는 공장이 가치 창출의 중심 무대로 서게 되었다. 이제 인류는 역사 이래 최대의 환경문제, 사회문제를 일으키는 변화와 발전을 경험하게 된 것이다. 농업사회에서 공업화의 산업사회로 전환하면서 인구는 도시로 밀려들었다. 일부 지역은 80년 동안 열 배가 될 만큼 폭발적으로 늘어났다. 돈의 수요가 늘고 부가 몰리면서 자본가라는 새로운 계급이 탄생했다. 공장에서의 분업은 생산성을 향상시키고 생산량을 증가시켰다. 생산수단으로부터 분리되어 자신의 노동력을 팔아야 하는 임금노동자라는 계급도 탄생했다. 이들은 18세기 말에서 19세기 초, 근대 자본주의가 확립되는 과정에서 지역공동체로부터 유리된 농민들인데 도시 하층 노동자로 전락하였다.

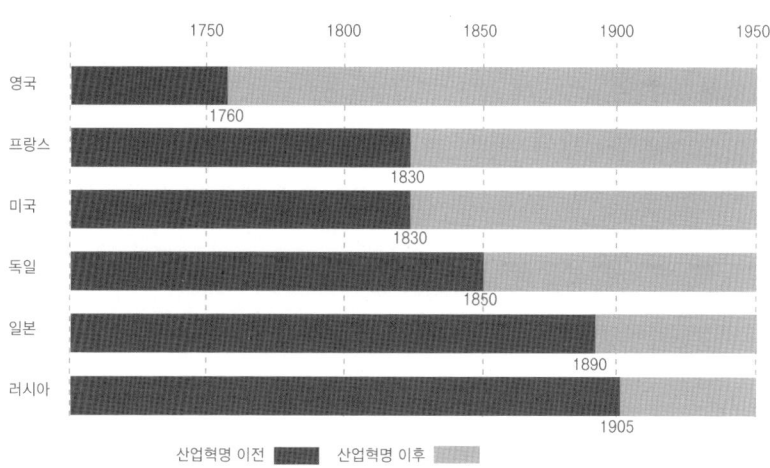

각국의 산업혁명 시기

15세기 이전까지 영국은 세계 경제를 이끌어 가는 패권국가가 아니라 변방에 불과했던 못 사는 국가였다. 하지만 모직물 제조업에 대한 보호정책을 펴 지원금 제도를 늘리고, 글로벌 리더를 자부하면서 식민지배를 확장했다. 지방분권적 중세 봉건사회로부터 중앙집권적 통일국가와 절대군주제로 전환했다. 1700~1800년대 영국은 고도의 보호무역 국가였기 때문에 원재료는 수입하고, 자국의 제조업은 보호하면서 공산물 수출을 장려하는 경제정책을 펼쳐 세계경제를 이끌었다. 경제학자 애덤 스미스는 『국부론』(1776)에서 '보이지 않는 손'을 이야기하면서 자유무역을 주창하였지만 이 시기의 영국은 이미 세계 최고의 경제국가 지위에 있었다. 자유무역이 모든 국가에 이익이 된다고 주장했지만 자국의 경제논리에 따라 장기간 지속되어 온 높은 관세 장벽 뒤에 숨어 경쟁력을 갖추었다. 국제적으로 높은 기술적 우위를 획득하고 나서야 자유무역을 채택했던 것이다.

  산업혁명 이후 원료를 구하거나 대량 생산된 제품을 팔 시장을 필요로 하던 서양 열강들이 아시아와 아프리카를 식민지화함으로써 제국주의를 탄생시켰다. 19세기 말부터 시작된 '제국주의'는 군사적, 경제적으로 후진 민족을 침략, 정복하여 큰 나라를 건설하려는 침략주의 정책이다. 자본주의 세계열강들과 식민지, 독점 자본가와 노동자 계급의 극한 대립과 모순을 극대화하는 특징을 가진다. 1875년 무렵부터 시작된 유럽 제국주의에 동참하여 식민지를 만든 국가들은 영국, 프랑스, 네덜란드, 독일, 이탈리아, 벨기에, 에스파냐(스페인), 포르투갈 등인데, 이들은 자국민을 끝없이 수탈할 수 없으므로 자본주의를 계속 유지하기 위해 나라 밖에서 약탈의 대상을 찾았던 것이다. 1914년 8월 1일 발생한 제1차 세계대전은 식민지 획득을 놓고 제국주의 열강 사이에 벌어진 경쟁과 대립으로부터 발생한 비극의 전쟁이었다.

  1800년대 이전까지 미국도 영국의 식민지거나 후진국이었다. 1812년 미·영전쟁을 계기로 자국의 제조업을 번성시켰으며, 수입제한 관세율을 올리고 유치산업을 보호하면서 산업발전에 박차를 가했다. 미국의 남북전쟁은 무역정책에 대한 자국 내의 불화로 벌어진 내전이었다. 우리는 미국의 제16대 대통령 에이브러햄 링컨(1809~1865)이 남북전쟁의 위기로부터 연방을 보존하고 노예제를 끝낸 노예해방자라고 알고 있지만, 링컨은 유치산업을 보호하고 수입 공업 관세율을 증가시켰으며 사회간접자본에 대한 투자정책을 폈다. 150여 년간의 보호무역주의로 경제를 부흥시킨 국가가 미국이었다. 미국은 제2차 세계대전이 끝난 1950년대 이후에야 비로소 자유무역 정책을 주창하게 된다. 프랑스는 1600년대부터 1945년까지 자유방임주의 경제정책을 폈다. 이후에는 국영화를 통해 핵심 산업을 통제·육성했고 국영은행을 통해 전략산업에 투자했다. 일본도 산업발전 프로그램을 가동하면서 밖으로 유출되는 외환을 관리했고, 수입은 통제하고 선진기술은 도입하면서 국가 정책자금을 방출하여 자국 내 산업을 발전시켰다. 독일, 스웨덴, 핀란드, 오스트리아, 대만, 한국 등의 선진국이나 경제개발에 성공한 국가들은 예외 없이 자국의 경제 발전을 위해 보호무역 정책을 펼쳤다.

개인의 권리를 최대한 보장하고, 국가의 역할은 최소화해야 한다는 무한경쟁의 자유시장 정책은 전통적으로 부富를 창출하지 못했다. 부를 창출했다면 어느 한곳의 국지적인 현상이거나, 선진국과 경제 기득권층에 의한 이윤 논리였다. 대부분의 선진국들은 모두 자국의 생산자들이 자유무역에서도 충분히 경쟁력을 확보할 수 있다고 자신하거나 만반의 준비를 갖추었을 때에야 비로소 무역을 자유화했다. 제국주의는 군사적, 경제적으로 남의 나라나 후진 민족을 정복하여 큰 나라를 건설하려고 하는 침략주의적 경향으로 약육강식을 보편적 생존원리로 하는 체제이다. 이러한 제국주의를 시대사조로 만들어 지휘한 '고전적 자유주의'는 경쟁의 자유와 함께 계층과 계급의 독점적 자유도 옹호했다. 그 결과 20세기 지구촌은 제국주의, 공황, 파시즘, 전쟁, 사회주의 혁명과 실패, 자유주의의 새기와 보복으로 피 흘리고 멍 들었지만 케인스 경제학이 뒤를 봐주었고, 마르크스 경제학이 밀어주었으며, 신고전파 경제학이 받쳐주어 생명을 부지할 수 있었다.

지구상에서 진화한 산업혁명은 기술혁신에 기반하여 생산성을 향상시키거나 인류의 편의성을 증대시켰다. 기계화는 일자리를 줄이기도 했지만, 더 많은 생산을 위해 더 많은 일자리와 전문 인력을 필요로 했다. 노동시장은 시장 전체를 통제할 수 있는 창의적이며 종합적인 전문능력의 소수자가 중심이 될 것이고, 디지털 기술이 자본을 대체하면 자본 역할이 감소될 수 있다. 새로운 제품과 서비스 외에 비즈니스 모델을 창조할 수 있는 혁신적 성향의 사람들이 그 주인공이 될 가능성이 크다. 그러나 다가올 혁명이 과거보다 더욱 심각한 사회 불균형을 초래할 수 있다. 새로운 미래 산업혁명은 물리학과 디지털 그리고 생물학 사이에 놓인 경계를 허무는 기술적 융합을 특징으로 한다. 자본 규모는 비약적으로 커지는 데 반해 일자리는 자동화와 로봇화로 인해 줄어 노동시장을 붕괴시키고 자본과 노동 간 수익의 차이를 심화시킬 수 있다. 인간 고유의 능력이라 일컬어지는 공감이나 연대의 소중한 가치를 국지적 또는 지속적으로 감소시키거나 퇴화시킬 것으로 예상된다. '빅 데이터'를 활용한 데이터의 통제권이나 관리가 인간 삶에 어떠한 영향을 미칠 수 있을지 의구심이 든다. 예를 들면, 원할 것 같지 않은 것을 미리 예측해 정보를 제공하고, 소비자도 인식하지 못하는 숨겨진 욕망을 추적해 제품과 서비스를 제공한다. 빅 데이터를 이용한 예측 가능한 소비성향과 규모, 인공지능을 탑재한 로봇이 개발되어 산업과 사회 전반에 적용되면서 사람을 대체하는 수단을 넘어섰다. 소비예측과 제조 그리고 유통과 서비스가 시장에서 동시에 일어나는 새로운 혁명이다.

단순한 디지털화가 3차 산업혁명이라면 기술의 조합에 기반한 혁신(4차 산업혁명)으로의 전환은 피할 수 없는 역사의 변화이자 진화이다. 생산과정에서 배제된 소비자 구성원의 구매력 저하가 예측되고, 노동력 고령화 등에 대한 포용적 경제 모델이 전 사회적 숙제로 떠오를 전망이다. 로봇과 컴퓨터 그리고 소프트웨어가 점점 더 인간 노동력을 대체함에 따른 유휴노동력 증가 문제가 심각하게 대두되어 노동시장은 저기술-저임금, 고기술-고임금으로 극명하게 갈리고, 정규직 비정규직으로 구분되어 불균형과 불평등의 문제가 더욱 더 심화될 것이다. 이것은 중산층의 몰락을 의미하는 것이고 대부분의 노동자가 하향 평준화하면서 하위층으로 몰리게 된다. 문제는 생산과정을 함께했어도 부가가치를 소수가 차지하는 현상, 생산과정에 참여하지 못한 사람(실업자)의 소득 저하현상이 두드러지게 나타날 수 있다. 이런 상황에서 글로벌하고 부도덕한 '보이지 않는 손'에 의해 움직이는 시장을 내버려 두어야 한다는 것은 억지이거나 엉터리이다.

경제의 궁극적 목적은 '분배'이다. 시의적절한 혁신과 함께 불평등을 감소시키고, 노동자를 보호하는 새로운 사회정책이 필요하다. '보편적 복지'는 사람에게 투자한다는 의미이다. 인간으로서 누려야 할 기본적 필요를 충족하지 못하는 시민들에게 사회적 권리를 제공한다. 복지가 잘 되면 사회적 갈등도 줄어들고 기업 활동도 하기 좋은 나라가 된다. 개인의 자유를 원리로 내세운 자유주의와 공공선과 공익을 우선하는 공동체주의가 서양사상의 밑거름이었다면, 우리나라는 모든 사람이 함께 나누고 향유하며 더불어 즐기는 '여민락與民樂'을 최고로 평가하는 공동체였다. 다양성을 인정하면서도 조화롭게 통합된 사회이다. "정의가 이기려면 옳은 것을 지향하는 갈망이 있어야 한다."고 했다. '사회적경제'는 인간과 시장 그리고 기업을 이기심과 이타심으로 분리하는 것이 아니라 '사회성'과 '상호성'을 경제생활의 중심에 놓는다. 공공의 행복을 확대하기 위해 시민복지 모델을 구축하여 '분배의 정의'가 실현될 수 있는 예지이다.

2. 사회적경제 사상의 진화

불후의 업적을 남긴 사회사상가와 경제학자

'근대경제학'은 개인을 분석단위로 삼아 개인의 선택 행위를 통해 사회현상을 해명하려고 하며 경제 현상을 수요와 공급 또는 경쟁에 의거해 설명한다. 모든 개인이 일정한 소득이나 부를 가지고 있다고 전제하기 때문에, 자본주의 사회에서 현실로 존재하는 생산수단의 소유와 비소유의 구분이나 이들 사이의 대립과 갈등을 인정하지 않으며, 설명하지도 못한다.

김수행,「정치경제학 특강」에서

더 나은 세상을 준비하는 사람들은 긴 안목으로 역사를 보는 자세가 필요하다. 긴 안목은 현재 우리가 살아가는 사회가 마지막이 아니라 인간의 궁극적 목적이 성취되는 공동체를 향해 끝없이 진화해야 한다는 신념과도 통한다. 정보기술이 세계 최고를 자랑하고 사회적 부가 충분히 축적되었는데도 오늘의 삶이 행복하지 않은 사람이 많다면, "그 사회와 체제에 문제가 있구나!"라는 생각을 해야 한다. 공공의 이익을 어느 집단과 지배계층이 자신들의 이익으로 둔갑시키는지 비판적으로 관찰해야 한다. 다양한 사상과 이론과 정책이 가능하고 융·복합할 수 있는 열린 사고가 사회를 진보시킨다.

1930년 세계대공황은 유효수요 창출을 주목적으로 하는 케인스 경제학의 뉴딜정책으로 문제를 해결하였다. 경제 발달의 동력은 혁신이라면서 기업가정신을 강조한 슘페터(1883~1950)는 "자본주의는 관료주의가 부활하면서 쇠락할 것"이라고 예언했다. 제2차 세계대전 후 복구경제 방안을 강구한 제도학파는 "개인은 없다"면서 개인을 지배하는 법, 사회, 관습 등의 제도를 중요시했다. 인간이 비합리적인 행동을 할 수 있다는 가정하에서 출발하는 행동주의 경제학은 인간 이성의 한계, 개인과 사회를 위한 규칙의 필요성을 강조하였다. 시장의 자연성과 민간의 자유로운 활동을 중시하는 '신자유주의' 경제이론은 비효율적 국영기업의 민영화, 복지예산의 축소, 최소의 정부, 노동의 유연성 확보 등을 통한 시장 활성화를 표방했지만 사회 불평등의 경제 양극화 문제를 가속화시켜 뭇매를 맞아야 했다. 2008년 금융위기에서는 자유시장 경제학을 버릴 것을 요구하는 분위기였고 사회적경제가 대두되었다. 2020년 세계는 '코로나19'의 블랙홀에 빠졌고 위기극복을 위한 새로운 '거시적', '미시적' 경제 정책으로 성장과 안정, 실업과 고용의 엄중한 사회문제를 해결해야 하는 긴박한 상황에 놓여 있다.

자본주의(자유주의)는 재산의 사유화(폐단과 경제적 양극화 심화), 이윤, 경쟁, 세계화로 인해 빈익빈 부익부 현상 가속, 생태계 위협, 환경을 파괴하면서도 국가의 역할은 축소하자고 주장한다. 사회민주주의(독일, 라쌀)는 민주적인 적법한 절차에 따라 사유화가 국유화로 전환되어야 한다고 주장하면서 국가에 대해 신뢰와 가치를 부여했으며, 협동조합이 복지국가 모델의 토양을 제공한다고 생각한다. 사회주의(공산주의)는 국가를 민중 착취의 수단으로 보고, 프롤레타리아 혁명에 의한 국가 전복을 주장한다. 하지만 1당 독재 또는 소수의 국가경영 자본주의로 전락하였다.

이렇듯 사회사상은 서로 다른 정치·경제적 이념의 옷을 입고 끊임없이 투쟁하면서 변화해 왔다. 자본주의 탄생 이전부터 정치와 경제는 서로를 필요로 하면서, 때로는 의심하면서 성장해 왔다. 그래서 어떤 정치 이념과 경제이론이 나타났고, 어떻게 변화·발전해 왔는지 들춰보는 것은 어긋난 자본주의 끝자락에 살고 있는 우리에게 새로운 방향을 제시해 줄 수 있다. 경제 발전에 불후의 업적을 남긴 사회사상가와 경제학자들의 생각을 톺아보는 것은 우리에게 불어 닥친 심각한 문제를 질문하게 만들고, 설득력 있는 해법의 단초를 제공받을 수 있기 때문이다.

토머스 모어

토머스 모어(Thomas More, 1478~1535)의 『유토피아』 정식명칭은 『국가의 최선 정체와 새로운 섬 유토피아에 관하여(Libellus……de optimo reipublicae statu, deque nova insula Utopia)』이다. 가공의 인물이 신세계에서 보고 들은, 어느 곳에도 없는 아름다운 나라 '유토피아'에 대해 모어와 주고받는 이야기 형식이다. 16세기 르네상스 시대 현실에 존재하지 않는 이상적인 사회를 상상하고 묘사한 정치적 소설이다. 유럽 사회를 비판한 제1권과 시민을 평등하게 대하고, 화폐도 없으며, 공유재산제가 베풀어지는 이상적인 사회를 묘사한 제2권으로 구성되어 있다.

토머스 모어는 고전문학과 성서와 교부철학(敎父哲學, patristic philosophy, 이단에 맞서 교회의 이론을 바로 세운 기독교 신학을 바탕으로 하는 철학)에 깊은 관심을 가졌다. 4년 동안 수도회에서 수도승과 함께 생활하기도 했고, 청빈하고 유능한 법률가이자 공직자로서의 신망이 두터워 1518년, 헨리 8세의 추밀 고문관으로 임명되었다. 1523년에는 하원의장으로 선출되었으며, 최초로 평민 출신 대법관이 되지만 국왕과 갈등하면서 1532년 퇴임한다. 그는 영국 국교회 수장으로서 국왕이 가진 최고 권한을 부정한 죄로 런던탑에 투옥되었다. 그리고 교황의 권위를 부정하고 헨리 8세와 캐서린 왕비의 이혼을 지지하는 서약에 반대했다는 이유로 1535년 참수형에 처해진다. 그러나 그로부터 400년이 지난 1935년, 교황 피우스 11세에 의해 시성諡聖되어 가톨릭 성인으로 공인되었다. 그는 가난한 사람을 돕는 공평무사한 관리로 명성이 높았고 정의와 양심을 지키기 위해 타협을 거부한 인물이었다. 지적인 능력을 함양하고 도덕적 진보를 이루기 위해 정의와 양심을 지키려는 고뇌에 찬 지식인의 결과물 『유토피아』(1515)를 집필했다.

당시 유럽 군주들은 자신의 재산이나 영토를 늘리는 데만 전념하였고,

민중들은 '인클로저 운동'[1]으로 땅을 빼앗기고 심한 노동을 강요당했다. 국가나 법률도 가난한 사람들을 착취하기 위한 '부자들의 공모'에 지나지 않았던 시절에 토머스 모어는 '유토피아'에서 부패한 그리스도교 사회의 개혁과 재생을 호소하고, 참된 공공성과 정의란 무엇인가를 묻는다. 국가기구가 강화되던 시절 이윤추구의 논리에 따라 소수를 부자로 만들고 가난한 사람들이 핍박당하는 고통스러운 현실을 날카롭게 비판하였다. 물적인 행복을 추구하는 것은 '디스토피아'라고 생각했고 형제애, 재산의 나눔, 영혼의 자유, 자연에 대한 관조의 덕목으로 더 나은 이상향을 꿈꾸었다. 『유토피아』는 낙원적, 정치적, 여행기적 요소에 지역적 사실주의를 가미한 '풍자적 소설'이다. 유토피아의 경제적 기반은 공동소유제 농업사회이다. 누구나 열심히 일하여 적은 노동시간으로도 필수품을 얻을 수 있고, 나머지 시간에는 자신의 지적, 정신적 '쾌락'을 추구할 수 있는 공동체이다. 생산수단은 공동소유로 사회화되어 있어 계획적인 생산과 소비가 이루어지고, 집과 옷을 비롯하여 살아가는 데 필요한 생활물품은 필요에 따라 공평하게 분배되며, 사유재산을 갖는 것은 부정不正이다. 사회적 노동의 계획화에 의한 완전고용, 공동운영의 식당, 집단적인 교육이 이루어지는 공동체이고, 모든 공무원은 선거로 뽑는다. 이 책은 500년이 지난 지금도 지적·정신적 사유가 빚어낸 걸작이라는 평을 받고 있지만, 노예가 존재하고, 필요에 따라 전쟁을 하거나 식민지를 만드는 등 제국주의적 사고의 한계와 유럽 중심적 세계관을 벗어나지 못한다.

토머스 모어는 사유재산을 폐지해야 인간이 평등한 복지 사회 '유토피아'에 이를 수 있다고 보았다. 이후, 300년이 지나 오웬, 카를 마르크스, 푸리에, 생시몽 등 공산주의자, 사회주의자, 협동조합 사상가들이 나타나는

[1] 인클로저 혹은 인클로저 운동Enclosure은 목축업의 자본주의화를 위한 경작지 몰수로, 산업혁명 때 영국에서 공용지에다 남이 사용 못하게 말뚝을 박는 것을 뜻한다. 인클로저 운동으로 토지가 없어지게 된 농민들은 도시로 몰려갔다. 이들은 대부분 산업혁명으로 공장이 많이 세워진 도시의 하층 노동자로 일하게 된다.

데 토머스 모어의 사상에 영향받은 실질적 제자들이다. 이들은 모두 자본주의를 부정하거나 경쟁을 배제하는 방식으로 평등하게 살아갈 방안을 계획경제, 생활공동체, 공동노동, 협동에서 찾았다. 하지만 사상적 토대가 빈약하고, 사회적 인식이 풍부하지 못한 상태에서의 운동과 실천은 지엽적이거나 한정적일 수밖에 없어 지속성을 담보하지 못하고 아침이슬처럼 사라져 역사의 흔적으로 남았다.

한편, 중국 위진남북조시대의 대표적 전원시인 도연명(陶淵明, 365~427년으로 추정)이 꿈꾼 이상향은 본분을 다하고 열심히 일하면 저절로 기쁘고 즐거움이 따르는 세상이었다. 인간은 공동체에서 태어나 집단 속에서 성장하고, 공동체 영향을 받고 살아간다. 토머스 모어의 '유토피아'는 더 이상 진전이 없는 완벽한 사회가 아니라 발전 중의 사회이고, 불완전하며, 극복 대상이 되어야 할 사회이다. 토머스 모어는 『유토피아』를 통해 500년 전에 이미 현실을 비추면서 더 나은 미래사회에 대해 고민하고 새로운 대안을 제시했다. 하지만, 21세기 인류는 '역사는 진보한다'고 믿으면서도 모든 것을 내일로 미루고 있다. 우리는 더 나은 세상을 위해 자율적이면서도 사회적인 인간으로서 공공의 기획에 참여하고, 이익에 부합할 수 있는 삶의 양식과 방법을 찾아 실천해야 하는데 저자는 '사회적경제'가 그 길이라고 본다.

토머스 홉스

토머스 홉스(Thomas Hobbes, 1588~1679)는 『리바이어던』(1651)에서 '사회계약'을 국가의 기원으로 보았다. 국가는 사회 내부의 무질서와 범죄, 외부 침략의 위협에서 인민의 생명과 안전, 재산을 보호하기 위해 무소불위의 권력을 정당하게 행사하는 '신神'이었다. '국가'를 합법적 폭력을 행사하는 주체로 보고 무제한의 정당성을 부여했다. "인간은 인간에 대해서 늑대다."라는 그의 명언은 인간을 희소성이 지배하는 세계에서 자기만족을 위한 동물적 충동에 이끌려 자신들의 생존 기반까지도 파괴하는 존재로 표현하고 있다. 국가를 절대화하고 개인을 국가에 종속시키는 전체주의 사고와 체제는 대중에게 두려움의 대상이었다. 이런 이론이 현실에서 큰 힘을 발휘할 수 있었던 것은 인간은 무질서와 범죄 또는 외부 침략에 대해 본능적으로 공포감을 느끼기 때문이다.

1651년, 토머스 홉스는 "사람들은 나쁘다, 공격적인 습성이 있다"고 말하면서 인간은 경쟁심, 자존심, 명예욕 등의 욕망을 제어하지 못하므로 차라리 모두가 폭력적 충동을 포기하고, 폭력을 독점하고 있는 한 사람에게 복종하는 것이 낫다고 주장했다. 모든 사람을 두려워하는 것보다 한 사람을 두려워하는 것이 낫다는 것이다. 결국, '인위적 인간'인 정부를 만들어 내어 자연 상태에서는 결여된 협력과 절제의 미덕을 강제했다. 이러한 사고는 근대의 정치, 경제, 사회 등 많은 분야에 큰 영향을 미쳤을 뿐만 아니라 정당성을 제공했다. 그러나 홉스의 생각이 옳다면, 지구상에는 상생과 공생을 추구하는 '협동조합' 같은 조직체가 없어야 하는데 현실은 그렇지 않다. 사람이 환경의 영향을 받는 것은 나쁘지만도 않아 다른 사람을 교화하고, 공동체 운동 등에 참여하기도 한다. 결국, 전제군주제 국가를 철학적으로 정당화했던 국가주의 국가론이 입헌군주제나 공화제 국가를 꿈꾼 자유주의자들의 도전에 직면할 수밖에 없었던 것은 불가피한 것이었다. 이 사상적 도전이 승리하는 데 기여한 철학자와 정치가가 존 로크(1632~1704), 애덤 스미스(1723~1790), 존 스튜어트 밀(1806~1873)이다.

존 로크

존 로크(1632~1704)는 과학적이고 실험적인 의학 공부와 경험을 통해 인간이 어떻게 자연계에 접근하는지 이해하고자 했다. 그는 1,000년 가까이 지속된 신분제 유럽봉건사회의 토지에 대한 약탈적 소유에 반기를 들면서 신분제 사회와 소유의 정당성을 근본적으로 부정하여 체제의 근간을 흔들어버렸다. 개인적인 소유가 정당화될 수 있는 것은 "대지(자연)에 근면한 노동을 가함으로써 성립한다"고 생각했다. 대지의 변형과 이동은 노동을 통해 이루어지고, 노동력에 의해 부가가치가 창출된다고 보았다. 땅과 바다와 하늘 그리고 공기 등에 대한 이용권은 모든 생명체에게 부여된 권리이고 이러한 공유물들에 대해 노동이라는 인간의 사유물이 섞이면서 소유권의 근거가 만들어진다고 생각했다. 이러한 존 로크의 사상은 새롭게 등장하는 자본주의적 소유에 대해 정당성을 부여하는 것이었다. 인간은 노동의 주체이고, '노동'은 인간이 도구를 이용하여 자연을 인간에게 유용하게 개조하는 작업이라고 보았다. 경제적 소유에 대한 신성불가침의 주체로부터 자유롭고 독립적 인격체로 나아간 것이고, 정치적 주체로서의 지위를 보장하는 근거로 작용하면서 기존의 사회구성체 원리에 정면으로 도전했다. 하지만, '근면한 노동을 통해 토지의 소유권이 생긴다'는 사상은 '인구의 절대 다수를 차지하는 사람들이 대체적으로 근면하지 않았다는 것인가?'라는 질문에 시원한 답을 제공하지 못함에 따라 벽에 부딪히게 되었다.

장 자크 루소

장 자크 루소(Jean-Jacques Rousseau, 1712~1778)는 '인위적인 인간'이야말로 홉스가 자연 상태에서 본, 바로 그런 상태에 사로잡혀 있다고 보았다. 기업이나 정부의 실체는 불쾌하고 야만적이다. 더 끔찍한 것은 그 인위적 인간들이야말로 먹을 필요도 잘 필요도 없고, 심지어 절대로 죽지도 않으며 만족하는 법도 모른다고 비판했다. 그는 『사회계약론』(1762)에서 "국가가 개인의 자유를 빼앗을 경우 사회계약을 파기할 수 있다"고 주장하면서 국가의 해체나 혁명의 가능성을 옹호했다. '자유'는 단순한 가치가 아니라 인간 본성이며 정부가 법치주의를 위반할 경우, 시민에게는 정부를 무너뜨릴 권리가 있다는 입장이었고, 진정한 시민사회의 도래를 꿈꾸었다.

프랑스 혁명의 아버지로 추앙받는 루소는 시민사회가 이룩한 국가체계가 국가와 시민, 시민과 시민의 계약으로 존재하여 살아 움직이는 생명체라고 생각했다. 계약을 했기 때문에 국가로부터 보호받을 수 있고, 인권을 주장할 수 있으며, 그것에 대한 의무를 자발적으로 수행한다는 것이다. "자연으로 돌아가라. 인간은 자유롭게 태어났다." 프랑스 대혁명의 여명기에 쓴 『사회계약론』은 프랑스 혁명의 성서로 불리면서 '사회계약, 주권, 일반의지'와 같은 단계를 통해 종래의 정신세계 질서와 가치관에 일대 변혁을 가져왔다. 『사회계약론』의 삼권분립 내지 자유와 평등, 인권과 자유 시민에 대한 부분은 민주주의 사회에서 반드시 인용되는 부분이다.

애덤 스미스

애덤 스미스(Adam Smith, 1723~1790)는 근대경제학의 창시자라는 찬사를 받았으나 스스로를 경제학자가 아니라 (도덕)철학자로 여겼다. 당시의 '철학'은 경제학, 정치학, 사회학 등을 모두 포함하는 학문이라고 생각했기 때문이다. 그의 책 『국부론』(1776)은 세계를 경제적 관점으로 바라보고 사회에 내재된 경제 원리를 분석하여 근대경제학의 출발점이라는 평가를 받는다. 정치경제의 토대를 구축하여 경제학을 독자적 학문 분야로 개척하여 체계적 과학으로 등장시켰다. 1700년대 유럽의 주류는 중상주의적 국가개입으로 팽배해 있었고, 금과 은의 축적이 한 국가의 부를 이루는 길이라고 보았다. 중상주의는 15~18세기 상업자본주의 단계에서 유럽 국가들이 채택했던 경제이론과 정책으로 국가의 보호로 수출을 많이 하면 나라를 부강하게 할 수 있다는 생각이다. 상업과 제조업을 바탕으로 한 국가 보호무역주의가 국가의 부를 늘려준다는 '낡은 생각'이었다. 철저하게 엘리트계급의 지배적 경제사상이었고 실제로 자신들의 이익을 극대화하는 방식이었으므로 부를 위해서는 어떠한 수단과 방법도 가리지 않았다.

애덤 스미스는 '시장'에 대한 중상주의적 국가개입을 비판하였다. 경제활동을 자유 방임하면 '보이지 않는 손'이 작동되어 종국적으로는 공공복지에 기여할 것이라고 주장했다. 참된 부富는 돈이 아니라 생활필수품이나 편의품 등의 노동 생산물이다. 돈 그 자체로는 인간의 욕망도 필요도 채워 주지 않으며 식료품이나 의복 등을 구입해야 비로소 욕망이나 필요를 채울 수 있다고 생각했다. 자유시장에서는 모든 사람이 사적 이익에 따라 행동하고, 사적 이익의 총합이 바로 사회적 이익을 가져온다고 보았다. 각자의 이기심에 의한 경제적 행위가 모든 것을 선善으로 유도한다는 경제이론이 사상적 토대를 갖추게 되면서 자본주의를 이끄는 새로운 주류 경제학으로 떠올랐다.

애덤 스미스는 노동을 국부의 원천이라고 보았고, 이러한 노동가치설은 마르크스 경제학을 탄생시키는 이론적 기반이 되었다. 그가 강조한 자본주의 체제의 핵심은 '시장'이라기보다는 '생산'에 있었다. "모든 국민의 연간 노동은 그 국민이 연간 소비하는 모든 생활필수품과 편의품을 근원적으로 공급하는 원천"이라면서 생산의 중요성을 강조하는데, 이러한 주장은 당시로서는 파격적인 것이었다. 그는 매년 새로 생산되는 재화의 흐름은 시장에서 이루어진다고 생각했고, 경제가 발전하기 위해서는 금이나 자산의 축적이 아니라 생산적 노동에 투입되어 그 가치를 높여야 한다고 보았다. 노동생산성을 향상시키기 위해서는 '분업'이 중요한데 효율성 높은 생산 체계는 자급자족의 생산방식을 뛰어넘어 거래를 위한 시장의 발달을 가능하게 하였다. 이제 상품 가격은 국가나 영주가 결정하는 게 아니라 '시장' 스스로, 공급과 수요의 합리적 교차점에서 이루어지는 '보이지 않는 손invisible hand'으로 작동되었다. 그 이전까지는 인간의 삶을 지배하는 것은 신학이나 철학 혹은 정치라는 분위기였으나 『국부론』으로 경제에 대한 새로운 시각을 갖게 하였으며, '정치경제'를 새로운 학문으로 인식·정립하는 계기를 마련했다. 서로 다른 시장을 하나의 큰 시장으로 묶는 자유무역 정책이 귀족과 지주계급에 의한 중상주의적 보호와 통제 정책을 압도하면서 새로운 주류를 형성했다. 사람들이 자신의 경제적 이익을 위해 일할 때 전체적으로도 최상의 결과가 나와 국가는 경제에 할 일이 없다면서 국가의 시장 간섭을 배제하고 특권을 배척했다. 하지만 애덤 스미스는 시장의 기능을 무한 신뢰한 것은 아니었다. 정부는 공공의 의무 등 사회적 부를 증진시킬 수 있는 기반을 조성해야 한다면서 정부의 시장 개입이 필요한 분야도 있다고 보았다.

결국, '보이지 않는 손'의 원리는 개인의 합리성에 경쟁과 가격이라는 요소가 혼합되면 가장 효율적인 결과를 얻을 수 있다는 주장이다. 자유로운 개인의 합리적 판단 능력과 그에 근거한 시장의 자율적 기능을 전제하면서 탐욕과 비정상적 통제는 거부했다. '국부론'은 인간에게는 합리적 판단 능력이 있고, 자본주의 체제가 가격의 기능을 통해 질서를 만들어 낼 것이라는 설명이다. 그에게서 '자유경쟁'은 자본의 이익 증대에 목적을 둔 것이 아니었다. 인간의 탐욕 등 심리적 요인에 대해 매우 세밀하게 검토하면서 이런 요인들이 작동되면 시장의 합리적이고 자율적인 기능과 역할도 깨진다고 생각했다. 사회 상황을 최적의 상태로 만들어 줄 수 있는 규칙은 시장을 구성하는 다양한 힘의 자유로운 움직임에 있다고 결론지었다. 사회구성원 모두를 위한 부의 창출에 대한 해법을 자유로운 시장에서 찾았다.

하지만, 지구촌은 "인간의 경제적 이기심은 사회적 도덕 아래에서만 허용된다"(인간은 이기심의 동물이지만, 마음속에는 남을 생각하는 배려와 연민이 있기 때문에 이기적인 행동조차도 공공의 이익을 만들 수 있다)는 애덤 스미스가 주장한 배려와 연민이 가능한 '시장'을 약육강식의 '시장'으로 왜곡·전개하면서 극단적인 경제 양극화, 빈곤의 악순환을 거듭하게 되었다. 애덤 스미스는 '정의'와 '덕성'은 정부의 간섭을 최소화하면서 상업 시스템을 유지하는 데 없어서는 안 될 필수 요소라고 생각했다. 자유시장과 사회는 정의와 덕성에 기반해야 하고 이러한 덕성을 배양하지 않으면 오히려 위협이 될 수 있다는 것이다. 부의 무절제한 추구는 반드시 부패로 연결되고, 삶의 궁극적 의미와 행복을 안겨 주는 핵심 요소를 앗아갈 것이라고 보았다. 아무리 이기적인 사람이라도 자신만을 생각지 않고 남을 생각하며 자신의 행동 동기에 대하여 다른 사람이 공감하는지 여부를 중시한다고 믿었다. 영국의 산업혁명으로 시작된 자본주의적 생산 양식과 생산력은 일찍이 경험하지 못했던 인류 역사의 최고치였다. 이를 목격한 애덤 스미스는 놀라워했지만, 자원이 소진되고 기술이 더 진보하지 못하면 성장도 멈추고 잠재력도 떨어져 자본주의의 발전이 정지될 것으로 보았다. 그는 산업혁명 초기 노동자 계급의 적극성 상실과 도덕적 타락을 보면서 자본주의의 장기적 운명에는 비관적이었다.

1776년 자유주의 시장경제이론을 창안하고 확립한 애덤 스미스는 노동자의 처지에 연민을 표하면서 작업을 분리하고 전문화하는 '분업'의 효율성과 발전이 노동자를 빈곤에서 건져낼 것이라고 보았다. 가치와 노동 그리고 임금이 어떻게 연결되는지 고심하면서 모든 것의 실질가치를 재는 척도는 그것을 만드는 데 들어간 '노고(노동)'라고 정의했다. 국가의 부를 증대시키는 방법은 첫째, 분업의 이점을 살려야 한다. 둘째, '보이지 않는 손'에 의한 자유방임의 효과를 살려야 한다. 셋째, 국가 간의 교환이 활발히 이루어질수록 더 많은 효용을 얻게 되므로 국가 간의 자유무역을 통해 자국의 이익을 증진시켜야 한다고 주장했다. 그러면서 국가의 의무를 첫째, 다른 독립사회의 폭력과 침략으로부터 그 사회를 군사력으로 보호하는 것. 둘째, 그 사회의 모든 구성원을 다른 구성원의 불의나 억압에서 보호하는 것. 셋째, 어떤 개인이나 소수의 개인이 건설하고 유지할 수 없는 공공사업과 공공기구를 건설하고 유지하는 것이라고 한정했다.

그의 이론은 200년 동안 사회과학의 세계를 지배하면서 경제권력과 국가권력을 완전히 장악한다. 그러나 공동체의 공정성이나 정의에 대한 개념을 전제한 '보이지 않는 손'은 자유시장 지배를 옹호하는 이데올로기로 희화화되면서 1930년대 세계공황을 맞으며 파산하였다. 그러나 21세기 지금도 보수정치인이나 경제학자, 기업연구소와 보수 언론사는 자신의 '이익'을 옹호하는 데 애덤 스미스를 애용하여 그의 철학과 사상이 왜곡되고, 희롱되고 있다. 애덤 스미스는 인간의 이기심은 본성이지만 이기심을 조절하는 것도 인간의 본성이라고 생각했다.

'모든 부귀와 영화가 내게로' 와야 했던 20세기 신자유주의가 수많은 사회문제를 야기시킨 후에야 비로소 지구촌은 애덤 스미스의 도덕적 타락에 대한 경고와 비관적 운명에 관심을 갖기 시작했다.

토머스 맬서스

영국의 경제학자 토머스 맬서스(Thomas Robert Malthus, 1766~1834)는 『인구론』(1798)에서 '사회적 빈곤이 인구 증가에 의한 결과'라고 정의하면서 출산 제한을 주장했다. "인구는 기하급수적으로 증가하지만 식량은 산술급수적으로만 증가한다", 인간이 사회적 행복을 끝없이 바라는 것은 인구가 식량의 생산증가를 앞지르기 때문이고, 인구가 증가하는 한 가난은 피할 수 없고, 인구가 억제되어야 행복에 달성할 수 있다고 생각했다. 재난이 생길 경우 더 큰 고통을 받는 것은 빈민이기에 그들에게는 "물고기를 잡아주는 것이 아니라 물고기 잡는 법을 알려줘야 한다"고 했다. 인구는 생존의 한계까지 늘어난 다음 기근, 전쟁, 질병 등으로 팽창을 멈춘다. 빈민촌에 피임교육을 실시하는 등 출산율을 낮출 수 있는 예방적 인구 억제 정책을 적극 실시하는데, 결혼을 늦추는 도덕적 제한, 이민 권장, 재산의 평등 분배, 빈민구제법 실시를 강조했다. 맬서스는 가난한 이유가 인구의 도덕적 억제를 제대로 하지 못한 결과라고 주장하여 비판받았으나 경제적 어려움을 인구문제와 연결시켜 해결해 보려는 새로운 시각을 제공했다.

데이비드 리카도

데이비드 리카도(David Ricardo 1772~1823)는 애덤 스미스의 경제이론에 영향을 받아 '비교 우위의 경제원리'를 완성했다. 나라마다 생활에 필요한 물건을 직접 만들어 사용하던 시대를 벗어나 개인 간, 국가 간의 교환 관계를 아무 제약 없이 거래하는 자유무역을 주창하였다. 국가 간의 무역을 지배하는 요인은 비교생산비가 아니라, 무역 당사국 간의 비교 우위를 반영시켜 교역을 정당화시키는 내부 가격구조의 차이라고 결론지었다. 경제이론에 체계적이고도 고전적인 형식을 부여해 19세기 경제학 발전에 크게 기여한 리카도는 노동자의 실질소득을 늘리려는 시도는 모두 무익한 것이며, 임금은 필연적으로 생존수준에 가깝게 유지된다고 주장했다.

존 스튜어트 밀

존 스튜어트 밀(John Stuart Mill, 1806~1873)은 개인을 공동체의 부속물이 아니라 자기 삶의 주체라고 생각했다. 공동사회나 국가가 개인에게 법률을 통해 정당한 권력을 행사하더라도 개인의 자유를 구속하거나 제약할 수 있는 범위는 제한되어야 한다. 어떠한 경우에도 개인에게는 침해할 수 없는 자유의 영역이 있다고 보았다. 밀이 주장하는 '자유론'의 핵심 내용은 다음과 같다. 첫째, 틀렸다거나 해롭다는 이유로 의견의 표명을 가로막으면 안 된다. 둘째, 표현의 자유를 일부라도 제한하게 되면 곧 모든 표현의 자유가 제한된다. 셋째, 표현의 자유가 무제한 허용되어야 사회는 진보할 수 있다. 넷째, 표현의 내용에는 제한이 없어야 하지만 표현하는 방식에는 제한이 필요할 수 있다고 보았다. 밀은 '협동조합' 방식의 기업운영에 대해 "노동자 스스로 평등한 조건으로 결사를 맺게 될 것이고, 거기에서는 작업을 수행하기 위해 자본을 공유하며, 자신이 선출하고 쫓아낼 수 있는 관리자 아래서 일하게 될 것"이라고 평가했다.

피에르 조제프 프루동

무정부주의자 피에르 조제프 프루동(Pierre Joseph Proudhon, 1809~1865)은 프랑스의 상호주의 철학자이자 사회주의자, 언론인으로 자본가의 사적 소유를 부정하며 힘 대신 정의를 가치의 척도로 삼아야 한다고 주장하였다. 그가 생각한 프랑스 대혁명은 한 인간의 주권(전체주의)에 대신하여 다수의 인간의 주권(민주주의)을 세운 데 지나지 않으므로 원리상 아무런 변화가 없는 것이었다. 경제학에서 이야기하는 '생산수단'이란 생산에 사용되는 노동의 대상과 수단을 말하는데 당시 생산수단의 소유권을 신성시하는 논리를 정면으로 반박하면서 "소유는 도둑질"이라고 보았다. 재산은 악의 근원이므로 재산의 사회적 평등 없이 정치적 평등은 있을 수 없다고 생각했다. 근대적인 재산제도 밑에서의 자본가와 임금노동자는 고용관계가 불평등한 교환 관계에 있으며, 불평등에 의한 이익이 축적됨에 따라 자본가가 분업과 협동에 의한 생산력의 증대를 무상으로 가져가는 것은 '훔치는 것'이라고 비판했다. 결국 자본가의 재산은 더욱더 축적되어 갈 수밖에 없는데, 생산의 집합력이 자본가에 의해 형성되었다고 하더라도 사회의 부는 수많은 노동자들에 의한 협업의 소산이므로 사회 전체에 귀속시켜야 한다고 주장했다. 이러한 생각은 19세기 마르크스 등의 사상가와 제1인터내셔널 조직, 파리코뮌 등의 사회주의 운동에 많은 영향을 끼쳤다.

카를 마르크스

자본주의 위대한 비평가 카를 마르크스(Karl Marx, 1818~1883)의 이론과 사상 체계는 노동운동의 이데올로기 실천지침으로서 사회주의와 공산주의 혁명 이론의 원형으로 평가받는다. 특히, 19세기 중반부터 1980년대까지 130여 년간 정치운동으로 신봉되었다. 마르크스는 시간과 노력이 재화의 생산에 가장 중요하다는 애덤 스미스의 생각에 동의하면서 나아가 '노동가치론'을 통해 노동이 어떻게 중요해지는지에 대한 고전학파들의 이론을 섭렵한 후 이들의 이론에 대해 신랄하게 비판한다. 자본가 계급과 노동자 계급의 갈등, 경제체제가 역사적으로 어떻게 변했는지에 대한 분석은 인간 본성에 의거한 주류경제학과는 전혀 다른 것이었다. 자본주의는 영구불변의 사회형태가 아니라 인류 역사의 수많은 단계 중의 하나일 뿐이라고 생각하면서 자본가에 의한 임금노동자 계급의 착취관계를 과학적으로 연구했다.

마르크스가 본 자본주의는 인간의 욕구를 충족시키기 위해 과학과 인간의 노동을 이용하여 지속적으로 사회의 잠재력을 증폭시키는 놀라운 경제체제였다. 자본주의 생산력과 문명 역할을 높이 평가했지만 자본주의의 유구한 장래에 대한 낙관론이 아니라 사회주의 사회의 도래를 향한 낙관이었다. 사회주의는 자본주의 체제의 폐지 위에서만 가능하다고 보았는데 자연적인 몰락이 아니라 노동자의 계급의식 고양에 의한 적극적 전복이었다. 그는 『고타강령비판』(1875)에서 새로운 사회의 혁명적 변혁은 "자본가 계급이 소유하는 생산수단을 사회적 소유로 이전시키고, 상품 유통에 의해 매개되던 재생산 과정을 계획에 의해 조직하고, 모든 노동 가능 인구에게 노동을 균등하게 분배하며, 재산 소유에 따른 생산물의 분배를 노동(또는 필요)에 따른 분배로 전환시켜야 한다."고 주장했다. 더 나은 공동체를 희망하는 사람들에게 카를 마르크스의 이론과 사상은 풍부한 양식과 토양을 제공했고, 비빌 수 있는 언덕이 되었다.

1870년대 이전에는 경제학을 '정치경제학 political economy'이라고 했다. 그런데 '개인의 경제적 행동'을 기초로 이론을 세우려는 혁명이 일어나면서 '경제학 economics'으로 이름을 바꾸게 되었다. 경제 영역과 기타 영역(정치, 법률, 사상, 문화) 사이의 관계까지를 연구 과제로 생각하던 '정치경제학'이 개인(소비자, 생산자, 투기꾼 등)이 자기의 효용을 극대화하기 위하여 어떻게 행동하는가를 연구하는 것('미시경제학')과 개인들의 행동을 합계하여 경제 전체

의 동향을 예측하는 것('거시경제학')으로 축소되었다.[2]

　마르크스의 영원한 친구이자 동반자 프리드리히 엥겔스(Friedrich Engels, 1820~1895)는 1845년「영국 노동자 계급의 생활환경」보고서에서 "나는 이토록 비참한 생활을 본 적이 없었다. 사람들은 정말 아무것도 없이 살고 있다."라고 했다. 당시 영국 랭커셔 지역 노동자들은 6세부터 노동을 해야 했고, 평균 수명은 15세였으며, 학교에도 가지 못했다. 1833년 영국 공장법으로 "9세~13세의 아동은 하루 8시간 일할 수 없다."는 조항이 명문화될 만큼 아동 노동력의 착취는 심각했다. 당시의 사회상은 '악마의 맷돌'이라고 표현될 만큼 잔인한 것이었다. 노동 분야만 아니라 주거와 하수시설, 삶에 필요한 모든 시설이 턱없이 부족했고, 가난과 고통, 분노와 좌절을 겪어야 했다. 애덤 스미스가 시장경제를 '보이지 않는 손'으로 찬양하고 있을 때, 마르크스는 비참한 생활을 해야 했던 노동자의 투쟁으로 자본주의를 바라보고 있었다. 그는 '사유재산은 사람들을 어리석고 편협하게 만든다'고 생각했다. "온 힘을 다해 인류에 기여할 수 있는 일을 택한다면…, 우리는 초라하고 제한된 이기적인 기쁨을 향유하지는 않을 것이다. 우리의 행복은 수백만 명의 행복이 될 것이기 때문이다."라고 주장했다. 자신의 행복과 모두의 행복을 합치시키는 삶의 가치 방식을 연구하고 이를 실현시키기 위해 노력했다.

　18~19세기 자본가는 아동의 노동 없이는 시장가격을 맞출 수 없다고 주장했지만 사실은 싼 노동력을 구해 더 많은 이윤을 얻고자 했다. 노동비용이 늘면 이윤이 없어질 것이라고 생각했지만 이윤은 일반인의 노동력이나 취약계층의 노동력 착취에 의한 성과였다. 엥겔스는 노동자를 '단순 노동을 반복하는 기계'로 만들었다고 지적하면서 도시 공장 노동자들의 비인간적인 생활환경과 노동자 문제를 고발했다. 이러한 사회 인식은 카를 마르크스에게 영향을 주었다. 1847년 공동 집필한 『공산당 선언』과

2　김수행, 『자본론 공부』, 2014.

『자본론』(1867~1894, 자본주의가 경제적으로 어떻게 발전하는가를 설명하는 책)에서 인간의 노동만이 가치를 창출하며 이것이 이윤의 원천이라고 보았다. 마르크스는 "사회주의 혁명은 자본주의 발전 결과 필연적으로 일어난다"고 주장했다. 엥겔스는 부르주아이면서도 공산주의 대의를 위한 프롤레타리아의 노동자 혁명에 적극적으로 개입하였다. 협동공동체를 비롯한 다양한 방식으로 사회주의가 실현될 수 있다는 개방적인 태도를 견지하였다. 카를 마르크스는 제대로 가족을 부양하지도 못하는 경제적 어려움에도 엥겔스의 재정적 도움을 받으면서 자본주의에 대한 연구를 계속했다. 마르크스와 엥겔스 그리고 당시의 많은 진보적 사상가들은 '산업혁명'이 현대판 노예를 만든다고 비판했다. 자본주의의 물질주의적 사고방식과 운영에 대한 비판적 시각은 '더 인간다운 사회를 목표로 해야 한다.'는 과제를 떠안으면서 당시의 많은 사상가와 실천가들과 의기투합했다. 착취 없는 세상을 꿈꾸었던 프롤레타리아 해방은 곧 인류 전체의 해방이라고 주장했지만 자본가와 기득권 정치인들은 노동자를 선동하는 것은 옳지 않으며 부정직하고 가식적인 게임이라고 일축했다.

마르크스는 주요한 생산수단이 무엇이고, 생산수단을 둘러싼 사회관계가 어떻게 형성되어 있는가에 따라 인간사회가 역사적으로 원시공산사회(사냥과 채집-무계급)에서 고대노예제사회(토지-노예와 주인), 중세봉건사회(장원-농노와 영주), 자본주의사회(공장-노동자와 자본가), 사회주의사회(모든 생산수단-무계급)로 발전한다고 보았다. 그는 "풍차는 봉건주의를 만들고, 증기기관은 자본주의를 만들었다."고 말했다. 풍차와 증기기관은 생산력을 말하고, 봉건주의와 자본주의는 생산관계를 이야기한다. 그는 죽은 노동(생산관계)이 산 노동(노동력)을 지배한다면서 "시궁창에서 고개를 들어 아름다운 성을 보았을 때 혁명이 일어난다."고 주장했다. 자신보다 부유한 사람들을 보았을 때 혁명이 일어난다는 뜻이다. 인간이 환경을 변화시키고, 아울러 자기 자신을 변화시키는 과정에서 세계가 변화한다는 것이다. 가난과 실업의 책임을 빈민에게 돌려서는 안 되며, 자본가의 끝없는 탐욕이 결국은 자본주의를 멸망시킬 것이라고 생각했다.

카를 마르크스는 정치경제학을 연구하기 전에 법학, 철학, 역사를 공부하여 '유물사관'을 확립했다. 유물사관은 그가 얻은 결론이면서 모든 연구의 길잡이 역할을 했는데 내용은 다음과 같다. 첫째, 인간은 물질적 생산력의 발전 단계에서 생산관계를 필연적으로 맺게 된다. 이 생산관계가 사회 경제구조의 토대를 이루고 그 위에 법률적, 정치적 상부구조에서 사회적 의식이 생긴다. 둘째, 경제구조가 사회구성체의 토대로서 사회구성체의 성격을 규정한다. 경제구조의 핵심은 생산양식인데 이것은 생산능력과 생산관계(생산과정에서 맺게 되는 사회적 관계를 의미)로 구성되고, '생산력'은 생산방식, 과학과 기술의 도입, 노동하는 개인들의 능력과 자발성과 협력 정도에 달려있다. 셋째, 물질적 생활의 생산방식이 사회적, 정치적, 정신적 생활 일반을 제약한다. 인간의 의식이 인간의 존재를 규정하는 것이 아니라 인간의 존재가 인간의 의식을 규정한다는 것이다. 한 사회의 물질적인 삶의 조건이 우리의 생각과 의식을 결정하고, 물질적 삶의 조건에 대한 변화가 역사에 결정적인 작용을 한다는 것을 증명하고자 했다. 정신적인 상황이 물질적 변화를 일으키는 것이 아니라 반대로 물질적인 상황이 정신적인 상황을 결정한다는 물질주의를 주장하면서 경제적인 힘이 다른 모든 분야에 변화를 일으켜 사회를 발전시킨다고 보았다. 사회의 물질적 생산력이 기존의 생산관계(소유관계)와 모순을 일으키고, 생산관계가 생산력을 발전시키는 형태로부터 생산력을 속박하는 형태로 전환할 때 '사회혁명'의 시대가 도래한다고 보았다. 경제적 토대의 변화가 상부구조 전체를 변혁시키고, 사회적 생산력과 생산관계 사이의 물질적 생활 모순으로부터 시대의 의식을 설명한다는 주장이다.

마르크스는 사람들이 행복을 위해서가 아니라 이윤 창출을 목적으로 하는 생산에 의해 강제되는 경제체제 그 자체가 비합리석이라고 보았다.

자본가는 서로 많은 이윤을 획득하기 위해 과잉투자(과잉축적)를 할 수밖에 없는데 자본주의를 공황으로 몰고 가는 것은 이윤극대화를 목표로 하는 시장 생산에 기초한 경제의 동력 때문이라고 생각했다. 예전에는 땅이 있는 한 인간의 생계는 보장되어 있어 생활수단에 대한 직접적인 사용권이 있었다. 하지만 자본주의가 발달하면서 농민은 땅으로부터 축출되고, 시장 의존적인 사람이 되고 말았다. 이제 사람들은 자신의 노동력을 임금과 교환할 수 있는지가 생계유지의 결정적인 요인이 되어 시장이 인간 행복의 통제자가 되었다. 마르크스는 기본적으로 '시장'을 자본주의적 착취의 수단으로 보았고 사람들은 경제민주화에 대해서 전혀 관심이 없다고 생각했다. 이에 비해 '협동조합 운동'은 지역 차원의 작은 기획을 통해 시장의 힘을 이해하고 통제함으로써 사회적 목적을 달성하고자 했다. 시장이 자본에 의해 통제되는 것처럼 사회와 공동체의 통제가 시장을 도구화할 수 있다는 입장이다. '협동조합 운동'이 마르크스주의보다 오래 지속되고 진전될 수 있었던 것은 온건하고 다원주의적이었으며, 비정치적인 성향을 띠고 있기 때문이다. 하지만 마르크스는 경제를 역사적 변화의 중요한 요인으로 보고, 사회가 계급으로 분화되고 경제적 계급의 갈등이 역사의 진보를 낳는다는 사상적 근원을 제시하면서 자본가 계급의 독재를 노동의 독재로 대체하고자 했다. 노동계급의 해방은 역사적으로 반드시 일어날 사건이고 자본주의가 발전하면 발전할수록 계급 간에 이루어지는 역사적 투쟁으로 붕괴할 수밖에 없다고 주장했다.

　카를 마르크스는 계급을 중시하면서도 사회전체의 가치를 평가절하하여 인간과 사회를 더욱더 고통스럽게 만들었다. 민주주의의 원칙과 개인의 가치를 무시하면서 전체주의적 폐해를 정당화했다. 결국, 마르크스주의 이념은 예측하지 못한 방향으로 변화하는 세계와 조응照應하지 못했고, 적응할 수도 없었다. 반면에 자본주의는 변화하는 시대에 맞춘 유연성, 창조성, 뛰어난 적응력을 보여주면서 스스로를 혁신하고 확대재생산하는 능력을 유감없이 보여줬다. 결국, 마르크스 이론은 세계 경제사의 주류가 되지 못하고 사상의 한 줄기를 차지하는 데 만족해야 했지만 사회주의를 갈망한 마르크스의 사상과 철학은 자본주의 위기의 순간에 언제나 등장하여 잘못을 지적하거나 부족한 것을 메워주었다. 특히, 산업화가 고도화된 20세기 후반과 21세기 세계화 현상으로 인한 경제적 양극화의 소용돌이 속에서 사회공동체 질서에 편입되지 못하고 소외된 사람들에게 편안한 안식처와 투쟁의 근거를 제공했다.

앨프레드 마샬

앨프레드 마샬(Alfred Marshall 1842~1924)은 런던의 클래팜이라는 가난한 가정에서 태어났다. 케임브리지에서 수학과 물리학을 공부했고 졸업 후에는 윤리학을 공부했다. 1885~1908년까지 케임브리지대학교에서 경제학 교수로 재직하면서 19세기 후반과 20세기 경제사상의 주류인 신고전학파 '케임브리지학파'를 창시하였다. 그의 후계라고 볼 수 있는 한계효용학파가 신자유주의로 이어지면서 그를 신자유주의의 원흉으로 보는 이들이 많지만 마샬은 휴머니즘 철학을 기반으로 경제학을 연구한 사람이다. 가난한 사람들을 위해 경제학을 연구한 따뜻한 경제학자였다.

주요저서로는 『경제학원리Principles of Economics』(1890), 『산업과 무역Industry and Trade』(1919), 『화폐·신용 및 상업Money, Credit and Commerce』(1923)의 3부작이 있는데 현대 미시경제학의 체계를 구축한 책들이다. 고등학교 수준에서도 나오는 수요와 공급의 법칙 등의 개념을 만든 미시경제학의 창시자이고, 경제학의 가장 큰 혁명 중 하나로 불리는 '한계이론'을 정립했다. 이것은 마르크스 경제학의 노동가치 이론을 비주류 경제학으로 전락시키는 계기가 되었다. 하지만, 마샬은 경제학은 수학이 아니라 인간생활에 직접적 도움이 되어야 한다는 철학으로 자신의 저서들에 수리적 내용을 별로 쓰지 않았다. 빈곤의 여러 원인을 연구하고 가난 극복을 통한 인간사회의 진보

가능성에 방점을 찍었다. "경제학이란 한편으로 부의 연구이고, 다른 한 편으로는 인간 연구의 일부인데 후자가 중요하다."고 하면서 자신의 연 구실 문에 "런던의 빈민굴에 가보지 않은 자는 이 문을 두드리지 말라." 는 글을 붙여 놓을 정도였다. 그는 경제학을 인간복지를 위한 학문으로 파악했으며 "경제학자는 냉철한 이성을 가져야 한다. 그러나 따뜻한 가슴을 잊지 말아야 한다."라는 명언을 남겼다. "부유한 사람들이 공공의 복지에 강한 관심을 가지게 된다면 그들의 재력을 가난한 사람을 위해 활용할 수 있고, 빈곤이라는 최대의 해악을 지상에서 제거하는 데 공헌할 수 있다." 고 하면서 '후생경제학'의 길을 열었다. 그는 "협동조합에서는 노동자가 남을 위해서가 아니라 자신을 위해서 일을 한다."라는 적극적인 발언을 하기도 했다. 이러한 영향력 때문에 20세기 초반 20여 년간을 '마샬의 시대'라고 부르기도 하는데, 그의 제자 중에서는 케인스 등 탁월한 경제학자가 독립하여 새로운 경제학을 탄생시켰다.

존 메이너드 케인스

영국 케임브리지에서 출생한 존 메이너드 케인스(John Maynard Keynes, 1883~1946)는 20세기 전반을 대표하는 근대 경제학자이다. 그의 저서 『고용과 이자 및 화폐의 일반 이론』에서 "국민 경제가 언제나 완전고용 상태에 머물 수 없으며, 영속적인 비자발적 실업이 생길 수 있다."고 했다. 이 책은 기존의 경제이론 틀을 벗어난 혁명적 저작으로 이후, 현대 화폐 금융론과 거시 경제학의 기초가 정립되고, 수십 년간 경제학의 지배적 패러다임으로 유행한다. 이와 같은 이론은 1929년 대공황으로 인한 만성적 실업에 대하여 고전파 경제학은 '보이지 않는 손'에 의한 시장의 자동적인 균형 회복 기능을 강조하는 입장에 대한 반기였다. 불황기 시장경제에 대한 국가 개입의 정당성을 이론적으로 뒷받침했다.

1929년 미국에서 대부분의 근로자가 실업자로 전락하는 전례 없는 대공황이 전개되었다. 케인스는 자본주의 최대의 문제를 실업과 소득 불평등이라고 보고, 시장경제 질서의 마비 상태에서 벗어나는 방안을 연구했다. "경제학자는 단순한 이론 뒤에 숨어서는 안 되며 세상을 직시하고, 도구를 이용해 삶과 세상을 개선시키려고 노력해야 한다."고 하면서 정부는 시장이 잘 돌 수 있는 최소한의 역할에 그쳐야 한다는 생각에 반기를 들었다. "경제란 스스로 작동하는 것이 아니라 전문 관료들이 조율하는 정교한 기계와 같다."고 보았다. 정부가 재정을 동원하는 등 제때, 적극적 역할을 해야 경제의 붕괴를 막을 수 있고, 이를 통해 민간의 가계와 기업의 부족한 수요를 끌어내는 것이 중요하다고 주장했다. 실업이나 빈부격차라는 사회정치적 문제를 '유효수요 이론'을 통해 해결하고, 이것이 경제성장에도 도움이 될 것이라고 했다. 정부가 내수경제에 지출함으로써 얻는 부가적 수확의 '승수 효과'로 저소득계층의 수입을 증가시킬 수 있다고 주장했다. 소비를 촉진하려면 소비 능력이 없는 실업자에게 사회보장 급여를 제공하거나, 일자리를 만들어 주는 정책적 개입이 필요하다는 입장이다. 이러한 케인스의 생각은 대한민국의 문재인 정부가 들어서면서 채택한 '소득주도 포용성장 정책'으로 다시 부활한다.

케인스는 기업의 야성적 충동과 공공지출을 통한 경기부양 분석으로 주목받았다. 자본주의 원동력이 생산이 아니라 소비라는 사고의 전환을 이루어 내면서 공급의 경제학에서 수요의 경제학으로 이론을 전환시켰다. 경제학의 가치가 인간 삶의 질을 위해 부와 안정을 제공하는 것이라는 생각은 복지국가 건설에 매우 중요한 이론적 기반을 제공한다. 케인스는 실업과 불황에 허덕이는 1930년대 자본주의 모순을 해명하고 새로운 경제체제를 이론화하여 불황을 극복하는 데 기여했다. 왜 실업이 발생하고, 정부는 무엇을 해야 하는지 설명하면서 실업은 임금이 높기 때문에 생기는 것이 아니라, 노동이 생산한 재화에 대한 수요가 너무 적기 때문이라는 것이다. 생산물에 대한 수요가 불충분하므로 이것에 대한 해결책으로 임금을 낮추는 게 아니라 임금을 높여 유효수요를 창출해야 한다는 것이었고, 실업을 줄이기 위해서는 총수요 관리를 통해 정부가 시장에 적극 개입해야 한다고 주장했다. 그는 자본주의 경제 전체에 대한 모델을 제시했는데, 오늘날 '거시경제학'이라고 부르는 분야이다.

케인스 경제학은 시장의 효율성에 문제가 발생했을 때 공공부문이 개입해야 한다는 점을 이론적으로 설명했다. '시장의 효율성'이란 자본주의 사회에서 필연적으로 발생하는 호황과 불황의 그늘에 대한 국가개입이다. 자본주의 사회 생활이 대부분 돈 버는 동기에 자극받으며 돈을 얼마나 소유하고 있는가가 성공의 지표가 되는 '도덕적 문제'를 크게 우려하였다. 사람들은 이윤을 추구하려는 동기로 움직이기도 하지만 비합리적인 행동을 할 수 있으며, 그 비합리성은 금융자본에 의해 증폭될 수 있다고 경고하였다. 개인의 합리적인 행동일지라도 그것을 따로 떼어놓고 보면 다른 모든 사람에게 나쁠 수도 있음을 간파하면서 신고전주의 경제학과 결별했다. 그는 '혼합경제'와 '수정자본주의' 이론을 제시하였으나 좌파로부터는 사물의 계급적 분석을 회피한 것에 대해 비판을 받았고, 우파로부터는 공황에서 자본주의를 구하려고 제시한 '급진적' 대안들의 불온함에 대해서 비판을 받기도 하였다. 케인스는 충동과 공공지출을 통한 경기부양 가능성에 대한 분석으로 주목받았는데 자본주의에 대한 분석은 비관적이었지만, 장기적 전망에 대해서는 낙관적 입장이었다. 비관적 분석의 근거는 완전고용에 실패한 시장의 자유방임에 근거한다. 유효수요를 창출하여 실업과 유휴설비 등의 애로를 제거하면 자본주의 체제의 존속과 안전에는 문제가 없다고 전망하였다. 정부의 기능이나 역할이 비대해지고 인위적인 정부지출과 재정지출을 통한 유효수요가 국민들의 소비수준을 넘어서면 과잉설비 상태에 이르게 되고, 정부의 재정적자는 계속 늘어나며, 민간부문에서는 자금의 부족과 시장의 압박으로 경기침체의 늪에 더욱 빠지게 된다고 분석했다. 유효수요를 인위적으로 창출하는 과정에서 필연적으로 인플레이션을 동반한다고 보았다. 인플레이션을 잡으려고 경기억제책을 쓰면 실업률이 오르고, 반대로 경기부양책을 쓰면 실업률은 떨어지지만 인플레이션의 악순환에서는 벗어날 수 없다고 분석했다.

케인스는 "세상을 지배하는 사상은 경제이론과 정치이론뿐이다. 자신은 학문과 거리가 멀다고 생각하는 사람들도 이미 생을 마감한 '죽은 경제학자들'의 노예로 살고 있다."라고 했다.

조지프 슘페터

조지프 슘페터(Joseph Schumpeter, 1883~1950)는 오스트리아 태생의 미국 경제학자로 빈에서 교육을 받은 뒤 여러 대학교에서 강의하다가 1932~1950년 하버드대학교 교수로 활동했다. 영국의 케인스와 더불어 20세기를 대표하는 경제학자로 꼽히는데, 『경제발전이론』(1912)에서 혁신의 중요성을 언급하면서 자본주의 경제학을 역동성 넘치는 모습으로 해석했다는 평가를 받는다. 그는 자본주의를 "경제적 변화의 한 형태 혹은 양식이며, 변화를 멈춘 적도 없고 멈출 수도 없다."고 평가했다. 기업가를 소유주인 자본가와 구분하고 '새로운 결합을 능동적으로 수행하는 경제 주체'라고 정의하였다. 자본주의 경제가 사회주의 경제에 비해 훨씬 더 생산성이 높고 활력 있는 경제체제로 자리 잡을 수 있었던 것은 기업가들이 위험을 감수하면서도 새로운 투자를 통해 생산 활동을 시도하기 때문이고 이러한 행위가 자본주의를 움직이는 역동성이라고 보았다.

기업에게 끊임없이 이윤추구와 혁신을 통해 시장에서 독점적 지위를 차지하고 큰 발전을 이뤄야겠다는 동기를 부여하는 것은 '경쟁'이라면서 경쟁의 가치를 중시했다. 기업가entrepreneur란 낡은 것을 버리고 새것을 찾는 '창조적 파괴'의 선도자이며, 영리추구에 안주하는 전통적인 경영자와는 기능과 역할이 다르다고 보았다. 새로운 경영 조직을 만들고, 새로운 시장을 개척하고, 새로운 제품을 개발하는 장소의 과성인 '창조적 파괴'가 경제 발전의 본질이며, '혁신적 기업가가 이윤을 창조한다'고 주장했다. 변화와 혁신은 전과는 다른 비연속적인 것으로서 '창조적 파괴'란 새로운 창조를 위해 과거의 것을 극복하는 것이라고 보았다. 자본주의 원동력은 기업가에 의한 혁신, 즉 기업가정신이고 발전 동력을 제품, 기술, 판로 등의 혁신innovation으로 얻을 수 있다고 보았다. 기업가의 창조적 파괴가 경기 변동을 일으켜 경제는 장기적으로 발전한다. 사업이란 것은 불황이나 심각한 위기 상황에서 오히려 번성할 수 있는 기회가 있고, 이득을 볼 수 있다는 역발상을 하였다. 그러나 기업가가 파괴와 창조의 폭풍을 멈추고 경영자로 변신하거나 그 지위에 안주할 때 낙관론은 비관론으로 바뀐다. 기업가의 관료적 변신이 '창조적 파괴'를 저지하고 자본주의를 어둡게 할 것이라고 본 것이다. 슘페터는 자본주의는 살아남을 것인가라는 질문에는 "아니다. 나는 그렇게 생각하지 않는다."라고 명료하게 대답할 정도로 장기적 비전에 대해 비관적이었다.

슘페터는 기업가를 혁신과 경제발전의 가장 중요한 원동력으로 보면서 경제적 불안정성과 생활수준을 향상시키기 위해 혁신을 하고, 기술을 향상시켜야 한다고 강조했다. 기업가의 혁신을 ① 발명을 위한 연구, ② 혁신을 위한 개발, ③ 상품화의 3단계로 구분하고 충분한 자본을 가진 기업이 혁신을 더 많이 할 수 있다고 보았다. 케인스가 불황을 유효수요의 부족으로 지적하면서 고용을 중시한 반면, 슘페터는 불황과 호황을 경기 순환의 한 단계로 해석하고 불황을 타개하기 위한 기업가의 '혁신'을 중시하면서 경제학의 중심에 섰다. 마르크스가 주장한 착취개념이던 이윤율을 기업가의 보수개념으로 전환할 수 있다고 주장한 것이 슘페터이다. 고전 경제학에서의 경제 발전은 양적인 성장만을 중요시했던 반면, 슘페터는 "우편마차를 아무리 늘린다고 해도 기차의 시대가 오지 않는다."라면서 기술 발전의 중요성을 지적했고, 경제구조의 질적 개선을 강조했다. 그가 제시한 '기술혁신'이라는 용어는 새로운 생산기술의 획기적인 발전을 비롯하여 새로운 상품의 도입, 새로운 자원의 개척, 새로운 경영 조직의 도입 등에서 일어나는 전반에 걸친 구조의 변혁이었다. 1919년 오스트리아 정부의 재무장관직을 역임하기도 한 그는 경제이론 분야에 지대한 영향을 끼쳤다. 자본주의 발전과 더불어 기업이 대규모화되면서 창의적인 기업가 정신이 점차 소멸한다면 사회주의가 지배적인 위치를 점하게 될 것이라고 예견했다.

슘페터가 생각한 사회 진화

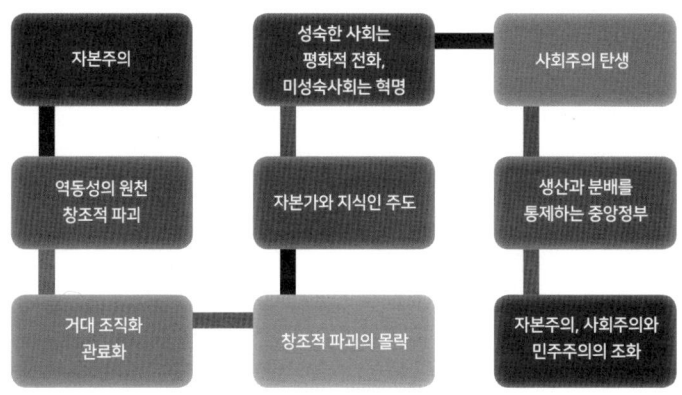

슘페터는 경제적 진화라는 관점으로 자본주의의 성장과 소멸을 연구한 경제학자이다. "사회민주주의에 대한 찬성이 높아지면서 자연스럽게 사회주의가 대두할 것"이라고 보았다. 민주주의는 수단일 뿐 그것 자체를 목적으로 보거나 이념으로 보는 건 잘못이다. 자본주의가 붕괴할 수밖에 없는 이유를 다음과 같이 설명한다. 첫째, 자본주의의 눈부신 발전은 곧 경제발전 자체를 기계화하고 발전의 추진력인 기업가의 기능을 무용화한다. 이는 기업가 즉 부르주아의 경제적 기반을 무너뜨린다. 둘째, 자본주의의 발전은 중소기업의 파산과 거대 기업의 발전 과정인데 그 과정에서 자본주의를 옹호했던 계급이 자본주의에 대해 적대적인 분위기를 갖게 된다. 이러한 상황은 자본주의의 정치 세력을 약화시키고 반대파의 정치 세력은 강화시킨다. 셋째, 거대 기업은 한 개인이나 한 집안에 의해 운영되지 않고 주식을 가진 여러 사람에게 분산됨에 따라 기업가가 기업에 대한 열정과 자본주의 체제를 사수하려는 정열을 잃어버린다. 그렇게 되면 사물도 정신도 모두 점차 사회화되어 안팎으로 지지자를 잃은 자본주의 체제는 머지않아 다른 체제에 자리를 양보하지 않을 수 없게 된다고 보았다. 슘페터는 마르크스와는 달리 자본주의의 발전으로 인해 생기는 여러 현상들을 자본주의의 붕괴 원인으로 보았다. 지금까지도 많이 읽히는 슘페터의 저서 『자본주의, 사회주의, 민주주의Capitalism, Socialism, and Democracy』(1942)에서 다양한 체제 분석을 통해 인류에게 가장 적합한 이상적인 체제의 방향성을 제시하면서 사회주의가 자본주의 발전의 필연적 결과라고 보았다. "결국, 자본주의는 자체의 성공 때문에 붕괴하고, 특정한 형태의 공적 통제 혹은 사회주의가 그것을 대체하게 될 것"이라고 주장했다.

20세기 중반의 냉전체제 대립은 사회주의 붕괴로 끝이 났다. 21세기는 자본의 축적과 열망, 이윤의 동기, 계급과 계층의 투쟁, 정부 개입, 혁신 추구 등에 대한 생성과 발전 그리고 쇠퇴가 우리 사회를 이끌고 재생산이나 확대재생산하는 중이다. 하지만 성장 중심의 사고와 정책이 생산력을 충분히 증대시켰는데도 계급과 계층의 갈등은 여전하고 신자유주의 정책으로 경제적 양극화가 극에 달했다. 지난 수십 년 동안 기업은 비약적으로 성장했지만 노동자와 서민은 생산력 증대의 혜택을 제대로 누리지 못하고 그 과실을 나누어 보지도 못했다. 세계화는 아직도 지구촌을 휩쓸면서 사회의 운명을 좌지우지한다. 우리는 지금 풍요와 낭비 그리고 절대빈곤과 양극화가 교차하는 자본주의 과잉의 시대에 살고 있다. 누가, 무엇을 재료로 어떻게 하여 척박하고 마른 대지에 비를 내릴 것인지 연구·실천해야 할 중요한 기로에 서 있다.

3. 시장경제와 세계화 정책

자본주의는 사유재산제도를 바탕으로 하는 자유경쟁과 사적 이윤추구를 중심으로 하는 시장경제 체제이다. 발전과정에서 경쟁은 필연적으로 사회적 약자를 양산하는데 임금노동자, 농어민 그리고 생산수단으로부터 분리된 사회적 취약계층이다. 이들은 대부분 저임금과 긴 노동시간에 시달려야 했고, 임산부와 아동 등 취약계층에 대한 노동력 착취는 심화되었다. 질병과 산업재해에 완전히 노출되면서 주거나 생활환경 그리고 보건위생 등의 사회문제를 야기시켰다. 자본주의가 확립되고 발달하면서 나타나는 경제적 빈곤과 사회적 불편과 부당不當은 자본주의체제 초기부터 자주적인 조직체를 가지려는 욕구와 갈망 그리고 노력으로 점철된 '협동조합을 만드는 원동력'이 되었다. 결국, 협동조합은 농민을 포함한 극빈 노동자로 전락한 노동자의 자연스러운 집합적 대응의 방안과 결과로 탄생한다.

시장경제의 원리

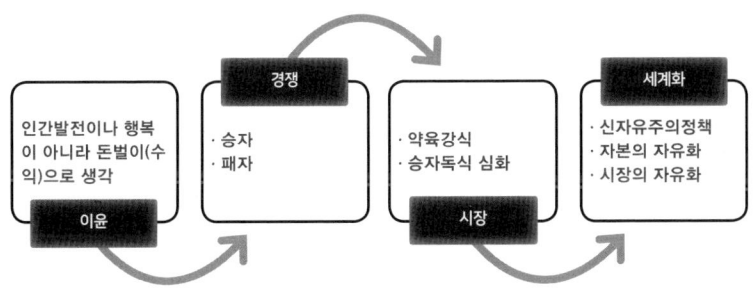

'시장경제'는 사회주의 경제를 '계획경제'라고 부르는 데 대한 자본주의의 경제를 일컫는 말이다. '자유 시장경제'가 시장경제의 동의어로 받아들여지고 있다. 시장경제가 자본주의와 같은 뜻으로 쓰이지만 둘은 엄연히 다르다. '자본주의'는 이윤 획득을 가장 큰 목적으로 하고 있는 경제활동을 말하는 반면, '시장경제'는 분업에 의해 생산된 재화와 용역을 자유 가격체제의 수요와 공급관계로 분배하는 사회구성체이다. 애덤 스미스가 말한 것처럼 '보이지 않는 손'에 의해 자원이 효율적으로 배분되는 체제로 계획경제, 혼합경제 등과 대비되는 개념이다. 하지만 완전한 형태의 시장경제는 존재하지 않으며, 각 국가나 사회마다 다양한 형태로 계획경제와 혼합경제를 병행 수용하고 있다. 시장경제의 제도적 원칙은 '사유재산권, 경제활동의 자유, 사적 이익의 추구'이다. '사유 재산권'은 재산의 소유, 사용, 처분 등이 소유주의 의사에 따라 자유롭게 이루어지는 것을 의미한다. '경제 활동의 자유'는 개인이 자유롭게 경제적 의사 결정을 하는 것을 의미하고, '사적 이익의 추구'는 개인과 기업의 경제적 이익 추구를 제도적으로 보장한다는 뜻이다.

애덤 스미스와 존 스튜어트 밀이 대중화시킨 '자유방임주의'는 사유재산과 기업의 자유를 옹호하고, 국가의 역할은 질서와 안보 유지로 제한하며, 개인은 정부의 간섭 없이 자유로운 경제활동을 할 수 있어야 한다는 주장이다. 19세기 자유방임주의는 경제이론인 동시에 정치이념으로 개인이 원하는 목적을 각자 추구하는 것이 결국 그가 속한 사회를 위한 최선의 결과로 귀결된다는 사상이다. 국가의 역할은 질서와 안보 유지, 개인이 소망하는 목표를 추구하는 바에 간섭하지 않는 것이었다. 애덤 스미스는 『국부론』에서 그 시대의 무역장애물, 독점과 상업상의 제한을 비판하고, 자유로운 시장과 경쟁의 이점을 옹호했다. '시장'은 다수의 구매자와 판매자가 자유롭게 드나들 수 있고, 또 누가 어떤 가격에 무엇을 사고 싶어 하는지 정보를 알아내 적합한 행동을 취할 수 있도록 중재한다고 보았다.

하지만 21세기의 '시장'에 대한 정보는 지극히 주관적이고 개인적이며 지엽적이다. 넓은 시야로 경제를 보면 몇몇 큰 회사가 시장의 대부분을 독점하고 있다. 아이디어를 가진 누군가가 '시장'에 진입할 수 있더라도 즉시 생산시설을 갖출 수 없으며, 수백만 명의 사람들이 수많은 교역상품에 대해 어떤 가격을 지불할 수 있는지 알기 어렵다. 또, 우리가 무엇을 살 것인지를 결정하는 것은 가격만 아니라 시간과 장소, 일시적인 기분에 많이 좌우되기 때문에 '시장'을 단정적으로 규정하기 어렵다. 시장에서 판매자와 소비자의 합의를 이끄는 것은 각자가 가진 상품과 서비스의 가치가 다르기 때문이다. 가치란 주관적이고 개개인마다 다르게 나타나는데 각자가 가진 차이점을 이용하여 창조적인 이익을 얻도록 도와주는 역할을 한다. 서로가 가진 차이점으로부터 긍정적 측면의 무언가를 창출해 내고, 차이가 클수록 상호 협력하게 만들며, 거래가 쉽게 이루어지게 한다. 교환을 통해 거래를 흡족하게 할 수도 있고, 불만족하게 할 수 있는 것은 거래하려는 재화와 서비스의 가치를 서로 다르게 책정하기 때문이다. 시장이 없었다면 필요를 충족시키지 못해 지금보다 더 빈곤하게 살 수도 있었을 것이다. 결국, 시장에서의 교환은 거래자들이 서로 돕고 협동하도록 하는 과정이다.

    우리가 과거에 비해 물질이 풍요로운 세상에서 살 수 있는 것은 열심히 일했기 때문이기도 하지만 자본이 풍부하여 투자가 가능했기 때문이다. '가격'은 상품과 서비스에 대한 교환 비율을 나타내는 지표인데 구매자와 판매자는 가격에 정반대로 반응한다. '가격'은 우리가 무엇을 해야 하는지에 대한 메시지를 전달하고 알려주는 기능을 한다. 가격은 수요가 많은 곳을 우리에게 알려 주지만 시장에서의 독점, 담합 등은 올바른 가격을 형성하는 데 장애 요인이 된다. 사업가는 어떤 상품과 가격이 소비자의 흥미를 끌 것인지에 대해 위험한 모험을 하기 때문에 부자가 되기도 하고, 빈털터리가 되기도 한다. 이처럼 시장은 인간과 같이 불안정하거나 완벽하지 않다.

　엄밀히 이야기하면 '시장경제'는 소수에게 부를 몰아주자는 것이다. 타인의 궁핍을 전제하거나 고통을 수반하는 사이비 경제운용방식이다. 양심을 가진 인간의 가능성에 대한 지독한 모독이고, 지구촌에서 살아가는 모든 것에 대한 비극적 공멸共滅을 내포하고 있다. 구성원들을 끝없이 경쟁하게 만들어 내면을 풍요롭게 하거나 자아를 성찰할 수 있는 기회를 갖지 못하게 하고 인간성을 상실하거나 망각하도록 만든다. 이러한 삶의 방식은 그 일을 왜 하는지 질문하지 않으며, 목적을 달성하기 위해 최선을 다하게 하지도 못하게 할 뿐만 아니라 목적을 달성했다 하더라도 공허하기 짝이 없어 도덕적이고 정의로운 인간 삶의 의미와 능력마저 위축시켜 버린다. 약육강식의 능력주의는 자신의 가치를 더 크게 생각하고 포장하며 인간 삶이 언제나 성공을 향한 과정이라고 생각한다. 2020년 세계를 강타한 '코로나19 사태'를 시장경제 방식으로 해결하려고 했다면 인류는 멸망했을 것이다.

　시장경제는 경제적 효율성은 달성할 수 있겠지만 구성원 모두에게 재화와 서비스를 균등하게 배분하는 데 분명한 한계를 가지고 있다. 감사, 친절, 겸손, 양심, 용기, 정의 등의 공동체적 신뢰를 떨어뜨리고 공공선, 공유, 연대, 연합, 협동 등의 사회안전망을 파괴하여 사회문제를 야기시킨다. 모든 경제 주체가 자유롭고 법 앞에 평등하다고 전제하지만 실제로는 부자와 가난한 사람이 있고, 타고난 능력과 소질도 제각기 다르므로 빈익빈 부익부 현상이 일어날 수밖에 없다. 실업과 인플레이션이 자주 발생하게 되어 경제가 불안정해질 수 있으며, 장기적 계획 없이 단기적인 이윤만 추구하다 보면 예상하지 못한 문제가 발생할 수 있다. 인간이 돈과 상품의 지배를 받게 되는 인간 소외(비인간화)가 나타나기도 하고, 지나친 사적 이익 추구로 사익과 공익이 대립해 사회문제를 증폭시킨다.

　21세기 지구촌의 주류경제학은 '인간'은 자율적이고, 이기적이며, 물질적인 존재라고 가정하면서 가격에 반응하는 이기적 인간들이 '시장'에서 최선을 다해 경쟁하기 때문에 '시장경제'는 효율적이며, 최적의 상태를 유지할 수 있다고 주장한다. 그러나 개인의 이익 추구가 사회 전체의 이익으로 이어지지 않거나, 사회에 해로운 현상으로 확인된 사실이 수없이 많다. 이러한 상태를 '자본주의가 사회적 딜레마에 빠졌다'고 하는데 우리는 그에 대한 해법을 '사회적경제'에서 찾을 수 있다. '사회적경제'는 '인간'은 상호 호혜적 존재이거나, '윤리적 이원성(이기심, 호혜성)을 가진 존재라고 가정하면서 '이윤'과 '경쟁'이 사람들의 도덕적 수준을 낮춘다고 주장한다. 서로를 신뢰할 수 있는 제도와 사회적 규범의 환경을 갖출 수만 있다면, 공공성이나 사회정의를 확보한 협동사회와 공동체 경제조직은 가능하며, 그것이 바람직한 사회라고 생각하고 실천한다.

신자유주의

18~19세기의 시장을 찬양하는 경제정책을 '자유주의'라고 하고, 이와 같은 경제정책이 1970년대 후반에 다시 나타났는데 이를 '신자유주의'라고 한다. 신자유주의 사상이 등장하게 된 배경에는 케인스 이론에 따른 '큰 정부'의 정책을 실패라고 보기 때문이다. 유효수요의 케인스 경제학이 1970년대 장기불황의 문제를 해결하지 못하자 경제위기의 원인이 무리한 복지정책과 공공부문의 확대, 자본에 있어서의 정부의 지나친 개입으로 초래되었다고 주장한다. '신자유주의'는 '시장은 항상 효율적이다.'라고 하면서 정부의 시장개입이나 규제를 거부하고 전적으로 시장에 맡길 것을 요구한다. 이 정책하에서 노동의 권리는 약화되거나 봉쇄되고 약소국은 거대자본의 공적·사적 소유의 표적이 되어 경제·사회 양극화 등의 문제를 발생시킨다. 결국, 신자유주의는 자본의 제국을 세계적으로 전면화하기 위한 구조적인 틀이며, 미국이 주도하는 국제통화기금IMF, 세계은행IBRD 등이 동원되어 FTA 같은 무역협정을 통해 실현되는 시장의 구조

조정이다.

1973년 석유 가격이 하루아침에 4배 가까이 오르자 제3세계는 돈 많은 유럽은행으로부터 돈을 빌렸다. 제3세계는 정치적으로 식민지배를 경험하고, 전쟁 후에는 냉전체제의 어느 진영에도 가담하지 않은 국가이다. 개발도상국의 그룹화를 통해 미·소 지배의 세계질서에 대항하고, 국제사회의 여론 형성에도 영향을 끼쳤으나 90년대 초 공산제국의 붕괴 이후로 그 의미가 퇴색되었다. 경제 기반이 허약한 일부 국가들이 채무를 견디지 못하고 '채무불이행'을 선언하자 국제통화기금 등의 세계은행들은 구제금융으로 돈을 빌려주는 대신 무한경쟁의 신자유주의 시장질서를 강요했다. 각 국가의 부채가 국가경제 운영방향을 신자유주의 세계경제 질서로 편입시키는 역할을 하게 된 것이다. 이즈음, 미국 내에서는 신종 투자금융 상품(주택금융, 기업대출, 신용카드 빚 등)이 잘못될 수 있는 결과를 충분히 분석하지 않고 활개를 치고 있었다. 주식이나 채권 등의 형태를 띤 판매 가능한 '담보증권' 투자 금융상품이다. 주식은 회사의 미래수익(배당금) 일부를 받을 것을 기대하면서 그 회사에 돈을 빌려주는 것이다. 이제 은행들은 전통적인 수익모델인 대출이자 4%를 받고, 예금이자 2%를 주는 영업 방식의 차익으로부터 결별하고, 상업은행으로 탈바꿈하기 시작했다.

대출을 뜻하는 모기지Mortgage는 죽음Mort의 의미를 가지고 있는데, 대출은 이 죽음의 덫에서 빠져나오기가 무척 어렵다. '빚'은 경제적 기회이지만 경제적 죽음을 각오해야 하는 '파산'으로 가는 지름길이기도 하다. 호황의 둔화가 1970년대 초, 이윤율의 하락(기술이 발달하고 새로운 기계가 등장하면서 자본가의 투자액에서 인건비가 차지하는 비중이 줄고 기계 등을 구입하는 비용이 증가하는 현상)과 자본의 과잉축적으로 다가왔다. 노동자 한 명이 감당해야 할 생산량이 호황기 동안 두 배로 늘었지만, 미래에 대한 불확실성은 투자를 줄이게 하였다. 이 어려움을 타개하고자 나온 범지구적인 정책이 신자유주의이다. 이들 정책은 비효율적인 국영기업을 민영화하고, 정부의 규모를 축

미국발 금융의 먹이 사슬

제1금융	제2금융	제3금융
부동산 구입자에게 매입 가격의 거의 100%까지 대출한다. 지역 소매은행 이므로 리스크를 줄이려고 채권채무를 제2금융에게 되판다.	제1 금융 대출의 채권과 채무를 인수받아 제3섹터 은행에 일정한 수수료를 받고 재매각하여 수익을 창출한다. 최전선의 소매금융 리스크 없이 돈을 벌 수 있다.	종합금융회사로서 제1, 제2금융과 기타 투자, 증권, 보험사의 채권채무를 구입하여 규모를 확대한다. 워낙 큰 규모(공룡)가 되어 쉽게 버릴 수 없는 지경까지 확대된다.

소해야 한다면서 부자들의 세금은 줄여주었고, 반대로 복지예산을 줄여 복지국가를 해체하였다. 기업환경을 개선한다면서 구조조정으로 실업자를 증가시키고 노동의 유연성을 확보해 노동조합의 힘을 약화시켰다. 종국에는 시장을 활성화하기 위해 자본의 세계화를 이룩했다. 결국, 신자유주의는 김수행 교수의 표현대로 '부자들에 의한 부자들을 위한 부자들의 정책'이었다.

신자유주의 세계화 정책의 결과

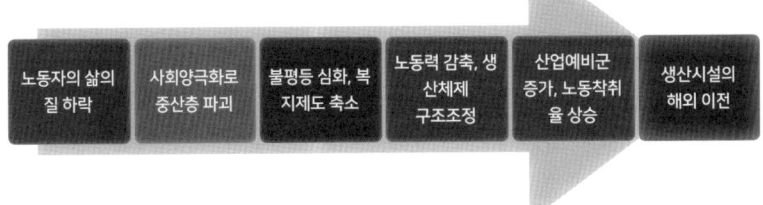

신자유주의 정책 40년의 결과는 참담하였다. 노동자의 삶의 질은 하락했고, 사회 양극화로 인하여 중산층이 무너졌으며 불평등이 심화되었다. 1990년대 미국에서는 노동자 임금보다 생산성이 수십 배나 더 빨리 증가하자 노동력의 감축과 생산제세의 구조조정을 진행했다. 산업예비군을 증가시키고, 노동 착취율을 상승시키면서 고용의 불안정성이 높아졌다. 고용의 질은 형편없이 떨어졌지만 반대로 고용주의 권한은 보호되고 강화되었다. 외국으로 자본과 생산설비가 투자되면서 국내 노동력은 남아돌아 그 누구도 구매하려 하지 않았다. 신자유주의 정책은 인간 삶을 시장이 규제하는 아이디어였으므로 노동조합이나 사회복지 등에는 관심이 없으며 오히려 적대적이기까지 했다. 1992년에서 2001년 사이에 일본에서는 중국으로의 아웃소싱(기업이 생산·유통·포장·용역 등 업무의 일부분을 기업 외부에서 조달하는 것) 때문에 250만 개의 일자리가 사라졌다. 10년 후 대한민국에서도 이와 같은 현상이 그대로 벌어졌다. 1980년에서 2005년까지 25년간 세계 노동자의 수는 4배 증가하였고, 동아시아 노동자 계급은 1억 명에서 9억 명으로 증가했다. 반면에 자본의 규모는 50배 가깝게 증액되었다. 자본은 과잉 축적되었고, 이윤율은 하락했으며, 실업과 산업예비군 증가로 노동자의 삶의 질이 나아지지 않고 오히려 하락했다. 2004년 미국이 저금리 정책을 종료하면서 자국 내의 부동산 거품이 꺼지기 시작했다. 서브프라임 모기지론 금리가 올라가자 저소득층 대출자들은 원리금을 갚지 못하게 되고, 증권화되어 거래된 서브프라임 모기지론을 구매한 금융기관들은 대출금 회수불능 사태에 빠졌다. 이에 대한 손실이 발생하여 여러 기업이 부실화되고, 미국의 대형 금융사, 증권회사의 파산, 세계적인 신용경색을 가져왔으며 실물경제에 악영향을 미치게 되었다. 금융자산 35조 달러가 사라진 금융위기가 우리에게 말해준 진실은 "투기와 위험한 곡예는 산산이 부서진다."라는 것이었다. 고통과 혼란에 빠트린 사고방식은 우리를 구원해 주지 않는다는 교훈이다. 결국, 미래사회의 바람직한 방법은 우리가 찾아야 했다.

    신자유주의 정책에 기초해서 기업 활동을 벌이는 사업체를 우리는 흔히 글로벌 기업이라고 한다. 이들 기업은 더 이상 특정국가에 귀속되지 않으려는 속성이 있다. 경영자도 주주도 같은 나라의 국민이 아니며, 언어도 다르고, 종교와 생활습관도 다르다. 그들은 오직 기업이 수익을 늘리고 주가 올리기를 기다리면서 적절한 타이밍에 자기 이익을 확보하려는 생각뿐이다. 보살피지 않으면 안 되는 가난한 서민도 없고, 고령화도 문제 삼지 않는다. 기업이 살아남으려면 글로벌화, 탈국가화할 수밖에 없다고 생각하기 때문에 법인세율을 낮추고, 노동자 임금은 최대한 낮추면서 공해 규제를 완화하도록 강제한다. 요구가 받아들여지지 않으면 생산거점을 해외로 옮기겠다면서 정부와 지자체 등에 협박하고 일자리 수를 가지고 국민들의 마음을 산다. 고용이 줄고 소비가 얼어붙고 지역경제가 붕괴하고 법인세 수입이 격감해 국가를 운영하기 어려우니 정부는 그들의 요구에 굴복할 수밖에 없다. '글로벌 자본에는 애국심이 없다.' 지속적인 개방 경제체제를 위해 자본의 국가 간 이동을 자유롭게 허용하는 자본의 세계화 정책을 펴도록 정부를 압박한다. 각 국가의 단기금리 차이나 환율의 차이로 발생하는 투기적 이익을 목적으로 하거나, 국내 통화의 불안을 피하기 위한 자본 도피와 투기적 자본으로 국제금융시장을 이동시킨다. 귀속의식이 없는 글로벌기업은 개별국가들로부터 많은 서비스를 기대하는데 그것이 어느새 법칙이거나 세계 표준이 되어 문제를 증폭시킨다. 국부를 사유재산으로 바꾸는 데 열심인 사람, 공공의 복리보다 사적 이익을 우선하는 사람을 해당 국가가 전력을 다해 지원하도록 조종한다.

결국 글로벌 자본은 첫째, 부를 극단적으로 편중시키거나 집중시킨다. 탐욕과 이기적인 행동의 추구는 부자가 계속 더 많이 가진 부자가 되게 하는 반면, 다른 사람들이 살아가는 데 필요한 것은 빼앗아 소비할 수 있는 능력을 감소시킨다. 둘째, 투자의 대부분이 생산부문이라기보다는 투기부문으로 들어가 '먹튀' 역할을 한다. 창업과 고용, 제품생산에 투자되지 않고, 단기에 수익을 얻을 수 있는 주식시장, 선물시장, 부동산, 환거래, 파생상품 등을 선호한다. 셋째, 소비자와 사업가에게 부추기는 '신용'에 대한 생각을 점점 더 부풀린다. '부채'를 위험하다고 생각시 않고, 바람직하도록 인식시켜 사람들을 기어이 빚쟁이로 몰고 간다. 하지만 한번 빚을 안게 되면 규모를 점점 키우면서 더 높은 이자를 쓸 수밖에 없다. 넷째, 자연환경을 착취하고 무시한다. 이윤추구를 위한 탐욕과 갈망으로 환경 관련 법과 규제를 피하거나 효력을 제한하게 만들어 지구 생태계가 위험에 빠지도록 한다. 지구를 환원 불가능한 곳으로 확장시키는 것이다. 다섯째, 부자와 가난한 사람들의 간격과 폭을 넓히면서 인간사회를 경제적 폭력으로 분열시킨다. 그렇기 때문에 우리는 민주적이고, 환경을 보호하며, 높은 삶의 질을 제공할 수 있는 새로운 경제제도와 사회적 규범을 수립해야 한다. 지역의 자립, 지속가능한 공동체, 뉴 휴머니즘에 기초한 자본주의의 대안을 마련해야 하는데 저자는 가장 근접한 방안이 '사회적경제'라고 생각한다.

자본주의는 자본가 계급이 정치적, 경제적, 사상적 헤게모니를 잡고 있는 사회이다. 그런데 자본주의 체제는 스스로 양산한 문제나 모순을 해결하는 것이 아니라 끊임없이 유보해 왔다. 세계화가 이룩했다는 한정된 풍요도 미래세대나 가난한 사람들, 빈곤 국가의 희생 위에 이룩한 신기루 같은 것이다. 1980년대 신자유주의하의 글로벌기업은 저임금을 찾아 생산공장을 다국적화하면서 투자를 늘려나갔다. 이 기간 수출산업은 호황을 누렸지만 자본과 부가 집중되고, 소득의 불평등이 확대되면서 내수시장이 얼어붙었다. 글로벌기업은 성장했지만 노동자, 농민, 중소기업체, 자영업자는 초국적 기업과 자본에 의해 희생을 강요당했다. 이 시기에 생활 노동자는 생산수단과 노동시장으로부터 불필요하고 무가치한 사람일 수 있다는 심리적 불안감에 휩싸였다. 사회경제 시스템으로부터 탈락할 수 있다는 낙오에 대한 공포가 사회를 움직이는 동력이 되는 비정상적 공동체로 변화시켰다. 경쟁에서 탈락한 사람을 철저히 혼자가 되도록 하여 개별적 위험에 빠지게 하였다. 복지나 교육 지출을 축소하거나, 늘리지 못하게 하여 계층이동이 상승하기는커녕 삶의 질을 악화시키거나 중산층을 하층

민으로 밀어내는 역할을 했다. 대부분의 국가에서 외국인의 자국 내 투자 증가는 소득분배를 악화시키고, 자본과 임금노동 간의 균형을 파괴시켰다. 외국인 투자는 노동조합의 조직률을 하락시켰고, 비정규직을 확대하면서 노동자 간의 임금 격차를 심화시켰다. 신자유주의 정책은 사람을 돈과 욕망의 노예, 실업, 양극화, 독점, 환경파괴 등을 양산하고, 자본에 의한 공공부문의 식민화를 초래했다. 대기업이나 부자들의 세금은 감축하고, 서민들의 사회서비스는 축소하는 정책으로, 세계적 약소국가와 사회적 약자를 담보로 글로벌 대기업을 성장시킨 것이다. 결국, 이윤만을 얻기 위해 노력하는 경제와 기업은 인간 생명과 안전 그리고 지속가능성을 보장할 수 없다는 사실을 깨우치게 하였다.

우리나라도 신자유주의 정책으로 글로벌 대기업들에게 더 많은 이윤을 낼 수 있도록 시장을 개방하고 자유화하였다. 일정한 산업과 기업은 세계화의 수혜자였으나 국가의 공공성과 복지예산은 축소되었다. 외환위기를 맞이하여 국제통화기금IMF의 구제금융이라는 호된 시련을 겪었지만 삼성전자와 현대·기아자동차 같은 글로벌 기업을 키워냈다. 많은 인재가 해외에서 지식과 경험을 쌓았고, 무역의존도 90%의 통상국가가 되었다. 세계화 시스템이 없었다면 우리는 세계 10위권의 경제대국이 될 수 없었을 것이다. 문제는 그에 대한 과실을 '누가 가져갔는가'이다. 글로벌기업은 수익을 보았고 성장했으나 농민은 FTA 등으로 피해를 보았고 노동자와 서민은 성과를 나누어 갖지 못했다. 특히, 세계화의 혜택을 본 재벌은 '노동조건'에 대한 불편한 진실은 이야기하지 않고 있고, 개선을 최대한 미루고 있다. OECD 평균, 1인당 1년간 근로시간은 1,800시간인 반면, 우리나라는 2,200시간으로 무려 400시간이나 더 일한다. 상황이 이런데도 불구하고 상생이나 공존, 배려, 기업의 사회적 책임을 수행하는 대기업은 찾아보기 어렵다. 미국의 경제 전문지 「포브스」는 매년 기업들의 브랜드 가치를 평가하여 순위를 발표하는데 2019년 삼성전자는 세계 7위에 랭크되어 있다.

하지만 삼성전자는 공식적으로 1인당 평균 근로시간을 발표하지 않아 일주일에 도대체 몇 시간을 일하는지 알 수가 없다. 문제는 그런 기업이 국내에서 부동의 1위 기업이라는 데 있다.

문제는 공공성과 사회성을 유지해야 할 영역이 신자유주의 세계 정책의 결과 축소되었다. 특히, 자본의 과잉축적, 산업예비군 증가, 양극화 심화 등은 청년실업 등을 양산하면서 저출산 세계 1위, 베이비부머의 퇴직, 고령화 등과 맞물려 사회문제를 폭증시켰다. 이윤체제에 깃든 경제적 불안정과 불평등이 불황을 가져왔고 이를 심화시켰다. 경쟁을 지나치게 강조하면서 상호작용 역량을 세계 꼴찌로 밀어냈고, 자살률 세계 1위, 행복지수 세계 꼴찌 등의 사회현상을 빚게 되었다. 신자유주의 정책은 노동시장에서 고용, 임금 등의 유연성을 증대시키고 이를 요구했다. 기업 구조조정의 경제적인 부담을 고용주와 함께 분담한다는 차원에서 노동자의 임금을 삭감하기도 하였다. 노동자를 퇴출할 뿐만 아니라 노동자가 유일하게 갖고 있는 노동권을 포기하도록 강요했다. 하청이나 용역화를 추진하면서 위험을 분산시키고, 노동자를 정규직, 비정규직으로 양분하여 소득을 불균형하게 만들었다. 몇 년 전 경제협력개발기구OECD가 공식적으로 인정한 것처럼 인류 역사상 가장 많은 부가 창출됐다는 지난 30년간 빈부격차도 최악으로 벌어져, 부익부 빈익빈의 현상을 가속화·고착화시켰다.

신자유주의는 지난 수십 년간 부의 집중과 분배의 효과 측면에서 매우 부정적인 결과를 초래했을 뿐만 아니라 글로벌 자본주의의 위기를 막는 데도 실패했다. 신자유주의 도입 이후 미국 정부의 정책은 극소수의 가진 자에게 유리한 방향으로 추진되었다. 대한민국의 이명박, 박근혜정부도 세계화 정책을 적극적으로 추진함에 따라 많은 문제점을 발생시켰다. 대통령을 위시해서 기득권층과 직업 정치인은 이기적이며 탐욕스러웠을 뿐만 아니라 몰상식하고 우악스럽고 때로는 치졸하기까지 했다. 정치·경제 권력이 자신들의 이익을 우선시하는 현상은 과거에도 있었지만 이 시기처럼 패악적이지는 않았다. 천만 다행스럽게도 민주주의라고 해서 좋은 국정운영과 핵심가치가 보장되는 것이 아니라는 것을 터득할 수 있는 계기를 마련해 주어 시민들이 촛불로 대통령을 탄핵했다. 사회문제가 복합적이거나 동시다발적으로 일어나는 것은 압축 성장에 대한 대가를 치르지 않고는 더 나은 사회발전이 쉽지 않다는 증거이다.

이러한 상황에서 '보이는 손'의 국가 역할은 절대적이다. 첫째, 지속적으로 늘어나는 자국 내의 해외자본을 적정선으로 유지할 수 있도록 하고, 독점을 규제하여 재벌의 문어발식 기업 확장을 막아야 한다. 둘째, 노동자들이나 중소상공인들이 생산수단을 안정적으로 확보할 수 있도록 지속적으로 보호해야 한다. 생산력 증가로 인한 노동시장에서의 노동력 소외 현상을 보호해 주는 정책을 펼쳐야 한다. 셋째, 복지 선진국들의 실패의 예를 들어 복지 지출을 축소할 것이 아니라, 사회임금 확대정책으로 사람에 대한 유효수요를 늘리고, 공동선의 가치를 창출할 수 있도록 해야 한다. 넷째, 국가 경영에서 정치·군사·사법·언론정책 등은 민주주의 개념을 적용하고, 금융·기업·노사관계·복지·연금 등의 사회 경제적 영역에서는 보호정책을 운영해야 한다. 고장 난 자본주의가 정치·경제·사회의 양극화를 양산했으며, 사람과 문화를 욕망과 돈의 노예로 만들었다. 승패를 가리는 경쟁의 논리로부터 패배하여 심각한 위기에 봉착한 기업과 사람에게 '보이는 손'을 내밀 책임이 국가에 있다. 지배와 피지배, 권력 지향적 생존 양식, 경쟁의 논리 등 공동체를 움직이는 작동원리에 대해 새로운 가치체계를 구축하여 균형을 잡아줄 책임이 국가에 있다. 기회는 평등하고, 과정은 협동하고 공정하며, 결과는 공생과 공존의 가치가 실현되는 정의로운 세상, 사람이 사람답게 사는 세상을 만들어야 할 책임이 국가에 있다.

인류는 공동체 인간을 당연하다고 믿었고 사회도 그렇게 작동하고 진화했다. 유럽은 오래전부터 공동체사회의 성숙단계를 경험하고 있지만, 이식된 자본과 이윤의 논리는 사회운영을 통제하고 시민 삶의 질을 하락시키고 구성원을 질식시켰다. 자본이 사회의 통제자 역할을 하는 천민자본주의와 천민정치가 저변화되면서 사회 곳곳은 좀먹어 구성원들의 마음은 피폐해지고 공동체를 갉아 먹었다. 노동이 세계화에 휘둘리면서 시장으로부터 유리되고 소외되었으며 파편화되었다. 국가의 약화는 기득권에 의한 시장지배를 허용하였다. 근현대사 이후 대한민국은 자본의 요구를 중시하거나 그의 편을 들어 주었을 뿐만 아니라 자본의 독재를 정당화시켰다. 국가는 사회 각 계층의 다양한 목소리에 귀 기울이지 않았으며 갈등을 조정하는 중재자 역할도 제대로 수행하지 않았다. 이제라도 '시장'을 필요와 공정성이 보장되는 호혜적 공존이 가능한 곳으로 변화시키는 방안을 찾아야 한다. 공정하고 투명한 '경제정책', 생산자와 소비자가 '공동선'으로 만나는 시장, 협력적인 노사관계, 중소기업의 자본 부족과 유용한 인력 부재를 개선할 수 있는 혁신 방안, 이윤을 목적으로 하는 금융으로부터 공익창출을 보호하고 지원하는 금융으로 탈바꿈해야 한다. 사회구성원의 존엄성을 유지시키고, 경제적 안전성을 확보해 주는 국가경영 전략이 필요하다. 사라져가는 '사회적 관계의 인간'을 복원하여 공동체에서 목적을 찾고 능력을 발휘할 수 있는 사회문화적 환경을 만들어야 한다. 진보와 보수, 좌우를 아우르는 균형잡힌 자세로 우리 사회가 어떻게 구성되고 작동하는지, 세계정책은 어떻게 변화하고 그에 대응해야 하는지 연구해야 한다.

산업화는 인간과 인간 사이의 공동체적 관계를 해체하고, 그 공간을 재화와 서비스로 메워왔다. 국경을 넘어선 자본은 풍요 속의 빈곤을 심화시켜 소외현상을 가속화했다. 삶의 주인으로서 자신을 실현하고 싶지만 가로놓인 강물의 깊이와 넓이가 주저앉혔다. 자본주의가 심각한 벽에 부딪힌 지금 세계의 변화와 발전, 진화의 법칙과 미래를 예견할 수 있는 새로운 세계관이나 논리적 판단체계의 사상思想이 필요하다. 과거의 행적이 분명하고 현재 심은 것이 확실하며 품행이 방정하면 미래의 결실은 볼 것도 없다. 중산층이 무너지고 극빈층이 많아지면 결국 온 국민을 국가가 책임져야 한다. 선거에서의 민주화는 이루었는지 모르지만 경제적 균형과 평등은 이루어지지 않았다. 정의가 실현되려면 그 시대를 살아가는 사람들의 마음속에 옳은 가치를 존중하고 지향하는 갈망과 실천이 있어야 한다. 탐욕을 벌하는 지혜가 새로운 문명을 낳는다. 민주주의는 국민이 생각하고 행동하는 만큼만 진보하므로 깨어 있는 시민의 조직된 힘이 우리의 미래일 수밖에 없다. 이상적인 사회는 모두가 잘 먹고, 입고, 자는 거 걱정 안 하고 하루하루가 신명 나게 이어지는 그런 세상이다. 살기가 너무 힘들어서 분하고 서러워서 스스로 목숨을 끊는 일은 없어야 한다. 사람이 사람으로 대접받고 대접하는 세상, 원칙과 상식이 통하는 사회, 반칙과 특권이 통하지 않는 사회, 열심히 일하면 땀 흘린 만큼 잘 사는 사회이다. '자본주의 너머의 새로운 사회'를 고민해 보는 것은 인류의 존재 이유이고 사명이며 희망이다.

미래사회는 평등하고 자유로운 사람이 모이고, 연합하여 자기 문제를 스스로 해결하는 사회이다. 가난한 사람도 배제되지 않는 사회가 좋은 국가이다. 사회적경제는 삶의 위기, 생태의 위기, 경제의 위기 등 인류의 생사와 직결된 문제에 대처하고 지구촌 생명시스템의 존속에 공헌하는 공동체기업 방식이다. 돈을 벌기 위해 경쟁하는 것이 아니라 정신적 만족과 행복을 목적으로 하는 필요와 욕구의 경제활동이다. 구성원들이 공동체에서 목적을 찾고 선의나 호의로 협력하고 지혜를 짜서 서로 돕고 능력을 발휘하는 자발적 경제·사회 활동이다. 민관협치와 협동조합의 연대를 통해 지역개발을 주도하는 캐나다 '퀘벡', 지역의 생산과 소비를 연결하면서 협동조합 지역공동체를 형성한 이탈리아 '볼로냐', 생명의 세계관을 바탕으로 공생과 나눔의 모델을 제시하는 우리나라 '한살림' 등은 공동체적 유대와 사회관계를 통해 '사람이 사람답게 사는 세상'을 만들고 있다. 따라서 모든 동식물 생태계 보존의 지속가능한 지구촌을 위해, 인류의 보편적 가치를 실현할 수 있는 '사회적경제'를 국가 핵심정책으로 채택한 현 정부의 방향은 올바른 선택이다.

4. 시장경제의 한계와 사회문제

사회문제는 자연적 현상과는 구분되는 사회적 현상이다. 사회구성원 개개인의 문제가 아니라 구성원 다수와 관련된 부정적 현상이다. 동일한 사회현상이라도 시대와 장소에 따라 사회문제로 규정할 수 있는지 그 여부는 달라질 수 있다. 대부분의 사회문제는 인간과 공동체의 노력으로 해결이 가능하다. 따라서 현재를 살아가는 구성원들은 해결의 실마리를 찾기 위해 우리에게 무슨 문제가 있는지 스스로 질문하는 것으로부터 시작해야 한다.

경계의 시대

우리는 노력하면 성공하는 시대를 살아왔지만, 미래의 세대는 노력해도 안 되는 시대를 견뎌야 한다. 그런데도 더 나은 미래를 위해 제시하는 모델은 '인간 중심의 경제'일 수밖에 없다. '옥스팜 인터내셔널'은 14개 기구의 연합체로서 100여국에서 3,000여 제휴 협력사와 함께 구호활동을 펼치는 단체이다. 빈곤해결과 불공정무역에 대항하는 대표적인 기구인 옥스팜은 "신뢰할 만한 정부는 극심한 불평등에 대항하는 가장 좋은 무기이며, 정부는 부자와 고소득자의 세금을 인상해서 많은 사람을 위한 건강관리와 교육·일자리 창출 등에 투자해야 한다."라고 했다. 부의 불평등은 사회를 분열시키고 범죄와 불안정성을 증가시키며, 희망을 꿈꾸는 사람을 줄게 하여 공동체와 민주주의를 파괴한다.

사회적 가치 창출을 모토로 하면서도 지속적인 경제적 가치를 창출할 수 있는 구성원 간, 세대 간 상호유기적 연대를 실현시켜 줄 다양하면서도 구체적인 정책이 필요하다. 신뢰와 호혜가 가능한 '시장', 실업과 비정규직 문제, 경제 양극화 등의 사회문제를 해결하기 위한 재교육을 포함하는 적극적 일자리 창출 정책 등이다. 빈곤한 노인층은 비약적으로 증가하는데 스스로 해결할 수 있는 방안은 없다. 기회도 주어지지 않고 일자리가 없으니 양극화의 사회 불균형을 완화하거나 감소시킬 방도가 없다. 고령화 등의 복지수요서비스는 OECD가 19.8%인 데 반해 우리나라는 8.1%밖에 되지 않는다. 사회정책은 노동시장 외부에 있는 미취업상태의 사람만 아니라 노동시장 내부에서 일하는 근로자의 욕구도 충족시켜야 하는 과제를 안고 있다. 자동화나 디지털화는 불평등 상태를 심화시키고, 많은 노동자를 이전보다 더 나쁜 상황으로 몰아넣을 가능성이 높다. 결국, 경제적인 불평등에 의한 사회복지와 사회서비스에 대한 수요는 증가하고, 지출하고 보듬어야 하는 국가의 공적서비스는 계속 확대될 수밖에 없어 그 많은 요구를 어떻게 담보할지 궁금하다.

경계의 대한민국

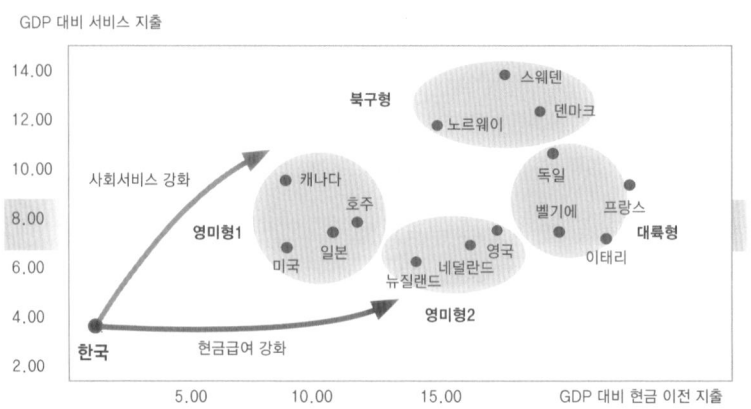

소득 양극화는 중간 소득계층의 인구를 축소시킬뿐더러 하향평준화시켜 저소득계층을 증가시킨다. 인구구조의 변화와 고령화가 꾸준히 빈곤율을 높이고 소득의 불평등을 증가시켜 양극화의 사회적 갈등을 심화시

킨다. 소득불평등에 의한 사회적 갈등은 이해와 타협으로 관리할 수 없으므로 근본적 치유 없이는 풀 수 없다. 자본주의 역사상 경제위기는 언제나 노동자의 실질임금 하락을 수반했다. 산업화 60년이 이룩한 풍요의 성과를 나누지 않고는 해결할 수 없을 것 같다. 우리는 지금 '경계'에 와있다. 여기서 말하는 '경계'란 GDP 대비 현금급여 강화를 해서 선진국·복지국가로 갈 것인지 아니면 GDP 대비 사회서비스에 투자하여 선진국·복지국가로 갈 것인지를 정해야 하는 경계이다. 그것도 아니면, 양수겸장으로 두 정책을 모두 사용하는 묘수를 둘 것인지 결정해야 하는 경계에 서 있다.

'사회적경제'에 주목해야 하는 것은 복지국가로 가기 위한 현금급여 강화방법이라기보다는 (지역)사회서비스를 강화하여 복지국가로 가자는 방안이기 때문이다. 사회적경제는 다른 이의 삶을 받아들여 자신의 고통까지도 기쁨으로 변화시킬 수 있는 방안이며, 우리사회 공동체를 이노베이션할 수 있는 가장 좋은 실천적 대안이다. '보이지 않는 손(시장)에게 맡겨 놓고, 보이는 손(정부)을 내밀지 않는다'면 우리에게는 희망이 없고 국가의 존재이유도 사라진다. 국가 스스로 권력을 포기하고 모든 것을 개인 책임으로 떠넘기면 사회는 냉소적으로 변할 수밖에 없다. 우리의 소중한 가치인 민주주의도 더는 작동하지 않을 수 있다. '좋은 생각'이란 현실화하는 방법과 행동으로 옮기는 방법을 구성원 누구나 쉽게 이해하고 실천할 수 있도록 하는 것이다. '사회적경제'는 실현시킬 수 있는 활용이론이거나 운동이고, 충분한 경험도 쌓였다. 경제의 도덕적 혁명이며, 시장의 윤리적 혁명이다.

새로운 시대의 경제정책과 운용은 첫째, 경제모델의 다양화와 유연화로써 시장경제(보이지 않는 손)와 사회적경제(보이는 손)를 혼합 적용하여 사회공동체 정책을 수립해야 한다. 둘째, 소유욕이 너무 강한 생산수단에 협동조합 형태의 공동체기업 양성과 공공을 위한 생산의 '공유개념'을 확대할 필요가 있다. 셋째, 보편적 복지의 확대와 사회서비스 확대로 사회문제를 해소할 수 있도록 해야 한다. 넷째, 노동집약적이고, 자본집약적인 대규모 생산과정과 결과에 대해 일반시민의 참여기회를 확대할 수 있는 국민주식제도 등을 마련하여 소유와 공유와 향유, 대기업과 무산자 구분 축소, 이윤의 적절한 배당구조가 가능하도록 해야 한다.

21세기는 자동화, 디지털화 시대이다. 사이버상에서의 사생활 보호와 인식, 개인소유권이 공유의 개념으로 이동, 예측 가능한 소비패턴과 심리, 일과 여가시간의 혼재, 도시와 농촌의 생산자와 소비자의 구분이 없는 도농직거래, 인공지능을 장착한 휴먼로봇 개발과 상용화 등이 온오프를 통해 쌍방향으로 융복합하면서 진화할 것이다. 여기에서의 직업군은 경제학자 마튼 구스Maarten Goos와 앨런 매닝Alan Manning의 표현처럼 둘로 나눌 수 있다. 러블리 잡Lovely job(로봇이나 디지털 애플리케이션을 만들고 관리하거나 금융과 고품격의 서비스 분야에서 근무하는 부가가치가 높은 것을 창출하는 직업군), 라우지 잡Lousy job(제조, 판매, 배송, 단순 사무직 등 저임금, 단기계약, 고용불안정, 상시적인 해고 등에 직면한 직업군)이다. 이런 상황에서는 임금근로자 자영업자, 임시직업자(장래가 걱정스럽고 남 보기 부끄러운), 실업자, 비정규직이 양산될 것이고, 더이상 안정적이고 정기적이며 장기적인 업무를 하는 고용형태는 필요하지 않다. 필요에 따라 공식적, 비공식적으로 협업하는 형태가 일반화될 것이다. 인터넷과 SNS가 발달함에 따라 업무가 임시적 형태로 변하고, 어디서든 업무가 가능하여 일과 가정생활의 구분이 모호해진다. 이러한 일과 근무형태는 지속가능한 시장은 고사하고 기업 활동을 축소시킬 수 있다. 사업 주체는 물론이고, 직업이 불안정적인 종업원은 먹이 사슬의 아랫부분으로 떨어져 위험과 혼란을 겪게 되고, 이익에도 참여하지 못하며, 계층이동도 불가능해진다. 비정기적 생산자와 노동자는 생계를 유지하러 또다시 목적지도 불명확한 길을 찾아 나서야 한다.

미래를 창조하고 만들어 가되 '사람에 우선하고, 지속가능한 미래가 되도록 해야 한다.'는 명제에 흔들림 없어야 한다. 인간 본성의 정수인 신뢰,

협력, 공감, 봉사 등의 도덕적·전통적 윤리의식의 복원과 생성을 기반으로 미래를 위한 창의적이고, 혁신적이며, 도전적이고 공동체적인 지성과 야성을 고양시켜야 한다. 정부가 보육, 노인 돌봄, 교육, 기초기술 훈련 등 일자리를 늘릴 수 있는 방안을 마련하여 문제를 해결해야 하고, 정부기관이 공동체가 필요로 하는 직업을 위해 비용을 지불해야 한다. 보건서비스, 주택, 교육훈련 등과 같은 것을 고용상태와 관계없이 보편적으로 보장해야 한다. 공공선은 건강한 경제와 건강한 사회가 합쳐진 모습이다. 최고의 경제정책이란 정부가 공동체의 요구에 적극적으로 답하는 데 있다.

우리나라의 사회 경제적 안정성을 위협하는 대외 무역의존도, 공적 사회지출 정도, 신뢰, 고령화, 신용문제, 갈등(정치, 경제), 일자리 문제들에 대해 심각한 원인과 이유를 분석하여 국가 경영의 지표로 삼아야 한다. 사회 구성원들의 의식구조는 사회질서에 안정성을 부가하지만, 불편하고 부당한 상황에서는 사회질서를 파괴하기도 한다는 게 역사의 증언이었다. 따라서 수익과 결과보다 더욱 중요한 것이 과정과 분배라는 인식의 대전환이 필요하고 삶의 현장에서 억울한 사람이 없도록 해야 한다. 분노와 저항이 더 이상 갈 곳을 잃고 냉소주의에 빠지게 되면, 사회를 변화시킬 수 있는 동기마저 잃을 수 있다.

산업화과정에서 우리나라는 국가주도의 보호무역정책의 계획자 '정치권력'과 수혜자 '경제권력'들이 함께 성장과 발전을 주도하여 근현대화의 정경유착 근거를 마련하였다. 1997년 IMF의 경제위기를 극복했으나 복지국가 체제를 만들지 못하고, 부의 양극화를 심화시키면서 사회 갈등을 증폭시켰다. 국민들은 참고, 기다리고, 노력해 온 성취의 결과물을 향유해야 할 시점에 와있다고 생각한 반면, 성장의 과실을 장악하고 있는 정치경제권력자들과 그에 편승한 엘리트주의자들은 아직 내놓지 않으려는 데서 오는 사회적 갈등이 심각하다. 시민들은 더이상 목표지향적인 정책과 결과주의를 용인하지 않겠다는 뜻을 분명히 하고 있다. 세계 10위라는 압축

성장과 성공에 대한 공정하고, 공평하며, 그에 합당한 보상이 가능한 분배의 복지국가 체제 구축을 요구하고 있다.

부의 대물림

세계 최고 갑부 8명이 소유한 재산이 전 세계 소득 하위 인구의 절반인 36억 명의 재산 총합과 비슷한 '빈익빈 부익부' 현상이 세계를 강타하고 있다. 국제구호기구 옥스팜이 다보스포럼(세계경제포럼)을 앞두고 2017년 1월 16일 발표한 「99%를 위한 경제An economy for the 99%」 보고서의 연구결과를 보면, '빈익빈 부익부'의 추세가 해가 갈수록 심화되고 있다. 최근 30년(1988~2011년) 동안 세계 최하위 10%의 소득은 1인당 연평균 3달러씩 증가한 반면, 같은 기간 최상위 10%의 소득은 1인당 1만 1,800달러(약 1,400만 원)씩 불어났다. 2010년 부자 388명이 세계인구 50%에 해당하는 재산을 가질 만큼 부의 집중화 현상은 커졌다. 2011년 177명, 2012년 159명, 2013년 92명, 2014년 80명, 2015년 62명으로 줄더니 2016년에는 8명으로 그 수가 하락했다. 불평등 심화의 주된 원인은 기업의 조세회피, 기업의 노동자와 생산자 착취, 과도한 주주 자본주의, 정경유착 등이다. 지구촌 억만장자 상당수가 자수성가가 아니라 선대로부터 재산을 물려받거나 정부와의 긴밀한 관계를 유지하여 부를 축적했다.

우리나라에선 더 이상 "개천에서 용 난다."라는 속담이 통용되지 않는다. 미국「포브스」지가 매년 공개하는 주식 부자 중 한국과 미국, 중국, 일본 등 4개국의 주식 부자를 국가별로 40명씩 살펴본 결과, 한국의 상속형 부자비율이 가장 높았다. 전체 160명 중 112명(70%)이 창업을 통해 백만장자가 된 자수성가형 부자인 반면 48명(30%)은 상속형 부자였다. 10년 전인 2007년에 비하면 자수성가형 부자는 96명(60.0%)에서 16명 늘었고, 64명(40.0%)이던 상속형 부자는 그만큼 감소했다. 대한민국의 부자 중에는 자신의 노력으로 자수성가한 사람보다 부모에게서 재산을 물려받은 '태생적'

부자가 월등히 많다. 지구상에 그런 예는 찾아보기 어렵다. 40명 중 25명이 상속으로 부자가 되었고, 전체 62.5%를 차지한다. 지난 2007년 조사에서도 40명 중 31명이 상속형 부자(77.5%)여서 4개국 가운데 상속형 부자 비중은 가장 높고, 자수성가형은 9명(22.5%)으로 최하를 기록했다.

10년 전인 2007년과 비교할 때 부자의 1인당 자산 증가율은 중국 192%, 한국 170%, 미국 87%, 일본 62%이다. 상속세율만 보면 상속형 부자 비율이 높은 게 쉽게 납득되지 않는다. 우리나라의 상속세율은 최고 50%이고, 가산세를 합하면 명목상 세율은 65%로 다른 나라에 뒤지지 않는다. 하지만 우리나라 부자는 온갖 편법 상속으로 증여세와 상속세를 피하여 부를 상속한다. 대표적인 사람은 주식부자로 떠오른 이재용 삼성전자 부회장으로 8조 원 규모이다. 이 부회장은 이건희 삼성 회장으로부터 증여받은 돈은 60여억 원으로 알려져 있고, 16억 원의 증여세를 낸 뒤, 이를 기반으로 8조 원대로 재산을 불렸다. 이 과정에 삼성 계열사가 동원된 것은 물론, 국민연금의 지원까지 받았다. 결국 삼성 주식을 소유한 일반주주와 국민연금 가입자 모두 자신도 모르는 사이에 이재용 부회장의 재산 증식 과정을 도운 것이다. 우리나라 재벌 총수 중에는 자녀에게 비상장기업을 만들도록 하고 계열사를 동원해 일감을 몰아주는 방식으로 자녀의 재산 증식을 도왔다. 재벌의 이러한 증여와 상속의 경우는 부지기수다. 불법과 탈법이 가능한 것은 적발된 후의 처벌이 절감한 세금보다도 형편없이 적기 때문이다. 대기업 총수 일가 입장에서는 법을 지키는 것보다 불법이나 탈법을 저지르는 것이 더 이득이 되니 이런 불법적 상황이 전개된다. 부의 상속은 아무리 노력해도 성공할 수 없어 포기하거나, '흙수저'의 늪에서 빠져나올 수 없다는 것을 기정사실화한다. 공동체와 구성원들에게 비관적 부정적 사고를 갖게 한다. 통계청의 조사 결과 1994년만 해도 '계층 이동 가능성'에 60.1%가 긍정적이었고, 5.3%가 부정적이었다. 하지만 2015년에는 긍정이 21.8%였고, 부정이 무려 62.5%로 12배나 폭증했다.

부의 대물림이 고착화되는 현상이 심화되면 결국 아무리 노력해도 아무것도 바꿀 수 없다는 패배의식이 확산되어 공동체를 파괴한다. 경제전체는 성장 동력을 잃게 되어 저성장의 늪으로 빠져 헤어나기 어렵게 된다. 2017년 1월 KBS에서 바로서는 대한민국을 위한 설문을 리서치센터에 의뢰하여 2,017인에게 물었는데, '국민들이 생각하는 재벌의 문제'는 사회양극화 39.1%, 정경유착 38.1%이었다. '재벌개혁'을 위해서는 불법행위 처벌을 강화(41.9%), 재벌 일가 지배력을 견제(33.3%), 일감 몰아주기 근절(17%)이었다. 재벌개혁은 기업의 감사권을 완전 분리하여 선출·임용하고 독립적인 권한을 갖도록 하여 감시할 수 있도록 해야 한다. 그룹 내부 간의 순환출자를 금지하고, 종업원·노동자 이사제 등을 신설하여 노동현장의 소리가 이사회나 주주 총회에서 전달될 수 있도록 해야 한다.

노벨 경제학상을 받은 석학 조지프 스티글리츠 미국 컬럼비아대학교 교수는 부의 불평등은 도덕 문제일 뿐만 아니라 경제, 정치문제라고 주장한다. 빈부 격차가 인류의 정치, 경제, 사회 지속성을 위협한다고 보았다. 보통 사람들이 대기업 제품을 사지 못할 정도로 가난하다면 대기업은 성장할 수 없으며, 지속적인 경제성장이 위협받는 것은 당연하다. 불평등 해소에 시장경제의 미래가 달려있다고 지적하면서 그가 제시한 해법은 의외로 간단해 '세금을 더 내라'이다. 한편, 국제통화기금은 부가 불평등하지 않은 나라일수록 잘 산다고 보고하였다. 경제성장 결과에 대해 일반 대중이 정당한 몫을 돌려받지 못하면, 이들은 그런 결과를 초래한 경제, 정치 시스템에 등을 돌리게 마련이다. 세계화로 대중이 경제적 손실을 보면 결국에는 세계화정책이 외면받을 수밖에 없고, 불평등이 심해지면 현재의 정치, 경제시스템은 존속하기 어렵다. '낙수효과' 정책은 폐기처분해야 하는 실패한 정책이었음에도 불구하고 아직도 탐욕의 헛된 욕망을 버리지 않고 뒷다리를 잡고 있는 사람들이 있다. 탐욕의 재벌은 개혁해야 하고, 이를 뒷받침하는 기득권 세력들은 반성해야 한다. 지속 가능한 부는

'분배'라는 사실을 깨우쳐 법과 규칙을 새로 써야 한다. 경제 권력은 위기의식을 갖고 공동체의 지속성과 발전을 위해 사회변혁에 앞장서야 하고, 부를 대물림하려는 불법적 상속의지를 다시는 갖지 못하도록 제도를 만들어야 한다. 자수성가형 부자가 탄생하지 않으면 대한민국은 미래가 없다. 더 이상 위험을 감수하지 않으려는 사회구조와 절대 불가능한 재도전의 기회에서는 변혁이 일어나지 않는다. 능력있는 사람들이 창업을 통해 상류층에 진입할 수 있도록 경로를 넓혀야 경제가 활성화된다. 세습된 과거의 자본이 현재와 미래를 지배하고 규정하는 사회로는 안 된다.

국민행복지수 꼴찌, 청소년 생활 만족도, 국민정신건강 역시 꼴찌이고 우울증, 스트레스, 노인빈곤율, 자살률 등은 세계 최고다. 턱없이 낮은 삶의 질의 원인은 사회공동체를 이끌어주어야 할 공공재가 꽉 막혔기 때문이고, 사회관계망이나 사회안전망이 없거나, 작동하지 않기 때문이다. 더불어 잘사는 사회를 위한 사회적 자본을 확충해야 하고, 개인이나 기업의 이익이 사회전체 이익의 틀 안에서 창출되고 공유되며 극대화되는 사회공동체를 만들어야 한다는 의미이다. 공동체를 우선으로 생각할 때 더불어 잘살 수 있는 미래가 건설된다는 살아있는 증거를 받아들여야 할 때가 되었다. 돈이 많다고 하더라도 인간다운 삶의 조건인 공기, 환경, 사회보장, 노후보장, 교육 등의 공공재를 혼자 만들 수는 없다. 과거에는 내가 잘살면 남도 잘살 수 있는 성장의 시대를 살았고, 그런 가치가 통하는 사회 분위기였다. 그러나 대기업의 수입도 줄고, 고용도 줄고, 실질경제성장률이 제로에 가까운 21세기에는 어림도 없다. 우리 삶의 질을 결정하는 기준은 사유재가 아니고 대부분 공유재이다. 지구촌이 더불어 함께 살 수밖에 없는 환경으로 변했다. 파이를 크게 만들어 나누어 먹자는 말은 크게 만들어져도 나누지 않겠다는 말이며, 가진 자의 말장난에 불과하다.

'국가가 정의를 외면할 때 투쟁은 의무가 된다.' 소기의 목적만 달성하면 된다는 빗나간 사고방식은 정도正道를 이탈한 행태이다. 법과 원칙, 윤리와 정의를 무시하고 가다 보면 모로 가는 길을 걷게 된다. 지름길로 가지 않으면 왠지 손해 보는 것 같은 피해의식은 급행료를 지불하게 만들고 부정한 방법을 선택하게 한다. 1970, 80년대의 급속한 경제성장은 모로 가는 길을 어물쩍 용인하거나 당연한 것처럼 받아들이는 그릇된 의식구조를 탄생시켰다. 경제성장이라는 그럴듯한 명분 아래 기업의 검은 거래가 묵인되고, 특정 인사나 기업에게 특혜가 횡행하는 왜곡된 사회구조를 만들었다. 외적성장을 앞당겼을지는 몰라도 사회정의는 퇴보했다.

재벌을 수사하면 경제에 부담을 준다는 말은 새빨간 거짓말이다. 재벌 총수가 부재하면 기업이 비전과 미션을 잃어버려 의사결정에 차질을 빚고 인사권의 공백을 가져와서 투자가 위축되고 실적이 악화되어 경제에 악영향을 미치고 국민경제에 손실을 입힌다는 것은 어불성설이다. 이것은 지극히 일시적인 현상이고 그 어떤 것에도 근거하지 않은 헛말이다. 장기적으로는 기업 투명성이 확보될뿐더러 기업 이미지가 좋아져 투자가 늘어나고 경영성과로 이어져 국가경쟁력도 증가시킨다. 2016년 하반기 삼성전자가 그랬고, 최태원 회장이 구속되었던 2013년 SK주가 역시 2016년 정점을 찍으며 지속적으로 상승했다.

사회지도층의 도덕성을 이야기할 때 유럽 귀족의 솔선수범을 예로 들곤 하지만 우리의 선조는 각자의 처지에서 대의를 좇아 몸소 실천했다. 나라의 녹을 먹는 관리는 청백리로 사는 것을 큰 가치로 생각했다. 국민이 도탄에 빠지고 굶주릴 때 부자는 배고픈 사람을 위해 곳간을 열었다. 시민은 품앗이로 서로를 위하고 돌보며 살아왔다. 국가가 누란累卵의 위기에 봉착했을 때는 스스로 의병이 되었고, 스님은 승병이 되어 침략자를 무찔렀다. '경주 최부잣집'은 항일 독립자금을 지원했고, 해방 후에는 인재양성을 위해 교육기관 설립에 전 재산을 기부했으며, 백 리 안에 굶주린 사람이 없도록 언제나 곳간을 열어두었다. 이 외에도 수많은 백성과 지식인,

자산가는 이 땅에 배고픈 사람을 나 몰라라 하지 않았으며, 불의를 척결하는 데 주저하지 않았다. 임진년의 왜란, 한국강제병합에 대한 저항은 '노블레스 오블리주(사회적 신분에 상응하는 도덕적 의무)'가 정상적으로 작동하여 난亂을 극복하고, 독립을 쟁취하는 데 큰 역할을 했다. 그러나 독립 후, 청산되지 못한 친일파가 득세하면서 독립운동가 집안의 삶은 고단해지고, 매국노 집안은 떵떵거리며 사는 왜곡된 역사가 시작되었다. 친일파는 권력과 부를 승계받은 반면, 독립유공자와 그 후손은 가난을 대물림받아 3대가 망하는 어처구니없는 나라가 되었다. '국가경영시스템인 노블레스 오블리주'가 작동하지 않거나 뒤집어졌거나, 붕괴되었기 때문이다.

  뒤이은 6.25전쟁은 이념과 사상으로 편을 가르고 비화되면서 국가를 위해 목숨 바쳤던 백만 명의 유공자가 포화 속에 사라지거나 이름 모를 산야에 묻혀야 했다. 산업화 이후에는 공동체를 유지하던 사회규범은 파괴되고, 국가에 대한 충성과 의무만을 교육하고 강요하다 보니 불공정·불공평한 공동체가 되었다. 세계 10위를 오르내리는 경제대국이 되었지만 압축성장의 폐해는 적지 않았다. 재벌기업이 받은 특혜는 불법 승계하여 경제 권력을 만드는 데 사용되었을 뿐, 빚을 청산하거나 실리를 분배하지 않았다. 행위를 정당화시킬 수 있는 사람들이 국가를 경영하면서 책임과 윤리와 도덕, 정의는 묻지도 따지지도 않고 고스란히 국민의 부채로 남겼다. 낡은 것이 생명력을 잃었는데도 아직 새로운 가치가 탄생하지 않았다면 우리 사회의 큰 위기이다. 사회 지배계층 상층부에서 계획되고 실행된 정치·경제정책이 중산층을 파괴하고 취약계층을 계속 거리로 내몰았다. 막스 베버(Max Weber, 1864~1920년)가 자본주의 문명의 최후인간으로 제시한 '영혼 없는 전문가'의 전형을 보는 듯했다. 독일 윤리철학자 한나 아렌트가 말한 '악의 평범성'[3]을 그대로 보여주었다.

  '인격'은 사람을 일정한 양식으로 행위하도록 하는 지적인 힘인데, 사

---

3 모든 사람이 당연하게 여기고 평범하게 행하는 악이 악마적인 것에서 출발되는 것이 아니라,

회생활에서 얻어진 최고의 인간성이다. 도덕적 행위의 주체자로 성격에 지적이며 도덕적인 요소를 추가한 개념인 '인격'이 부족하여 언제나 욕망은 솟아나고 유혹은 선을 넘어 스멀스멀 기어나왔다. 인간의 위대함은 그가 가진 권력이나 부의 크기가 아니라 정신과 기백과 영혼의 크기로 결정나는 것이라고 했다. '노블레스 오블리주'는 특혜받는 사람들의 의무이자 책임을 말한다. 우리나라는 상층은 있는데 상류사회는 없고, 고위층은 있는데 노블레스 오블리주가 없다. 특권만 누리고 의무를 저버리면 사회적 자본의 기반이 약해 다른 국가들보다 우리의 미래가 더 어둡고 불안하다. 권력은 공평하여 사사로움이 없어야 하고, 사람을 다치게 하거나 속박하는 것이 아니라 인간 발전과 행복한 세상을 만드는 곳에 쓰여야 한다. 대안은 재벌기업들이 기업의 사회적 책임CSR이나 노블레스 오블리주를 실천할 가능성이 매우 낮아 정부가 소득재분배 정책을 실시할 수밖에 없다. 대기업 법인세율을 증가시키거나 고소득 세율을 높이고, 자산세율을 높이고, 주식과 부동산 등에 세금을 부과하여 서민복지 예산을 확보해야 한다. 수출과 투자를 급격히 늘리기는 어렵지만, 소비가 성장을 이끌 수 있도록 서민의 유효수요를 창출할 수 있는 적극적 정책은 얼마든지 가능하다. 세금을 걷는 궁극적 목적은 '분배'에 있고, 정부가 존재하는 이유이다. OECD 평균에 근접한 민생복지 지출을 늘리면 서민 생활자들은 유보금을 곳간에 쟁여둘 여윳돈이 없기 때문에 대부분 소비할 수밖에 없고 덕분에 시장은 활성화된다. 다만 서민의 생활비를 대기업이 탐내지 못하도록 통제하고, 상호호혜와 신뢰의 가치가 통용되는 '사회적시장'을 육성하여 '사회적자본'이 축적될 수 있도록 환경을 조성해야 한다.

불행하게도 전 세계를 휩쓴 '코로나19' 감염병의 대유행으로 서구사회의 밑거름이었던 '통합'과 '연대'의 가치가 휴지조각이 돼버렸다. 부유층은 지방 별장으로 피신해 호화 격리생활을 하는데 일반 시민들은 감염병

당시 평범한 사람들이 상부의 명령이나 사회문화에 순응하여 자행한다는 충격적인 이론.

위험에 그대로 노출되는 '계급사회'의 일상이 노출되었기 때문이다. 특권을 상징해 온 '노블레스 오블리주'가 "나부터 살고 보자"는 이기주의로 변질되면서 유럽의 우월적 민낯이 드러난 것이다. 현대 민주주의를 정착시킨 미국이 코로나19 최대 피해국이 되면서 뉴욕 맨해튼 부촌은 '유령 도시'가 됐다고 한다. 반면, 매사추세츠주 남동부의 유명 휴양지 케이프코드는 인구가 무려 600%나 폭증했다. 부유층이 갑자기 지방 도시들로 밀려들면서 감염 불안이 증폭되고 있다. 프랑스 부유층은 인구밀도가 높아 바이러스에 취약한 도시를 떠나 도시 주거지 외 별장 등의 쾌적한 환경으로 피신하는 '파리 탈출'을 시도 중인데 지방에 별장을 보유한 사람만 340만 명에 이른다고 한다. 프랑스 누아르무티에섬은 외지인들이 이동 제한령을 어기고 해변에서 피크닉을 즐기거나 식료품을 쓸어가 주민들의 분노를 사고 있다. 이들 지역 대부분은 의료환경이 열악하고 고령자 비율이 높아 코로나19 확산 대응에 취약하다. 지도층의 사회적 의무를 강조하던 예전과는 전혀 어울리지 않은 모습에 당혹스러워하고 있다. 이탈리아 남부에서도 바이러스 확산 책임을 북부 부유층에 돌리는 목소리가 높다. 시칠리아의 한 보건위원은 지역방송에 나와 "북부 봉쇄 직전 4만 명 이상이 시칠리아로 유입된 뒤 확진자가 쏟아지기 시작했다"고 분개하면서 상대적 박탈감을 토로했다. 감염 위험을 무릅쓰고 생계에 나서야 하는 저소득층의 삶은 휴양지에서 유유자적하는 부자들의 일상과 대비될 수밖에 없다. 미국 뉴욕시는 맨해튼 인구 10만 명당 코로나19 확진자 수는 992명이지만 가난한 동네인 브롱크스와 퀸스는 각각 2,308명, 1,868명에 달해 사실로 입증되었다. 맨해튼 흑인 빈민가로 꼽히는 센트럴 할렘의 응급실 내원 환자 수도 평균보다 220% 상승했다. 공공의 이익을 추구하라고 배우지만 실제 위협 앞에선 자신만큼은 예외로 인정하고 싶어하는 분위기가 만연되어 있다. 유럽사회의 거리두기 지침이 잘 지켜지지 않는 것도 이 때문이다. 미국에서는 개인의 윤리의식에만 기대다가 정부가 감염병 양극화를 초래했다는 지적을 받기도 한다. '개인의 책임'이라는 개념이 팽배한 미국에서는 여간해서 타인에게 시선을 주지 않는 특성이 있지만 국가와 공동체에 대한 협력과 연대의 책임감이 부족할수록 '코로나19' 바이러스는 그 틈을 놓치지 않고 공격하고 있다.

민주주의는 중산층이 다수인 사회에서 지속적으로 발전했고 사회적 자본을 증폭시켰으나 불균형사회에서는 민주주의를 저해하였다. 이제 우리는 자유주의적 사고와 환경에 대한 장점을 수용하면서 신뢰와 호혜를 기반으로 작동하는 새로운 공동체주의 '사회적경제'에 주목해야 한다. 사회적경제는 이기적 욕망과 경쟁으로부터 탈피할 수 있는 문화와 환경을 갖출 수 있는 방법이고, 이 불안한 시대에 정책을 개발하여 사회에 적용할 수 있는 실질적 대안이다. 우리에게 내재되어 있는 잘못된 사고와 철학을 전환시켜줄 수 있는 사상적 기반과 구체적인 조직체와 실체를 갖고 있고, 역사적 경험도 풍부하다. 현실적인 문제와 갈등을 중재하고 조정할 수 있는 대안이고, 역할을 담당할 수 있는 능력이 있다. 위기의 시대에 지구촌을 구하고 국가를 이끌어 갈 수 있는 최선의 선택이자 원동력이다.

경제성장률과 가계소득성장률

대한민국은 1996년 OECD 29번째 회원국이 되었다. 회원국 전체 인구가 전 세계 인구의 18%에 불과하지만 GNP(국내총생산)는 전세계의 85%, 수출입액은 70% 이상을 차지한다. OECD 회원국이 됐다는 것은 다른 국가들로부터 도움을 받던 나라가 도움을 제공하는 나라로 성장했다는 의미이다. 하지만 우리나라의 경제성장률과 가계소득성장률 격차를 비교하면 OECD 국가 중 최대이고 격차는 점점 더 벌어진다. 경제는 성장하는데 가계소득은 늘어나지 않는다는 이야기이다. 2000~2010년 연평균 경제성장률에서 가계소득증가율을 뺀 수치는 우리나라가 1.58%이었다. 한국의 뒤로는 폴란드, 슬로바키아, 체코, 헝가리 등 동유럽 국가이다. 일본은 0.84%

포인트로 한국의 절반이다. 이탈리아, 영국, 미국, 프랑스, 호주, 캐나다, 스웨덴, 덴마크 등은 우리와는 반대로 가계소득증가율이 경제성장률을 앞선다. 민간소비 수준에 대한 평가에 의하면 우리나라 GDP 중 가계소득비중은 2000년 69%에서 62%로 하락한 반면, 기업소득은 17%에서 23%로 증가했다.

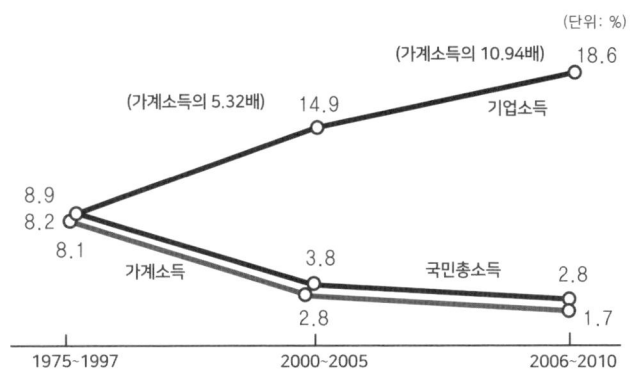

가계소득과 기업소득, 국민총소득GNI 연평균 증가율 추이

출처 : 한국산업연구원·한국은행

국제통화기금의 「아시아 불평등 분석」 보고서에 의하면, 우리나라는 소득 상위 10%가 전체 소득에서 차지하는 비중이 45%로 아시아 국가 중 소득 불균형이 가장 심하다. 특히 상위 10%의 소득 비중이 1996년 29%에서 2013년 45%로 16%나 상승해 그 증가속도가 매우 빠르다. 국민소득 가운데 부자가 차지하는 비율이 높을수록 불평등한 사회인데 소득불평등 격차가 아시아 부동의 1위가 되었다. 중산층 비율이 커져야 하는데 계속 얇아지고, 계층 상승의 사다리로부터 지속적으로 추락하면서 점점 더 빈곤층으로 전락하고 있다. 소득분배가 이루어지지 않고 계속 역주행하고 있다는 의미이다. 1960년대를 거쳐 70년대, 80년대까지는 대기업 수출과

투자 증가가 가계소득 증가로 이어지면서 빈곤층이 감소했다. 산업화 시대에는 경제성장 연 8%, 대기업 소득 8%, 가계소득 8%로 경제주체들이 동시에 증가하는 바람직한 상태를 유지하고 있었다. 하위층으로부터 중산층으로의 계층이동이 가능했고 자연스럽게 중산층을 두껍게 형성했다. 그러나 21세기 들어서면서 서민의 임금은 늘지 않고, 비정규직은 기하급수적으로 늘어나 최소 임금의 언저리에 머물렀다. 땅값, 집값, 생활비 들은 꾸준히 증가하지만 수입은 고정되거나 불안정하다. 가계는 돈이 돌지 않아 계속 빚을 내어 살다 보니 빈곤의 악순환을 거듭한다. 산업화시대에는 기업이 은행을 먹여 살렸는데 이제는 가계가 은행을 먹여 살린다. 한국 경제 위기는 저성장 때문이 아니라 가계부채 증가, 자녀교육비 증가, 전월세 등은 증가하는데 수입은 그에 미치지 못하기 때문이다. 지난 20년간 기업은 성장하고 돈을 쌓아 놓았으나 1997년 금융위기 이후 가계소득은 거의 증가하지 않아 돈이 마를 수밖에 없다. 전체 실업률도 꾸준히 증가하고, 청년층 실업률도 매년 최고치를 갈아치우고 있다. 고용시장의 위축과 악화는 가계소득증가율을 계속 떨어뜨리고, 내수침체로 이어져 경제성장률을 지속적으로 끌어내리는 요인으로 작용한다. 결국, 가장 중요한 소비주체인 '가계'가 미래를 위해 현재의 소비를 줄이는 경향이 심화되다 보니 거시경제 지표가 나쁘다. 대기업에 편중된 정책을 펴오던 전 정부가 늘 주장하던 '낙수효과'가 허구라는 분석이 가능하다. 정부는 고용안정성 확보 등으로 미래소득에 대한 불확실성을 낮추어 경제주체의 기대심리를 개선시키고, 사회안전망을 강화하는 노력을 해야 한다.

한편, UN 자문기구인 지속가능 발전해법네트워크가 발표한 「세계행복지수」 보고서에 의하면, 행복지수 순위가 높은 나라들은 모두 강력한 사회보장제도와 사회적 계층간 국민소득불평등 해소에 정책의 최우선순위를 둔 사회복지정책의 선진국들이라는 공통점을 가지고 있다. G20 국가, 세계 10위권의 국가경쟁력을 자랑하는 대한민국이 54위인 것은 그에 걸맞지 않게 국가의 사회복지정책이 제대로 이루어지지 않고 있음을 나타낸다. '종합복지지수'는 경제성장률 등 경제활력부문, 국가부채비율 등 재정지속부문, 지니계수와 실업률 등 복지수요부문, 고용보장률과 아동과 보육지원율 등 복지충족부문, 자살률과 출산율 등 국민행복부문, 건강상태와 의료자원 등 보건의료부문을 포함해 6개 부문을 평가하는 지표이다. 우리나라의 '종합복지지수'는 OECD 34개 회원국 가운데 국민행복지수는 33위, 복지충족지수는 31위로 모두 최하위권이다. 2015년에는 우리나라의 '세계행복지수'가 47위였는데 2016년에는 58위, 2019년에는 54위이다. 유엔의 '행복지수' 조사는 국내총생산과 건강 수명, 정부와 기업 투명성 등을 종합적으로 따져 산출하며, 힘들 때 의지할 사람이 있는지 등 정서적인 항목도 평가에 반영한다.

행복지수가 국가경제력에 비해 매우 낮게 기록된 것은 정부 정책이 친대기업정책, 수출주도, 경제성장 제일주의 정책으로 이루어지다 보니 국민경제력 불평등과 국민 계층간 소득불균형 등의 소득 재분배 문제를 등한시했기 때문이다. 국내총생산 대비 공공지출 규모는 OECD 회원국 가운데 꼴찌 수준인데, '공공지출'이 꼴찌라는 것은 사회안전망에 구멍이 생겼다는 의미이다. 사람이 태어나면서 특정한 사회적 위치에 놓이는 것은 어쩔 수 없다 하더라도 제도가 이를 극복할 수 있게 뒷받침하지 못한다면 그 사회는 불공정한 것이고, 미래는 어두울 수밖에 없다. 경쟁으로 적체되어 있는 노동인력과 불가능에 가까운 계층이동을 구조적으로 해소시키지 않는 한, 경쟁의 순기능은 역기능으로 작용하여 사회문제를 계속 증폭시킨다. 이명박 정부에 이어 박근혜 정부도 법인과 부자에게는 감세하고 간접세 위주의 서민 증세정책(휘발유세, 담배세, 주류세, 자동차 관련조세, 각종 준조세 성격의 부담금 등)을 폈다. 나아가 노동유연성 정책으로 인한 비정규직 대량 양산의 국가경제정책이 근간을 이루면서 국민 계층간 소득불균형을 심화시켜 행복지수를 추락시켰다. 우리나라는 OECD 국가보다 특히 자살률이 높고 출산율과 주관적 행복도가 낮아 국민행복 부문의 순위가 낮다. 2019년 1인당 국민총소득은 3만 2,000달러이지만 한국인은 더 피곤하고 덜 행복한 삶을 살고 있다. 이제라도 정부는 사회계층간 소득불균형 해소와 조세·재정정책에 역점을 두고 국정을 이끌어가야 한다.

우리가 소중히 여기는 것은 명목상의 대통령이나 국회의원이 아니라, '소득과 부, 의무와 권리, 권력과 기회, 공직과 영광 등을 어떻게 분배할 것인지'를 생각하는 지도자이다. 저항하는 이유에 대해 귀 기울이지 않는 국가지도자는 더 나은 미래 사회의 길을 열지 못한다. 경쟁의 룰 자체가 불공정하여 분노하지 않을 수 없으니, 적어도 기회의 공평사회는 만들어야 한다는 게 2017년의 사회적 합의이다. 비정규직의 비애, 대기업과 경쟁하면서 몰락하는 자영업자, 거리로 내쫓기는 기업의 구조조정 피해자들, 기업은 살고 사람은 죽는 이상한 경쟁사회 등 기형적 사회가 우리의 현주소라는 것을 이제는 인정해야 한다. 우리가 꾸는 새로운 꿈은 부의 축적이 아니라 삶의 질이며, 보편적 인권과 자원의 공평한 권리이다. 21세기의 올바른 자본주의란 시장을 방임하는 것이 아니라 시장에 맡기지만 최종적으로 국가가 책임지는 사회이다.

2018년 전국 2인 이상 가구의 명목소득은 2012년 이후 처음으로 경제성장률을 상회하는 증가세를 기록했다. 물가상승을 고려한 실질소득도 2003년 통계 작성 이래 최장기 하락세에서 벗어나 가계 살림살이가 호전됐다. 문재인 정부의 경제정책인 소득주도성장은 가계소득이 늘어나면 소비가 늘어 경제성장을 촉진하고 결국 가계소득이 더 늘어날 수 있다는 주장이다. 따라서 2018년 가계소득이 6년 만에 경제성장률을 상회했다는 사실은 문 정부의 소득주도성장 정책이 실현되고 있음을 보여준다. 소득주도성장 정책이 성공하려면 가계소득이 늘면서 경제성장률이 동반 성장해야 하는데, 2018년 우리 경제는 3.1%(전년 동기 대비) 깜짝 성장하여 경제정책을 긍정적으로 평가할 수 있다. 한국의 경제성장률은 OECD국가(1인당 국민소득 3만 달러 이상) 가운데 가장 높았다. 또한 물가상승을 고려한 가구의 실질소득이 오랜 감소세에서 벗어나 증가세로 전환됐다. 명목소득이 증가해도 물가상승률이 더 높으면 가구의 실질소득과 구매력은 감소한다. 실질소득이 증가했다는 것은 그만큼 가구의 실질 살림살이가 개선됐음을 의미한다. 전체가구의 실질소득은 2013년부터 2017년까지 사실상 정체에 놓였었다.

그동안 사회공동체의 문제를 잘못 풀었다면 칼 폴라니(1886~1964)의 '다원적 경제발전모델'이 방법일 수 있다. 시장경제와 사회적경제, 공공부문, 생태부문이 조화를 이루는 것이다. '사회적경제'는 시장이 '보이지 않는 손'에 의해 왜곡되고 좌우되는 곳이 아니라, 시장에 '보이는 손'이 필요하다는 것이다. 양극화의 본거지인 삶의 기초 현장 '시장'을 사회적경제가 통용되는 가치로 재구성하여 부를 재분배받는 방식이 아니라, 사회적 약자들이 직접 생산에 참여하는 과정을 통해 사회적 돌봄을 제공받을 수 있도록 하자는 것이다. '사회적경제'는 시장을 공동체 복원과 행복을 키우는 공간으로 변화·발전시킬 수 있는 현존하는 가장 확실한 방법이다.

자영업 문제

우리나라 자영업자는 2018년 기준, 전체 취업자의 25%, 675만 명으로 OECD 회원국 가운데 가장 많다. 취업자리가 있으면 당장이라도 그만두고 싶지만 연령대가 높을수록 임금노동자로 이직하는 것은 더 어렵다. 20~30대의 청년실업자도 쌔고 쌨는데 나이 많은 사람을 고용할 리가 없다. 50세가 넘으면 거의 취업생명이 끝나는데 다시 직장에 들어가는 것은 '하늘의 별 따기'이다. 베이비부머 세대가 명예퇴직도 하고 은퇴도 했지만 대부분의 자식들은 제대로 자리를 잡지 못하고 생활은 해야 하니 어쩔 수 없이 자영업자가 되어 생존율 3분의 1에 도전한다. 자영업자가 사업을 포기한 뒤 다시 자영업자가 되는 비율은 38.3%이다. 나이가 많을수록 자영업자가 되는 비율은 더 높다. 장년층은 42.6%인 반면, 40~54세는 40.7%, 15~39세는 31.6%가 자영업이다. 임금근로자로 이동한다 하더라도 상용직 노동자로 이직하는 비율은 장년층이 21.3%에 그쳤지만 40~54세는 30.9%, 15~39세는 44%이다. 장년층일수록 '좋은 일자리'로의 취업이 어려운 상황이고, 자영업자 상당수가 빈곤의 위험에 처해 있다. 자영업자를 임금노동자처럼 간주하여 사회안전망을 확충하고, 임금노동자로의 원활한 전환을 돕는 고용서비스 강화가 요구된다.

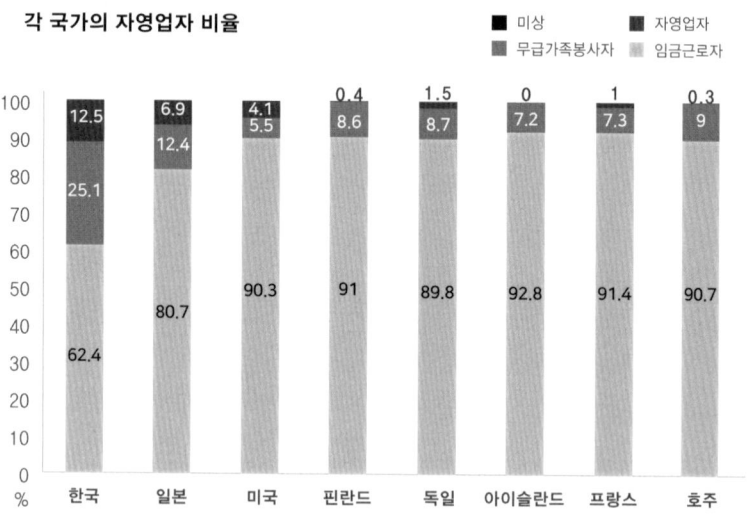

우리나라 외식업의 70~80%가 프랜차이즈인데 이미 포화상태여서 누군가 성공하면 다른 누군가는 실패하는 제로섬 게임을 해야 한다. 매년 음식점, 소매업 등 60만 개의 자영업체가 새로 생기고 68만 개가 휴·폐업한다. 창업 현황을 보면 젊은 층의 취업난, 조기퇴직 등으로 자영업 인구는 계속 증가세이다. 50대 이상 자영업자는 한 해 10~20만 명이며, 자영업자는 전체 경제인구 2,500만 명 중 28%를 차지한다. OECD 평균은 15.8%이다. '자영업=무덤'이라는 고충과 인식이 심각한 것은 대부분 식당, 치킨집, 편의점, 숙박업 등이 생계형 자영업종이기 때문이며 이들은 경기에 민감하다. 대부분 대출을 받아 사업을 꾸리는데, 음식·숙박업은 대출 이자율이 0.1% 상승하면 폐업 위험도가 10.6% 높아지는 것으로 조사돼 '내 사업을 한다'는 설렘을 갖기도 전에 대출금 갚을 방법부터 고민해야 한다. 자영업자 평균 대출금은 1억 2,000만 원 내외이다. 몇 개월 준비해서 시장에 뛰어드는 것은 몇 년 안에 망하겠다는 뜻의 다름 아니다. 창업은 자판기에 돈 넣었다고 원하는 것이 나오는 것도 아니고, 프레스와 압출에 의해 사출되는 것도 아니다. 실제 통계청의 기업생명 행정통계에 따르면, 음식·숙박업의 3년 생존율은 30.3%이고, 도·소매업은 35.0%에 불과하다. "2년간 수입은 고사하고 빚만 지고 폐업했다", "5,000만 원 가량 대출받아 시작했는데 폐업 이후 원금 갚아나가느라 살림이 빠듯했다", "두 번 다시 자영업에는 뛰어들고 싶지 않다", "식당 조기폐업은 10건 중 8~9개에 달한다" 같은 자영업자들의 탄식은 어제 오늘의 일이 아니다. 사업자등록증

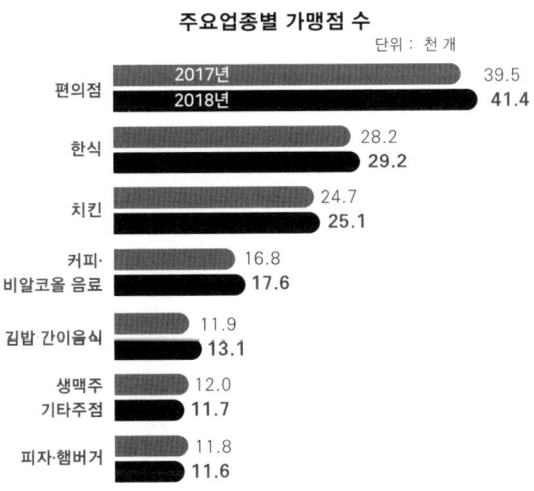

수가 국가적 지상 과제인 것처럼 목을 매고, 국가적 지원이 창업 위주로 되어 있다 보니 자발적 창업이 아니라 강요적 창업이 되고 만다. 창업은 성공하는 것이 목표가 되어야 하는데 창업의 개수로 평가하고 지원하니 시장에 나가 죽든지 말든지 상관없다는 표현도 무리가 아니다.

초기에는 좀 쉬울지 몰라도 손쉬운 프랜차이즈 창업은 과도한 경쟁으로 곧 '폐점위기'에 몰리게 된다. 프랜차이즈 비용은 가맹비, 교육비, 권리금, 인테리어 비용인데 프랜차이즈 점포 1개당 평균 1억 원 내외의 비용이 발생한다(커피전문점 평균 1억 원 이상, 치킨점은 6천만 원 수준). 조기에 폐업 시 창업 비용의 80~90%는 손실이다. '프랜차이즈 창업 비용의 연간 손실은 2조 원 이상'이라는 보도도 있다. 결국, 서울 황학동 중앙시장 '폐업센터' 골목에는 몇 달 전 중고 물품을 사서 창업했는데, 1년이 채 지나지 않아 집기와 비품을 되파는 경우가 적지 않다고 한다. 조기 폐업에 통장의 잔고만 없어지는 게 아니라 시간도, 희망도 같이 사라지고, 남는 것은 빚뿐이다. 베이비부머 세대들이 퇴직·은퇴하여 자영업자는 늘지만 경기악화와 지나친 경쟁으로 악화되고 있는 게 자영업 현장이다. 소상공인시장진흥공단에 따르면 2017년 3월 기준 커피 전문점은 8만 8,500여 곳이고, 치킨점은 5만 9,000여 곳이다. 결국, 정부가 창업을 너무나 쉽게 할 수 있도록 유도하다

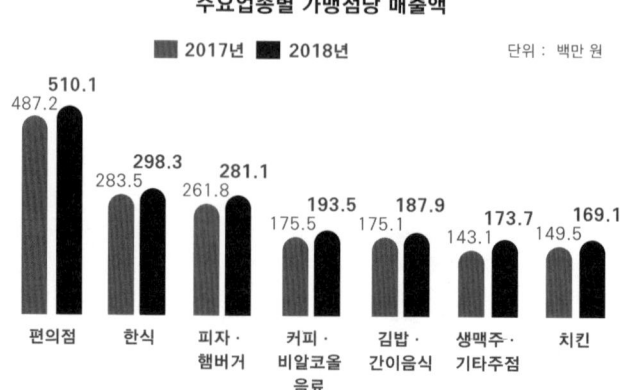

보니 중산층 창업자에서 저소득층으로, 저소득층에서 취약계층(신용불량자), 이어서 생활보호대상자로 전락할 가능성을 열어둔 형국이다.

창업의 위험을 알고도 창업할 수밖에 없는 '비자발적 자영업'을 줄이지 못하면 자영업 전체가 위기에 봉착할 수 있다. 정부나 지방자치단체는 자영업자가 충분한 예비지식을 갖추고 창업할 수 있도록 재교육하고 환경도 갖추어야 한다. 우리나라는 '사업 실패 = 낙오'의 인식이 강하다. 현대경제연구원의 '창업에 대한 대국민 인식조사' 결과에 따르면, "창업실패가 개인파산으로 이어지는가"라는 질문에 응답자 중 92.2%가 그렇다고 답했다. 또 "한 번 실패하면 재기하기 어려운 사회인가"라는 질문에는 응답자 중 75.5%가 긍정했고, 그 원인으로 금전적 손실을 꼽는 답변이 과반수를 넘었다. 한 번 실패하면 신용불량자로 인식돼 다시 도전할 기회가 절대로 주어지지 않는 게 현실이다. 실패를 존중해 주지 않고, 실패 뒤에 따라오는 경제적·사회적 손실에 대한 지원이 없는 구조에서 창업을 독려하는 것은 100명 중 90명이 신용불량자가 되어 사회의 낙오자가 되도록 등을 떠미는 것과 같다. '창업은 실패한다. 하지만 그 실패는 미래의 성공에 토대를 구축한다.'라는 사회적 합의와 지원이 있어야 한다. 국가 주도와 지원으로 성장한 우리나라 기업들과는 달리 세계적인 기업(미국의 부동산 재벌 도널드 트럼프, 자동차 왕 헨리 포드, 애니메이션 왕국의 창시자 월트 디즈니)이나 대표들은 한두 차례 이상 파산선고를 받은 경험이 있다. '파산 = 재기불능'이라는 우리나라의 금융 상태와 인식으로는 상상하기조차 어렵다. 파산과 실패의 경험이 다음의 도전을 잉태하는 밑거름이 된다는 사실을 국가가 인정해야 하고, 모든 국민이 인식할 수 있도록 해야 한다. '창업한 회사의 90%는 망한다!' 파산과 실패 속에서 경험이 쌓이고 단단해져 다음 도전을 성공으로 일궈낼 수 있다. 실패 과정에서 경영자의 도덕적 문제점이 없고 스스로 재기할 의지와 능력이 있는데도 경제적 무능력자라는 '낙인'을 찍는 것은 자원을 낭비하는 셋이나. 국가와 금융기관은 소중한 과거의 경험을 악마의 그림자처럼 따라다니면서 도전을 가로막는 우매한 짓을 멈춰야 한다.

    결국, 재기의 제도와 환경이 갖추어지지 않는 한 창업은 요원하며, 창업이 이루어졌다 해도 기업 운영에서 '혁신'에 대한 도전은 불안하고, '창조적 파괴'는 불가능하다. 유럽은 '강력한 사회안전망'이 능력 있는 청년들의 창업을 독려한다. 사업에 실패하더라도 고용보험과 의료보험 등의 복지체계에 생계를 기댈 수 있어 활발한 아이디어 창업이 가능하다. '청년 창업의 메카' 미국의 실리콘밸리는 세계에서 파산제도가 가장 활발히 '사용'되는 곳이다. 파산은 그 자체로 끝나지 않고 회사를 창업해 파산까지 이른 경위를 재점검하여 경영자의 도덕적 해이가 발견되지 않는다면, 과거 파산에 이르게 한 실수를 밑거름 삼아 재도전할 수 있는 기회를 제공한다. 우리는 '국가'라는 공동체 안에서 삶을 영위한다. 국가는 자기의 영토와 국민에 대해 권리와 책임을 지며 모든 국민들에게 합법적이고 정당하다고 간주되는 강제력을 행사한다. 하지만 정당한 강제력이란 수많은 사람들이 바친 열정과 헌신 그리고 피와 눈물의 대가를 치르면서 만들어낸 산물들이다. '사회정의'라는 이름으로 강제되어야 하고 모든 권력은 국민으로부터 나와야 한다. 사업상 부도덕해서가 아니라 정당하거나 불가피한 사업실패에 대해 구제할 수 있는 법과 제도를 만들어 새로운 도전이 가능하도록 해야 한다. 그들은 성공할 확률이 높고, 사업가 정신이 투철한 인재들이다.

실업문제

    국제통화기금은 2020년 1월도 세계 경제 성장률을 3.3% 수준으로 예상했지만 신종 코로나바이러스 감염증(코로나19) 여파에 전망치를 6.3%포인트나 낮췄다. 4월 말 현재 75개국에서 확진자 300만 명, 사망자 20만 명이라는 기록을 경신하면서 세계 경제를 침몰시키고 있다. 전염성 강한 질병으로 인하여 '사회적 거리두기'를 실시함에 따라 실업 증가 쇼크로 이어지고 있다. 국제통화기금은 '세계경제전망World Economic Outlook'에서 세계경제가 '코로나19'의 세계적 대유행(팬데믹)으로 1930년 대공황 이후 최악의 경기침체를 겪을 것이고 세계 경제 성장률이 –3.0%까지 급격히 수축할 것으로 내다봤고, 한국의 경제 성장률 전망치는 –1.2%로 '역성장'할 것으로 내다봤다. "글로벌 금융위기가 있었던 2008~2009년보다 (상황이) 훨씬 더 나쁘다"고 진단했다. 감염 확산을 막기 위한 대규모 봉쇄조치lockdown로 경제활동이 멈춰섰기 때문이다. 다만 2020년 하반기에 종식된다면 2021년 세계 경제가 반등해 5.8% 성장할 것으로 봤다. 글로벌 금융위기 당시 세계 경제는 2009년 0.1%에서 2010년 5.4%로 반등했다. 한국의 2021년 경제 성장률은 3.4%로 전망했다.

국제노동기구ILO는 코로나19가 노동에 미친 영향을 분석한 보고서에서 "전 세계 노동자 33억 명의 81%에 해당하는 약 27억 명이 코로나19 감염 확산 방지를 위한 봉쇄 조치의 영향을 받고 있다"면서 "제2차 세계대전 이후 가장 심각한 위기"라고 평가했다. 코로나19로 올해 2분기 전 세계 노동자의 노동시간은 6.7% 줄어들 것으로도 예상했는데 이것은 전 세계 정규직 노동자 1억 9,500만 명이 일자리를 잃는 것과 동일한 수치이다. 코

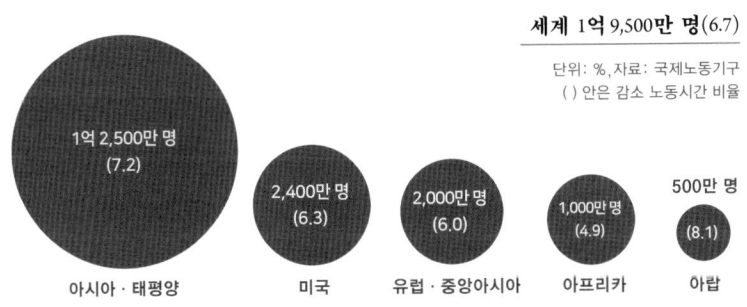

코로나19로 인한 노동자 실직과 노동시간 감소 전망

로나19로 가장 큰 어려움이 예상되는 분야로는 유통, 숙박 및 음식서비스 산업과 제조업이다. 이들 산업 분야에서의 세계노동인구는 38%, 약 12억 5,000만 명인데 "이들이 노동시간 단축과 임금 삭감, 해고 등에 직면해 있다"고 지적했다. 고용에 미치는 충격이 가장 클 것으로 예상되는 지역은 아랍권이다. 노동시간이 8.1% 감소하며 약 500만 명의 정규직 노동자가 직장을 잃는 것과 같은 충격을 받을 것으로 국제노동기구는 내다봤다. 유럽·중앙아시아는 노동시간이 6.0% 감소해 2,000만 명이, 아시아·태평양 지역은 7.2% 줄어 1억 2,500만 명이 일자리를 잃는 수준의 충격이 예상됐다. 미국은 노동시간이 6.3% 줄어들며 2,400만 명의 고용 감소 효과가 발생할 것으로 국제노동기구는 전망했다. 노동시장 충격에서 벗어나기 위해서는 하반기 경기반등이 필수적이지만 팬데믹 현상의 장기화로 낙관하기는 어려운 게 현실이다. 또, 코로나19 확산으로 불평등이 심화될 것으로도 전망했다. "코로나19 영향을 가장 많이 받는 사람들은 저임금 노동자로 사회보장에 대한 접근이 어려운 사람들"이라면서 "코로나19로 인한 고용문제는 기존의 불평등에 더 부정적인 영향을 줄 수 있다"고 지적했다. 국제노동기구 가이 라이더 사무총장은 "선진국과 개발도상국 노동자와 기업 모두가 재앙에 직면했다"면서 "정확하고 긴급한 조치는 생존과 붕괴의 차이를 만들 수 있다"고 말했다. 국제노동기구는 올해 전 세계 실업 규모가 하반기 세계 경제의 회복 속도와 노동 수요를 끌어올릴 효과적인 정책 여부에 달려 있다고 예견했다.

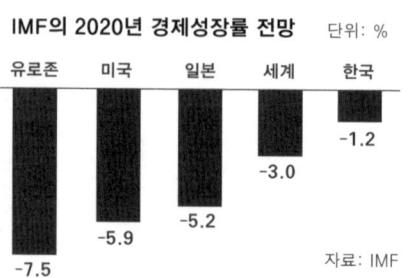

고용 유연성이 높은 미국의 기업은 사업 운영이 어려워지면 곧장 노동자를 해고한다. 실업 시 '각자도생형'에 속하지만, '코로나19'로 인한 슈퍼 경기부양책으로 개인에게 실업수당을 지급하고, 노동자는 실업급여로 위기를 버티고 재취업을 노려야 한다. 2020년 3월 300만 명 넘는 사람이 실업수당을 신청했는데 이 수치는 2008년 금융위기 때의 5배에 달한다. 정부와 기업과 노동자를 잇는 사회 보장시스템의 부실이 원인이다. 반면에 유럽은 상대적으로 고용 안정성이 높다. 기업은 일자리를 유지하고 정부가 급여를 보장하는 방식으로 노동자를 체계 안에서 보호하려고 노력하고 이런 문화가 공동체에서 자리가 잡혔다. "유럽에선 기업이 노동자를 유지하려는 경향이 있다. 회사들이 정부의 지원제도를 적극 활용하려고 한다." 예를 들면, 독일은 고용 위기 시 제2차 세계대전 당시의 대량 실업을 겪은 후 만든 정책으로 단축 근무제인 '쿠어츠아르바이트Kurzarbeit'를 실시한다. 경제 위기로 대량해고가 예상될 때 단축 근무를 하는 대신 그만큼 줄어든 급여의 60%(자녀가 있으면 최대 67%)를 정부가 보전한다. 독일 정부는 코로나19로 인한 경제적 타격에 대응하기 위해 1조 유로(1,024조 원) 규모의 예산을 책정했다. 2020년 3월에만 47만 개 회사가 이 제도를 이용했다. 독일 노동부는 2020년 말까지 전체 기업의 25%, 300만 명 이상의 노동자가 혜택을 볼 것으로 전망했다. 2009년 금융위기 때는 노동자 150만 명이 혜택을 누렸다. 영국은 7,100억 파운드(1,045조 원) 정책지원 자금을 책정했다. 고용 유연성을 우선시했으나 유례없는 대규모 해고 위기에 고용을 유지하는 고용주에게 근로자 임금의 최대 80%(월 최대 2,500파운드)에 해당하는 보조금을 지급한다. 보조금 지급 기간은 최대 3개월인데 정부가 노동자 임금을 지급하는 건 역사상 처음 있는 일이다. 프랑스는 3,450억 유로(473조 원) 규모의 예산을 책정했고, '쇼마주 파르티엘(임시 실업)' 제도가 있다. 사업장 폐쇄 등으로 노동자들이 일하지 못하는 동안 기존 급여의 80~100%를 보전해 준다. 고용주가 노동자에게 급여를 지급하면 주정부가 고용주에게 상환하는 방식이다. 임시 실업 기간이 끝나면 노동자들은 대부분 재고용된다. 이탈리아 사회보장국은 '긴급 상황' 관련법을 통해 노동자들의 급여 일부를 보전하는데 실업 상태에 놓인 사람들이 최대 13주 보장 기간 동안 실업급여를 받을 수 있다. 덴마크와 네덜란드도 고용을 유지하는 고용주에게 근로자 임금의 최대 90%까지 보전한다. 덴마크 정부는 노동자의 병가를 보장하고 임대료와 임금 등 고정 지출을 정부가 보상하는 방식으로 일자리를 지키겠다는 입장이다.

2020년 세계를 강타한 '코로나19'는 세계경제를 침몰시키고 각 국가는 유동성 증가 정책으로 채무를 급격하게 늘려 위기에 대응하려는 노력을 하고 있다. 우리나라도 경기가 완전히 얼어붙어 잠재성장률이 감소하고 저성장 기조가 고착화되면서 가계부채가 1,500조 원대로 증가했다. 취업준비생 같은 '사실상 실업자'가 390만 명으로 정부 공식통계보다 다섯 배가 넘는다고 알려져 있다. 대기업은 과거에 100개 만들던 일자리를 20~30개로 줄이고, 간접고용, 하청 등을 늘리는 방법으로 수익률은 높이고, 고용률은 하락시켜 유례가 없이 불안하다. 노동시장에서는 실업자와 산업예비군이 증가함에 따라 노동자의 권리 등이 철저히 주변화되었다. "산업예비군은 호황기에는 산업현역군의 요구를 억압하고, 불황기에는 자본가의 압력을 강화하며, 노동의 수요와 공급은 항상 자본가들이 유리하게 작동하도록 한다"(김수행). 양질의 일자리를 늘려 가계의 부를 늘려야 하는데 불황으로 인한 민간 고용창출이 활발하지 못하기 때문에 청년층 전체 3분의 1에 가까운 130만여 명이 사실상 실업상태이다. 대학 졸업반 학생은 인턴도 하고 스펙도 쌓았지만 취업관문은 바늘구멍이고, 주간 근무 시간이 18시간에 못 미치는 이들이 100만여 명, 일자리 구하기를 포기한 사람이 30만여 명이다. 자동화, 세계화, 정보화 등에 의해 생산력은 비대해지는 반면 생산관계는 변하지 않거나 개선되지 않는다.

청년실업은 주로 15~34세 사이의 청년세대 실업을 의미한다. 자신의 꿈을 펼치기 위해 사회 경제활동을 해야 할 나이인데 많은 청년들이 자의적이거나 불안전한 고용으로 실업자의 길로 들어선다. 국제노동기구에 따르면 2012년 한국의 청년실업률은 9%였고 해마다 증가되어 2014년에는 10%에 달했다. 실질적인 실업률은 더욱 심각하여 2010년 실질 청년실업률은 27.4%에 달했고 2014년에는 30.9%까지 치솟았다. 2015년에는 대졸 실업자만 50만 명을 넘어섰다. 2018년 8월 통계청의 '2016년 연간 고용동향'에 따르면, 청년층 실업률은 9.8%로 '역대급' 최대이다. 공식적으로 지표에 잡히는 청년 10명 중 1명꼴로 실업자라는 얘기다. 청년실업률은 2018년 10.5%로, 최고 수준으로 치솟았는데 1년 만에 최고기록을 갈아치웠다. 2019년 청년 체감실업률은 평균 23%에 달한다. 실업자 통계에서 우리나라는 실업자로 구분되는(예를 들면, 취업자 통계에서 자영업자의 무급 가족 종사자들도 취업자로 포함시킴) 조건이 매우 까다로워 실업자로 구분되지 않는 기이한 현상을 보인다. 전문가들은 실업자 통계에 잡히지 않는 취업 준비생이나 구직단념자까지 포함하면 실질적인 청년층 실업률은 이미 30% 선을 넘어섰다고 분석한다. 현대경제연구원은 2016년 「청년 고용보조지표의 현황과 개선방안」 보고서에서 청년층의 체감실업률을 34.2%로 추정했다. 청년들이 학교 졸업 뒤 5년 사이에 저임금 근로를 경험하는 평균 기간은 26.1개월로 영국(9.0개월), 호주(12.1개월)보다 2~3배가량 길다. 졸업 5년 뒤 취업·직업·교육 훈련 등을 받지 않는 비중도 한국이 36.8%로 가장 높으며, 이는 독일(19.6%), 영국(19.8%), 오스트리아(17.9%) 등의 2배에 달한다. 선진 자본주의 국가들로 구성된 OECD 가맹국들도 대부분 이와 같은 현상에 힘겨워하고 있다. 자본주의가 고도화되면서 일반적으로 나타나는 현상으로 '고용 없는 성장'으로밖에는 설명이 안 된다. 2020년 최대 경제이슈로 청년실업과 고용문제를 1위로 꼽으면서 만성적인 사회이슈가 되었다. 정책의 문제, 기업 비판, 불확실성과 불합리한 산업 구조조정 탓으로 돌리기도 한다. '모두가 맞고, 아무도 틀리지 않는다', '양적 성장보다는 질적 성장이 우선해야 한다'는 사람도 있다. 대기업과 중소기업의 임금과 복지수준의 격차가 너무 커서 중소기업의 일자리 질이 낮은 상황에서 4년제 대학을 나온 사람에게 중소기업을 가라고 하는 것도 쉽지 않다. 대학진학률에 따른 취업 눈높이 상승, 대기업·공기업 같은 안정적인 일자리를 선호하는 것이 심화되는 현상은 점점 더 낮아지는 청년 고용률의 원인으로 분석된다. 청년 4분의 1이 최초 1년 미만 단기, 비정규, 불완전 고용계약자이다. 비정규직 비율은 20대가 30%, 30대가 25.6%, 40대 30.1%, 50대 39.7%, 60대가 69.1%이다.

    재학시절 학자금대출을 받은 학생이 정규직으로 일하는 경우는 50%도 되지 않는다. 나머지는 취업준비생이거나 비정규직이다. 그러다 보니 대출 원금은 거의 갚지 못하고, 상환을 미룰수록 이자는 늘어난다. 어느 대선후보 시절 약속한 반값등록금 공약公約이 공약空約이 되어 쓰레기통에 처박힌 지 오래다. 학교를 더 다닐수록 빚이 늘어나는 현실에 공부를 미루는 일도 비일비재하다. 지난 2000년 이후, 누적된 학자금 대출금은 19조여 원이고, 해마다 대학생 70만여 명이 평균 300만 원 정도의 대출을 받아 학자금을 충당하고 있다. 채무자가 되었으니, 문자가 오고 메일도 오는 것은 당연하게 받아들여야 한다. 대학 졸업 후, 하고 싶은 일은 없고 '꿈'은 포기한 지 오래고, '돈'은 현실이 되어 단단히 발목을 잡고 있다. 졸업 후 사회에 첫발을 내딛어도 친구들과 출발선이 다르거나, 짊어진 배낭의 무게가 다르다. 학자금대출은 학교를 다닐 수 있게 도움을 주었지만 이를 피할 수 있는 도피처가 없다. 학자금 대출자 중 4만 4,600여 명은 원금이나 이자를 제때 갚지 못하고, 이들 가운데 절반은 연체가 6개월 이상 이어져 '신용유의자'가 되었다.

우리나라 청년(15~24세) 고용률은 23.8%로 OECD 최하위권이다. 정부가 교육, 보육, 의료, 복지 등 공공부문의 사회적 일자리를 10% 수준으로 올리게 되면 80만 명의 일자리를 창출할 수 있다. 일자리 창출은 세금을 낭비하는 것이 아니라 내수를 진작시켜 국가 경제에 이바지할 수 있다. 정부는 최대 고용주이므로 공공부문의 일자리 창출은 수많은 사회문제를 해결할 수 있는 가장 확실한 방안 중의 하나이다. 정부는 저임금을 찾아 국외로 나간 자국기업에게 임금 격차를 보조해주는 적극적 방식으로 국내로 유턴할 수 있도록 할 수 있을 것이다.

우리나라는 재벌그룹이 주도하는 고용 없는 성장과 저성장의 늪에 빠져 있고, 중소기업의 성장과 불균형을 해소할 수 있는 방안을 찾아야 하며, 노동자의 실업이 모든 사회문제의 근원이라는 인식으로 사회전반에 걸친 '경제민주화정책'을 펼쳐야 할 때가 되었다. 이제 고용안정을 위한 사회적 대타협은 피할 수 없는 역사적 과제이다. 실업문제를 해결하려면 ① 정부가 공기업을 많이 만들거나 ② 공기업의 고용을 확대하거나 ③ 대기업 등에게 안정적인 고용을 의무화하도록 제도화하고, 지원정책을 마련하거나 ④ 시민들의 자발적인 참여와 동력에 의한 창업과 지원정책 및 재교육정책을 실시하고 ⑤ 사회적경제 기업을 적극적으로 육성하여 사회 서비스를 강화해야 한다. 정부는 사회의 모든 인적·물적 자원을 동원하여 능력을 발휘하도록 권장하고, 구성원의 행복을 최대로 확장할 수 있는 방법을 찾아야 한다. 시민들은 우리체제가 지닌 근본적인 문제가 무엇이며, 근본적으로 제거할 수 있는 방안이 무엇인지 자각하고, 인식할 필요가 있다. 실업자문제는 공권력을 가진 국가가 해결해야 할 과제이므로 시민들은 강력히 항의해야 한다. 1930년대 세계가 대공황에서 벗어날 수 있었던 것은 '자유방임정책'을 버리고, 국가가 경제에 깊숙이 개입한 '뉴딜정책' 때문이었다.

비정규직 문제

비정규직은 고용인이 특정한 기간 내에 고용주를 떠나기로 되어 있는 상태를 말한다. 비정규직의 범세계적인 정의는 정해져 있지 않다. OECD는 임시적 근로자temporary worker 정도로 규정하고 있고, 우리나라 고용노동부 정의에 의하면 간접고용, 일용직, 특수고용, 계약직 노동자들이다. 비정규직의 개념과 범위가 차이가 나는 것은 국가마다 취약한 노동자계층의 발생 원인이 다르기 때문이다. 일반적으로 비정규직 근로자는 자신이 일하는 직장에서 정년을 보장받는 정규직 근로자와 달리 정년을 보장받지 못하고, 일정 기간만 일시적으로 일하는 근로자이다. 우리나라에서는 2002년 7월, 노사정위원회에서 한시적 혹은 기간제 근로자, 시간제 근로자, 비전형 근로자를 가리켜 비정규직으로 정의하였다. 비정규직은 1990년대 후반에 임금을 적게 주고, 해고를 쉽게 하기 위해 등장한 나쁘고, 이상한 것이다. 고용의 중간층을 만들어 노동시장을 완전히 엉망으로 만들어 버린 흉악한 것이다. 같은 일을 하고도 정규직의 50~70%의 임금을 받고, 정규직 노동자들에게 제공되는 복지 혜택이 없다. 정규직에 비해 저임금, 장시간의 노동, 지나친 업무강도 등의 차별대우를 받을 뿐만 아니라 계약 기간이 만료되면 더 이상 일할 수 없는 불안한 고용이고, 사업주 입장에서는 언제나 해고할 수 있는 고용 및 해고의 예비군이다.

간접고용은 원청업체가 노동자를 직접 고용하는 게 아니라 협력업체로도 불리는 하청업체를 통한 비정규직 노동자를 말하고, 하청업체가 다시 하청을 주는 2차, 3차 하청업체 노동자도 있다. 대부분 조선업, 자동차, 건설, 판매업, 청소, 경비노동자 등 다양한데 이들은 같은 일을 하면서 정규직의 50% 내외 임금을 받게 되어 상대적 빈곤에 놓이면서도 정리해고가 시작되면, 정규직보다 먼저 해고된다. 일용직은 일당을 받아 생활하는 비정규직 노동자들을 말하는데, 노동고용 기간이 짧을뿐더러 고용과 실업이 반복되는 불안정한 상태의 노동자들이다. '특수고용'은 개별사업자로 계약을 맺는 사람들을 말하는데 실제로는 회사에서 업무지시를 받고, 임금도 받기 때문에 고용관계로 봐야 하는 비정규직이다. 학습지 교사, 건설 중장비기사, 용달차 기사 등이 여기에 해당된다. 이들은 노동력을 제공하여 임금을 받는 노동자임에도 불구하고, 노동자의 노동 3권이 존중되지 않는다. 계약직은 기간제 근무자라고도 하는데 사용자가 직접 고용기간을 정해놓고 1~2년간만 계약하는 노동자이다. 우체국 상시집배원, 택배원, 병원에서 근무하는 간호사, 조무사 등이다. 이들은 고용계약 기간을 고용자가 연장하는데 다음 재계약을 위해 많은 불이익을 감당해야 한다. 본래 비정규직은 일의 필요에 따라 외부 업체의 직원을 비정규직으로 쓰고자 만들어진 제도였지만 현장에서는 고용이 부담스러운 기업들이 정규직 직원을 적게 고용하기 위한 방편으로 제도를 악용했다. 한국노동사회연구소의 분석에 따르면, 비정규직의 시간당 임금은 정규직의 52.7%에 불과하지만 오히려 주당 노동시간은 50.5시간으로 정규직의 47.1시간보다 길고, 사회보험 가입률은 비정규직 형태별로 22~25%에 불과하다. 상여금, 퇴직금, 시간외수당, 유급휴가·연월차 적용률은 정규직의 16~23%에 머문다.

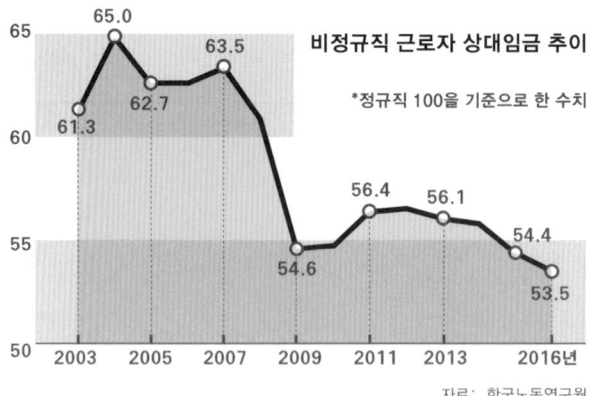

고용 양극화 현상은 정규직과의 임금 격차에서 뚜렷하게 나타난다. 2003년 비정규직 임금은 정규직의 61.3%, 2009년 금융위기 때는 54.6%, 2016년에는 53.5%, 2018년에는 52.7%로 꾸준히 하락하고 있다. 지난 정부는 비정규직 관리목표를 확정해 총량관리를 한다고 했지만 그럴 정신도 여유도 의지도 없었다. 사업주가 비정규직을 정규직으로 전환할 경우 각종 지원금을 '패키지' 형태로 지원하는 방안을 검토했지만 성과는 없었다.

우리나라 통계청은 근로자의 지위에 따라 본조사는 상용직, 임시직, 일용직으로 분류하고, 부가조사에서는 고용형태에 따라 한시적 근로자, 시간제 근로자, 비전형 근로자로 분류한다. 노동계는 비정규직 범위를 경제활동인구 본조사상의 임시직, 일용직 근로자와 상용직 근로자 중 부가조사상의 비정규직 근로자를 합한 것으로 파악하고, 정부는 경제활동인구 부가조사상 고용형태에 따라 정의되는 한시적, 시간제, 비전형 근로자만 포함한다. 임금근로자 중 비정규직 비율은 2019년 공식 통계로 41.5%이고, OECD 2배를 넘는 수준이다. '비정규직 보호법'(2006년 제정)은 비정규직 비율을 낮추는 데 기여하고 있는 듯 보이지만 정규직을 늘리고 비정규직을 낮췄을 뿐 비정규직 일자리를 질적으로 향상시키지는 못했다. 대부분 직종에서 임금과 근로조건의 저하와 결합되면서 비정규직 노동은 모든 산업분야에서 증가하는 추세이다. 기업의 기술혁신과 제품의 생애주기가 단축됨에 따라 고용의 '유연화'를 전제하거나 강제하기 때문에 비정규직은 꾸준히 늘고 있다. 상시적 계약 해지 위협에 시달리는 비정규직은 사실상 노동조합조차 가입하기 어려운 게 현실이다. 결국, 모든 노동자는 고용 불안을 벗어나기 위해 평생직장의 안정적인 직종으로 전환하고자 노력할 수밖에 없다. 비정규직의 남용과 차별을 해소하지 않는 한 노동시장은 언제나 갈등의 근원지이다.

2019년 8월 비정규직 규모는 853만 6,000명으로 전년 대비 35만 6,000명(4.3%) 늘었고, 전체 임금노동자 대비 비정규직 비율은 41.5%로 0.7%포인트 증가했다. 2년 연속 감소하다가 증가세로 돌아섰다. 세부 고용형태별로는 기간제(51만 8,000명, 26.0%)와 임시파트타임(25만 5,000명, 13.2%)이 대폭 늘었고, 고용계약기간을 정하지 않은 일반임시직(44만 1,000명, 22.7%)이 가장 큰 폭으로 감소했다. 비정규직의 월평균 임금은 171만 원, 시간당 임금은 1만 1,354원이다. 정규직 대비 비율은 월평균 임금이 51.8%로 1.2% 포인트, 시간당 임금이 62.9%로 3.6% 포인트 올라갔다. 민간에서 확인한 비정규직 규모는 공식 통계에 누락된 것이 있어서 통계청이 발표한 것과 100만 명이상 차이가 난다. 비전형 고용형태(간접고용, 특수고용 등)에 대한 정확한 실태 파악이 안 되다 보니 오락가락한다. 모든 국가기관의 노동자들에 대한 정규직화, 민간의 비정규직 사용 사유 제한, 불공정 하도급 및 프랜차이즈 구조개선, 원청 사용자성 인정, 노동기본권 확대 등 중단 없는 개혁을 추진해야 한다. 비정규직 제로 시대, 노동존중사회, 소득주도성장 등 정책 기조 재정립과 추진체계를 재점검해야 할 때이다.

'일본'은 전후, 공업이 발달함에 따라 노동력이 부족해지면서 주부를 파트타임 노동자로 고용했다. 버블경제 붕괴 후 불황에서의 비용 절감 압력으로 정규직 고용을 줄이고, 비정규직 고용을 늘렸다. 전체 노동자 중에 비정규직은 1990년에 20%, 1999년에 25%, 2003년에는 30%를 넘어 2009년에는 34.6%로 3명 중 1명꼴이다. 주로 여학생, 중년 여성이 파트타임과 아르바이트, 파견직과 계약직에 고용되었다. '중국'에서의 비정규직은 정규직장에서 정사원 계약을 하지 않은 일자리를 뜻한다. 개인사업자, 포장마차나 노점의 판매원, 가내 수공업, 기업의 임시 계약 사원 등으로 기업가도 비정규직에 포함한다. 중국의 비정규직은 2006년 기준으로 약 1억 3,000만 명 이상으로 추정되는데 사회보장을 받을 수 없어 제도의 정비를 요구받고 있다.

'미국'은 정규직과 비정규직 간에 균등한 대우를 해야 한다는 규칙도 없고 정부가 개입하지도 않는다. 개별 고용형태는 기업과 노동자 사이의 계약이므로 법률로써 규제하지 않는다. 불평등에 대한 인식은 인종, 성별, 연령 등 스스로 선택할 수 없는 것에 대한 판단이다. 따라서 정규직, 비정규직의 고용형태는 선택의 결과로 받아들여지는 경향이고 인종, 성별 등에 따른 고용 차별에 대한 법적 대응 사례는 많이 있다. 노동자들은 노동조합을 조직하여 기업이나 지방 자치단체에 개선을 요구한다.

'유럽'에서는 동일한 노동에 대해 동일한 임금 지급을 원칙으로 한다. 프랑스는 1981년부터, 독일은 1985년부터 차별적 취급을 금지하고 있다. 유럽연합EU에서는 1997년에 파트타임 노동 지령이 발령되어 파트타임을 이유로 노동을 차별하는 것을 금지하고, 시간 비례의 원칙을 적용한다. 산업별 노동협약과 임금체계가 있어 임금이 크게 다르지 않다. 사회민주주의 전통을 가진 네덜란드, 덴마크는 동일노동 동일임금 원칙으로 임금과 복지에 차별이 없다. 이것은 노동자들이 권리를 위해 싸워온 노동운동 덕분이다.

노동자의 권리

한국 의류산업의 호황기인 1970년대, 청계천 의류공장에서 일하던 여공들은 하루 16시간의 노동을 해야 했고 가혹한 근무환경에 시달려야 했다. 압축경제성장 과정에서 노동자들은 결핵과 같은 직업병은 물론 제때 식사를 못해 대부분 위장병에 걸리는 등 엄청난 희생을 강요당했다. "작업시간 단축, 일요일 휴무 준수, 건강진단 시행, 다락방 철폐와 작업환경 개선, 노동기준법 준수"라는 노동쟁의가 일어난 것은 노동현장의 비참한 상황이 낳은 당연한 산물이었다. 대한민국 노동운동의 상징적 언어는 '사람의 희생에 의한 희망이었고, 죽을 각오로 임한 저항'이었다. 겉으로는 산업역군이라고 치켜세웠지만 자본가들과 국가권력의 담합은 헌법에 보장된 노동자의 당연한 권리를 약화시키거나 무력화시켰으며, 노동운동을 폭력과 탄압으로 전멸시켰다. 세계에서 대한민국처럼 수많은 노동자가 목숨을 잃으면서 이어온 비참한 노동운동사도 찾아보기 어렵다. 그것은 우리나라 노동자들이 특별한 성향을 갖고 있어서가 아니라 우리의 자본주의가 다른 국가보다 그만큼 파행적으로 진행되었기 때문이다.

　식민지 36년에 뒤이어 6·25전쟁을 겪고, 군부독재 30년을 거치면서 형성된 조국근대화와 자본주의는 눈부신 고도성장의 성과를 이룩했다. 그러나 국가경영에서 부정과 부패를 일삼았고, 경제적 불균형을 심화시키던 기득권세력의 강력한 트러스트는 노동자의 권리를 최소화시켜 심각하게 훼손했다. 압축 경제성장 뒤에는 가혹한 근무환경, 밤낮없이 강요된 근무시간 등 참혹한 현실이 존재했으면서도 지구상에서 노동자의 권리는 가장 보장되지 않는 국가를 탄생시켰다. 결국, 노동운동의 역사는 자기 몸을 태우는 '분신焚身'이라는 형태로 나타났다. 인간의 삶에서 권리만큼 포괄적이고 소중한 가치가 없다. 권리에 기초해서 의무가 발생하고 의무에 근거해서 권리가 부여된다. 그래서 법은 권리로부터 시작되며 권리가 없으면 의무도 없다. 법이란 권리를 위해서 투쟁하는 인간 삶의 모습이고 관습과 전통, 민족정신에서 비롯되는 것이므로 법은 모두의 행복과 평화를 위한 도구이다. 그러나 우리의 '법'은 권력의 도구로 악용된 기억도 많고, 언제나 정의 편에 선 것도 아니며, 만능도 아니었다. 결국, 대한민국의 노

동자들이 그들의 권리를 쟁취하기 위한 투쟁은 건전하거나 당연한 것이고, 권리를 억압하는 것은 불의였다.

2019년 6월, 국제노조총연맹ITUC은 세계 139개국의 노동권 현황을 조사해 발표했는데 세계노동권리지수GRI에서 우리나라는 3년 연속으로 꼴찌인 5등급을 받았다. 5등급은 '노동권이 지켜질 보장이 없는 나라No guarantee of rights'를 뜻한다. 노동법은 있으나 노동자가 그 혜택을 받지 못한다는 의미이다. 5등급 아래에는 5+등급도 있지만 소말리아, 남수단, 중앙아프리카공화국, 시리아처럼 내전 등으로 법치주의 자체가 이뤄지지 않는 국가뿐이다. 등급은 국제노조총연맹이 국제노동기구 자료 등에서 지난 1년간의 97개 노동권 관련 지표를 뽑아 노동자의 권리인 단결권·단체교섭권·

단체행동권 등이 얼마나 잘 보장되는지 분석한 결과이다. 우리나라와 함께 5등급에 속한 국가는 중국·인도·나이지리아·방글라데시 등이다. 반면, 2019년 현재 대한민국은 자본이나 생산력을 가지고 경제행위를 해 나갈 수 있는 힘인 경제력(GDP, 1년간 국내에서 생산된 모든 재화와 서비스가치의 힘)은 세계 10위권 수준이지만, 부끄럽게도 노동자의 권리는 보장되지 않는 최악의 노동인권 후진국이다. "국제노동기구는 2004~2009년 사이에 모두 4회에 걸쳐 공무원, 교직원의 단결권 보장, 실업자·해고자의 노조 가입 보장, 노조 전임자의 임금 지급에 입법적으로 관여하지 말 것" 등을 우리 정부에 권고했다. 하지만 정부가 국제노동기구의 권고를 받아들인 것은 '기업단위 복수노조 허용' 단 하나뿐이다. 노동자의 권리가 향상되는 것이 사회에 유익한 일이라는 시각을 가져야 할 때가 한참 지났다.

청년실업률 최대치를 기록하고 최저임금, 비정규직 등 노동현안에 대한 문제의식은 심화되고 있는데도 청소년이 알아야 할 노동 3권 등 노동인권에 대한 교육은 제대로 이뤄지지 않는다. 노동이 '경제활동의 자원 가운데 하나'라는 분명한 사실을 기록하지 않고, 최저임금이나 노동법, 노사관계 등에 대한 청소년의 교육도 찾아보기 어렵다. 고등학생에게는 아르바이트, 산업현장실습생 등 노동시장 진출을 앞두고 있어서 노동관련 교육이 필요한데도 거의 시행되지 않는다. 기업과 경영자에 대한 역할은 있지만 노동자의 역할은 언급조차 하지 않는 이상한 나라가 되었다. 기업 편향적인 시각만 강조하고 노동과 관련해서는 부정적인 면만 부각하니 균형잡힌 시각이 생길 수도 없다. 노동자의 권리를 위한 모든 행동은 '빨갱이'거나 '종북'이었으며, 그것이 잘 통한 과거였다. 아주 오랜 기간 한반도 분단이 교묘하게 노동운동에 애용되고 이용당했다.

토마스 모어는 『유토피아』(1516)에서 "시민들은 하루 6시간만 일하고도 아무런 부족함 없이 살아간다."라고 했다. 자그마치 500년 전 완전고용을 달성하고 정신고양에 많은 시간을 할애하는 공정·공평사회를 만들고자 했다. 1935년 영국의 버트런드 러셀은 기계의 발명으로 생산성이 두 배로 늘었으니 노동시간도 하루 4시간이면 충분하다면서 "행복과 번영에 이르는 길은 조직적으로 일을 줄여가는 데 있다."고 했다. 경제학자 케인스는 1930년 『우리 손주 시대의 경제적 가능성』에서 "100년 후에 생산성이 지금보다 4~8배로 증가하기 때문에 일을 공정하게 분배하려면 주 15시간, 하루 3시간으로 줄여야 할 것"이라고 예견했다.

고용노동부가 발간한 2017년판 『통계로 보는 우리나라 노동시장의 모습』에 따르면, 임금근로자의 연간 근로시간은 2,071시간(2015년 기준)으로, 멕시코(2,348시간) 다음의 OECD 회원국 중 최상위권이다. 자그마치 독일의 50년 전과 같은 수준이고, OECD 평균(1,692시간)보다 연 400시간 더 일한다. OECD 회원국 가운데 연간 2,000시간 이상 일을 하는 나라는 멕시코, 대한민국, 칠레(2,059시간) 등 3개국에 불과하다. 1960년대 독일의 노동자들은 1년 평균 2,100시간 이상의 노동을 했다. 그러나 50년이 지난 2015년은 1,301시간이고, 프랑스는 1,399시간이다. 미국은 1,700시간이지만 임금이 우리의 2배에 가깝다. 소득분배의 불평등이 심각하고 정치인의 영향력이 크게 발휘되는 국가들은 대체로 노동시간이 길다.

영국의 신경제재단NEF은 2030년까지 노동시간을 주 15시간으로 단축하기 위해 2021년까지 주 21시간으로 줄이는 캠페인을 전개하고 있다. 하지만 대한민국은 반대이다. 노사가 합의하더라도 주당 52시간 이상은 일할 수 없다는 정부의 근로기준법 적용에 재계는 준비 부족을 이유로 예외를 인정하는 보완입법을 요구하고, 14년간 연기된 주 52시간제 시행에 '속도 조절' 얘기가 나오는 한 노동 존중의 대한민국은 갈 길이 멀다. 실업자가 발생하는 것은 자본가들이 더 많은 이익을 취하기 위해 인건비를 줄이고, 기계를 도입하기 때문이다. 이 문제를 해결하기 위한 유일한 대안은 '일자리를 나누는 것'이다!

고령화와 빈곤율

통계청이 발표한 '2019 고령자 통계'에 따르면 우리나라 전체 인구는 5,170만 9,000명으로 2028년까지 계속 증가 후 감소한다. 반면에 65세 이상 인구는 768만 5,000명으로 2050년(1,900만 7,000명)까지 꾸준히 늘 전망이다. 그러나 2020년 초등학교에 입학하는 2013년도 전국 출생아 수는 43만 6,455명으로 지난해 입학한 2012년 전국 출생아 수 48만 4,550명보다 4만 8,095명이나 줄었다. 2018년 출생아 수는 32만 6,822명으로 이들이 초등학교에 입학하는 2025년에는 올해보다 입학생이 10만 9,633명 줄 것으로 예상된다. 2019년 인구 피라미드는 30~50대가 두터운 항아리 형태이며, 2060년에는 고령화로 60대 이상이 두터운 모습으로 변화될 전망이다.

총인구에서 65세 이상의 인구가 차지하는 비율이 7% 이상인 사회를 '고령화사회'라고 하고, 고령사회는 14%, 초고령사회는 20% 이상을 일컫는다. 우리나라 65세 이상 인구가 차지하는 구성비는 2020년 16.2%로 예상되고, 2030년에는 25.0%로 초고령사회 진입, 2060년에는 43.9%까지 치솟을 전망이다. 2000년 고령화사회로부터 초고령사회로 진입하는 데 26년밖에 걸리지 않는 추세는 일본보다 10년 빠른 것으로 전 세계적으로 유래를 찾아보기 어렵다. 급격한 출산율 저하와 의학 기술, 생활수준의 향상으로 평균수명이 연장되면서 고령화사회가 되었다. 하지만 국내 베이비붐 1세대(1955~1964년생)는 801만 명인데, 전체 고령자 중 56.3%가 노후 준비할 능력이 없어 34.6%는 자녀에게 의탁한다. 고령화사회는 저출산의 확대로 생산가능 인구는 감소하는 데 반해 노년인구는 증가하여 연금, 의료비 등 노년인구 부양에 대한 사회적 부담이 증가한다. 또 노동력 부족으로 경제성장이 둔화되고 노인 소외, 빈곤, 질병 등의 노인문제도 나타난다.

빈곤율은 OECD 34개국 중 6번째로 높다. 빈곤율은 '중위소득의 50% 이하를 버는 빈곤층 인구가 총인구에서 차지하는 비율'을 말하는데 이 수치가 높을수록 가난해서 먹고 살기 어려운 사람이 많다는 뜻이다. OECD

국가 중 이스라엘의 빈곤율이 20.9%로 가장 높고, 미국은 17.4%로 5위였다. 우리나라의 빈곤율은 2011년 15.2%로 8위였지만 2012년 급등하면서 일본(16.0%)에 역전됐다. 특히, '빈곤의 여성화'와 '빈곤의 노인화' 현상이 두드러지고 있는데 여성의 빈곤율은 18.4%로 남성 빈곤율(14.6%)의 1.3배이다. 이제 장수는 축복이 아니라 불행의 씨앗이다. 현대사회의 갈등·불행·불안의 진원지도 사실은 고령화로 요약된다. 노인빈곤율(중위소득 50% 미만 노인비율)은 48.8%로 OECD 국가 중 최하위의 불명예를 꾸준히 기록하고 있다. 반면, OECD 국가 평균 노인빈곤율은 14.8%이다. 높은 노인빈곤율의 원인은 고령화가 급속하게 진행되고, 사회복지제도, 연금제도 등 노후대비를 위한 제도적 기반의 정비 속도가 고령화 속도를 따라가지 못하기 때문이다. 자녀세대의 노인부양 의식이 약화되면서 근로 등을 통한 고령층의 직접 소득원은 증가하는 추세이나 사적 소득원 감소를 보완하기에는 역부족이다. 문제는 고령사회로 진입하고는 있는데 변변한 일자리도, 수입도, 보호해줄 장치도 없다. 사회적 자본도 형성되어 있지 않고 사회안전망도 없으니 서민 스스로는 구렁텅이에서 헤쳐나올 수 없다. 이를 개선할 혁신적 방안을 마련하지 않으면 선진국으로 진입했다고 한들 아무 의미가 없다.

우리나라는 주요 선진국보다 공적연금이 늦게 도입됨에 따라 수혜를 받는 고령층의 비중이 낮고, 지급금액도 작아 고령층의 소득보전이 어려운 상황이다. 연금 등 소득보전 체계 미흡으로 소득재분배 후 노인빈곤율

공적연금 수급자

노년층(65세 이상) 인구 총 759만 명				
국민·지역연금 등 수급자(38.8%)			기초연금 316만 명(41.7%)	비수급자 148만 명(19.5%)
국민연금 70만 명(9.3%)	국민연금 + 기초연금 193만 명(25.5%)	지역연금 30만 명(4%)		

주: 1) 2018년 10월 기준 2) 공무원, 사학 및 군인연금
자료: 「노후소득보장 100만원, 어떻게 실현할 것인가-한국 노후소득보장 현황과 전망, 그리고 과제」, 국회 토론회

의 개선 정도는 14% 수준에 그친다. 노인빈곤율을 60~80%포인트 수준까지 개선하는 주요 선진국 수준을 크게 밑돌고 있다. 결국, 경제적 어려움으로 인해 삶의 만족도 저하, 자살률 상승 등 사회문제가 증가할 수밖에 없다. 노인빈곤율을 개선해나가려면 근로소득을 활용한 공적·사적 연금 가입률을 높여야 한다. 사적 연금 가입률을 높이기 위해 소득공제 확대 등 정부의 지원정책도 검토해야 하고 국민연금의 운용체계와 향후 수익률 전망 등에 대한 신뢰성을 높이는 것도 필요하다.

'워킹푸어(근로빈곤층)'란 중위소득(전체 가구소득 중간값)의 50% 미만의 소득을 받는 노동자를 일컫는 말이지만 번듯한 대기업에 종사하는 이들마저 스스로를 '워킹푸어'라고 인식하는 경우가 많다. 40~50세에 정년이라는 '사오정', 50~60세에 직업이 있으면 도둑이라는 '오륙도'라는 말은 그만큼 은퇴가 빨라졌다는 말이다. 40~50대 중장년층들은 구직을 희망하는데 새로운 일자리를 구하기도 어렵고, 만족할 만한 급여수준을 갖는 것은 하늘의 별 따기만큼 어렵다. 일을 구했더라도 대부분 급여 수준이 형편없이 떨어지거나 최저임금을 간신히 넘는 수준에 머문다. 중장년층의 1년 미만 기간제 근로자 비율은 34.7%로 OECD 국가 중 가장 높다. 물려받을 재산이 없는 한 사는 것이 언제나 팍팍하다. 근로자의 실질임금은 2019년 7월 현재, 월평균 임금총액은 324만 원이다. OECD 회원국 평균의 80% 수준이다. 더 큰 문제는 임금 격차다. 최저임금은 2020년 시간급 8,590원(2019년 대비 2.9% 인상), 월급 179만 5,310원(209시간 기준)이지만 평균임금의 50%이다. 전체 근로자 가운데 중위임금의 3분의 2 미만을 받는 근로 빈곤층 비중은 25.9%로 OECD 회원국 중 가장 높다. 실제 중산층 10명 중 6명은 스스로 빈곤층이라고 생각하고 있기 때문에 소득 불평등에 대비한 사회안전망을 구축해야 한다. '헬조선'과 '흙수저'는 한국의 현실을 상징하는 신조어인데 소득과 자산의 극심한 양극화로 마침내 '세습자본주의'에 도달했다는 절망감의 표현이다. 또한, 우리 사회는 미래가 불투명하거나 불안정하여 소비를 줄이고 자신의 생활비를 긴축하며 사는 시대로 돌입했다. 열심히 돈을 벌려고 해도 벌 수가 없고, 벌어도 빚 때문에 쓰지 못한다. 사회 차원에서 감당해야 하는 비용을 개인이 모두 감당하기 때문이다. 주택, 결혼, 육아, 대학 등록금, 거의 모두 세계 최고 수준의 비용을 부담한다. 살아야 할 집이 빚의 근원지가 된 것은 집이 투기의 대상이 되면서 부동산값을 올려놓았기 때문이다. 주택의 전세 상승률은 소득 증가치를 뛰어넘은 지 오래다. 빈곤은 극단적인 불평등의 결과로 발생하는데 가난해서 살기 힘든 상태이다.

위험이 사회 곳곳에서 언제 터질지 모르는 지뢰처럼 묻혀 있기 때문에 독거, 자포자기, 은둔고독, 본능억제에 대한 자기방어를 협동과 협력의 공동체적 문화에서 해법을 찾아야 한다. 단절·방치된 개인을 부정하고 잃어버린 유대감을 강조하여 고독사회의 탈출구를 찾는 것은 새로운 '사회적 가족' 조합 탄생으로 가능하다. OECD 앙헬 구리아 사무국장은 "2050년경이면 대한민국은 전 세계에서 가장 노인이 많은 국가가 될 것"이라고 했다. 자세히 들여다보면 고령화 속도 세계 1위의 문제는 근본적으로 '청년문제', '청소년문제'에서 비롯된 우리 사회의 근원적 문제이다. 우리나라 부부 대다수는 3명의 자녀를 두고 싶어하지만 경제적 여건과 사회적 여건이 미흡해 출산을 적게 한다. 사회적 비용이 너무 많이 들거나 충분하지 않아 출산을 포기한다. 장기적인 해법으로는 고령화(노인 인구/현역 인구)의 분자는 손을 못 대니 분모를 늘려 수치를 낮추는 출산을 장려할 수밖에 없다. 출산 제고가 고령사회의 갈등을 풀어낼 방안 중의 하나이다. 하지만 20~30대 청년들은 미래 사회에 대한 불안과 개인적인 장래에 대한 불안으로 결혼을 계속 늦추고 있다. 정부가 출산을 강조한다고 해도 직업적 자립과 생활 안정 등의 사회비용을 감소시켜 주지 않는 한 출산율 올리기는 쉽지 않다. 가족의 구성과 형성에서 '행복'과 '미래의 가능성'을 찾고 예견할 수 있어야 출산율이 늘어나므로 이에 대한 방책을 강구해야 한다. 현실을 올바로 파악하고 미래를 계획하려면 자본주의가 더 나은 미래 사회를 잉태하고 있는 자궁의 역할을 하고 있다는 발상의 전환이 필요하다.

지난 20여 년간 우리나라 시민의 생활수준이 정체하거나 하향 평준화 되었다. 일자리가 줄고, 정규직, 비정규직 구분 등에 의한 중산층 몰락과 임금삭감이 원인이다. 세대간, 계층간 지나친 소득 불평등은 조직을 손상시키고, 민주주의의 근본적 가치와 사회계약마저 훼손하여 사회구성체를 파괴시킨다. 따라서 정부는 현금성의 보편적 복지를 확대하고, 사람 중심의 복지서비스 중심경제로 공공서비스 시장에 적극 개입해야 한다. 약육강식의 승자 독식경제, 사회적 배제와 그에 따른 민주주의에 대한 불안과 훼손, 자포자기 등을 보완할 수 있는 새로운 모델을 개발하여 사회에 적용해야 하는데 '사회적경제'는 실질적 대안이 될 수 있다. 카를 마르크스는 "새로운 사회는 자유롭게 계획을 세우고 능력에 따라 일하면서 필요와 욕구를 충족하는 평등한 개인들이 사회의 주인이 될 것이다."라고 했다. 누구나 참여하여 민주주의의 성과와 과실을 나누므로 사람을 중심에 놓고 상호 신뢰와 호혜를 기반으로 운영되는 협동조합은 우리 사회에 많은 메시지를 제공한다. 카를 마르크스는 "주식회사보다 더욱 훌륭한 새로운 사회의 싹은 협동조합"이라고 했다. 협동조합에서는 자본가와 노동자 사이의 구분도 없고, 노동력 착취에 대한 대립과 모순이 없다. 하고 싶지 않은 희생의 노동이 아니라 자발적인 참여와 정신 그리고 필요와 욕구의 충족을 위해 즐거운 마음으로 부지런히 일할 수 있다.

환경문제

2002년 한국 생태학회가 '세계 생태학대회'를 일주일간 개최했다. 생태학 관련 수많은 세계적 석학들이 모인 자리에서 소설가 고 박경리 선생이 기조연설을 하게 되었다. 선생은 앞으로 인간과 자연이 함께 살아가는 과정에서 "자연은 원금은 그대로 두고 이자만 갖고 살아야 한다."라고 하여 참석자들로부터 기립박수를 받았다. 환경문제는 생태계 보전이라는 측면에서 중요하고, 사회 혁신을 기반으로 하는 사회적경제 영역이 해결해야 할 중요한 과제이다. 지구의 역사를 보면, 탄생은 46억 년 전이었고, 생명 탄생은 40억 년 전이었으며, 광합성 식물의 탄생은 30억 년 전(산소 배출)이었다. 바다에서 산소를 호흡하는 동물이 탄생한 것은 20억 년 전이었고, 지구상에서 양서류, 파충류, 포유류 등이 탄생한 것은 2억 3,000만 년 전이다. 산소로부터 만들어진 오존이 대기권을 덮고, 지표에 퍼부어지는 자외선이 감소하자 육지에 생명체가 생존할 수 있었다. 약 1만 년 전에는 인간이 농경을 시작했으며 문명 발전의 기초를 닦기 시작했다. 수억 년에 걸쳐 광합성으로 고정되고 축적되어 온 탄소, 즉 석탄이나 석유를 에너지원으로 사용한 것은 불과 250년 전이다.

'생태계'는 그리스어 '오이코스oikos'에서 기원하는데 '집'을 뜻한다. 지구생태계는 일정한 지역에서 미생물, 식물, 동물과 같은 생물 요소와 공기(대기권), 물(수권), 토양(지권), 빛 등의 비생물 요소가 상호작용하여 조화와 균형을 이루는 계系이다. '대기권'은 지구를 감싸는 공기층으로 질소, 산소, 이산화탄소, 수증기 등으로 이루어진다. '수권'은 해양, 호수, 하천, 지하수뿐만 아니라 지상과 지하에 있는 얼음과 눈을 포함한다. '지권'은 암석과 퇴적물, 토양 등 지구를 구성하는 무생물의 고체를 의미하는데 지구의 가장 기본이 되는 영역이다. '생물권'은 살아 있는 모든 생물체와 죽었더라도 아직 분해되지 않은 상태의 모든 유기물을 말하는데 이들은 서로 유기적으로 연결되어 끊임없이 상호작용한다. 생태계의 에너지는 태양 에너지로부터 시작하여 먹이사슬을 따라 각 단계로 이동하면서 모든 동식물의 생명 활동에 활용된다. 모든 생물은 생명을 유지하기 위해 필요한 물질을 기권, 수권, 지권으로부터 얻어 성장하고, 이들이 죽으면 원래의 비생물 환경으로 돌아가는 순환을 반복한다. 하지만, 지구에 존재하는 물질의 양은 일정하기 때문에 형태를 달리하면서 순환되지 않으면 생태계의 균형은 깨진다. 이러한 물질 순환으로 필수적인 물질이 지속적으로 생물에게 공급되고 죽은 생물들과 노폐물이 생태계 내에 축적되는 것을 방지할 수 있다. 에너지 흐름과 물질 순환의 원리에 따라 생태계가 균형을 이루고 유지되어야 하지만 인간의 무한한 욕망과 대량 소비는 자원을 과다하게 사용하거나 낭비하여 생태계의 균형을 깨고, 환경 문제를 증폭시킨다.

해양과 육지의 물이 태양 에너지에 의해 증발되면 수증기는 응결되어 강수로 떨어진다. 모든 생물체는 물을 흡수하여 광합성과 생명유지 활동에 활용한다. 탄소는 대기 중에 이산화탄소의 형태로 있다가 식물의 광합성 작용에 의해 유기물로 합성된 후 먹이 사슬을 통해 순환한다. 탄소는 동식물의 사체를 통해 다시 토양과 대기 중으로 배출되는데 이러한 순환이 깨지면 화석 연료의 과다한 사용으로 대기 중에 이산화탄소의 양이 늘면서 기후 변화의 문제를 발생시킨다. 또, 대기 중의 질소는 토양 속 미생물에 의해 식물이 이용할 수 있는 형태로 식물의 뿌리로 흡수된다. 질소는 단백질과 아미노산을 이루는 주요 물질이며 동식물의 노폐물과 사체로 다시 토양이나 대기 중으로 돌아간다. 하지만 질소가 비료의 주원료로 사용되면서 질소 화합물이 호수나 바다로 유입되어 영양 물질로 작용하여 녹조 현상이나 적조 현상을 일으켜 수중 생태계를 파괴한다. 순환은 깨지게 되면 모든 동식물의 순환도 깨진다.

쓰레기 방정식

① 파낸 자원 = 얻은 원료 + 생산계 쓰레기
② 얻은 원료 = 상품 - 소비계 쓰레기
③ 파낸 자원 = 소비계 쓰레기 + 생산계 쓰레기 = 쓰레기

지구 외부로부터의 물질 유입과 출입이 없으므로 지구의 무게는 일정량을 유지하고 변함이 없다. 따라서 모든 자원은 반드시 쓰레기가 되고,

절대로 지구 밖으로 빠져나가는 일이 없으므로 쓰레기는 지구에 쌓인다. 지구는 태양으로부터 열이 유입되고, 방사와 대류에 의해 열을 유출시킨다. 이러한 유입과 유출은 균형을 이루고 있지만 점차 파괴되고 있다. 자연의 힘으로 쓰레기를 순환할 수 있는 구조를 '생태순환'이라고 하는데, 물질의 정상적인 순환이 파괴되고 있다. 그래서 우리의 명제는 '인간은 환경오염에 의해 사멸할 수 있으므로 환경의 재생산 순환구조를 만들어야 한다.'라는 것이다. 배출가스, 이산화탄소류, 방사성 폐기물, 준설토사, 쓰레기재, 폐유, 병, 깡통, 폐 플라스틱, 종이, 신문, 잡지, 나무, 동식물쓰레기, 건설, 가축분뇨, 생활배수, 고무, 금속, 섬유류, 도자기, 유리, 철재, 오염 진흙, 가전제품 등이 지구온난화를 가중시킨다. 온난화는 지구를 1만 년에 1도 상승시켜 왔지만, 이제는 이상기후로 인해 10년에 0.3도 상승시켰다. 파괴되는 오존층은 지구촌 곳곳에 이상기후 몸살 피해 속출의 원인이다. 중동 최악 겨울폭풍으로 물난리·폭설 사태, 호주는 불볕더위, 러시아·아시아는 혹한의 이상 기후변화를 겪어야 했다.

　인류는 지구를 지배하던 최상위 포식자들을 전멸시킨 후, 최상의 자리에 올라 지구를 대멸종의 시대로 몰고 가고 있다. 하지만 자연은 자연대로 인간을 자연의 법정에 세우고 미필적 고의에 의한 죄로 무거운 형량을 내려 단죄하고자 한다. 환경은 생태계 보전이라는 측면에서 중요하고, 사회혁신을 기반으로 하는 사회적경제 영역에서 해결해야 할 중요한 과제이다. '자원 폭식'(지구상의 모든 사람이 미국인과 같은 수준으로 지구를 오염시킨다면 9개의 지구가 필요하다는 보고)과 생태계 위기의 '환경문제'에 직면한 인류공동체는 작은 규모의 지역사회를 의미하는 집단 내부사람 간의 사회적 관계에 주목하고 있다. 공동체에는 가족, 친족, 전통시대의 마을 등 자연스럽게 형성된 공동체와 사람의 의도나 계획에 의해 만들어지는 '계획된 공동체'가 있다. '계획된 공동체'는 공동생활, 공동노동, 평등주의, 합의를 통한 의사결정, 재산의 공유, 친환경적 생활 활동과 자원 절약 등을 하자는 것으로 생태공동체 안에서의 친환경적 생활양식을 강조한다. 우리나라 전통 사상도 세계를 인간과 자연이 어우러지는 생명공동체로 파악하는 순환과 공생을 강조하는 철학적 입장이었다. 생태계를 이야기할 때 맨 먼저 생각해야 하는 것은 '우리는 운명공동체'라는 대명제이다. 자연생태계의 모든 것은 모든 것과 연결되어 있으며, 어디론가 가고 있고, 그 결과는 자연이 그대로 보여주고 있다는 사실이다. 자원 폭식과 자연에 대한 착취로부터 얻은 모든 소비와 이득은 언제, 어디에서, 누구에게나 일정하게 부담이 된다. 그래서 자연과 생태계에 대한 '인간의 책임윤리'가 절실하다. 우리가 생태계 위기론을 이야기하는 것은 위험을 경고하고, 인류가 대안을 모색하여 이를 슬기롭게 극복하자는 데 목적이 있다. 지구상의 그 어느 국가도, 생물도 환경의 위기로부터 자유로울 수 없다.

자연의 일부인 인간만이 생태계의 순환적 고리에서 이탈된 삶을 살고 있다. 인공지능의 4차산업혁명을 예견할 정도의 고도로 진화한 인류 문명이 '야만의 탈'을 쓰고, 인류의 뿌리인 자연생태계를 파국으로 몰고 있다. 인간이 아무리 만물의 영장이라고 하더라도 근원을 무시하거나, 자연의 회복 탄력성을 잃게 되면 전부를 잃게 된다는 진리를 망각해서는 안 된다. 그것은 시간이 멈추는 온 우주와의 단절이고 상실이며, 죽음이고 파멸이다. '인류의 재앙을 자연의 축복으로 받아들일 수는 없다!' 성장과 발전의 오류를 벗어나서 생태계 순환으로 치유하고 회복하여 자연과 하나 되는 상호호혜와 공생의 삶으로 전환해야 한다. 자연생태계는 희미하지만 뚜렷하게, 조용하지만 분명하게, 은밀하면서도 느릿하게, 그들의 언어를 인류에게 보내고 있다. 지금과 같은 소비라면 10개의 지구로도 부족한 상황이다. 이 어둡고 답답한 상황을 해결할 자, '오직 인류밖에 없다!'

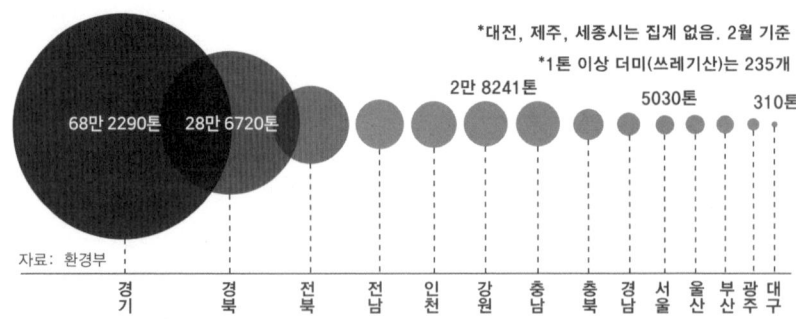

"South Korea's plastic problem is a literal trash fire(한국 플라스틱 문제는 문자 그대로 엉망진창이다.)" CNN이 경북 의성군의 쓰레기 산을 보도하며 붙인 리포트의 제목이다. 그들이 지적한 원인은 플라스틱을 지나치게 많이 사용한다는 것이다. 통계청에 따르면, 2016년 한국의 1인 연간 플라스틱 소비량은 98.2kg으로 미국(97.7kg)을 제치고 세계 1위이다. 쓰레기는 건설 폐적토뿐 아니라 옷가지, 스티로폼, 플라스틱 등이다. 여름철 높은 기온에 부패해 마을 전체에 쓰레기 썩는 냄새가 진동한다. 온통 가연성 소재들이어서 화재를 유발하기도 한다. 쓰레기 산을 이룬 폐기물은 크게 방치 폐기물과 불법 투기물로 나뉜다. 방치 폐기물은 처리업체 책임자가 방치한 폐기물이다. 불법 투기물은 폐기물 처리 장소도 아닌 임야에 무단으로 쌓아놓은 것이다. 환경부의 발표에 따르면 '쓰레기 산'의 개수는 전국 235개, 120만 톤이다. 이 중 절반인 68만 2,000톤이 경기도에 있고, 다음으로 경상북도이다. 28만 6,000톤이 CNN에 나온 의성군을 포함해 30곳에 퍼져 있다. 그 뒤로는 전북(7만 8,000톤), 전남(3만 2,000톤), 인천(2만 9,000톤) 순이다. 전국 도처에 있는 쓰레기 산도 무분별한 일회용품 사용의 산물이다. 일반 소비자가 일회용품 사용을 줄이는 습관과 제도적 뒷받침이 동반돼야 한다.

지구촌은 세계적 불행과 자연적 불안 그리고 생태적 한계를 사람의 눈에 보이지 않을 정도의 작은 먼지 입자, '미세먼지'로 경고하고 있다. '황사'는 바람에 의해 하늘 높이 올라간 미세한 모래먼지가 대기 순환을 따라 이동하다가 서서히 떨어지는 현상으로 주로 자연적 활동으로 발생한다. 칼슘, 철분, 알루미늄, 마그네슘 등 토양 성분으로 이루어져 있다. 반면, '미세먼지'는 자동차, 발전소, 보일러 등에서 연료를 태워 발생하는 배출물질이 주요 원인이고, 그 외에도 공사장이나 도로에서 날리는 먼지도 포함되는데, 이제는 계절을 가리지 않고 스멀스멀 찾아온다. 황산염, 질산염, 암모니아 등의 이온성분과 금속화합물, 탄소화합물 등 연소 결과물인 유해물질로 되어 있다. 미세먼지는 호흡 과정에서 폐에 들어가 기능을 저하시키고, 면역 기능을 떨어뜨리는 등 폐질환을 유발한다.

일반적으로 한반도 대기 질이 북서풍이 부는 날 개선되고, 고기압이 북서쪽에 있을 땐 바람이 세게 불어 한반도 미세먼지를 날려버린다. 반대로 서풍이 불어올 경우 대기 질이 악화되는데 중국 영향으로 보인다. 중국에서 유입된 공기가 정체되는 경우 고농도 미세먼지 현상은 심해지는 경향이 있다. 중국 정부는 대기 질이 나아지고 있다고 분석하지만, 2011년 베이징과 허베이, 산둥 세 지역의 석탄 소비량은 EU 전체 석탄 소비량보다도 많았고, 2013년 중국 동부지역의 석탄 소비량은 전 세계 소비량의 약 21%를 차지하고 있다. 결국, "일부 지역의 대기 질이 다소 나아졌을 뿐 초미세먼지가 심각한 날의 수준은 개선되지 않고 있는 상황"이다. 실제로 중국 베이징과 서울에서는 시차를 두고 초미세먼지가 발생한다. 중국 베이징의 공기 질과 우리나라 초미세먼지 농도는 매우 밀접한 관계에 있다. 박원순 서울시장은 "서울연구원, 환경부 산하 연구원들이 (미세먼지 원인이) 50~60% 이상이 중국의 영향이라고 분석했다."라고 한 바 있다. 반면, 류여우빈 중국 생태환경부 대변인은 "서울의 오염물질은 주로 자체적으로 배출된 것"이라고 반박한다. 향후, 양국 정부는 한·중 환경협력 공동위원회를 열어 환경협력 강화 방안을 논의하기로 했다.

그러나 2019년 1월, 환경부 소속 국립환경과학원은 한반도에서 관측된 사상 최악의 고농도 초미세먼지(PM2.5)는 한반도 외부에서 받은 영향이 75%에 달했던 것으로 분석했다. 초미세먼지 형성에 작용한 중국, 몽골, 북한, 일본 등의 '국외' 영향은 전국 기준 69~82%, 평균 75% 수준으로 나타났다. 겨울철 바람 방향과 각 국가의 대기 오염물질 배출량 등을 고려하면 고농도 초미세먼지에는 중국이 끼친 영향이 절대적이다. 국립환경과학원은 "동북아시아의 전반적인 대기 정체 속에 축적된 오염물질들이 산둥반도 부근 고기압의 영향으로 서풍 기류가 형성돼 국내에 유입됐다. 서해상의 기류 재순환으로 고농도 미세먼지가 해소되지 못한 상태에서 다시 중국 북부 고기압의 영향으로 국외 미세먼지가 추가로 유입·축적됐다."라고 설명했다.

한편, 2019년 상반기 경제협력개발기구OECD는 2017년 국가별 연평균 미세먼지(PM 2.5) 수치에서 인도(90.2)와 중국(53.5), 베트남(30.3), 한국(25.1), 남아프리카공화국(25.0) 등을 '최악 5개국'으로 이름을 올렸다. 전 세계에서 가장 공기가 나쁜 국가들이고 이들은 석탄발전 비중이 모두 글로벌 최상위권에 랭크되었다. 이들 5개 국가는 전체 발전량에서 차지하는 석

국가별 대기질 · 석탄발전 비중(2017년 기준)

국가	미세먼지 수치	석탄발전 비중
인도	90.2	76.2%
중국	53.5	67.1%
베트남	30.3	39.1%
한국	25.1	46.2%
남아공	25.0	87.7%
독일	12.1	37.0%
일본	11.9	33.6%
미국	7.4	30.7%
OECD 회원국	12.5	27.2%
OECD 비회원국		46.3%

출처: OECD · 에너지기업

탄발전 비중이 모두 상위권에 포진해 있다는 공통점이 있다. 미국이 7.4이고, 인접국인 일본은 11.9라는 점을 고려하면 비교조차 안 될 정도로 나쁜 수치이다. 남아공의 석탄발전 비중은 무려 87.7%로 최고이고, 3위는 폴란

드(78.7%), 그다음은 인도(76.2%), 중국(67.1%), 한국(46.2%), 베트남(39.1%) 순이다. OECD 35개 회원국의 전체 석탄발전 평균 비중(27.2%)은 물론 전세계 평균(38.1%)보다 높았다. 그런데도 우리나라와 중국은 향후 몇 년간 석탄발전소가 계속 늘어날 예정이어서는 몇 년 내에 에너지믹스 개선을 통해 대기질이 나아질 것으로 기대되기는커녕, 더욱 더 악화될 것으로 보인다.

'사회복지'는 시민의 삶의 질을 보장하기 위해 자연환경과 사회환경에 대해 통합적으로 접근하여 인간의 복지를 연구한다. '생태복지'는 정신적이고 문화적인 요소를 포함하고, 개인의 생활습관, 기업의 사회적 책임 CSR, 지역의 사회적 자본, 정부의 친환경 정책까지 총체적 접근을 요구한다. 생태계 위기의 원인은 인구의 폭발적 증가, 과학기술의 발달, 끝없는 확장을 추구하는 자본주의 경제체제 등 폭이 깊고 넓어 복잡하게 연결되어 있다. 지나친 산업화와 극단적 소비문화의 비대화는 환경문제를 유발하여 기후변화로 인한 대형 자연재해의 원인을 제공한다. 대기오염, 수질오염, 원자력 위험 그리고 국민적 먹거리의 불안은 생태계를 파괴한 인간에 대한 위험 경고의 메시지이다. 선진국, 개발도상국 모두 빈곤타파와 경제성장을 꿈꾸었지만 산업화와 도시화는 물, 공기, 비옥한 농지 등의 천연자원을 고갈시켰다. 인류 중심의 위계적 사회구조와 권위적 속성이 생태파괴와 위기의 근본 원인으로 지목되고 있다.

지구촌 인구의 10억 명이 굶주림에 허덕일 때, 전 세계 곡물생산의 절반이 더 나은 돈벌이(예를 들면 바이오연료, 동물사료)로 사라지는 경제의 자기모순 행위로는 생태복지를 향상시킬 수 없다. 영리를 추구하는 시장에 사회적 경제와 비영리적 활동이 결합될 때, 효율적인 사회문제의 해법이 나올 수 있다. 비영리 단체와 사회적경제가 보유한 혁신적인 아이디어와 불굴의 추진력을 가진 혁신기업가의 조합과 파트너십은 지속 가능한 지구촌 살리기의 필요충분조건이다.

기후변화를 비롯한 환경문제늘이 2020년대에 인류가 맞닥뜨릴 수 있는 세계 위험 요인 '톱5'를 휩쓸었다. 세계경제포럼WEF이 발표한 「2020 세계 위험 보고서」에 따르면, 2020년대에 발생 가능성이 가장 큰 위협으로 기후변화 대응 실패, 자연재해, 생물다양성 손실, 인간 유발 환경 재난을 꼽았다. 인류는 수만 년 이어져 온 연속적 세대로 이루어진 도덕 공동체를 형성해 왔다. 과거 세대가 자신들에게 베풀고 제공한 것과 유사한 혜택을 미래 세대에게 베풀고 제공해야 하는 도덕적 책임을 지닌다. 인류는 공동자산인 자연환경을 독점적으로 사용할 권리를 갖지 않았다. 현재 우리가 행하는 모든 행위는 우리 뒤에 올 미래 세대들에게 좋건 나쁘건 간에 영향을 끼친다.

과학과 기술의 발달은 지구상의 생명체뿐만 아니라 터전인 지구 자체도 파괴할 수 있는 능력을 가지면서 사회문제화되기 시작했다. 미래 세대가 누릴 수 있는 정당한 권리를 침해하거나, 지하자원을 모조리 소비하거나, 생태계의 순환과 자정 능력을 넘어서는 오염물질을 계속 배출한다면 우리는 모두 폭망할 수밖에 없다. 환경은 미래 세대가 생존하기 위한 기초이자 행복한 삶을 살아가기 위한 근본 터전이기 때문에 미래 세대까지 고려하는 책임 윤리에 대한 지적, 정서적, 실천적인 능력이 요구된다. 하지만, 자본주의는 반성하지 않는다. 물이 오염되면 생수를 팔고, 공기가 오염되면 공기청정기를 팔면 그만이다. 사정이 이렇다 보니 지구촌은 파멸과 맞닿은 생명의 숨소리처럼 위태롭기 그지없다.

2000년 이후 우리나라에서 가축 전염병의 예방과 대처법 등으로 살처분된 동물은 대략 1억 마리이다. 『묻다』(책공장더불어, 2019)의 저자는 살처분이라는 명목으로 행해진 정부와 인간의 잔혹성과 정당성에 대한 기록을 현장사진과 함께 수록하였다. 매몰지는 전국 4,799곳에 조성되었다. 피로 물든 지하수가 논과 하천으로 흘러나오고, 땅 속에 가득 찬 가스로 인해 썩다 만 사체들이 땅을 뚫고 솟아오르기도 했다. 그로부터 겨우 3년 후 매몰지는 고스란히 사용 가능한 땅이 되었다. 매몰지역과 주변은 대부분 지독한 악취를 뿜어댔고, 식물이 자라지 않는다. 어쩌다 싹이 난 식물은 불에 데거나 탄 것처럼 새까맣게 변했고, 깨 밭은 웃자라 트럭이 밀고 지나간 것처럼 양 옆으로 쓰러져 있다. 물이 찬 논에는 겁이 날 정도로 엄청난 밀도의 날벌레가 들끓고, 벼는 제대로 열매 맺지 못한다.

2014년 강력한 고병원성 조류 독감으로 1,396만 마리의 가금류를 살처분 했다. 2016년에는 두 배에 달하는 3,781만 마리의 가금류가 살처분됐다. 이는 전체 사육 조류의 30%를 웃도는 숫자이다. 동일한 시기에 같은 바이러스로 조류독감이 발생한 독일, 프랑스, 덴마크는 100만 마리 이하의 동물을 살처분했는데 우리만 수십 배에 달하는 동물을 매몰시켰다. 햇빛이 차단된 돼지우리와 밀집사육은 치명적인 바이러스의 진화 인큐베이터였다. 『묻다』는 생명의 가치보다 경제성이나 합리성이 우선시되는 인류의 냉혹하고 어처구니없는 패악을 기록하면서 가축 전염병의 예방과 대처 방식이 합당한지 가슴 아프게 묻고 있다. 사람들은 죄 없는 동물이 산 채로 땅에 파묻히는 모습에 안타까워하고 분노했지만, 동물이 묻힌 땅에 대해서는 관심을 두지 않았다. 저자는 생명이 처참하게 파묻히는 현장의 목격자가 되어 사회공동체에 고발하고 있다.

'코로나바이러스감염증-19'(COVID-19)가 인류에게 묻다!

중국 우한시에서 발생한 바이러스성 호흡기 질환, '코로나바이러스감염증-19(COVID-19)'가 2020년 지구촌을 강타했다. 신종 코로나바이러스에 의한 유행성 질환은 호흡기를 통해 감염되는데 초기에 증상이 거의 없어 강한 전염성을 보인다. 감염 후에는 인후통, 고열, 기침, 호흡곤란 등의 증상을 거쳐 폐렴으로 발전하여 사망에 이르게 하기도 한다. 세계보건기구는 아시아, 유럽, 미국 등 각국에서 감염자가 급증하자 '팬데믹'(전 세계적으로 크게 유행하는 현상)을 선언했다. 전 세계가 '사회적 거리두기'를 실천함에 따라 올림픽 등 수많은 국제적, 국내적 행사가 취소되거나 연기되는 등 초유의 사태가 벌어졌다. 이 질병으로 인해 각 국가는 전국 휴교령, 이동 제한령, 비필수 업소 및 사업장 폐쇄 등 고강도 봉쇄조치를 단행했으나 2020년 5월 1일 현재, 감염 확진자는 75개국, 300만 명을 넘었고, 사망자는 20만 명을 넘었다. 우리나라는 '코로나19' 사태에 가장 잘 대응한 모범 국가로 평가받고 있으며, 많은 국가들에게 도움을 손길을 주고 있다. 아무튼 이로 인해 모든 경제활동이 마비되면서 전 세계적으로 국내총생산GDP이 급격하게 하락하고 있다. 국제통화기금은 2020년 상반기에 '코로나19' 바이러스가 통제된다는 전제 아래 경제성장률이 -9.1%를 기록할 것이라는 비관적인 전망치를 내놓았다.

결국, 각 국가는 봉쇄 조치로 직격탄을 맞은 실업자와 저소득층, 기업에 대한 지원정책을 발표했다. 미국은 약 2조3,133억 달러(약 2,822조 원)의 경기부양책을 내놓았다. 독일은 1조 유로(1,024조 원), 영국은 7,100억 파운드(1,045조 원), 프랑스는 3,450억 유로(473조 원), 일본은 108조 엔(1,221조8,688억 원)의 경기부양책을 발표했다. 1945년 제2차 세계대전 이후 최대의 경기부양 정책이다. 영국은 대량실업 방지에 초점을 맞추었고, 미국은 개인소득 보조와 실업수당 인상과 고용유지에 방점이 맞춰져 있다. 프랑스는 피해 자영업자의 소득보전과 실업수당 인상 등 피해 기업과 개인에게 초점을 맞춘 것으로 분석된다. 독일은 기업에 대한 대출과 보증 위주의 지원을 하고, 필요 시 정부가 해당 기업을 인수하여 기술 유출 방지에 초점을 맞췄다. 반대급부로 각국의 부채규모는 엄청나게 불어날 것으로 예상된다. 이 위기가 언제까지 갈지, 예상 피해 규모는 얼마나 될지 아무도 장담하지 못하면서 재난은 인류에게 많은 질문을 던지고 있다. 예전에는 없었던 에볼라, 신종플루, 사스, 메르스, 코로나19 등 왜 자꾸 신종 바이러스가 출현하고, 백신은 금방 개발하지 못하는가? 밀어닥치는 세계경제 위기는 어떻게 극복할 것인가? 자신과 가족, 동료 등 공동체의 안전을 지키기 위해 우리는 무엇을 해야 할까?

'코로나19' 사태에 대해 지구촌은 효율성을 강조하는 자본주의적 생산체계가 낳은 세계적 현상이라는 의견에 공감하는 분위기이다. '가축 사육에 의도하지 않은 다양성을 줄이기 위해 생산을 엄격하고 철저하게 관리하기 때문'이라는 놀라운 사실을 밝혀내고 있다. 미국 시카고의 동물권 단체 '동물을 위한 자비'는 2009년 다국적 농기업 '하이라인인터내셔널'이 부화장에서 수평아리들을 산 채로 잡아 고기를 가는 기계에 넣는 동영상을 공개했다. 달걀을 낳지 못하는 수평아리를 갈아 버리는 행위였다. 시청자들을 더욱 놀라게 만든 것은 이러한 행위가 '업계의 표준'이라는 사실이었고, 책임자 제인 폴튼은 "우리는 재정적으로 여유가 없다. 필요한 경제적 수준에 미치지 못하는 품종은 제거된다."라고 해명했기 때문이다. 비생산적 품종에 대한 제거와 생산적 품종의 단일 육성은 세계 가금류 생산의 공통적 생산양식이다. 이런 품종개량 방식은 닭에게 신종 바이러스에 대한 면역력을 갖지 못하게 한다. 유전자 풀이 제한적이어서 변이하는 바이러스에 대한 면역 반응의 다양성이 제한되기 때문에 일어나는 필연적 결과라는 분석이다. 가금류와 인간 사이에 일어나는 바이러스 교차 감염 가능성이 증가하는 이유이다. 취약한 숙주는 새로 공급되는 인플루엔자바이러스 독성 진화에 최적의 환경이기 때문에 공업화된 축산업의 가축은 치명적인 병원체가 자라는 가장 이상적 개체군이라는 과학적 분석이 설득력을 얻고 있다.

미국의 마르크스주의자 마이크 데이비스는 '코로나19' 사태는 전 세계가 수십 년 동안 신자유주의 정책을 추진해 온 결과라고 단정지으면서 인류는 전염병 유행에 취약하고 계급에 따른 건강 불평등이 심한 공동체가 되었다고 분석한다. 영국의 마르크스주의 경제학자 마이클 로버츠는 현재의 경제 위기가 단지 코로나19 때문이 아니라 '이윤율 하락과 그에 따른 생산적 투자 부족의 자본주의 고질병' 때문이라면서 "지금의 경제 위기는 어떤 '충격' 탓으로 생긴 것이 아니라 자본이 농업과 자연을 상대로 벌인 이윤 추구 행위, 이미 취약했던 자본주의의 기존 상태가 낳은 필연적 결과"라고 설명하고 있다. 또한, 영국의 보건복지학자 리 험버는 자본주의적 농축산 문제에 대해 논증하면서 정치경제학자 마르크스는 19세기 중반 이미 다음과 같이 경고했다고 소개한다. "동물들은 이 감옥 안에서 태어나서 도축될 때까지 머문다. 이 체제는 단지 고기와 지방을 더 얻으려고 뼈의 발달을 중단시키는 비정상적인 방식으로 동물을 기르는 사육 시스템을 만들어냈다. 문제는 이 체제가 궁극적으로 생명력의 심각한 저하를 초래하지 않을까 하는 점이다." 결국, '코로나19' 사태는 이윤을 목적으로 효율을 선택한 자본주의의 공업화된 농업이 끼친 전 세계적 영향이라고 주장한다.

인간이 자신의 이익을 위해 뿌린 유독물질은 공기, 토양, 하천, 바다 등 자연을 오염시킨다. 오염된 자연을 원상태로 되돌리는 데는 대부분 수십 년에서 수백 년이 걸린다. 아주 간단하거나 교묘한 조작으로 믿기 어려운 위력을 가진 유독물질을 만들어낼 수 있다. 유독성 화학물질은 인간을 포함하여 그것을 먹은 모든 곤충과 동식물에 침투하여 치명적인 방식으로 축적되거나 비정상적으로 작용한다. 소량이더라도 체내에 저장된 지방과 만나 수십 배 증폭되어 잔류한다. DDT 0.1ppm(100만분의 1농도)만 흡수해도 100배나 많은 10~15ppm이 체내에 축적된다. 축적된 유독물질은 분해되어 배출되거나 자연 소멸되지 않고, 끝까지 남아 신체를 보호해 주는 효소를 파괴하고, 에너지의 원천인 산화과정을 방해하거나 왜곡시키고, 몸속에 잠복해 있으면서 신경계를 손상시키거나 불치의 병을 일으키거나 기어이는 쓰러뜨린다. 그들에겐 자비도 없고, 용서도 없고, 최저 한계선도 없다. 부모 세대의 중독은 다음 세대에도 이어진다. DDT에 오염된 건초를 먹은 소의 우유에도 남아 있을 뿐만 아니라 그를 농축해 만든 버터에는 수십 배 증폭되어 잔존하면서 인간의 체내로 들어와 장기를 손상시킨다.

지구를 숙주로 살아가는 인간중심의 '문명의 이기'利器가 언제까지 계속될 것인지 가늠하기 어렵지만 곳곳에서 나타나는 바이러스변종과 이상 징후는 인간중심의 사고와 생활방식에 경종을 울린다. 지구촌을 휩쓴 '코로나19' 사태는 바이러스의 박멸을 위한 백신의 개발로 끝나는 것이 아니다. 천문학적인 슈퍼 경기부양 정책으로 원상복구되는 것도 아니다. 효율과 성장을 핵심으로 하는 자본주의적 이윤추구 방식에 대한 반성과 새로운 생산양식의 대전환을 인간에게 요구하는 것이다. 동식물 집단을 건강하게 유지할 수 있는 유일한 방법은 '종의 다양성 유지'에 있다. 지속적인 자연생태계의 경고메시지에 어떻게 대응할 것인지? 선택은 인류의 몫이다.

II
사회적경제

1. 사회적경제의 이해

2. 사회적경제의 경제학적 토양

3. 사회적경제와 거버넌스(민관협치)

4. 기업의 사회적 책임(CSR)

5. 사회적 가치와 평가

폴 고갱(1848~1903)은 "우리는 어디서 왔는가? 우리는 누구인가? 우리는 어디로 갈 것인가?Where Do We Come From? What Are We? Where Are We Going?"(139 × 375cm)에 수십 년 동안 유럽과 타히티 등을 옮겨 다니면서 관찰한 인간성에 대한 기록을 강렬한 색채와 상징주의적 표현으로 나타냈다.

'사회적경제'는 사회적·공동체적 가치 창출을 위해 경제적 가치를 창출한다. '우리는 어디에서 왔는지, 누구인지 그리고 어디로 갈 것인지' 생각하고 실천한다. 철학과 사상을 실현시키는 정치학이며, 공존과 공생의 공동체를 희망하는 상호호혜의 인간을 관심의 중심에 놓는 경제학이다. 만인의 행복을 꿈꾸므로 사회복지학이고 생태계를 보존시키는 환경학이며 지속가능한 경영학이다. 경제적·사회적·공동체적 윤리를 실천하거나 실현시키는 것으로 과거와 현재를 분석하여 새로운 방향을 찾자는 통합적 전망의 새로운 시스템과 환경을 만들자는 의미에서 미래학이다. 따라서 '사회적경제'는 인간과 사회의 통합적 지식과 종합적 이해력을 요구하고 안목과 식견이 있어야 하는 인문학(인간학)의 총화總和라고 할 수 있다.

1. 사회적경제의 이해

　자본주의 시장경제에서는 '사람'을 자율적이고 이기적이며 물질적인 존재로 본다. 사람이 '시장'에 모여 '이윤'을 추구하고 '경쟁'을 하지만 최선을 다해 합리적 선택을 하므로 최적의 상태를 유지할 수 있다는 것이다. 반면, '사회적경제'에서는 '사람'을 호혜적이고 윤리적 이원성(이기심+호혜성)을 가진 존재로 본다. '이윤'을 추구하고 '경쟁'함으로써 인간의 도덕적 수준이 낮아진다는 것이다. 서로 신뢰할 수 있는 (비)제도적 틀과 사회적 규범의 환경을 갖출 수 있을 때 협동사회를 지향하는 경제공동체를 성장·발전시킬 수 있다고 생각한다.

　'사회적경제'는 정부와 기업의 한계와 실패를 극복하고, 실현되지 않은 욕구와 필요를 충족하기 위한 활동과 공동체기업 방식으로 더 좋은 삶, 더 좋은 세상을 도모하는 보편적 경제활동이다. 사회·경제적으로 '배제된' 사람들의 욕구와 생산능력을 이어주고, 사람은 돈(이윤)으로만 움직이는 존재가 아니라는 사회적 동기로 인간생활을 풍요롭게 하기 위해 재화를 생산하고, 사회서비스를 제공하는 공동체기업 활동이다. 자본주의 시장경제가 야기한 이윤과 경쟁, 중산층 붕괴, 일자리, 주거복지, 개발과 성장 중심의 지역공동체 해체와 자연생태계 파괴 등에 대해 관심을 갖고 상호신뢰와 협력의 사회연대적 사고방식으로 공존과 상생을 실현시키고자 노력한다. 사회적경제 기업은 사회적 목적 실현의 사회성, 경제적 가치 창출의 사업성, 사회혁신성, 지역공동체 서비스와 공헌의 지역성이라는 비즈니스 특성을 갖고 있다.

 '사회적경제Social + Economy'는 상반될 수 있는 '사회'와 '경제'의 합성어이다. 사회적 가치를 추구하는 경제활동이며, 경제적 가치를 창출함으로써 사회문제를 해결한다. 경제는 ① 정신적, 물질적, 육체적 욕구를 충족시킬 수단 마련·질 좋은 삶·행복·인간 발전의 '살림살이 영역'과 ② 정신적, 물적 자산을 활용한 이윤·수익성·제품과 서비스의 상품화·경쟁의 '돈벌이 영역'으로 구분할 수 있다. 그러나 우리는 이를 구분하지 않거나, 잘못 이해·혼용하여 혼란을 야기해 왔다.

 '사회적경제'는 시장경제가 낳은 불편, 부당한 문제를 해결하기 위한 보완이기도 하고, 새로운 사회로의 대안가능성이기도 하다. 경제성, 사회성, 민주성으로 혼재되어 나타나는데 경제적 측면에서는 혁신적이고 창의적인 기업 활동 방식이고, 사회적 측면에서는 구성원들이 호혜, 연대, 자립의 공감으로 사회문제를 해결한다. 신뢰와 협동의 공동체 정신으로 사회적 약자의 삶의 질을 개선하거나, 지속가능한 사회와 자연을 위한 환경을 개선·회복시키기 위한 가치를 창출한다. 상품의 수요자와 공급자가 '시장'에서 이윤을 위해 만나는 경제행위가 아니라, 신뢰를 기반으로 한 인간의 필요와 욕구 충족, 재분배가 가능한 공유가치 창출 활동이다. 제품과 서비스를 제공하여 얻어지는 이윤은 활동의 주요동기나 목적이 아니라 사회적 목적을 실현하기 위한 수단이다. 구성원과 지역사회의 발전과 봉사, 생산과 소비의 민주적 통제, 잉여배분이 자본에 있는 것이 아니라 사람에 있는 경제이다.

 서울시사회적경제지원센터에서는 사회적경제를 "구성원이나 공공을 위한 목표, 경영의 자율성, 민주적인 의사결정 과정, 수익배분에 있어서 자본보다 사람과 노동의 중시라는 사회적 기업, 협동조합, 마을기업, 자활기업, 상호공제조합, 민간단체에 의해 수행되는 경제활동"이라고 규정하고 있다. 따라서 '사회적경제'란 경제적 양극화 해소와 취약계층 일자리

산업혁명 초기 | 사회적위험에 노출된 노동자들의 집합적 대응 전략	• 노동자와 장인들의 상호부조적 대처 활동 • 1844년 로치데일협동조합이 시초 • 19세기 말 국가 공공복지시스템 확대로 위축
1970년대 | 사회적경제 대두 ⇒ 공공서비스가 대안적 공급 주체로 부각됨	• 신자유주의정책으로 사회서비스 대폭 축소 • 사회서비스와 복지 담당 기구들을 민영화, 시장화 • 실업자 스스로 사회적경제를 통해 지역사회 고용창출
2008년 | 세계금융위기를 통해 협동조합의 위기극복능력 확인	• 구조조정 최소화, 경영정상화 등 경제안정에 기여 확인 • 수익을 조합 내부에 쌓아두어 경제 위기에도 안정적 일자리 확보, 규모의 경제확대 가능 확인

사회적(사회연대)경제의 탄생과 발달

창출, 지속가능한 지구촌 등 공동의 이익과 공공선의 사회적 가치 실현을 위해 사회적 경제 조직이 상호협력과 사회연대를 바탕으로 하는 가치창출 활동이다. 자본주의 시장 경제가 발전하면서 나타낸 불평등과 빈부격차, 환경파괴 등에 대한 공동체의 보편적 이익 실현, 노동 중심의 수익 배분, 민주적 참여, 지역사회 공헌, 사회 및 생태계의 공존과 공생을 목적으로 하는 사회적 기업, 협동조합, 마을기업, 자활기업, 농어촌 공동체회사를 일컫는다. 서로 돕고, 협력하고, 신뢰하고 싶은 인간의 본성이 지나친 경쟁과 물질만능주의에 억눌려 왔으니 구성원 상호간 자발적인 참여를 바탕으로 협력, 연대, 자기혁신으로 사회서비스를 확충하고, 일자리를 창출하며, 지역공동체의 발전과 공익에 기여하는 등 사회적 자본 창출을 목적으로 하는 활동이나 공동체기업이라고 정의할 수 있다.

16세기 이후, 서유럽은 합법을 가장한 법과 행정의 국가폭력 시대였다. '국가'를 향한 인간 세상의 재조직은 한계를 가지고 있었다. 산업혁명 이후, 독자적인 운동 원리를 가진 경제적 사회 '시장'을 인정하지 않을 수 없었으나, 이로부터 발생하는 불변을 인간 본성과 전봉의 총제로서 사회공동체를 성장시키고, 유지할 수 있다고 생각하고, 꿈꾸고, 조직했던 사람들이 있었다. 사회적경제는 18세기부터 경제학을 지배해온, '인간은 이기적이고 이익을 따라 합리적으로 선택한다'는 명제에 대한 의문으로 시작한다. 여기에서 '합리적'이라는 말은 마치 경제가 어떤 오류도 없이 과학적 시스템으로 굴러가는 것처럼 오해할 수 있지만 실상은 그렇지 않았고, 사람은 경제활동에서 이익만 좇지는 않으며, 합리적인 결정만 내리는 것도 아니었다.

영국과 프랑스에서 처음 시작된 '사회적경제 운동'은 자본주의를 대체하는 유토피아 공동체운동이었다. 19세기 후반, 유럽에서 법적 지위를 얻었으며, 20세기에는 공공서비스에 대한 공급주체로 부각되었다. 21세기에 들어와서는 '시장경제'를 보완하거나 대체하는 '대안경제'로 진화하고 있다. 유럽공동체는 사회적경제를 "공동의 욕구를 가진 사람들이 자신들의 필요를 충족시키기 위해 만든 기업들로 경제행위자인 협동조합, 상호공제조합, 민간단체를 포함하는 개념"이라고 정의하고 있다.

자본주의 원동력과 핵심은 (투자자)이윤과 상품화와 무한경쟁이다. 경쟁은 인간의 물질적 삶을 풍요롭게 이끌었을지 모르지만 자본의 축적과 세계화과정은 끊임없이 사회문제를 야기했다. 재벌기업과 공기업은 독점적 지위로부터 얻은 성장의 과실을 모두에게 제공하지 않았을 뿐만 아니라 사회문제를 더욱 더 가중시키기도 했다. '좋은국가'는 많이 가진 사람이 잘사는 것으로 평가되는 것이 아니라 힘들고 어려운 사람이 얼마만큼의 복지혜택을 누릴 수 있고, 어느 정도의 권리가 주어지는가로 평가된다. 우리는 세계가 주목하는 경제성장을 이루었지만 국민 개개인의 경제는 여유롭지 않으며, 공동체는 파괴되어 있다. 서민의 삶은 내일을 기약하기 어렵고, 희망은 너무 멀리 있어 '희망고문'에 시달리고 있다. 행복한 삶을 영위할 수 있는 공동체를 만들어야 할 책임이 국가에 있고, 시민은 정부에 그런 사회를 요구할 권리가 있다. 하지만, 잘못된 국가경영에서 기적은 일어나지 않으며 무책임한 낙관론의 결과는 참혹할 수밖에 없다. 자본주의 '시장경제'는 개인이 이기적으로 행동하는 것이 사회 전체에도 이익이 된다는 주장이지만 실상은 그렇지가 않다. 자본주의 '시장경제의 작동원리'는 승패를 가리는 경쟁이다. 경쟁도 공정성과 정당성이 담보되어야 하지만 현실은 그렇지 않다. 개인의 입장에서는 최고의 선택일 수 있지만 사회 전체로는 해害가 되는 '사회적 딜레마'가 무수히 발생한다. 시장 독점과 과점에 의한 불완전 경쟁, 비용 부족에 의한 불완전 정보와 기회, 사회적·경제적 행위가 제3자에게 의도하지 않은 혜택이나 손해를 주는 자동차 매연과 같은 상태, 공공재, 가치재, 공유자원 등의 소수 독점이 나타난다. 개인의 이익추구가 사회 전체의 이익으로 이어지지 않기 때문에 금융위기, 지구 환경문제, 부의 심각한 불평등과 사회적 양극화 현상 등이 나타나 사회적 딜레마에 빠졌다.

글로벌화된 21세기는 다문화 공생사회, '공동운명공동체'가 화두이다. 인류의 궁극적 목적인 '행복과 인간발전'을 위한 사회문제 해결은 지상과제이다. 경제정책도 우파와 좌파 그리고 중도 진영 가릴 것 없이 각자의 해법을 모아 '공통정책'을 마련하여 국가경영에 적용해야 한다. 기업정책, 노동시장, 복지정책은 각자가 독립·분절되어 있는 것이 아니라 서로를 필요로 하고 보완하는 관계에 있다. 복잡하게 얽혀 있는 사회공동체에서

사회적경제 기업의 비즈니스 특성

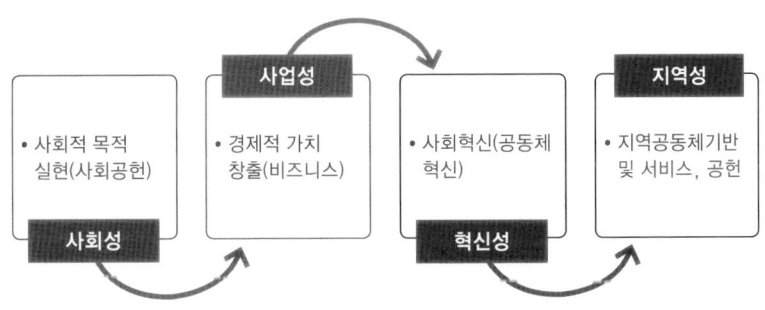

단일한 경제정책과 해법으로 문제를 해결하려는 것은 욕심이고, 수많은 영역과 사회문제에 대해 다원적인 접근을 해야 해법을 찾을 수 있고 효과적이다. 그런 의미에서 '사회적경제'는 문제 해결의 단초를 제공한다.

'사회적경제'는 인간과 시장 그리고 기업을 이기심과 이타심으로 분리하는 것이 아니라 '신뢰성'과 '사회성'과 '상호성'을 경제생활의 중심에 놓고 바라보며, '공공의 행복'을 확대하여 시민복지 모델을 구축한다. 경제성, 사회성, 민주성으로 혼재되어 나타나는데 우선 경제적 측면에서는 혁신적이고 창의적인 사업의 방식이고, 사회적 측면에서는 공감과 자립, 연대나 호혜로 사회문제를 해결하는 것이다. 사회적경제의 목적은 돈이 아니라 자연생태계와 사회공동체의 지속가능성과 욕구충족과 행복추구이다. 구성원 상호간 협력과 연대, 자기혁신, 자발적인 참여를 바탕으로 사회서비스를 확충하고 일자리를 창출하며 지역공동체의 발전과 공익에 기여하는 등 공동체적 가치를 창출한다. 함께 일하고 나누고 보살피는 공존의 가치가 실현되는 장이다. 자본주의의 모순을 보완하고 때로는 비판하면서 더 나은 사회로 갈 수 있는 인간중심의 경제를 꿈꾸는 인본주의 사상에 근거한 경제의 도덕적 혁명이며, 시장의 윤리적 혁명이다.

사회적경제는 시장경제의 병폐를 해결하기 위해 지역사회의 구성원들이 자발적·호혜적으로 당면한 문제를 해결한다는 당위성으로 세계적으로 주목받고 있다. 경제를 '공평하고 공정한 사회적 경제체제로 전환해야 한다'는 필요성의 발로이다. '사회적경제'라는 용어는 프랑스 경제사상가 샤를 지드Charles Gide에 의해서 처음 사용된 것으로 알려져 있다. 그는 시장경제가 지배적 경제체제가 되면서 유발시키는 사회적 위험에 대해 노동자들의 집단적 대응이 필요하다고 보았다. 자본주의 시장이 더 공평한 사회적 경제체제로 전환해야 한다고 주장하면서 '사회적경제' 개념을 사용하였다. 1970년대 이후 특히, 복지국가론이 후퇴하고, 신자유주의 세계화 정책을 전개하였으나 실업, 빈곤, 불균형, 환경문제와 같은 사회문제를 양산하거나 해결하지 못함에 따라 이를 타개할 수 있는 유용한 수단과 대안으로 부각되었다.

하지만, '사회적경제'를 실용적·기능적 관점으로 이해하고 적용하려는 것은 '시장경제' 구조의 변혁적 존재인 사회적경제의 본질을 왜곡하는 것이고, 이해 부족에서 도출된 잘못된 결론이다. 사회적경제는 인문학의 문제의식에 기반하여 '경제의 세계화'에 대항하면서 '경제의 지역화'를 주장한다. 세계화시대의 대항담론으로 지역의 자생성과 자율적 세계관에 주목한다. '자유시장 유토피아'의 허구는 카를 마르크스에 의한 자본축적의 작동원리 자체에서의 자유시장경제 모순과 칼 폴라니Karl Polanyi에 의한 사회로부터 이탈된 시장자본주의의 모순적 특징을 입증하는 논리로 구분하여 이해할 수 있다. 이 두 개의 사상은 자유시장경제에 대한 비판에서는 동일한 입장을 취하지만 자유시장경제를 대체하는 대안경제의 제시에서는 분명한 차이를 보이고 있다. 마르크스는 자본에 대한 통제자로 국가의 역할을 강조하지만 초국적 기업들이 국가의 영토를 벗어나는 전 지구적 상황에서 시장에 대하여 통제하고 조정하는 것에는 한계가 있다. 반면, 칼 폴라니는 시장경제가 사회에서 이탈된 경제이므로 탈사회화된 경제의 재사회화 작업이 필요하다고 주장하면서 계획적 교역과 경제적 지역주의를 제기한다. 자유시장경제의 범주에서 확대된 자유무역과 그에 기초한 글로벌 경제는 어느 곳에서나 빈익빈 부익부 현상을 심화·격화시켰고, 상품의 이동에 따른 불합리한 자원의 낭비를 초래했다. 이에 대한 비판자들의 대안 제시는 크게 두 가지로 나뉜다. 먼저 세계자본주의체제와 시장경제를 미래비전으로 인정하고, 그 보완으로 '사회적 시장경제' 형태를 추구하면서 글로벌 마셜플랜의 수행을 제기한다. 예를 들어 조지 소로스는 '열린사회'를 제안하여 기부와 자선은 개인적으로는 아름다운 선행이지만 자신들 투자기업의 지속적 성장을 담보하려는 움직임이라고 보았다. 반면, 글로벌경제의 문제를 자본주의의 내재적 모순에서 찾는 이늘은 대안으로 '사회적경제'를 주장한다. 시장경제가 많은 사람들을 생산, 유통, 소비, 분배로부터 주변화함으로써 스스로 자본주의 체제의 위기를 자초할 것으로 보고, 지역중심 체제로의 방향전환을 강조한다. 미국의 제러미 리프킨Jeremy Rifkin은 자유시장경제가 노동자들의 노동력을 탈시장화하면서 노동력의 가치를 무용화하므로 사회적경제에서 새로운 활로를 찾을 수밖에 없을 것이라고 단정한다. 시장경제가 사회보다 경쟁의 효율성을 추구하지만 사회적경제는 사회적 권익에 우선하는 경제라는 주장이다.

사회적경제의 전개

전통적·공통적으로 사회적경제(사회연대경제)는 사회적 배제 계층(노동자)의 결사체이고 소유, 이윤, 사회 불평등, 경쟁의 시장원리에 비판적이며 사람의 관계망으로 사회안전망을 구축하고자 한다. 사회를 보는 관점은 '하나를 위한 모두, 모두를 위한 하나'로 구성원 모두가 운명 공동체라고 생각한다. 마을, 지역사회, 국가 등에서 공익 경제를 추구해야 한다는 입장이다. 자발적 참여, 민주적 의사결정, 조직의 자율성과 독립성, 다중을 위한 잉여의 사용, 연대와 책임의 정신, 사회 혁신성 등을 강조하는데, 다음과 같이 분류할 수 있다. ① 결사체사회주의자들로서 생시몽, 푸리에, 오웬 등이다. 이들은 산업혁명으로부터 생계를 위협받는 노동자들의 생활조건을 개선하고자 하였다. 유토피아 전통의 형제애와 조화를 도덕적 토대로 삼는 새로운 대안사회 건설을 꿈꾸었다. ② 기독사회주의자들로서 푸르동, 라이파이젠 등이다. 이들은 빈곤층 삶의 조건을 개선하는 데 주력하였는데 빈곤층의 자조보다는 부유층의 후원을 강조하였다. 불평등을 양산하는 소유의 폐지를 주장하였고, 구성원 상호서비스를 제공하는 공제조합을 강조하였다. ③ 자유주의자, 연대주의자 밀James Mill은 기술발전에 따른 생산력 향상의 과실이 분배로 이어져야 한다고 생각했다. 노동결사체를 통해 소득의 재분배를 실현함과 동시에 임금노동을 종식해야 한다고 주장했다. 인간본위로 정치·경제를 다룰 것과 철학에 과학적 기초가 있어야 한다고 강조한 철학적 급진주의 또는 공리주의자이다.

지구촌은 자유시장경제 모델이 사회에 끼치는 자본과 이윤과 경쟁의 재앙과 폐해를 어떻게 제한하고 극복할 것인지 고민하고, 대안을 모색해 왔다. 봉건주의 계급사회와 달리 자본주의는 시장이 개방되어 있고, 기회는 보장되며, 행위는 자유로워 민주적 특성을 갖고 있다고 주장한다. 그러나 시장경제의 무한경쟁이 낳은 결과는 구성원들에게 민주적 기회를 보장하지 않았고, 인간의 존엄성마저 위태롭게 했다. 민주주의를 남용하거나 왜곡했으며, 어느 때는 매우 비민주적이어서 경제 권력들은 부패한 엘리트와 정치권력들과 연합하거나 결탁하여 시장을 장악하고, 독점적 권리와 이윤을 보장받았다. 반면에 시민들은 정치적 자유를 무기로 이들의 불의한 연결고리를 끊기 위해 투쟁했다.

지난 200여 년 동안 세계경제의 고민은 '희소한 자원을 어떻게 효율적으로 활용할 것인가'였다. 기술주도의 불확실성과 금융과 투자의 경제성, 환율, 자원, 특허, 무역장벽 등 글로벌 경제에서의 고민은 불안정성과 불확실성에 대한 많은 위험을 어떻게 관리할 것인가에 초점이 맞추어져 있다. 결국, 우리는 자본주의를 고정불변의 초역사적 사회 운영방식이 아니라 변화와 혁신이 가능한 긴 역사 속의 한 흐름으로 인식해야 한다.

사회적경제를 이론화한 칼 폴라니는 "완전한 자기조정시장self-regulating market'은 존재하지 않으며, 이를 전제한 자유방임적 시장경제는 인간성을 말살할 것"이라고 예견하였다. 이윤을 추구하는 '시장경제'는 경쟁으로부터 끝없는 사회문제를 야기할 뿐만 아니라 자기 자신을 기초로 하는 사회조직마저 무너뜨릴 수 있다는 것이다. 그는 전통적으로 노동의 결과에 대한 생산, 유통, 분배가 '시장'에서 '사회적 동기'에 의해 작동되어 왔는데도 '경제적 동기homo economicus'로만 잘못 분석하여 문제를 발생시켰고, 해결의 실마리조차 찾지 못했다고 주장한다.

'시장경제 유일주의'는 자유주의 사상에서 비롯되었으나 '자유주의'는 사람의 자유가 아닌 기업의 자유를 의미했고, 불평등을 심화시킨 장본인이다. 반면, '사회주의'는 사회를 내세우나 사람을 주체로 세우지 못하고 전체주의로 흘렀고, 평등에서 자유(인간해방)에 이르려 했으나 공산당의 독재로 막을 내렸다. 이제는 시장경제의 폐해, 무한경쟁의 갈등, 부의 불평등을 해소할 수 있는 재분배와 신뢰사회를 위한 정책과 문화, 생태계 보존, 공정경제, 공유경제 등 공존과 공생의 가치를 소중히 여기는 새로운 경제 동력과 원리를 찾아야 한다. 사회적경제는 산업혁명 이후 야기된 불의, 불편, 부당의 문명화된 자본주의의 야만에 대항하고 인간 삶의 터전인 공동체를 지키고 살리고자 탄생한 철학과 사상, 인문학, 공동체기업 방식의 실천운동이다. 그리고 사회적경제 기업은 일자리를 창출하는 등 취약계층에 대한 삶의 질을 제고하고, 일상생활의 개혁과 로컬푸드의 지역식량체계를 새롭게 구축한다. 지역 산업을 보호하고 육성하는 연대와 협동의 관계적 체계로 경제적, 사회적, 공동체적 가치를 복원하여 활성화시킨다. 내부자원의 유출을 방지하고 활성화할 뿐만 아니라 이를 기반으로 사회안전망을 구축하여 복지서비스를 제공하는 등 사회적 자본을 창출한다. 고용위기에 노출된 장애인, 실업자, 빈곤층 여성가장과 같은 취약계층에게 취업기회를 제공하는 데 활용되고, 식품안전·교육·의료 서비스 제공, 생활재 개발과 이용, 각종 주체적 모임을 통해 유용한 생활공동체를 형성하는 데 기여한다.

사회적경제가 바라는 21세기의 사회는 공동체의 파괴, 인간성의 소외, 황금만능주의로부터 탈피한 품위를 잃지 않는 사회이고, 존엄한 인간이 모욕당하지 않는 사회이다. 시장에서는 인간의 필요와 욕구가 충족되고, 인간 발전을 위한 가치 창출 활동이 이루어진다. 그 누구도, 어느 섹터도 노동의 과정과 결과가 희생이 아니라 필요와 욕구, 행복추구라는 생명존중의 사상과 존엄성이 내재되어 있다.

사회적경제의 핵심

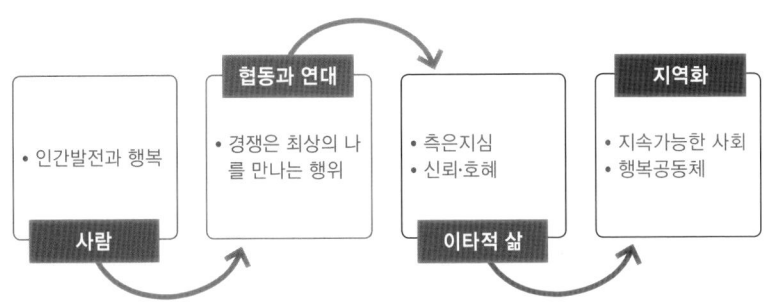

1970년대 후반 신자유주의 정책은 경제 주체인 국가와 기업, 시민의 이해관계 조정을 불가능하도록 만들었다. 이기심과 탐욕이 일정부분 기술개발과 경제발전의 원동력이 되었던 것은 사실이지만 개인의 이익추구로만 작동되는 '시장'은 인간의 고귀한 가치추구 행동을 괴멸시켰다. 무한경쟁은 사회 관습과 규범을 침탈했다. 세계의 맹주 미국은 신자유주의 정책으로 대기업의 이익을 위해 세계적, 문화적, 사회적, 환경적 쟁점과 과제에 대한 국제적 합의를 파기하거나 유보시켜 왔다. 미국의 사정권 안에 있는 세계은행IBRD, 국제통화기금IMF, 세계무역기구WTO 등도 경제적으로 취약하고 고통받고 소외된 세계 빈민층의 현실을 도외시하였다. 현실과 괴리된 정책을 펴면서 반지구적, 비민주적 기구로 전락하고 있다. 그들의 엘리트적 사고와 의사결정은 경제영역에서 민주주의가 어떤 위치에 있어야 하고, 어떤 역할을 해야 하는지 상기시켰고, 저항의 중심 주제가 되기도 했다. 자연과의 공생과 공존, 인간의 존엄을 위협하는 불평등과 불의, 좌절과 분노는 '세계공통의 정의'가 되어 지구촌 곳곳에서 투쟁을 가속화하였다. 민주주의에 대한 인류의 진보가 경제민주주의로 진화해야 한다는 당위이고, 변혁이다.

근대국가의 출발은 정치적, 경제적 특권이 없는 민주사회, 기회가 평등하게 주어지는 사회이다. 자본주의는 제품과 서비스에 대한 생산과 소비 그리고 분배의 과학적이고, 규범적인 가치의 개념을 '효용'으로만 축소시켜 경제학을 빈곤하게 만들었고 사회문제를 야기했다. 더욱 진보된 좋은 국가는 많이 가진 사람이 잘사는 것으로 평가하는 것이 아니라, 가난하고, 힘들고 어려운 사람들이 얼마만큼의 복지 혜택을 누릴 수 있고, 어느 정도의 권리가 주어지는가로 측정되는 것이다. 자본주의는 지난 250년간 인간의 윤리성, 상호성, 공동선 같은 사회적 개념을 시장에서 배제시켰을 뿐만 아니라 위험한 것으로 취급했다. 경제적 인간 속에 사회적 인간을 적용하면 배척하는 분위기였고, 공동체적 가치관을 갖고 사회적 관계를 분석하는 것은 금지된 장난이고 불충이었다. 하지만 인류는 윤리적 차원만이 아니라 번성과 생존을 가능하게 하는 밖으로 열린 '상호부조'적 존재이다. 참여자의 교육으로 타인에 대한 관용, 불안정한 사회에 대한 이해, 미래에 대한 비전, 약자에 대한 배려, 토론에 의한 합의, 민주주의 실현에 공감할 수 있는 기본적 소양을 훈련받는다.

'사회주의'는 각 경제주체의 의사나 자유보다는 중앙집권적인 수직적 구조의 의사결정으로 사회 전체 이익을 중시하는 체제이다. 정치가 시장을 통제하는 시스템으로 기업은 혁신에 둔감하고, 자유는 제한받으며, 시장의 역동성은 사라질 수 있다. 이에 비해 '사회적경제'는 수평적 구조의 상향식 의사결정으로 구성원이나 공동체의 이익을 중시하며, 사회적 가치실현을 주목적으로 하는 기업이다. '사회적경제'는 시장을 거부하는 마르크스주의와 무제한적 힘을 과시하는 자본의 양 극단에서 새로운 길을 모색하고 있다. 첫째, 경제행위에 대한 윤리적 분석으로 '사물'에 어떻게 관여하여 작동해야 하는지 '관계'에 대한 이성적 가치 지향의 관계적·규범적 분석이다. 둘째, 재화와 용역의 생산, 유통, 소비를 분석하면서 경제는 '무엇'이거나 '어떤 것'으로 존재한다는 사실지향의 실체적·과학적 분석이다. 인간의 본질은 탐욕이 아니라, 개인의 사적 이윤추구의 '보이지 않는 손'과 선악善惡의 '보이는 손'의 경제행위 시스템에 대한 효과적 작용이다. 따라서 정부의 경제정책에서 인간의 윤리의식이나 도덕성, 사회발전과 지속성, 상호성이 위태로울 때 사회적 자본을 창출하기 위한 '보이는 손'의 교육과 지원은 정당하고 당연한 것이다. 편협한 사적 이윤추구가 바람직한 결과를 주지 못할 때 공공의 이익을 가져다 줄 수 있는 지속가능한 사회적 규범은 절대적 가치를 창출할 수 있다.

우리는 인간적인 경제 방안을 새롭게 발명하고, 바람직하고 공정한 사회질서의 경제민주주의를 모색해야 한다. '모든 경제 주체가 편협한 사리사욕으로만 경제행위를 하는 것이 아니다'라고 생각하는 것이 사회적경제와 시장경제의 차이이고 다름이다. 사회적경제는 다른 누구의 효용을 감소시키지 않으면서 자신의 효용을 증가시킬 수 있는 방안을 찾고자 끊임없이 노력해 왔다. 시장경제를 극복하려는 집단적 생산과 교환을 바탕으로 한 '경제의 사회화'는 사회개혁 운동의 핵심이고, 산업혁명 이후 지속적으로 전개된 가치이자 덕목이다. 절대적 빈곤에 허덕이고 의지할 곳 없는 노동자들에게 '공동체적 사고'는 교환의 기초가 되었고, 개혁의 믿음직하고 존중된 가치였으며, 유일한 희망이었다. 21세기 시민들은 돈과 명예를 얻는 물질적 성공과 실패는 전적으로 개인의 책임이라는 '아메리칸 드림'으로부터, 인간을 상호연관성 속의 존재로 인식하고 사유재산권도 복지국가를 통한 가진 자와 없는 자 간의 공존적 타협으로 완화시키는

사회적경제 기업의 개념적 범위

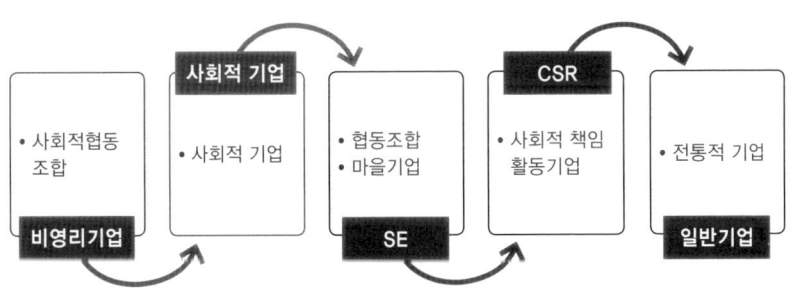

'유러피안 드림'의 사고로 전환하고 있다.

사회적경제의 주요 조직형태는 크게 네 가지로 나뉠 수 있다. 첫째, 사업의 목적이 이윤에 있지 않고 공동체적 필요와 욕구충족의 경제적 가치를 창출하는 사회적 기업, 사회적 협동조합이다. 둘째, 소비자 협동조합, 사업자 협동조합, 노동자 협동조합, 신용(금융)협동조합 등과 공제조합이다. 셋째는 시민운동과 연대의식을 함양하는 풀뿌리 마을 활동과 마을기업이며, 넷째로는 자활근로사업단의 취약계층이 참여하는 공동창업 모델이다. 이 모두가 사회적 가치를 추구하는 경제 활동 조직이며, 경제적 가치를 창출함으로써 사회문제를 해결하는 결사체기업이다.

'사회적경제'는 인간중심의 문제의식에 기반하여 자본주의가 발생시킨 경제적 불평등이나 불균형, 환경오염 등의 문제를 해결하기 위해 등장했다. 자본주의의 장점을 살리면서 경제민주화, 사람, 분배, 환경보호 등의 가치를 중심에 두고 이를 보완하거나 대안으로 여겨졌고, 자유로운 소생산자들의 연합에 의한 공동체사회를 꿈꾸기도 했다. 사회적 기업, 자활기업은 취약계층을 고용하는 등 사회의 불균형과 불평등을 보완하고 해소하기 위해 노력한다. 반면, '협동조합'은 정부와 시장, 비영리단체의 실패에 대해 "자본주의는 고장났다!"면서 '시장'은 이윤으로 피폐해지는 공간이 아니라 공동의 선, 신뢰성, 상호 호혜성, 행복과 욕구 충족의 공간이어야 한다고 생각한다. 공동체 기업은 필요에 따라 조직되고, '배제된' 욕구와 생산능력을 이어주며, 사람은 돈으로만 움직이는 존재가 아니라는 사회적 동기로 운영된다.

사회적경제 기업은 민주성, 경제성, 사회성을 어느 정도 포함하고 가치를 창출하는가에 따라 분류되고 평가되며 정의할 수 있다. '민주성'이란 조직 설립이 얼마나 자유롭고 자율적인지, 운영이 얼마나 민주적인지를 구분하는 민주적 소유와 자발성이고, 결사의 자유와 자발성이다. '경제성'이란 해당 조직이 얼마나 사업성이 있고, 수익과 이익배당이 얼마나 제한하는지에 대한 분배와 수익의 제한이다. '사회성'이란 해당조직이 어느 정도의 공동체적 가치를 지향하고 실제 사회문제 해결에 어느 정도 기여하는지 구분해 평가할 수 있는 규범성과 혁신성과 문제해결 기능이다. 대체적으로 조직적 측면에서 보면, 시장이 주도하여 만든 조직은 경제성은 양호하지만 민주성과 사회성이 약하게 나타난다. 시민사회가 주도하는 조직은 민주성과 사회성은 양호하지만 경제성이 약하다. 정부주도 조직은 사회성과 공익성은 좋으나 경제성과 민주성은 약한 편이고, 정부의 지원이 지속적으로 이루어지지 않으면 조직이 와해되는 경우가 많기 때문에 세심한 배려가 필요하다.

사회적경제의 주체

사고능력을 가진 영장류 중 가장 인지력이 높은 동물이 인간이다. 인류는 생각하는 인지능력이 발달하면서 반성하고, 예측하며, 상상을 하는 등 고차원적인 능력을 발휘한다. 사회적경제인은 호모 이코노미쿠스(homo economicus, 경제적인 인간), 호모 엠파티쿠스(Homo Empaticus, 공감하는 인간), 호모 심비우스(Homo Symbious, 협력하고 공생하는 인간), 호모 에티쿠스(Homo Ethicus, 윤리적인 인간), 호모 사피엔스(Homo sapiens, 지혜로운 인간)의 집합체라고 할 수 있다.

호모 이코노미쿠스는 합리적인 기대에 입각해 행동하는, 경제학이 이론적 토대로 삼고 있는 전형적인 인간형이다. 정서나

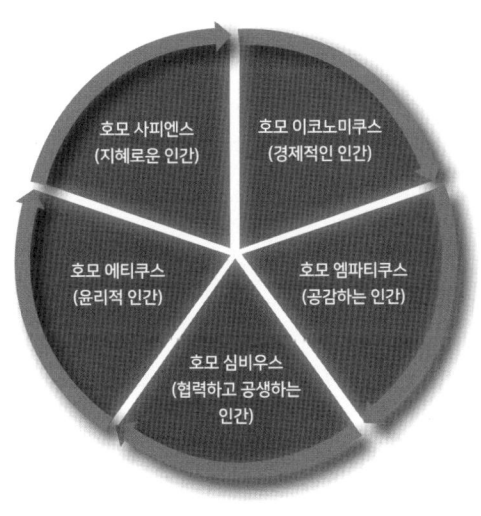

사회적경제인의 구조

감정에 휘둘리지 않고 물질을 끝없이 욕망한다. 합리적 소비를 추구하는 소비자인 이들은 상품의 가격에 비례한 효율에 큰 의미를 부여한다. 이 때문에 최저가 위주의 상품을 구매하는 경향이 높고, 식품이나 유아용품과 같이 안전이 중시되는 상품의 경우에는 친환경·유기농 상품을 선호하는 특징이 있다. 제임스 뷰캐넌은 정치인이나 관료들은 국민을 위해 봉사하고 싶어 안달이 난 '선천적 천사'들이 아니라, 자기의 이익만 좇는 경제적 인간이기 때문에 봉사를 한다고 말했다. 그래서 그는 정치인이나 고위 관료들을 '정치적 기업가political entrepreneur'라고 불렀다. 뷰캐넌은 '정치인이 왜 믿을 수 없는 존재인가'를 밝히는 데 평생을 바친 경제학자이다.

호모 엠파티쿠스는 인류의 역사를 주도하는 가장 강력한 에너지는 공감이라는 측면에서 매우 중요한 인간형이다. 세계적인 경제학자 제러미 리프킨 교수는 "인간이 세계를 지배하는 종이 된 것은 뛰어난 공감능력을 가졌기 때문이고, 앞으로의 시대는 '공감의 시대'가 된다."라고 주장했다. 사람이 산다는 것은 누군가의 처지가 되어 보고, 우리와 다른 사람의 눈으로, 배고픈 아이들의 눈으로, 해고된 노동자의 눈으로, 이민 노동자의 눈으로 세상을 바라봐야 한다는 것이다. 자신의 입장에서 벗어나 상대방, 고객, 유권자처럼 경험하고 느껴서 깨우친다는 의미이다. 그래서 우리는 직관적 통찰을 얻기 위해 어떻게 공감능력을 갖추고 공감으로 충만한 조직과 사회를 만들어갈 수 있을까를 늘 심사숙고해야 한다. 기업 입장에서도 세상을 발전시키기 위해 공감능력을 배양하고, 활용해야 한다.

호모 심비우스는 인류의 생존은 우수한 유전자를 확보하는 전쟁이 아니고 인간들 사이의 협력에 기초할 수밖에 없는 공생하는 인간의 모델을 제안한다. 21세기 현대 사회는 생존경쟁이 치열하여 삶이 잔인한 '치킨게임'[1]으로 변질된 상황이다. 지금부터라도 더 이상 희생 없이 공존할 수 있는 방법을 찾아야 하는데, 자원을 늘리거나 최소한의 자원으로 살아갈 수

---

1 치킨게임이란 상대가 무너질 때까지 출혈 경쟁을 하는 것으로, 어느 한쪽이 양보하지 않을 경

있는 분배방법을 찾아야 한다. 지구촌 인류의 삶을 '나'가 아닌 공생의 '우리'라는 개념으로 진화시키는 것이다.

호모 에티쿠스는 인간의 삶에 대한 도덕률이다. 호모 에코노미쿠스의 이상이 지배하는 시대에 윤리적 인간이 탄생해야 하는 것은 우리 사회가 얼마나 부도덕한 사회인지 깨닫고, 선과 양심, 도덕적·윤리적 본질에 적합한 삶을 살아야 한다는 것이다. 사회적 규범에 입각한 주체적 반성을 통해 스스로 판단하고 결단할 수 있을 때 진정한 의미에서 도덕적·주체적·윤리적 인간으로 태어날 수 있다.

호모 사피엔스는 지혜를 가진 현명한 사람이라는 '지성인'의 의미이다. 환경적·유전적 요인에 의해 다양한 인구집단들이 서로 다르게 진화하지만, 동물 중에 인간만이 지혜를 가지고 있다고 생각한다.

우주만물은 협동하고, 밤하늘에 빛나는 달빛마저 협동의 산물이다. 인간은 협동하고 연대하는 종種이다. 21세기 사회와 시민에게 부여된 규범은 '평등, 정의, 공정, 협력'이다. 상호 호혜적이고 윤리적인 측은지심의 인간 본성에 대한 공감능력을 향상시켜 공동체를 적절하고, 의미있고, 가치있고, 풍요롭게 만들어야 한다. 다만, 우리가 주의해야 할 것은 사회적 경제가 이타심과 호혜성의 기제로 작동하지만 인간의 신뢰란 너무나 연약한 자본이라는 것이다. 러시아의 대문호 톨스토이는 "사람 각자에게 있는 보편적 지성이 협동(연합)을 뒷받침해 줄 것이다."라고 했고, 카네기는 "협력은 이성을 통해 얻어낸 성과이다."라고 했다. 깨어 있는 시민의 조직된 힘이 세상을 바꿀 수 있다. 인류의 경제와 경제행위를 보다 포괄적으로 이해하고 적용시키는 것이 사회적경제의 시작이고, 사회적 자본의 총량을 늘리는 것이 사회적경제의 종착역이다.

'경제'라는 도구가 요리하는 칼이 될지, 사람을 죽이는 칼이 될지, 결정하는 것은 인간행동과 사회운동에 대한 사회과학의 깊은 통찰에서 비롯

우 양쪽이 모두 파국으로 치닫게 되는 극단적인 게임이론이다.

된다. 인류는 공적인 존재로서의 감각을 일깨워 평등과 정의가 자본과 경쟁을 통제하는 문명국가로 만들어야 한다. 사회적경제는 호혜성과 상호성을 지닌 윤리적 인간이 사회성과 경제성을 활용하여 시장에서 도덕적 경제행위를 하는 사회질서 모델이다. 자본주의의 장점을 살리면서 경제민주화, 사람, 분배, 환경 보호, 공공선公共善의 가치를 중심에 두는 특징이 있다. '나'로 사는 것으로부터 '우리'(공동체)로 사는 사람으로 가치관과 행동양식과 삶의 방식이 변하는 것으로 '사회적자본' 창출을 그 목적으로 한다.

사회적경제 기업의 종류

우리나라는 결사의 자유가 높이 보장되어 있어서 다양한 조직들이 구성되어 있다. 그러나 다른 국가들에 비해 조직의 규모가 작기 때문에 조직 간 연대와 연합에 의한 협력적 체계가 필요하다. 또, 규범성과 문제 해결의 기능은 떨어져 사업의 연속성과 기업의 지속성이 의심받고 있는데 이러한 현상은 '다이나믹 코리아'의 한 단면이기도 하다. 특히, 사회적경제 조직 관련 행정부서들이 분야마다 다르고 복잡하여 과제를 수행하기도 전에 지쳐 버리는 경우가 많다. 하루속히 사회적경제 관련 행정부가 마련되어 일체화된 정책과 입안의 과업을 수행해 시민의 여망에 부응해야 한다.

각 국가와 단체마다 '사회적경제'에 대한 정의, 의미와 역할을 조금씩 다르게 정의한다. 대체적으로 '자본주의의 장점을 살리면서 경제민주화, 사람, 분배, 환경 보호, 공공선의 가치를 중심에 두는 특징이 있고, '나'로 사는 것으로부터 '우리'(공동체)로 사는 사람으로 가치관과 행동양식과 삶의 방식이 변하는 것'이라고 정리한다. 사회적 기업, 협동조합, 마을기업, 자활기업, 농수산영농조합, 결사체, 비영리공익단체 등으로 구분하고, 이를 포괄하는 개념으로 인식하고, 다양한 형태로 외연을 넓혀 그 역할을 수행하고 있다.

우리나라 사회적경제 전개 과정

해당연도	내용
1980~1990	빈민지역을 중심으로 생산공동체 운동 (노동자 중심의 생산자·소비자협동조합)
1996	보건복지부 자활사업 운영
1997	IMF외환위기와 정부의 공공근로 사업
2000	국민기초생활수급법 제정 및 자활지원사업의 제도화 추진
2003	실업 및 사회적 양극화 심화로 인한 노동부의 사회적 일자리 사업 시작
2007	사회적 기업육성법 제정
2012	협동조합기본법 발효

 우리나라는 1997년 IMF 금융위기를 맞으면서 사회적경제를 실업과 빈곤, 경기 회복, 지역사회 문제 해결을 위한 수단으로 여기면서 정부가 제도적 환경을 갖추기 시작했다. 경제 양극화가 심화되면서 기업의 사회적 책임에 대한 요구를 넘어 공생발전과 경제민주화에 대한 요구가 증가함에 따라 사회서비스를 제공하고, 일자리를 창출하는 등 취약계층을 노동시장에 통합시키려고 노력했다. 2007년 사회적 기업 육성법 제정, 2010년 안전행정부의 마을기업 육성사업, 2012년 협동조합기본법이 시행되면서 사회적경제의 제도적 기반을 마련했다. 시장경제의 폐해에 대한 보완과 미래사회에 대한 대안의 방향을 모색하면서 풀뿌리 공동체 조직과 기업 활동을 결합하여 토대를 다졌다. 공동체의 보편적 이익을 지향하고, 사회적·경제적·공동체적 요소와 가치를 추구하면서 사회적 포용력을 높이고 불균형과 불평등을 완화시켰다. 지역사회 공통의 문제를 드러내고 해결하면서 보편적 이익을 지향하는 경제 활동으로 지역공동체를 회복시키고 있다.

 '사회적 기업'은 1970년대 후반 각 유럽국가가 사회서비스와 고용창출 영역, 그리고 복지국가의 재편에 적극적으로 활동하면서 등장했다. 지역

사회적경제 기업의 종류

사회의 이익을 위한 활동으로 자본보다 인간에 우선하고, 노동을 고려하는 소득배분에 주목한다. 세계적으로 사회적 기업에 대한 단일한 구분과 법적 지위와 정의는 존재하지 않는다. 대체적으로 사회적 기업이란 "사회적 목적을 실현하는 기업으로서 기업의 이익이 소유주와 주주들에게 귀속되기보다는 사회적, 공동체적 가치를 창출하고 지역공동체에 재투자되는 기업"이다. 취약계층의 일자리나 사회서비스를 제공함으로써 주민 삶의 질을 높이는 등 공동체적 목적을 추구하면서 재화와 서비스를 생산·판매하는 기업이다.

'협동조합'의 가치와 행동체계와 정의는 국제협동조합연맹ICA을 중심으로 다듬어지고 정식화되었다. 국제협동조합연맹은 "공동으로 소유되고 민주적으로 운영되는 사업체를 통하여 공통의 경제적, 사회적, 문화적 필요와 욕구를 충족시키고자 하는 사람들이 자발적으로 결성한 자율적인 조직"으로 정의한다. 우리나라 협동조합기본법에서는 "재화 또는 용역의 구매·생산·판매·제공 등을 협동으로 영위함으로써 조합원의 권익을 향상하고 지역사회에 공헌하는 사업조직"으로 정의하고 있다. 자본의 이익보다 사람을 중시하고 사회적 목적이 우선하는 결사체 기업으로 잉여의 대부분은 조합원의 이익과 기업의 발전 그리고 지역의 지속가능한 발전을 위한 사회적 자본 창출과 충만을 위해 사용한다.

우리나라 '마을기업' 관련 주무부서인 행정안전부는 마을기업을 "지역주민이 각종 지역자원을 활용한 수익사업을 통해 공동의 지역문제를 해결하고, 소득 및 일자리를 창출하여 지역공동체 이익을 효과적으로 실현하기 위해 설립·운영하는 마을단위의 기업"으로 정의하고 있다. 기업으로서 조직형태는 민법에 따른 법인, 상법에 따른 회사, 협동조합기본법에 따른 협동조합, 농어법경영체법에 따른 영농조합 등의 형태로 운영하면서 이를 실현한다.

'자활기업'(자활공동체) 주무부서인 보건복지부는 자활기업을 "1인 이상의 수급자 또는 저소득층이 상호 협력하여, 조합 또는 공동사업자의 형태로 탈빈곤을 위한 자활사업을 운영하는 업체"로 규정한다. 자활기업은 자활근로사업단을 통해 근로여건과 의지가 충분하게 높아져 취약계층이 참여하는 형태의 공동창업 모델이다. 일정 조건을 충족하는 1인 이상의 저소득층이 상호 협력하는 조합 또는 공동사업자 형태이다. 탈빈곤을 위해 자활사업을 운영하는 기업으로 사회적 기업의 모태가 되었다.

사회적경제의 영역과 기능

'사회적경제'[2]는 정부의 영역, 기업의 영역, 비영리단체의 영역을 넘나들면서 통합적으로 운영되어야 성과를 낼 수 있다. 최근에는 유사한 주체끼리 사회적 가치 창출을 위한 제도적(사회적경제 네트워크 혁신타운, 산업통상자원부) 지원과 접근으로 외연을 확대하고 있다. 구성원 간 연대하거나 연

사회적경제 영역

합하는 경향을 띠면서 정책적으로는 일자리창출, 사회서비스제공, 지역발전의 파트너 같은 별도의 영역Sector으로 자리 잡아가고 있다. 자본주의의 한계에 대한 대안적 실천으로서 상호부조 조직, 협동조합, 결사체 등을 포함하는 개념으로 상호성, 연대, 신뢰와 협동을 강조한다. 사회와 문화와 환경의 사회문제에 대해 혁신 지향성이 강해 그 해결을 활동의 출발점으로 삼아 문제해결형 사업과 활동을 담당하여 '지속가능한 공급 사회주체'로 주목받고 있다. 이러한 사회적경제 조직은 개별조직의 경쟁적 우위가

---

2   현 정부는 저자의 이론 등에 기반하여 사회혁신과 지역활성화를 위한 '사회적경제 네트워크 혁신타운'의 정책을 입안하고 예산을 확보하여 추진하고 있다. 혁신타운은 산업통상자원부가 비수도권 지자체를 대상으로 지역별 특성과 여건에 맞춰 기술혁신, 창업지원, 네트워킹 공간 등의 거점을 구축하는 사업이다. 2019년 산업 위기지역이라는 현실을 고려하여 전북 군산과 경남 창원을 혁신타운 지역으로 지정하고 건립에 필요한 설계비, 건축비, 장비구축비 등을 투입한다. 지역당 투자규모는 약 300여억 원 내외이다. 혁신타운의 통합지원 체계를 구축하게 되면, 사회적경제 기업과 지원조직을 집적화하여 시너지를 극대화할 수 있다. 지역 민관산학의 사회적경제 네트워크를 통해 은퇴자와 청년 등의 일자리가 창출되고, 지속가능한 지역을 위한 중심역할을 할 수 있다. 기술혁신을 통한 성장지원, 지역민 직접고용, 사회적 기업의 매출증가, 지역공동체 활성화 등으로 이어질 수 있어 지역의 여러 문제들이 해결될 것으로 기대되고 있다.

아니라 조직 간 네트워크를 통해 인적·물적자원을 창출하거나 공유하는 지역통합형 경제활동 전략으로 성과를 낸다. 따라서 지원체계·금융접근성·판로·인력·비즈니스 혁신 등이 종합된 혁신거점이 제도화되거나 지원정책이 추진되어야 한다.

유럽에서는 사회적경제를 '사회연대경제'라고 하는데, 복지국가가 직면한 한계 때문에 관심을 기울여 왔다. '어떤 사회적 문제를 어떻게 협력하여 해결할 것인지' 또 '서로 다른 영역의 문제를 어떻게 통합하여 새로운 대안을 만들어 낼 것인지'라는 협력과 융합의 과제이다. 경제개혁만 아니라 사람의 관계, 이윤을 목적으로 하는 '시장'에 대한 변화, 경제양극화에 대한 불평과 불만 등을 어떻게 사회관계망에서 풀어낼 것인가에 대한 구체적 질문이고 해결방안이며 이상理想이다. 이것은 우리사회에 다른 체계와 제도가 필요하고 새로운 체제가 가능할 수도 있다는 의미이다.

'사회적경제'는 돈 중심이 아니라 '사람 중심', '사랑 중심'이다. 동력과 기제機制는 신뢰이고, 배려이며, 협동이다. 진보와 보수, 좌우 이념의 문제가 아니라 '세상을 공유하자'는 것이고, 수평적 구조의 비즈니스 형태로 운영된다. 제때에 교육받고, 배고픈 사람은 먹고, 병든 사람은 치료받아야 하는 등 삶의 최저수준 보장의 복지모델을 만들어 사회정의를 실현시키고자 노력한다. 자본주의의 대안을 공동체에서 찾아 회사의 원리와 사회의 원리가 동시에 활용되면서 운영되는 기업으로 다음과 같은 역할과 기능을 한다.

첫째, 지역을 기반으로 창출한 이윤과 혜택을 지역사회에 다시 환원함으로써 지속가능한 지역경제를 만들고 이를 활성화시킨다.

둘째, 사회적 약자들에게 일자리를 제공하고, 소득창출을 통한 자립기반을 만들어 준다.

셋째, 지역주민들에게 경제에 참여할 수 있는 기회를 제공하고, 안내,

연합, 네트워크화하여 조건과 역할에 맞는 재화와 서비스를 제공한다.

넷째, 정부의 공공서비스 실패에 대하여 시민이 직접 참여하고, 운영하여 사회적·공동체적 목적을 달성한다.

다섯째, 생산자, 소비자, 근로자, 기업이 함께 시장경제의 불편, 부당, 불의한 것을 편리, 공정, 정의의 윤리적 시장으로 변혁·발전시킨다.

여섯째, 지역의 환경오염과 보존문제에 적극 개입하여 이를 제한하거나 개선시킨다.

사회적경제에 대한 전망은 정치적 입장과 사회조건에 따라 시장경제 체제로부터 해방의 가능성을 찾으려는 적극적인 입장과 국가와 시장의 보완적인 영역으로 인식하는 입장으로 갈린다. 전자는 사회적경제의 기원과 경험적 실천을 인류 경제의 역사적 형태 가운데 '호혜경제'와 '상호부조'에서 구한다. 칼 폴라니와 궤를 같이하는 사람들은 자본주의적 생존경쟁의 사회조직 원리와 경제체제를 근본적으로 비판한다. 시베리아에서의 지리학·동물학적 관찰을 토대로 "모든 동물이 다른 동물에 대해 벌이는 생존수단을 경쟁이라는 말로 받아들이듯이, 사람들이 다른 사람들에게 자행하는 경쟁을 자연의 법칙 즉 섭리라고 말하는 견해를 인정할 수 없다"는 것이다. 상호부조의 법칙은 인류 진화의 핵심 요소이므로 그 법칙과 가치를 중시한다. 신자유주의를 대체할 적극적 대안으로 사회적경제를 모색하는 사람들은 인류 사회 대부분의 역사에서 전개돼 온 호혜경제와 상호부조가 오랜 역사이자 경험적 실천이란 점을 강조하고 미래의 가능성을 확신한다. 반면 사회적경제를 국가와 시장의 보완으로 보거나 신자유주의 경제 전략의 대리로 보는 사람들은 20세기 복지국가 이후 또는 20세기 말 신자유주의 이후 출현한 경제형태와 영역으로 한정하여 바라본다.

사회적경제는 경제의 지역화와 호혜적 상호부조적 경제체제를 지향하는 점에서 대개 로컬경제 운동으로 실천된다. 그 대표적인 예로 지역통화운동local currency movement과 협동조합운동을 들 수 있다. 지역통화의 역사는 1832년 로버트 오웬R. Owen이 노동교환소를 설립해 노동자들에게 '노동증서'를 지급한 데에서 찾을 수 있다. 협동조합은 산업자본주의 초기에 많은 실패과정을 거쳐 1844년 영국 '로치데일, 정의의 개척자' 소비조합에 이르러 비로소 성공하기에 이르렀다. 지역통화운동은 재화와 서비스를 지역 내에서 순환시켜 지역경제를 살림으로써 지역공동체와 생태계를 살리려는 운동이다. 지역 내 교환거래가 활성화되면 자유무역·글로벌경제로 이루어지는 재화나 서비스의 생산 및 유통·소비과정에서의 자원이나 에너지의 소모를 줄일 수 있다는 점에서 지역통화운동은 생태운동, 환경운동의 일환으로 전개되기도 한다. 1997년 외환위기 이후 한국사회에서도 경제의 지역화를 위한 로컬 경제운동이 다수 전개되고 있는데, 대표적으로 대전의 한밭 레츠와 민들레의료생협, 원주한살림생협, 마포두레생활협동조합 등이다.

사회적경제의 의의

2050유엔미래보고서에 의하면, 무역증가, 국제적 빈곤 감소, 불평등 확대, 환경파괴, 기술가속화가 진행되고, 세계경제는 다극화(중국, 인도, 브라질)되어 2050년이 되면 지구촌 인구는 95억 명을 육박할 것이라고 예견한다. 향후 10년 내에 도래할 것으로 보이는 인공지능 정보시대의 '4차산업혁명'에서는 현재 일자리의 50%가 사라질 것이라고 했다. 인구변화, 저출산 고령화 등 사회문제 해결의 내적 능력은 이미 한계에 봉착했다. 사회, 경제, 문화의 글로벌화가 급속히 진행하고 있는 지금, 기술발전으로 인한 인터넷, SNS 등의 변화는 노동시장을 끊임없이 축소시키고, 생산과정의 기계화는 지속적으로 일자리를 줄이고 있다. 정부는 소득불균형을 심화시키는 엘리트 양성교육이 아니라 사회 불안정 계층을 감소시키고, 가지사

사회적경제의 목적

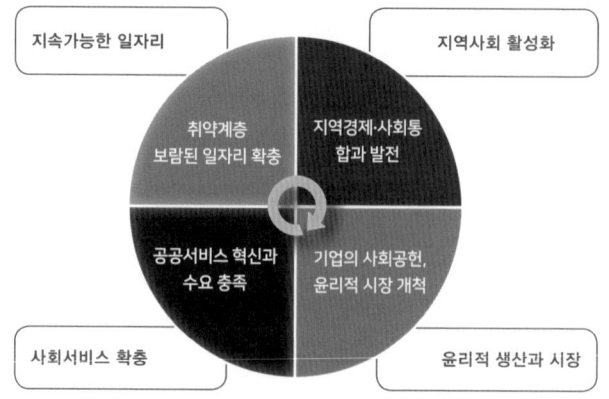

슬을 끌어올릴 수 있는 보육, 교육, 건강, 돌봄의 공공재에 대한 보편적 복지를 실시해야 한다.

민족의 발전과 사회정의를 위해 21세기 '공공의 선'에 기여할 수 있는 새로운 가치와 실천가능한 발전 모델을 찾아야 한다. 행복을 담보하고 풍요를 기약할 수 있는 시스템으로의 대전환이다. 21세기 사회공동체를 변화·발전시키는 것은 '4차 산업혁명의 인공지능'만이 아니라 공정경제, 공유경제, 공생경제, 보편적 복지이다. 복지선진국들은 대부분 선택적 복지가 아니라, 모든 국민을 복지대상으로 여기는 '보편적 복지'로 발전했다. '사회복지'는 단순히 '행복한 삶'이라는 의미를 뛰어넘어 행복한 삶을 영위할 수 없는 불우한 생활자를 지원하고, 도움을 제공하는 사회적 활동이다. 국민 중 특수계층의 욕구를 충족시키려는 정책, 급여, 프로그램, 서비스 등 공공부조[3] 등을 적극적으로 실시하는 것이 '사회적경제'이다.

공동체 문제는 윤리성, 상호성, 공동선 같은 사회적 개념을 인간관계의 문제로 접근시켜야 해결의 실마리를 찾을 수 있다. 경제적 인간 속에 사회

---

3 생활능력이 없는 사람의 최저한의 생활보호를 위해 마련된 제도로 우리나라의 국민기초생활보장 제도가 대표적인 예이다.

적 인간을 적용시켜야 공동체 문제를 풀 수 있다. 인류의 경제행위를 포괄적으로 이해하여 개인의 이익과 사회의 이익을 일치시키는 것이 사회적경제이다. 부를 재분배받는 방식이 아니라, 사회적 약자들이 직접 생산에 참여하는 과정을 통해 사회적 돌봄을 제공받아 욕구를 충족한다. 손에서 손으로 넘어간 혜택은 결국 그 혜택을 베푼 이에게로 돌아온다.

'사회적경제'는 인문학(인간학)의 총화로써 상호성의 인간을 중심에 놓은 공존과 공생과 분배의 경제학이다. 철학과 사상을 실현시키는 정치학이고, 만인의 행복을 꿈꾸므로 사회복지학이며, 생태계를 보존시키는 환경학이고, 지속가능의 경영학이다. 과거와 현재를 분석하여 새로운 방향을 찾고, 통합적 전망의 시스템과 환경을 만들자는 미래학이다. '사회적'이라는 말이 표상하는 비경제, 비시장적인 온정의 인간관계와 '경제'라는 차가운 시장논리를 결합한다. 돈을 모으는 것도 정당하고, 쓰는 것도 윤리적이고 공정하여 인간관계를 화해시킨다. 과정을 중시하는 민관협치(거버넌스)의 국가경영과 공동의 선에 따라 조정되는 규범의 시장이다. 대기업의 사회·경제적 책임CSR, 공기업의 공유가치 창출CSV, 삶과 경제의 본질을 탐구하고 실천하는 시민들의 적극적 참여는 '사회적 자본'을 풍성하게 할 수 있다.

2. 사회적경제의 경제학적 토양

2008년 10월 3일 미국 연방의회는 금융체계와 시장의 붕괴를 막기 위해 8,000억 달러(한화 약 900조 원) 규모의 구제금융 법안을 통과시켰다. 역사상 최대의 시장개입이었고 미국을 지배해 온 자유시장 이념이 허상이었다는 것을 스스로 증명한 것이다. 지난 수십 년간 지속된 신고전파 주류경제학이 주장한 자유 시장체제에 근본적인 문제가 있고, 그들이 꾼 꿈은 신기루였다는 것을 반증하는 사건이었다. '자기조정 기능의 시장'에 대한 세계화의 망상과 주류경제학의 기만이 역사상 가장 강력하게 시행된 결과가 세계경제 질서의 파탄이었다. 그러나 미국은 국가의 시장개입 즉, 구제금융 조치는 '자유시장을 통제하려는 것이 아니라 보호하기 위한 것'이라는 엉터리 같은 말로 얼버무렸다. 그러면서도 이 세상에 한 번도 존재한 적이 없는 '상상 속의 자유시장과 악마 같은 사회주의' 중 하나를 선택해야 한다는 바보 같은 이분법의 편협한 논리를 지적하지 않았다. 결국, 『협동조합은 어떻게 세상을 바꾸는가』(2017)에서 존 레스타키스가 지적하는 것처럼, "경제학은 21세기에 들어 물질의 시대에 완벽히 어울리는 세속적 종교"로 전락하고 말았다.

주류 경제학은 그동안 정부가 시장에서 일정한 역할을 해왔으면서도 정부의 시장개입과 자유시장의 논리가 양립 가능할 수 있다는 사실을 외면해 왔다. 사실 시장은 법률과 제도, 정치와 문화 등의 외부 제약과 통제를 받아 왔고, 한 번도 '자유'의 상태였던 적은 없었다. 국가의 구제와 보살핌으로 겨우 목숨을 부지할 수 있었던 자유 시장체제였다. 구제금융은 자유시장의 개혁이 아니라 단순 구제금융이어야 했기에 문제의 골이 깊고, 심각했다. 결국, 주류의 많은 경제학자와 실천가들도 자유주의 시장경제 정책을 스스로 폐기하지 않을 수 없었다. 그럼에도 그들의 이데올로기와 기득권은 신고전파 경제학을 신성불가침의 존재로 보호하고 신성시했다. 그 사상의 뿌리에는 '시장경제는 완벽하며, 신뢰를 바탕으로 하는 일상의 규범적·사회적·인간적 관계는 인간의 경제행위와 무관하다'는 무지몽매한 믿음과 비이성적 망상이 있다. 이러한 믿음의 결과가 부익부 빈익빈의 불평등과 불균형을 심화시키고, 비정규직 양산, 사회복지의 여건 악화, 자연생태계를 파괴했다. 결국, 소수 글로벌 기업들에 의한 세계 무역시장 장악이라는 결과를 초래하고 말았다.

자유주의의 진화

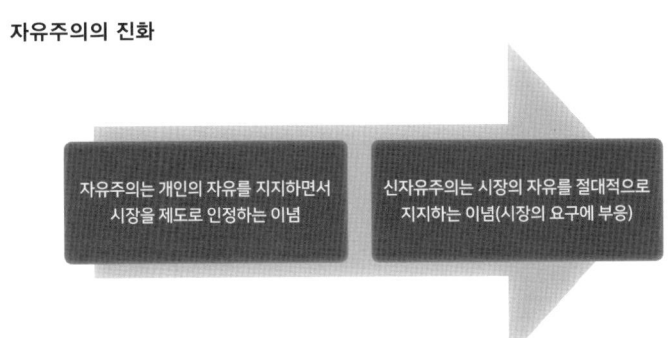

자유주의 정책은 이익이 생겨도 기업과 시장이 다 가져가고, 개인과 가게의 지갑은 가벼워져 돈이 골고루 흐르지 않는 동맥경화 현상을 낳았다. 이런 체제는 정치권력과 경제권력의 끊임없는 야합이 있었기 때문에 가능했다. 자유시장의 신화는 18세기 초반과 산업혁명 초기, 공리주의자 제러미 벤담이 주장한 '최대 다수의 최대 행복'과 개인을 시장의 힘과 씨름하는 '사회적 원자'로 바라보는 철학에 근거한다. 그들은 개인을 사회적 존재라고 믿지 않았다. 자신의 쾌락을 극대화하고 고통을 회피하는 자기중심적·이기적·경쟁적 존재가 바로 인간이라고 보았다. 공리주의의 '경제적 인간'과 노동에 대한 억압은 산업혁명 시기의 지배적 이념이었다. 그들은 "인간의 행동 동기는 충동에서 비롯되며, 이것이 시장에서 합리적인 선택(효용의 극대화)의 상호작용을 하게 된다"고 생각했다. 한발 더 나간 토머스 홉스는 "인간의 본성은 본질적으로 야만적, 공격적, 자기 확대적 충동으로 이루어졌으며, 인류 공동체는 '만인에 대한 만인의 투쟁'에 불과하다"고 했다. 자유시장 이념은 '현재의 고통은 미래의 발전을 위해서'라고 하지만, '목적이 수단을 정당화하여 인간을 도구화'하는 여지를 제공하여 지구촌을 고통스럽게 했다.

이와 같은 사상은 인간의 존재 의미와 살아가는 방식에 대한 관념을 근본적으로 변화시켰고, 고전경제학의 초석이 되었다. 공익성과 호혜성과 재분배 등의 조합이었던 전통적 경제구조와 시장경제 체제가 갈등할 수밖에 없었다. 시장의 공공성 부분까지 시장경제를 지지하는 정치적·사회적 힘에 의해 감시당하고 통제되었다. 이후, 18세기 후반과 19세기 초까지 유산계급을 위한 자유방임주의 정책을 실현시키기 위해 '노동자의 단체결성을 사형에 처할 수 있는 범죄로 규정'(1800)할 정도로 시민에 대한 정치적, 경제적 자유는 탄압되었다. '인류의 경제활동은 공공선의 사회적 가치를 구현한다'는 공익적 개념이 사적 이윤을 추구하는 시장에게 자리를 빼앗기고 말았다. 하지만 시장경제의 무제한적 경쟁이 독점을 낳을 것이라는 사실에 근심하지 않을 수 없으면서도 전통적 도덕경제에 대한 향수와 기대는 저버리지 않았다.

'시장'은 개방성, 기회, 행위의 자유 등 긍정적인 특성을 가질 수 있었지만 결과적으로는 인류의 존엄성이나 형평성을 보장하지 않아 경제적 불평등을 가속화시켰다. 개인을 사회로부터 분리하고, 개인주의를 광적으로 부풀려 민주주의의 근간마저 뒤흔들어 놓았다. 행복은 물질적 욕망에 손을 내미는 순간 사라지고 말았다. 소비에 대한 욕망, 값비싼 물건을 구매하는 것이 자존감을 증폭시킬 것이라는 망상, 사회주의에 대한 근거 없는 편협한 사고와 배척, 환경을 이야기하는 단체들에 대한 몰이해, 법적으로 보장된 노동쟁의에 대한 불편한 심기를 멈추지 않았다.

제2차 세계대전 이후, 유럽과 미국은 세계경제의 침체와 세계전쟁의 원인이 보호무역주의와 연관이 있다고 생각하여 자유무역을 위한 새로운 경제 질서를 구축하였다. 국제경제 질서의 구상이 시작되면서 창설된 것이 국제기구들이다. 후진국 원조와 차관을 담당할 세계은행IBRD, 환율과 국제수지를 통제할 국제통화기금IMF, 무역을 담당할 국제무역기구ITO, 세계무역기구WTO가 창설되었다. 국제 통화를 신설하려고 했으나 미국의 반대로 달러가 기축통화(토대나 중심이 됨)의 역할을 겸하게 되었다. 국제기구 대부분이 미국의 수도 워싱턴에 자리 잡으면서 미국이 세계를 리드하는 중심역할을 했다. 이것은 제2차 세계대전을 승리로 이끈 종주국의 대가였다.

20세기 중반의 냉전체제 대립은 사회주의 붕괴로 끝이 났다. 21세기는 자본의 축적과 열망, 이윤의 동기, 계급과 계층의 투쟁, 정부 개입, 혁신 추구 등에 대한 생성과 발전과 쇠퇴가 우리 사회를 이끌고 확대 재생산 중이다. 하지만 성장 중심의 사고와 정책이 생산력을 충분히 증대시켰는데도 계급과 계층의 갈등은 여전하고, 양극화 현상은 극에 달했다. 누가, 무엇을 재료로 어떻게 하여 메마른 대지에 비를 내리고, 기름지게 할 것인지 연구·실천해야 할 기로에 서 있다. 저자는 자유 시장경제 모델이 토해낸 사회문제를 보완하고 대안을 제시할 수 있는 방법이 '사회적경제'라고 본다.

'사회적경제'는 경제를 민주화하기 위한 시장의 거부와 조정, 자본의 무제한적 힘을 강조하는 신자유주의의 양 극단에서 길을 찾는 중이다. 현재 지구 8분의 1의 사람들이 희망의 근거가 사라져가는 공동체에서 날마다 각기 다른 방식으로 인류와 지속가능한 생태계 보존과 공존의 가치를 실현하기 위해 고군분투하고 있다. 그들은 공동체에서 협동의 원칙과 약속이 실현될 때 어떤 가능성의 세계가 열릴 수 있는지 고민하고 참여하며 활동하는 사람들이다.

경제학의 과학적 분석은 제품과 서비스의 생산, 유통, 소비에 대해 실증적으로 분석하는 것을 말하고, 그 자리에 '도덕'과 '윤리'는 있으면 안 되었다. 도덕이나 윤리가 배제되었을 때에야 비로소 경제학이 학문이 된 것이다. 경제학을 공부함으로써 보다 더 이기적이 되고, 공공선에 대한 관심이 적어진다는 사실은 우리를 깊은 고민에 빠지게 한다. 애덤 스미스가 '사익을 추구할 때 경제시스템이 효과적으로 작동한다'는 말은 인간이 사익을 추구해야 한다는 말이 아니다. 그것은 애덤 스미스의 생각을 왜곡하는 것이고 모독이다. 실제로 모든 사람들이 항상 편협한 사익에 의해 경제 행위를 하는 것은 아니기 때문이다. 진짜 의문은 편협한 사익추구가 바람직한 결과를 가져다주지 못할 때, 사회에 이익이 되는 방식으로 사람들을 행동하도록 움직일 수 있게 하는 사회적 규범이 존재하는가이다. 구성원들의 효용을 감소시키지 않으면서 한 사람의 효용도 손상시키지 않을 뿐만 아니라 증가시키는 경제를 찾아야 하는데, 인류의 도덕적 가치 규범을 소중히 하고 실천할 수 있는 경제학적 토대와 역사적 경험과 공동체기업 방식이 내재되어 있는 것이 '사회적경제'이다.

'촘스키와 푸코'의 인간 본성에 대한 사고

에이브럼 노암 촘스키(1928~)는 생존해 있는 서구 지식인 가운데 가장 영향력 있는 인물이다. 어떤 정체성으로도 규정되기를 싫어하는 사람이면서 누구보다 자유로운 영혼을 갖고 있다. 23세에 박사, 27세에 MIT 교수가 되어 60여 년 동안 언어학자, 심리학자, 철학자, 진보 지식인으로 활동하면서 명성을 획득했다. 그는 '길거리의 사람들', 돈 없고 힘없지만 진실하고 정의로우며 지혜로운 사람들과의 변치 않는 연대의식이 관심사이다. 이스라엘 키부츠에서 공동생활을 할 정도로 공동체 조직에 관심을 갖고 있다. 집단주의와 인종차별 정책에는 반대한다. 촘스키는 사유하는 인간의 자유와 그 무한한 가능성을 믿는 사상가이다.

그는 "인간은 일정한 조건만 제공하면 일사불란한 살인 기계로 바뀌는

'악의 평범성'의 노예가 아니라, 생각하는 백성은 어떤 상황에서도 정의로운 선택을 할 수 있다!"고 믿는다. 비주류, 보편적 인권, 민주주의, 자유와 평등에 관심과 애정을 쏟고 차별적, 억압적, 비합리적 상황을 거부하며 근대 서양의 합리주의자들이나 계몽사상가와 맥을 같이하면서 '지식인의 책무'에 노력하는 인물이다. 그는 1970년대 "미국은 소수의 전문가 계급이 자신들의 이익을 위해 여론을 조작하고 거짓 애국심을 주입하는 지배체제"라고 강하게 비판했다. 이후에도 정의롭지 못한 미국의 외교정책, 신자유주의 경제·문화정책을 부정하거나 성토하면서 자본주의의 종말을 걱정하는 사회주의자로 살고 있다. 촘스키는 생물학적으로 인간의 본성은 있지만 인류가 각성하는 공공선의 계몽 아래 사랑과 세계평화를 누릴 수 있다고 생각한다.

반면, 프랑스의 구조주의 철학자 미셸 푸코(Michel Foucault, 1926~1984)는 정신병원·병원·감옥 등의 배타를 실행하기 위한 사회적 장치와 사회적 태도를 관찰하여 권력의 발달과 행사가 어떻게 변하는지 연구했다. 진리를 찾기 위한 그의 노력과 사고는 여러 번 변하는데, '진리에의 접근이 영성spiritualité이 아니라 인식에 의해서 가능하다'고 믿었다. 인간의 삶이 더 이상 진리를 찾게 되지 않을 때, 진리는 구원할 능력을 잃어버린다고 주장했다. 진리와 삶의 연관성이 상실된 시대에 왜 진리와 삶의 연관성이 회복되어야 하는지, 그리고 그것이 어떻게 가능한지를 연구했다.

푸코는 각 시대에는 무의식적 문화의 체계가 있으며, 진리를 말함으로써 자신은 진리에 한 발자국 더 다가갈 수 있다고 생각했다. 진리를 탐구하기 위해서 인식은 물론이고 그것에 깃들 수 있는 훈련이 필요하며, 진리를 얻기 위해서는 반드시 실천이 뒤따라야 하고, 스스로를 준비하는 실천이 자기 배려라고 생각한다. 진리에 도달하기 위해서는 인식만이 아니라 실천을 통해 경험하고, 수정할 수 있기 때문에 실천이 가장 중요하다는 입장이다. 푸코는 인간성의 개념은 신학, 생물학, 역사학 등과 관계를 맺고 영향을 받는 인식으로서 과학적으로 규정하기 어렵다는 입장이다. 정신은 무의식에 둘러싸여 있지만 노력하면 발전시킬 수 있고, 잠재성을 개발할 수 있다고 생각한다. 다시 말하면 촘스키가 인간의 본성이 있다고 생각했다면, 푸코는 그가 어떠한 교육을 받고, 문화, 환경에 놓이느냐에 따라 인간의 본성을 언제나 변할 수 있다고 생각하기 때문에 인간의 정해진 본성은 없다는 입장이다.

그렇다면 우리는 자본주의 주류경제학자들이 주장하는 인간의 본성 즉, '이기심'에 대해 의문을 제기하지 않을 수 없다. 인간의 본성은 있는가? 없는가? 있다면 이기적인가? 상호 호혜적인가? 생각해 볼 수 있다. 하지만 '인간의 본성'이란 그 누구도 단정 지어 말할 수 없는 영역이다. 다만, 사회적경제가 생각하는 인간의 본성은 이기심과 상호 호혜성이 결합되어 작동되는 기제라는 것이다.

반면, 우리나라 성리학자 퇴계 이황(1501~1570)은 사람의 본성은 태어날 때부터 정해져 있다고 생각한다. 인간의 선한 본성은 하늘에서 왔고 하늘의 착한 본성이 바로 인간의 본성이 되었다고 생각한다. 그것을 리理라고 하고, 이러한 하늘의 이치가 인간의 본성이 되고 인간의 이치가 된다. 따라서 이러한 선한 이치를 인간이 잘 지켜 나가고 보존해야 되다고 생각했다.

율곡 이이(1536~1584)는 윤리적 인간의 본성[理]은 피상적인 물질[氣]에 의해 얼마든지 변할 수 있고, 서로 조화를 이루어야 하는 관계라고 주장한다 (쉽게 설명하면, 물자체는 이理이고, 물을 담고 있는 그릇은 기氣이다). 윤리와 도덕도 중요하지만, 우리가 먹고사는 경제문제, 물질의 문제, 과학기술의 문제도 중요하다면서 현실을 추구한다. 리理 없는 기氣가 없고, '기' 없는 '리'가 없다는 것이다.

이렇게 우리나라의 유학자들이 관심을 기울인 분야는 인간의 심성론心性論이고, 만물을 구성하는 재료를 뜻하는 '기'와 변하지 않는 근본원리를 뜻하는 '이'에 대해 논쟁하였다. 주리파主理派는 이황에 의해 집대성된 것으로 도산서원을 중심으로 영남지방에 보급되어 영남학파를 형성했으며, 이이의 견해를 따르는 학자들과 이론은 주기파主氣派 혹은 주기론의 기호학파이다.

칼 폴라니의 '다원적 경제발전 모델'

칼 폴라니(Karl Polanyi, 1886~1964)는 기독교의 자유와 박애 사상(모든 사람을 평등하게 사랑함), 사회주의적 응용, 마르크스주의의 인간학과 소외론, 로버트 오웬Robert Owen의 공동체주의적 사회주의 등을 연구하면서 사상이 갈무리되고 완성된다. 그는 경제가 발전한 선진국인 영국의 노동자들이 오히려 중부 유럽 노동자들보다 못한 삶을 살고 있는 현실을 보고 자극을 받았다. 생전에는 주목받지 못했지만 신자유주의의 문제점이 드러나면서 생명 존중과 인간에 대한 온정을 중시했던 그의 사상이 주목되고 조명받게 되었다. 칼 폴라니는 민주주의와 시장의 가치는 서로 대립하지 않으며, 사회주의 계획경제를 구축하지 않아도 시장은 인간의 필요를 충족시킬 수 있다고 생각했다. 그의 이론은 이후, 경제 민주주의 운동의 기반이 되었다.

칼 폴라니는 서구의 자본주의 경제체계가 인간의 자유와 이상을 파괴한다고 생각했다. 자본주의 시장경제 사조가 지닌 불안정한 요인으로 인간 삶이 비극적으로 변해 머지않아 문제를 노정시키거나 도태되거나 붕괴할 것이라고 주장했다. "시장은 태초부터 존재한 것이 아니라 극히 최근의 산물이며, 수요와 공급의 메커니즘에 따라 합리적으로 결정한다는 '보이지 않는 손'의 시장자본주의는 수천 년 동안 사회에 자연스레 뿌리내려 '내재되어' 있던 경제관계를 파괴하고, 사회 자체의 동학動學까지 파괴하고 말았다"고 경고한다.

그의 이론에 따르면, 오랫동안 지속되어 온 전통적 경제는 "손익의 합리적 계산에 따른 이익 극대화 원칙에 따라 작동되지 않았다"는 것이다.

사회와 문화 속에 바람직한 사상이나 관습, 행동과 계통에 오래도록 내재되어 정착된 경제운용 방식을 강조하는 입장이다. 예를 들면, 인디언 사회에서 행해진 겨울축제의 선물 분배인 '포트라치potlatch'는 개인이 이익을 극대화하기는커녕, 더 많은 손해를 보기 위해 경쟁하는 관습이 있다는 것이다. 상대방이 선물을 주면, 자신은 더 많은 선물을 상대방에게 주어야 하는 관습이 전통이었다. 이러한 관습은 과거로부터 내재되어 자연스럽게 이어져 온 작동원리다. 물자를 순환시키고 구성원의 필요를 충족시키는 데 결정적인 기능을 해왔다는 것이다.

폴라니는 인간의 '합리적 사고'라는 것은 16세기 인클로저 운동 이후의 현상이고, '최소비용으로 최대 편익을 추구하는 것이 경제'라는 정의에 동의하기 어렵고, 이러한 잘못된 신화가 19세기 세계를 정복했다고 생각한다. 필요한 재화와 용역의 교환으로 사용되었던 '시장'이 역사상 최대의 힘을 얻고, 노동과 화폐와 토지까지 좌우하게 되었다는 것이다. 이런 체제는 필연적으로 인간을 시장으로부터 소외시키고, 공동체를 붕괴시킨다고 주장한다. 한편, 사회도 시장의 폭력으로부터 정부 개입, 노동자 파업, 보호무역 정책으로 공동체를 보호하기 위한 운동을 전개하고, 이러한 노력이 시장 운동과 충돌하면서 공동체와 인류의 문명을 붕괴시킬 수 있다고 생각한다. 이러한 현상이 19세기 말과 20세기 초까지 자유방임주의와 악의 근원이라고 본 금본위제를 채택함으로써 경제사적 위기에 봉착했다는 것이다. 결국, 인류는 제1, 2차 세계대전이 불가피했고, 각국의 초(超)인플레이션 현상이 발생했기 때문에, 인류는 시장자본주의의 파산을 직시하고 노동, 화폐, 토지를 시장의 굴레에서 해방하여 본래 사회에 내재된 전통적 경제 형태로 돌려보내야 한다는 게 폴라니의 주장이다.

신자유주의는 유한한 삶을 사는 동안 최대한 쾌락을 즐기고, 이익을 맛보는 것이 현명하다고 말한다. 반면에 사회적경제는 이러한 이익을 스스로에게 돌릴 것이 아니라 사랑과 나눔으로 개인의 경계를 초월하고 공동

칼 폴라니의 다원적 경제 발전 모델

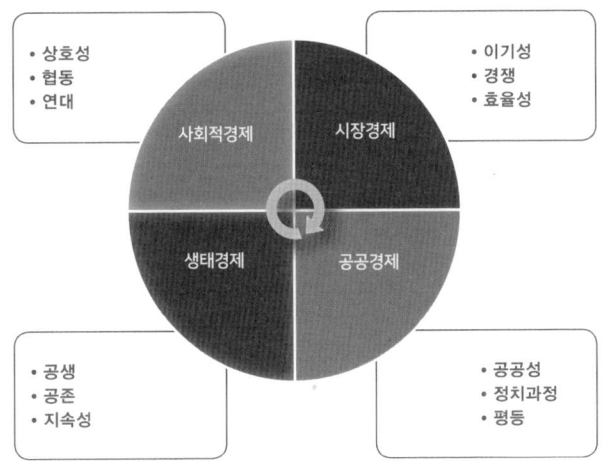

체를 위해 바치는 것이 참된 인간의 존재이유이고, 그렇게 함으로써 소외와 고독으로부터 자유로워진다고 생각한다.

폴라니는 공동체를 살리는 제도와 관행이 없다면 인간은 이기주의에 빠질 것이므로 시장이라는 우상을 깨뜨리고 로버트 오웬과 같은 공동체주의 사상을 따라야 한다고 생각했다. 인류는 진리를 통해 자유로워지고, 자유를 유지할 공동체적 사회를 향한 '거대한 전환'으로 영원히 행복할 수 있다고 믿었다. 그는 시장 자체가 민주적 이상을 실현하는 수단이 될 수 없다고 인식하면서 경제체제는 사회의 여러 가능성 중 하나라고 보았다. 사회주의를 구축하지 않아도 시장이 인간의 필요를 충족할 수 있다는 관점이다. '민주주의'와 '시장'은 대립하지 않는다고 생각했다. 하지만 산업혁명 초기부터 시장은 사회를 종속시키려 했고, 과정과 결과가 낳은 폐해에 대해 자신과 사회적 가치를 방어하고 보호하려는 운동을 지속적으로 전개하였다는 것이다. 자본주의의 물질적 부의 증가와 성과에 반해 정신적·사회적 빈곤이 함께 등장하는 지구존의 불행과 절망과 살등은 발선과 성장의 이해할 수 없는 역설이라고 주장했다.

"자본주의가 상품화할 수 없는 것들이거나 안 되는 것들을 상품화했기 때문에 그 자체로 불안정한 요인을 가지고 있다"는 생각이다. 첫째, 인간이 인간일 수 있게 하는 가치인 노동능력을 상품화함으로써, 둘째, 제도와 신뢰의 표시인 화폐를 상품화함으로써, 셋째, 만인이 공유해야 할 자연(토지)을 상품화함으로써 필연적으로 불안이 발생한다고 생각했다. 이러한 문제의식은 세계금융위기가 지속적으로 반복되고, 신자유주의 경제체제가 한계에 부딪히면서 대안 경제이론으로 각광을 받았다.

전통적으로 '시장'은 무엇을 생산하고 누구와 어떤 가격으로 교환할 것인지에 대해 관습, 사회적 가치, 정부제도 등의 영향을 받거나 자연스럽게 통제되고 있었다. 경제가 독립되어 있는 것이 아니라 전체 사회질서 안에 통합되어 운영되었던 것이다. 하지만 자본주의 시장경제에서 '시장'은 상품의 교환만을 위한 장소로 변질되고 말았다. 경제주체들의 '사적 이윤 추구'가 관습이나 양심의 가책 그리고 종교의 가르침 이상으로 경제생활의 지도원리가 되어야 했기 때문이다. 칼 폴라니는 인류에게 친숙하고 수천 년 동안 내재되어 있던 경제는 손익의 합리적 계산에 따른 이익극대화 원칙으로 작동되지 않았다고 보았다. 그가 본 인간은 상호적이거나 호혜적이었고, 시장은 만능이 아니고 비효율적이기도 했다. 칼 폴라니는 인간은 이기심이 아니라 호혜성으로 경제를 조직하는 것이므로 본래의 사회에 내재된 상태(사회공동체를 살리는 관행과 제도)로 돌려보내야 한다고 주장한다. 경제 민주주의의 이론적 기반이 된 칼 폴라니가 제시하는 '다원적 경제발전 모델'은 시장경제와 사회적경제, 공공부문, 생태가 조화를 이루는 것이다.

수요공급곡선과 '사회적 딜레마'

'수요'란 어떤 상품에 대해 소비자가 상품을 구매하고자 하는 욕구를 말하고, '수요량'이란 소비자가 구매하고자 하는 양이다. 각 가격수준에 대응해 소비자가 몇 개를 살 의향이 있고 동시에 살 수 있는지를 말하는 것이 수요량이고 이러한 상황 전체를 통틀어 수요라고 한다. 여기서 말하는 수요는 사전에 계획한다는 의미이지 실제 구입 수량을 말하는 것은 아니다. 소비자는 수요를 마음에 품고 시장에 가서 공급곡선과 만나서 균형가격을 결정하고, 실제로 구입하게 되는 양을 정한다. 따라서 각 가격 수준에 대응하는 전체 계획인 수요는 사전적 의미이다. 또, 수요는 일정 기간 동안의 구매 욕구이고, 개별수요를 합한 것이 시장수요이다. 수요에 대해 이해하면 공급에 대한 이해는 대칭적으로 쉽게 이해할 수 있다. 공급은 생산자가 각 가격 수준에 대응해 공급할 의사가 있는 공급량들을 통틀어 지칭하며 다른 사항들도 수요와 다르지 않다. 단, 여기서 차이가 있는 것은 수요는 사고자 하는 욕구, 즉 상품으로부터 얻게 되는 만족의 정도를 토대로 구성되지만 공급의 경우는 생산비가 기본이 된다.

수요와 공급을 살펴본 이유는 양자를 동시에 고려하여 시장의 균형가격과 균형거래량을 알아보기 위함이다. 구매하고자 하는 양과 공급하고자 하는 양이 같아 시장에서는 과부족이 없는 균형 상태를 '균형가격'이라고 부른다. '초과수요'란 더 사고자 하는 수요자가 있는 상태이므로 초과수요 세력은 값을 더 높여 부르게 되고, 다시 시장은 가격 인상과 공급 증가, 그리고 동시에 가격 인상으로 인한 일부 수요의 위축이 발생하면서 다시 균형으로 이동한다. 초과수요와 초과공급의 상황이 발생한다 하더라도 수요와 공급이 일정 기간을 전제로 하여 거래가 실현된다는 점을 주목하면 이상할 것은 없다. 수요와 공급, 나아가 균형에 대한 이해에서 중요한 요소의 하나가 가격탄력성이다. '가격탄력성'이란 해당 상품의 가격이 변동할 때 수량은 얼마나 변동하는가를 나타내는 것으로 가격변농에 비해 수량의 변동이 상대적으로 크면 탄력적이라고 말하고 반대로 수량의 변동이 적으면 비탄력적이라고 한다. 수요와 공급의 상황을 좌표평면에 표시한 것이 수요공급 곡선이다. 하지만 이들 곡선들은 각각 상품의 가격 수준 대비 수량을 표시한 것일 뿐, 그 외에 수요와 공급에 영향을 주는 다른 요인들에 대해서는 전혀 고려하지도 않고, 설명해 주지도 못한다.

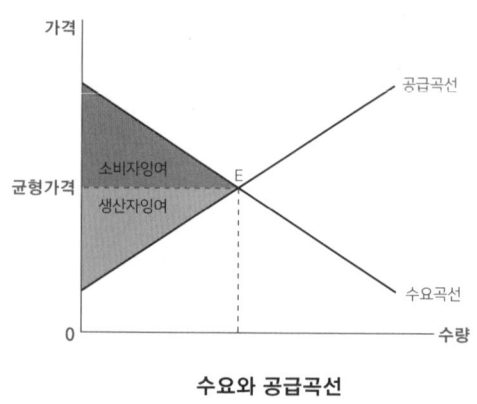

수요와 공급곡선

자본주의 시장경제는 인간이 이기적이라 하더라도 시장은 서로 충돌하는 이기심을 조화롭게 해결할 수 있으며, 그런 사회가 더욱 발전한다고 주장한다. '보이지 않는 손'의 역할과 기능을 우상화한 것이다. 그러나 개인의 이익이 사회전체의 이익과 일치하지 않은 경우를 '사회적 딜레마에 빠졌다'고 하는데 우리는 이러한 사회현상을 무수히 많이 볼 수 있다. 위의 그림처럼 수요와 공급이 만나는 곳에서 가격이 결정된다고 하더라도 시장은 다음과 같은 근원적 한계를 갖고 있다. 첫째, 돈 없는 사람들의 필요needs를 충족시킬 수 없다. 둘째, 시장은 시행착오를 통해 균형가격을 찾게 되는데, 그 시행착오가 인간의 생명을 위협하는 식량이나 의약품일 때는 시장에 의존할 수는 없다. 셋째, 생태, 환경 등 인류의 보편적 가치가 시장과 일치하지 않는 공공영역의 공익적 문제를 해결할 수 없다. 넷째, 21

세기의 불평등한 정보와 기회, 공공재, 가치재, 공유자원, 소득격차, 불완전경제 등 불평등한 공동체적 가치들을 해결할 수도 없다. 이제, 인류는 누가 어떻게 이 문제들을 해결할 것인가? 구성원 모두의 예지를 모아 문제를 해결해야 한다.

애덤 스미스는 상품의 수요와 공급이 만나는 지점에서 균형가격이 형성된다고 했지만 실제 시장에서는 이러한 방식으로 '균형가격'이 만들어지지 않는다. 또 그의 주장처럼 수요곡선과 공급곡선이 만나는 곳에서 균형 가격이 결정된다고 하더라도 그 가격으로 구매하지 못하는 상황과 사람에게서는 수많은 사회 문제를 발생시킨다. 특히, 고도화된 시장에서는 자본집약적이고 노동집약적인 상품이 개발되며, 정보비대칭의 상황에서는 예외적인 일이 빈번하게 일어날 수 있다. 시장은 언제나 불안정하며 실제로 완전한 시장도 없다. 경제학에서 제시하는 이론으로 설명하지 못하거나 해법을 찾을 수 없는 현실이 무수히 존재하는 곳이 '시장'이다. 인간은 자유의지에 따라 존재하고 의사결정을 내리므로 그것을 과학적으로 분석한다는 것은 매우 어렵다. 그러나 시장에서의 가격 시스템은 생산자들에게 어떤 상품과 가격이 소비자의 흥미를 끌 것인지 모험하도록 하고, 상품 생산 과정에서 자원을 효율적으로 배분하도록 하는 긍정적인 역할을 하기도 한다.

가끔 경제학자로 잘못 소개되는 미국의 생태학자 가렛 하딘Garrett Hardin은 미국 캘리포니아대학교 산타바바라 캠퍼스 생물학과 교수이자 환경보호론자이다. 그런데 그가 경제학자로 혼동되는 이유는 1969년 「사이언스」지에 기고한 논문 「공유지의 비극The Tragedy of the Commons」 때문이다. 지하자원, 초원, 호수에 있는 물고기와 같이 공동체 모두가 사용해야 할 자원을 시장의 기능에 맡겨 두면 남용하여 자원이 고갈될 위험이 있다는 것이다. "개인의 사적인 이익추구가 전체의 몰락을 야기한다."는 의미이다. 공중화장실이 쉽게 더러워지는 것은 공동으로 사용하는 물품과 공간이므로 화장지도 필요한 양보다 많이 사용하고 변기나 바닥, 벽면을 더럽혀도 죄책감을 느끼지 않을 수 있기 때문이다. 결국, 공중화장실은 시간이 흐를수록 비위생적인 공간으로 변하는 것이다.

공유 목초지의 비극적 상황과 같은 공동자원의 남용을 방지하려면 각 경제 주체끼리 자율적인 거래를 하도록 하는 것이 가장 효율적이다. 가령 마을 회의에서 한 가구당 방목할 수 있는 소의 수와 시간을 정한 뒤, 이를 잘 지키는지 감시하는 시스템을 작동하도록 하면 공동 목초지가 단시간에 황폐화하는 상황을 막을 수 있을 것이다. 그러나 집집마다 소의 크기가 다른데다 감시가 편파적이어서 마을 주민들이 서로를 믿지 못하는 상황이 벌어진다면 자율적인 통제나 동의 등을 얻어내기는 쉽지 않다. 공유지의 남용을 방지하려면 개별경제 주체들에게 목초지의 일정량을 할당해 '재산권'을 부여하는 것이 더 효율적일 수 있다. 각자 자기 몫의 목초지를 아껴 쓰면서 계속 보존하려고 할 것이므로 경제적 측면에서도 효율적인 자원 분배가 이루어질 수 있는 것이다.

사회적경제의 외부성

신고전파 경제학자들은 지불하지 않아도 되는 것들에 대해 중요하지 않거나 경제학과는 무관한 영역으로 간주한다. '거래 자체'의 외부적인 것들, 예를 들면 환경오염, 공해, 교통체증 등 결국은 갖게 되거나 영향을 받는 것들에 대해 매우 소홀하다. 구매와 소비에서 그에 대한 비용은 전혀 반영하지 않는다. 하지만 이러한 '외부성'은 현재의 모든 경제와 사회에 존재하는 인간 삶의 한 측면이다.

직접 거래에 참여하지 않는 사람이 받게 되는 부가적인 효과를 '외부효과' 혹은 '외부성externality'이라고 한다. 어떤 시장 참여자의 경제적 행위가 다른 사람에게 의도하지 않은 혜택이나 손해를 가져다주는데도 아무런 대가를 받지 않거나 지불하지도 않는 현상이다. 아무런 대가를 받지도, 지불하지도 않는다는 것은 시장가격이 완벽하게 작동되지 않기 때문이거나 포함하지 않기 때문에 발생한다. 혜택이나 손해를 입혀도 이에 대한 대가를 받지도 않고, 비용을 지불하지도 않는 '외부효과'는 외부불경제와 외부경제로 구분한다. 이 중 '외부불경제'는 간접흡연이나 소음 등의 공해처럼 행동 당사자가 아닌 사람에게 비용을 발생시키는 것으로 '부정적 외부효과'라고도 한다. 반대로 '외부경제'는 과수원 주인과 양봉업자처럼 타인의 편익을 유발하는 것으로 '긍정적 외부효과'이다. 우리 집에서 밝힌 외등이 어두운 골목길을 비추어 골목을 지나는 사람들이 비용을 지불하지 않고도 안전하게 밤길을 갈 수 있는 경우이다. 의도하지 않은 편익(긍정적 외부효과)을 제공한 것이다. 우리가 살거나 생활하는 주변에 소음과 악

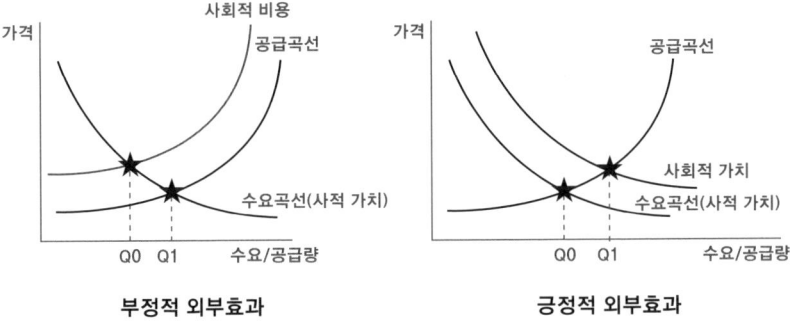

부정적 외부효과   **긍정적 외부효과**

취, 환경오염의 공장이 있다면 많은 사람들이 피해를 보게 된다. 피해(부정적 외부효과)를 유발한 것이다. 이처럼 그에 대한 대가를 주고받지 않았는데도 외부성이 발생할 수 있다.

제품을 생산할 때 부득이하게 오염물질이 배출되었는데도 사업주가 처리비용을 절약하기 위해 무단방류하면 다수가 피해를 입게 되는 것이 '부정적 외부성'이다. 결과적으로 사적 비용보다 오염물질로 인한 환경오염이나 이를 처리하기 위한 사회적 비용이 발생한다. 위의 첫 번째 그림에

서와 같이 공급량과 가격은 공급곡선과 수요곡선이 만나는 곳에서 이뤄진다. 사회적 비용에 맞춘다면 공급량이 적어지고 가격은 상승한다. 사업주는 특별한 이유가 없는 한 생산물을 적게 공급하지는 않을 것이다. 이를 해결하기 위해 정부는 시장에 개입하여 사회적 비용을 줄이거나 부정적 외부효과를 없애기 위해 세금이나 벌금을 부과한다. 반면, 후자의 그림에서와 같이 사적 가치와 공급곡선이 만나는 지점에서 가격과 공급량이 결정된다. 그러나 사적 이익보다 사회적 편익이 큰 경우에는 높은 가격과 공급이 이뤄져야 한다. 이러한 경우에는 시장에만 맡기지 말고 정부가 나서서 지원정책을 펼치고 우선 구매하는 등 역할을 확대해야 할 것이다. 이것은 지속가능한 공동체와 삶의 질을 개선하는 등, 직간접적인 긍정적 외부효과를 기대할 수 있기 때문에 초·중·고교에서 사회적경제 교육을 해야 하는 원인이 되고, 친환경 농산물을 권장·이용하는 이유이다.

정부는 일반적으로 '경제 안정화', '심판의 역할', '시장실패의 치유', '소득 재분배'의 경제적 역할을 한다. 경제의 효율적인 작동을 위해 규칙을 제정하고, 관리·감독·심판하여 합의된 규칙들을 구성원들이 준수할 수 있도록 한다. 국가 경영과 경제의 효율성을 달성할 수 있도록 노력하는 것이다. 시장실패의 치유자로서 정부가 시장에 개입하여, 공정한 경쟁을 유도하고, 시정을 명령하거나 허위·과장 광고로 소비자가 피해를 입지 않도록 감시한다. 시장에 공급되기 어렵거나 공급이 불충분한 국방·도로·항만 등 공공재의 재화와 서비스를 직접 생산하거나, 공기업을 만들어 생산·공급한다. 시장에서 재화와 서비스가 과소·과다 공급될 때, 부정적 외부효과가 발생하면 외부성의 치유자로서, 세금이나 규제를 통해 문제를 해결한다. 긍정적 외부효과의 경우에는 보조금이나 각종 세제 혜택을 제공하여 문제를 해결한다. 특히, 선진국 정부일수록 소득 재분배에 관심을 집중한다. 태어난 환경과 조건이 다른 인간의 능력은 저마다 다를 수 있지만, 그 결과가 과도하여 사회 안정성을 해치지 않도록 정부가 나서서 조정하는 역할을 한다. 소득이 높을수록 세금을 더 많이 걷는 누진세 제도를 채택하거나, 저소득 취약계층들에게는 기본소득을 제공하는 등의 유효수요 정책을 펼치기도 한다. 또한, 호황과 불황에 대해 재정정책과 통화정책을 사용하여 경제 안정화와 지속가능 성장에 노력한다.

사회적경제는 경제적 가치를 창출하는 것 외에 공동체적 가치 창출을 목적으로 하기 때문에 긍정적 외부성이 존재하거나 그를 목적으로 운영한다. 따라서 다른 상품보다 가격이 높게 책정되었다고 하더라도 구매할 수 있고, 정부의 공적 자금이 투입되어 사회적경제 산업분야를 키워야 하는 이유가 되는 것이다. 단, 사회적경제 기업들이 이를 이용하여 시장에서 선택받기 어려운 조악한 제품과 형편없는 서비스를 제공하는 것은 기업의 가치를 훼손시키는 것이고, 부가가치를 구걸하는 것이다. 정부의 지원정책 본질을 왜곡하고, 시장을 교란시키는 행위로서 있어서는 안 될 금기이므로 언제나 경계하는 자세가 필요하다.

리비히의 '최소율의 법칙'

대부분의 씨앗은 크기가 작아 눈에 잘 띄지 않는다. 더욱이 흙에 떨어지면 거의 티가 나지 않는 보호색을 띠어 언제, 어떻게 밭으로 들어왔는지 파악하기 어렵다. 싹이 나고, 꽃대를 올릴 때에야 비로소 자신이 누구인지 세상에 알린다. 대지를 가득 메운 식물보다 더 많은 종의 식물과 셀 수 없이 많은 종자가 흙 속에 존재한다. 이 풍부하고 다양한 식물의 종자는 토양층 표면이나 흙 속에 파묻혀서, 발아하기에 적합한 시기를 기다리다가 기회가 찾아오면 발아하여 세상을 풍성하고, 아름답게 한다. 자료에 의하면, 한강의 물가 토양에는 1제곱미터당 12만 5,000개가 넘는 종자가 있는 것으로 조사되었다. 이 많은 종자 중 발아에 성공하는 수는 모식물체에서 생산된 종자 중 1~3%이고, 이 중 성숙한 개체로 자라는 것은 1% 정도이다. 자연에는 1%의 성공을 위한 진화의 전략이 매일 벌어지는 것이다. 이 모든 식물의 성장에는 '흙'(토양) 속에 숨겨진 생명의 원동력, 알려져 있거나 밝혀내지 못한 수많은 마그네슘, 칼륨, 망간 등의 '영양소'가 있기 때문이다.

사람은 탄수화물, 단백질, 지방 등 여러 가지 영양분을 고루 섭취해야 하듯 식물도 마찬가지이다. 독일의 식물학자 리비히(J. von Liebig, 1803~1873)는 식물성장은 가장 소량으로 존재하고 있는 무기성분, 즉 임계 원소의 양에 의해 달라진다는 '최소율의 법칙'(최소량의 법칙이라고도 함)을 1844년 발표하였다. 필수 영양소 중에서 식물의 성장을 좌우하는 것은 넘치는 요소가 아니라 모자라는 요소라는 것이다. 가장 부족한 요소에 의해 제한된다는 '최소율의 법칙'은 자연법칙에만 적용되는 것이 아니라 인간과 사회현상에도 적용된다. 불평등한 경제는 시장경제의 역동성과 효율성, 생산성마저 하락시켜 사회공동체를 침몰시킨다. 반면, '균형'은 사회 지속성을 담보하고, '평등'은 사회 건전성을 극대화시킨다.

조지프 스티글리츠(미국 신케인스학파)는 "이익은 사유화되고 손실은 사회화된다!"라고 했다. 자본주의의 나쁜 경제학은 사람에게 해를 끼치는 천박한 생활양식과 부조리를 세계에 확산시키고, 생활양식을 바꾸고, 삶을 어떻게 마감할 것인가 하는 문제까지 지배한다. 거대한 상업화로 빈익빈 부익부 현상을 지속적으로 가속화한다. 자본가를 위해 인간 삶이 시장에 규제되는 아이디어였으므로 노동조합이나 사회복지 등에는 관심이 없으며 오히려 적대적이기까지 했다. 자본주의는 '공짜 자원으로 환경 유해물질을 무한 배출하는 성장경제이다'. 따라서 우리는 ① 생태학적 지식기반 프로젝트를 진행하여 토양을 훼손하지 않고 농사를 짓고, 풍력, 태양열, 지열 에너지를 활용(친환경 생산과 소비)할 수 있도록 해야 한다. ② 제품 생산에서는 유독성 물질이나 중금속을 사용하지 않아야 한다. ③ 자원 순환과 환경 보호 방법은 재료를 여러 번 사용하는 재생과 재활용(아나바다 운동)으로 대응해야 한다.

공동체의 성장과 번영은 많이 가진 사람이 잘사는 것으로 평가되는 것이 아니라 자연 현상의 '최소량의 법칙'처럼 가난한 사람들이 얼마만큼의 복지혜택을 누릴 수 있고, 어느 정도의 권리가 주어지는가로 평가된다. 경제의 궁극적 목적은 '분배'인데, '보편적 복지'를 실시한다는 것은 사람에게 투자한다는 의미이다. 인간으로서 누려야 할 기본적 필요를 충족하지 못하는 시민들에게 사회적 권리를 제공한다. '사회적경제'는 배제된 욕구와 생산능력을 이어주고, 사람은 돈으로만 움직이는 존재가 아니라는 사회적 동기로 산업을 조직한다. 식물에게만 적용하는 '최소량의 법칙'을 사람과 공동체에게도 적용하여 '함께 일하고 더불어 나누고 보살피자'는 의미이다. 보람 있는 삶을 살고자 하는 자유로운 개인이 연합하여 공동체(조직)를 만들고, 불편부당한 돈과 이윤과 경쟁에 도전하는 기업 활동으로 실행하는 것이다. 이것은 공존의 가치에 공감하는 운동이고, 공생의 시대를 열 수 있는 사회혁신이다.

공유경제

공유경제는 재화를 소유하는 것이 아니라 재화나 공간, 서비스, 경험과 재능을 다수의 개인이 협업을 통해 다른 사람에게 빌려주고 나눠 쓰는 쉐어링sharing, 물물교환, 협력적 커뮤니티의 경제활동이다. 독점과 경쟁이 아니라 온라인 기반의 개방형 공유와 협동의 사회적경제 모델 중 하나이다. 1984년, 하버드대학교 마틴 와이즈먼 교수의 「공유경제, 불황을 정복하다」라는 논문에서 이 개념이 등장했다. 2008년 하버드대학교의 로렌스 레시그 교수는 공유경제sharing economy를 "'상업 경제Commercial Economy'를 대척점에 세워두고 문화에 대한 접근이 가격에 의해 규정되지 않고 사회적 관계의 복잡한 조합에 의해 규정되는 경제 양식을 의미한다"고 정의하였다. 공유경제의 참여 동인을 '나 혹은 너의 유익'이라고 강조한다.

공유경제는 사람늘 간의 협농과 나눔의 서비스이다. 공유경제를 널리 알린 것은 미국의 차량 공유 서비스 '우버Uber'와 숙박 공유서비스 '에어비앤비Airbnb'이다. 창업 초기에는 소유한 재산을 공유함으로써 자원의 낭비를 방지하는 데 목적이 있었지만, 최근에는 수익을 극대화하는 방향으로 운영하고 있어 비판을 받기도 한다. 2018년 현재, 이 두 기업은 이미 동종 업계 오프라인 1위 업체의 시장 가치를 넘어섰다. 에어비앤비는 2009년 첫해 2만 건의 숙박을 중개했으나 5년이 지난 2014년에는 세계 192개국에서 한 달에 100만 건을 중개했다. 에어비앤비는 사용자가 자원의 공유를 통해 효율을 극대화시키는 비즈니스이다. 주택을 회사 자산으로 보유하고 있지 않고도 숙박업을 활용함으로써 수익을 거둔다. 시장의 자율성을 적극 활용하는데 이용자들이 서로의 경험담을 공유할 수 있도록 플랫폼을 구축하여 제공한다. 평이 좋지 않은 참여자는 시장에서 저절로 도태되도록 서비스의 질을 사용자의 자율적인 판단에 맡기고 있다. 2010년 3개 도시에서 차량 공유서비스를 시작한 우버는 2018년 현재, 50개국 230개 도시로 확대되었다. 이들 외에도 '저스트잇(음식 주문)', '위키피디아(온라인백과사전)', '이노센티브(공동 연구 개발 플랫폼)' 등도 대표적인 공유경제 모델이다. 나눌수록 경제적·사회적 가치가 더욱 커진다는 생각은 빈방, 자동차, 사무실, 주차장, 옷·도구, 지식·재능, 경험·취미까지 공유하는 문화로 확산되고 있다.

공유경제의 특징은 거의 모든 경제 활동이 '개인 대 개인 간 거래'이다. 이를 예찬한 대표적인 인물은 "소유의 시대는 끝났다"고 주장하는 미래학자 제러미 리프킨이다. 그는 미국인의 약 40%가 이미 '공유경제'에 참여하고 있다면서 "자본주의 시스템은 막을 내리고, 그 대신 협력적 공유사회가 부상하고 있다"고 주장한다. "무료에 가까운 재화 및 서비스"를 사회적으로 공유하는 협력적 공유경제가 프로슈머(직접 생산하는 소비자)와 3D 프린팅, 사용자 간의 직접접속peer-to-peer; P2P 네트워크, 협동조합, 사회적 기업, 대안 화폐, 재생 에너지, 비영리 부문을 통해 우리 경제생활에 이미

깊숙이 들어와 있다. 리프킨은 "생태학적으로 가장 효율적이며 지속 가능한 경제로 가는 지름길"이라고 평가했다. "시장의 교환가치가 사회의 공유가치로 대체되기 때문에 새로운 상품이 시장에서 덜 팔리고, 자원은 덜 사용되고, 지구 온난화 부담도 줄어든다"는 것이 리프킨의 생각이다.

급성장하는 공유경제는 미래 세대의 생활방식을 재정의할 수 있는 잠재력을 가지고 있다. 개인들은 자동차, 집, 개인 시간과 같은 것들을 사용자 간의 직접접속 방식으로 다른 사람에게 임대하거나 '공유'한다. 공동생활과 공유 계획을 포함한 새로운 움직임으로 인해 자산이 없는 평생 '서비스 사용자'를 양산할 수 있다. 자본을 축적하지 않고 임대해서 사용하기 때문에 은퇴 후 또는 현금을 조달해야 할 경우를 대비하여 재정적 안정을 위한 해결책이 필요하다. 최근 몇 년간 디지털과 창의적인 스타트업이 번창하면서 교통, 관광 등에 영향을 미쳐 많은 전통적인 사업 모델들을 붕괴시키고 있다. 소비자 행동의 새롭고 빠른 변화를 이용하면서 공유 자산을 통해 더 나은 효용성과 유연성을 지향하는 모델로 정착하고 있다. '공유'는 접근성이 떨어지는 자산에 대한 접근을 허용하고, 자산의 사용을 극대화시킴에 따라 젊은 세대가 쉽고, 빠르게 접근할 수 있도록 유도한다. 좀 더 지속가능하고 창의적이며, 시민 중심의 혁신적인 프로젝트가 가능하도록 한다. 이들의 주요 목표는 주거의 질적 향상, 최선의 서비스, 소비자에게 더 많은 기회를 부여하며, 편익을 제공하여 성장과 부의 창출, 일자리 창출을 촉진한다. 이를 통해 에너지 효율성, 이동성, 사회적 응집력, 지역 재생, 시민 참여를 확대하여 삶의 질을 향상시킬 수 있다. 공유 경제 기업에는 두 가지 유형이 있는데 첫째는 공급자와 고객이 재화나 용역을 사고 팔 때 사용하는 모바일 앱을 기업이 수수료를 받고 제공하는 '상업 비즈니스 모델'이다. 둘째는 '비영리적 이니셔티브'로 상품과 서비스를 무료로 제공하는 방식이다.

유념해야 할 것은 공유경제는 나눔의 정의가 아니라는 점이다. 거의 또는 전혀 비용을 들이지 않고 상품이나 서비스를 교환할 수 있고, 비용 부담을 덜 수 있으나 소유와 지배관계가 분명하지 않아 혼란을 야기하기도 한다. 공유경제가 급속히 늘어나는 현상은 거부할 수 없는 시대적 요청이지만 노동을 제공하는 사람과 기업 간의 관계에 대한 연구와 법 정비가 필요하다.

공정무역

19세기 자유시장은 사람을 매매하는 행위가 잘못이라고 생각지 않았다. 미국 연방정부가 자유무역에 고율의 관세를 부과하자 노예소유자들은 노예제도에 대한 도덕적 가치는 아랑곳하지 않고 "왜 내 노예에게 고율의 관세를 부과하느냐"며 반발했다. 그들에게 노예무역 금지는 무역제한 조치의 다름 아니었다. 공정무역은 본질적으로 도덕적 가치와 정치적 경제문제이므로 자유 시장경제 이론으로는 설명할 수 없다. 하지만 우리가 공정무역을 이야기해야 하는 이유는 신자유주의 정책이 낳은 매우 불편한 관계의 국제무역이 저개발 국가의 소규모 생산자들의 생계를 위협하고, 자연생태계를 끊임없이 파괴하기 때문이다.

역사적으로 개발도상국들은 자유무역보다 보호관세와 보조금 정책의 보호무역을 적용시킬 때 좋은 성과를 거두었다. 실제로 미국과 영국이 세계를 지배하는 산업 강국이 되기 전까지 가장 강력한 보호무역 정책을 폈다. 그러나 아이러니하게도 20세기 초 영국은 자유무역 정책을 포기하게 되는데, 경쟁 국가들이 보호무역 정책으로 성공했기 때문이었다.

시장이 자유화되고 자본이 국제화되는 세계화 정책 40여 년 동안 성장은 둔화되고, 소득불평등은 증대하였으며, 극소수를 제외한 일반인의 삶의 질은 개선되지 않았다. 경쟁력 없는 개발도상국들이 국제적인 경쟁에 노출되거나 뛰어들면서 곤경에 처해질 수밖에 없었고, 살아남기가 어려웠다. 그럼에도 자유 시장경제에 편입할 수밖에 없었던 것은 세계 정치경제의 패권을 쥐고 있는 미국과 영국의 압력과 저개발국가의 독재와 기득권 합작에 의한 작품의 결과였다. 경쟁에 노출되는 것이 빠를수록 좋다는 주장은 선진국의 선진국에 의한 선진국을 위한 이데올로기일 뿐이었지만 전 세계적으로 확산되었다. 자국의 필요와 능력에 따라 변화하는 국제정세에 어울리도록 보호와 개방의 혼합 정책을 적절히 사용할 때만이 성장과 안정과 지속성을 담보할 수 있었지만 이론이 잘못되니 결과 또한 나빴다. 예를 들면, 세계 1위 브라질 국가대표 축구선수들이 한국의 이름 모를 동네 축구단과 경기하지 않는 것은 수준차이가 너무 나서 불공정하기 때문이다. 그런데도 국제 무역에서는 중량, 연령, 성별은 무시되고 종목도 상관하지 않았다. 모든 계급장을 떼고 맞짱을 떠야 하니, '한쪽은 분명 죽어 나갈 수밖에 없다'.

공정무역은 개발도상국 소규모 생산자들을 지원한다는 사회적 사명을 수행하기 위한 무역활동이다. 정치적·경제적·사회적 측면을 모두 아우르는 복합적 과제를 충족할 수 있는 바람직하고 하이브리드(hybrid 혼합, 잡종)한 혁신모델이다. 저개발 국가의 소규모 생산자들의 상품에 대한 소비 증진과 마케팅 전략으로부터 협동조합, 사회적 기업을 거쳐 소비자의 이익과 구매행동까지 영역을 확장한다. 국제노동기구는 소외된 생산자를 위한 시장 접근, 지속가능하며 동등한 거래관계, 역량강화, 소비자 인식제고와 옹호, 사회구조에서의 장기적 책무 등을 공정무역의 핵심이라고 설명한다. 개발도상국 생산자의 생계향상을 기본으로 비숙련공에 대한 고용기회를 확대하고, 선진국의 가난한 소비자에게 윤리적인 상품을 제공하는 등 국제무역에 대한 새로운 규제와 프레임을 구축한다. 특히, 공정한 가격, 경제적 민주주의, 중개자 통제 등의 공정무역 원칙은 윤리, 공평, 대안, 지역 등 협동조합의 7원칙으로부터 영감을 받거나 차용해온 가치들이다. 상호성, 재분배, 재활용, 노동통합, 호혜성과 공공선 등의 원리는 사회적경제의 이론과 실제와 맥이 닿아 있다.

공정무역은 생산자와 소비자의 상호존중에 기반하여 개발도상국 생산자에게 유리한 경제적 자립과 지속 가능한 발전을 목적으로 공정하게 이루어지도록 하는 국제무역이며, 사회운동이다. 이기적인 소비자라는 개념을 뒤엎고 새로운 국제시장의 가치를 세우는 윤리적, 규범적 사업이다. 1946년 미국의 시민단체 '텐사우전드 빌리지'에서 푸에르토리코의 바느질제품을 구매한 것으로부터 유래하고, 영국에서는 1950년대 후반 '옥스팜' 상점에서 중국 피난민들의 수공예품을 팔면서부터이다. 주요 공정무역 인증상품으로는 수공예품·커피·코코아·와인·과일 등이 있다. 우리나라에서는 2003년 '아름다운 가게'에서 아시아 지역으로부터 수입한 수공예품을 판매하면서 거래가 이루어지고, 개념이 잡히기 시작했다. 착취의 제국주의적 무역에 대한 대안적 접근으로 제3세계 소외된 지역의 생산자와 노동자에게 보다 좋은 생산과 무역조건을 제공하고 권리를 보장해줌으로써 사람과 지역을 살리는 경제운동이다. 공정무역은 투명성과 책임성을 갖고 불이익을 받는 생산자들에게 공정한 가격을 지불함으로써 능력 배양, 양성평등, 합리적인 노동조건, 생산자의 안전과 인권 보호, 환경보호 등의 소중한 과제를 수행한다. 지구촌은 우리를 먹여주고, 입혀주고, 재워주는 어머니라는 생각을 실천에 옮기는 것이다.

1960년대 유엔개발계획UNDP, 세계은행, 국제통화기금 등의 국제기구들은 가난한 나라를 돕는 원조와 개발방식의 프로젝트를 진행했으나 대부분 실패했다. 전통적인 개발과 원조방식에 회의를 품은 옥스팜 인터내셔널Oxfam International과 네덜란드의 페어 트레이드 오가니사티에 등이 시민운동의 일환으로 공정무역조직과 단체를 만들어 활동을 시작했다. 이들은 아시아, 아프리카, 남아메리카 등 절대적 빈곤에 허덕이는 나라에서 풀뿌리 경제·문화·교육운동을 전개하였다. 가난한 농부와 노동자들에게 협동조합을 만들게 하여 친환경 농법에 의한 농산물을 생산하도록 교육·훈련·자금을 지원했다. 이후, 생산자와 소비자 모두에게 긍정적인 효과를 거두면서 사업 규모가 커지고, 수출입 품목이 늘어났다. 오스트리아, 벨기에, 프랑스, 독일, 이탈리아, 네덜란드, 스페인, 스위스, 영국 등 많은 국가들이 참여하면서 유럽공정무역연합EFTA을 설립했다.

1989년에는 70개국에서 300여 조직을 회원으로 하는 세계공정무역연합IFAT이 설립되어 공정무역 단체에 FTO마크를 제공했다. 1994년에는 유럽 15개국의 3,000여 개 단체가 가입한 유럽공정무역가게협회NEWS!가 설립되었고, 1997년에는 공정무역 제품의 표준, 규격설정, 생산자단체 지원, 검열 등의 활동을 위한 세계공정무역상표기구FLO를 발족했다. FLO는 현재, 80여 개국 700여 곳의 인증생산자 조직과 파트너 관계를 맺고, 전 세계 5,000곳의 수출상, 수입상, 가공업자에게 인증상표를 부여하고 있다. 이 상표는 가난한 나라의 생산자들에게 '최소가격제'를 적용·지불하기 때문에 안정된 생활과 판매망을 약속하는 것이고, 지역사회 개발이 진행되고 있음을 증명한다. 전 세계 공정무역인증 상품은 현재 4,000여 종이며, 판매량은 2007년 23억 8,000유로인데 꾸준히 증가하고 있다. 우리나라에서도 '아름다운 가게'에서 수공예품을, '두레생활협동조합'에서 필리핀의 마스코바도 설탕과 팔레스타인의 올리브유를, 한국YMCA에서 커피를 수입·판매하고 있고, 2007년에는 포털 사이트 네이버가 '한국공정무역연합' 카페를 개설하였다. 현재는 ㈜페어트레이드코리아, 공정무역가게 울림, iCOOP생협, 한국공정무역카페, 공정무역학생네트워크 등이 조직되어 있다.

자본주의 국제교역에서 생산자는 소비자와 직접 거래관계를 맺지 않고, 시장의 중개를 거친다. 하지만 무역시장에서 유통과 판매에 대한 통제력은 극소수의 글로벌 대기업들에게 집중되어 있다. 개발도상국들이 내놓은 무역 물품은 원재료나 농산물이 대부분인데 이 중 소매 매출의 80% 이상이 농산물이고, 글로벌 기업들이 시장을 장악하고 있다. 커피가 대표적인데 상위 6개 회사가 시장의 50% 이상을 차지한다. 유럽에서 판매되는 시나몬껍질(계피나무로 소화 장애, 복통, 설사, 신경통과 관절 질환에 응용되는 약재)은 스리랑카에서 생산되는데 생산지 노동자들에게 돌아가는 대가는 판매금액의 2000분의 1 수준이다. 이러한 현상은 자본주의 생산양식과 경쟁, 노동의 상품화 등을 중심으로 하는 착취와 사유재산의 출현, 그리고 생산자와 소비자의 분리에 기반한다. 글로벌 기업들은 소비자들의 식탁에 원하는 상품이 놓이는 것에만 신경을 고정시킬 뿐, 과정으로부터는 배제시킨다.

이에 반해 공정무역 시스템은 인증받은 개발도상국 생산자 조직과 수입업자, 가공업자, 유통업자 등으로 이루어진다. 대부분 가난한 나라의 생산자협동조합 형태가 주축이다. 공정무역은 개발도상국의 영세노동자, 농민, 수공업자들이 생산한 상품을 적정가격에 구입하여 일상생활에서 소비하도록 한다. 상품을 생산하는 환경이 매우 열악하거나 상품을 판매하거나 수출하는 과정에서 선진국 또는 자국의 기업, 유통업자, 중간 상인이 많은 이익을 가져가 생산자가 정당한 가격을 받지 못하는 것을 막는 역할을 한다. 생산자와 기업 간에 이루어지는 거래에서의 경제적 불균형을 없애 개발도상국 생산자들이 자립할 수 있도록 도와주고, 중간 상인의 개입을 줄여 유통 비용을 내려 주는 무역방식이다. 또, 아동과 부녀자의 노동 착취나 환경 파괴를 동반하는 상품의 제조 및 수입을 피하기도 한다. 따라서 공정무역 제품을 소비한다는 것은 가난한 이들에게 자선을 베푸는 것이 아니라 그들이 마땅히 받아야 할 가격을 지불하는 도덕적 사고이고, 윤리적 행동의 소비이다. 공정무역의 생산자들은 한결같이 "우리가 가난한 농민이라서 사달라는 것은 아닙니다. 우리의 상품을 사세요. 품질이 가장 좋으니까요."라고 말한다. 우리가 공정무역 상품을 구매하고 소비해야 하는 이유는 다음과 같다.

① 공정무역의 상품은 안전하며 생산자들에게 공정한 가격을 지불한다.
② 공정무역은 건강한 작업 환경을 제공하고 환경의 지속가능성을 추구한다.
③ 공정무역은 어린이들을 보호하고 가난한 노동자들에게 힘을 부여한다.
④ 공정무역은 다른 나라의 문화를 존중하며 믿을 수 있는 국제무역이다.

⑤ 공정무역은 지역경제를 살리고 지속가능한 공동체에 기여한다.
⑥ 공정무역을 통한 소비자 행동은 매우 큰 의미를 갖는다.

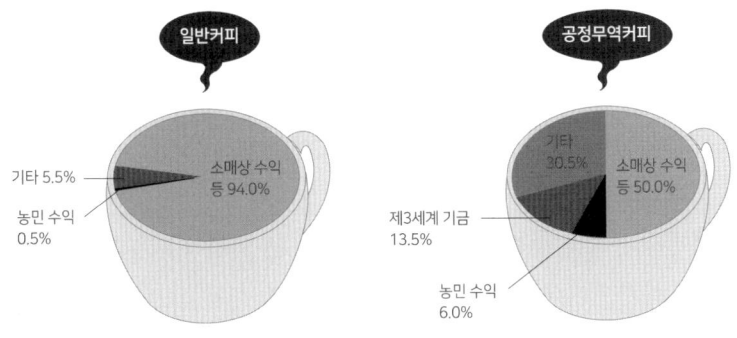

*기타는 운송료, 통관비, 인건비 등 포함
옥스팜, 2003

커피 한 잔에 담긴 불평등과 공정무역의 문제를 되짚어 보면 이해하기 쉽다. 커피의 무역량은 밀, 설탕, 콩에 이어 4위이다. 하지만 밀, 설탕, 콩 등은 자국에서 많이 생산되는 반면, 커피는 주로 열대지역에서 생산되는 작물이므로 이런 기후조건을 갖춘 선진국은 거의 없는 편이다. 결국, 개발도상국의 수출품 중 석유 다음으로 교역량이 큰 것이 커피이고, 저소득 국가들에게는 매우 중요한 상품이다. 커피는 과거 식민지 국가들에게 막대한 이익을 안겨주었다. 이후, 식민지에서 벗어난 커피 생산국들은 커피 수출에서 생긴 부가가치를 경제발전의 모태자본으로 활용하려고 했다. 그러나 1980년대 신자유주의 세계화 정책은 시장 안정을 위한 국가 간 협정을 폐지하고, IBRD세계은행과 IMF가 강제한 구조조정으로 커피 생산국의 지위를 무력화하면서 시장 자유화가 진행되었다. 공급과잉사태가 가격 폭락으로 이어지면서 시장은 국지적 공황상태에 빠지고 말았다.

20년 이상 지속된 커피 시장의 위기가 2002년 정점에 달하면서 국제 커피 가격은 최저가격으로 떨어졌다. 브룬디, 이디오피아, 우간다 등 아프리카와 남미 국가들은 커피 수출 비중이 매우 높은데 커피가격의 하락은 선진국의 대공황에 뒤지지 않을 만큼 절대적으로 자국의 경제기반을 흔들었다. 특히, 고지대 가난한 가족의 아이들은 학교를 그만두어야 했고, 원주민들의 생계는 위협받을 수밖에 없었다. 먹고 살아야 했기에 코카와 같은 마약의 원료를 재배했다. 당시 커피 가격은 26.4달러였으며, 1킬로그램 한 봉지 중량에서 생산자의 몫은 0.14달러, 약 0.5%에 지나지 않았다. 현재는 커피 산업의 위기극복을 위한 시민사회 노력과 중국 등 신규 시장 확대로 국제시장 가격은 회복되었으나 변동성이 큰 커피시장은 농민들의 생활을 여전히 불안하게 한다. 반면, 신자유주의의 시장자유화 정책은 글로벌 대형 커피 기업들에게 인수·합병의 기회를 제공했고 이에 부합한 기업들이 시장을 완전히 장악하면서 시장의 판도는 영원히 바꾸지 못하는 블루오션의 규모로 자리매김했다.

세계에는 3,000여 만 명의 커피 생산자가 있고, 10억여 명의 소비자가 있다. 이 중 5개 업체, 네슬레, 크래프트-멘델레스, 사라 리Sara Lee, 프로터앤드갬블Procter & Gamble, 치보Tchibo가 전체 커피 로스팅의 45%를 장악하고, 3개 업체, 노이만 그룹Neumann Gruppe, ECOM, 볼카페Volcafé가 생두 거래량의 절반을 차지한다. 이들은 커피 시장의 독점과 과점 세력들로 소규모 생산자와 중소 농장과 생산자들을 하청업체 다루듯 관리한다. 하위 구성원에 대해서는 직접 책임은 지지 않으면서 거래상의 우위를 이용하여 불평등한 관계(관계형 네트워크)를 맺고 있다. 구매자의 권력과 지위를 이용한 불평등은 확대되고, 시장 지배력을 가진 글로벌 대기업들에게 자원이 집중된다. 결국, 생산자 보호 역할을 수행하던 각 생산국의 국가기구들을 시장 개입이라는 명목으로 해체한 후, 소규모 생산자와 소비자들의 협상력을 약화하고 파편화시켰다. 소생산자의 고통을 고착화시키는 것이 커피 산업의 현실이다.

커피 시장에 공정무역을 도입한 사람은 칠레 도심의 빈민가에서 목회 활동을 한 프랑스 판 데어 호프 신부이다. 그러나 자국으로부터 추방되어 멕시코로 이주했다. 그는 1981년 테후안테펙 마을의 노동사제로서 농사를 지으면서 원주민 마을 사람들이 협동조합을 조직하여 공정무역 거래를 하도록 했다. 원주민과 함께 협동조합 조직을 위한 워크샵에서 중간상인들로부터 테러를 당하는 등 어려움을 겪었지만, '우시리UCIRI 협동조합'은 네덜란드의 시민단체와 협력하여 공정무역 인증을 받게 된다. 이를 바탕으로 해외기업과의 협력을 통한 거래를 하면서 수매량을 늘릴 수 있었다. 수출면허를 취득하는 등 국제무역에 필요한 조건들을 하나씩 해결했고, 질적·양적 성장을 하면서 더 많은 사람들이 조합원으로 합류하게 되었다. 협상력이 커졌고, 품질 관리, 농사 기술 공유, 상호 부조 등 협동조합의 장점이 발휘되었다. 다른 부족 공동체들이 조합에 가입하면서 이제는 지역 전체의 커피 농민들을 지원하는 조직으로 성장하였다.

'우시리협동조합'이 정착하고 성장하기까지는 37명의 회원이 의문의 사망을 하는 등의 우여곡절을 겪었다. 기득권을 가진 중간상인들이 연관된 것으로 의심되고 있다. 소규모 농업생산자들의 협동조합 조직화에 대한 파괴의 불공정 행위는 남미 지역에서 흔하게 볼 수 있다. 생산자들이 함께 뭉쳐 중간상인들의 저항을 극복하고 조직화에 성공하더라도 전 세계를 장악하고 있는 글로벌 대기업의 독점이 갈 길을 막는다. 유통 대기업들은 납품업체들에게 생산자 조직의 회원들이 감당하기 어려운 조건을 내세우거나, 선진국 시장에 진입하기 어렵게 만들기 때문에 '공정무역'은 생산자들에게 없어서는 안 될 위치에 있다.

공정무역은 생산자들의 조직화를 기본으로 하면서 광범위한 소비자들의 조직화가 동반되어야 한다. 생산자 조직의 물품에 대해 시장을 제공하고 구매자들에 의한 협동과 연대의 힘으로 대기업의 영향력에 대응해야 하므로 외부의 힘이 절대적으로 필요하다. 세계 최초의 공정무역 인증 '막스 하벨라르'도 출시하는 데 많은 어려움을 겪었지만, 비영리 단체 솔리다리다드와 이에 동참한 언론인들과 소비자들의 도움으로 성공할 수 있었다. 공정무역의 목표는 거래하는 품목을 늘리고, 지속가능한 판매망을 구축하여 상품 생산자와 소비자 간에 공정한 거래가 이루어지도록 하는 것이다. 더 나아가 공정하고, 지속 가능한 경제로의 전환을 꿈꾸면서 세계무역시장을 좌지우지하는 경제 권력을 견제하여 윤리적 시장으로서의 본원적 기능을 살리기 위해 노력하고 있다.

우리나라에서 커피는 소비만 있고 생산이 거의 없다 보니 생산의 현장과 무역의 거대한 장벽은 아랑곳하지 않고 소비만 늘어나고 있다. 그러나 대다수의 커피 소비는 알게 모르게 훼손된 커피시장의 동조자 역할을 한다. 우리는 소비자의 조직된 힘으로 커피생산 농민들이 처한 어려움을 다소나마 해소할 수 있는 윤리적 소비자의 역할을 해야 한다. 커피산업 곳곳에서 일어나는 착취와 독점적 구매 권력을 규제할 수 있는 '기울어진 시장의 균형'을 바로잡는 데 관심을 가져야 한다. 농식품의 공정무역은 소농들을 조직화하고, 생산자들을 모니터링하여 안정적인 판로와 공정한 유통, 지속적인 판매망을 구축하는 것을 목표로 한다. 고지대나 험준한 산악지역에서 잘 자라는 커피는 다른 농산물들보다 소규모 생산자 조직의 비중이 상대적으로 매우 높은 편이다. 따라서 콜롬비아 '전국 커피 협동조합연맹'은 생산자들을 조직하고, 품질을 좋게 할 수 있도록 연대·연합체를 구성하여 안정된 판매망을 구축하고 협상력 높은 산업으로 육성하고 있다. 옛날부터 우리나라는 '장사는 이문을 남기는 게 아니라 사람을 남기는 것이다'라고 했다. 공정무역은 지역경제의 작은 살림살이들이 모여 시장을 공정하게 만들고 경제의 흐름을 바꾸게 한다. 협동조합은 공정무역과 유기농업을 결합하여 개혁시킨다. 지속가능한 생산방식으로 유도하고, 소농을 살리며, 공정한 농산물 가격으로 보상한다. 유기농법은 협동조합과 만나면서 농업은 물론, 정치적, 환경적, 공동체적 가치와 연결된 철학으로 승화되고 있다. 가난한 사람을 돕는 '착한 커피소비'만이 아니라, 우리가 매일 사용하는 물품을 둘러싼 경제 권력의 문제점을 적나라하게 드러내어 불의와 불평등과 불균형에 저항한다. 가난하고 힘없는 사람도 존중받아야 하고, 함께 살 수 있는 공생의 살림살이가 가능한 경제로 전환하는 것이다.

사회적 연대와 연합으로 자본주의 교역체제를 대체하여 실질적으로는 노동조건, 영양, 교육, 건강, 삶의 질 등을 개선시킬 수 있도록 진화해야 한다. 시장을 독점하고 약한 사람들을 갈취하여 이윤을 극대화하는 욕구에 대해 인간의 도덕적 감성과 윤리적 행위, 구체적이고 뚜렷한 정책목표를 가진 운동과 결사체기업의 연대와 연합으로 대응하는 것이다. 부유한 나라의 소비자와 가난한 나라의 생산자들의 협동조합이 손을 잡고 '공정무역 개발은행' 등을 만들어 부당하고, 불합리한 국제무역시장을 혁신시켜야 한다. 인간다운 경제행위로 변혁시켜야 지구촌이 행복하다.

로컬푸드

2018년 기준 우리나라 농가(가구)수는 102만 838가구이고, 농가인구는 231만 4,982명이다. 2020년 농가 예상소득은 4,490만 원으로 지난해보다 225만 원 증가할 것이라고 내다봤다. 공익형 직불제의 시행 등으로 농가의 전체 소득은 늘어나지만, 심화하는 농촌 고령화와 낮은 소득 증가율로 전체 농업인구는 줄어들 전망이다. 한국농촌경제연구원(농경연)은 2029년 농가소득이 5,000만 원을 넘어설 것으로 보았고, 2019년 65세 이상 농가인구는 45.5%로 추산했으며, 그 비율은 2024년 50%를 넘어설 것으로 전망했다. 고령화로 인해 향후 10년간 농가 인구는 연평균 1.7% 감소할 전망이다. 2020년 농가인구는 1.5% 늘어난 224만 3,000명으로 전망했다. 생산가능인구가 줄어들면서 농림·어업 분야 취업자 수도 장기적으로는 감소할 선망이다. 농경연은 2024년까지 귀농·귀촌 인구 승가로 농가 취업자 수가 증가하다가 2024년부터 감소세로 돌아설 것으로 예상했다.

농촌을 둘러싼 사회적·생태적 관계는 파괴되었거나 급속히 파괴 중이다. 농촌공동체와 산업으로서의 농업은 지속 성장을 장담하기 어렵고, 노령인구는 매년 0.5%씩 증가한다. 고령화와 인구 감소, 출산율 저하가 근본적인 사회 문제로 안고 있는 일본 농촌의 현황을 그대로 답습하고 있다. 그러나 농식품산업, 도농교류, 로컬푸드, 지역개발, 사회복지 실현으로 농촌의 난제를 풀어낼 수 있을 것이다. 이것은 농어촌에 활력을 증진하는 동시에 도농 쌍방향의 문제를 해결하는 방안이다. 사람의 가치와 공동체를 중시하는 형태의 협동조합에 대한 운영원리나 핵심가치에 대한 교육, 훈련, 인큐베이팅이 꾸준히 선행되면 문제의 실마리를 찾을 수 있다. 새로운 체제로 전환되는 과정에 필요한 것은 성공적인 경험들이 충분할 정도로 훈련되어야 가능한데 준비과정과 운영 중에 실망하거나 상처받거나 실패하는 일이 없도록 지방정부의 세심한 배려가 필요하다.

귀농·귀촌 문제는 이민자의 농촌 생활이 힘들거나 행복하지 않아서이다. 농촌을 사람 살기 좋은 마을로 만들 수 있다면 대부분의 문제를 해결할 수 있다. 귀농 귀촌에 대한 지원정책이 구체화되고 실행되면 성공한 산업사회의 일꾼인 베이비부머 은퇴시기와 맞물려 정보와 네트워크와 노하우가 한꺼번에 농산어촌으로 몰릴 수 있다. 어쩔 수 없이 사는 게 아니라 행복하게 살 수 있는 마을을 만들면 농산어촌은 활성화되고 인구는 증가할 것이다. 협동조합과 귀농·귀촌정책은 지역순환 구조를 만들어야 성공할 수 있다. 자원이 유출되지 않도록 하고, 지역내 산업이 원활하게 순환(육성, 유통, 소비, 재투자)하는 구조를 만들어야 지역사회의 역량이 발휘되고 발전한다. '순창 고추장은 순창의 고추를 사용하지 않는다.'라는 이야기는 대기업의 유치가 지역 발전과 어떻게 유리되는지 보여 주는 사례이다. 차라리 소규모의 전통 고추장 사업이 훨씬 더 지역밀착형이고, 지역사회에 서비스를 제공한다. 지역 순환구조 산업이 육성되지 않은 이식된 기업의 유치는 지역 공동체를 새롭게 형성하거나 지역 경제를 지속적으로 좋게 만들지는 않는다.

농업의 문제는 생산과정에서 생산의 3요소(토지, 노동, 자본)는 고투입이지만 시장가격에는 반영되지 않는 데 있고, 이상 기류와 기후 변화에 따른 식량 공급의 불안정성과도 연결되어 있다. 농부는 자신이 생산한 '생산물'이나 '상품'에 대해 시장에서의 가격결정권이 없고, '품질'과 동일한 대우를 받지도 못하는 경우도 부지기수이다. 농업이 먹거리의 납품업으로 있기 때문이고, 시장경제에 종속된 농사를 짓다 보니 친환경 농업경작에 한계가 있을 수밖에 없다. 농업은 시장의 변화를 예측하기 어렵기 때문에 도시와 농촌의 새로운 유대관계를 형성시켜 혁신적인 지식체계와 전달 그리고 도농 간의 사회 경제적 간극 축소를 위한 사회적 자본과 관계망을 보다 조밀하게 형성시켜야 한다.

농어산촌의 발전시스템 방안으로는 첫째, 도시의 소비자와 농촌의 농업인이 농장을 함께 경영하는 생산과 소비 통합 시스템 구축이다. 둘째, 도농 간의 소비자, 생산자 협동조합의 네트워크를 활성화하여 친환경 지역농산물에 대한 신선도 유지와 유통을 간소화하는 생산소비의 로컬푸드 운동이다. 셋째, 생활농업을 하도록 하고 농산어촌형 협동조합을 설립하도록 하여 자원의 가치를 소중하게 느끼고 생산, 유통, 소비할 수 있는 안정된 시스템을 구축해야 한다. 넷째, 주민이 가진 자연과학, 사회과학적 지식과 지역주민이 가진 토착지식을 융합하여 지역의 자연과 문화에 익숙하면서도 새로운 문화를 창출할 수 있도록 해야 한다. 다섯째, 상부상조의 공동체 정신에 기업경영 방식을 도입하여 이를 활용할 수 있어야 한다.

'로커보어'는 거주 지역에서 재배된 로컬푸드Local Food를 소비하는 사람들이라는 뜻이다. 지역을 뜻하는 로컬Local과 먹는다는 뜻을 가진 보어Vore를 합성해 만든 신조어이다. 우리나라의 신토불이身土不二와 같은 개념이다. 지산지소地産地消는 지역에서 생산한 농산물을 지역에서 소비한다는 뜻으로 신선한 식품재료 제공과 식량 자급률 향상, 지역 경제 활성화 등을 목적으로 한다. 지역농이나 소농을 보호하고 활성화하는 역할을 한다는 점에서 로커보어는 넓은 의미에서 로컬푸드 운동을 지칭한다. 로컬푸드 운동은 지역의 식재료나 친환경 농산물 사용을 장려하는 운동이다. 식품의 이동거리가 짧아지면 운송에 들어가는 연료 사용이 줄어 이산화탄소 배출을 줄일 수 있고, 신선한 농산물을 먹을 수 있을 것이라는 의미에서 시작되었다. 프랑스에서는 식품의 생산부터 소비자의 섭취까지 이르는 거리인 '푸드 마일리지Food Mileage'를 환경지표의 하나로 사용한다. 일본에서는 레스토랑이나 마트 등의 상품에 푸드 마일리지를 표기하는 '푸드 마일리지 캠페인'을 2005년부터 시행 중이다. 로컬푸드만을 소비하는 로커보어가 늘면서 이들을 대상으로 하는 마케팅도 등장한다. 미국에서는 전문 유기농 유통업체인 홀푸드마켓WHOLE FOODS MARKET이, 영국에서는 유통업체인 테스코Tesco가 지역 내 소규모 채소 재배 농가와 연계하여 판매하는 시스템을 도입하였다.

로컬푸드는 농민과 식품생산자, 지역 주민, 소비자로 구성되어 서로 의지하고, 의지가 되어주는 공생관계로 발전한다. 지역과 밀착한 관계로서 노동력과 사업의 근거를 지역사회에서 구하고, 지역의 요구와 소비자의 경제력에 맞는 상품과 서비스를 제공한다. 지역 보건과 지역에너지 등 지역경제 체제 전반의 문제와 연결되어 있어 상호 보완 네트워크를 하고 있다. '로컬푸드 운동'은 불합리한 유통구조로 인하여 농민이 생산한 농산물을 낮은 가격에 팔아 생산자의 경제적 어려움이 지속되고, 소비자의 경우는 산지 가격이 반영되지 않은 소비자가격을 지불하면서도 안전하지 못한 먹거리에 노출되기 때문에, 제철농산물꾸러미를 중심으로 진행되었고, 현재는 직판장 사업으로 확대되고 있다.

지역공동체 운동 차원의 전국여성농민회총연합 '언니네 텃밭'이 2009년 로컬푸드 꾸러미 사업을 시작하였다. 완주 건강 밥상 꾸러미는 2010년 전북형 예비사회적 기업으로 선정되면서 사업을 본격화했다. 로컬푸드 직매장에 대한 관심은 2012년 완주 용진농협 직판장이 개장하고, 농협중앙회가 직판장 100개의 설립을 발표하면서 급속도로 확산되었다. 최근에는 6차산업[4]화와 연결되어 농산물 가공, 농가레스토랑 사업으로 확장하고 있다. 로컬푸드는 지역화Localization를 바탕으로 지역의 가치를 재발견하고, 주민의 삶에 직접적으로 기여할 수 있는 자립과 협력의 지역순환경제시스템 구축의 현실적인 대안이다. 또, 유통비용의 구조와 내용과 질을 좋게 만든다. 2013년 유통비용구조 측면에서 보면, 농가 기준을 100으로 했을 때, 농가수취율[5]을 55%에서 63%로 증가시켰고, 유통비용률[6]은 45%에서 36.9%로 감소시켰다.[7] 이러한 결과는 생산자와 소비자, 정책입안자들에게 의미 있는 성과를 제시하는 것으로 로컬푸드가 지역순환경제를 구축하기 위한 핵심 사업으로 부각되고 있는 것이다. 로컬푸드는 중심을 거부하는 지역역량 강화운동이고, 지역자치와 자립으로 세상을 바꾸려는 노력이다. 따라서 개별적 운동이 아니라 농민이 농정에 참여하는 것으로 진화해야 한다. 지역식당이 로컬푸드를 사용하게 되면, 먹거리는 상품이 아니라 '공공재'가 되고, 안전한 먹거리에 대한 흐름을 농업과 친환경의 지속가능한 사회로의 비전으로 확대시킬 수 있다.

로컬푸드는 규모화, 전문화된 영농 위주의 농업정책에서 소외되어 왔던 소농, 고령농에게 안정적인 유통망을 확충해 준다는 데 의미가 있다. 농산물 출하 가격을 보장하여 잦은 폭락으로부터 농가 소득을 보장한다.

로컬푸드 운동의 장점은 다음과 같다.

---

4 1차 산업의 농림수산업, 2차 산업의 제조·가공업, 3차 산업의 서비스업을 복합한 산업으로, 농산물을 생산만 하던 농가가 고부가가치 상품을 가공하고 향토 자원을 이용해 체험프로그램 등 서비스업으로 확대시켜 높은 부가가치를 발생시키는 산업을 말한다(시사상식사전).
5 농산물 소비자가격 중 농민이 가져가는 값의 비율.
6 농산물 소비자가격 중 유통비용이 차지하는 비율.
7 윤병선, 「로컬푸드 활성화를 위한 과제」, 2015.

1. 장거리 유통을 위한 방부제 처리들이 불필요(방사선, 화학물질 등)하고, 운송거리가 짧아 먹거리의 신선도와 영양분을 유지한다.
2. 농산물의 2차 가공을 통해 농가의 부가가치를 제고하고 사회적경제 주체를 활성화시킨다.
3. 이동거리 단축으로 탄소배출량 등을 감소시키며, 지구 온난화 방지에 기여한다.
4. 지역농업과 농업인 유지를 통해 지역사회 공동화를 방지하며, 주민소득이 지역 내에서 순환하고, 지역소득을 유발하고 승수효과[8]를 증대시킨다.

로컬푸드 판매장을 직접 해보니 소비자에게는 저렴하게 공급하고 생산자들에게는 제 값을 줘도 되더라는 것이다. 기존의 유통시장은 돈을 남기려는 유통자본이 장악하고 있어 생산자들의 요구를 담아내지 못했다. 중간상인들에게 생산물을 판매할 때는 허탈했지만, 협동조합에 출하하면 안전하게 제 값을 받을 수 있으니 농산물만 잘 키우면 되었다. 소비자 입장에서는 가격이 적정하고, 믿을 수 있어 안심하고 먹을 수 있으며, 생산자 입장에서는 자신이 애써 지은 농산물을 어디다 팔지 공급걱정을 하지 않아도 됐다. 로컬푸드는 대부분 협동조합으로 운영되는데 수탁한 물건을 안정적으로 판매해주니 명확하게 역할이 구분되고, 파트너십도 생겨 구성원들의 힘을 최대한 끌어올릴 수 있다. 앞으로의 먹거리는 친환경 유기농이 대세이다. 농민들이 거기에 따라가지 못하면 밀려오는 농산물에 대처하지 못한다. 소비자는 싱싱하고 건강한 밥상을 만들 수 있고 농민은 정성껏 생산한 농산물을 직접 소비자들에게 보낼 수 있다. 로컬푸드 매장과 꾸러미 사업이 농업을 살리는 좋은 도구가 될 것이다.

지방의 농업과 마을, 로컬푸드와 관련한 행사나 축제는 수많은 삶과 공간과 예술과 전통 속에서 자생하고, 진행되고, 공동체 생활의 흐름과 과정

---

8 승수효과란 케인스가 정립한 이론으로 독립적인 투자, 정부 지출, 수출 등으로 인한 지출이 증가할 때, 소득이 지출증가분의 몇 배의 승수로 나타나는 효과를 말하는데 일반적인 패턴을 비교하였을 때 3배의 효과를 낸다.

으로 추진되어야 하는데 대부분의 행사와 축제는 일회성 행사 수준을 벗어나지 못한다. 지역주민의 삶과 유리된 행사에 비용을 들이고 투자한다. 행사 주최 측은 들어간 비용을 단기간에 회수하려다 보니 부작용이 발생한다. 관광객이 즐거운 마음으로 지출하고자 할 때 다음을 기약할 수 있는데 행사의 품질은 낮고, 소비자의 부담은 커질 수밖에 없으며, 축제가 끝나고 나면 주최 측 사람들 또한 돌아갈 곳이 없다. 농촌과 지역을 깊이 이해하지 못하고 내용이 없는 선심성 행사와 짜깁기 정책으로는 농촌을 살찌우지 못한다. 부실한 지자체 행사와 과오 속에 우리가 나아가야 할 방향과 정책이 숨어 있을지도 모른다. 해외 공동체나 지방자치단체의 사례를 탐구하여 그들이 성공할 수 있었던 근원을 찾아 지역의 전통과 현실에 맞게 재창조하여야 한다.

전라북도 완주군은 전국 최초로 중간지원센터를 설립하였다. 여러 부서에 흩어져 있던 인력과 예산, 사업을 통합해 '농촌활력과'를 신설하고 주민과 행정의 가교 역할을 해줄 중간지원 조직인 '완주 커뮤니티 비즈니스 지원센터'를 설립하여 농촌은 물론 도시공공체를 아우르며 지속 가능한 완주를 꿈꾸고, 사회적경제 1번지 완주를 만들어가고 있다. 주민의 이해를 돕기 위해 2015년부터 '완주공동체지원센터'로 이름을 변경하였는데 100개의 마을공동체, 지역공동체와 10개의 두레농장을 만들어 붕괴 직전의 마을을 복원시켰다.

마을과 지역공동체, 두레농장에서 생산된 다양한 농산물과 거점가공센터에서 만들어진 농산물 가공품을 4곳의 로컬푸드 직매장에서 판매했다. 덕분에 완주군의 3,000여 소농, 고령농, 이주여성이 매월 100만 원 이상의 안정적 소득을 얻을 수 있었으며, 지역 순환 경제가 안정화되고, 활성화되는 성과를 거두었다. 튼튼한 지역의 순환경제 고리 속에는 인근 도심 소비자의 든든한 후원이 있었다. 믿음을 깨지 않기 위해 완주의 로컬푸드는 스스로 가격을 조정하고, 잔류농약 검사 등의 철저한 품질 관리로 지속

가능한 순환 경제 체계를 구축했다.

　FTA 한파를 이겨내는 길도 지역 농업에서 찾을 수 있다. 적정한 가격의 농산물, 믿을 수 있는 품질이생산자와 소비자 간의 신뢰를 만들어 내고 이를 유지할 수 있다면, 농업의 미래는 어둡지 않다. 소비자를 생각하는 생산, 생산자를 배려하는 소비가 돛을 달고 '로컬푸드'로 향하는 중이다.

사회적 자본

　우리나라는 각종 사회적 관계를 중요시하지만 정작 어려울 때 의존할 수 있는 사람의 비율은 경제협력개발기구 회원국 가운데 가장 낮다. OECD의 '2017년 11월 더 나은 삶 지수' Better Life Index 2017 최신판, '행복한가요? 안녕하시나요?'에 대한 대답이다. 이에 따르면, 우리나라 삶의 만족도는 30위, 미세먼지 농도는 OECD 세계 최고, 일과 삶의 균형은 평가대상 38개국 중 35위이다. 충격적인 것은 '사회적 연계'의 공동체성 항목이다. 2016년에는 평가대상 38개국 중 37위였지만, 이번에는 가장 낮은 38위, 꼴찌로 내려앉았다. 사회에 대한 신뢰도가 바닥이라는 이야기이다. OECD는 삶의 질은 GDP와 관계없다고 말한다. '사회적 연계'는 어려움에 부닥쳤을 때 도움을 요청할 수 있는 친척, 친구, 이웃이 있다고 응답한 사람의 비율을 뜻하는데 한국인은 72% 정도이다. 이것은 OECD 평균 88%보다 16%포인트 낮은 수치이다. 국내총생산 대비 공공지출 규모도 OECD 회원국 가운데 멕시코를 제외하고 꼴찌이다. '공공지출'이 꼴찌라는 것은 모든 국민에게 균등하게 공급되어야 하는 사회적 자본이나 국가가 부담해야 하는 사회안전망에 엄청난 구멍이 생겼다는 의미이다. 사람이 태어나면서 특정한 사회적 위치에 놓이는 것은 어쩔 수 없다 하더라도 제도가 이를 극복할 수 있게 뒷받침하지 못한다면 사회는 불공정한 것이다.

　사회적 자본이라는 개념이 등장한 것은 그 사회의 신뢰 수준과 사회규범 그리고 공동체에 대한 의무가 경제 효율성이나 경제성장에 지대한 영향을 끼친다고 생각하기 때문이다. 경제학자들은 주요한 생산요소로서의 자본physical capital 이외에 인적 자본human capital이라는 개념을 발전시켰다. 인적 자본은 근로자의 숙련 수준, 지식, 혹은 건강 같은 개인적으로 체득하여 내재화한 생산요소까지 포함한다. 서로에게 이익이 되는 협력을 용이하게 하는 네트워크나 규범, 신뢰와 같은 사회조직화의 특성이다. 사회학자 콜만은 사회적 자본이란 행위자가 가용할 수 있는 특수한 종류의 자원이라고 말한다. 포테스(Portes, 1995)는 연결망에 소속된 덕택으로 희소한 자원을 확보할 수 있게 된 개인의 능력으로, 개인이 갖고 있는 다른 사람과의 관계에 내재한다는 견해이다. 이와는 대조적으로 후쿠야마는 사회적 자본을 "둘 이상의 개인들 간의 협력을 촉진하는 비공식적인 규범"이라고 정의한다.

사회적 자본은 상호작용을 통해 정보를 공유하고 나눌 수 있도록 하여 구성원들이 사회문제를 해결하는 데 의미 있는 행동을 할 수 있도록 집단적 자본을 제공한다. 구성원 상호간의 신뢰를 바탕으로 행위자의 행위를 조정하도록 하는 장점이 있다. 집단적 의사결정을 통해 행위가 이루어짐에 따라 긍정적 외부효과를 만들어낼 수 있다. 공적 제도를 변화·개선시키고 구성원 간의 협동적·타협적 문화와 환경을 제공한다. 사회적 자본은 역기능도 존재할 수 있는데, 내부구성원들에게는 편익을 주지만 외부인의 접근을 차단하고 배제시켜 타인의 보편적인 권리를 침해할 수 있어 외부집단에 대한 협력과 신뢰를 낮게 할 수 있다. 사회를 통제하기 위해 과거보다 강한 지역사회 네트워크와 공동체 규범의 강제성을 요구하거나 따라야 할 수도 있다. 또한 사회적 자본의 생성과 사회적 관계의 개선·확립·유지에는 상당한 시간과 투자를 필요로 한다. 적절하게 이루어지지 못할 경우에는 비생산적일 뿐만 아니라 비효율적인 결과가 나타날 수 있다.

사회적 자본은 구성원들의 자발적인 참여를 바탕으로 지역사회가 직면한 문제를 해결하고 공동의 목표를 효율적으로 추구하는 신뢰·소통·협력·규범·제도·네트워크 등 유·무형의 자산을 말한다. 협력을 가능케 하는 구성원들 간의 공유된 자산이다. 사회적 관계성에 근거하고 유도되는 자원으로 개념화되는데, 여러 생산 과정에서 서로 관련되고 의존하는 인적 네트워크 자본이다. 경제적 자본이 은행계좌에 있고, 인적자본은 각자의 두뇌 속에 있다면, 사회적 자본은 구성원 관계의 구조 속에 있는 셈이다. 힘을 합쳐 공동의 이익과 목표를 능률적으로 제고하고 추구할 수 있는 협력과 상호 조정으로 개인을 연결해 주는 관계의 작용이다. 사회 구성원들 사이의 협력과 사회적 거래를 촉진하는 상호 신뢰, 친사회적 규범, 협력적 네트워크가 핵심 구성요소이다. 신뢰는 축적될수록 불필요한 감시비용을 감소시키는데 구성원들은 신뢰를 통해 서로 협동할 수 있는 근거를 마련한다. 사회적 자본이 생성되면 개인이 독점적으로 소유할 수 없기 때문에 공공재 성격을 띤다. 사회적 네트워크를 통해 서로 협력할 수 있고 사회적 응집력을 형성할 수 있기 때문에 실질적, 잠재적으로 가치 있는 자산으로 활용될 수 있다. 사회적 자본은 해당국가의 산업 활동과 사회구성체의 긍정적 혹은 부정적 가능성을 판단할 수 있는 척도이기도 하다. 문제는 사회적 자본을 쌓는 것은 어렵지만 무너뜨리는 것은 한순간이라는 것이다.

우리는 법과 제도, 규범과 신념에서, 우리를 둘러싼 구조를 종종 잊고 살지만 노벨 경제학상을 수상한 바 있는 케네스 애로우는 "사실상 모든 상업 거래는 그 안에 신뢰의 요소를 가지고 있다."고 말한다. 거래 당사자 간, 또는 그 보다 광범위하게 공동체를 유지하는 보이지 않는 시스템을 신뢰하기 때문에 가상의 공간에서도 활동한다. 신뢰는 윤리적인 측면만이 아니라 감시와 확인 비용을 절감하여 거래를 용이하게 하고, 경제 시스템이 돌아가도록 윤활유 역할을 한다. '신뢰'는 두 형태로 나타난다. 첫째로는, 긍정적일 수도 있고 부정적일 수도 있는 상호작용을 통한 개인적인 신뢰이다. 이러한 신뢰는 당사자 간에는 도움이 되지만 그 집단에서 벗어나면 제외되거나 차별받는 사람이 생겨 해가 될 수 있다. 두 번째는 일반화된 신뢰로 이것은 시장의 필수 요소로서 사람들과의 신뢰이다. 시장이 발전하고, 거래가 번창하고, 문명이 발달하도록 한다.

일반화된 '신뢰'를 측정한 설문조사에 의하면, 스웨덴에서는 응답자의 68%가 대부분의 사람들을 신뢰할 수 있다고 답한 반면, 브라질에서는 9%만이 그렇다고 답했다.[9] 오래 지속되는 특성을 가진 일반화된 신뢰는 사람들이 쌓아왔던 관찰에서 비롯되는 것이 아니라 예상의 산물로서 과거에 깊이 뿌리내리고 있다. 종교가 같으면 서로 신뢰지수가 높고, 외모가 비슷해도 서로를 더욱 신뢰한다는 것이다. 이 모든 태도는 경제적 의사결정에도 상당한 영향을 미치는데 신뢰가 낮으면 잠재적 투자자는 투자의 실제 비용을 기대 수익과 비교한다. 그 비용이 크다면 투자자는 수익성이 높은 프로젝트까지도 포기할 것이다. 신뢰는 협력을 조성하는 가치와 신념, 즉 사회적 자본을 창출하는 토대를 제공한다. 사회적 자본이 충만한 국가일수록 부패가 줄고, 공공의 안전은 향상된다.

신뢰의 연계망으로 구체화된 사회적 자본은 물리적 자본이나 노동력 등 다른 생산요소와 같은 특성을 갖고 있으며, 시간의 흐름에 따라 축적되고 경제성과를 증진시키기도 한다. 사회적 관계를 통해 형성된 것으로 사회적 관계망 속의 개인 또는 집단이 접근하거나 활용할 수 있는 자원이다. 특정 개인이 점유할 수 없고, 유형의 형태로 표출되지만 무형의 형태로 존재한다. 다만, 총량을 특정화하기 어려운 것은 사회적 네트워크 속에 배태된 자원이기 때문이다.

글로벌 경제와 지식기반 경제에서 사회적 자본에 대한 논의는 빠지지 않는 주제 중의 하나이다. 사회적 자본은 물리적 자본이나 화폐적 자본과는 다른 개발과정에서의 보완재나 촉매재의 핵심요소라고 생각하기 때문이다. 비경제적 형태의 자본이면서 혁신주체들 간 상호연계와 협력을 통한 활동역량의 원천이자 요소로 인식되고 있다. 유럽 대부분의 학교에서

---

9   루이기 진갈레스, 『사람들을 위한 자본주의』(한국경제신문, 2018).

그룹학습을 권장하는 것은 비판적 사고와 성향은 권한에 대해 책임을 갖게 하고, 피드백을 제공하여 사회적 자본을 두텁게 하기 때문이다.

지역혁신에서 여러 부문을 포괄하고 있는 사회적 자본은 학문적 특성이나 구성 요소가 다양하여 역할의 복합성을 띨 수밖에 없고, 혁신과정에서 긍정적인 기여와 함께 부정적인 면도 있을 수 있다. 긍정적인 면은 수준 높은 지역혁신 주체들 간 네트워킹을 촉진하고, 거래 비용을 줄여줌으로써 지역 혁신활동에 기여한다는 점이다. 이것은 신뢰를 구축하고, 자율의 창의적 클러스터 발전에 중요한 역할을 담당한다. 부정적인 면은 긍적적 요인들이 오히려 지역의 혁신과정이나 창조적 활동에 방해가 될 수 있다는 의견이다. 결과적으로 외부와의 새로운 정보나 기술유입에 대해 수동적, 폐쇄적으로 움직일 수 있다는 것이다. 하지만 구성원 간 연대와 공유와 상생은 전통적 마을의 특성에 동질적, 자연적, 교량적 역할을 할 수 있는 필연적 과정이므로 장기적으로 수평적 연대와 연합의 결과를 가져올 수 있다.

사회적 자본의 기본 테마는 신뢰이지만 우리는 그동안 신뢰의 부재로 인한 사회적 비용지출이 너무 많았다. 정부의 불신, 가치도 없는 정쟁政爭, 노사갈등, 대립의 이면에는 '신뢰의 부재'가 존재한다. GDP의 20%에 육박하는 사회갈등 해소 비용이 아깝다. 신뢰는 기업 경영에서도 물적, 인적 자원에 이어 제3의 자본으로 취급된다. 국가나 기업이 신뢰를 구축하여 국민과 소비자들에게 인정받는 데는 꽤 오랜 시간과 노력이 들지만 무너지는 것은 한순간이다. 그렇기 때문에 신뢰는 생산성과 경제 성장에 밀접한 영향을 끼친다. 국가부도 사태, 기업경영의 위기도 결국은 신뢰의 상실로부터 파생된 결과이다. 따라서 신뢰구축을 위해서는 단기적인 처방보다는 장기적인 안목을 갖고 쌓아 나가야 한다. 유감스럽게도 우리의 사회적 자본은 선진국에 비해 한참 낮게 평가된다. 법의 준수, 법원과 검찰, 경찰 등 법 집행 기관의 투명성과 공정성, 모든 종류에 걸친 계약의 보호, 인간의 존엄과 권리보장 등은 사회를 지탱해주는 토대인데 신뢰를 기반으로 한다. 정부와 사회 지도층의 '공적 신뢰'가 최우선의 도덕률이다. 지도층에 대한 신뢰가 사회 전반적인 신뢰 수준에 엄청난 영향을 준다. 그래서 공무원이나 지도층의 청렴도를 사회 전반적인 신뢰 수준의 판단 근거로 삼는 것이다.

사회적 자본은 경쟁력 있는 네트워크를 통해 수준 높은 지식정보와 원격통신, 인프라 네트워크의 접근성을 용이하게 함으로써 지역과 기업의 규모의 경제를 실현한다. 물류, 마케팅, 판매 정책을 위한 적절한 채널을 제공하기 때문에 기업의 지속성을 담보하고 불확실성을 감소시킬 수 있다. 다만, 자칫하면 내부의 결속을 강화하여 끼리끼리의 문화를 만들어 외부의 정보 등을 놓칠 수 있는 집단사고의 우려도 존재한다. 따라서 지식기반경제의 혁신과 경쟁력 확보과정에서 경쟁력을 갖추기 위해서는 이질적 결합과 구조라고 하더라도 민관산학의 거버넌스 체계를 구축하여 개인적인 관계성은 축소하는 등 부정적 외부성을 최소화해야 한다. 사회적 자본은 혁신역량과 혁신체계의 원천이나 틀로서 강조되고, 로컬 클러스터 또는 혁신환경 관련 연구로 진화하고 있다. 혁신주체들이 상호 유기적 연계 관계를 맺고 상호 협력과 경쟁, 촉매작용을 가능하도록 하여 생산성을 제고하고 핵심적인 지식기반 경제에 기여할 것으로 보인다. 따라서 사회적 자본의 역할을 제대로 포착하기 위해서는 복합적, 다면적 성격의 사회적 자본의 개념을 이해하여 소기의 목적을 달성할 수 있도록 해야 한다.

아메리칸 드림은 미국의 이상이고 선망의 대상이다. 경제 성장, 개인의 부, 독립을 중시하고 애국주의에 집착하지만 자수성가의 신화가 물질만능주의나 한탕주의, 이기주의로 변질되어 공동체를 파괴했다. '유러피안 드림'은 지속 가능한 개발, 삶의 질, 세계주의적 색채가 강한 상호의존 관계에 초점을 맞춘다. 유럽인들은 더 많은 공동체에 소속될수록 충만하고 의미 있는 삶을 살 수 있으며 선택권이 넓어진다고 생각한다. 상호관계에서 포괄성이 생겨나고 안전성이 보장된다는 것이다. 가난은 개인의 문제가 아니라 사회구조적으로 문제가 있기 때문에 발생한다고 생각한다. '유러피안 드림이 우리 시대의 새로운 비전'이라고 생각하고, 경제적인 자유가 평등을 보장해 주지 않는다고 생각한 국가 지도자도 있었다. 공동체는 스스로 자유로우면서도 다른 사람도 자유롭게 하는 심성을 교환함으로써 형성되고 유지되며, 이상적인 상태를 유지할 수 있다.

정리하면, 사회적 자본이란 신뢰와 연결망, 사회규범의 세 가지 개념을 핵심으로 하는 공동체에 내재된 자원을 말한다. 이를 측정하는 데는 두 가지 흐름이 있는데, 하나는 시민 사회의 활성화나 시민 참여 활동, 범죄율이나 이혼율과 같은 통계, 혹은 실험에서의 신뢰와 협동 행위를 중심으로 측정하는 것이고, 다른 하나는 설문 문항 등으로 태도에 관한 조사를 실시하여 측정한다. 하지만 그 어느 것도 만족할 만한 지표가 되지 못하는 것은 사실이다. 일부에서는 '자본은 개인이 소유할 수 있어야 하는데, 사회적 자본은 소유할 수 없기 때문에 자본이라는 말이 적합하지 않다.'고 주장하기도 한다(Bowles and Gintis, 2000). 어쩌면 먼 미래에는 자본이 없는 사회가 가능할지도 모른다. 수평적 연대와 연합의 관계망으로 살아갈 수 있음을 상상해야 한다.

선진 대한민국의 조건, '복지국가'

영국의 '베버리지 보고서'(1942)는 종전 이후의 국가재건 사회보장제도 프로그램으로 개인의 통제 밖에 있는 빈곤을 인식한 영국의 복지국가 청사진이다. 영국은 19세기 중반까지 경제적 자유방임주의였고, 사회적으로는 근면, 절약, 절제를 중시하는 개인주의 정신과 자조의 원칙이 지배적인 사회였다. 빈곤은 도덕적으로 개인의 문제이기 때문에 스스로 해결해야 할 과제이지 국가가 개인 삶에 직접 개입해야 할 영역이 아니라고 생각했다. 그러나 공항으로 인한 실업자의 증가와 시위 등의 소요는 공동체에 대한 새로운 인식을 유발시켰다. 다른 한편으로는 1867년 개혁법에 의해 노동자들이 참정권을 가지게 되면서 그들의 목소리가 높아졌고, 그들의 정치적 입장을 대변하는 세력이 생기기 시작했다. 불황을 겪으면서 그동안 수용해 왔던 자유주의 규범에 회의를 품고, 노동운동 방식을 비판하기도 했다. 사회적으로는 파업, 폐업 등의 노동쟁의와 실업과 빈곤문제에 직면하면서 기왕의 빈민 구제책의 한계를 인식하면서 국민 전체의 복지를 향상시킬 수 있는 대책을 강구하기 시작했다.

이러한 시대적 요청으로 1905년 구빈법에 대한 왕립조사위원회를 설치하게 되었고 1909년 보고서를 제출하게 된다. 그 결과 1906년과 1914년 사이에 여러 가지 사회보장제도들이 도입되었다. 특히, 1908년의 노령연금법과 1911년의 국민보험법이 채택되어 시행되었다. 혼자 힘으로 생활하는 고소득자와 중산층의 직장 생활자들로 이루어진 상층부, 다양한 보험 혜택을 받는 숙련 혹은 조직 노동자 집단으로 이루어진 중산층, 구호받는 생활비로 겨우 연명하는 최저임금 노동자와 피보험 노동자의 가족들이나 미망인들로 구성된 하층의 구조가 자리 잡게 되었다. 제2차 세계대전은 사회연대 의식을 고취시키면서도 사회개혁에 대한 욕구를 검증하는 계기가 되어 국가적 통제를 가능하게 했다. 반면, 국민들은 경제적 권리를 보장받으면서 계급을 초월한 사회보험 등 국민생활보장의 보편적 복지제도의 필요성을 정부에 건의하기도 하였다. 당파에 관계없이 복지국가로의 사회개혁을 위한 '베버리지위원회'(1941년 6월 창설)가 설립되고, 복지제도 개선을 책임지게 되면서 이념적 갈등을 자제하고 사회적 연대를 강조하는 등 호의적인 분위기로 국민의 요구에 화답했다.

런던경제학교 학장의 경험을 가진 실업보험 전문가 베버리지가 의장으로 천거되었고 정부 각 부처 소속 고위 관료들이 위원으로 참여했다. 베버리지위원회는 왕립노동자보상위원회의 업무를 계승하고, 의료보험 정비작업을 마무리하였으나 전쟁 발발 직후부터 점차 거세진 가족수당 요구를 회피하기 위한 한 방편이기도 했다. 그러나 베버리지는 기존의 모든 사회복지제도를 다룬 전후 재건계획의 청사진을 1942년 9월 완성하게 된다. 그러나 일부 각료들이 보고서가 지나치게 혁명적이라는 이유로 반대했기 때문에 1942년 12월로 연기되었다. 베버리지 보고서의 사회보장 계획은 소득 중단에 대비한 사회보험과 출생·혼인·사망 등으로 발생하는 비용을 정부가 보전한다는 계획이었다. 국민결핍을 극복하기 위한 매우 신중하고 치밀한 계획으로 다음과 같이 사회보장 6개 기본원칙과 대상을 담고 있다.

첫째, 보편성universality의 원리이다. 이것은 자국의 모든 성인에게 수입중단을 초래하는 모든 종류의 사회적인 위험에 대하여 보험으로 대처한다는 원리이다. 사회적 위험이란 질병, 실업, 노동력 상실, 노령, 사망, 출산 등이었고, 보험적용의 범위를 중산계급과 상류계급까지 확대하였다.

둘째, 보험insurance의 원리이다. 모든 보험급여는 피용자와 고용자, 국가에 의해 갹출되는 보험료 징수에 의한 기금에서 지급된다.

셋째, 정액갹출, 정액급여flat rate of contribution, flat rate of benefit의 원리이다. 가난하든 부자든 동일한 보장을 위해 동일한 기여를 해야 하며, 부자는 납세자로서 국가 재정에 더 많은 기여를 한다. 베버리지 계획의 기여와 급부 연계는 노동의욕을 유지하기 위한 것이라기보다는 오히려 개인과 정부의 책임감을 유지하기 위한 의도인 것으로 보인다.

넷째, 국민적 최저 급부 원리flat rate of subsistence benefit이다. 사회보험의 목표는 생존에 필요한 최저한의 소득 보장이며, 급부수준의 결정은 과거 소득이나 기여가 아니라, 급부를 제공하는 사회적 목적의 생존 수준 보장이다.

다섯째, 분류의 원리classification이다. 사회보장 대상 인구를 취업연령 중심으로 네 가지, 미취업 연령을 기준으로 두 가지로 분류하였다. 고용근로자, 자영업자, 전업주부, 임시직·시간제 근로자로 구분하고, 비취업 연령 기준으로는 미성년자, 노인으로 분류하였다.

여섯째, 행정책임 통합의 원리이다. 사회보장을 관장하는 중앙부서하의 각 지역에 사무소를 설치하여 사회보험을 운영하며, 그것으로 당시까지 사회보험을 운영하여온 보험조합을 대신하였다.

베버리지는 사회보험이 성공하기 위해서는 3가지 기본 전제조건이 필요하다고 생각했다. ① 가족수당family allowances, ② 포괄적인 보건서비스comprehensive health service, ③ 완전고용full employment이다. 가족수당은 가족의 규모와 소득을 고려하여 결정되고, 보건서비스는 치료만이 아니라 예방적이다. 실업은 실업수당의 비용과 그에 따른 임금 손실을 고려하면 가장 낭비적인 문제이므로 완전 고용은 매우 중요한 전제조건이었는데, 이와 같은 베버리지의 제안은 전쟁 직후 입법화되었다. 1946년의 국민보험법과 국민보건서비스법, 1945년의 가족수당법과 산업재해보험법, 1948년의 국민부조법이다. 1959년의 국민보험법에서는 국민적 최저선을 보충하기 위해 2단계 임금연계 연금을 도입했다. 만인의 평등주의 기초 위에 부과된 급부의 차별은 다양한 이념적 입장을 결합한 타협적 해결책이었고, 자유주의 이념과 국민적 최저선 이념의 존재까지도 반영했다. 하지만 영국의 복지국가 꿈은 1979년 대처 수상과 미국의 레이건의 신자유주의 정책으로 물거품이 되고, 스웨덴 등의 북유럽 국가들에게 자리를 내주게 된다.

우리나라의 경제규모 대비 사회복지 지출비율은 GDP 대비 9.8%이다. OECD 경제협력개발기구 평균 22.1%의 절반에도 미치지 못한다. OECD 회원국과의 국제비교가 가능하도록 정의된 '공공사회복지지출'은 노령·유족·근로 무능력·보건·가족·적극적 노동시장·실업·주거·기타 사회정책 등 9개 정책영역에서 지출된 사회보험과 일반재정을 통틀어 일컫는 개념이다. 사회보험에는 국민연금 등 4대 공적연금과 건강보험·노인장기요양보험·고용보험·산재보험 등이 포함되고, 일반재정 지원사업으로는 기초생활급여·의료급여·긴급복지·기초노령연금·장애인연금·장애수당·영유아지원·직접일자리사업·직업훈련·보훈급여 등이 있다. 반면, 공공의 사회복지비율을 높이는 것도 정부로서는 부담이 된다. 현행제도만 유지해도 고령화 등의 영향으로 2060년에는 GDP 대비 공공사회복지 지출비율이 현재의 3배를 넘어 29%에 이르기 때문이다. 사회보험 부문의 GDP 대비 비중이 현재 6.3%에서 2060년에는 23.3%로 4배 가까이 커지는데, 이것은

사회복지 지출 전망
GDP 대비 사회복지 지출 비중

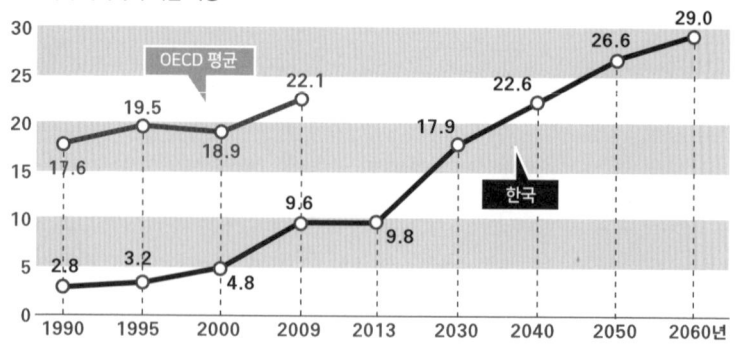

자료: 보건복지부

고령화와 연금제도 등으로 국민연금이나 건강보험의 지급대상과 지급액 등이 불어나기 때문이다.

복지국가는 '국가가 주도하는 복지 활동, 즉 사회보장정책을 통해 국민의 인간다운 생활수준을 보장하는 국가'이다. 국가가 국민의 복지를 보장하는 각종 제도와 서비스를 제공함으로써 자본주의체제가 지니는 과도한 불평등을 완화하고, 노동자 삶의 질을 보장하며, 자본가계급이 안정된 투자와 이윤 획득을 지속할 수 있게 한다. 국가가 주도하는 복지 활동을 사회 보장이라고 하고, 사회보장제도를 통해 국민의 생활수준을 보장하는 국가를 복지국가라고 한다. 복지국가에서는 국민의 복지 향상이 국가의 최우선 목표로 설정되어 주요정책으로 복지를 지원한다. 하지만 복지국가는 모든 국민에게 동일한 영향을 미치지는 않는다. 어떤 계층에게

는 세금을 통해 자원을 갹출하고, 어떤 계층에게는 복지제도를 통해 자원을 지원하는 형식으로 구체적이면서도 세밀한 방식으로 국민의 삶에 개입한다. 복지국가라는 용어를 보편적으로 인식하게 된 것은 제2차 세계대전이 끝난 후, 영국에서 '요람에서 무덤까지' 국민 생활을 보장하는 국가 형태가 등장하면서부터이다. 복지국가에서는 아동의 건강한 성장을 위한 아동수당제도, 정부의 적극적인 노동시장정책에 따른 완전고용, 모든 국민 생활이 수준 이하로 떨어지지 않도록 각종 사회보험의 급여가 주어진다. 복지국가가 등장함으로써 국가의 규모와 역할이 늘어나 복지 제공이 국가의 중심기능으로 전환·정착되었다. 국가기능의 중심이 국가방위에서 경제개발, 다시 경제개발에서 사회 보장으로 이동한 것이다.

복지국가에서 복지의 혜택은 국가에 의한 국민의 시혜가 아니라, 국민의 권리이다. 국가와 국민 사이의 권리와 의무가 쌍방향 관계로 전환된 형태이며, 이 단계에서의 사회복지는 법률에 의해 제도화되고 국가에 의해 실현된다. 정치체제 측면에서 의회민주주의 국가이고, 이념의 측면에서는 중도좌파 '사민주의'[10]와 가깝다. 모든 국민에게 동일한 방식이 아니라 개별적 국민 생활에 개입하는 특징을 가진다.

스웨덴은 1930년대 지구상에서 맨 처음 복지국가체제가 구축된 국가이다. 그들이 꿈꾸고 실천했던 복지국가는 단순한 빈곤 해소가 아니라 '과도한 불평등이 없는 사회'이다. 구체적으로는 불황기에 실업자를 줄이기 위해 일자리를 만드는 적극적인 노동시장정책을 시행했다. 자유주의 시장 정책체제에 대한 믿음이 강했던 20세기 초반, 노동시장에 대한 공공의 개입은 매우 이례적인 것이었다. 사회서비스의 민영화과정에서 위탁업체로서의 '사회적 기업'이 활성화되는 계기가 되었다. 민간사회는 강한 지역

---

10 사회민주주의. 자본주의 경제체제를 혁명 등으로 급격하게 무너뜨리지 않고 점진적으로 사회주의를 추구하는 과정에서 사회정의를 추구하며, 간접 민주제를 위한 정책과 소득 재분배 정책, 그리고 사회 전반의 이익과 복지 정책을 포함하는 정치적, 사회적, 경제적 이념이다.

사회 '코뮌(공동체)'에 기초하여 서비스의 의뢰자가 되기도 하고, 서비스의 제공자가 되기도 했다. 스웨덴과 북유럽 복지국가들은 민주적인 소통과 토론·창조적인 협력 문화가 개인과 공동체를 발전시키고, 질 높은 삶을 보장함에 따라 제도와 문화와 환경이 경쟁력의 원천임을 세계에 증명하기도 했다.

스웨덴은 우리나라 국토면적의 4배에 달하고, 국민은 5분의 1인 1,000만 명이 채 되지 않는다. 역사적으로 지독한 폭정이나 억압이 없었지만 19세기에는 유럽국가 중 최빈국 가운데 하나였다. 1870년대 이후 산업화 과정에서 빠르게 성장하였는데 정치조직과 노동조합이 강하게 결합되어 있어 노조조직률은 약 85%로 세계 최고이다. 복지국가의 황금기였던 1950~60년대 이루어진 성과는 사회민주주의적 가치에 입각한 재분배정책의 산물인데 사회복지가 증진되자 개인의 구매력도 증대되었다. 1980년대 세계화의 물결이 몰아쳐 시장원리의 도입, 민영화 등의 변화를 거쳤으나 보편주의적 원리를 훼손하지 않으면서 사회복지 정책을 꾸준히 실현하고 있다. 스웨덴의 모델은 '고도의 공공정책에 기반한 복지사회'이고, 이념은 "국가는 모든 국민을 위한 좋은 집이 되어야 한다."라는 것이다. '국민의 집'은 "분배의 형평성이 실현되는 경제정책과 노동정책, 평등과 연대와 사회통합에 기초한 사회복지 정책, 정책을 결정하고 집행하는 과정에서의 민주주의를 강조한다."[11] 스웨덴의 국가 지도자들은 국민의 일상적인 삶의 조건을 개선하기 위해 국민 삶의 구석구석에 보편주의와 평등주의 정신을 구현하고자 노력한다. 진정한 인간애를 느낄 수 있는 '정치', 교육의 기회를 제공함으로써 자립할 수 있도록 해주는 '사회복지', 국민의 삶이 풍요로워지는 것을 기쁘게 생각하는 지도자의 자세가 스웨덴 문화에 깃들어 있다. 모두에게 동등한 자유와 권리를 보편적으로 부여해야 한다는 신념이 공유되는 문화이자 규범인 국가이다. '모든 공공의 권력

---

11 신필균, 『복지국가 스웨덴』(2011, 후마니타스).

은 국민으로부터 나온다.'라는 민주주의 원칙에 입각하며, 국민에 의한 국민의 사회는 '아는 게 힘'이라는 교육철학에서 시작되었다.

　1996년에는 국가경영의 아젠다를 인간과 생태계가 공존하는 지속가능한 발전국가로의 비전으로 확대해 나갔다. 미국 등지에서는 극소수의 부유층에 정치권력과 경제권력이 집중되어 가고 있을 때 스웨덴은 이를 법률이 아니라 사회적 균형으로 해결했다. 평등과 사회정의를 기본으로 한 '사회적 가치', 이를 경제적으로 실현가능하도록 '사회적 연대', '행정집행의 효율성'을 제고했다. 이러한 스웨덴 국가경영의 모델은 권력균형을 위한 제도적 장치, 자율적 시장 메커니즘과 국가 개입의 적절한 조화를 통해 사회주의적 기본가치를 실현해 왔다. 다시 말하면, "기능사회주의로써 국가가 생산과 이윤창출의 주체가 되는 방식(국유화)을 추구하지 않고, 시장과 국가 기능을 병행해서 실용적으로 풀어간다는 혼합수정자본주의적 방식을 채택"했다.[12] 스웨덴의 복지국가로의 발전은 완전고용정책을 따른다. 노동시장에서 임금의 격차를 줄여나가는 연대임금정책, 재해와 질병, 정년퇴임 등 인생의 위기 상황에 정상적인 생활이 가능하도록 했다. 극단[13]적인 불평등은 제거하되 적당한 불평등은 존재하는 상태가 영국 같은 복지국가가 추구하는 목표라는 점에서 차이가 있다. 스웨덴은 보편적 사회보장정책으로 발전하여 오늘날 세계에서 가장 발전된 복지국가로 추앙받고 있는 반면에, 국민들은 수입의 절반 가까이를 세금으로 낸다. 조세와 사회보험이 합쳐진 국민부담률이 국내총생산의 47.1%(2009년 기준)로 세계 2위이며, 고용주는 근로자에게 지급하는 임금의 30% 이상을 사회보장세로 낸다.

　스웨덴은 평범함을 좋아하여 공식적인 자리에서도 사장, 교수, 박사 등

12　신필균, 『복지국가스웨덴』(2011, 후마니타스).
13　스웨덴의 복지국가정책은 케인스의 경제정책 '일반 이론'이 세상에 나오기 4년 전부터 실시되고 있었다.

으로 부르지 않으며 별다른 존칭도 사용하지 않는 등 우리 문화와 좀 다르다. 관료사회의 권위자에 대한 민중의 비판적 목소리가 적극적으로 반영되는 문화이기 때문에 지도층도 겸손하게 행동하고 사회의 모든 계층이 책임을 나눠 갖는 문화적 합의가 있다. 우리는 경쟁에서의 승리가 좋은 학교, 좋은 직업, 좋은 보수, 훌륭한 명예로 이어진다고 생각하지만, 스웨덴에서는 승부에 집착하지 않고, 삶의 자기발전과 행복에 중점을 두고 집단과 공동체에 대해 강한 책임감을 갖는다. 자연과 환경에 대해서는 동등한 권리를 갖는다고 생각하면서도 이에 대한 시민의 보호 의무는 게을리 하지 않는다. 스웨덴에는 유난히 합창단이 많은데 '음악을 위해서'가 아니라 '함께하기 위해서'라고 할 만큼 사회적 공감대를 이끌어 내는 힘이 강하다. 사회 제도적으로 자유의 신성함을 보장하지만 특정계층의 이익을 독점하는 것은 절대 용납하지 않는다.

사회, 경제, 문화의 글로벌화가 급속히 진행하고 있는 지금, 기술발전으로 인한 인터넷, SNS 등의 변화는 노동시장을 끊임없이 축소시키며, 생산 과정의 기계화는 일자리를 계속 줄이고 있다. 정부는 엘리트 양성 교육(소득불균형 심화)이 아니라 사회 불안정 계층을 감소시키고, 가치사슬을 올릴 수 있는 창의적 방안을 모색하여 공공재(교육, 건강, 보안)에 대한 보편화를 실시해야 한다. '사회복지'는 단순히 '행복한 삶'이라는 의미를 뛰어넘어 행복한 삶을 영위할 수 없는 불우한 생활자를 지원하고, 도움을 제공하는 사회적 활동이다. 개인과 사회 전체의 복지를 증진시키는 모든 형태의 사회적 노력이다. 국민 중 특수계층의 욕구를 충족시키려는 정책, 급여, 프로그램, 서비스 등 공공부조[14] 등을 적극적으로 실시해야 한다. 사회복지는 사회기능의 정상적 공급원으로서의 가치나 시장경제가 제 기능을 원활히 수행하지 못할 경우에 파생되는 문제를 해소하려고 입법을 통해 보장하

---

14 생활능력이 없는 사람의 최저한의 생활 보호를 위해 마련된 제도로, 우리나라의 국민기초생활보장 제도가 대표적인 예다.

는 사회보장제도이다. 사회과학이 사회현상에 관심을 갖고, 행동과학이 인간에게 초점을 두고 있다면, 사회복지는 이들의 상호작용을 강조한다. 복지선진국들은 대부분 선택적 복지가 아니라, 모든 국민을 복지대상으로 여기는 '보편적 복지'로 발전했다. 국가는 인적자원의 보존과 보호, 개선의 사회적 서비스를 제공하고, 위기상황에서 국민 기초생활 보장의 사회안전망 정책을 수행한다. '사회복지'는 인간의 존엄성을 존중하고 자원에 대한 충분한 기회를 부여한다. 비밀보장의 원칙을 따르고, 사회정의를 지킨다.

우리가 꾸는 새로운 꿈은 부의 축적이 아니라 삶의 질이며, 보편적 인권과 자원의 공평한 권리이다. 양극화의 본거지인 삶의 기초현장 '시장'을 사회적경제의 가치가 통용되는 가치로 재구성·운용하여야 한다. '사회적경제'는 부를 재분배받는 방식이 아니라, 사회적 약자들이 직접 생산에 참여하는 과정 그 자체를 통해 사회적 돌봄을 제공받아 욕구를 충족한다. '시장'을 공동체 복원과 행복을 키우는 공간으로 변화·전환시키는 방안을 찾기 때문에 성공한 협동조합 경제방식과 기업이 공동체 곳곳에서 복제·전이·확산되고 있다.

3. 사회적경제와 거버넌스

2006년 베네수엘라 대통령 차베스는 도시에서 200~400가구, 농촌에서는 20가구가 모여 결성하는 '주민자치회'를 설치하여 공동사업을 전개하도록 했다. 주민자치회는 동네의 문제를 스스로 해결하기 위해 주민들을 모아 무엇이 필요한가를 결정하고, 각각의 프로젝트에는 얼마만큼의 예산이 필요한가 문서를 만들어 정부 부처에 제출했다. 그러면 정부는 주민들과 상의하여 프로젝트를 결정하고 예산을 주민자치회에 입금했다. 이것이 '참여민주주의' 또는 '참여예산주의'의 표본이다. 이 과정에서 시민들은 능력을 크게 향상시켰고, 사회의 주인 의식을 갖게 되었다.

김수행, 『마르크스가 예측한 미래사회』, 한울 2012년

거버넌스의 등장과 이해

사회학자 쿠이만은 우리가 살아야 할 새 세기의 특징을 역동성Dynamics, 복잡성Complexity, 다양성Diversity이라고 말했다. 문제는 이와 같이 역동적이고, 복잡하며, 다양한 정치사회를 어떻게 민주적이고 효과적으로 관리할 것인가이다. 낡은 식의 옛 정부(The Old-Style "Government") 방식의 운영을 새로운 '거버넌스 체계'로 어떻게 변화, 개혁시킬 것인가가 미래사회 운영의 화두가 되어 가고 있다. 유엔개발계획(UNDP, United Nations Development Program 개도국에 대한 유엔의 개발 원조계획을 조정하기 위한 기관)은 "거버넌스란 한 국가의 여러 업무를 관리하기 위하여 정치, 경제, 행정적 권한을 행사하는 것을 뜻한다. 거버넌스는 또한 시민과 여러 집단이 자신의 이해관계를 밝히고 그들의 권리를 행사하며, 의무를 다하고, 그들 간의 견해 차이를 조정할 수 있는 복잡한 기구와 과정 등의 제도로서 구성된다"(1997)고 했다.

거버넌스는 국가State와 관련된 것이지만, 민간기업Private Sector과 시민사회Civil Society 조직을 포함하는 국가를 초월한 영역이다. 탈脫 근대화 행정Post

Modern Administration을 연구하는 학자들은 법규에 의한 접근Prescriptive Approach과 법규 등에 제한이 없는 접근Descriptive Approach으로 구분한다. 법은 공동선The Common Good을 위하여 그 사회의 구성원과 함께 노력하는 과정에서 행사되는 합법적인 권력을 뜻하고, 후자의 개념은 사회가 유일하게 국가(정부)에 의해서만 다스려지는 것이 아니라는 데에 기초한다. 그러나 거버넌스는 민간기업과 시민사회를 받아들여 국가(정부)를 초월한다. 지속 가능한 인간 개발Sustainable Human Development을 위해서는 서로를 필요로 하면서도 불가분의 관계에 있기 때문에 서로에게 도움이 되는 정치적 법률적 환경을 창출한다. 민간기업은 직장과 취업기회를 생성하고, 시민 사회는 정치와 사회와의 상호작용을 촉진한다. 이와 같은 상황은 중앙정부뿐만 아니라 지방자치단체에도 적용할 수 있다. 예를 들면, UN과 같은 국제기구, 국제 민간단체, 국제적인 시민연대이다. 대부분 일반시민에게 생소한 것은 거버넌스는 이미 정치권 등에서는 널리 알려져 있으며, 선거에 의해서 선출되거나 임명된 소수의 엘리트에 의해서 지배되고 있기 때문이다. 국가 경영에서의 공적자금 부실과 부패는 정부의 책임이고, 관리체제 전반에 걸친 정책적 타당성에 대한 검증이 필요한데, 사후약방문보다 사전에 그리고 과정에 투명성을 확보할 수 있는 새로운 규범과 문화와 체계가 필요하다는 인식이다. 지금처럼 국가와 사회가 중심을 잃고 위기를 느끼기 전에 국정관리Governance를 하자는 것이다.

과거의 국가 중심 통치체제에서는 정치와 행정을 분리하고 수직적인 관리체제와 기능적 전문화를 통합·운영·관리해 왔다. 그러나 사회의 복잡성과 다양성으로 인한 혼돈과 분열과 갈등은 국가경영을 어렵게 했을 뿐만 아니라, 정부 스스로 이를 조장하여 통치 방향 감각을 잃기도 했다. 이러한 방식의 통치와 관리체제로는 한계에 봉착했고, 복잡하고 다양한 문제해결의 실마리가 풀리지 않자 국가경영에 새로운 조정coordination과 조절regulation을 위한 구제적인 형태와 조직과 제도가 요구된 것이다. 특히, 21세기에 국민들의 권력은 협의를 거쳐 상향으로 이동하는 국가화 경향을 보이고, 경제체제는 대규모 산업사회에서 탈산업사회로 이동하고 있는 중이다. 이러한 문화와 생활양식의 변화는 국가권력 중심의 권위적 통치체제를 더 이상 인정하지 않으며, 그 효력이 미칠 수도 없었다. 그러자 국내외 학자들에 의해 거버넌스가 다양하게 논의되고 언급되었다. 쿠이만은 사회적 복잡성과 다양성의 증가, 사회변화 속도의 가속화로 인하여 정부와 사회의 관계에서 새로운 상호작용의 패턴이 나타남으로써 국민국가 중심의 통치체계가 약화되고 국가운영방식의 패러다임이 변화되었고, 이로 말미암아 거버넌스가 등장하게 되었다고 본다(Kooiman, 1993). 피에르와 피터스는 공공정책에 참여하려는 민간부분의 욕구증대와 집단의 제도화된 참여 증대, 후기관료주의 국가로의 이동과 신공공관리론의 대두를 주장한다(Pierre & Peters, 2000). 우리나라에서는 전통적인 정부기능의 한계를 극복하기 위해 시민사회 중심의 역할과 기능을 수용하고, 시민사회와 정부를 수평적 상호관계로 만들고자 하는 시대적 요구에 의해서 거버넌스가 등장했다고 주장한다. 또, 신자유주의 세계화로 인한 시장과 정부 실패에 대한 새로운 관리기법과 변화의 필요성을 거버넌스의 등장 요인으로 제시하고 있다. 1980년대 미국의 레이건 대통령과 영국의 대처 수상 집권으로 나타난 시장경제의 신자유주의 정책과 사회문제, 급격한 경기 침체와 재정위기에서의 국가 정책 실패와 시장 통제력의 약화에 의한 주권 상실, 그에 따른 조직화된 다양한 행위자들의 출현과 정책결정의 분권화가 거버넌스 체계를 요구했다.

거버넌스는 정책 입안에 있어서 정당성과 집행의 순응성을 높이고, 사회적 자본을 생성하고 조합하며, 과제를 실현시키는 촉매제 역할을 한다. 민관협력은 사회적 합의를 토대로 공익적 가치를 창출하기 위한 새로운 제도를 만들어 나가는 창조적 노력이다. 기존의 (지방)정부, 공익단체 중심의 제도 영역에 제한되어 있던 '공공영역'을 시민사회로 확장시키고, 시민사회 내에 새로운 '공공영역'을 창출하여 사회적 자본을 충만하도록 한다. 신뢰와 사회규범, 네트워크를 활용하고, 정부와 기업, 시민사회의 다양한 주체들이 참여하여 공통의 과제를 함께 해결해 내는 협력체제가 필요하다. 국가체제의 형성과 정책과 제도, 가치체계와 생활양식 등 전반적인 질적 전환이 요구된다.

사회문제가 복잡하게 얽히고 증가하면서 구성원들은 문제해결에 필요한 지식, 정보, 자원을 공유하게 되면서 정부와 시민사회 사이의 경계와 책임이 모호해졌다. 상호의존적 행위주체들이 전략적인 선택을 하면서 자치적 네트워크가 문제를 효율적으로 해결할 수 있다는 공감대가 형성된 것이다. 민주적 시민정신과 공공성의 시민기업가 정신에 의한 복합적 진화를 통해 체계가 구축되면서 성공적으로 문제를 해결할 수 있었다. 국가중심의 전통적 관리 능력과 책임의 한계는 새로운 환경의 거버넌스 체계의 가능성을 열었고, 한계를 극복할 수 있는 원동력이 되었다. 다양한 행위자들의 공적조직과 공공성의 권력은 자원을 효율적으로 생성, 공유, 공정하게 배분하였으며, 인류의 복지를 증진할 수 있는 다중심적이고 안정적인 정치, 사회구조를 유지하는 조건이라는 사실을 깨닫게 된 것이다.

민주화와 글로벌화는 뉴거버넌스New Governance로의 행정 환경 변화를 요구한다. 공공서비스 제공 주체가 정부에서 시장으로, 시장에서 시민사회 네트워크로 변화하는 것이다. 정부가 추진하는 열린 행정의 혁신 계획도 거버넌스 개념이 도입되어 정책의 전 과정에 일반 시민의 참여를 강조한다. 주민참여를 통한 열린 행정의 혁신은 신뢰를 기반으로 하는 정부와 주민 간 협력이 전제가 된다. 정부가 지역주민을 동등한 정책파트너로 인정하는 것이고, 공동체적 가치를 창출하기 위한 수순으로 최종적으로는 사회적 자본의 충만을 위한 선순환 구축이다.

매사추세츠공과대학교MIT 경영대학원 석좌교수 스콧 스톤은 "한국은 이미 경제 성장을 충분히 이뤘기 때문에 위로부터의 정책은 적절치 않다"

면서 모방경제에서 혁신기반 경제로 이행하는 마지막 단계라고 밝혔다. 경제 수준으로 볼 때 정부 주도 정책은 적당하지 않다는 지적이다. 이제, 정부와 시민사회의 소통을 강화하여 그들의 에너지가 국가적 역량으로 활용될 수 있도록 해야 한다.

'사회적 기업'은 1970년대 각 유럽국가가 사회서비스 및 고용창출 영역 그리고 복지국가의 재편에 적극적으로 활동하면서 등장했다. 지역사회의 이익을 위한 활동으로 자본보다는 인간에 우선하고, 노동을 고려하는 소득배분이다. 정부와 지자체의 중복된 업무를 이양하여 예산의 효용과 효율을 극대화시키고 시민참여를 활성화하는 방향이자 사회서비스 요구에 대한 정부의 적극적 대응 전략이다. 사회적 기업의 활성화를 위해서는 정부와 비정부 부문, 기업, 시민사회단체 통합라인의 구축이 필요했다. 공공부문이 신뢰를 찾기 위해 정부운영의 틀을 전면적으로 재구축해야 했는데 정부나 공무원들이 가진 정보와 권한을 내려놓거나, 사회적경제의 실천을 위해 지역과 마을과 시민에게 필요와 요구의 공적영역을 제공하였다. 국민과 시민을 소비자로 인식한 것이 아니라 정책과 규범의 공급자로 만들어 국가 통제 시스템에 적용한다. 문제는 사회와 지역 내에 존재하는 사회적 자본을 어떻게 생성하고 형성시켜 발전시키고 활용할 것인가에 대한 합의이다. 사회적자본이 충만하지 않은 곳에서는 체계를 구축하지 못하고, 민주적 거버넌스를 위한 주체 간의 협력 또한 이루어지기 어렵기 때문이다.

사회적경제가 추구하는 민관협치는 이해 당사자가 시장 체계(계통적으로 결합된 조직)와 체제(조직의 양식과 상태)에 참여하여 과정과 결과를 조정·조율하는 것이다. 자원, 정보, 지식에 대한 국가 정책적 공공재를 협조체계로 구축하고 '민주화'시켜 시민을 행정이라는 시혜작용의 대상이 아니라 고객으로 인식하는 것이다. 위로부터 만들어진 정책과 제도가 사회를 변화시키고 구현시키는 것이 아니라, 누구와 어떻게 제도를 만들 것인지 처음부터 함께해야 좋은 정책이 만들어지고 실현된다는 생각이다. 거버넌스 체제는 사회 발전을 위해 시장경제와 사회적경제, 공공부문, 민간생활환경이 조화를 이룬 친환경적, 친자연적 경제발전의 기반이다. 지속·성장·행복이 가능하고 조화를 이룰 수 있는 사회관계망과 안전망 구축을 목표로 한다. 이를 위해서는 각 주체들의 이론적·실천적·선험적 정책과 제도, 연대의 다양한 협력이 요구된다. 사회적경제 영역에서는 민관산학 구성과 트러스트, 사회적경제 허브센터를 기초단체별로 건립하여 추진하는 방안이 필요하다. 새 시대를 열어갈 사회·경제발전에 대한 이론, 정책과 제도를 마련하고, 신뢰와 호혜가 가능한 문화, 교육, 훈련, 연대, 공감과 공유, 활용방안의 연구를 통하여 공동협치의 중추적인 역할을 담당하도록 해야 한다.

미국, 뉴욕

1970년대 뉴욕은 슬럼화되어 도시 그 어디에서도 희망의 흔적은 찾아 볼 수 없었다. 시청과 민간은 도시를 새롭게 디자인해야 한다고 생각했고, 그 노력의 결과 '뉴욕'은 30~40년 만에 세계 최고의 명품도시로 탈바꿈할 수 있었다. 예술 도시 프로젝트를 시작으로 문화, 공연, 오페라, 박물관, 도시공원, 패션, 뮤직 등 예술의 전 분야에서 새로운 가치를 창조하기 시작했다. 그 출발은 관공서와 시민이 하나가 되고, 규제와 통제를 관官에서 민民으로 이양시키면서 '뉴욕'을 새로운 도시로 탈바꿈시킬 수 있었다.

수많은 이벤트, 야외 무료 콘서트, 박물관을 무료 개방하고 뉴욕 시장이 행사에 직접 출연진으로 참가하면서 오고 싶고, 가보고 싶은 도시로 만들었다. 관광과 관련된 약 1,000여 개 업체가 매월 1~2회 타운미팅 회의를 하고, 이벤트 행사를 가졌다. 무한 토론이 이루어졌는데 토론에서의 의견들이 취합되면 가능한 한 의견은 정책에 그대로 반영하여 실행했다. 예를 들면, 관광과 관련된 모든 사업체가 참여하여 새로운 제품과 서비스가 창출되면 50% 수준에서 고객에게 제공하고 일정 기간이 지나면 상품화하였다. 식당들은 유명 셰프들을 초대하여 새 상품(음식)을 개발하였다. 관광객들에게 생산과 소비의 관계를 직접 만져보고 체험하게 하는 마케팅 전략을 구사하였다. 남은 것은 실용화였고 개발된 것들은 제품화를 거쳐 상품으로 유통되고 판매되었다.

민관의 협력은 새로운 경제모델을 만들어 내고 곧바로 산업화(레스토랑, IT, 예술, 뮤지컬, 영화, 패션, 공연 예술의 비약적 발전과 일자리 창출, 의상, 디자인, 섬유, 조명, 음향, 관광, 호텔 등의 인프라를 구축)했다. 나아가 뉴욕시 전체를 아이디어 공장으로 만들었다. 아이디어만 있으면 창업은 걱정할 게 없었다. 창업지원비는 물론, 창업 준비에 필요한 대부분의 것들이 지원되었다. 모든 기업과 조직은 매달 1~2회 원탁회의를 하여 아이디어를 창출했다. 도시를 새롭게 디자인하여 이를 정책화하였으며, 도시 브랜드화했다. 발상의 전환과 변화를 계기로 세계 명품도시 '뉴욕'으로 탈바꿈할 수 있었다.

공원과 국공유지의 청소와 치안을 민간이 담당하도록 했다. 그 공간에서 꿈, 희망, 건강, 미래, 편안함, 평온함, 이색체험을 하다 보니 핵심브랜드가 창출되었다. 어린이 공간, 가족 위주의 변화를 모색했고, 예술의 공간화로 예술이 유치되고, 에너지, 첨단산업으로 확장되었다. 나중에는 그 스스로 예술이 되어 문화 예술의 도시 '뉴욕'을 만들었다. 오페라 티켓 수입은 실제로 35%밖에 안 되며, 50%가 기부금으로 충당된다. 나머지는 지자체가 보조해 주었다. 도시 건설에서 이익을 본 기업들이 미래를 위해 창출된 부를 공익활동에 기부하였다. 미술관의 티켓 판매비는 15%밖에 안 되어 기부금과 보조금에 의존하지만 경제 활성화, 명품 도시화에는 엄청난 기여를 했다.

뉴욕시는 민간재단에게 공원을 관리 운영하도록 위탁하였다. 민간재단은 위탁받은 공원을 겨울이라고 쉽게 내버려 두지 않았다. 스케이트장을 만들어 무료로 제공하고 영화 상영과 추억 등을 만들어 주는 공간으로 재탄생시켰다. 시민과 재단은 도시를 만들어 간다는 자신감을 가졌으며 도시는 점점 브랜드화되었다. 뉴욕에는 각 분야·업종의 전문가들이 100여 명 이상씩 존재하며 이들이 새로운 도시를 만들어 낸다. 수요(사람, 예술, 관광)를 창출할 수 있는 도시를 만들고, 새로운 문화를 창조하다 보니 명품도시가 탄생되었다. 그렇게 경제적·사회적·공동체적 가치를 동시에 창출하는 도시가 되면서 새로운 동네 '뉴욕'이 탄생하였다.

"I love NY."이 시작이었다. 도시의 모든 지역은 청소되었고, 새롭게 디자인되었다. 도시 건물의 간판은 창조적인 디자인과 생각으로 넘쳐나고 빛을 발하면서 그 자체로 예술이 되었다. 결국, 뉴욕인들 모두 자부심과 자긍심을 갖게 되었다.

캐나다, 퀘벡

퀘벡 주 협동조합 복합체는 기업체의 재무적 결합 정도가 약한 반면, 자원의 결합 정도는 매우 강한 편이다. 정부의 공식적인 정책 파트너 관계를 통해 협동조합 활동을 개척해 나가고 있다. 이에 비해 이탈리아 에밀리아 로마냐 복합체 협동조합은 정당 계파를 중심으로 조직되어 있다. 국민 경제 전체 수준에서 단일화된 적이 없기 때문에 시민사회 단체를 매개로 자원이 계파별로 분산되어 있다. 스페인 몬드라곤협동조합은 재무적 결합 정도가 지주회사의 형태로 발전한 협동조합이다.

퀘벡 주 협동조합은 1980년대의 경제 위기, 세계화, 시장개방 경제 구조조정, 지식기반 경제의 부상, 복지국가체제의 재편, 신생 빈곤층의 출현과 사회적 배제에 대한 정책부재 현상으로 탄생한다. 시민운동가를 동원하여 사회의 필요와 요구에 대응하면서 변화·발전했다. 이 과정에서 사회적 경제와 협동조합 운동은 복지 정책의 대상이 아니라 새로운 경제 영역으로 전환한다. 사회적 가치 실현과 기업 활동이 동시에 가능한 협력경제 구조로 지역사회를 풍성하게 하였다. '사회적경제대표자 연석회의Chantier'[15]는 7,000여 개의 다양한 사회적 기업의 이해관계를 조정하고 네트워킹한다. '샹티에'는 풍부한 사회연대기금을 바탕으로 사회적 기업과 시민사회단체, 협동조합을 주 정부와 연결하는 연결통로이다. 퀘벡 주 정부는 협동조합, 노동조합, 시민단체와 함께 사회적 경제 정책을 펼친다.

퀘벡의 협동조합 역사는 100년이 넘었고, 맨 먼저 신용협동조합이 생겨난 것은 1900년대이다. 1930년대 대공황 이후에는 농업협동조합도 생겼다. 언제나 그렇듯이 사회적경제는 생존을 위한 수단이었다. 1960년대 '조용한 혁명' 이후에는 퀘벡인 스스로 퀘벡 경제를 조직해 보자는 움직임이 활발했다. 그런데 1980년대 들어 경기가 침체되면서 갈등이 시작됐다.

퀘벡의 사회적경제가 힘을 얻게 된 것은 경기 불황을 타개하는 과정의 산물이었다. 1996년 기업들이 파산하고 주 정부는 빚더미에 올라앉아 실업률이 14%까지 치솟자 퀘벡의 여성단체는 빈곤과 폭력에 반대한다는 구호를 내걸고 대거 거리로 몰려나갔다. 이듬해 퀘벡 주의 요청으로 대기업, 노동조합, 사회운동가, 문화인, 심지어 종교인들까지 모두 한자리에 모여 '퀘벡 경제·사회의 미래에 대한 정상회의'를 개최하면서 민관협치의 표본이 되었다.

퀘벡이 이처럼 세간의 관심을 끄는 이유는 대기업을 밀어주고 민영화를 확대하여 기존 자본주의 시장경제를 더 강화할 것인지, 아니면 정부와 대기업에 더 이상 의존하지 않고 사회적 약자 스스로 생존을 모색하는 새로운 경제 모델을 찾을 것인지에 대한 갈림길에서 후자, 곧 사회적경제 모델을 선택하여 성공했기 때문이다. 1996년 주 정부를 중심으로 기초단체, 경영자협회, 노동자연맹, 사회단체 대표가 모여 '퀘벡의 경제·사회 미래에 관한 연석회의'를 개최한다. 주 정부는 고용 안정을 위해 퀘벡노동자연맹과 함께 노동연대기금을 만들기로 합의하고, 정부는 펀드 형식으로

---

15 샹티에Chantier는 작업장이라는 뜻으로 1997년 조직된 민간단체이다.

기금 마련에 참여했으며, 노동자들도 자신들의 쌈짓돈을 내놓았다. 주 정부는 기금에 참여한 노동자들에게 세금 감면 혜택을 부여하면서 민관의 신뢰가 구축되었다.

퀘벡의 사회적경제가 유지되고 성장할 수 있었던 계기는 사회연대기금이 풍부했기 때문이다. 샹티에는 1997년 1,000만 달러 규모의 '퀘벡 사회경제 투자네트워크 기금RISQ'을 조성하여 사회적 기업에게 5만 달러까지 무보증 신용 대출을 제공했다. 기금이 사회적 기업으로 원활하게 흘러가도록 기업심사 및 평가 방법, 리스크 기준도 바꿨다. 퀘벡 사회경제 투자네트워크 기금을 통해 자금을 빌린 사회적 기업은 15년 동안 원금상환 유예 혜택을 받으며 이 기간 동안 고정 이자만 내면 되었다. 2006년 샹티에는 연방정부가 연기금을 통해 조성한 투자기금으로부터 3,000만 달러, 주 정부 1,000만 달러, 그리고 자체 기금 1,250만 달러 등 총 5,250만 달러 규모의 '인내자본'을 조성했다. '인내자본'은 수익을 목표로 하지 않고 사회적 약자들이 존엄성을 지키면서 창업할 수 있도록 돕는 자본이다. 이를 통해 사회적경제 단체는 안정적인 재무구조를 유지하고 차입으로 인한 경영권 상실 위험을 방어하면서도 투자금 상환 압박에서 벗어날 수 있었다. 대출금 규모도 종전 5만 달러에서 150만 달러까지 30배로 늘렸다. 퀘벡 주(인구는 약 750만 명) 연대 기금을 통해 설립된 기업만 1,880여 곳(2008년 말 기준)에 달하고, 12만 6,000여 개 일자리를 창출하였으며, 연간 170억 달러 규모의 매출을 올리고 있다. 이것은 퀘벡 주 GDP의 8%에 달하는 규모이다.

샹티에는 보육과 주거, 환경, 문화 등 사회적 기업과 협동조합 설립을 적극 지원한다. 10여 년 동안 탁아 서비스를 통해 2만 5,000개의 일자리가 만들어졌고, 저소득층 주택 1만호를 건설했으며, 다양한 사회적 기업과 문화사업의 협동조합이 설립되었다. 이 과정에서 자연스럽게 실업난이 극복되었다. 단순한 연대조직에서 출발한 샹티에는 지방정부와 시민사회 단체가 협력하는 퀘벡 주 정부의 상설기관으로 자리 잡았다. 협동조합이 지나치게 조합원 이익을 추구하는 부작용이 발생하자 조합원 자격을 대폭 개방했다. 연대협동조합 목적에 공감할 경우 소비자와 노동자는 물론 외부인과 기업에게도 '후원 조합원'으로 가입할 수 있도록 하였다. 협동조합의 원칙에 입각한 호혜와 연대의 가치에 대한 노력이 '지역사회에 대한 기여'로 이어지게 했다.

퀘벡 주 협동조합은 민관 합동으로 사회적경제의 가치를 실현해 새로운 시대가 요구하는 국가경영의 모범 모델이 되고 있다.

영국, 그라운드 워크 운동

영국은 '사회적경제'의 역사와 정책, 사례 등이 풍부한데 사회적경제 정책을 앞장서서 추진하고, 지원하는 정당은 오히려 보수당이다. 세계적인 경제 위기에서도 영국에서 가장 성장한 분야로 꼽히는 영역이 '사회적경제'이다. 기업의 사회적 공헌, 공익재단, 자선단체, 사회적 기업이 서로 밀접하게 연결되어 지난 수년간 영국의 '사회적경제'가 비약적으로 발전했다. 20만 개 조직이 형성되었고, 약 300만 개의 일자리를 창출했다. 영국 전체의 GDP 중 4%, 일자리에서는 5%를 차지하고 있다(우리나라는 2017년 상반기 현재, 약 0.5% 내외 수준이다). 영국에서 주목할 만한 운동 중 하나가 '사람'과 '환경'을 중시하는 거버넌스 조직 '그라운드 워크Ground Work'이다. 1981년 영국 머지사이드Merseyside 주에서 처음 설립된 그라운드 워크는 공공, 민간 그리고 자체적인 위원회를 둔 자발적 부문들 사이의 환경개선활동 협력체이다. 그라운드 워크의 목적은 "환경 활동의 연대를 통한 지속 가능한 공동체 조성"에 있다. 세 가지 분야의 활동에 초점을 맞춘다. 첫째는 사람을 위한 활동for people으로 새로운 기술을 배우고 지역 활동을 하고 싶어 하는 사람을 위한 기회를 창출한다. 둘째는 장소를 위한 활동for places으로 더 좋은, 더 안전한 그리고 더 건강한 지역 창출이다. 셋째는 번영을 위한 활동으로 기업체와 개개인의 잠재력을 성취하도록 돕는 활동이다. 우리가 주목할 점은 그라운드 워크에 참여하는 정부, 기업, 시민 3자 간의 협력을 촉진하는 트러스트라고 불리는 전문조직이 영국에 50여 개 있다는 것이다. 700명의 실무자가 연간 4만 명에 이르는 자원봉사자의 협력을 받아 건강한 사회를 위한 다양한 활동을 전개한다.

그라운드 워크 트러스트들은 시민이나 기업의 기부, 자원봉사, 정부 등의 지원을 받아 매년 높은 실업과 범죄율, 취약한 공공 위생, 노후화되는 주택과 공공장소, 황폐화된 땅, 분쟁 사건들로 피폐화된 지역사회 등에서 사회문제 해결의 사업을 진행한다. 2002년의 경우, 약 4,800개의 사업을 지원하였으며, 각 연령대 지원자가 자신의 지역을 발전시키기 위해 봉사한 시간은 34만 일 이상이며, 2,500개의 일자리, 5만 주weeks의 직업 훈련을 제공하였고, 730헥타르의 토지 개간과 7,000개의 분쟁사업에서 활동하고 있다.

일본, 그라운드 워크 운동

일본에서도 1992년 사단법인 환경정보과학센터 내에 일본 그라운드 워크 추진위원회를 설치하였다. 정부가 지원금을 주면서 그라운드 워크의 활성화를 유도하고 있는데, 영국 그라운드 워크 사업단의 조언을 받아 사업을 실시하고 있다.

옛날부터 일본의 시즈오카 현 미시마시는 후지산에서부터 내려오는 용수用水가 마을에 흘러넘쳐 아름다운 자연환경을 자랑했다. 그러나 후지산 상류 지역의 개발과 방치 산림의 증가로 용수연못이나 용수하천이 고갈되면서 풍부했던 자연환경도 소멸의 위기에 처했다.

이런 상황에서 개별적으로 활동해 오던 지역의 8개 단체가 모여 자연환경의 재생과 개선을 목적으로 1992년 9월 '그라운드 워크 미시마 실행위원회'를 결성했다. 시민과 행정, 기업의 파트너십을 통해 영국에서 성공을 거두고 있는 '그라운드 워크 트러스트'의 방법을 활용하기로 결정한 것이다. 시민과 행정, 기업의 3자가 결합된 새로운 협력체계를 추진하기 위해 각 시민단체의 책임자로 이사회를 구성하고, 각 협의회의 결정을 실행하는 조직체제가 형성되었다. 각 단체로부터 4~5명의 실무자가 배치되어 프로젝트 회의의 책임자가 된다. 이러한 협력 과정에서 상호간의 신뢰관계가 생기고 마을 만들기 노력도 활성화되기 시작했다.

지방정부의 보조금을 받아서 도심 시가지에 인접한 휴경지 약 1,000제곱미터를 농가로부터 임대받았다. 800명 이상의 시민이 참가한 정비 사업으로 '꽃과 반딧불이의 마을 만들기'를 추진하였다. 자발적으로 삽을 들고 땀을 흘리면서 공원을 만들었고 수로 주변 정비를 통해 휴식 공간을 만드는 등 다양한 노력이 이루어졌다. 자신들이 만든 것에 대해 애착심이 생기면서 자율적인 관리도 가능해졌다. 시민으로부터 거두어들인 기금과 기업 찬조금 및 기부금, 행정 보조금 등이 이러한 활동을 위한 재정 수입이 되었다. 1999년에는 '그라운드 워크 미시마'에서 시민, 행정, 기업 3자의 협력을 촉진하는 전문성을 가진 중개 역할자의 NPO(비영리활동법인) 조직이 만들어졌다. 각 영역의 파트너십에 기초하여 환경 악화가 진행되는 '물의 도시 미시마'의 수변 자연환경을 재생·부활시킬 목적으로 그라운드 워크 미시마는 다음과 같은 키워드를 제시한다.

> 풍요로운 환경 만들기를 주제로 한 주민 행동을!
> 시민과 기업, 행정의 파트너십으로 원만하게 추진!
> 환경을 창조하는 구체적 활동을!
> 가능한 것부터 착실하게!

스페인, 거버넌스

직접민주주의 실험의 장이 되고 있는 스페인에서는 시민 중심의 신생 정당이 기성정치에 도전하여 승리하고 있다. 2011년 5월 스페인 지방 선거를 앞두고 스페인 전역에서 '진짜 민주주의를 돌려달라'는 슬로건을 내걸고 일어난 분노한 시민의 시위가 이후 3년간 지속되었다. 바로셀로나 엔

코무Barcelona en comu 지역에서 2014년 6월 창당한 '모두의 바로셀로나'라는 뜻을 가진 정당 풀뿌리지역네트워크, 활동가, 전문가, 군소정당 연합체 성격을 띠었다. 이들은 길거리에서 시민과의 직접적인 대화를 통해 지방선거에서 승리한 정당이다. 2015년 당선된 현 바로셀로나 시장은 빈집철거운동, 공공주택운동을 주도하던 시민운동가 출신이다. 정치권력과 의사결정과정에서 소외되어 온 수많은 여성들이 주축이 되어 '새로운 시민의 힘'을 형성하고 있다.

스페인 카탈루냐 지방에 사는 700만 명 중에서 200만 명 이상이 상대적 빈곤 이하에 속하는 심각한 문제에 봉착한 데 대한 저항이었다. 이들이 주장하는 것은 기존의 카탈루냐 지방법의 내용을 개선해 빈곤층을 효율적으로 돕자는 것이다. 최근에는 전기, 가스, 수도를 끊지 말라는 사회운동이 있었는데 결국 그 요구가 받아들여졌다. 충분한 소득이 없는 사람의 경우 전기, 수도, 도시가스 등 공공서비스를 일방적으로 중단시키는 것에 대해 제재하는 법안이 통과되었다. 정치에 전혀 관심이 없었던 사람들이 저 대신 해줄 사람이 없다는 것을 알았기 때문에 '싸워야겠다', '참여해야겠다'는 생각을 하게 되었다. 두 달에 한 번씩 시민총회가 열리는데 동네에서 하는 모임, 주제별 모임 등 활동적으로 참여하는 사람들만 1,700명이 넘는다. 모든 회의와 모임은 당연히 모든 시민에게 열린 공간으로 '우리가 원하는 바로셀로나를 우리가 결정'한다.

4. 기업의 사회적 책임CSR

'기업'은 사람으로 조직되는 생존 방식이자 생활 방식이다. 인간의 이기심과 동업방식을 결합하여 꿈을 실현시키는 토양이었고, 목표를 성취할 수 있는 문화였으며, 제도가 되기도 했다. 시장경제의 기초이고 과학과 기술혁신, 인재개발과 확보, 설비투자와 개선 등 경제의 창조자이다. 경영구조를 혁신하여 경쟁력을 강화하면서 부를 축적하는 수단이기도 했고 어느 때는 피해자가 되기도 했다. 기업은 수천 년의 지구변화보다 빠른 진화를 가능하게 만든 장본인이다. 지난 산업혁명 250년간의 변화무쌍한 사회변혁의 주체였다. 부의 창출은 인간의 탐욕을 무한대로 확장시키면서 사고방식과 생활 습관을 완전히 바꿔놓았다. 수요를 충족시키기 위한 생산이 이윤으로 변질되었다. 초월적 사회통제자로 등극하면서 지배자가 되어 전통적 정서와 결별하고 글로벌화되면서 세계의 권력구조와 부의 분배 구조를 완전히 재편했다. 꿈과 희망을 주었지만 '세계화'하면서 쉬지 않고 먹어 치우고 긁어모아 도덕성을 상실한 괴물로 평가받기도 했다. 돈을 가진 힘들이 서로 작용하면서 부의 효과적인 창조자라는 찬사를 들었지만 분배자 역할을 하지 못해 재앙의 발원지가 되기도 했고, 몰염치한 행동으로 지탄의 대상이 되기도 했으며, 지구촌을 절망의 늪으로 인도하기도 했다.

기업이 부를 향한 인간의 욕망을 극대화시키면서 사람들을 고통 속으로 밀어 넣자, "정부는 빈곤을 퇴치하고 국민들이 빈곤에서 벗어나도록 도와줄 책임이 있다. 시장은 강자를 선별해낼 수는 있지만 약자를 보호할 수 없다. 따라서 사회의 안전을 수호하고 공정거래를 보호할 사명은 정부에 있다."(1933년, 미국대통령 프랭클린 루즈벨트)라며 이제 지구촌은 자유방임주의를 버리고 시장에서의 정부 역할을 강조하는 '혼합경제'체제로 전환하기 시작했다. 기업의 사회적 위치는 점점 더 확고해졌으나 이익을 위해 소비자를 해롭게 하는 먹튀가 늘었다. 특권과 작별을 고하고 진정한 부의 창조자로 거듭나는 사회적 책임을 방기했다.

상품은 평등을 원칙으로 시장에 진입하고, 시장은 만인의 자유를 추구하면서 외연을 확장한다. 돈 많은 자본가와 대기업들은 규모의 경제를 앞세워 생산 원가를 낮췄고, 시장 또한 자유경쟁으로 가격을 하락시켰다. 이윤을 목적으로 하고 경쟁을 무기로 삼는 위험한 존재인 기업은 지구공동체의 질서에 엄청난 영향을 끼쳤다. 소수의 기득권 정치권력과 기업의 경제권력이 결합하여 수세기 동안 아메리카, 아프리카, 아시아 등 저개발 국가를 끊임없이 침탈하고, 착취했다. 왕으로부터 국가의 교전권, 협상권, 행정권을 부여받은 기업은 국가 권력을 이용하여 식민지에서 참혹한 전쟁을 일으켰고 원주민들을 괴멸시켰다. 자원을 약탈하고 점유했으며, 심지어 사람을 사고팔기도 하는 등 사회정의에 위배되는 약탈을 끊임없이 자행하였다. 후손에게 물려줘야 할 지속가능한 지구촌 파괴의 고질병을 끝끝내 고치지 않으면서 상상을 초월하는 비극적 역사를 지구촌 곳곳에 수놓았다.

기업가란 자기 힘으로 운명을 바꾸겠다는 열정과 의지를 지닌 사람이고, 남다른 안목과 수완으로 모험을 두려워하지 않는 도전정신의 소유자이다. 인생을 보람 있고 풍요롭게 만드는 것은 돈을 버는 것이라고 생각하면서 탐욕이 아니라 사명이자 정신이라고 믿고, 개인의 운명을 바꿀 수 있는 가장 좋은 방법으로 생각한다. 하지만 기업이 최고일 수 있고, 최악일 수 있었던 것은 사회적 책임을 어느 정도 느끼고, 갖고 있는가에 따라 달라졌다. 18세기 미국의 정치가·사상가·발명가로 독립선언서 작성에 참여해 미국 건국의 아버지로 일컫는 벤저민 프랭클린(1706~1790)은 "돈을 버는 것은 탐욕이나 단순한 생계수단이 아니라 사명이자 정신이며, 인생을 가장 화려하게 만들고 개인의 운명을 바꾸는 최고의 수단"이라고 말하면서 사상의 토대를 제공했다. 1860년 무렵 미국은 영국의 자유경제 제도를 받아들이면서 계급사회로부터 계약사회로 전환하고 보통사람들에게 부자가 되는 꿈을 실현시키기 위한 비옥한 토양을 만들어 줬다. 정부 스스로 기업화하면서 통일된 시장경제를 탄생시켰고, 상업 발전을 통해 세계를 제패한 패권 국가가 되었다. 하지만 미국에서는 소득과 부는 사람마다 다를 수 있지만 기회의 평등은 주어져야 한다는 사회의 분위기가 있었다. 기업가의 천국이 미국이었다. 시간이 지나면서 생산된 제품과 서비스에 기업의 정신과 전통 그리고 사회적 가치와 공헌이 담겨야 했다.

리더의 위기

가능성을 기회로 바꾸는 주체는 사람이고, 리더Leader이다. 그래서 미래학Futures은 복수명사를 사용한다. 상황이 미래를 만드는 것이 아니라 리더의 의사결정이 미래를 만든다. 우리는 미래를 예언Prediction할 수 없지만, 확률적 예측Forecasting, 통찰적 전망Foresight, 의미있는 연구Futures Studies를 통해 예측할 수는 있다. 21세기 리더들에게 리스크 관리 능력도 중요하지만, 미래를 예측하는 능력이 더 중요하다. 연구와 예측을 제대로 하지 않으면 기회는 흘러가고, 위기를 선택하게 되어 벼랑 끝 상황으로 자신과 조직을 몰고 갈 수 있다. 특히, 21세기에 들어서면서 기업의 정의가 변함에 따라 기업의 사회적 책임은 선택이 아니라 필수인 시대가 되었다. 기업은 경제조직이면서 사회조직으로 기능하기 때문에 경제적 가치뿐만 아니라 공적가치를 창출해야 한다는 것이다. 윤리와 책임의식을 갖고 사회문제 해결에 기여해야 한다.

기업의 사회적 책임CSR, Corporate Social Responsibility이란 기업이 이윤 창출 추구 이외에 법령과 윤리를 준수하고, 사회에 긍정적 영향을 미치는 책임 있는 사회성, 공공성, 공익성과 관련된 사회공헌에 관여하는 것을 말한다. CSR은 기업의 지속 가능한 발전을 위해 경제적, 환경적, 사회적 영역에서 통합적으로 전개되고 있다. 기업의 사회적 책임은 기업의 이익을 증대시킬 뿐만 아니라, 매출 신장, 비용 감소, 이미지 개선, 소비자 충성도 증가, 생산성과 품질 향상, 양질의 인력 확보, 정부간섭 축소, 위기관리, 지속성장, 경쟁력 우위를 점할 수 있는 등 많은 장점을 가지고 있다. 기업의 입장에서 보면, 사회공헌 활동은 비용이 아니라 투자로 인식되는 시대가 되었다. 실제 성공한 기업이 되려면, 좋은 제품을 만들고 수익을 늘리는 것만이 아니라 윤리경영과 사회공헌 활동을 얼마나 많이 하고, 잘하는지도 중요한 기업평가 항목이 된 것이다.

윌리엄 워서William Werther와 데이비드 챈들러David Chandler는 기업의 사회적 책임은 '과정'인 동시에 '목표'라고 주장한다. 기업의 사회적 책임은 '기업 전략의 통합적인 요소'로 기업이 시장에 제품 또는 서비스를 전달하는 방식인 동시에 '과정'이라는 것이다. 나아가 기업의 사회적 책임은 기업이 기업과 관련된 이해 당사자들의 관심사를 중요하게 고려하고 다룸으로써 사회에서 기업 활동의 정당성을 유지하는 하나의 방식이며 기업 운영의 '목표'라고 정의하고 있다.

기업의 사회적 책임 정의

한편, 유럽연합 집행위원회는 기업의 사회적 책임이란 "기업들이 자발적으로 그들의 사업 영역에서 이해관계자들의 사회적 그리고 환경적 관심사들을 수용해 적용함으로써 이해 당사자들과 지속적인 상호작용을 이루는 것"이라고 정의했다(European Commission, 2010). 기업의 사회적 책임은 기업의 사업 관련 활동과 기업 이해 당사자들이 가지고 있는 관심사가 결합된 형태라고 정의하고 있는 것이다. 결국, 기업의 사회적 책임은 기업 경영 활동에 매우 유익한 전략 중 하나로, 기업의 비전과 목표 설정 과정에 포함시켜 적극적으로 활용할 필요가 있는 것이다. 기업이 성장하기 위해서는 자발적으로 경제와 환경, 사회적 상황을 고려하여 모두에게 이익이 되는 방향으로 이끌어야 한다. 기업의 사회공헌 활동을 통해 고객에게 긍정적인 마인드를 갖게 하고, 브랜드 인지도 상승 등의 영향을 주어 기업 수익을 증대시키는 데 목적이 있다. 기업의 1차적 목표는 수익창출이지만 사회공동체의 지속성과 유지, 발전을 위한 사회공헌활동은 더불어 상생하기 위한 경제적, 법적, 윤리적, 자선적 책임감을 갖는 것이다. 하지만 21세기 기업들에게 주어진 책임은 자선적, 온정주의적 사회공헌이 아니라, '기업시민으로서'의 권리와 책임을 부여하는 구체적이고 실효적인 사회적 역할이다. 사회공동체는 개별 기업들이 충분한 인적, 물적 자원을 가지고 있으며, 영향력을 미칠 수 있다고 생각하기 때문에 정부의 능력과 한계를 보완해 주기를 바란다. 잘 살펴보면 21세기 기업의 이익은 사회적 평판으로부터 많은 영향을 받는데 윤리경영과 공익사업에 대한 투자는 소비자들로부터 절대적이고 긍정적인 평가를 받는다. 국제표준화기구ISO는 이와 같은 내용을 근거로 표준화한 ISO26000의 국제규격을 제정·공표했다. 이 규격은 환경경영, 정도正道경영, 사회공헌을 기준으로 한다.

기업 활동으로 벌어들인 수익의 일부를 사회에 환원함으로써 사회발전에 기여해야 할 의무를 지우는 것으로 경제적 책임이나 법적인 책임 외에도 사회적 책임을 폭넓게 그리고 적극적으로 수행하게 해야 한다. 반면, 글로벌 시장에서 치열한 경쟁을 해야 하는 기업의 입장에서는 CSR이 기업이미지를 좋게 만들 수 있는 기회를 얻게 되고, 소비자에게 좋은 평가를 받기 위한 기업경영 전략으로 사용되고 있다. 미국 조지아대학교의 아치 캐럴Archie Caroll 교수는 1991년「기업의 사회적 책임 피라미드」라는 논문을 발표하였는데 기업의 책임을 네 가지로 구분했다. 제1단계는 경제적인 책임으로 이윤 극대화와 고용 창출 등의 책임이다. 제2단계는 법적인 책임으로 회계의 투명성, 성실한 세금 납부, 소비자의 권익 보호 등의 책임이다. 제3단계는 윤리적인 책임으로, 환경·윤리경영, 제품 안전, 여성·현지인·소수인종에 대한 공정한 대우 등의 책임이고, 마지막 제4단계는 자선적인 책임으로 사회공헌 활동 또는 자선·교육·문화·체육활동에 대한 기업의 지원이다. 아치 캐럴 교수는 경제적 책임(수익을 내고), 법적 책임, 윤리적 책임, 재량적(박애적) 책임 순으로 기업의 사회적 책임이 있다고 주장했다. 기업의 사회적 책임이 순서가 정해져 있는 것은 아니지만 최근에는 법적, 윤리적 책임을 제일 중요시하고 있다.

대기업의 사회적 책임 확대 배경을 보면, 세계 상위 500개 기업이 전 세계 무역량의 70%를 차지하며 다국적기업의 환경으로 변화했기 때문이다. 대기업의 경제력 집중과 문어발식 계열사 확충은 중소기업의 경쟁력을 약화시킬 뿐만 아니라 시장의 순기능을 점점 악화시켰다. 불공정의 개념을 재정립시키고 제도를 보완하여 중소기업과 소상공인들에 대한 자금, 기술, 인력 등 생산요소에 대한 지원을 강화하지 않는다면 함께 가는 상생의 경제는 기대하기 어려울 수밖에 없다. 21세기에 들어서면서 '기업사회'의 과도한 재벌 지배와 그에 따른 양극화 심화(소득 분배의 악화), 자산 소유의 불평능에 대한 완화 요구가 거세다. 이제 기업들이 사업적 이익만 추

기업의 사회적 책임의 범위와 역사적 변천

4단계 책임 자선적: '기업시민'으로서 사회의 긍정적 변화를 적극적으로 추구하는 책임 예) 소외계층과 교육문화 지원 등

3단계 책임 윤리적: 사회가 적절한 행동으로 규정한 도덕적 규율을 준수하는 책임 예) 환경 윤리 경영, 고용다양성 등

2단계 책임 법적: 법률적 규제의 범위 안에서 경제적 사명을 성취하는 책임 예) 회계 투명성, 제품 안전 등

1단계 책임 경제적: 고객의 욕구를 만족시키며 경제적 이익을 창출하는 책임 예) 이윤극대화, 고용확대 등

1990-2000년대: 지속가능성 관련 국제표준 제정 기업시민으로서의 전략적 CSR 시도

1980-90년대: 나이키의 노동착취와 환경문제 대두 기업들의 윤리 헌장 제정 가속화

1960-70년대: 랠프 네이더가 제품 안전 관련 '소비자 운동' 전개, 기업의 법적 책임 강화

1950-60년대: "기업의 유일한 사회적 책임은 주주의 경제적 이익을 극대화하는 것"(밀튼 프리드먼)

출처: Three Dimensional Conceptual Map of Corporate Performance(Carroll, A.B., 1979)
사회책임경영CSR의 역사적 고찰과 기업의 대응전략(이기훈 & 이의영, '창조와 혁신' 2011.2)

구하고 사회의 욕구를 무시하던 시대는 끝났다. 실제 시장에서 기업의 사회 공헌은 늘어나는 추세에 있지만, 기업이 돈으로 사회적 책임을 강조하고 공헌하는 시대도 끝나간다. 실질적으로 사회에 참여하고 봉사하여 지역과 상생하는 기업만이 인정받을 수 있는 시대를 시민사회가 원하고 있기 때문이다. 기업의 사회참여는 회사가 영업하고 있는 국가, 지역사회에서 여러 분야의 정부, 회사, NGO와 함께 적극적으로 사회참여를 위해 파트너십 프로젝트를 펼치는 활동을 말하는데 이제 기업은 사회 바깥에 있는 존재가 아니라는 의식이 팽배해지고 있는 것이다. 이윤을 얻고 튀는 '먹튀'가 아니라, 사회에 환원하고 의미 있게 기여해야 하며, 권리가 있고 의무를 진 완벽한 사회의 구성원, 즉 기업시민corporate citizen을 원한다.

더 나아가 당면한 여러 사회 문제에 대해 해결책을 찾거나, 만들기를 바라고, 또 그 해결책을 사회에 적용하도록 요구하고 있다. 200개 국제기업으로 구성된 세계지속가능발전기업협의회WBCSD는 경제성장, 생태계 균형, 사회적 진보로 지속가능한 개발을 목표로 하는 단체인데, 협의회는 '기업의 사회공헌을 넘어서서 더 넓게 확산되지 않으면 책임 있고 지속가

능한 포괄적 비즈니스 구축은 바랄 수 없다'는 사실을 인식하고 있다.

　기업의 사회적 책임은 기업 기부활동, 기업의 전략적 자선활동 및 사회적 후원, 기업 시민활동으로 구분할 수 있다. 자선활동이란 기업의 핵심사업과 관련된 명분에 맞춰 조정하는 활동이다. 사회적 후원은 기업 마케팅의 일부로 사회적 대의명분에 후원함으로써 기업의 브랜드 가치를 상승시키거나 도덕성을 좋게 만든다. 기업의 시민활동 역할은 기업이 사회적 파트너로서 권리가 있고, 사회의 구성원으로서 참여와 의무를 강조하고 있는 것이다. 자체적인 사업 역량을 갖춘 기업은 스스로 가장 강력한 공헌수단을 보유한 셈이다. 국내 대기업 산하 경제연구소의 보고서에 따르면, 사회적 책임을 다하는 기업 제품의 구매선호도가 87%로 증가했다. 대한상공회의소가 '윤리적 소비에 대한 소비자 인식'을 조사한 결과 59.6%의 소비자가 지난 1년간 '착한 소비를 했다'고 응답했으며 72.9%가 '윤리적 소비' 의향이 있는 것으로 나타났다. 소비자들 사이에서 가격과 품질뿐 아니라 환경, 에너지, 지역사회 공헌 등을 꼼꼼히 따지는 착한 소비가 늘면서 공정무역 상품, 친환경 상품 등이 인기를 끌고 있다.

　이제 '기업의 사회적 책임, 어디까지 요구할 것인가?'라는 질문에 기업들은 CSR 수행이나 자발적인 CSR 인식에 따른 실천으로 답을 해야 한다. 기업이 얼마나 진정성을 가지고 수행하느냐가 중요하므로 CSR의 당위성을 스스로 인식하고 예산을 책정하고 투자해야 한다. 공기업, 대기업들도 경제·사회적으로 많은 영향력을 발휘하고 있는 만큼 그에 합당한 권력에 대한 책임도 져야 한다. 기업 마케팅에서도 이윤 추구에 앞서 기업의 사회적 책임을 만족스럽게 수행하는 기업이 더 많은 이윤을 창출할 수 있음을 기억해야 한다. 21세기는 CSR을 기업에 맡기는 것이 아니라, 사회와 소비자가 감시자 역할을 하는 시대임을 상기해야 할 것이다. 이와 함께 정부와 지방자치단체들은 2019년 기업과 사회의 지속가능발전을 위해 CSR과 사회적 경제를 지원하고 촉진하는 조례를 마련하는 등 정책을 펼치고 있다.

하지만 조례나 정책 간의 유기적 연관성이 부족하거나 중복되는 경우가 많아 정책 시행의 효과가 나타나지 않는 경우가 발생한다. CSR과 사회적 기업이 실질적으로 활성화되는 정책 효과를 실현시킬 수 있도록 관련 조례 및 정책을 정비해 나가야 한다.

기업의 사회공헌에 대한 관심이 뜨겁다. 전국경제인연합회 보고서에 따르면, 국내 200대 기업의 사회공헌 지출 규모는 2018년 3조 원을 넘었다고 발표했다. SK그룹은 사회적 가치 측정 결과를 공개했고, 현대차는 국제 지속가능경영 평가의 글로벌 표준인 DJSI(Dow Jones Sustainability Indices)를 도입했다. 이러한 사회적 흐름 속에서 고용노동부와 한국사회적 기업진흥원은 기업의 사회공헌 수요와 사회적경제 기업을 효과적으로 연결하고자 2019년 '사회적경제 소셜브릿지 공모전'을 개최하기 시작했다. 사회적경제 기업이 공공·민간 기업의 CSR팀에 사회적 가치 성과 확대를 위한 협업 프로젝트를 제안하는 공모전이다. 심사를 거쳐 선정된 기업은 진흥원의 교육을 거쳐 사회공헌 기관과의 네트워킹 기회를 얻게 된다. 분야는 도시재생·지역상생, 교육편차 해소, 환경보호·지속가능한 에너지, 일자리와 고용보장이다. 사업제안의 구체성, 실행가능성, 효과성 등을 평가한다. 기업은 자본뿐만 아니라 시설 등 다양한 자원을 갖고 있다. 사회적 필요가 있는 사회적경제 기업과 CSR 기업이 서로 보유하고 있는 자원을 공유하고, 협업할 수 있는 네트워킹이 성과의 핵심이 될 것으로 보인다.

미국 경영학석사MBA 출신자 중 59%가 직장 선택의 기준으로 책임감 있는 기업이미지를 지목했다. 사회공헌과 같은 기업의 사회적 책임에 기반한 활동은 기업 이미지에 큰 영향을 끼치고 있는 것이다. '지속가능경영'[16]이 기업경영의 한 흐름으로 자리 잡고 있다. 대기업이나 글로벌 기업들이 사회적 책임을 다하는 것은 스스로 만들어 놓은 실패의 영역에 대한 당연

---

16 경영에 영향을 미치는 경제적·환경적·사회적 이슈를 종합적으로 감안하여 기업의 지속 가능성을 추구하는 경영활동을 말한다.

한 의무가 된 지 오래이다. 기업의 사회적 책임은 '해도 되고 하지 않아도 되는 선택 가능한 방안 중의 하나라는 잘못된 인식은 배제되어야 한다.'라는 것이 확산되고 있는 것이다.

글로벌 금융위기 등으로 자본주의 위기가 거론되는 가운데 위기에 빠진 자본주의를 구할 방안으로 마이클 포터 미국 하버드대 교수는 '공유 가치 창출CSV'(Creating shared value, 함께 살기 위해 이윤을 나누다)라는 개념을 내놓았다. 기업이 경제적 가치와 사회적 편익을 동시에 창출하는 '공유 가치'로 새로운 경영 목표를 세워야 한다는 것이다. 쉽게 말해서 CSV는 단순히 부가가치의 일부를 떼어내 지역사회에 공헌하는 것이 아니라, 새로운 사업 기회를 발굴하는 창조적 방향의 사회적 책임 실행을 의미하는 것이다. 이러한 CSV 모델은 2011년부터 글로벌 트렌드로 자리 잡아 기업의 사회적 역할CSR 개념보다 상위에 위치하고 있다. 제너럴일렉트릭GE, 구글, IBM, 인텔, 네슬레, 유니레버, 월마트 등이 이미 CSV에 주력하고 있다. 토요타가 하이브리드 자동차를 개발하면서 연료 소비를 줄여 환경보호라는 사회적 가치를 창출하면서 수익을 높인 사례, 식품업체인 네슬레가 '좋은 음식, 좋은 삶'이란 슬로건을 내걸고 저개발국 농민을 돕거나 수자원을 보호하는 투자에 열성적인 것도 대표적인 예이다.

한편, 정부의 강력한 사회적경제 투자에 힘입어 사회적경제 기업에 대한 시장의 욕구가 다양해지고 풍성해지고 있다. 중소기업들도 사회적 경제에 눈을 뜨고 기업의 사회적 책임과 기업시민으로서의 역할을 준비하고 있다. 예를 들면, 화장품 마켓팅계의 전설적인 인물 ㈜파코메리 박형미 회장은 2019년 한국중소기업수출협동조합 코멕스KOMEX 설립의 산파 역할을 하더니, 모바일 어플리케이션APP을 이용한 신개념 온라인

㈜파코메리 박형미 회장

'5G 마켓 비즈니스' '리샵(주)'을 설립하여 정부로부터 사회적 기업을 인증받아 운영할 예정이다. KOMEX(코멕스)는 중소기업의 직수출 플랫폼 공동체로서 중소기업을 위한 무역, 통관 실무교육에서부터 중소기업 제품의 해외 바이어 매칭, 현지 시장조사, 해외전시회 공동참가, 국내외 개인 무역사업자 양성과 플랫폼 제공, 무역금융지원 컨설팅, 인허가, 수출실무 전문가 서비스 등을 지원한다.

중소기업 경영자들과 수출전문가들이 한국 최초의 중소기업 이업종 전문가그룹을 결성했다. 세계 주요국가의 현지 무역전문가들과 파트너십을 구축하여 신규 거래선 확보와 유통채널 개척을 진행한다. 또 분야별 수출전문가 위원회를 구성해 제품의 현지 인허가 및 인증서비스, 글로벌전문가 양성교육과 중소기업에 맞는 맞춤형 컨설팅서비스를 제공한다. 현재까지 직접 연결된 중국, 필리핀, 인도네시아, 중동, 남미, 베트남, 미국, 인도 등의 20개 유통전문 파트너사들과 직수출도 진행하는데 첫해 수출목표는 2억 달러(2,400억 원)이다.

또, 농산물부터 공산물, MRO[17] 유통사업 등으로 비교적 안정적인 시장을 확보하고 있는 애니텍(주) 유재윤 대표는 V(가치)마켓협동조합(이사장 김지웅)을 창립하여 사회적·공동체적 가치 창출을 위한 경제가치 창출활동을 시작했다. 이 기업들은 사회의 트렌드를 읽고 기업의 사회적 책임을 다하려는 21세기형 기업가의 새로운 모습이다. 고용노동부로부터 사회적 기업을 인증받아 운영할 예정인데 시장으로부터 안정적인 기반과 성장을 입증받은 기업인들이라는 점에서 사회적경제에 어떤 성과를 낼 것인지 귀추가 주목된다.

---

[17] maintenance, repair and operation의 약자로 기업에서 제품 생산과 직접 관련된 원자재를 제외한 소모성 자재를 이르는 용어이다.

5. 사회적 가치와 평가

사회적 가치

　기회 균등의 사회마저 만들지 못하면 우리는 방향 감각을 잃고 헤맬 수 있으므로 풍요와 행복을 선물할 수 있다는 상상은 계속 시도되어야 한다. 자유 시장경제에 대한 맹목적인 지지와 추종은 자유민주주의의 가치를 근본적으로 훼손하고, 사회적경제의 어설픈 평등주의적 사고는 저성장과 빈곤의 그늘에서 벗어나지 못하는 예기치 못한 불행을 초래할 수도 있다. 엉터리 '우'와 얼치기 '좌'는 자칫 우리 사회를 혼돈의 도가니로 내몰 수 있다. 시장경제에 사회적 규범을 복원시켜 공공의 광장에 올려놓을 수 있다면, 사회적 부를 축적한 경쟁을 선을 위해 사용할 수 있다면, 우리는 좀 더 나은 성장과 분배의 지속가능한 지구촌을 기대할 수 있다. 모두가 이룩한 부를 유보금으로 쌓아 놓지 않는다면 말이다.
　자본주의의 번영은 기업이 이룩한 성과이다. 하지만, 기업의 기득권화는 자본주의 시장경제와 역동성을 근본적으로 파괴하여 계층을 계급화한다. 서양 속담에 '황금을 가진 자가 규치을 만든다'고 했지만, 누가 뭐라고 해도 대한민국은 대기업의, 대기업에 의한, 대기업을 위한 경제시스템이다.

UN의 지속가능한 발전 17가지 계획

Goal 1 : 모든 형태의 빈곤종결
Goal 2 : 기아해소, 식량안보와 지속가능한 농업발전
Goal 3 : 건강 보장과 모든 연령대 인구의 복지증진
Goal 4 : 양질의 포괄적인 교육제공과 평생학습기회 제공
Goal 5 : 양성평등달성과 모든 여성과 여아의 역량강화
Goal 6 : 물과 위생의 보장 및 지속가능한 관리
Goal 7 : 적정가격의 지속가능한 에너지 제공
Goal 8 : 지속가능한 경제성장 및 양질의 일자리와 고용보장
Goal 9 : 사회기반시설 구축, 지속가능한 산업화 증진
Goal 10 : 국가 내, 국가 간의 불평등 해소
Goal 11 : 안전하고 복원력 있는 지속가능한 도시와 인간거주
Goal 12 : 지속가능한 소비와 생산 패턴 보장
Goal 13 : 기후변화에 대한 영향방지와 긴급조치
Goal 14 : 해양, 바다, 해양자원의 지속가능한 보존노력
Goal 15 : 육지생태계 보존과 삼림보존, 사막화방지, 생물다양성 유지
Goal 16 : 평화적, 포괄적 사회증진, 모두가 접근가능한 사법제도와 포괄적 행정제도 확립
Goal 17 : 이 목표들의 이행수단 강화와 기업 및 의회, 국가 간의 글로벌파트너십 활성화

2018년 8월, 미국 상원에 '책임있는 자본주의법'이라는 생소한 법안이 올라왔다. 연수익 10억 달러(약 1조 2,000억 원) 이상의 기업들은 연방법인 인가를 받아야 하고, 정관의 목적에 기업의 장기적인 이익뿐 아니라 노동자,

소비자, 지역공동체 등 모든 이해관계자들과 관련하여 '전반적인 공공의 이익'을 추구해야 한다는 내용을 명시해야 한다는 것이다. 이사회 구성의 40%는 노동자가 선출하고, 경영진이 가진 주식은 5년 이내에 팔 수 없고, 정치관련 지출은 주주와 이사들의 75% 이상의 동의를 얻어야 한다는 것이다. 기업의 사회적, 공동체적 책임을 강조하고, 기업경영 과정에 반영하는 기업의 사회적 가치를 중시하는 법안이었다.

'사회적 가치'는 전통 관습, 헌법에 보장된 기본권, 정부의 국정과제, 사회적 관련가치법으로 창출된다. 인권보호, 안전, 환경보호, 노동권, 사회적 약자에 대한 기회제공, 지역사회발전, 구성원들의 상생과 협력에 기반한 공동체 기업의 활동 등 공공선을 목적으로 하는 사회적·환경적 경제활동의 총합이다. 구체적으로는 'UN이 발표한 지속가능한 발전 17가지 계획'이라고 할 수 있고, 21세기 기업은 경제적 가치창출의 실리와 사회적 가치 창출의 명분을 함께 추구해야 한다는 암묵적이고도 세계적인 합의에 노출되어 있다.

경제적 가치의 사회화 또는 사회문제의 시장화라고 할 수 있는데 우리나라 기업의 성공신화를 지배하는 이론과 방식은 오로지 경제적 가치 창출 중심이었다. 그 과정에서 사회적이거나 환경적인 가치는 무시된 반면, 경제적 가치 창출은 보호되고 신격화되었다. 경제발전과 성장 만능주의는 인간의 이기심을 극대로 발휘하도록 하였고, 이해관계를 따지거나 묻지 않는 효율만을 최고의 가치로 여겼으며, 견고한 위계질서에 의한 기업운영 방식은 일방적·수직적·하향식 의사결정이었다. 하지만, 경영진의 일방적 업무지시는 직원들의 창의성을 감퇴시키고, 성과 위주의 기업환경은 사람과 노동의 소중함과 삶의 질을 하락시켜 복지사회라는 시대적 과제를 불가능하도록 한다. 21세기에 요구되는 기업운영 방식은 경영 간, 부서 간의 수평적·융복합적·자발적 의사 과정을 통한 동기를 중시하는 문화와 환경으로 업무를 효율화하기 위해 '팀'으로 운영된다. 실패를 용인하지 않는 문화와 환경은 변화와 혁신에 취약하고, 기업의 지속성을 하락시킨다. 실제로 자발적이고 새로운 가치관을 받아들이고 혁신을 위해 노력할 때의 업무 성과는 멋대로 할 때보다 3배 이상의 효과가 높다고 알려져 있다. 21세기 기업은 경제적 가치 창출만으로 그의 사회적 정당성을 인정받지 못할 뿐만 아니라, 경제적 가치 창출과 함께 공공선을 위한 사회적, 공동체적 가치 창출 방향으로 선회하는 추세이다. CSR이 사회에 대한 기업의 책임이라면, CSV는 기업의 사회적·경제적 가치 창출에 관한 것으로, 기업의 사회적 책임은 사회적책임에서 공유가치 창출로, 그리고 다시 공유가치 창출에서 사회적 가치 경영으로 진화하고 있다. '사회적 가치 경영'은 기업의 경영전략뿐만 아니라 조직과 인사, 문화와 환경까지 총체적 변혁을 요구한다. 인권, 노동, 환경, 공정한 운영, 지역사회 참여와 발전을 중시한다. 사람과 기업에 대한 공동 삶의 방식이고, 기업 존재의 이유와 경영 방식에 대한 새로운 패러다임이다.

사회적 가치 창출 모형

사람	사명	사업	사회
사회문제 해결의 필요와 욕구	사회적 가치창출 전략	사회적 가치 경영과 활동	사회적 가치 경영효과
사명과 비전과 도전의 혁신적 기업가정신	사회문제 심화인식과 해결의 공동노력	사회적 가치경영에 대한 모형과 시스템과 네트워크 구축	경제적 재무성과 (비영리단체NPO와 비정부기구NGO의 파트너십)
구성원의 사회적 책임 인식	사회인식변화(공정, 공유, 공생) 상생문화	혁신 전담조직운영과 파트너십 구축	사회적 기대와 성과 기반조성 사회공헌
이해관계자의 상호협력, 상생생태계 조성	기업의 책임강조 CSR과 CSV	사회적 가치 평가와 보상 시스템 구축	사회적생산 사회적소비 사회적자본 형성

사회적 가치는 사회적 영역에 존재하는 수많은 문제를 인식하고 해결방안에 대한 비즈니스 모델을 구축하여 창출한다. 인간 욕구와 사회적 필요에 대한 정부정책의 실패와 시장의 실패에 대해 효율적으로 충족시키

는 방법을 연구하여 실천한다. 총족되지 못한 사회문제를 인지하고 경영과 기술의 지식을 담보하거나 혁신 융복합하여 공유할 수 있는 방식으로 세상을 바꾸는 열정과 소명의식이 있어야 한다. 사회적 가치를 목적으로 하거나 포함된 경제적 가치 창출은 선택이 아니라 필수이고, 21세기 지속가능 기업경영의 화두이다. 기업이란 이윤을 목적으로 하는 곳이 아니라 사회적 가치 창출을 통해 사회와 더불어 성장한다는 생각으로의 전환이고, 사회적 가치를 창출함에 따라 경제적 성과가 나타나는 것이다. 기업의 사회적 책임은 이윤만이 아니라 법과 윤리에 대한 준수는 물론, 공공선을 위한 사회공헌을 요구한다. 결국, 기업과 사회문제에 대한 전문지식과 경험이 풍부한 비영리단체NPO나 비정부기구NGO의 파트너십은 전략을 개발하고 과업을 효율적으로 실행하기 위해 중요하다. 사회적 가치는 기업에게 돈 버는 것 이상의 목적을 갖게 만든다. 예를 들면, 고용주에게 있어 사회적 가치란, 직원을 존중하고 관대하게 대하도록 하고, 복지, 관심사, 능력과 업무 성취도 등을 잘 관찰하여 직원 개인의 목표가 회사 전체의 목표가 되도록 한다. 기업의 사회적 책임에 대한 3가지 핵심요소인 사람, 세상 그리고 이익에 대한 고려로 자신도 노동자의 삶도 개선시킨다. 강제되고 억압된 노동으로부터의 자유, 조합을 조직할 수 있는 자유를 주고 합리적인 보수를 제공하여 직원들이 일을 통해 즐거움을 느낄 수 있도록 한다.

경제적 가치와 사회적 가치를 동시에 추구하는 것은 창출된 가치에 대해 공유를 목적으로 한다. 기업에 대한 시대적 소명은 사업의 경쟁력을 강화시키며 신성장 동력을 발굴하는 계기가 될 수 있기 때문에 선택이 아니라 필수로 여기게 되었다. 이때문에 각 기업은 경영전략 중 사회적 가치 창출의 전담조직을 운영하는 사례가 급증하고 있다. 하지만 최고경영진의 지속적인 노력이 수반되지 않는 한 사회적 가치창출은 쉽게 발현되지 않으며 오래 지속하기도 어렵다. 결국, 사회적 가치 창출에 대한 의무와 책임을 회사의 미션과 비전 그리고 사명에 담아 추진해야 한다. 하버드대학교 존 코터 교수가 제시하는 기업개혁의 8단계 전략을 적용시키면, ① 위기감 조성, ② 변화추진 주체세력 결집, ③ 비전 설정과 전파, ④ 구성원 임파워먼트, ⑤ 성과 개선 방안과 실행, ⑥ 경영방식의 변경, ⑦ 새로운 경영방식의 제도화, ⑧ 사회적 가치 창출에 대한 과정과 관리 시스템을 구축하는 것이다. 구성원 모두를 대상으로 하는 교육과 훈련, 성과에 대한 측정과 검증과 공헌은 인사고과에 반영된다.

기업을 경영하면서 오염물질을 배출하거나, 과도한 에너지를 소비하여 생태계에 나쁜 영향을 주는 것을 효과적으로 제어하도록 하는 것은 21세기 모든 기업에게 공통된 규범이다. 환경과 지역사회 보존에 대한 선한 관리자로서의 의무를 기업에게 지우는 것이다. 혁신능력과 고객가치 창출, 직간접 고용 확대와 혁신산업 육성, 일자리 창출, 인권, 사회적 약자 보호를 강제한다. 더 나은 삶, 더 나은 내일을 위해 국민이 체감할 수 있고, 경험할 수 있도록 사회적 가치 실현을 중시하고 있다. 예를 들면, 상품판매자에게 있어 사회적 가치란 고객과 서로 윈-윈하는 방법을 찾는 것이다. 이것은 현재 수백 년간 상업적인 거래의 원칙인 '매수자 위험부담의 원칙'[18]을 뒤집는 것으로 한쪽이 이익을 얻으면 다른 한쪽이 손해를 보는 제로섬 관계가 아니라는 의미이다. 대부분의 기업은 사업을 영위하는 생산, 유통, 소비 과정에서 사회문제를 발생시킨다. 따라서 자신이 유발한 사회문제 해결에 우선하는 것이 가장 효과적이다. 희소한 자원을 사용하거나 환경 유해물질을 배출하거나 소비자가 사용하여 폐기된 물질에 대해 법적, 도덕적 책임을 갖고 해결하는 데 우선순위를 두는 것이다. 또한 해당 국가와 지역사회가 소중하게 생각하고 중요시하는 문제에 집중하여 해결하는 자세가 필요하다. 일반적으로 전담부서를 조직하여 실행하도록 하지만 일반화되지 못했을 때에는 효과는 미흡하고 성과는 부족할 수밖에 없다. 따라서 '스컹크 워크Skunk Work' 전략을 구사하는 것은 가치를 전사화

---

18 구매 상품의 하자 유무에 대해서는 매수자가 확인할 책임이 있다는 원칙.

하고, 효과를 극대화시킬 수 있는 방법이다. 구성원들이 업무시간의 일부를 담당 업무와 직접적인 관련이 없는 분야에 할애하여 새로운 제품과 서비스에 대한 혁신과제에 투자하도록 하는 것을 말한다. 조직 내에서 구성원들의 경제적 가치와 사회적 가치에 대한 집단 지성은 전체적이고 통합적인 사고와 도전의 새로운 대안을 마련하는 데 유용하고, 기업가적 역량을 강화시키고, 마인드를 고양시켜 기업발전과 성장에 이바지한다. 사회적 가치 창출에 대한 기여도의 평가와 공헌에 대한 보상은 사회적 가치 창출의 문화를 창달한다. 이러한 혁명적인 변혁과 변화는 오랜 시간과 노력을 필요로 한다. 하지만 이러한 기업의 노력은 위기를 극복시키고, 신뢰하는 충성고객을 확보하여 지속성장을 가능하게 한다.

각국의 사회적 가치 개념

영국	• 소셜, 비영리 섹터가 만들어 내는 공공선의 가치, 시민적 가치 • 공공서비스법(사회적 가치법), 사회적·환경적·경제적 Well-being • 기업경영 활동 과정에 반영하는 선제적 공적 가치
미국	• CSR : 기업의 사회적 책임 가치(기업의 경쟁력 전략) • CSV : 사회문제 해결을 통해 창출되는 가치, 공유가치 창출(시민기업으로서 사회문제의 필요와 욕구를 해결하는 경제적 가치 + 사회적 가치 창출 기업
한국	• 개념 : 사회, 경제, 환경, 문화적 영역에서 공공의 이익과 공동체 발전에 기여하는 가치 • 공공부문 : 공기관, 공기업의 공공의 이익과 공동체 발전, 공적 가치 • 기업 : 기업의 사회적 책임CSR, 공유가치 창출CSV

공공기관들이 수행하는 사회적 가치 개념에 대한 정의는 국회에 제출된 "사회적 가치 기본법" 법안에 명시되어 있는데, '사회, 경제, 환경, 문화적 영역에서 공공의 이익과 공동체 발전에 기여하는 가치'라고 정의하고 있다. 법안에서는 인권의 옹호, 안전한 글로벌 생활 환경의 유지, 보건복

지의 제공, 노동권의 보장과 근로조건의 향상, 사회적 약자에 대한 기회제공과 사회통합, 대중소기업의 상생과 협력, 양질의 일자리 창출, 지역사회 활성화와 공동체 복원, 지역경제 공헌, 윤리적 생산을 포함한 기업의 자발적인 사회적 책임 이행, 환경의 지속가능성 보전, 민주적 의사결정과 참여의 실현, 그 밖에 공동체의 이익실현과 공공성 강화이다. 공공기관과 공기업은 전통적으로 또는 근본적으로 사회적 가치 창출을 목적으로 하는데, 영국에서는 '공공서비스법'(사회적 가치법)을 만들어 정부조달과 공공구매의 기준을 최저가 입찰방식이 아니라, 사회적 가치 기준으로 정하여 실행한다. 많은 지자체들이 공공조달 부문에서 해당사업에 사회적 가치를 어떻게, 어느 정도 반영할 것인지 입찰제안서에 반영하도록 하고 있다. 입찰에 참여하는 기업들은 지역 경제를 활성화하기 위해 해당 지역의 인력 고용, 지역 공급업체의 활용 등과 관련된 사회적 가치를 입찰제안서에 명시해야 해고, 실제로 이러한 노력들이 지역경제에 도움이 되고 있다. 소셜, 비영리 섹터가 만들어 내는 공공선의 가치, 시민적 가치를 기반으로 사회적, 환경적, 경제적 웰빙과 기업경영 활동 과정에 반영하는 선제적 공적 가치를 추구하는 것이다. 미국에서는 기업의 경쟁력 전략으로 CSR 가치를 중시하고 나아가 기업시민으로서의 역할을 기업에 부여하고 있는데, 사회문제의 필요와 욕구를 해결하는 경제적 가치와 사회적 가치를 동시에 창출하는 CSV를 목적으로 하는 기업을 경쟁력 있는 기업으로 간주하는 추세이다.

우리나라 현 정부도 '포용적 성장'과 국가경영으로부터 일반 기업의 경영 목적, 비전, 미션, 조직과 인사, 자원배분, 기업문화에 이르기까지 전 사회적 차원에서의 전환을 요구하고 있다. 기획재정부는 2020년 1월, 공공기관운영 위원회를 개최하여 「2020년 공공기관 지정안」을 심의 의결하였다. 공공기관 지정은 '공공기관 운영에 관한 법률' 제6조에 따라 동법의 적용·관리대상이 되는 기관을 확정하는 것으로서, 지정된 기관은 총인건비 제도·경영평가·경영지침·경영공시·고객만족도 조사 등을 통해 투명하고 효율적으로 운영되도록 관리되는데, 총 340개 기관이 공공기관운영법상 관리대상으로 확정되었다.

* 공기업 : (2019년) 36개 → (2020년) 36개
* 준정부기관 : (2019년) 93개 → (2020년) 95개 (+2개)
* 기타공공기관 : (2019년) 210개 → (2020년) 209개 (-1개)

공공기관 구분과 임직원 수

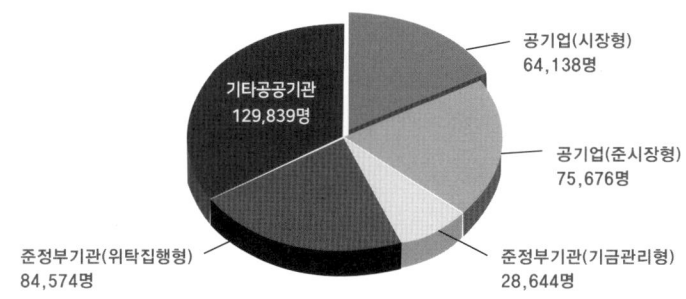

 우리나라 공공기관은 2020년 1월 1일 기준, 340개이고, 임직원은 41만 1,908명, 전체 자산은 약 900조 원이다. 국가나 지방 정부, 공공의 업무를 수행하는 기관을 말하고, 정부가 운영하거나 지분을 갖고 있는 공기업, 정부투자기관 등도 포함한다. 공공기관은 공적 서비스를 제공하는데 기능에 따라 입지조건이 다르고, 국가경제에서 차지하는 비중이 크고 해가 갈수록 규모가 커지고 있다. 국민의 세금으로 운영되므로 매년 경영 노력과 성과를 공정하고 객관적으로 평가하여 경영의 효율성을 높이고, 공공성을 확보하기 위해 노력한다. 공공성은 사회의 이익을 의미하는 사회적 가치(또는 공동체적 가치)인데, 현 정부는 국가가 운영하는 공공기관의 공공성을 제고하고, 공동체적 가치 실현을 위해 경영평가에도 사회적 가치를 평가

한다. 공공기관은 '정부의 투자 출자 또는 정부의 재정 지원 등으로 설립 운영되는 기관으로서 기획재정부 장관이 지정한다. 공공부문은 중앙정부 부처, 광역 또는 기초단체, 공기업으로 구분한다. 공공기관들은 공공성 실현을 목적으로 하는데, 경제적 이익을 창출할 목적이 아니라 공공의 편익을 증대시키기 위한 정책을 펼치고, 제도적 장치를 마련한다. 이 중에 공공기관은 공동체적 가치창출을 목적으로 하고, 공기업은 공공성과 수익성을 동시에 추가하여 균형을 이루고자 한다.

사회적 가치는 사회적, 경제적, 환경적, 문화적 영역에서 공공의 이익과 공동체 발전에 기여하는 가치이다. 공공기관 경영평가 편람에서 '사회적 가치 구현 지표'는 다섯 가지로 구분하고 있다. 첫째, 일자리 창출(비정규직의 정규직 전환, 민간부문 일자리 창출, 고용 질 개선), 둘째, 균등한 기회와 사회통합(지역경제 활성화, 중·소 사회적경제 기업 협력과 지원), 셋째, 안전과 환경(근로자 생활 환경 보호, 에너지 절약 실천, 개인정보 보호), 넷째, 상생협력 지역발전(사회적 약자 고용, 차별적 채용요인 배제, 용역근로자 보호), 다섯째, 윤리 경영(윤리경영체계 구축, 사업 추진의 투명성 제고, 윤리교육)으로 나누어진다. 이러한 범주를 분석해 보면 공공기관의 경영평가에서 '사회적 가치 평가'를 대폭 강화하겠다는 의지가 엿보인다. 하지만 공공기관에 대한 공공성은 공공기관별로 사회적 가치에 대한 중요도를 얼마만큼 중시하고 자율성을 갖고 있느냐에 따라 성과가 달라진다. 어떤 미션과 비전을 담아 사회적 가치를 창출할 것인지 내부와 외부 전문가, 지역사회 실행자들로 구성된 민관협력체계 구축과 네트워크가 관건이다. 효과를 극대화하기 위해서는 내부 구성원들의 이해와 적용, 기획과 평가를 기반으로 외부 평가단의 공공성의 객관적, 전문적 평가를 받아야 사회적 가치창출에 대한 메커니즘이 전 사회적으로 펼쳐질 수 있다.

2020년 공공기관 공기업의 '인적자원개발HRD, Human Resource Development'의 화두와 교육의 트렌드는 한마디로 '사회적 가치'이다. 전국의 모든 공공

공공기관의 사회적 가치 평가 지표

분류	일자리 창출	균등한 기회와 사회통합	안전과 환경	상생협력 지역발전	윤리경영
상세 내용	• 비정규직의 정규직 전환 • 민간부문 일자리 창출 • 고용 질 개선	• 지역경제 활성화 • 중·소 사회적경제 기업 협력과 지원	• 근로자 생활환경 보호 • 에너지 절약과 실천 • 개인정보 보호	• 사회적 약자고용 • 차별적 채용요인 배제 • 용역근로자 보호	• 윤리경영체계구축 • 사업 추진의 투명성 제고 • 윤리교육

    기관과 공기업 임직원들은 '사회적 가치'를 구현하기 위한 필요성을 인지하고 실천할 수 있도록 교육받고 훈련받게 된다. 우리나라 대부분의 공공기관과 공기업은 활동 자체가 사회적 가치에 부합해야 하고, 국가로부터 위임받은 사업을 수행하기 때문에 공익적 차원의 책임이 강조되고 있다. 공사를 구분하지 않고 기업의 사회적 영향에 대한 시민의 기대가 커지는 상황에서 국민 전체가 누리는 사회적 편익 증대를 위한 교육과 훈련은 필수이다. 특히, 직무, 직위, 직급을 고려한 리더십, 의사소통, 협업, 문제 해결의 역량을 강화하고, '사회적 가치' 실천에 대한 실적은 공사 경영평가에 적용한다. '사회적 가치'란 인권보호, 안전, 노동권, 사회적 약자에 대한 기회 제공 등을 포함한 개념으로 공공의 이익과 공동체의 발전에 기여할 수 있는 가치를 뜻한다.[19] 헌법이 지향하는 가치 중 사회의 재생과 건전한 발전을 위한 가치로서 민주적 의사결정과 참여의 실현 등 공동체와 사회 전체에 편익을 제공하는 가치이다. 사회·경제·환경·문화 등 모든 영역에서 공공의 이익과 공동체의 발전에 기여할 수 있는 가치이다. 이제 기업이 생산한 제품과 서비스에 대한 사회적 가치 창출의 공유는 전 세계적인 이슈이고, 흐름이므로 새로운 가치를 창출하는 데 우리 모두가 앞장서야 한다.

    사회적 가치 경영이란 사회문제 해결을 위해 비즈니스를 만들고 고객의 요구를 해결하면서 경제적 가치창출은 물론 사회적 가치를 지향하는

---

19   지방공기업평가원.

가치창조경영을 말한다. 이노베이션(혁신)과 앙트러프러너십(기업가 정신)이 동시에 작용하는 기제이다. 이노베이션이 '가치창출'이라면, 앙트러프러너십은 '가치활용'으로 상호 밀접한 관계에 있다. '이노베이션'은 새로운 것을 도입하거나 아이디어나 방법 또는 도구를 말하고, '앙트러프러너십'은 '사업이나 조직체를 만들고 위험을 감수하는 창업이나 기업가 정신'을 말한다. '앙트러프러너entrepreneur'는 창의적 혁신자를 가리키는데 새로운 기회를 찾아내기 때문에 창의적이고, 이를 구현하기 때문에 혁신적이다. '기업가'로 번역하면 적절할 터인데, 노벨상을 수상한 과학자, 뛰어난 예술가, 인류의 고통을 덜어주고 생활을 풍요롭게 해주는 기업인, 한 나라를 부강하게 하는 지도자, 자기 일에 최선을 다하는 명장이나 장인, 뛰어난 모험가 등이 여기에 속한다고 할 수 있다.

사회적 가치 측정과 정부기준

'가치'는 객관적인 진실과 사실 그리고 개인이나 집단이 추구해 온 정체성이나 경험과 연관되어 있어 옳고 그름의 기준을 정하기 어렵다. 인간은 자신의 주관적 판단과 의미에 따라 사회의 사실을 해석하기 때문에 객관적인 사건을 서로 다르게 해석할 수 있고, 해결 방안에 대해서도 서로 다른 대안을 제시할 수 있다. 각자가 중요하다고 생각하는 가치에 따라 사실을 다르게 해석하고, 객관적 진위 구별 또한 어려운 가치는 우리의 삶 전반에 간여하면서 판단과 행동에 중대한 영향을 미친다. 민주사회에서는 다수의 시민이 도덕적이고 공정하다고 생각하며, 공유할 수 있는 가치인가 등에 근거하여 합리적 판단과 의사 결정을 내린다. 반대로 부도덕하고, 불공정하며, 공유할 수 없는 가치는 다수의 사람들에게 의미를 부여받지 못하고 사장될 수밖에 없다. 현대 사회에서는 급격한 사회 변동으로 인하여 각 개인이 추구하는 가치가 다양하고 폭넓게 나타나므로 어떤 것이 더 중요한 가치인지에 대한 사회적 합의가 선결 조건이다. 전 세계적으로 사회적 경제는 이념의 문제가 아니라 건강한 사회발전을 위한 새로운 경제 패러다임으로 받아들여지고 있다. 다양한 대내외적 환경변화에 직면한 지구촌은 고용 없는 저성장과 빈부격차의 심화, 사회통합을 저해하는 등 수많은 사회문제를 야기하거나 직면하였다. 대자본의 사적 이익추구와 국가의 조절기능 약화는 정부와 시장 그리고 시민사회 간의 균형이 무너지고 경제민주화가 후퇴하면서 공정한 시장경제의 실현과 지속가능한 사회발전에 장애가 되고 있다. 이러한 시대적 과제 앞에 새롭게 등장한 사회적경제 기업social economy enterprise의 성장과 발전은 국제적으로 사회문제 해결에 돌파구를 마련할 수 있는 실용적인 대안으로 평가받고 있으며, 자본주의를 보완하거나 가장 주목받는 대안으로 받아들여지고 있다.

사회적 가치 측정의 프레임 워크

'사회적 가치 측정'은 사회적경제 기업이 조직의 활동을 통해 창출한 사회적 가치와 사회적·공동체적 영향을 측정하는 과정이다. '사회적 가치 지표SVI: Social Value Index'는 각종 지원사업 선정 과정에서 개별기업의 사회적 가치 수준을 파악할 수 있도록 만들어진 지표이지만 완결본이 아니며 지속적으로 보완해야 하는 과제를 안고 있다. 현장 활용도 및 실행력 강화를 위해 최소한의 간소화된 지표로 구성하여 세 관점별로 유연하게 활용할 수 있도록 구성되어 있다. 사회적 가치 측정지표와 관련한 최근 동향은 성과 측정의 목적과 활용방법에 따라 다양하게 적용할 수 있으나 통일되거나 일반적인 방법은 존재하지 않는다. 실무적으로 사회성과 투자수익률 SROI, 사회영향투자보고서 및 투자기준IRIS, 글로벌 사회성과투자 평가시스템GIIRS, 균형 성과지표BSC를 이용한 성과측정 도구 등이 연구되고 있다.

사회적 가치 측정의 필요성과 목적은 사회적경제조직이 창출하는 사회적 가치 수준 파악과 발전방향 제시, 사회적경제 조직이 만들어 내는 현재의 사회적 성과 파악, 사회적 기여에 대한 정보를 획득하여 발전방향을 제시하기 위함이다. 다양한 지원사업 선정 시에 사회적 가치 측정 결과의 직접적인 활용 또는 참고 자료로 활용된다. 종합적인 사회적 가치 측정의 경우 '사회적 성과, 경제적 성과, 혁신 성과'를 모두 포함한다. 지표의 주요 측정 내용은 다음과 같다. ① '사회적 성과' 관점은 조직 미션, 사업 활동, 조직 운영 등에 대해서 평가하고, 사회적 미션의 관리, 주 사업 활동의 사회적 가치, 사회적 경제 생태계 구축 노력, 이윤의 사회목적 재투자, 운영의 민주성, 근로자 지향성 등을 평가한다. ② '경제적 성과' 관점은 재정 성과에 대하여 평가하고, 고용창출 및 노동성과 등을 평가한다. ③ '혁신 성과' 관점은 기업 활동에서의 혁신성에 대해 평가한다.

최근에는 대안 투자방식이 확산되고 있는데, 그중 SRI(Social Responsible Investment)라고 불리는 '사회책임투자'는 기업이 장기적으로 발생할 수 있는 리스크를 최소화하기 위해 재무적 분석 이외에도, ESG(Environment, Social, Governance)를 평가하여 향후 발생할 수 있는 기업의 리스크를 예방하는 소극적인 네거티브 스크리닝negative screening 방식이다. 반면에 임팩트 투자는 '재무적 이익과 더불어 긍정적인 사회적 임팩트를 창출하는 자본투자'로 관련 사업을 발굴하여 투자하는 적극적인 투자 방식을 의미한다. 기존에 재무적인 성과와 사회적 성과를 중점으로 하는 양 극단의 스펙트럼 안에서 사회책임투자는 최근 금융 성과보다 적극적으로 환경이나 사회적인 성과를 창출하는 기업에 투자하겠다는 형태가 나타나고 있다. 전통적인 투자가 재무적 성과만을 고려했다면, 임팩트 투자는 사회적인 성과를 더 강조한다고 볼 수 있다. 글로벌 금융위기를 경험하면서 기존의 재무적 수치에 의존한 투자 방식에 대한 한계점이 드러나기 시작했고, 이에 대한 새로운 패러다임으로 주요 기관투자자들의 임팩트 투자 시장이 형성되고 있다. 자본의 투입을 통해 사회적 가치가 창출되고 그 결과는 비재무적인 가치로 나타나는데, 이것에 대한 분석을 임팩트 평가라고 한다. 임팩트 평가는 정의Defining, 모형제작Modeling, 분석화Analyzing, 보고화Reporting의 4단계로 이루어진다.

SROI(사회투자수익분석)

$$SROI = \frac{효과의\ 순현재가치}{투자의\ 순현재가치}$$

사회적 가치 평가방법에는 사회투자 수익분석SROI과 비용편익분석CBA, 비용효과분석CEA, 결과물평가OE, 지역승수평가LM3 등이 있고, 이러한 분석은 사회적 가치에 대한 인식을 저변화하고, 사회문제에 대한 창조적 파괴의 혁신을 통해 더 나은 사회로 나아가는 원동력이 된다. 특히, SROI는 기존의 기업의 투자자본수익률을 뜻하는 ROI에 Social을 더한 합성어로 투자대비 얻을 수 있는 사회적 가치를 의미하는데, 순이익을 평가하던 ROI 개념을 사회적 가치를 평가하는 데 활용한 것이다. 사회적 기업이나 비영리 조직이 창출한 사회적 가치를 경제적 가치로 환산한 것으로, 고용형 사회적 기업에 직접 투자하는 미국의 비영리 민간재단인 REDF(Roberts Enterprise Development Fund)와 제드 에머슨Jed Emerson이 1996년에 개발했다. 최종적으로는 1달러를 투자했을 때 사회적 가치를 얼마나 얻을 수 있느냐를 평가하는데, SROI는 이해관계자들이 투자 대비 사회적 효과를 극대화하는 사업을 판별하기 위한 접근법이기 때문에 사회적 기업들을 평가하거나, 비교할 수 있는 기준으로 사용하는 데는 일정한 한계가 있을 수 있다. 이 방법은 일반적으로 사용되는 임팩트 평가 모델이며, 이를 활용하는 기관들은 영국을 중심으로 네트워크가 구축되어 있다. SROI의 7가지 원칙은, ① 이해관계자 참여Involve stakeholders, ② 변화의 이해Understand what changes, ③ 가치화Value the things that matter, ④ 중요성Only include what is material, ⑤ 과대 산정 불가Do not over-claim, ⑥ 투명성Be transparent, ⑦ 결과검증Verify the result이다. SROI의 분석 6단계는, ① 범위와 이해관계자 확인Establishing scope and indentifying stakeholders, ② 결과물 매핑Mapping outcomes, ③ 가치화Evidencing outcomes and giving them a value, ④ 영향력 확정Establishing impact, ⑤ 산출Calculating the SROI, ⑥ 보고, 활용 및 내재화Reporting, using and embedding이다.

GIIRS(Global Impact Investing Rating System)

미국의 비영리 조직인 B-Corporation의 연구소 B-Lab이 임팩트 투자 활성화를 위해 IRIS를 기반으로 만든 사회적 평가 시스템으로, 미국에서 기부/자선 단체들의 자금을 통해 창출된 사회적 임팩트를 측정하기 위해 개발한 모델이다. SROI와 달리 사회적 기업에 대한 등급을 제공하며, 사회적 가치를 측정하는 여러 항목에 대해 지역이나 해당 비즈니스가 속한 산업, 규모, 모델에 따라서 평가항목과 질문이 구성되어 있다. SROI는 창출된 사업마다 사회적 가치에 대한 가정과 판단이 필요하지만, GIIRS는 평가항목이 정해져 있기 때문에 사업들 간에 객관성을 가지고 비교가능하다는 특징을 가지고 있다. GIIRS의 평가 분류는, ① 비즈니스 모델에 따라 창출되는 임팩트(비즈니스 모델을 유형에 따라 구분한 후, 각 특성에 따라 창출되는 핵심적 임팩트를 평가) ② 이해관계자가 공통적으로 얻게 되는 임팩트(조직의 이해관계자가 얻게 되는 임팩트를 지배구조, 직원, 지역사회, 환경으로 구분하여 평가)로 나뉠 수 있다.

슈족Shujog

슈족은 개발도상국에서 개발한 평가 모델이며, 방글라데시어로 '기회'를 뜻한다. 선진국에서 개발된 모델들은 개도국 사업을 평가하는 데 한계가 있다고 판단하여, 아시아 지역의 사회적 기업 평가 및 임팩트투자 시장 발전을 위해 만들어졌다. 슈족의 임팩트 평가 범위는 사회, 환경적 임팩트에 대한 측정을 넘어 사회 전체에 대한 영향력까지 포함하며, 이에 따라 프레임워크를 구성하였다. 각 임팩트에 대해서는 조직이 수혜자, 환경, 사회 전체에 어떤 임팩트를 발생시키는지를 확인하여 미션 달성의 효과성을 분석한다. 해당 국가나 해당 섹터에 특화된 리서치가 중요하고, 평가를 위해 국가의 산업이나 환경을 리서치하는 것이 매우 중요하다. SROI 접근 분석을 활용하고 IRIS 지표를 사용하지만, 각 지역별 환경을 고려한다는 차이점이 있다. 내부기준에 따른 임팩트 스코어가 12점 이상이 되면 슈족 마크를 부여한다.

공동체 편익을 증대시키는 가치추구에 변화와 혁신 추구에 대한 혼합된 계량화는 필요하고, 사회투자수익률 분석은 보건복지서비스와 관련된 이해관계자들의 관점을 서비스 제공기관의 핵심으로 하도록 돕고, 사회투자수익분석은 서비스 공급자와 서비스 수혜자 간 관계에서 보완되고 강화되어야 할 부분을 보여준다. 사회적 가치에 대한 분석과 평가가 전부일 수는 없지만, 긴급한 사회문제를 해결하고 인간 삶의 질에 보이지 않는 것을 보이게 하고 가치를 측정하는 것은 유의미를 찾는 방법 중의 하나가 될 수는 있다. SROI는 사회적 가치에 대한 '영향impact', '수익profit, returns', '편익benefit', '가치value'로 구성되고 조직의 업무 방식과 자원 배분에 대한 활동의 결과를 포착할 수 있는 사회적·환경적 영향에 대한 공적가치를 설명하는 데 사용된다. SROI에서 사용하는 사회적 가치나 영향은 이해관계자의 사회적, 경제적, 환경적 가치 모두를 포함하는 사회적 효익을 중심으로 성과를 측정한다. 일반적으로 '사회적 가치 모형'의 구성은 관점별로 사회적 성과(60%), 경제적 성과(30%), 혁신 성과(10%)로 구성하고, 계량(70%), 비계량(30%)으로 구성(비계량지표는 각 10%로 가중치 적용)하여 계량한다. 측정지표별 배점은 영역별 동일 가중치를 부여하되 변경하여 적용한다. 측정모형은 사회적 기업이 지향하는 가치기준의 속성을 기준으로 '관점 – 범주 – 영역 – 측정지표'의 순차적인 측정 프레임 구성이 가능하다.

가치기준은 첫째로, 사회적 기업은 육성법에 근거하여 취약계층에게 사회서비스 또는 일자리 제공, 지역사회에 공헌과 유급근로자 고용, 영업 활동, 이해관계자 참여 의사결정구조, 교육훈련의 실시, 민관의 지역 파트너십 강화 등을 평가할 수 있다. 둘째로, 협동조합은 기본법에 근거하여 재화의 구매·생산·판매·제공, 조합원 권익향상, 지역사회 공헌, 교육훈련의 적극 수행, 협동조합 7대 원칙(자발적이고 개방적인 조합원 제도, 조합원에 의한 민주적 관리, 조합원의 경제적 참여, 자율과 독립, 교육·훈련 및 정보제공, 협동조합 간의 협동, 지역사회에 대한 기여)이다. 관점은 사회적 기업의 정의를 요약하여 공통요소를 추출하여 핵심 키워드를 '사회적 성과', '경제적 성과', '혁신 성과'로 구성한다. 사회적 성과는 대내적으로는 사회적 미션의 관리, 근로자 고용의 질 증진, 기업 내부 운영의 민주성 제고 등이 포함되고, 대외적으로는 사업활동을 통해서 이윤을 사회적으로 활용하는지, 사회적 경제 생태계 구축을 위해 노력하는지 등이다. 경제적 성과는 대내적으로는 얼마나 조직의 경제적 목표를 효율적으로 달성하는지 등이 포함(노동생산성 등)되고, 대외적으로는 얼마나 국가 경제에 기여하는지 등이 포함(매출액, 영업 이익 등)된다. 혁신 성과는 기업 운영 과정의 혁신, 제품 자체나 운영방식 등 사업의 전 영역에 걸쳐서 발생하는 혁신성이다.

측정내용의 범주는 IRIS(사회영향투자보고서 및 투자기준)의 5대 범주를 참조하여 사회적 영향과 경제적 성과를 종합적으로 측정한다. '사회적 성과'(조직 미션, 사업 활동, 조직 운영)는 조직이 사회적 가치를 실현하기 위해서 각종 기제를 설정하고 실행하고 있는지 여부를 측정한다. 사회적 미션의 관리, 주사업 활동의 사회적 가치, 사회적 경제 생태계 구축 노력, 이윤의 사회적 목적 재투자, 조직 운영의 민주성, 근로자 지향성 등이다. '경제적 성과'(재정 성과)는 조직이 효율적으로 인적·물적 자원을 투입하여 나타난

사업 활동의 경제적인 결과를 측정하는 것으로 고용창출 및 재정성과, 노동성과 등을 말한다. '혁신 성과'(기업 혁신)는 기업 활동에서 제품 및 서비스의 혁신성이 제대로 발현되고 있는지 여부를 측정하는 것으로 기업 활동의 혁신성을 말한다. 활용 예시를 들면, 크라우드 펀딩대회 참여기업 선정 시, '사회적 성과'(80%)와 '혁신성과'(20%)와 각종 우수 사회적 기업군 선정 시, '사회적 성과'(60%), '경제적 성과'(30%), '혁신 성과'(10%) 등의 세 가지 관점의 지표로 활용이 가능하다. 또한, 계량지표만으로 반영할 수 없는 사회적 기업의 특성을 비계량지표로 측정하여 사회적 기업의 특성을 반영할 수 있다. '계량지표'는 근로자 임금수준, 고용성과, 매출성과, 영업성과, 노동생산성 등이고, '비계량지표'는 사업 활동의 사회적 가치 지향성, 이윤의 사회적 환원 노력도, 기업 운영 및 제품의 혁신성이다. 또, 규모 및 업종별 특성을 반영하기 위하여 개별 지표의 점수 부여 시 동일서비스와 비교하여 분포상의 해당 정도를 점수화하여 상대적 차이를 보정할 수 있다.

사회적 가치 측정지표에 대한 판정기준은 ① 사회적 가치 추구 여부 계량평가 유·무 평가, ② 사회적 성과 관리체계 구축 계량평가 5등급 평가, ③ 사업 활동의 사회적 가치 지향성 비계량평가 5등급 평가, ④ 사회적경제조직과의 협력 수준 계량평가 5등급 평가, ⑤ 지역사회와의 협력 수준 계량평가 5등급 평가, ⑥ 이윤의 사회적 환원 노력도 비계량평가 5등급 평가, ⑦ 참여적 의사결정 비율 계량평가 5등급 평가, ⑧ 근로자 임금수준 계량평가 5등급 평가, ⑨ 근로자 역량강화 노력 계량평가 5등급 평가, ⑩ 고용성과 계량평가 5등급 평가, ⑪ 매출성과 계량평가 5등급 평가, ⑫ 영업성과 계량평가 5등급 평가, ⑬ 노동생산성 계량평가 5등급 평가, ⑭ 기업 운영 및 제품의 혁신성 비계량평가 5등급 평가 등이다.

지표별 평가등급 기준은 지표 만점 값을 최고점으로 5등급으로 구분하여 해당 점수를 산정한다. 예를 들면 매출성과 지표의 경우, S등급(총매출액이 동일서비스 매출액 분포의 80% 이상), A등급(총매출액이 동일서비스 매출액 분포의 60%

이상 80% 미만), B등급(총매출액이 동일서비스 매출액 분포의 40% 이상 60% 미만), C등급(총매출액이 동일서비스 매출액 분포의 20% 이상 40% 미만), D등급(총 매출액이 동일서비스 매출액 분포의 20% 미만) 등이다. 계량평가 방법 중 '유(있음)·무(없음)' 방식은 2단계로 해당 점수를 산출하고, 평가결과 충족의 경우 '있음(100%)', 불충족의 경우 '없음(20%)'으로 산정한다. 비계량지표와 계량지표 평가점수를 합산한 최종 종합점수는 탁월, 우수, 보통, 미흡 등 4단계의 평가등급을 부여하여 이해 관계자 및 참여기업에 정보를 제공할 수 있다.

'탁월'(90점 이상)은 모든 영역에서 사회적 가치 실현을 위한 체계적인 시스템을 갖추고 효과적인 활동이 이루어지고 있으며, 매우 높은 성과를 달성하고 있는 수준이다. '우수'(80점 이상~90점 미만)는 대부분의 영역에서 사회적 가치 실현을 위한 체계적인 경영시스템을 갖추고 효과적인 활동이 이루어지고 있으며, 높은 성과를 달성하고 있는 수준이다. '보통'(70점 이상~80점 미만)은 일부 영역에서 사회적 가치 실현을 위한 양호한 경영시스템을 갖추고 있지만 사회적 가치 성과는 다소 부족한 수준이다. '미흡'(70점 미만)은 대부분의 영역에서 사회적 가치 실현을 위한 경영시스템이 체계적이지 못하고 경영활동이 효과적으로 이루어지지 않으며 개선 지향적 체계로의 변화 시도가 필요한 수준이다.

정부는 2017년 12월 공공기관 경영실적 평가제도를 사회적 가치, 공공성 중심으로 전면 개편한 후 2018년 처음으로 평가를 진행하였다. 총 128개 기관 중 20개 기관이 '우수A' 등급, 51개 기관이 '양호B' 등급, 40개 기관이 '보통C' 등급, 16개 기관이 '미흡D' 등급, 1개 기관이 '아주 미흡E' 등급을 받았다. '탁월S' 등급을 받은 기관은 없었다. 평가 결과는 인사·성과급·차년도 예산 책정 등에 반영되며, 올해의 경우 미흡 등급을 받은 기관 중 재임기관 6개월 이상 된 기관장 8명이 경고조치를 받았고, 기관 및 감사평가 결과를 각각 50%씩 반영해 성과급을 차등 지급한다. 또한 미흡 이하의 등급을 받은 17개 기관에는 경영개선 계획을 제출하도록 했으며, 해당 17

개 기관의 평가 결과는 내년도 공공기관 예산 편성 시 반영될 예정이다.

사회적(가치)증권거래소

자본주의 '시장경제'와 사회주의 '계획경제'는 배타적 영역으로 인식해 왔다. 그러나 이러한 전통적 양분법을 탈피한 제3의 영역이 생겨나기 시작했는데 사회적 기업, 임팩트투자, 그리고 사회적증권거래소 social stock exchanges, SSEs 등이다. 사회적 자본시장 가운데 사회영향투자(임팩트 투자)가 활성화되고 있지만 사회적경제에 대한 전반적이고 안정적인 자본시장 요구는 커지는 데 반해 사회적 금융 기능과 역할은 아직 협소하고 척박하다. '사회적증권거래소'는 '사회적 책임을 목적으로 하는 기업'들의 주식을 거래소에 상장시킨 후, 윤리적 투자자들로부터 자금을 공급받는 주식시장으로 남아메리카 브라질에서 처음 탄생하였다. 일반 기업들이 코스피와 코스닥 시장을 통해 자금을 조달하는 것처럼 사회적경제 기업들이 사회적 가치성과를 내면 그 가치를 적정하게 평가할 수 있도록 하고, 투자자들은 수익을 증권화한 사회적 기업들의 '사회적 주식'을 사고 파는 형식이다. 사회성과연계채권 Social Impact Bond, SIB은 복지정책의 사각지대에 있는 계층들에게 공적예산을 투입하지 않고 민간투자를 끌어들여 사업을 수행하도록 하고 사회적 가치를 실현할수록 이익이 증가하는 성과를 측정해 인센티브를 주는 방식이다. '사회적증권거래소'를 개장·운영 중인 국가들은 브라질, 캐나다, 영국, 싱가포르, 남아프리카, 케냐 같은 나라들이다. 정부, 투자기관, 지방자치단체, 개발금융, 사회적 기업가 등 산업 내 여러 주체들이 민관협력으로 과업을 추진하여 사회적 가치에 대한 문화와 환경, 사례, 인적·물적 자본과 연구의 새로운 메카로 등장하고 있다. 우리나라도 선진 국가들의 경험과 노하우를 거울 삼아 사회적경제의 작동기제들을 활성화시킬 수 있는 '사회적(가치)증권거래소' 설립을 서둘러야 한다. 다양한 형태로 진화하고 있는데 대표적인 것들을 살펴보면 다음과 같다.

사회적(가치)증권거래소 운영국가

구분	브라질	남아프리카공화국	싱가포르	영국	캐나다
설립연도	2003	2007	2009	2013	2015
거래소 형태	프로젝트형	프로젝트형	상장형, 유통형	유통형	유통형
운영목적	지역발전에 역할을 하는 사회적 이익창출	사회적 이익 창출의 프로젝트 지원	사회적 투자자와 사회적 기업 연결	사회적 투자자와 사회적 기업 연결	수익창출과 사회적 목적의 조화
상장대상	비영리 사회적 기업	비영리 사회적 기업	사회적 환경적 창출의 아시아 내 모든 기업	사회적 미션추구 기업 중 수익창출 가능기업	사회적 미션추구 기업 중 수익창출 가능기업

세계에서 첫 번째로 문을 연 브라질 사회적증권거래소BVS&A는 사회적 프로젝트에 관심이 있는 '사회적 투자자'를 자금이 필요한 사회적 기업과 연결해 자금을 조달하는 증권거래소 기능을 모방하여 시행하고 있다. 모회사인 브라질 증권거래소와 인력, 규정, 업무 등을 공유하여 사회적 투자에 대한 책임감, 투명성, 신뢰성을 보장한다.

남아프리카공화국 SASIX는 세계에서 두 번째로 만들어진 사회적증권거래소이다. 잘 알려지지 않은 사회적 기업에 자금을 지원할 목적으로 2006년 6월 개장했다. 전통적인 주식거래소와 마찬가지로 운영되는데 부문, 지역 등 두 구분에 따라 사회적 프로젝트를 추진하는 기업의 주식을 살 수 있도록 윤리적 투자자들에게 플랫폼을 제공한다. 남아공의 사회적 증권거래소는 투자 플랫폼이라기보다는 온라인 알선 플랫폼에 가깝다. 관심있는 투자자들이 미션, 프로젝트 유형 등에 따라 사회적 기업을 고를 수 있고, 기업의 가치를 연구하여 투자할 수 있도록 하였다.

싱가포르 임팩트 거래소impact Exchange는 2013년 6월 개장했는데, 사회적 기업과 임팩트투자펀드에 대한 평가 등 영국의 사회적증권거래소와 비슷한 기능을 한다. 재미있는 것은 비영리기구도 주식발행 리스트에 포함되어 있고, 여기에 포함된 비영리기구들은 채권발행도 가능하다. 싱가포르의 사회적증권거래소는 측정규범을 갖고 있다는 점에서 캐나다와 유사하지만 투자여부를 판단할 만한 질적 평가는 이루어지지 않고 있다.

영국의 사회적 가치 증권거래소는 2013년 6월 문을 열었다. 아직 주식거래를 중개하지는 않으나 소셜임팩트 테스트를 통과한 기업들을 모으고 있다. 증권거래소는 독립적 전문가들이 테스트를 진행하고 사회적증권거래소의 임팩트 리포트를 발간한다. 이들은 일반대중을 상대로 사회적 가치 정보를 전달하는 역할을 하고, 소셜임팩트 투자자가 되려는 사람들을 위한 조사서비스도 제공한다. 관련 사이트에서는 사회적 임팩트 데이터를 비교평가하고 표준화하는 자료들을 게재하고 있다. 여기에 오르기 위해서는 런던 증권거래소에 등록되고, 소셜임팩트 테스트를 통과해야 한다. 평가영역은 ① 사회적 기업의 사회적 혹은 환경적 미션, ② 목표 이익, ③ 제품, 서비스, 운영이 사회적 임팩트를 창출하는 방법, ④ 이해관계자들과 관련성, 논의하는 방법, ⑤ 소셜임팩트의 증거를 모으고 측정하고 보고하는 방법이다. 현재는 수십여 곳의 기업이 앞서의 조건을 충족하고 있다.

캐나다 소셜벤처중개소는 2013년 9월 개장했는데 '믿을 수 있는 연결자'를 표방한다. 이 기구는 관심있는 임팩트 투자자들, 서비스 제공업자들을 사회적 기업들에 소개하고 높은 인지도와 적정가격의 트리플바텀라인 triple bottom line[20] 평가수단도 제공한다. 캐나다 온타리오 주정부가 지원하는 사회적증권거래소는 완전 독립형 주식거래소에 가깝고, 문호는 기관투자가들에만 열려 있다. 리포트 발간을 위한 객관적 규범을 갖고 사회적 기업을 위한 법적 등록절차도 제공한다.

사회적 기업들이 일반적으로 재무적 측면에서 성과를 제대로 올리지 못해 저평가 되는 현실을 극복하기 위하여 사회적 기업을 적절히 평가하

---

20 트리플바텀라인이란 기업 이익, 환경 지속성, 사회적 책임 등 3가지 기준으로 기업실적을 측정하는 비즈니스 원칙이다.

는 역할을 하고, 새로운 사회적 투자시장을 형성하는 것은 지속적인 성장을 위해 매우 중요하다. 하지만, 상기에서와 같이 사회적증권거래소를 개장·운영하기 위해서는 사회적경제 기업들에 대한 가치평가와 집단 위험회피collective risk aversion가 필수적이므로 긍정적 측면도 있지만 위협요인도 상존한다. 가장 큰 이슈는 평가전문가나 중개인들이 사회적경제에 대한 충분한 이해를 갖고 있는지, 가치평가와 검증이 과학적인지 그리고 그에 대해 투자자, 사회적 기업 그리고 사회적경제 기업가들로부터 충분한 신뢰를 쌓지 못하고 있다는 점이다. 싱가포르와 남아공의 사회적 기업들은 사회적 목적을 우선시해야 하지만 영국에서는 사회적 목적이 가치 투자의 우선적 요소가 아니다. 반면, 캐나다의 가치평가는 매우 앞서가는 모델이어서 다른 나라들의 사회적증권거래소들에게 모범이 될 만한 사회적, 환경적 임팩트를 측정하기 위해 'B인증 기업 표준'을 폭넓게 사용하고 있다. 이에 비해 브라질은 사회적 기업을 사회적 투자자들에 연결시켜주는 역할을 할 뿐, 가치평가에 혼란을 겪지 않기 위해 가치평가 자체를 회피하고 있다. '크라우드 펀딩'과 차이점을 구분하기 어려워 어떤 모델을 따라갈 것인지에 대한 논의가 아직 덜되어 있다고 전해진다. 따라서 사회적증권거래소가 사회적 기업들이 표방하는 소셜 미션을 제대로 달성하는 데 어떤 도움을 줄 것인지에 대한 분명한 답을 제시하기 위해서는 분석의 틀을 개선하고 평가와 측정하는 수단들을 지속적으로 개발해야 한다. 모든 시장참여자들에 적용되는 투자의사결정을 위해 올바른 시야와 상식적인 메트릭스를 제공해야 하는 것이다. 일반적으로 사회적 기업의 가치 창출에 대해 의문을 제기하는 사람들이 존재하고, 새로운 사업이 3년 내에 망할 확률이 80%를 상회하는 현실이다. 좋은 목적을 갖고 있으나 통제 불가능한 환경과 인적·물적 자원으로부터 취약한 사회적경제 기업들이 수행하는 것은 실패확률이 더 높을 것이라는 판단도 사회적 가치 증권거래소의 설립에 부정적 요인이 되고, 증권거래소에서 거래될 기업들이 많지 않은

데다 기존 장외기업 거래시장의 실패가 되풀이될 수 있어 현실화하기에는 힘들다는 지적도 있어 거래소 설치에 대한 각계의 의견차가 존재하기도 한다. 다른 국가에서는 펀드매니저들이 사회적 금융에 투자하는 걸 가로막는 법적 규제가 있고, 이런 나라들은 사회적 기업에 투자하는 투자자들에게 세금 등 인센티브를 주지 않거나 주더라도 매우 적게 주는 경향이 있다.

하지만 사회적(가치)증권거래소의 설립과 개장은 사회적 가치 창출과 분위기에 상당한 기회를 제공할 수 있다. 예를 들어 사회적경제 가치창출에 대한 소규모 투자도 미래에 매우 큰 사회적 유익을 가져다준다는 사회적 환경과 합의가 필요하다. 지방정부, 자선단체, 재단 등 투자자들은 사회적경제 영역의 힘을 키우고 임팩트투자의 효과를 측정, 이해하기 위한 더 많은 정책적 지원과 공적자금을 제공해야 한다. 사회적 금융은 창조성, 자본, 기업가정신 등과 관련한 선택에 영향을 끼치고, 또 새로운 시장과 사업구조, 상품 등의 성장을 이끌 수 있다. 민간부문 펀드매니저들은 사회적증권거래소를 통해 보다 포괄적인 투자시장을 창출할 수 있으며, 진정한 가치를 확인할 수 있는 공간임을 알아야 한다. '사회적(가치)증권거래소'는 전통적 금융시장과 사회적 금융시장이 공존하는 바람직한 길이라는 사회적 공감이 필요하고, 생태계를 구축해야 할 책임이 우리에게 있다. 증권거래소는 재무적 수익과 사회적 미션을 동시에 수행하는 사회적 기업의 주식 또는 프로젝트를 거래소에 상장시킨 후 윤리적 투자자들로부터 자금을 공급받는 중개조직을 의미한다. 사회적경제 기업 거래소에 참여하게 되면, 새로운 후원자 및 투자자들을 만들 수 있는 기회가 확대되고 궁극적으로 사회발전과 사회문제 해결에 도움을 줄 수 있다. 정치권에서는 사회적 가치 증권 거래소에 대한 논의가 물밑에서 활발하게 이어지고 있다. 사회적 기업육성법 개정안은 고용노동부 장관의 인증을 받은 사회적 투자자에 대해 투자수익 감면 등 세제혜택을 받을 수 있도록 하였고,

사회복지사업법 개정안은 사회복지사업 범위에 사회적 기업육성법에 따른 사회적 가치 증권거래소를 설치·운영하는 내용이다. 프로젝트 상장형의 사회적 기업 거래소를 사회적 기업 상장형으로 발전시키는 논의가 본격적으로 이루어질 경우 자본시장을 개설하고 운영하는 거래소의 지원은 필수적이다.

'사회적(가치)증권거래소'는 사회적경제 기업이나 비영리기업의 자금수요를 파악한 후 그 자금을 증권화해 관심을 갖는 투자자에게 판매하는 사회적·공공적 금융 중재 역할을 한다. 사회적 프로그램들이 선정되면 그에 필요한 자금수요를 증권화한 사회적 주식을 투자자에게 제공하는데 주식에 대한 대가는 금융적인 이익이 아닌 사회적 편익이나 사회적 이익이다. 증권거래소 설립은 사회적경제 기업의 금융기반 구축과 안정된 자금의 투자와 사회적 가치에 대한 민간의 이해와 참여를 유도한다는 측면에서는 긍정적이나 바람직한 대안으로 만들기 위해서는 외국에서의 실패와 성공사례, 사회적 가치 평가에 대한 과학적 성과 검증, 유사한 국내 도입의 실패 사례 등을 종합적으로 검토, 연구, 검증해야 하고, 국내의 사회적경제 기업들의 육성 기반이 선행되어야 한다. 무엇보다도 사회문제에 대한 '효과적인 문제해결'은 사회성과에 대한 정량적 평가와 분석이 필수이다. 성과에 대한 측정의 결과에 따라 보상의 규모가 결정되기 때문이다.

III
사회적 기업

1. 사회적 기업의 이해

2. 사회적 기업과 사회혁신

3. 사회적 기업의 인증절차와 요건

4. 사회적 기업의 정부정책

5. 사회적 기업의 사례와 핵심가치

중세시대 사람들은 굶어죽는 일이 다반사였기 때문에 그들에게 유토피아란 먹고 사는 일에 있어 '젖과 꿀이 흐르는 무릉도원'이었다. 옛 사람들의 시각으로 보면, 현재의 우리가 살고 있는 공동체를 유토피아라고 생각할 수 있다. 굶어죽는 사람보다 당뇨나 비만으로 고통 받는 사람이 훨씬 많기 때문이다. 하지만 지금 우리는 스스로에게 묻는다. '우리는 과연 유토피아에 살고 있는가?'

"유토피아는 지평선 위에 있다.
두 발 다가서면 유토피아는 두 발 물러선다.
열 발 다가서면 유토피아는 열 발 물러난다.
아무리 다가선다 하더라도 절대 유토피아에 다다르지 못할 것이다.
그렇다면 유토피아는 왜 존재하는가?
바로 우리를 전진하게 만들기 때문이다."
-에두아르도 갈레아노[1]

1   에두아르도 갈레아노(Eduardo Galeano, 1940~2015)는 우루과이의 언론인이자 작가이다.

1. 사회적 기업의 이해

사회적 기업의 정의

사회적 기업은 사회적 기업을 발굴하고 지원하는 '아쇼카Ashoka재단'의 빌 드레이튼이 1978년 창안한 개념으로 미국 버지니아주에 사회적 기업가[2]들을 지원할 목적으로 재단을 설립하면서부터 시작되었다. 경제개발협력기구는 사회적 기업을 "기업적 전략에 따라 조직을 운영하되 공익을 추구하고 이윤을 극대화하는 것이 아니라 특정 경제적·사회적 목적을 이루고자, 사회적 소외와 실업문제에 대해 혁신적인 해결책을 제시할 수 있는 모든 민간 활동"이라고 정의한다. 우리나라 고용노동부는 "사회적 가치를 우선적으로 추구하면서 영업활동을 수행하는 기업이나 조직, 취약계층에게 사회적 서비스[3] 또는 일자리를 제공하거나 지역사회에 공헌함으로써 지역주민의 삶의 질을 높이는 등 사회적 목적을 추구하는 동시에 재화 및 서비스를 생산, 판매하는 등의 영업활동을 수행하는 기업"으로 정의하고 있다. 사회적 기업은 영리기업과 비영리기업의 중간에 위치한다. 사회적 목적을 추구하면서 재화나 서비스의 생산 판매 등 영업 활동을 수행하는 기업이다. 영리기업이 주주나 소유자를 위해 이윤을 추구하는 것과는 다르게 사회서비스를 제공하고 취약계층의 일자리를 창출하는 등 사회적 목적을 추구하는 조직으로 취약계층을 노동시장으로 통합, 지역사회 활성화, 새로운 공공서비스의 수요를 충족시키는 기능을 한다. 기업

2　빌 드레이튼은 '창조적 파괴'의 기업가 정신을 영리 기업에게만 국한할 것이 아니고, 사회 혁신에도 적용하자는 뜻에서 '사회적'과 '기업가'를 합성했다.
3　교육, 보건, 사회복지, 환경 및 문화 분야 등에 대한 서비스를 말한다.

의 사회공헌과 윤리적 경영문화를 확산하고, 착한 소비문화를 조성하는 데 목적이 있다.

사회적 기업의 목적

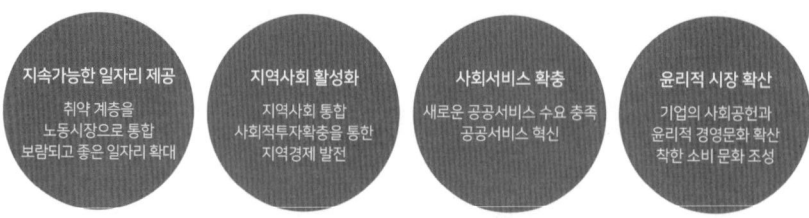

사회적 기업의 가치추구

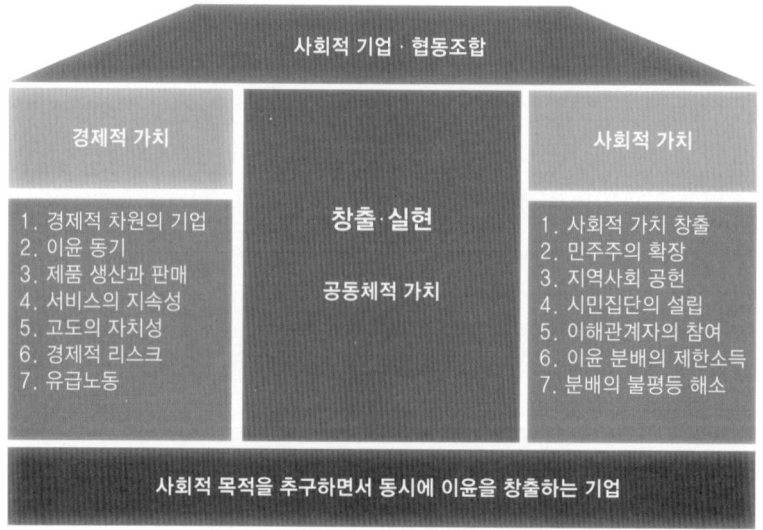

사회적 기업은 '사회적 목적 추구'와 '영업활동'을 하고, '민주적 의사결정 구조'를 갖춰야 하는 등의 요건을 갖추어야 한다. 그러나 정부가 인증한 기업만 사회적 기업이라고 할 수는 없고, 그러한 활동을 목적으로 하

는 기업 모두 사회적 기업이라고 할 수 있다. 이러한 현장의 요구를 받아들여 정부는 2020년부터 인증요건을 대폭 완화했다. 벤처기업이 새로운 돈벌이의 기회를 만들어 나가듯 사회적 기업은 더 나은 사회를 위해 혁신하는 사회적 벤처 기업이다. 기업가 정신으로 무장하여 사회의 난제에 대해 창조적 파괴를 시도하는 기업이다. 경제적 가치 창출을 위한 기업이면서 동시에 사회적 차원의 조직체로 사회적 약자들이 직접 생산에 참여하는 과정을 통해 공동체의 배려를 받는다. 경제적 하위계층들이 시장 지배력을 키워 사회적 배제를 막아내자는 의미이다. 위태로운 일자리, 분배의 악화, 갈수록 높아지는 빈곤율과 불투명한 노후와 고령사회, 환경파괴 등 미래를 기약할 수 없는 불안한 사회에 사회적 기업은 소득 재분배와 양극화 해소, 민주주의 확장과 불평등 해소 등 사회의 근원적 문제를 사람을 중시하는 경제 조직과 창조적 파괴의 사회혁신 모델로 개혁한다.

사회적 기업 요건과 지원

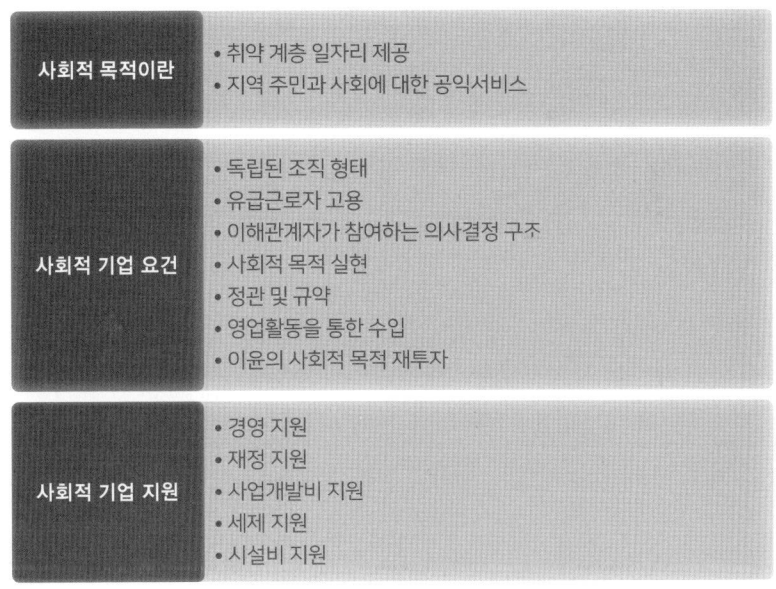

사회적 목적이란	• 취약 계층 일자리 제공 • 지역 주민과 사회에 대한 공익서비스
사회적 기업 요건	• 독립된 조직 형태 • 유급근로자 고용 • 이해관계자가 참여하는 의사결정 구조 • 사회적 목적 실현 • 정관 및 규약 • 영업활동을 통한 수입 • 이윤의 사회적 목적 재투자
사회적 기업 지원	• 경영 지원 • 재정 지원 • 사업개발비 지원 • 세제 지원 • 시설비 지원

기업과 사회적 기업가 정신

기업은 조직이고 제도이며 문화이다. 인류의 생존방식이자 생활방식으로 생활에 필요한 재화와 용역으로 소득을 얻어 가족을 부양하고 인생의 목표를 이루며, 역사를 창조하는 수단이다. 자본주의 태동기인 16~17세기 영국과 네덜란드는 왕권과 상인의 이익이 타협점을 찾아 '주식회사'라는 형태의 상업조직을 탄생시켰다. 인간의 이기심과 동업방식이 결합된 산물이었다. 의욕이 충만한 사람들에게 사상의 해방은 능력을 극대화시킬 수 있는 기회였고, 능력을 경제적 부로 전환하기 위한 수단이 기업이었는데 보통사람들의 꿈을 실현시키기 위한 비옥한 토양을 마련해 주었다. 유한책임제, 투자와 권익의 자유로운 양도, 법인의 지위를 얻어 일반 사람도 무슨 일이든지 할 수 있고, 시장을 개척할 수 있는 기회가 주어졌다. 기업은 이들의 창의력을 이끌어 내고 혁신의 에너지가 최대한 발휘되도록 하여 눈부신 발전을 이루게 하였다. 하지만, 주주의 이익 극대화라는 '원죄'와 '브레이크 없는 욕망의 전차'라는 비판으로부터 자유로울 순 없었다. 도덕적 또는 윤리적으로 위험한 존재라는 평가를 받은 '기업'은 지구공동체의 질서에 엄청난 영향을 미쳤다.

기업은 17세기부터 주주들의 이익을 창출하는 임무 외에 국가의 영토 개척이라는 사명을 짊어졌다. 왕의 정치권력과 기업의 경제 권력이 결탁하여 수세기 동안 아메리카, 아프리카, 아시아를 침탈, 착취했다. 국가로부터 교전권, 협상권, 행정권을 부여받은 기업은 국가 권력을 바탕으로 식민지에서 참혹한 전쟁을 일으켰고, 자원을 약탈하고 점유했으며, 심지어 사람을 사고 파는 등 사회정의에 위배되는 처참한 일들을 자행했다.

지난 산업혁명 250년간의 변화무쌍한 사회변혁은 수천 년의 지구변화보다 빠른 진화였다. 기업은 사회의 부를 창출하는 중요한 조직으로 사람들의 사고방식과 생활 습관을 180도로 변화시켰다. 사회발전의 산물이고, 인류가 공유할 수 있는 문명의 성과이기도 했다. 시장경제의 기초이고 기술혁신, 인재확보, 설비개선, 구조조정 등 경제위기를 극복할 수 있는 원동력이기도 했고, 최대의 피해자이기도 했다. 사람들의 수요를 충족시키기 위해 생산하기도 하고, 생산을 통해 또 다른 수요를 창출하기도 했다. 물질적인 면에서 강자일 뿐만 아니라 제도적 측면에서도 강자였다. 사회의 통제를 초월하는 힘을 비축했고, 사회의 지배자가 되어 인류의 전통적 정서와 결별하기도 했다. 꿈과 함께 성장하고, 미지未知에 대한 탐구는 무한하여 경영구조를 개편하고 자발적으로 위기에 대처하고 위기를 기회로 삼아 경쟁력을 강화하기도 한다. 인간의 탐욕을 무한대로 확장시켜 놓은 기업은 시장경제에 없어서는 안 될 필수 존재로 자리매김했다. 수많은 사람들에게 꿈과 희망을 주었지만 지역과 국가를 벗어나 '세계화'하면서 지구촌 가족을 절망의 늪으로 인도하기도 했다.

　지식과 자본이 결합되면서 인류 사회는 급속도로 발전했다. 지식이 힘이 되고 과학기술이 최고의 생산력이 되려면 지식이나 기술을 혁신할 수 있는 기업조직이 필요하다. '자유'는 과학 연구에서 가장 존중받는 요소이고 혁신에 없어서는 안 될 필수 환경이다. 기업은 생산을 통해 가치를 생산하고, 제품과 서비스의 혁신을 통해 부가가치를 창출한다. 개인과 집단의 이익이 일치하는 환경과 조건을 만들어 사회적 이익을 만들어내는 진정한 사회혁신이 가능하도록 했다. 하지만, 자유는 기업의 생명이지만 아무런 제약도 없는 자유는 위험했다. 사회로부터 부여받은 자유를 통해 발전한 기업이 다른 기업과 사람의 기회를 억압하고 시장의 본래 기능을 왜곡시키거나 파괴했다. 사회적 책임은커녕 얻은 이익을 제대로 분배하지 않아 눈살을 찌푸리게 하거나 원망의 눈초리를 감내해야 했다.

　인류의 끝없는 탐욕은 사회의 감독과 법제에 의한 두려움을 통해 균형을 이루었다. 우리가 사는 현재가 최고의 시대이면서 최악의 시대일 수 있는 것은 기업이 사회적 책임을 얼마나 성실히 하는가에 달려 있다. 희망으로 가득 찬 봄날인 동시에 절망의 겨울일 수도 있는 것은 기업의 목표가 어디에 있는가이다.

  기업은 과학과 기술을 이용한 혁신으로 생산성을 향상시키거나 새로운 가치를 창출하여 확대재생산했지만 모든 것에 가격을 매기고 이를 상품화하여 환경과 문화를 후퇴시키기도 했다. 현대사회에서 기업은 사람의 육체에 값을 매겨 상품화하고, 창조한 예술의 가치를 수치로 환산하기도 한다. 하지만, 훌륭한 기업은 자유롭고 공평한 경쟁을 유도하고 저렴한 제품을 풍부하게 창조하여 공공선의 가치를 창출하며, 공공 정책의 제정과 사회 공익에도 영향을 미친다. 역사의 먼지 속으로 사라지기도 했고, 오랜 세월 동안 사회의 구석구석을 실핏줄처럼 연결하여 진화시키는 혁혁한 공을 세우기도 했다. 혁신은 우연이나 천재의 영감이나 도박이 아니라 과학적이고, 체계적인 과정이며, 실용적인 산물이어야 하지만 위험부담은 필수불가결한 요소이다.

  기업가적 행동을 유발하기 위해서는 도전을 장려하고, 높은 기준에 도전한 실수가 실패로 귀결되지 않도록 문화와 환경을 조성해야 한다. "세계를 뒤흔들 정도로 성공한 미국 실리콘밸리의 벤처기업가들은 평균 2.8회의 실패를 '경험과 자산'으로 인식한다."(미 하버드대, 로렌 게리 교수) 기업가정신이란 자기 힘으로 운명을 바꾸겠다는 의지이고, 돈을 벌 수 있는 남다른 안목과 수완이다. 혁신과 창의성을 바탕으로 변화를 탐구하고, 생산 활동을 통해 기회를 포착하는 도전정신이다. 자본주의가 고도화한 21세기 기업의 사회적 역할은 막중해졌고, 사회혁신을 통해 공익을 창출할 수 있다는 흥분을 증명해야 할 때이다.

  사회적 기업가는 새로운 기술과 경영, 상품의 개발, 시장 개척 등 기업의 경영 활동으로 일자리를 창출하는 등 공동체의 목적을 달성·성장시키는 사회공헌자이며, 기능보유자이다. 몰입과 결단력, 리더십, 기회에 대한 집념, 위협과 불확실성에 대한 인내력, 창의력과 자기신뢰, 적응력, 목표에 대한 성취의욕, 원만한 대인관계, 사회적 목적과 가치실현이 요구된다.

'인간의 얼굴을 한 자본'이라는 소명의식으로 현재 이 사회의 아픔을 치유하면서 다시는 그러한 고통을 겪지 않도록 제도와 공동체를 바꾸려는 노력을 게을리 하지 않는 사람이다.

세계적으로 가장 영향력 있는 비즈니스 교수로 뽑히는 캐나다의 로저 마틴 교수는 "사회적 기업가는 기존의 사회적 균형을 깨뜨리고 보다 공정한 새로운 균형을 만들어 내는 인물"이라고 정의하였다. 사회적 기업가는 사회가 해결하지 못한 문제를 해결하는 곳에서 기회를 얻는다. 소득 격차로 인한 기회의 불균등에 대해 인적·물적 자원과 정부와 기업 등의 지원을 끌어들여 더 많은 사람들에게 폭넓은 사회적 서비스를 제공하는 사람이다. 시장과 사회의 필요와 욕구를 충족시킬 수 있도록 작용하여 자원을 효과적으로 분배하는 기능을 담당한다. 사회적으로 심각한 문제나 해결 노력이 부족했던 과제에 대해 비즈니스의 수익성과 성장성을 창조해 내고 가능성에 도전하므로 사회로부터 공정성과 공공성을 인정받는다.

사회적 기업가에게 필요한 덕목은 설정한 사회적 문제 해결을 현실화시킬 수 있는 도구를 찾고, 만들고, 수정하고, 완성하는 열정이다. 목표를 설정하여 어떻게 도달할 것인지 목적과 비전이 분명해야 하고, 다른 사람이나 기업보다 잘 해결할 수 있다는 것을 증명해야 한다. 사회적 미션과 경제적 성과를 견고하게 이어주는 비즈니스 모델의 가치에 대해 비전을 밝히고 끊임없이 전진해 나가는 끈기가 필요하다. 이러한 과정에서 동종 간, 이종 간, 정부, 기업, 비영리에 대한 네트워크와 협력할 수 있는 지혜는 지속가능한 사회적 기업의 필요충분조건이다. 사회혁신을 추구하는 다양한 집단들의 공동 작업과 투자 자금의 유치는 기업의 경제적 지속성과 확장성을 더욱 증대시킬 수 있다.

2. 사회적 기업과 사회혁신

사회적 기업의 가치와 혁신

사회혁신social innovation이란 사회문제 해결을 목표로 작동하는 새로운 아이디어와 활동이다. 사회적 기업은 이윤극대화를 추구하는 일반기업의 성격과 사회적 가치 창출의 공익적 목적을 포함하는 '제3의 경제주체'이다. 사회문제를 해결하는 기업이기 때문에 일반적인 영리기업보다 사회적 기업의 창업이 훨씬 더 어려울 수밖에 없다. 사회적 기업을 경영한다는 것은 해결 과정을 넘어서 사회문제와 함께 공존한다는 의미이기 때문에 운영 또한 쉽지 않다. 그러나 정부 입장에서 보면, 글로벌 경제위기 이후 크게 부각되고 있는 복지국가의 위기와 사회적 양극화와 실업문제를 해결할 수 있는 적극적이고 구체적인 방안이자 해법이다.

전통적으로 사회문제는 정부와 비영리 부문이 책임져 온 영역으로서 본질적으로 '시장실패'와 '정부정책 실패'를 전제로 한다. 시장에서는 노동자들에게 노동에 대한 대가로 임금을 지급하고 있지만 빈부격차와 부의 편중을 해결하지 못하고 있다. 이런 현실을 극복하기 위해 사회적 기업은 시장실패의 문제를 또 다시 시장원리를 이용하여 해결하려고 하는 것이다. 그러나 사회문제가 심각하고 긴급하며 사회적 가치가 높을수록 수익성은 반비례할 가능성이 높다. 사회적 기업의 경영 현장을 보면, 낮은 품질과 적은 수익성, 높은 유통비용과 판매비용으로 시장의 장벽은 높고, 진입은 어려우며, 자원의 조달과 활용에 일정한 한계를 극복해야 하는 사회·경제적 어려움에 봉착할 수 있다. 그러나 현 정부가 들어서면서 인증의 진입장벽을 낮추고, 경영의 어려움을 해소하기 위하여 자금 규모를 늘리고 조달을 용이하도록 하며, 혁신타운 건립 등으로 종합적인 지원을 아끼지 않고 있다. 사회문제 해결을 목표로 작동하는 새로운 아이디어와 활동의 사회적 기업은 기존의 시장, 정부, 비영리조직 등이 해결하지 못한 사회적 문제를 해결하기 위해 만든 기업이다. 기술과 역량을 혁신적으로 조합하여 새로운 접근과 방식으로 해결책을 제시해야 한다. 일반시장에서의 창조성(새로운 아이디어, 혁신)이 사회적 기업의 목적이 되고, 경쟁력이 된다. 사회적 기업이 과제를 해결하고 성공할 수 있는 방안은 상호호혜의 거래관계, 적절한 정부지원, 사회적경제 기업과의 협력적 네트워크, 혁신적 아이디어이다. 사회적 기업의 제품이라고 해서 '소비자가 만족할 수 있는 상품을 생산해야 한다.'라는 대명제에서 자유로울 수는 없다.

'상상'은 구체적인 현실에서 생성된다. 사회혁신 또한 타인과 공동체에 대한 애틋한 측은지심이 발동하여 아픔을 치유하기 위한 아이디어를 구상하는 데서 다양하고 구체적이며 창조적인 혁신이 가능하다. 독창성으로 출발하는 창조는 융합의 과정으로 진화하여 협동으로 완성된다. '인간은 날 수 없다'는 상식에 머물렀다면 비행기가 만들어지지 않았을 것이므로 우리가 무엇을 상상하는지에 따라 얼마든지 세상을 변화시킬 수 있고, 마음에 품고 있는 질문이 사회혁신가의 가장 강력한 무기가 될 수 있다. 어렵고 힘든 사람들에 대한 공감의 표현이며, 타인의 아픔과 고통을 구체적으로 치유할 수 있는 휴머니즘 모델이 구축된다. 표준화보다는 비판적인 재평가 과정을 통한 실험정신의 사고방식이 혁신의 키워드이다. 사회 전반적으로 지향하고자 하는 좌표와 의미, 열정과 야망, 달성하고자 하는 의지를 고취시켜야 한다. 사회문제에 대한 타성과 관행에 대해 새로운 공상空想과 이상理想과 상상을 해야 현장을 바꿀 수 있고, 현실에 적용할 수 있는 혁신안이 개발되고 창조된다. '말라버린 젖소의 젖을 쥐어짜 본들 젖은 나오지 않는다.' 사회문제를 바라보는 시각과 시선의 문제에 대해서는 비판과 저항이 있을 수 있겠지만 거기에서 끝나게 되면, 관찰자 입장의 사회운동에 그치게 된다. 상상력의 한계를 파괴하고 새로운 대안을 제시하여 인류가 공유할 수 있도록 책임을 느끼고 변화시키려고 노력해야 사회혁신가이다.

사회혁신가Social Innovator

누가, 우리 사회의 문제를 인식하고 정의하는가?	누가, 우리 사회의 문제를 해결하고, 요구를 충족시켜 주는가?	누가, 정부가 해야 할 일이나, 못하는 일을 대신 하는가?	누가, 노동시장에서 소외된 인력 등을 지원하고 고용하는가?

경쟁을 대체할 대안이나 새로운 가치를 찾지 않으면 경쟁으로부터 양산된 수많은 문제를 해결할 수 없을 뿐만 아니라 사회의 지속가능성도 담보할 수 없다. 초국적 기업[4]들이 '사회 정의'를 밀어내고 무한경쟁을 강요하게 되면서 '사회적 약자들을 누가, 어떻게, 효과적으로 포용할 것인가?'가 사회변동의 핵심 쟁점이 되었다. 누가 우리의 문제를 인식하고 정의하는가? 누가 우리의 문제를 해결하고, 욕구를 충족시켜 주는가? 누가 정부가 해야 할 일이나, 못하는 일을 대신하는가? 누가 노동시장에서 소외된 인력 등을 지원하고, 고용하는가에 대해 눈과 귀를 열어두고 해결하는 사람이 사회혁신가이다. 기업혁신의 핵심요인을 연구하는 슘페터 학파는 "혁신은 사람들이 급진적이고 개혁적인 아이디어를 얻기 위해 경계선을

4 세계 각지에 자회사·지사·합병회사·공장 등을 확보하고 국제적 규모로 생산과 판매활동을 벌이는 기업. 세계경제에서 초국적기업이 차지하는 비중은 갈수록 커져 500대 초국적기업들이 해외투자의 70%, 농산품 무역의 80% 이상, 세계 GDP의 30% 등 세계무역의 3분의 1가량을 담당하고 있다 (기획재정부, 시사경제용어사전).

넘고 사회적 규범을 뒤집고 자유시장 경제를 동요시키는 것으로부터 나오는 것"이라고 했다. 딱 들어맞지 않고, 비일상적인 패턴, 불규칙성 등이 경제적인 창의력을 자극하는 힘이다. 유동성을 증가시키기 위한 가장 큰 장애물이 '질서'이기 때문에 질서와 혼돈이 만나 적응력, 융합력, 창조성을 만들어 낸다고 주장한다. 그래서 무질서가 건강한 것이고, 혁신의 결정적인 요소라고 주장한다. 모두가 당연하다고 생각하는 것에 의문의 화살을 당기고 몰상식沒常識에 도전하는 사람이 세상을 바꾼다.

사회를 혁신한다는 것은 현상을 거부하고 더 나은 대안을 모색하겠다는 결심으로, 불가능이 가능하다고 믿기 때문에 세상을 변화시킬 수 있는 것이다. 혁신가는 변화의 주체이고 사회적 기업가는 사회공동체를 위해 위험을 감수하는 사람이다. 실패해도 좌절하지 않는다. 실패失敗는 혁신의 어머니이기 때문이다. 실패는 뜻한 대로 되지 않아 일을 그르치는 것이 아니라 '성공을 만드는 하나의 단계일 뿐'이다.

미래사회는 영리기업과 사회적 기업의 사업이익 및 사회공헌에 대한 제휴와 혁신이 균형을 이루어 사회를 진화시킬 것으로 예견된다. 영리기업은 사회적 기업에 브랜드, 유통망, 비즈니스 노하우 등을 제공하고, 사

사회적 기업가의 조건

회적 기업㈎은 영리기업에게 소비자의 요구, 자발적 참여, 지역사회 관계망 등의 사회적 자본과 목적을 제공할 것이다. 다시 말하면, 사회적 기업과 영리기업의 '사회적 제휴'라고 할 수 있다. 영리기업과 사회적 기업은 서로를 견제하고, 돕고, 닮아가면서 사회를 변화시키는 역할을 담당하는 것이다.

사회적 기업의 경영원리

일반기업은 비즈니스 모델[5]이 있고, 자본이나 투자할 주주를 모으면 창업할 수 있다. 사회적 기업 역시 비즈니스 모델을 갖추어야 한다는 측면에서는 동일하지만, 사회문제 발견, 문제 분석, 과제 발견, 대책 입안의 과정이 선행되어야 사회적 기업의 창업이 가능하다. 일반기업이 제품이나 서비스를 소비자들에게 제공하여 이윤을 획득하고 사회에 공헌한다면, 사회적 기업은 돈이 중심이 아니라 사람 중심, 지역 중심, 공동체 중심의 '가치지향 회사'이다. 사회현상을 파악하고 문제를 분석하여 해결의 실마리를 기업을 조직하여 해결한다.

사회적 기업도 기업이기 때문에 자신의 제품과 서비스가 시장에서 경쟁하여 선택받을 수 있는지 분석해야 한다. 기업들 간의 경쟁은 과잉공급이거나 수요가 성장하고 있는가? 차별화 전략은 무엇이고, 경쟁상품은 무

사회적 기업의 창업

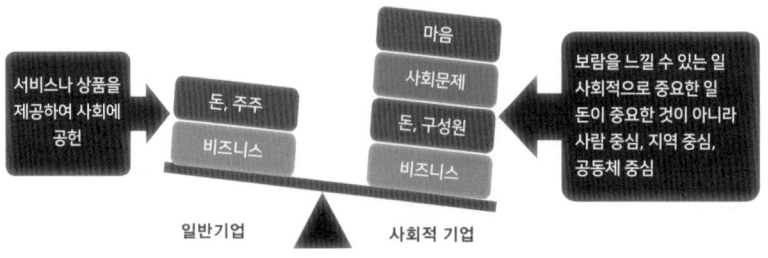

[5] 어떤 제품이나 서비스를 어떻게 소비자에게 제공하고, 어떻게 마케팅하며, 어떻게 돈을 벌 것인가 하는 계획 또는 사업 아이디어이다(두산백과).

엇인가? 이 상품은 고객에게 없어서는 안 될 상품인가? 고객이 부담해야 하는 비용은 적절한가? 등을 분석해야 한다. 시장진입에 필요한 기술이나 면허, 자원, 네트워크, 자본의 크기를 창업자가 부담할 수 있는지에 대한 판단이다. 그다음은 대체 상품의 위협요인으로 고객의 필요를 비슷하거나 저렴한 가격에 채워줄 수 있는 다른 상품 존재의 유무이다. 공급업체 간의 차별성, 업체 변경 시 감당하는 비용 등 공급업체의 협상력은 기업을 창업하고 유지하는 데 기본적으로 필요하다.

'역경'을 이겨내면 '경력'이 되고, 살아오면서 이룩한 학업이나 종사했던 직업의 발자취들이 쌓여 '이력'이 된다. 관심을 갖고 관찰하면 통찰력이 생기는데 사회적 기업(가)은 여러 사회문제나 충족되지 않은 필요와 요구를 기회로 인식한다. 사회적 기업의 운영은 복제 가능한 프로그램을 통해 사회문제 해결의 규모와 범위를 확장하고 생태계의 진화원리와 같은 변이·선택·복제의 단계로 혁신하는 과정이다. 가톨릭대 라준영 교수는 "사회적 기업의 생태계 구성 요소와 진화 원리에서 변이는 사회혁신과 기술혁신 생태계와 관련이 많고, 선택은 자본 시장과 상품 시장의 시장 생태계와 관련이 깊다. 반면 복제는 혁신 생태계와 시장 생태계가 상호작용하면서 일어난다."고 하였다. 사회적 기업의 성공은 사회문제를 해결하는 좋은 방안이다. 취약계층의 경제활동을 이끌어내서 고용을 창출하고, 지역사회를 활성화하고, 사회적 투자를 확충함으로써 지역경제 발전을 도모할 수 있다. 공공서비스를 혁신하여 새로운 공공서비스의 수요를 창출하고 충족시키며, 윤리적 시장의 확산을 통해 기업의 사회공헌을 확대하고 윤리적 소비문화를 조성할 수 있다. 사회적 미션과 비즈니스 모델을 장착한 혁신기업으로 존재하기 때문에 집중적인 육성을 통해 인적·물질적 자원을 동원하도록 하여 지역과 공동체를 보존·순환시키고, 민관의 협력적 생태계를 조성하는 데 이바지한다.

3. 사회적 기업의 인증절차와 요건

우리나라는 '사회적 기업육성법'에 의하여 사회적 기업을 인증하고 있으며, 그에 대한 인증절차와 인증요건을 수립하여 엄격하게 관리하고 있다. 정부가 사회적 기업에 대한 인증을 법으로 규정하고 있는 것에는 첫째, 국가와 사회로부터 사회적 기업에 대한 신뢰를 확보하고, 둘째, 경영 등에 있어 최소한의 요건을 갖추게 함으로써 장기적인 자립이 가능토록 기반을 조성하며, 셋째, 인증받은 사회적 기업에 대한 일자리 창출, 사업화 개발비, 세제혜택, 판로개척 등을 지원하여 육성하고, 넷째, 부적절한 사회적 기업의 출현을 방지하는 데 목적이 있다.

인증절차

고용노동부는 매년 사회적 기업 인증에 대한 계획을 수립하고 인증절차 전반에 걸쳐 한국사회적 기업진흥원 혹은 권역별 통합지원기관을 통하여 사회적 기업 육성과 인증을 돕도록 하고 있다. 사회적 기업이 되고자 하는 기업은 권역별 통합지원기관 및 사회적 기업진흥원으로부터 인증에 대한 상담 및 컨설팅을 제공받을 수 있으며, 컨설팅 결과를 바탕으로 진흥원에 인증신청 및 접수를 하게 된다. 진흥원은 권역별 지원기관과 함께 신청서류검토와 현장실사를 수행하여 검토보고서를 제출한다. 검토보고서를 바탕으로 고용노동부 사회적 기업육성전문위원회에서 인증심사를 수행하며, 인증결과를 안내하고 인증서를 교부하게 된다.

사회적 기업 인증절차

절차	주관기관
❶ 인증계획 공고	고용노동부
❷ 상담과 컨설팅	권역별 지원기관, 진흥원
❸ 인증신청과 접수	진흥원
❹ 신청서류 검토와 현장실사 계획 수립	진흥원
❺ 현장실사	진흥원, 권역별 지원기관
❻ 중앙부처와 광역자치단체 추전	진흥원↔중앙부처, 광역지자체
❼ 검토보고자료 제출	고용노동부 사회적 기업육성전문위원회
❽ 인증심사	고용노동부, 사회적 기업육성전문위원회
❾ 인증결과 안내와 인증서 교부	고용노동부, 고용센터, 진흥원

인증요건

사회적 기업은 사회적 기업육성법에 의해서 다음과 같은 7가지 인증요건을 충족해야 한다.

가. 조직형태

사회적 기업육성법에 따른 조직형태를 갖추어야 한다. 조직형태는 민법에 따른 법인과 조합, 상법에 따른 회사, 특별법에 따라 설립된 법인 노는 비영리민간단체 등 대통령령으로 규정하고 있다.

나. 유급근로자 고용

유급근로자를 고용하여 재화와 서비스의 생산·판매 등 영업활동을 수행하고 있어야 한다. 유급근로자는 신청 월 직전 6개월 평균 1명 이상 고용상태를 유지하여야 하며, 고용보험에 가입된 자로 규정하고 있다.

다. 사회적 목적의 실현

신청기업의 주된 목적이 취약계층에게 사회서비스 또는 일자리를 제공하거나 지역사회에 공헌함으로써 지역주민의 삶의 질을 높이는 등의 사회적 목적을 실현하는 데 있어야 하며, 사회적 기업의 5가지 인증 유형 중 하나를 충족해야만 한다.

라. 이해관계자가 참여하는 의사결정 구조

당해 기업의 임원이나 이사 외에도 서비스 수혜자, 근로자 대표 등 다양한 이해관계자가 참여하는 민주적 의사결정구조를 갖추어야 한다.

마. 영업활동을 통한 수입

인증 신청 월 직전 6개월 동안의 영업활동을 통한 수입이 존재하여야 하며, 같은 기간 지출된 노무비의 50% 이상이어야 한다.

바. 정관의 필수사항

사회적 기업육성법 제9조에서 규정한 내용에 따라 정관 및 규약을 갖추어야 하는데 다음과 같다. 사회적 기업으로 인증받고자 하는 자는 1. 목적, 2. 사업내용, 3. 명칭, 4. 주된 사무소의 소재지, 5. 기관 및 지배구조의 형태와 운영방식 및 중요 사항의 의사결정 방식, 6. 수익배분 및 재투자에 관한 방식, 7. 출자 및 융자에 관한 사항, 8. 종사자의 구성 및 임면에 관한 사항, 9. 해산 및 청산에 관한 사항, 10. 그 밖에 대통령령으로 정하는 사항 등에 대해서 정관이나 규약 등에 명시적으로 규정하고 있어야 한다.

사. 이윤의 사회적 목적 사용

회계연도별로 배분 가능한 이윤이 발생한 경우에 이윤의 3분의 2 이상을 사회적 목적을 위해 사용해야 한다.

정부는 사회적 기업 인증제도를 유지하면서 광역지자체 및 중앙부처가 주도적으로 당해 지역 및 소관 분야의 특화된 사회적 기업을 발굴·육성하기 위해 지역형 또는 부처형 예비사회적 기업 지정제도를 활용하고 있다. 지역 특성에 맞는 사회적 기업의 발굴과 함께 각 부처별 지원사업을 통해 사회적 기업을 지원한다.

사회적 기업과 예비사회적 기업 인증요건 비교

구분	사회적 기업	지역형 예비사회적 기업
법령	사회적 기업 육성법	조례 또는 규칙
요건	① 조직형태	① 조직형태
	② 유급근로자를 고용하여 6개월 이상 영업활동을 수행할 것	② 유급근로자를 고용하여 3개월 이상 영업활동*을 수행할 것 * 매출이 발생해야 함
	③ 사회적 목적 실현 (취약계층 고용·사회 서비스제공 등)	③ 사회적 목적 실현 (취약계층 고용·사회 서비스제공 등)
	④ 이해관계자가 참여하는 의사결정구조 ⑤ 영업활동을 통한 수입 (매출액이 노무비의 50% 이상)	④ - ⑤ -
	⑥ 정관·규약 등을 갖출 것	⑥ 정관·규약 등을 갖출 것(해당하는 경우)
	⑦ 배분 가능한 이윤의 3분의 2 이상 사회적 목적을 위해 재투자(상법상 회사 등의 경우)	⑦ 배분 가능한 이윤의 3분의 2 이상 사회적 목적을 위해 재투자 * 정관·규약 등에 명시되어 있어야 함 (상법상 회사 등의 경우)

* 자료: 고용노동부, 2018, 「2018년도 사회적 기업 인증 업무지침」

사회적 기업의 유형

사회적 기업은 각 기업이 창출하는 고용 및 사회서비스 등 사회적 가치를 창출하는 유형에 따라 일자리 제공형, 사회서비스 제공형, 혼합형, 지역사회 공헌형, 기타형 등 다섯 유형으로 구분한다.

가. 일자리 제공형

일자리 제공형 사회적 기업은 취약계층에게 양질의 일자리를 제공하여 노동시장에 통합시키는 유형이라고 할 수 있다. 전체 근로자 중 취약계층 근로자 비율이 50%(2018년 12월 31일까지는 30%)가 되어야 한다.

'취약계층'의 정의는 자신에게 필요한 사회서비스를 시장가격으로 구매하는 데 어려움이 있거나 노동시장의 통상적인 조건에서는 취업이 곤란한 계층을 말한다. 취약계층으로는 저소득층, 고령자, 장애인, 경력단절여성, 장기실업자, 북한이탈주민, 한부모 자녀, 결혼이민자, 범죄구조 피해자 등이 있다.

나. 사회서비스 제공형

사회서비스 제공형 사회적 기업은 개인 또는 사회 전체의 복지 증진 및 삶의 질을 높이기 위한 교육, 보건, 사회복지, 환경 및 문화 분야 등의 사회서비스를 취약계층에게 제공하는 것을 주된 목적으로 하는 사회적 기업 유형이다. 사회서비스 제공형 사회적 기업으로 인증받기 위해서는 전체 서비스의 수혜자 중 취약계층 비율이 50%(2018년 12월 31일까지는 30%)가 되어야 한다.

다. 혼합형

혼합형 사회적 기업은 취약계층에게 일자리와 사회서비스를 동시에 제공하는 유형으로 해당 유형으로 인증받기 위해서는 전체 근로자와 전체 서비스 수혜자 중 취약계층 비율이 각 30%(2018년 12월 31일까지는 20%)가 되어야 한다.

라. 지역사회 공헌형

지역사회 공헌형 사회적 기업은 기업의 주된 목적이 지역사회에 공헌하는 데 있으며, 다음의 세 가지 유형 중 하나를 충족하여야 한다. 첫째, 지역의 인적·물적 자원을 활용하여 지역 주민의 소득과 일자리를 늘림으로써 지역사회에 공헌하거나, 둘째, 지역의 빈곤·소외·범죄 등 지역사회의 현안 문제를 해결하거나, 셋째, 지역의 사회적 목적을 추구하는 조직을 지원하여야 한다.

마. 기타(창의·혁신)형

기타형 사회적 기업은 단순히 취약계층 고용이나 사회서비스 제공 등의 사회적 목적 실현 여부를 계량화하여 판단하기 어려운 사업모델을 가지고 있는 경우에 기타형으로 분류하며, 폭넓은 사회적 기업을 육성하고 지원하기 위한 유형이라고 할 수 있다. 기타형 사회적 기업은 사회적 기업 육성전문위원회에서 사회적 목적의 실현 여부를 판단한 후 인증하게 된다.

4. 사회적 기업의 정부정책

사회적 기업의 육성과 지원제도

정부는 사회적 기업을 육성하기 위해 법령에 의해 인증 제도를 유지하고, 사회적 기업의 지속가능한 성장을 지원하기 위하여 다양한 지원정책을 펼치고 있다. 사회적 기업에 대한 지원은 국내의 사회적 기업 생태계 역사가 비교적 짧기 때문에 생태계가 우리 사회에 안정적으로 자리 잡기 위해서 법률적·제도적 지원이 필수적일 수밖에 없다. 기업의 생존을 위한 지원으로 인식하기보다는 건강한 사회적 기업 생태계가 체계적으로 자리 잡기 위한 비용으로 이해하면 좋을 것이다.

사회적 기업 재정지원제도

구분	사업명	사회적 기업	예비사회적 기업
직접지원	일자리 창출사업	○	○
	전문인력 인건비 지원사업	○	○
간접지원	사업개발비	○	○
	경영컨설팅	○	○
	세제 지원	○	×
	사회보험료 지원	○	×
	융자 지원	○	○
	공공기관 우선구매	○	×

가. 일자리 창출 인건비 지원사업

사회적 기업과 예비사회적 기업을 대상으로 기업의 수익구조 창출 및 확대를 지원하여 (예비)사회적 기업의 지속가능한 자생력 확보를 위해 신규로 고용하는 인력에 대해 인건비의 일부를 지원하는 사업이다. 예비사회적 기업은 최대 2년, 사회적 기업은 최대 3년간 지원받을 수 있다.

나. 전문인력 인건비 지원사업

사회적 기업은 사회적 가치를 추구하는 과정에서 경제적인 가치 창출에 자칫 소홀할 수 있기 때문에 (예비)사회적 기업의 경영 역량 강화와 지속적인 경영혁신을 위해 기술, 마케팅, 생산, 기획 등 사업 운영에 필요한 전문인력의 고용 시 인건비를 지원하는 사업이다. 전문 인력의 자격은 ① 기획, 인사·노무, 영업, 마케팅·홍보, 교육·훈련, 회계·재무, 법무 등 기업 경영에 필요한 특정 분야의 업무에 3년 이상 종사한 자(단, 문화·예술·디자인·영상관련, 무역, 정보·통신·컴퓨터, MD(상품기획) 분야는 2년 이상 종사자), ② 국가기술자격법상 기술사, 기능장 등의 자격증을 소지하거나, 기사·산업기사·기능사 자격증 혹은 개별법상 국가 자격증을 소지하고 해당 분야에서 2년 이상 근무한 자, ③ 1항 각 분야 및 경제·경영학 관련 석·박사 학위 소지자이다.

다. 사업개발비

사회적 기업이 지속가능한 수익구조를 갖추고 자립기반을 구축할 수 있도록 브랜드, 기술개발 등 R&D 비용, 시장진입 및 판로개척을 위한 홍보·마케팅, 제품의 성능 및 품질개선 비용 등 경상적인 사업비를 지원하는 사업이다.

라. 경영컨설팅

사회적 기업의 생산성 향상 및 경쟁력 강화를 통해 지속가능한 기업으로서 자립 경영할 수 있도록 전문 컨설팅 기관으로부터 회계, 시장개척, 홍보 등 경영 전반에 대한 기술지원과 경영마인드를 제고할 수 있는 컨설팅을 받을 수 있게 그 비용을 지원하는 사업이다.

마. 세제 지원

사회적 기업에 대하여 소득세, 법인세, 취득세, 등록세, 재산세를 감면해 주는 제도이다. 소득세와 법인세의 경우에는 3년간 100%, 향후 2년간 50%를 감면한다. 취득세와 등록세의 50%, 재산세의 경우에는 25%를 감면한다.

사회적 기업의 정부지원은 일자리창출비, 전문인력지원비, 사업화개발비, 우선구매, 사회적 금융 지원, 세금감면, 경영역량지원, 자원연계, 유휴국공유지 시설 이용 등 사회적 기업에게 많은 기회를 제공한다. 따라서 사회문제를 해결할 수 있는 비즈니스 모델이 있다면, 정부의 지원 제도를 잘 이용하는 전략을 수립하여 정부와 대기업의 정기적이고, 장기적인 투자와 지원을 받을 수 있다. 그러나 사회적 기업이 정부의 지원제도를 이용하고 있다면, 국민세금으로 사업을 하고 있다는 점을 염두에 두어야 한다. 리더십을 갖춘 경영자는 도덕적으로 회사를 경영해야 하고, 꼭 성공시켜야 한다는 사명감은 필수조건이다.

현 정부는 '사회적경제'를 100대 핵심 국정과제 중 하나로 선정했다. 경제정책방향으로는 '지속가능한 성장'과 '함께 잘사는 혁신적 포용국가 구현을 위한 사람중심 경제'를 강조한다. 이를 위해 '혁신적 포용국가'의 기반을 지속적으로 강화하고, 계층별 지원과 공정경제 및 사회적경제 활성화를 병행한다. 정부는 '사회에 꼭 필요한 기업'으로서의 사회적 기업을 상정하고 지원정책을 시행하고 있다. 주무부서인 고용노동부의 '사회적 기업 활성화 추진계획'은 '일자리 창출', '사회적경제의 활성화', '사회적 기업의 간접지원 확대'라는 세 가지를 골자로 하여 매년 지원정책을 확대한다.

첫째, 다양한 분야에서 사회적 기업 모델을 발굴하고, 새로운 일자리를 창출하는 사회적 기업의 범위를 확대한다. 사회문제를 창의적 아이디어로 해결하는 소셜벤처 육성, 5060세대에 적합한 일자리 모델 개발, 인건비 지원기준의 다양화를 통한 일과 가정의 양립 지원 등이 주요 방향이다. 청년·고령자·여성 등 다양한 세대에 대한 취·창업 지원 기능을 대폭 강화한다. 고부가가치서비스, 범죄예방, 빈곤탈출, 지역재생, 전통문화 보존 등 다양한 분야의 융·복합을 통해 창조적 일자리 모델을 발굴한다. 노동통합형, 사회문제 해결형, 국제공헌형 등 새로운 유형의 사회적 기업이 진입할 수 있도록 인증 요건도 개선하고 있다.

둘째, 사회적경제 활성화를 위해 마을기업, 협동조합 등 사회적경제 유사 사업 간 기능적 연계를 강화하고 부처 간 협업을 장려한다. 사회적 기업 지원제도가 사회적경제 영역 전체의 지원제도로 활용될 수 있도록 유사 조직의 인증절차를 간소화하고, 부처 간 협업을 통하여 지원 인프라(사회적 생산 기반)를 확충한다.

셋째, 사회적 기업에 대한 지원의 역점을 간접지원에 둔다. 장기적으로 사회적 기업의 자생력을 높이기 위한 조치인데 인건비 등의 직접 지원보다 금융, 판로, 사업개발 등의 간접지원을 늘려나가겠다는 방향이다. 구체적으로는 사회적 기업이 적정適正 기술[6]을 실현할 수 있도록 연구개발R&D 지원을 강화하고, 성과가 크거나 핵심 현안 해결을 위한 프로젝트를 공모를 통해 지원하겠다는 계획이다. 또한 사회적 기업의 브랜드 디자인 개발 및 경영컨설팅에 대한 지원 확대로 지식재산 경쟁력도 제고하겠다는 계획도 수립되어 있다.

21세기에 사회적(사회연대)경제가 전 세계적으로 보편화되고 있는 추세이다. 유럽공동체 EU 국가(15개국 대상)에서는 130만 개의 사회적경제조직이 있고, 이들은 900만 개의 일자리를 창출하고 있다. 영국, 프랑스, 캐나

---

6   낙후된 지역이나 소외된 계층을 배려하여 만든 기술. 첨단 기술보다 해당 지역의 환경이나 경제, 사회 여건에 맞도록 만들어낸 기술을 말한다. 많은 돈이 들지 않고, 누구나 쉽게 배워서 쓸 수 있으며, 그것을 쓰게 될 사람들의 사정에 맞는 기술이다(IT용어사전).

다, 이탈리아, 독일, 스웨덴 등 경제협력개발기구 주요 국가의 사회적경제 분야는 국내총생산의 5~10%, 전체 고용의 10~20%를 차지하는 성과를 내고 있다.

우리나라에서 사회적 기업은 1997년 외환위기로 야기된 소득 양극화와 실업을 해결하기 위한 대안경제로서 도입되었다. 경제 성장의 둔화와 산업구조 변화에 따른 고용창출 능력 감소, 급속한 고령화 등으로 인해 사회서비스에 대한 사회적 수요가 증가하면서 취약계층에 대한 일자리 창출과 사회서비스 제공에 적합한 이상적인 모델로 주목받았다. 사회적 기업을 제도화한 것은 2007년이다. "사회적 기업 육성법" 제정 이후 13년이 경과하면서 사회적 기업의 토대가 구축되고 육성되면서 사회적 기업 수는 34배, 고용규모는 16배 이상 증가하는 등 양적으로 확대되고, 매출액이 꾸준히 늘면서 경영상황도 개선되는 성과를 나타냈다.

2019년 12월 현재, 우리나라 사회적경제 분야의 수는 사회적 기업 2,435개, 예비사회적 기업 1,429개, 협동조합 1만 6,775개, 마을기업 1,592개, 자활기업 1,211개(2018년 말 기준)이다. 고용 규모는 사회적 기업(4만 6,665명), 협동조합(2만 9,861명), 마을기업(1만 9,261명), 자활기업(1만 3512명) 등 10만 9,299명으로 집계되고 있다. 2019년 11월 기준으로 국내 총 취업자 수는 2,751만

사회적 기업 수

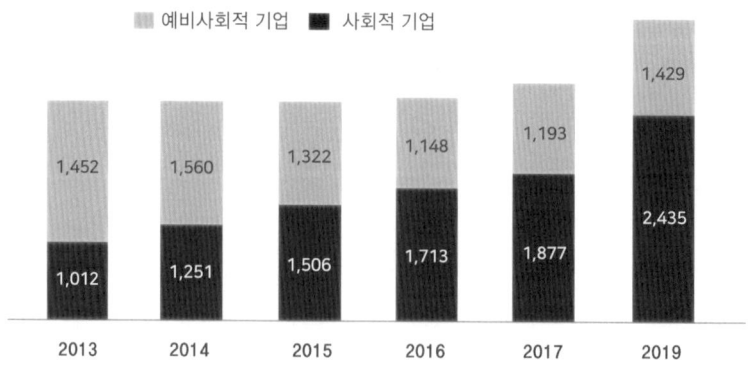

사회적 기업 매출액 분포

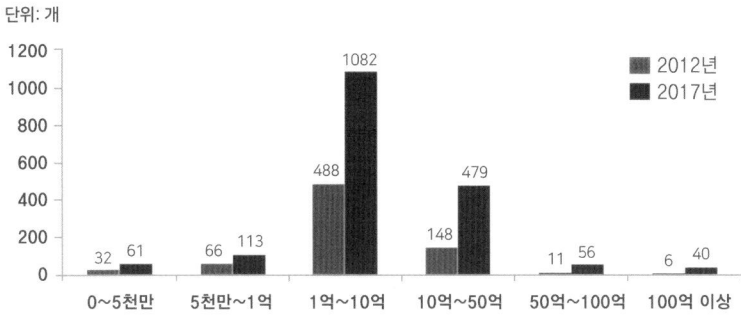

5,000명(출처: 통계청 '경제활동인구조사')으로 사회적경제기업 고용비중은 아직 1%에도 미치지 못하기 때문에 이를 감안하면 많은 발전가능성이 있다. 사회적 기업 수는 2012년 774개소에서 2015년에는 1,506개소, 2017년 1,877개소였다가 2019년 12월 현재 2,435개이고, 예비사회적 기업 수는 1,429개이다. 총매출액은 약 4.0조 원, 기업당 평균 매출액은 2012년 8억 9,000만 원에서 2015년에는 13억 5,000만 원, 2017년 19억 3,000만 원, 2019에는 약 20억 원(추정치)이다. 유형별로는 일자리제공형(68.6%), 기타형(10.3%), 혼합형(10.0%), 사회서비스제공형(6.3%) 순으로 일자리제공형의 비율이 지나치게 높다. 경쟁력 있는 사회적 기업도 많아지면서 사회적 기업 간 격차도 역시 확대되고 있다. 사회적 기업 전체 고용인원은 2012년에 1만 8,297명이었고, 2015년에는 3만 3,527명, 2017년 4만 1,417명이고, 기업당 평균 고용은 2012년 24.4명에서 2014년 23.0명 2016년 23.7명, 2017년 22.1명이다. 매출액 대비 고용은 1억 원당 평균 2명으로 나타났다. 연매출 100억 원 이상 기업이 50개로 늘어난 반면, 5,000만 원 이하 기업(61개)도 존재한다. 전체 고용인원 중 고령자, 장애인 등 취약계층 고용비율은 60% 수준으로, 규모는 지난 5년간 2배 이상 증가했다. 취약계층 고용규모(명)는 2007년 1,403명, 2012년 1만 1,091명, 2017년 2만 5,171명이고, 취약계층 구성(2017년 기준)은

고령자 고용비율

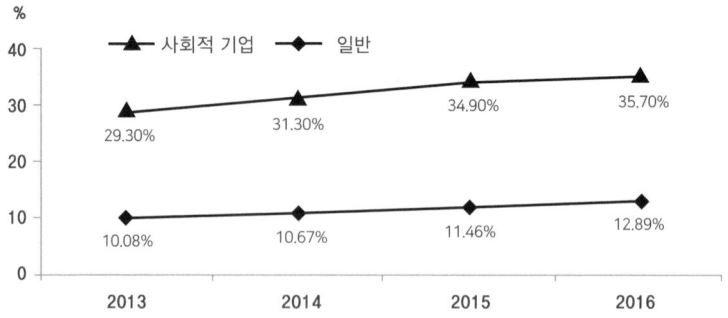

장애인 고용비율

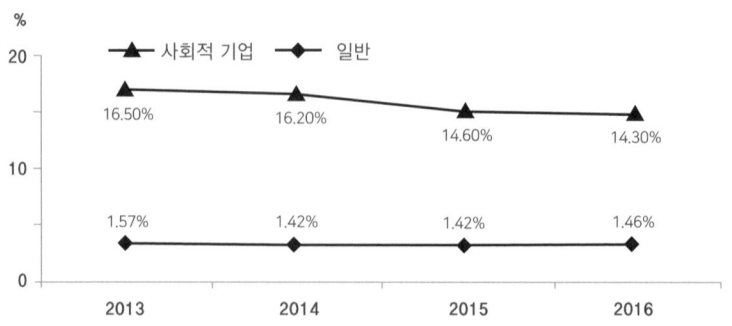

고령자(58%), 장애인(23%), 저소득자(12%)이다.

고용의 질을 분석하면, 사회적 기업 종사자 고용보험 가입률은 97.6%(전체 89.1%, 2017년)이다. 국민연금 93.3%, 건강보험·장기요양보험 97.0%, 산재보험은 98.4%로 높은 편이다. 고령자 등 취약계층이 많이 종사하는 직종에서의 평균임금은 사회적 기업이 더 높은 편이지만 산업분야별에서는 낮은 임금 수준을 벗어나지 못하고 있다. 한편, 2020년 최저임금 월급은 몇 년과는 사뭇 다르게 2.87% 상승에 그쳤다. 물가상승률 정도가 반영된 금액으로 2020년 최저임금은 10년 만에 가장 최소폭으로 인상되었고, 시간당 8,590원, 최저임금 월급은 179만 5,310원이다.

각 정부부처도 사회적경제 정책 수립과 시행에 공을 들이고 정책 환경이 조성되면서 민간 부문의 역량 역시 성장하고 있다. 그러나 정부의 노력만으로 가능한 것은 아니며, 무엇보다도 중요한 것은 민간의 자발적 참여이다. 강한 의지와 열정을 가진 이들이 더 많이 동참해야만 사회적경제가 더 깊게 뿌리내릴 수 있다. 2020년 사회적경제 활성화를 위한 구체적 추진 과제는 다음과 같다. 첫째, 사회적 기업가·청년 협동조합·지역주도형 청년 일자리 등 사회적경제 분야 일자리 창출 본격 추진, 둘째, 사회적경제 기업이 자유롭게 경제활동·사업에 진출할 수 있도록 진입 규제 완화, 셋째, 마을관리·신품종재배 협동조합 등 새로운 사업 모델을 발굴하고 사업화를 지원하여 사회적경제 생태계 조성·확산, 넷째, 사회적경제 중장기 기본계획을 수립하고 사회적 가치기본법 및 사회적경제기본법 제정 추진 등을 설정했다. 기획재정부는 사회적경제 활성화를 위한 정책 방향으로 '민간주도·지역중심·중앙 뒷받침'을 제시했다. 민간에서도 사회적경제의 외연 확장과 함께 혁신을 통한 생태계의 질적 성장을 도모하기 위한 다양한 노력을 이어가고 있다.

2019년 사회적경제 분야에는 여러 가지 변화가 있었고 내용도 풍부해졌다. 재단법인 한국사회적 가치연대기금은 정부가 2018년 2월 발표한

사회적경제 기업 정책과 지원제도

구분	사회적 기업	협동조합	마을기업	자활기업
목적	취약계층에 대한 일자리와 사회 서비스 제공, 지역사회 공헌	협동조합 설립과 활동 지원과 촉진	지역단위 소규모 공동체와 지역경제 활성화	기초생활 수급자의 일자리 창출과 탈빈곤 유도
근거	사회적 기업 육성법	협동조합기본법	법적 근거 없는 예산지원 사업	국민기초생활보장법
지원제도	공공기관 우선 구매, 사업화 개발비, 인건비, 컨설팅비, 세제혜택, 유휴국공유지 활용 등	직접 지원은 없으나 교육 지원, '소상공인 협동조합활성화 자금' 등 지원	사업비 지원, 전문교육, 경영 컨설팅 등 지원	공공기관 우선구매, 초기창업자금과 인건비 지원

'사회적금융 활성화 방안'의 일환으로 설립된 도매기금이다. 민간이 주도하고 정부가 지원하는 민관협력 방식을 통해 기금을 조성하는데 연대기금은 향후 5년간 총 3,000억 원 규모의 재원을 조성한다. 사회적경제조직의 성장과 규모화 투자, 각종 사회문제 예방·해결 프로젝트 지원, 사회적금융 중개기관 육성 및 시장기반 구축 등 사회적경제 분야 활성화를 위해 기금을 투입한다. 중소벤처기업부는 '소셜벤처 활성화를 통한 일자리 창출 방안'을 발표한 후 구체적 실행 계획의 하나로 소셜벤처기업 판별기준과 가치평가모형을 마련했다. 기업의 사회성과 혁신성장성 보유 여부를 파악해 소셜벤처기업이라고 규정할 수 있을지를 평가하고, 향후 어느 정도의 사회·경제적 성과를 창출할 수 있을지를 예측할 수 있도록 했다.

사회적경제의 지속 성장과 질적 도약을 위해서는 현재와 같은 정부 주도의 육성 정책은 한계가 있다. 인증제 기반 정책은 단기간의 사회적 기업 육성에 기여하였으나 다양한 사회적 가치를 추구하는 혁신적 기업을 포용하지 못하는 문제를 낳았다. 특히, 정부가 취약계층의 일자리에 집중하면서 인증 사회적 기업의 68.6%가 일자리제공형에 편중되는 현상이 발생했고, 사회적 기업의 창업 단계에 지원이 집중되어 기업 성장을 위한 판로·금융 지원 등은 여전히 부족하여 지속가능성에 대한 사회적경제 생태계 조성은 미흡한 실정이다. 따라서, 사회문제를 분석하고, 해결할 수 있도록 외연을 넓혀 혁신적인 기업의 자생적 성장과 역할이 가능하도록 생태계를 조성하는 방식으로 정부지원을 개편해야 한다. 정부주도로부터 지역과 민간 중심으로 또는 민관협력의 거버넌스 운영체계로 방향을 전환해야 한다.

정부는 시대적 상황과 요구에 부응하기 위하여 다양한 분야에서 사회적 가치를 추구하는 기업의 진입을 돕고, 창업과 재도전 지원까지 단계별 지원 체계를 구축하고 있다. 우선, 법과 제도를 개선하고 사회적 기업에 대한 취약계층 일자리제공 중심 개념을 탈피할 수 있도록 현행 법률 규정을 개정했다. 현행의 인증제를 등록제로 전환하거나 요건을 완화하여 연착륙할 수 있도록 개편하였다. 2020년부터는 인증 최소 고용 인원과 근로시간 기준을 현 5명 고용, 주 20시간 이상 근무를 3명 고용, 주 15시간 이상 근무 등으로 완화했다. 사회적 기업의 특성을 고려하고, 시민사회의 요구를 반영한 것이다.

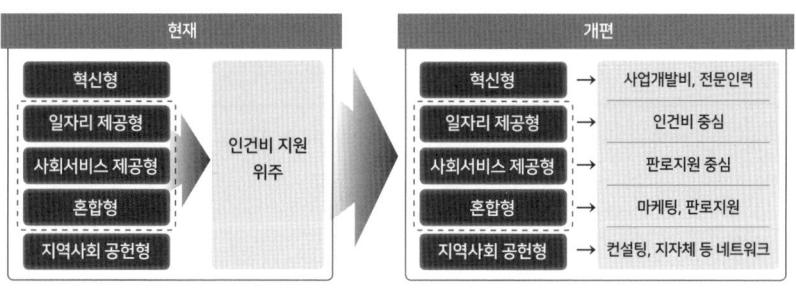

창업에서 재도전까지 전全 단계별 지원체계를 구축하였다. 창업입문교육과정을 신설하고, 지원 대상과 지원기간을 확대하여 창업 기회를 강화하였다. 사회적 기업가 육성사업은 사회적 기업 창업팀에게 창업 공간 및 자금(평균 3,000만 원) 그리고 전문 컨설팅과 멘토링을 지원하여 기업의 성장을 돕는다. 성장지원센터도 2017년 3개소에서 2019년 9개 권역 총 10개소로 확대했다. 재도전 지원제도를 신설하여 창업 실패와 창업 후 경영위기 기업에게 '사회적 기업 Re-Start'의 재도전 기회를 제공한다. 도시재생, 생활 SOC, 사회서비스, 환경 등 사회적 가치가 높은 영역에는 사회적 기업의 진입을 촉진한다. 분야별 사업추진 과정에서 시설, 프로그램 민간 위탁 시 가산점을 부여하는 등 우대하고, 주민주도형 생태관광 등 부처 사업과 연계한 사회적 기업을 적극 육성하기로 했다. 도시재생사업, 지역단위 문화체육·장애인 돌봄 시설 등 각종 생활밀착형 SOC 사업 위탁·운영 선정시 사회석 가치를 우대 반영한다.

2020년부터 사회적 기업에 대한 평가 시스템을 구축하고, 사회적 기업의 투명성을 제고하여 더 높은 사회적 가치를 창출할 수 있도록 했다. 사회적 기업의 사회적 가치를 평가·DB화하고 결과를 공공기관 등에 제공하여 실질적인 도움을 준다. 민관 합동의 '사회적 가치평가 운영위원회'를 구성하여 「사회적 가치 지표SVI, Social value Index」[7]를 바탕으로 사회적 기업을 평가하는 등급을 부여하여 2년간 유효하도록 했다. 공공구매 참여 시 경영공시를 의무화하고, 경영공시 참여 기업에게는 인센티브를 제공할 뿐만 아니라 부정수급 시 정부사업에 접근하지 못하도록 제재를 강화하였다.

　　정부는 사회적경제 성장 생태계 조성으로 사회적 기업 제품·서비스의 소비를 늘리고, 사회적 기업–사회적경제기업 간 협업을 촉진하여 생태계를 확장한다. 민간·공공부문에서 소비를 확대하기 위하여 소비자 접점 확대, 판로지원법 신설 등 법과 제도를 개선하여 사회적 기업의 제품과 서비스의 구매가 촉진될 수 있도록 환경을 조성한다. 사회적 기업 온라인몰 구축, 고향사랑상품권 연계, 공영홈쇼핑 이용수수료 인하(20%→15%) 등 소비를 촉진한다. 공공구매 비율 의무화 등 판로지원을 위한 특별법을 마련하고, 코레일 역사 등 다중이용시설 입점을 확대하기로 하였다. 컨소시엄 사업 지원(팀당 최대 3억 원, 2019년부터), 방역·소독·청소 등 업종별 프랜차이즈화(매칭형, 사업당 20억 원 범위)를 통해 협업·규모화를 지원한다. 광역단체별로 '사회적경제 혁신타운'을 개소하거나 '사회적 기업 종합상사'를 신설하는 경우 사업비를 300억 원 수준으로 지원하는 등 공동 판로개척, 홍보, 교육 등 지역 단위 협력을 촉진한다. 모태펀드를 조성하여 사회적 기업 금융공급을 확대하고 공공기관의 특성을 살린 지원제도를 신설·강화한다. 또한, KOTRA, 해외진출 기업에 컨설팅, 마케팅, 출장지원 등을 패키지로 제공한다.

7　사회적 가치 지향성, 지역사회협력, 운영의 민주성, 고용성과, 영업 성과 등 14개 지표로 구성된다.

정부는 지자체와 현장의 역할을 확대하기 위해 업무를 이관하거나 중앙정부 매칭 사업에 사회적 기업을 우대하여 지역산업을 육성하고 지역 일자리 창출을 도모한다. 사회적 기업에 대한 인식을 개선시키고, 확산시키기 위해 사회적 기업 캠프, 학습동아리 지원, 윤리적 소비 교육을 시행하고, 국제협력을 확대하기 위해 '아시아 사회적 기업가 상'을 신설하고, 국제리더 양성 프로그램을 개발(KDI, 선도대학교 등)하며, 아시아 지역 사회적 경제 허브화를 추진한다. 사회적경제 활성화 정책의 체감 성과를 높이기 위해 지역중심 정책 추진 기반도 조성된다. 일부 지역에서 운영되던 '민관합동 사회적경제위원회'를 전체 지자체로 확대하고, 기반조직을 설치한다. 사회적 가치를 반영하는 '표준평가체계'를 만들어 금융지원 시 활용하도록 하거나, 공공기관 우선구매 대상이 되는 사회적경제 주체에 자활기업을 추가하는 등 현장 활동을 지원한다.

기획재정부는 중앙정부와 지방자치단체의 사회적경제 담당자들을 대상으로 워크숍을 개최하고, 각 지자체 및 중간지원조직이 지역에서 추진했던 정책 사례를 공유하면서 성공 사례를 확산하고 현장밀착형 정책을 구상하고 있다. 사회적경제 기업에게 국유재산 사용료율을 기존의 5%에서 2.5%로 낮춰주고 사회적경제기업과 소상공인이 유휴 국유재산 매각대금을 분할 납부할 수 있도록 개선했다. 교육과학기술부는 유아교육의 공공성을 강화하는 모델로 매립형·협동조합형 유치원을 개원시키고 있다. 사립유치원을 매입해 공립으로 전환하거나 소비자인 부모들이 협동조합을 결성하여 유치원을 직접 설립하고 운영하는 형태로 사회적협동조합 유치원을 개원하기 시작했다. 농림축산식품부는 '사회적 농업 확산을 위한 추진 전략'을 마련하고 시범사업을 통해 사회적농업의 사회적 약자 자립 지원과 농촌공동체 활성화 기능, 학습기회 확대 및 인프라 보완의 필요성을 확인했다. '예비 사회적 농장'과 '거점농장'을 도입해 사회적 농장의 체계적 육성을 도모하고 지속가능한 운영을 위한 부내 사업 연계 지원, 나양한 홍보수단을 활용한 인지도 제고, 복지·교육·고용 제도와의 연계 방안을 추진하고 있다. 기획재정부는 민·관의 소통채널과 협동조합 네트워크 체계를 구축하고 현장 수요에 부합하는 정책과 제도를 수립하고 있다. 노동보호 및 고용안정을 위한 혁신형 모델 개발, 연합회 활성화를 통한 협동조합 간 연대 강화, 지역사회 중심의 협동조합 운영구조 구축, 차별적인 규제 해소 및 기존 법인 위주의 법·제도 개선, 조합원 역량강화 교육 및 국민인식 개선 등 협동조합의 질적 내실화를 이루고 있다.

중소벤처기업부는 사회적경제 활성화를 위해 소상공인정책실의 조직을 확대 개편하기 위해 당정청의 라인을 구축하고, 대구한의대학교 사회적경제 조재석 교수와 가톨릭대학교 경영학과 라준영 교수를 초빙하여 중소벤처기업부에서의 사회적경제 역할과 실현가능성을 탐색하고, 중소기업협동조합 활성화 계획을 심의·확정했다. 중소기업협동조합에 대한 지원 강화, 중소기업협동조합의 공동사업 활성화, '우수 중소기업협동조합 인증제도' 도입 등 중소기업협동조합의 건전성을 강화한다. 또한, 중소기업협동조합에 보조금을 지급할 수 있는 주체를 중소벤처기업부에서 중앙행정기관과 지자체까지 확대한다. 이전까지는 주무관청(중소벤처기업부 장관·광역 지자체장)에 한해서만 협동조합 보조금 지원을 허용했다. 주목할 것은 중소기업협동조합의 공동사업은 소비자 이익을 침해하지 않는 한 '독점규제 및 공정거래에 관한 법률'에 따른 부당한 공동행위(카르텔·담합)에 포함되지 않는다는 것이다. 중소기업협동조합법은 지자체의 중소기업협동조합에 대한 협력 의무를 규정하고 있으나 지금까지 관련 조례가 전무해 지원에 대한 제도적 장치가 부족한 상황이어서 각 지자체별로 중소기업협동조합 관련 지방조례를 마련하고 있다. 또한, 1999년 제정된 '여성기업지원에 관한 법률'에 따라 '여성이 소유하고 경영하는 기업'(여성기업)은 경제분야에서의 실질적 양성평등을 실현하기 위한 정부의 정책적 지원을 받고 있다. 하지만 협동조합의 경우 여성기업 확인서 발급이 불가능한 점, 중소벤처기업부가 여성기업에 대한 차별적 관행이나 제도를 시정하도록 요청할 수 있는 대상기관이 공공기관으로 한정된 점 등의 한계가 있었다. 여성이 소유하고 실질적으로 경영하는 것으로 볼 수 있는 협동조합의 경우에는 '여성기업' 범위에 포함돼 여성기업 지원정책을 받을 수 있다.

'대한민국 사회적경제 박람회'는 각 부처별로 개최하던 사회적경제기업 관련 박람회를 2018년 처음으로 통합해 개최한 민관통합박람회로, 사회적경제 관련 조직뿐 아니라 시민사회·종교계 단체, 공기업, 대기업 등이 참석해 참여 단체의 폭이 확대됐다. '지역기반·민간주도·정부 뒷받침'이라는 원칙 아래 사회적경제 성장 인프라 확충, 사회적경제를 통한 취약계층 일자리 지원 및 다양한 사회적경제 모델 발굴 등의 활성화 정책을 추진하고 있다.

창의적인 사회적 기업 아이디어를 가진 창업팀을 선정·지원하는 '사회적 기업가 육성사업'의 생존율은 52.2%로 일반 창업기업 28.5%보다 약 2배 높다. 육성사업은 지난 8년간 전국 3,453개의 사회적 기업 창업팀을 발굴·육성하며 높은 성과를 기록하여 창업을 준비하는 창업자에게 좋은 창업 지원 서비스로 자리매김했다. 육성사업 창업기업의 고용인원은 2018년 기준 기업당 평균 5.0명, 창업 연차별로는 3년 차 5.6명, 5년 차 7.0명, 7년 차 7.8명으로 창업 연차에 따라 고용 인원도 증가했다. 육성사업 창업기업의 매출액은 창업 연차별로 3년 차 1억 7,000만 원, 5년 차 2억 5,000만 원, 7년 차 8억 2,000만 원이다.

(예비)사회적 기업 진입 비율은 2013년 기준 17.0%에서 2019년 7월 기준 37.9%로 지난 8년간 꾸준히 상승하고 있다. 2018년에 육성한 8기 창업기업 중 절반가량인 46.6%가 (예비)사회적 기업으로 인증 또는 지정받았고, 아직 (예비)사회적 기업으로 진입하지 못한 기업의 71.8%는 (예비)사회적 기업으로 진입을 희망하고 있어 육성사업의 (예비)사회적 기업 신입 성과는 시속

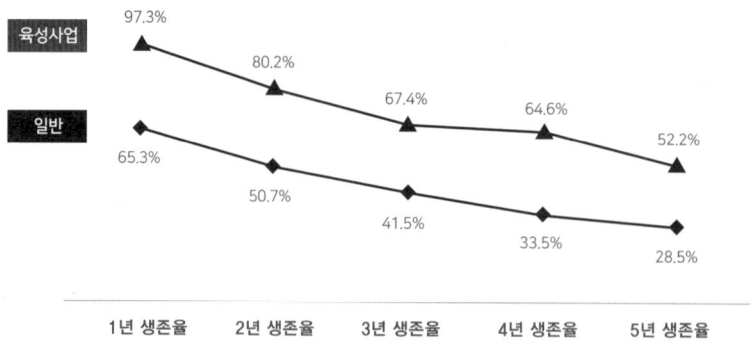

적으로 확대될 전망이다. 더불어 육성사업 창업기업의 80% 이상이 사회적 협동조합 등의 사회적경제 조직, 지자체 등 지역사회와 협력관계를 구축하고 있어 사회적 기업가 육성사업이 사회적경제조직의 플랫폼 역할을 하고 있다는 분석이 가능하다. 하지만, '사업 지속 및 확장을 위한 자금 조달', '유통 판로(채널) 확보 및 관리', '필요 인력 채용' 등에서 어려움을 겪는 창업기업이 많다. 창업기업의 57.3%가 경영전략 상담을, 38.9%가 저금리 대출 지원을, 38.7%가 온오프라인 유통망 연계 지원을 필요로 한다.

소셜벤처 경연대회

'소셜벤처'는 사회문제의 솔루션을 제공하는 창의적이고 도전적인 벤처정신으로 혁신을 도모하는 기업모델을 말한다. '벤처기업'은 다른 기업보다 기술성이나 성장성이 상대적으로 높아 지원할 필요가 있다고 인정한 기업이다. '고위험 고수익'을 특징으로 하는데 새로운 사업 아이디어와 기술을 가지고 신규 사업에 도전하는 모험적인 중소기업을 가리킨다.

고용노동부가 주최하고, 한국사회적 기업진흥원이 주관하는 '소셜벤처 경연대회'에서는 사회적 가치를 추구하는 혁신적 아이디어를 발굴하고 사업화를 지원한다. 혁신적인 사회적 기업 모델을 발굴하여 육성하는 것이 목적이다. 아이디어 발굴에서부터 사회적 기업 창업 지원에 이르는 원스톱 지원체계를 구축하여 추진한다.

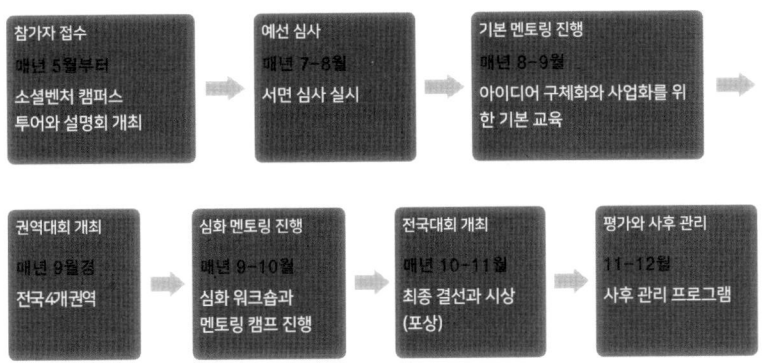

모집 부문

구분	청소년 아이디어	솔루션	창업 아이디어	글로벌
대상	사회문제를 비즈니스를 통해 해결하고자 하는 아이디어를 가지고 있는 14~19세 청소년	① 사회적 기업이 직면한 문제 해결 (마케팅, 판로 등) 또는 ② 사회적경제조직 활성화를 위한 아이디어를 가진 사람	사회 문제를 비즈니스를 통해 해결하고자 하는 아이디어를 가지고, 창업에 도전하려는 사람	글로벌 사회적 기업 (ODA 포함) 지향성을 갖고 사업을 실행(준비) 중이거나, 아이디어를 갖고 있는 사람

신청방법

매년, 소셜벤처 경연대회 접수 홈페이지를 통하여 온라인 신청이 가능하며, 접수 페이지 주소는 www.2015svc.com 로서 매년 6월경 오픈한다.

한편, 사회적경제 전문매체 '라이프인'은 사회적경제 트렌드를 대표하는 키워드로 5개의 세부 키워드를 조합한 'Value'라는 단어를 제시했다. Social Venture(소셜벤처), Alternative(대안), Local(지역), Union(연합), Ecosystem(생태계) 등 5개 트렌드의 머리글자를 땄다. '더불어 잘사는 미래 사회로 나아가는 데 있어 우리 사회가 회복, 지향해야 할 핵심적인 가치'라는 의미를 담았는데 내용은 다음과 같다.

먼저, 사회적경제 영역에서 소셜벤처Social Venture는 '한국형 사회적 기업'으로 이해하고 있고, 중소벤처기업부에서는 '사회적 가치를 실천하는 벤처기업'으로 인식하고 있다. 서울시에서는 '창의성과 기술을 기반으로 사회문제를 해결하고 이를 통해 이윤도 얻는 기업'으로 설명하고 있다. 사회적 문제를 해결하기 위해 사회적 기업가가 혁신적인 기술이나 아이디어를 통해 경제적 성과와 사회적·공동체적 가치를 동시에 창출하는 기업이다. 또한 사업의 확장 또는 지속가능한 성장을 비즈니스 형태로 접근하거나 활용하는 기업이다. 결국, 경제, 문화, 환경 등 다양한 분야의 사회문제에 대해 경제적 성과와 사회적 가치 창출을 동시에 추구하는 새로운 혁신기업이다. 유럽과 미국 등 전 세계적으로 소셜벤처 스타트업을 전문적으로 육성하여 국제적, 국지적으로 발생하는 다양한 사회문제를 해소하고, 경제적·사회적 가치 창출을 동시에 추구하여 좀 더 나은 사회로 나아갈 수 있는 방안으로 삼고 있다.

소셜벤처는 혁신성을 가지고 있다는 점에서 벤처기업과 같고, 사회적 가치를 추구하는 점에서는 사회적 기업과 같다. 혁신성을 지니면서 사회적 가치를 동시에 추구한다. 국내에서는 소셜벤처의 저변 확산과 사업화 지원을 위해 매년 소셜벤처 경연대회를 개최하고 중소벤처기업부는 소셜벤처 활성화를 위해 해마다 1,000억 원 규모의 임팩트펀드를 조성하는 정책을 내놓으면서 성장세가 가파르게 상승하고 있다. 전국적으로 공공에서 만든 스타트업 지원 공간이 열리면서 소셜벤처와 일반기업 간의 시너지 효과도 속도를 내고 있고, SK그룹이 'SV2 임팩트 파트너링' 제도를 만들면서 외연을 넓이고 있다. 이러한 노력들이 공동체적 가치 실현의 마중물이 된다면 사회곳곳에서 선한 영향력이 발휘되어 사람중심의 기업과 지속가능한 사회로 나아갈 수 있을 것이다.

대안Alternative은 사회적경제가 사회 문제를 해결해줄 수 있는 대안으로 떠오르고 있다는 의미를 담았다. 거대자본과 정보기술의 발달이 국가의 울타리를 뛰어넘어 불평등을 가속화하였고, 마침내 전 세계인은 지속가능한 사회를 향해 지혜를 모으고 있다. 사회적경제는 2020년에도 전 세계적으로 새로운 대안 모델로 각광받을 전망이다. 정부도 이윤을 앞세우는 시장경제의 약점과 공백을 사회적 가치를 함께 생각하는 경제로 메워주는 것이 사회적경제라고 인식하고 있다. 소득불균형, 청년실업 같은 문제들을 경제적 관점으로만 접근하는 것이 아니라 사회와 연결시킨다. 불평등과 사회적 배제 등의 사회문제를 혁신적인 방법으로 해결할 수 있는 대안적 경제체제로 인식하고 있다. 유럽 등에서는 사회적경제가 경제의 중요한 한 축이 된 지 오래이다. 세계적인 복지 국가 스웨덴은 노동인구 중 11%가 사회적경제에 종사하고, 유럽공동체 EU의 평균 사회적경제 고용 비중은 6.3%이다(2017년도 기준).

지역Local은 사회적경제가 지역공동체 회생을 지향하고 있음을 의미한다. 통계청에 따르면, 우리나라 국토면적에서 읍·면이 차지하는 비중은 83%에 달했으나 정작 거주인구 비중은 18.8%에 불과하다. 65세 이상 고령자 비율은 농가 45%, 어가 36%, 임가 42%로 우리나라 전체 고령인구 비율(14.4%)보다 3배 높다. 장애인 비중도 21.5%로 전국 평균 5%(군지역 8.5%)보다 4배 이상 높다. 이 같은 상황임에도 생활 서비스는 물론 의료, 복지, 교육, 여가시설 등 사회서비스도 도시에 비해 부족하다. 반면 복지수요는 지역별로 다양해지고 있다. 농식품부에 따르면 지난해 기준 농어촌의 월 5회 이상 의료기관 이용 주민 비율은 5.4%로 도시 3.5%보다 1.9%포인트 높으며, 이동 소요시간도 23.9분으로 도시 15분에 비해 길다. 특히 면지역 농촌

주민의 이주 희망사유로 14.5%가 자녀교육문제를 꼽아 도시보다 3배가량 높게 나타났다.

결국, 환경문제, 경제양극화와 농촌문제, 지방붕괴 등 문제의식에서 출발한 사회적경제가 취약계층의 고용, 돌봄 등 공동의 이익과 사회적·공동체적 가치를 실현해야 한다. 지역주민이 참여하는 경제활동을 통해 지역의 문제를 해결하고, 농·산·어촌의 부족한 사회서비스와 복지를 보완하고 대안을 마련해야 한다. 노동시장에서 취약계층에 대한 고용창출과 노동통합의 대안적 고용형태를 제공하고, 지역사회에서 충족되지 못하는 사회서비스에 대해 공동생산·공동이용의 방법으로 충족시켜 낙후된 지역공동체를 되살려야 한다. 사회적 배제에 대처할 수 있는 사회적 생산과 포용으로 공동체를 진보시켜야 한다. 다행스러운 것은 사회적경제 기업이 일반기업보다 생존률이 높고 일자리 창출이 유리하다. 여기에 농·산·어촌에는 영농·영어조합법인 등 농·수·산림조합의 주민 친밀성의 공동체 경제활동 경험이 축적되어 있기 때문에 복지·환경·교육·문화 등 지역사회의 다양한 분야와 결합할 수 있어 경제주체의 성장과 확장을 도모할 수 있다.

현재 농·산·어촌에는 지역에 필요한 서비스를 제공하면서 일자리를 창출할 수 있는 사회적경제조직이 갈수록 늘고 있다. 지난해 기준 농·산·어촌에는 사회적 기업 643개, 협동조합 4,207개, 마을기업 967개, 사회적 농장 9개 등 5,000개 이상의 사회적경제 기업이 있는 것으로 조사됐다. 문제는 이처럼 사회적경제 기업 수는 증가하고 있지만 인구감소와 고령화로 젊은 인력이 부족하고 사회적경제에 대한 인지도가 낮다는 것이다. 농식품부 조사결과에서도 사회적경제 기업들의 운영상 어려움을 묻는 질문에 자금 부족(43.6%), 홍보·마케팅 역량 부족(25.3%) 등이 주를 이루고 있다. 여기에 지역개발사업 시설, 마을만들기 활동가 등 보유한 자원이나 지원 정책사업은 많으나, 대부분이 소관 부처나 제도가 달라 효과가 제한적이므로 '사회적경제법' 등의 제정이 시급하고 통합이 절실하다.

연합Union, 즉 사회적경제 기업의 핵심기제 협동과 연대를 위한 생태계는 꾸준히 진화했다. 2019년에는 전국 지역별(9개), 부문별(3개) 협동조합 연합회와 834개 단위 조합들이 전국협동조합협의회(이하 전국협의회) 창립총회를 구성했다. 전국협의회는 협동조합 간 연대로 공동 발전을 도모하고, 협동경제를 조성하여 사회양극화와 불평등 문제를 해결하고자 한다.

재단법인 '한국사회적 가치연대기금'은 소규모 사회적 금융기관들이 필요로 하는 재원을 공급하는 '도매금융' 역할을 한다. 농협중앙회와 신협중앙회, 은행연합회 등 금융권 단체들이 후원기관으로 참여할 예정이며 향후 5년간 총 3,000억 원 규모의 재원을 조성할 계획이다. 프랜차이즈 협동조합연합회인 '쿱차이즈연합회'는 프랜차이즈 사업을 운영하는 1,830개의 피자협동조합, 더덕솥뚜껑삼겹살협동조합, 베러댄와플협동조합, 보리네협동조합, 서울디지털인쇄협동조합 등 9개의 협동조합이 연합회를 구축하고 국내 소상공인, 프랜차이즈 문제를 혁신적으로 해결하고자 설립됐다. 협동조합으로의 창업을 준비하는 예비 창업자에게 교육 등의 서비스를 지원한다. 그 외, 15개 회원조직 2,500여 명 조합원이 참여하며 국내에서 처음으로 만들어진 노동자(직원)협동조합 연합조직인 '일하는 사람들의협동조합연합회'는 인수·전환·설립을 지원하는 워커쿱 운영 사업단으로 기존 조직을 인수해 노동자협동조합으로 전환하거나 새로 설립하는 과정을 밀착 지원한다. 국내 최초의 소셜벤처 연합체인 '임팩트얼라이언스Impact Alliance'는 소셜벤처, 사회적 기업, 비영리법인 등 96개사로 구성되어 회원사들의 기본 활동과 성과에 대한 데이터 구축, 정부 지원 정책을 조율하고 설계할 수 있는 체계 구축, 생태계의 담론을 만들고 공유할 수 있는 컨퍼런스 운영, 구성원 근로 환경 지원을 위한 복지몰 운영 등을 주요 사업으로 추진한다.

마지막으로 생태계Ecosystem 키워드는 사회적경제의 기반과 핵심은 사람과 사람 사이의 관계라는 데 초점을 맞춘다. 돈 중심의 논리가 아니라 사람의 가치, 함께하는 가치, 공생·협력의 가치를 지향하는 사람중심 경제이다. 시장 경제가 낳았거나 해결할 수 없는 사회문제와 사회적 배제를 효과적으로 해결하기 위해 융합, 공유와 협력, 자원연계 및 네트워크를 통해 문제를 해결하는 방식이다. 현 정부는 사회적경제를 협력 성장, 포용 성장의 새로운 주역으로 삼고 활성화 정책을 강력히 펼치고 있다. '한시적 창업비용 지원을 통한 개별기업 자립촉진과 고용복지 성과달성'의 정책패러다임을 '사회 제 주체 간의 호혜성에 기초한 연대로 지속가능한 사회적 경제 생태계 조성'으로 전환하고 있다. 민간 영역에서 다양한 사회 서비스를 개발, 비즈니스화하도록 제도를 개선하고 환경을 조성하고 있다. 기업이 이익만 추구하는 것이 아니라 다양한 사회 문제를 해결하면서 사회적 서비스를 제공할 수 있도록 유도하고 있다. 관 주도보다는 민간 주도 협치와 사회적경제 생태계 조성을 강조하여 사회적경제 생태계를 한 단계 더 도약시키려는 것이다.[8]

사회적경제 기업 제품: 공공구매 제도

'공공구매'는 제품의 구매를 촉진하고 판로를 지원함으로써 중소기업의 경쟁력 향상과 경영안정에 이바지함을 목적으로 한다. 공공기관의 장은 물품·용역 및 공사에 관한 조달계약을 체결할 때에는 중소기업자의 수주受注 기회가 늘어나도록 해야 한다. 국가를 당사자로 하는 계약에 관한 법률에 따라 기획재정부장관이 고시한 금액 미만의 물품 및 용역에 대하여는 중소기업자와 우선적으로 조달계약을 체결하여야 한다. 중소벤처기업부장관은 정부의 국고보조금을 대통령령으로 정하는 일정한 금액 이상 수령한 기관 또는 법인이 보조사업과 관련하여 제품을 구매하려는 때에는 중소기업제품을 우선적으로 구매하도록 권고할 수 있다. 중소기업의 국내외 시장 개척과 판로 거점 확보를 지원하기 위하여 필요하다고 인정

---

8 라이프인https://blog.naver.com/lifein7070. <2020. 1. 27.>

하면 매년 특별시장·광역시장·도지사 및 특별자치도지사와 공동으로 국내외 판로 개척을 위한 지원사업과 다음 각 호의 사업을 실시할 수 있다.

1. 중소기업 제품의 국내 유통망 구축과 홍보·판매 또는 사후관리 지원에 관한 사업
2. 중소기업의 국내외 전시·박람회 개최 또는 참가 지원에 관한 사업
3. 국내외의 거래알선과 상품홍보를 위한 정보망 구축 및 운영에 관한 사업
4. 중소기업의 국내외 마케팅 능력 향상 지원에 관한 사업
5. 중소기업의 국외 조달 및 유통시장 진출지원에 관한 사업
6. 중소기업의 국외시장개척단의 파견과 국외진출거점 확보 지원에 관한 사업
7. 중소기업의 국외진출을 위한 통·번역 및 컨설팅 지원에 관한 사업
8. 그 밖에 중소기업의 무역진흥을 위한 기반 확충과 판로개척을 위하여 필요하다고 인정하는 사업

사회적경제 기업의 제품과 서비스를 공공기관에서 우선 구매하도록 법제화한 것이 '공공기관 우선구매제도'이다. 아무리 좋은 제품과 서비스라도 구매하는 사람이 없으면 기업이 지속가능하지 않고, 성장할 수도 없다. 이 때문에 공공기관에서 필요한 물품이나 서비스를 사회적 기업에서 먼저 구매하도록 독려하고 있는 것이다. 이에 대한 법적 근거는 '사회적 기업육성법' 제12조(공공기관의 우선구매) 1항에 있다. 중소기업제품 구매 촉진 및 판로지원에 관한 법률에 따라 공공기관의 장은 사회적 기업이 생산하는 재화나 서비스의 우선구매를 촉진해야 한다. 그리고 '협동조합기본법' 제95조(공공기관의 우선구매) 2항에서도 중소기업제품 구매 촉진 및 판로지원에 관한 법률 제2조 제2호에 따른 공공기관의 장은 사회적협동조합이 생산하는 재화나 서비스가 있는 경우, 해당 재화나 서비스의 우선구매를 촉진해야 한다고 명시하고 있다. 이와 같은 우선구매제도는 사회적경제 기업의 활성화를 통해 취약계층에게 일자리와 사회서비스를 제공하여 소득의 재분배 기능을 수행하며 복지비용을 감소시킬 수 있기 때문이다. 사회적 기업의 상품 구매는 사회적 기업의 안정과 성장으로 이어지고 창

출된 이윤은 다시 사회문제 해결, 신규 일자리 창출 등으로 재투자되는 선순환의 구조를 이룰 수 있다. 환경 보호, 지역사회공헌, 지역경제 활성화, 장애인 복지 등 사회통합의 사회적 가치를 구현한다.

사회적 기업, 중소기업제품 등의 판로지원 및 경쟁력 향상을 위한 '판로지원법'은 특별법적인 성격으로 국가(지방)계약법령보다 우선한다. 중소벤처기업부장관이 지정한 제품에 대한 중소기업자 간 제한(지명)경쟁 및 공사용 자재의 직접구매, 기술개발제품 우선구매 등에서 국가계약법에 우선하여 적용한다. 이와 같은 공공구매는 공공기관의 구매실적을 공고하기 시작한 이래 6년 연속 꾸준히 늘고 있다. 사회적 기업의 구매실적 증가는 정부혁신의 주요내용인 사회적 가치를 창출하고, 공공기관에 의한 가치소비를 실천하겠다는 의지의 표현으로 평가할 수 있다. 이와 더불어 지방자치단체를 당사자로 하는 계약에 관한 법률 시행령에 해당하는 추정가격이 2,000만 원 초과 5,000만 원 이하의 경우에 1인의 수의계약을 할 수 있고, 인증사회적 기업, 사회적협동조합, 자활기업, 마을기업에 한하며, 행정안전부 장관이 고시하는 취약계층 고용비율 30%를 초과하는 기업도 포함한다. 공공기관과 수의계약이 가능하게 된 것이 사회적경제 기업의 경영과 성장에 큰 영향을 미친 것으로 분석된다.

정부는 2020년 사회적 기업 제품 구매지침에서 '사회적 기업 육성법' 상 의무사항인 구매실적 및 구매계획 미제출 공공기관은 4월말 인터넷 홈페이지에 공고 시 명단을 공개하도록 하고 있다. 사회적 기업 제품 자체조달(수의계약, 전화주문 등) 시 특정 사회적 기업에 편중되지 않도록 안배하여 구매해야 한다. 공공기관은 사회적 기업 제품 우선구매를 촉진하기 위하여 최근 3년 연속 사회적 기업제품 구매실적비율이 감소한 기관, 직전년도 구매실적이 0원인 기관, 신규 공공기관 명단을 공개한다. 우선구매실적 집계 전산시스템 개편으로 인한 데이터 정합성검사, 직접·간접구매 품목별 업로드 기능을 추가하였다. 목적은 공공기관이 사회적 기업 제품(재화 및 서비스)을 적극적으로 우선구매할 수 있도록 관련 정보를 제공하기 위함이고, 관련 정보는 사회적 기업 제품 우선구매 절차 및 방법, 구매실적과 구매계획의 제출 및 공표 관련 사항, 사회적 기업 제품 정보 등이다. 또한, 공공기관의 장은 사회적 기업 제품의 해당연도 구매계획, 전년도 구매실적, 총구매액에 대한 사회적 기업 제품의 구매액 비율 등을 2월 말일까지 고용노동부장관에게 통보해야 하고, 고용노동부장관은 공공기관별 구매계획 및 전년도 구매 실적을 종합하여 매년 4월 30일까지 인터넷 홈페이지에 공고한다.

공공구매 제도

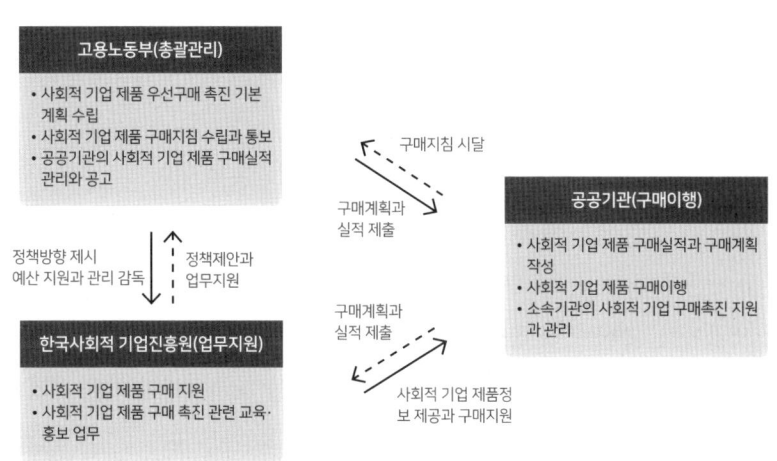

공공기관은 '중소기업제품 구매촉진 및 판로지원에 관한 법률' 제2조 제2호에 따른 국가기관, 지방자치단체(교육청 포함), 특별법에 따라 설립된 법인, 공공기관 운영에 관한 법률 제5조에 따른 공공기관, 지방공기업법에 따른 지방공사 및 지방공단, 지방의료원의 설립 및 운영에 관한 법률에 따른 지방의료원을 말한다. 정부는 공공기관이 사회적 기업 제품을 우선

구매하도록 하고, 매년 전년도 구매실적과 당해 연도 구매계획을 공고한다. 기관별 구매실적을 살펴보면, 공공기관(국가기관, 지방자치단체와 공기업 등 842개)이 2019년 사회적 기업 제품 1조 2,829억 원(공공기관 총 구매액의 2.5%)을 구매하여 2018년보다 2,234억 원(21%) 늘었다. 또한, 전체 공공기관의 60% 이상(64.4%)이 전년도보다 더 많이 구매했다. 이 중, 구매비율은 경기도 성남시가 63.48%(2018년 59.47%)로 5년 연속 1위에 이름을 올렸고, 구매금액은 한국토지주택공사가 704억 원(2018년 532억 원)으로 가장 높다.

공공기관의 유형별로 나누어보면 지방자치단체가 6.18%(2018년 5.83%)로 구매비율이 가장 높았으며, 준정부기관이 3.48%(2018년 3.22%)로 그다음을 차지했다. 또한, 공공기관 유형별 구매합계액은 2018년보다 모두 증가하였는데 자치단체가 28.5% 증가로 증가 폭이 가장 컸다. 품목별 구매액을 살펴보면, 사회적 기업에게 물품은 8,240억 원(2018년 대비 2,114억 원 증가), 용역은 4,589억 원(2018년 대비 113억 원 증가) 구매했다. 이 중, 물품에서는 산업용품을 30.6%(1,181억 원), 용역에서는 환경 서비스(청소·방역, 재활용 등) 33.0%(1,001억 원)로 가장 많이 구매했다. 사회적 기업 분야가 다양화되면서 주요 구입 품목이었던 산업용품, 청소·방역 외에 사무용품, 기타 기업용품, 건설, 기타 생활용품, 출판·인쇄 등의 제품 구매가 증가했다. 공공기관은 2020년도 사회적 기업 제품을 지난해보다 160억 원 늘어난 1조 2,989억 원을 구매할 계획인데 2020년 공공기관 총 구매액의 2.55%를 차지하는 수치이다. 또한, 고용노동부는 공공기관의 사회적 기업 제품 구매를 촉진하기 위하여 다양하게 지원할 예정인데, 코로나19로 인해 어려움을 겪고 있는 사회적 기업을 위해 공공기관의 조기구매를 독려한다.

2019년 말 구축 완료한 사회적경제 판로지원 누리집(e-store 36.5+, www.sepp.or.kr)을 통해 사회적 기업에 공공기관의 구매정보를 제공하고 공공구매지원센터(1566~5365)를 통해 공공기관의 구매와 사회적 기업의 영업과 마케팅을 지원한다. 특히, 현장의 전문성을 갖춘 민간 '사회적 기업 유통상사(소셜

2019년 구매실적과 2020년 구매계획 제출 대상 공공기관 수 현황

국가기관	자치단체		교육청	공기업	준정부기관	기타공공기관	지방공기업	지방의료원	기타특별법인	총계
	광역	기초								
53	17	226	17	36	93	210	151	34	6	843

벤처)'를 육성하여 공공기관의 구매 편의성은 높이고, 사회적 기업 제품의 상품개선을 통해 판로개척에 어려움을 겪는 사회적 기업을 지원한다. 사회적 기업이 공공부문에서 안정적인 판로를 개척하고, 공공기관이 앞장서서 '가치 있는 소비'로 사회적 가치실현의 주역이 되는 것은 공공의 이익을 우선시하는 사회적경제 기업 환경에 좋은 밑거름이 될 수 있다.

이와 함께 정부는 비非경쟁제품인 물품·용역에 대해서는 1억 원 미만의 경우 소기업·소상공인 간 제한경쟁 방식으로 입찰(소기업 우선조달)하고, 중소기업자 간 경쟁제품 중 일부 제품(26개)에 대해서는 소상공인·소기업·중기업으로 구분하여 참여를 제한(선택사항)한다. 국가기관, 지자체 등 공공기관은 여성기업 제품에 대해 일정비율 이상 의무 구입하도록 하였다. 물품 5% 이상, 용역 5% 이상, 공사 3% 이상, 천만 원 이하일 경우에는 1인 견적에 의한 수의계약이 가능하도록 한 것이다. 관련근거는 '국가계약법 시행령' 제30조 제1항 제2호, '지방계약법 시행령'은 제30조 제1항 제2호이고, 여성기업 확인서는 공공구매 종합정보망에서 신청할 수 있으며, 공공기관이 여성기업 제품을 손쉽게 찾을 수 있도록 여성기업제품검색 사이트 http://shopping.wbiz.or.kr를 운영한다. 장애인기업에 대해서는 공공기관 권장구매 비율이 0.45% 이상이다. 이 또한 5천만 원 이하일 경우에는 1인 견적에 의한 수의계약이 가능하고, 장애인기업 확인서는 각 지방중소기업청(제주도는 제주특별자치도) 또는 공공구매종합정보망 www.smpp.go.kr에서 신청할 수 있다.

한편, '공영쇼핑'은 2020년 4월 신종 코로나바이러스 감염증(코로나19)으로 어려움을 겪는 중소기업을 지원하기 위해 중소기업제품 공공구매목표 비율을 기존 50%에서 80%로 상향한다고 밝혔다. 중소기업제품 공공구매목표 비율은 공공기관이 총 구매액의 일정 비율을 법이 정한 비율에 따라 의무적으로 중소기업제품으로 구매해야 하는 제도이다. 상향 조정된 금액의 60%는 상반기 중에 집행
할 방침이다. 이에 따라 공영쇼핑은 지난해 195억 원 대비 60% 늘어난 312억 원을 중소기업 제품 구매에 사용할 전망이다. 이것은 중소벤처기업부 산하 공공기관 중 가장 많은 금액이고, 코로나19로 매출 급감을 겪고 있는 중소기업을 지원하기 위한 결정이다.

공공기관의 우선구매 절차는 1단계, 2단계, 3단계로 구분하며, 수요 발생, 구매대상 품목 확인, 사회적 기업제품 구매방법 결정, 사회적 기업 제품 구매 순으로 이어진다. 1단계는 구매대상 품목을 확인하는 단계인데, 온라인 및 오프라인상의 공공구매지원센터를 통하거나 온라인상의 e-store 36.5˚(www.sepp.or.kr)에 접속하여 확인할 수 있다. 검색 방법은 다음의 세 가지가 있다. ① 통합검색으로 찾는 방법인데, 중앙 상단의 '검색'창을 활용하여 상품 정보(상품명, 기업명)를 검색한다. ② 상품 찾기로서, 중분류 또는 소분류 카테고리 메뉴로 상품 및 상품 상세정보(인증유형, 기술인증, 녹색물품, 지역필터, 가격필터 등)를 검색한다. ③ 사회적 기업 찾기를 이용할 수도 있다. 한국사회적 기업진흥원 홈페이지의 검색메뉴에서 '기업명', '지역', '품목', '사회서비스 분야'를 검색한다.

2단계는 사회적 기업 제품 구매방법을 결정(직접구매/간접구매)하는 단계이다. ① 해당 기관이 직접 구매하는 경우 자체구매(직접 발주 또는 국가종합전자조달시스템인 '나라장터' 활용)할지, 조달 구매(조달청을 통해 구매)할지 결정한다. ② 간접구매 방법은 공공기관이 물품 또는 용역 구매를 계약한 업체로 하여금 사회적 기업 물품 또는 용역을 구매하도록 계약조건 등에 명시하는 방법이다. 업체가 계약을 수행하는 과정에서 사회적 기업 제품을 구매하여 사용할 경우 계약금액 범위 내에서 구매실적으로 인정(계약과 무관한 구매는 불인정)한다. 단, 계약 업체와 사회적 기업 간 구매 증빙자료로 구매계약서, 세금 계산서 등을 확인·보관해야 한다. 간접구매 절차는 물품 용역 계약, 적용가능 대상품목 확인, 계약업체가 사회적 기업 제품을 구매하도록 추진, 계약업체가 사회적 기업 제품을 구매하는 순이다. 계약방법은 구매품목 및 추정 가격에 따라 제한·지명경쟁, 수의계약, 협상 등을 활용한다. 사회적 기업은 중소기업법 제2조에 의해 중소기업자의 범위에 해당하므로, 중소기업 관련 계약제도도 활용할 수 있으며, 취약계층 고용 비율 30% 이상인 사회적 기업은 1인 견적 수의계약금액 5천만 원까지 가능하다.[9] 입찰자격 및 평가기준은 낙찰자 심사·결정을 위한 평가기준에 사회적 가치 항목을 반영한다. 물품 또는 용역 낙찰자 결정 시 '적격심사 세부기준'의 신인도信認度 평가항목 중 사회적 기업 가점 부여를 활용한다. 기관별 구매지침(공기업 등) 또는 조례(자치단체)를 활용하여 사회적 기업 제품 구매 우선 검토 및 심사 시 반영한다.

3단계는 사회적 기업 제품 구매 지원 플랫폼인 e-store 36.5⁺(www.sepp.or.kr)에 소개된 구매정보를 이용하고, '공공기관 사업연계 및 희망상품 추천 요청' 기능을 활용하여 구매 및 사업을 추진한다. 오프라인 판매장 '스토어 36.5'(전국 90개소)에 문의하여 구매할 수 있다. 나라장터 종합쇼핑몰(수요 빈도가 많은 상품을 조달청이 미리 계약하여 등록한 사이트) 내 사회적 가치실현기업 전용몰을 활용하여 구매할 수도 있다. 제품 특성에 따라 사회적 기업의 공급능력이 부족할 수 있기 때문에 시간적 여유를 두고 구매 상담 및 주문을 해야 한다.

당해 연도 구매계획 수립 시 고려사항은 해당 공공기관의 예산, 구매수요, 전년도 사회적 기업 제품 구매실적 등을 종합적으로 고려한다. 사회적 기업 제품의 법적 의무구매 비율은 없으나, 공기업·준정부 기관 '사회적

---

9   지방계약법 시행령 시행('18.7.24), 및 국가계약법 시행령 시행('19.3.5).

가치구현'평가, 자치단체 합동평가, 지방공기업 경영 평가 등 관련 평가에 구매실적을 반영한다. 전년도 구매실적 집계는, 국가기관·자치단체·교육청은 재정시스템인 '디브레인, e호조, 에듀파인'을 통해 집계되고, 그 외 공공기관은 사회적 기업 명단을 자체 재정시스템에 반영하여 집계한다. e-store 36.5⁺(www.sepp.or.kr) '우선구매실적/공공조달정보' 내 '우선구매 공지사항/우수사례'에 게시된 사회적 기업 명단을 자체 시스템에 반영한다.

5. 사회적 기업의 사례와 핵심가치

 **아쇼카 재단**(대표 빌 드레이튼, 사회적 기업을 지원하는 NGO)

1979년 미국 환경보호국은 대기오염 물질 감축을 위해 '버블 프로젝트'[10]라는 환경정책을 공표했다. 그러나 이 프로젝트는 그 누구로부터도 환영받지 못했다. 환경론자들은 정부가 대기업에 굴복한 것이라고 했고, 기업에서는 활동이 위축된다는 이유로 반발했다. 1990년에야 비로소 버블 프로젝트를 바탕으로 한 대기 청정법이 시행되어 산성비를 유발하는 이산화황 배출을 줄일 수 있었다. 이 프로젝트를 주도한 사람이 '사회적 기업가'의 대부로 불리는 빌 드레이튼이다. 빌 드레이튼은 1980년 사람을 키워 혁신을 복제한다는 '아쇼카 재단'을 설립하였다. 그는 기업가적 능력과 흔들림 없는 윤리적 동기, 새로운 혁신적 아이디어를 지닌 사람이 마음껏 뜻을 펼칠 수 있도록 해 주는 것이 사회적 혁신을 가능하게 한다고 믿고 있었다. 아쇼카 재단은 뜻을 같이하는 창조적이고 전문적이며 꿈을 실현시키려는 강인한 의지를 지닌 인재를 찾아 지구촌 곳곳을 누비고 있다.

빌 드레이튼은 아쇼카[11]를 "역사상 어느 누구보다 거대한 규모로 일한

---

10 버블 프로젝트가 시행되기 전만 해도 미국 정부는 대기오염 배출에 대한 세부규정을 통해 기업들을 규제했다면 버블 프로젝트는 기업들 각자가 혁신을 통해 유해물질을 줄이도록 정부는 유해물질 배출 총량만을 규제했다(강대성, 「사회적 기업의 혁신」, 「아시아경제」, 2013).

11 아쇼카Ashoka Maurya는 인도 마가다국 제3왕조인 마우리아 제국의 세 번째 임금으로 인도사상 최초의 통일국가를 이룬 왕(BC 265?-BC 238? 재위)이다. 그는 인도에서 가장 위대한 황제의 한 사람으로 수많은 군사 정복 뒤에 오늘날의 인도 대부분을 지배했다. 비폭력을 진흥시키고 윤리적 통치를 강조한 왕이다.

실용적인 창조자이다. 그는 대륙 규모의 제국이 갖는 경제력을 인지하고 그 힘을 사회적 목적으로 활용했다."라고 평가했다. '아쇼카 재단'은 사회적 벤처를 발굴하여 창업할 수 있도록 투자하며, 투자의 기준은 기본적으로 '사람'이다. 아쇼카의 펠로(아쇼카에서 직접 선정한 사회적 기업가)로 선정된 기업가에게는 자금을 지원하는데 사업비가 아니라 기업에 전념할 수 있게 하는 생활비이다.

펠로는 산업을 혁명적으로 바꾸기 위해 매진하는 사람들이다. 펠로 선정기준은 새로운 생각, 창의성, 윤리성, 기업가적 자질(앙트러프러너십), 사회적 영향력 총 다섯 가지이고, 1차 심사는 대개 1,000 대 1이다. 2차 심사는 1차 심사를 통과한 지원자에 한하여 아쇼카의 사회적 기업 활동가 3~6명과 개별 면접한 후 그들의 의견을 물어 결정한다. 3차 심사는 선정위원회가 면접심사를 하는데 일주일 동안 후보와 일대일 면접을 실시한다. 사업 아이디어를 어떻게 실천할 것인지 따져 묻는데, 집요한 질문을 통해 말만 앞세우는 이론가인지, 실제 실천가인지 판단할 수 있기 때문이다.

사회적 기업도 일반 기업처럼 준비, 창업, 도약, 성숙의 4단계를 거치는데 아쇼카는 '도약'의 단계에 집중적으로 지원한다. 선택된 기업가에게는 사회를 변화시키겠다고 하는 열망과 참신한 아이디어, 뛰어난 사업수완, 시간이 걸리더라도 끝장을 보겠다는 끈기 등 사회적 기업가의 '열정'을 요구한다. 영리를 추구하는 피라미드식 판매활동은 많은 사람에게 피눈물을 흘리게 하지만 아쇼카의 피라미드는 사람들에게 희망과 기쁨을 준다. 그래서 아쇼카 재단의 로고는 떡갈나무이다. 빌 드레이튼이 뿌린 도토리는 오늘도 지구촌 곳곳에서 힘겨운 사람들을 품는 거목으로 자라고 있다. 5만 달러로 시작한 아쇼카의 기금은 이제, 연간 3,000만 달러를 움직이는 큰 기금으로 불어났다. 아쇼카 재단이 처음 펠로를 선정한 이래, 지금은 70개국 3,000명의 사회적 기업가를 발굴하여 지원하고 있다.

빌 드레이튼은 초등학교 5학년 때 신문 만들기 재미에 빠졌다. 용돈을 모아 등사기를 구입한 뒤 학생기자단을 조직해서 32~50개 면의 신문을 제작했다. 광고를 따고 배급도 도맡았다. 이를 통해 아이디어를 현실화하고, 사회에 긍정적인 영향을 끼치는 법을 배웠다. 대학교 진학 후에도 드레이튼은 아이디어가 있으면 즉시 실행하되, 혼자가 아니라 팀워크를 지향했다. 그는 사회의 각 전문가 집단과 파트너십을 형성하여 실질적인 성과를 도출하는 훈련을 계속했다. 대표적인 활동이 '아쇼카 테이블'이라는 조직의 결성이었다. 학생들이 정부 및 기업의 주요 인사와 만나 사회이슈를 토론하고 해결책을 모색했다.

드레이튼은 하버드와 옥스퍼드대학교에서 경제학, 공공재정학, 역사학을 전공하고 예일대 로스쿨을 졸업한 뒤에도 사회 혁신에 대한 열망은 줄어들지 않았다. 이후, 매킨지 뉴욕사무소와 미국 환경 보호청에서 일하면서 공공정책 관련 전문성을 키웠다. 1981년에는 드디어 오랫동안 꿈꿔왔던 재단을 설립했다. "세상에서 가장 강력한 세력은 기존 시스템을 변화시킬 수 있는 아이디어와 이를 실행할 수 있는 능력을 겸비한 사람이다. 이들을 사회적 기업가라고 한다면, 나는 그들을 돕는 조직을 만들고 싶었다." 재단을 설립하며 밝힌 설립 취지이다. 아쇼카 재단은 빈곤한 곳이 있다면 그게 농업기술이나 제도 때문인지 아니면 토지 소유의 문제에서 비롯되는지 그 근본 원인을 찾아 해결하고자 한다. 그게 바로 사회적 기업가 정신이고, 어떤 형태인지, 어떤 사업 분야인지는 중요하지 않다고 생각한다.

사회적 필요가 있는 곳을 계속해서 관찰하고 누군가의 절실한 필요에 공감해야 한다. 창의성은 똑똑한 사람이 어느 한순간 영감을 얻고, 발현되는 것이 아니라 철저한 노력과 고민의 산물이다. 창의성은 '끈질기게 들여다보기'에서 나오고, 변화는 나로부터 시작되며, 타인이나 사회의 허락을 구한 다음에 행동하는 것이 아니다. 변화를 만들어 낼 수 있는 기회를 스스로에게 부여한다. 3,000명의 아쇼카 펠로 중 대부분이 10대 시절부터 혹은 그 이전부터 무엇인가를 변화시키는 일을 했냐고 한다.

체인지 메이커change maker란 자신의 비전으로 사회 전체를 새로운 패턴으로 바꾸기 위해 도전하는 사람들, 혁신적 아이디어를 통해 시스템을 변화시키는 아이디어를 가지고 실천하는 사람들을 말한다. 고기를 잡아 주거나 고기를 잡는 방법을 넘어서 고기 잡는 산업을 혁명적으로 바꾼다. 누군가의 절실한 필요에 공감empathy하고, 문제를 해결하기 위해 행동에 나설 때 누구나 체인지 메이커가 될 수 있다. 이들이 네트워크를 이루어 세상을 좋은 방향으로 혁신해 나갈 것이다. 앞으로의 세상은 체인지 메이커들이 인터넷으로 연결되고 네트워크를 형성하여 변화를 이끄는 세상이다.

아쇼카 재단은 'Everyone A Changemaker'라는 비전과 전략하에 한 치도 예상할 수 없는 세상 속에서 새롭게 발생하는 문제에 재빠르게 대응하기 위해서는 소수의 리더나 전문 단체뿐 아니라 사회 구성원 모두가 변화와 문제 해결의 주체, 즉 체인지메이커가 되어야 한다는 재단의 미션을 전 세계에 전파하고 있다, 아쇼카는 체인지메이커 사회를 만들기 위해 혁신하고 협력하는 이들의 글로벌 네트워크가 되고 있다. 아쇼카 재단의 주요사업은 첫째, 뛰어난 소셜 앙트러프러너Leading Social Entrepreneur의 발굴과 지원, 둘째로는 소셜 앙트러프러너 네트워크와 커뮤니티 형성, 셋째, 시민섹터의 새로운 인프라 구축이다.

최근 10년간 선정된 아쇼카 펠로의 영향력에 대한 연구조사 결과, 83%가 국가적 차원의 시스템 변화를 이끌어 냈고, 48%의 펠로들이 시장을 변화시켰다. 또한, 51%의 펠로들이 정부 정책과 업계 규범을 변화시켰다. 아쇼카 펠로들은 수많은 이들에게 혁신을 전파하는 역할을 하고 있는데, 아쇼카는 기업과 시민섹터 간의 경계를 허물고, 청소년들이 체인지메이킹을 연습할 수 있도록 하며, 소셜 앙트러프러너들의 성장에 필요한 새로운 자본 투자 방식을 개발하는 등 체인지메이커 사회에 걸맞는 새로운 시스템과 철학을 제시하고 있다. 그 결과, 조사 대상 펠로 중 90% 이상이 다른 단체들의 벤치마킹 대상이 되었고, 펠로 선정 10년이 경과한 후에도 선정

당시의 아이디어에 매진하며 사회 혁신의 고삐를 늦추지 않고 있다. 2012년에 한국에도 '사단법인 아쇼카 한국'이 설립되었다.[12]

아쇼카 펠로는 지난 35년간 사회적 기업가들을 발굴하고 사업비와 생활비를 지원했을 뿐만 아니라, 전세계 펠로 네트워크 등의 다양한 프로그램을 지원해 왔다. 방글라데시의 그라민뱅크 창립자 무하마드 유누스, 미국의 비영리단체 티치 포 아메리카teach for america를 만든 웬디 콥이 대표적인 아쇼카 펠로 출신이다.

아라빈드 병원

백내장은 대표적인 안과 질환이다. 눈에서 렌즈 역할을 하는 수정체가 혼탁해져 앞이 뿌옇게 보이다가 끝내는 실명하게 되는 병이다. 백내장 수술은 간단하고 비용도 저렴해서 쉽게 치료할 수 있다. 그러나 1,000만 명이 넘는 시각장애인이 있는 인도 극빈층의 경우에는 그렇지 못하다. 백내장 환자의 80% 이상이 가난 때문에 치료받지 못하고 고통의 짐을 안고 살아간다. 인도에는 수술비가 없어 시력을 잃는 가난한 환자가 900만 명이나 된다. 시력을 잃으면 당연히 돈도 벌지 못하고, 빈곤의 악순환이 계속 반복된다.

아라빈드Aravind 안과병원[13]은 돈이 없어 백내장 수술을 받지 못하는 이웃을 위해 고빈다파 박사가 설립한 사회적 기업이다. 미국에서는 백내장 수술을 받으려면 1,800달러 정도가 있어야 하지만 이곳에서는 그의 100분의 1인 18달러로 수술을 받을 수 있다. 1976년 11개 병상의 작은 병원으로 시작했는데 지금은 5개의 직영병원과 3개의 협력병원으로 성장했다. 병

---

12 아쇼카 재단 홈페이지 참조.
13 인도의 아라빈드 안과병원은 맥도날드의 '표준화 공정·대량 생산 시스템'으로부터 영감을 받아 무려 40%의 수익률을 냈다. 수입해 오는 인공수정체 가격이 높아지자 인공수정체 대량 생산시설인 AURO랩을 설치했고, 접수부터 수술 후 퇴원까지의 의료서비스를 표준화·전문화했다.

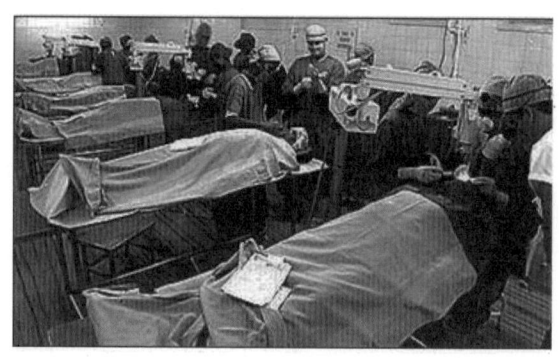

상 3,000개, 전임의사 100명, 연 150만 명 진료, 28만 건을 수술하여 누적 기록 1억 2,000만 명을 진료하였으며, 230만 명의 백내장 수술(이 중 70%는 무료 시술)을 하였다. 전체 고용 인원만 3,000명에 달하는 세계 최대의 안과병원으로 성장했다.

병원을 설립한 고빈다파 벤카타스와미 박사는 '예방할 수 있는 시각 장애를 없애자'는 비전을 가지고 병원을 열었다. 명확한 비전과 뜨거운 열정에 많은 사람들이 동참했다. 처음부터 아라빈드 병원은 불쌍한 사람을 돕는다는 감성적 접근이나, 사회적 가치를 실현하기 때문에 경영성과를 내지 않아도 되거나, 외부 지원으로 병원을 운영하겠다는 생각을 하지 않았다. 정부나 기업 등에서 지원을 받을 수 있다는 생각을 제쳐두고 철저히 경영 혁신을 추진했다.

그중 하나가 맥도날드식 수술 시스템으로, 햄버거 생산 과정에서 힌트를 얻어 수술 과정을 표준화하고 분업화했다. 수술대 2개에 의사 1명과 간호사 4명을 배치하고, 수술에 필요한 현미경은 수술대 사이에 하나만 설치했다. 의사가 한 편의 수술대에서 인공수정체 교체 등의 난이도가 높은 수술을 마치면, 비교적 간단한 다음 과정은 간호사들이 처리하도록 했다. 그 사이 현미경을 반대편 수술대로 돌려놓고 의사는 다음 환자를 수술했다. 이렇게 표준화된 방식을 도입하여 같은 수술 시간이더라도 다른 병원

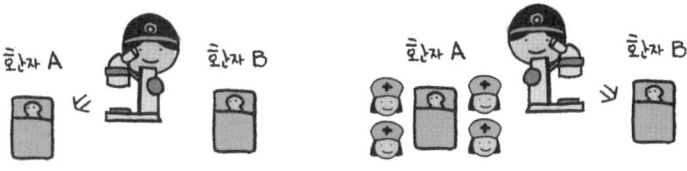

보다 무려 6배나 많은 환자를 수술할 수 있었다.

백내장 수술에 필요한 인공수정체는 한 벌에 100달러 정도의 고가이다. 이 문제를 해결하기 위해 저가 의료 상품을 판매하는 오로랩Aurolab이라는 사회적 기업과 업무를 제휴하였다. 병원 옆에 최첨단 백내장 수술 렌즈 생산시설을 세우고 신제품을 개발했다. 그 결과 인공수정체의 가격을 100달러에서 단 10달러로 낮추게 되었다. 그래서 1,800달러의 수술 비용을 18달러로 낮출 수 있었다.

설립자 고빈다파 벤카타스와미 박사는 극빈층 환자를 도와준다는 감상적 시혜가 아니라 사람에 대한 사랑으로 병원을 운영했다. 자신과 같은 인간으로 인식하고 기꺼이 헌신하는 철학을 최우선으로 삼았다. 그러한 철학에 구성원들이 공감하면서 환자를 위한 경영 문화가 정립되었다. '닥터 V'라고 불리던 고빈다파 벤카타스와미 박사는 2006년에 세상을 떠났지만 그의 철학은 지금도 실현되고 있다.

아라빈드 안과병원 사례를 보면, 사회적 기업이 단순히 '취약계층을 고용하는 기업'이라는 개념만이 아님을 알 수 있다. 기업들이 추구하는 '협력과 비전과 철학이 완벽하게 조화를 이루어 기적 같은 혁신을 만들어 가는 이상적인 기업'의 모습을 가지고 있다. 그 원동력은 경영의 우선순위를 재무성과에만 두지 않고 더 높은 사회적 가치, 즉 인간에 대한 경외敬畏와 사랑에 두었기 때문에 가능했다. 이러한 신념과 믿음이 진정한 혁신을 가능하게 했다.

라이프스트로(LifeStraw, 개인정수기)

우리는 원하면 언제나 깨끗한 물을 마실 수 있다. 하지만 열악한 환경에서 오늘을 살아가야 하는 사람들도 있다. 콩고, 나이지리아 등 아프리카 지역에서는 물이 부족하거나 오염된 물을 그대로 마시고 있어 수인성 질병에 노출되어 하루에도 수천 명이 사망한다.

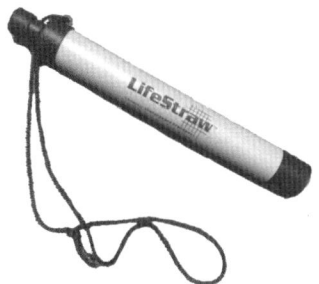

　낙후된 지역이나 소외된 계층을 배려하여 지역과 사정에 알맞은 기술적 해법을 제시해주는 기술을 적정기술이라고 한다. '라이프스트로 LifeStraw'는 더러운 물로 인해 생명을 위협받는 사람들에게 식수를 공급하기 위해 적정기술로 만들어진 저렴한 가격의 빨대 정수기이다. 수자원이 오염되어 있는 국가에 살고 있는 사람들과 그곳을 여행하는 여행자, 구호활동을 하고 있는 요원, 선교사 등에게 먹을 수 있는 물을 제공하는 빨대 정수기이다. 라이프스트로는 '디자인 21'(유네스코와 협력하고 있는 다양한 국적의 디자이너) 모임에서 개발된 스위스 제품이다.

　라이프스트로의 종류는 개인용과 가족용이 있는데, 개인용은 한 사람이 1년간 먹을 수 있는 용량인 700리터의 물을 정수할 수 있으며, 99.999%의 박테리아와 98.5%의 바이러스를 제거한다. 가족용은 한 가족이 2년간 먹을 수 있는 1만 8,000리터의 물을 정수할 수 있으며, 99.999%의 수인성 박테리아, 99.99%의 바이러스, 99.9%의 기생충을 제거할 수 있다. 휴대용 정수 빨대는 전기적 장치도 필요 없고, 교체해야 할 소모품도 없다.

가난한 사람들을 위한 안경

시빅 벤처스, '고령자의 사회적 벤처 창업보육센터'

사회공헌으로 빛나는 인생 이모작의 꿈을 키우는 시빅 벤처스Civic Ventures는 고령자를 위한 사회적 벤처창업 보육센터로서 다양한 세부 프로그램을 운영하고 있다. 고령자의 사회적 벤처창업 보육센터를 운영하면서 충분한 교육과 경험을 갖춘 은퇴자들이 적극적인 사회적 혁신가로 변신·활동할 수 있도록 기반을 갖춰주기 위해 설립된 기관이다. 시빅 벤처스는 베이비부머 세대들이 자신에게 주어진 인생의 황금기를 사회활동과 자원봉사, 평생학습의 시간으로 전환할 것을 주문한다. 고령자에 대한 사회의 편견을 깨고 스스로의 틀에서 벗어나고자 하는 과정에서 탄생하였다. 은퇴자로 하여금 그들의 경험이 사회와 개인에게 유익하게 쓰일 수 있도록 사회 여건을 만들고 관련 프로그램을 개발하였다.

시빅 벤처스의 활동영역은 크게 세 가지이다. 첫 번째는 경험봉사단Experience Corps 활동으로 이 봉사단은 사회적 활동에 은퇴자를 자원봉사자로서 투입한다. 14개 도시에서 55세 이상의 은퇴자 1,800여 명을 조직하여 필요로 하는 곳에 배치한다. 주로 교육 분야에서 활동하며 대도시 도심의 공립학교에서 방과 후에 저소득층 아이의 공부를 도와주거나tutoring, 아이들이 바르게 살아갈 수 있도록 희망을 심어 주는mentoring 역할을 담당하고 있다.

두 번째는 새로운 무대The Next Chapter 활동으로 공익을 위해 베이비부머가 보다 생산적이고 혁신적인 일을 할 수 있도록 지원하는 미션을 수행한다. 기본원칙에 공감하는 기존 고령자 시민단체, 공공단체, 각종 공익 재단과 긴밀한 협력 네트워크를 구축하고 이 네트워크를 통해 고령자, 각종 단체, 그리고 기부의사가 있는 대상들을 연결시키는 기능이다. 지역사회의 공공도서관과 대학에서 고등교육을 받은 은퇴자에게 자원봉사나 유급 일자리를 제공하거나 평생교육의 장을 마련해 준다.

세 번째는 앙코르 커리어Encore Career 사이트 운영 활동으로 앙코르 커리어 웹사이트는 은퇴자 전분 구인구직 사이트로서 민간기업보다는 공공분

야로 연계되어 있으며, 은퇴 이후 직업경로에 대한 다양한 가이드를 제공하고 있다.[14]

룸투리드, '지구촌 빈곤지역에 도서관을 짓다'

　룸투리드는 세계 빈곤지역의 아이들에게 교육서비스를 제공하는 사회적 기업인데 대표 '존 우드'는 마이크로소프트 중국지사의 임원이었다. 네팔의 어느 마을을 여행하면서 열악한 환경에서 제대로 된 교육을 받지 못하는 아이들을 보고 미션을 생각했다. 다니던 회사에 사표를 내고 사회적 기업 룸투리드를 설립하여 빈곤지역에 도서관을 짓고 교육서비스를 제공하는 사업을 했다.
　상당수의 개발도상국 여성들이 교육의 기회조차 얻지 못하고 있어 개발도상국 문맹자의 3분의 2가 여성이며, 전체 여성 중 42%는 학교에 다니지 못한다. 룸투리드는 네팔, 남아프리카, 인도, 캄보디아 등 10개국에서

14　최숙희, 「사회공헌형 고령자 일자리 활성화 방안」(2012), 한국소비자원 소비자칼럼.

여성교육 사업을 진행하고 있다. 또 도서관 건설, 학교 건설, 도서출판, 읽기와 쓰기 교육 등의 사업을 한다. 실제로 여성들에게 제대로 된 교육이 이뤄질 경우 출생 후 유아사망률을 10% 낮출 수 있고, 그들의 평균임금이 20% 상승한다.

현재 빈곤지역의 수많은 아이들은 주변에 도서관이 없어 책을 읽지 못하고 6,100만 명의 아이들이 학교에 다니지 못하고 있는데 룸투리드는 여성들의 학업 지원 멘토링, 생활 기술 훈련 등 여성을 위한 교육 활동을 한다. 빈곤지역 아이들을 위해 도서관과 학교를 건설하고, 도서 기부, 도서 출판, 읽기 및 쓰기 교육 등의 사업도 진행한다. 책을 읽는 것은 어린아이들에게 지식과 간접 경험을 제공하여 인생에 큰 도움을 준다. 룸투리드는 번역되지 않은 해외 원본 도서를 그 지역 언어로 번역하여 출판하는 사업도 진행하고 있다.

한 통계에 따르면, 현재 교육을 받지 못하는 모든 아이들이 교육을 받게 되면 1억 7,000여 명의 사람들이 빈곤에서 벗어날 수 있다고 한다. 문맹 탈출을 위한 교육은 빈곤에서 벗어날 수 있는 가장 중요한 요소인데 현재 전 세계의 8억 명 정도가 문맹이다. 따라서 책이 출판되었다고 하더라도 글을 모른다면 출판하는 의미가 없으므로 지역의 정부와 협력해서 빈곤지역의 아이들에게 읽기, 쓰기 교육을 병행하고 있다. 룸투리드의 노력으로 가난으로 인해 교육을 받지 못하는 수많은 아이들이 문맹에서 벗어나 책을 읽을 수 있고, 미래를 준비할 수 있게 되었다.

룸투리드의 2015년 12월 기준 사업현황은 도서관 1만 7,534개 설립, 학교 1,930개 설립, 1,158권 번역도서 출판, 1,564만 권의 책 기부, 3만 1,636명의 소녀에게 여성교육 서비스를 제공하여 총 1,000만 명이 혜택을 받았다.[15]

---

15 룸투리드 홈페이지 www.roomtoread.org 참조.

키바와 마이크로 플레이스

키바는 이자 없이 원금만 상환하도록 하는 비영리단체이고, 마이크로 플레이스는 펀드로 투자자에게 2~4년 만기 때 원금과 함께 1.5~3%의 이자 수익을 얹어서 돌려주는 온라인 소액 대출 사이트이다. 사이버 장터에서 사람들이 물건을 흥정하고, 사고파는 거래행위를 할 수 있도록 해주는 것처럼 창업비를 빌려 주기도 하고, 받기도 한다. 사회적 투자 차원에서 돈이 필요한 사람과 돈을 빌려 주려는 사람을 인터넷상에서 직접 연결해 준다. 가난한 사람들에게 담보 없이 창업을 위한 돈을 대출해 주는 일을 하고 있다.

아프리카의 한 여성이 재봉틀로 옷을 만들어 팔기 위해 500달러를 필요로 한다면, 누군가 한 사람의 투자자가 나서서 500달러를 빌려줄 수 있고

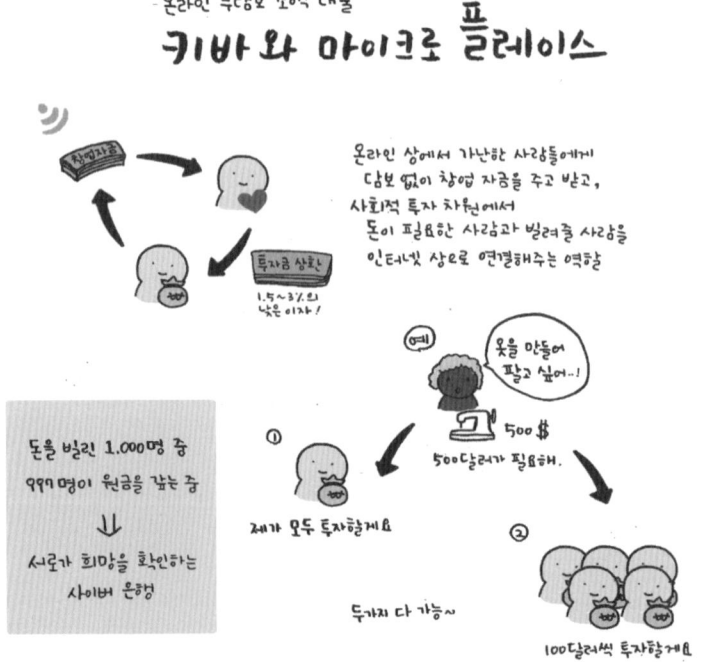

다섯 사람의 투자자가 100달러씩 모아줄 수 있다. 키바에서는 인터넷을 통해 낯모르는 사람에게서 돈을 빌린 1,000명 가운데 997명이 원금을 갚고 있다. '키바'는 빌린 사람이나 빌려준 사람들 서로가 희망을 확인하는 사이버 은행이 되었다. 이제는 온라인상으로 사회적 기업이 진화하고 있는 중이다.

자이푸르 무릎Jaipur Knee, 값싼 의족으로 '걷는 행복'

절단 장애인 80%가 가난한 나라 출신이다. 부유한 선진국 장애인과 달리 의족의 가격이 수천 달러를 웃돌기 때문에 혜택을 받을 수 없다. 당연히 이들의 삶은 늘 불안하고 위험하다. 자이푸르 무릎은 의족을 마련할 돈이 없는 장애인들에게 20~30달러 수준의 저렴한 가격으로 의족을 제공한다.

절단 장애인을 위한 인공 무릎관절을 값싸게 만들어 공급하는 리모션 RE:motion 디자인의 대표 조엘 새들러Joel Sadler는 26세의 젊은 청년이었다. 단지 가난하다는 이유만으로 기술로부터 소외된 사람들을 위해 플라스틱, 볼트, 너트, 베어링만으로 조립이 가능한 인공 무릎관절을 발명해 어려운 이웃들에게 '다리'를 보급하고 있다. 적정기술을 활용한 STSR(Science,

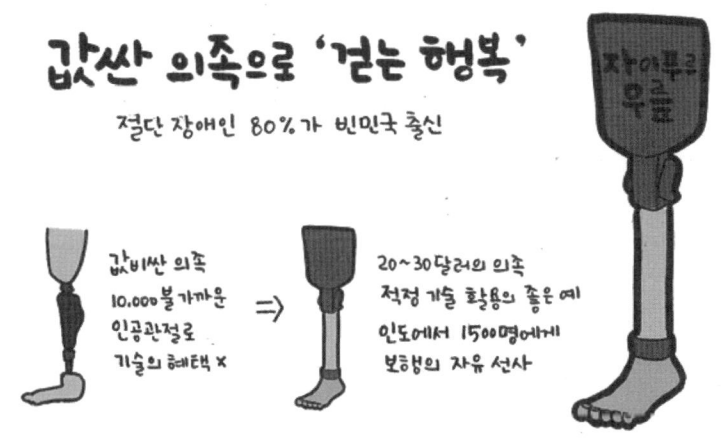

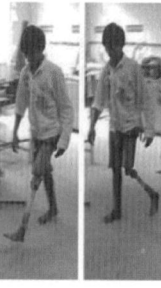

Technology, Social Responsibility)의 전형이다.

　2008년 17세의 카말(오토바이 사고로 한쪽 다리를 잃은 인도 청소년)이 대나무를 던지고 두 발로 처음 걸었던 순간을 조엘 새들러(26·사진) 리모션 디자인 대표가 지금도 잊지 못하는 것은 가장 행복하면서도 슬펐던 순간이기 때문이다. 인도의 절단장애인 단체 '자이푸르족부(발)협회ZFO'의 제안으로 좀 더 저렴한 인공무릎관절을 개발했는데 그렇게 만든 인공무릎관절을 단 의족의 첫 주인공이 바로 카말이었다. 미국 MIT와 스탠퍼드대학교에서 기계공학과 디자인을 공부한 조엘 새들러는 2008년 카말의 무릎에 '자이푸르 무릎Jaipur Knee'이라고 이름 붙인 다축 인공관절을 달아보았다. 오랜 연구 끝에 생산한 자이푸르 무릎은 한쪽 다리가 없는 카말을 '제대로 걷게' 만들었다. 보행 자세도 자연스럽고 보조도구 없이 양손을 자유롭게 활용할 수도 있었으며, 심지어 나무 위에 올라가기까지 했다.

　1년 뒤 조엘 새들러는 카말과 같은 개발도상국 장애인들에게 저렴하고 튼튼한 의족을 공급하는 사회적 기업 '리모션 디자인www.remotiondesign.org'을 창업했다. 폴리머(polymer, 중합체)를 이용한 인공 무릎관절은 개당 20달러 미만의 비용으로 대량 생산이 가능했다. 지금까지 인도 장애인 3,000여 명에게 보행의 자유를 안겨주었다. 그러나 세계에는 아직도 2,000만 명의 절단장애인들이 있다. 이들에게 단가 30달러 수준의 '인공 무릎'을 발명하여 상용화시킨 것이다. '자이푸르 무릎'은 빈곤층과 아프가니스탄을 비롯한 전쟁지역에서 지뢰로 다리를 잃은 사람들에게 큰 희망을 주었다. 타임지가 선정한 최고발명품에도 이름을 올린 바 있는 자이푸르 무릎은 매년 1만 6,000명에게 새로운 팔과 다리를 제공하고 있다.

소외된 90%를 위한 적정기술이 자본주의를 성찰하는 국제사회 분위기에 맞물려 최근 다시 조명 받고 있다. 그동안 기술의 발달은 인류의 삶을 획기적으로 변화시키고 풍요롭게 인도해 왔지만 그것이 인류 전체에 해당되는 것은 아니었다. 차세대 혁신을 이끌 제품은 1%가 아닌 99%를 위한 정책과 기술개발이어야 하고, 목적에 부합한 서로 다른 요소를 하나로 융합시킨 기술을 적용해야 한다. 세계인구의 절반에 해당하는 30억 명 이상이 하루 2달러로 생계를 유지한다. 지금 인류에게 절실히 필요한 것은 첨단 기술이 아닌 소외된 90%를 위한 적정기술이다. 그런 의미에서 '자이푸르 무릎'은 21세기 인간과 기술의 공존과 적용에 새로운 희망의 가능성을 제공하고 있다.

군제이Goon J, '헝겊으로 세상을 바꾸다'

1992년 대학에서 저널리즘과 경제학을 공부하던 안슈 굽타는 인도 뉴델리의 거리를 걷던 중 '시체 수거자' 하비비를 만났다. 안슈는 날씨가 추

운 겨울이 되면, "반경 40킬로미터 안에서 20구 이상의 시체를 수거해 화장장에 보낸다"는 하비비의 직업에 충격을 받았다. 또한 변변한 옷이나 이불이 없어 추운 날 밤이면, "아버지가 수거한 시체를 덮어 몸을 녹인다"는 하비비의 어린 딸 이야기를 듣고 놀랐다.

6년 뒤, 안슈는 사회적 기업 '군제이GOONJ·goonj.org'를 설립하여 버려진 옷을 모아 가난한 이들에게 공급하였다. 가난한 이들의 의식주 가운데 '먹을 것'과 '잘 곳'에 대한 지원은 세계 각국의 단체에서 활발하게 이뤄지지만 '입을 옷'에 관한 관심은 찾아보기 어렵다는 문제의식에서 출발했다. 군제이는 12년간 인도 21개 주에서 매달 헝겊을 50여 톤씩 모으고, 재활용하여 필요한 사람들에게 전달해 왔다. 추위를 막기 위한 옷과 이불을 만드는가 하면, 가방·지갑·줄넘기줄 따위를 생산해 판매했다. 하지만 군제이는 자선단체가 아니다. 안슈 굽타 대표는 "우리 프로젝트에는 공여자와 수혜자가 없다."라고 말한다. "옷이 필요한 이들은 우물을 파고 다리를 건설하는 등 지역사회를 위해 노동을 해야 한다. 그 정당한 대가로 옷을 지급받을 뿐이다."라는 것이다.

군제이의 또 다른 사업은 여성들을 위한 생리대 생산과 보급이다. 인도 여성 수백만 명이 비위생적인 생리대를 사용하여 여성병 감염에 노출되어 있었다. 더러운 헝겊 조각을 대충 빨아 사용하거나 생리 주기가 비슷한 가족끼리 생리대를 공유하기도 하고, 모래·재·황마(식물), 부대·진흙·잔디·신문지 등을 사용하기도 한다. 군제이는 옷과 헝겊을 이용해 월간 20만 개씩의 생리대를 만들고, 개당 2센트에 판매했다. 군제이는 "생리대 문제를 논하지 않고서는 인도 여성의 건강 문제를 해결할 수 없다."라는 신념으로 활동한다. 안슈 대표는 "아주 작은 헝겊 하나로도 세상을 바꿀 수 있다."라고 말한다.

군제이는 평상시에도 도시에서 버려지는 다량의 옷과 천으로 방한복과 이불을 만들어 시골에 보급하고 가방, 지갑, 매트 등의 재활용 제품을 만들어 판매한다. 또 우물을 파거나 다리를 건설하는 등 지역사회를 위해 일하는 주민들에게 작업복을 지급하는 방식으로 지역 자치를 독려하고 있다. 인도 각지의 150여 개 단체와 수백 명의 자원봉사자들이 군제이의 활동에 동참하고 있다. 안슈 굽타는 그 공로를 인정받아 2015년에는 아시아의 노벨상이라는 막사이사이상을 수상했다.

프라이탁, '쓰레기로 만든 명품 가방'

프라이탁은 1993년에 탄생한 스위스 업사이클링 회사이다. 창업자 마르쿠스와 다니엘 프라이탁 형제는 비가 오는 날에도 내용물을 보관할 수 있는 젖지 않는 가방이 있었으면 좋겠다고 생각했다. 고속도로를 달리는 트럭을 바라보면서 아이디어가 떠올랐다. 트럭이 사용하다가 버린 덮개 천막, 안전벨트, 타이어 등을 세척하고 박음질하여 이 세상에 단 하나 밖에 없는 가방을 만들었다. 지금은 그 가치를 인정받아 2019년 현재, 전 세계 22개국 470개 매장에서 연 매출 700억원이 넘는 '쓰레기로 만든 명품'을 팔고 있다.

테이블 포 투 Table for 2, '나와 너를 위한 밥상'

세계인구 10억 명은 비만·과체중이고, 다른 10억 명은 굶주린다. 이런 문제를 해결하기 위해 2006년 캐나다 밴쿠버에서 '기아와 포식'을 주제로 한 차세대 글로벌 리더스 회의가 열렸다. 여기에서 '테이블 포 투'(Table for two, 두 사람이 같이 먹는 식탁)라는 개념이 제안되었다. 앞엣사람 한 끼 밥값에서 20엔(300원)을 떼어 내어 뒤엣사람을 먹이자는 뜻이다.

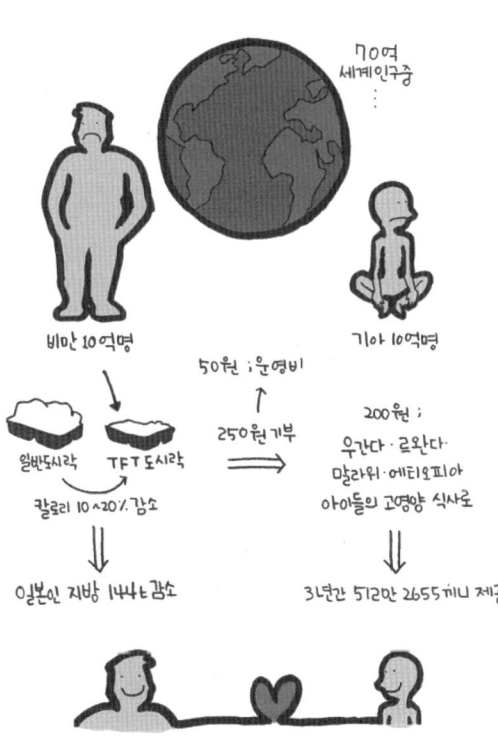

퍼 스콜라스 Per Schcholas

정보화 사회에서 빈곤으로 인한 정보 격차는 자연스럽게 사회적 불평등으로 이어진다. 이를 개선시키기 위해 나선 사람이 퍼 스콜라스의 존 스투키이다. 그는  환경 보호를 기본으로 하면서 개인, 가족, 지역사회에 기술교육과 경제적 기회를 제공함으로써 빈곤의 악순환을 멈추기 위해 1995년 비영리 단체 '퍼 스콜라스'를 세웠다.

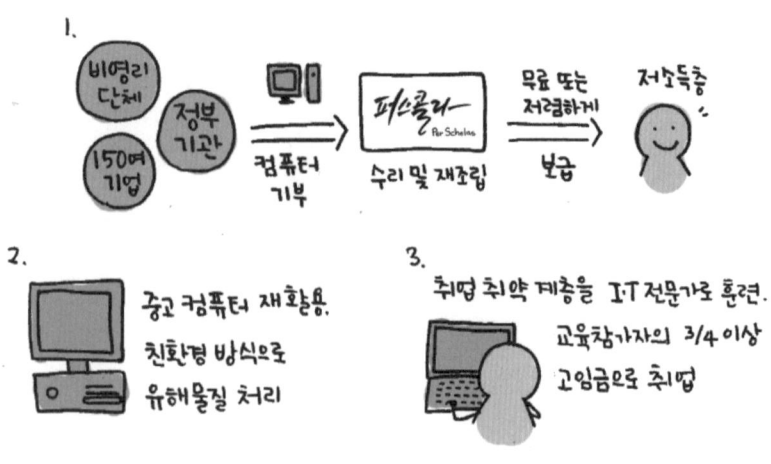

사업 영역은 세 가지이다.

첫째, 정보기술로부터 소외된 저소득층에게 무상 또는 저렴한 가격으로 컴퓨터를 보급한다. 정부기관, 비영리단체, 150여 개의 기업으로부터 기부받은 컴퓨터를 수리하고, 재조립하여 보급한다.

둘째, 중고 컴퓨터를 재활용하며, 친환경 방식으로 유해물질을 처리한다.

셋째, 취업 취약계층에게 고도의 기술을 교육시켜 IT 전문가로 길러 내는 직업 훈련 프로그램을 운영한다. 교육 참가자의 4분의 3 이상이 높은 임금을 받는 직장에 취업하고 있다.

우리나라에도 이와 같은 사업을 하는 곳이 여러 곳 있는데 대표적인 곳이 경기도 화성시에 있는 재활용품 청정처리, 일자리 창출의 자원 순환형 사회건설을 꿈꾸는 사회적 기업 ㈜컴윈(http://www.comwin.co.kr/대표 권운혁, 2004년 설립)이다.

주마 벤처스 Juma Ventures

미국 사회적 기업의 메카로 불리는 샌프란시스코에는 가장 손꼽히는 사회적 기업 주마 벤처스가 있다. '주마'는 스와힐리어로 일Work이란 뜻이다. 주마 벤처스는 15~19세의 저소득 청소년들을 고용하여 직업훈련 프로그램과 취업의 기회를 제공하  는 곳으로 미국 아이스크림 판매 1위 기업인 '벤 앤 제리'의 지원 속에서 성장했다. 벤 앤 제리가 저소득층 청소년들에게 아이스크림 제조법을 전수한 뒤, 주마 벤처스 브랜드로 프랜차이즈 영업을 할 수 있도록 지원한다. 해마다 저소득층 청소년 400여 명이 이 과정을 통해 일자리를 얻는다. 벤 앤 제리는 매장 입지 선정, 시장조사 같은 경영 노하우도 전수한다.[16]

---

16 김진오,「미국 '주마 벤처스' 매년 청소년 400명에게 '희망의 일자리'」,「아시아경제」, 2009.

주마 벤처스는 일하는 청소년을 위해 진학서비스, 재정교육, 직업능력 개발 등 세 영역으로 나누어 지원한다. 청소년들은 개인의 능력에 따라 1~2년 동안 주마 통합프로그램에 참여하고, 참가자들은 주마의 직원들과 함께 미래 목표를 수립하고 '개인 발전 계획'이라는 액션 플랜을 구상한다.

이들은 야구장에서 커피 등을 판매하고, 교육을 받으며 '개인 발전 계좌'라는 은행 통장을 받는다. 이 통장에 100만 원을 저축하면 회사는 2배인 200만 원을 저축해 준다. 최근 주마 벤처스 프로그램 수료자 가운데 85% 정도의 청소년들이 성공적으로 대학에 진학하거나 다른 직장으로 자리를 옮기고 있다. 단계적인 교육과 맞춤형 프로그램으로 만점에 가까운 성과를 거두고 있다.

제주 '올레'(우리나라 혁신의 대표주자)

'제주 올레길 350킬로미터 연결', '관광객 2배로 늘어 연간 600만 명', 제주 올레길 조성 5년 만의 성적이다. 사단법인 제주 올레(이사장 서명숙)는 올레길 마지막 코스인 21코스를 완성했다. 지난 2007년 9월 서귀포시 성산읍 시흥리 제1코스가 열린 이후 5년 만에 제주도를 한 바퀴 도는 정규코스(350km)가 마무리된 것이다. 여자·바람·돌이 많아 삼다도三多島라던 제주에 길까지 많아져 사다도四多島가 됐다는 말도 나올 정도이다. '올레'는 집 대문에서 마을까지 이어지는 아주 좁은 골목을 뜻하는 제주어로서 제주만의 독특한 문화이다. 검은 현무암으로 쌓은 집으로 가는 골목 올레는 집과 마을, 나와 세상을 이어주는 길이다. 구불구불 이어지는 돌담길의 아름다움이 끊어질 듯 이어진다.

제주 올레는 발음상 제주에 '올래?'라는 초대의 의미도 담고 있는데 걷고 싶은 만큼 걸으면서 아름다운 제주의 자연을 벗 삼는 여행길이다. 끊어진 길을 이었고, 잊힌 길은 찾았다. 사라진 길을 불러내어 제주 올레길이 탄생되었다. 걸으면서 제주의 비경과 저마다 다른 섬들이 가진 매력을 느낄 수 있다. 아름다운 제주의 바다와 오름, 곶자왈, 사시사철 푸른 들, 평화로운 마을을 품고 있는 제주 올레는 세상에서 가장 아름답고 평화로운 길 중 하나이다. 그래서 가슴에 맺힌 상처나 복잡한 생각들을 모두 길 위에 풀어 놓거나 흩뿌릴 수 있다. 사람들은 제주 올레에서 상처 난 마음을 치유하고 행복의 특권을 누릴 수 있다.

올레길이 처음 등장한 2007년 9월, 개별 관광객은 262만여 명(단체 관광객 114만여 명)이었다. 하지만 5년이 지난 2012년 9월 단체 관광객은 110만 명으로 비슷한 반면 개별 관광객은 494만 명으로 232만 명이나 늘어났다. 여행자들이 쉬고 잠을 잘 수 있는 '게스트하우스'도 400여 곳이 넘는다. 올레 코스가 지나는 길마다 음식점과 카페, 게스트하우스 등이 들어서면서 지역 상권도 변하고 있다. 혁신으로 지역 경제를 발전시키고 힐링(치유)의 여행이라는 대단한 성과를 낸 것이 '제주 올레'이다.

'제주 올레' 브랜드는 해외로도 진출했다. 사단법인 제주올레는 일본 규슈관광 추진기구로부터 100만 엔(약 1,300만 원)을 받고 '규슈올레'라는 이

름을 일본에 수출했다. 제주올레는 "우리의 관광 인프라가 로열티를 받고 해외에 수출된 최초의 사례"라는 전설도 남겼다. 제주 올레는 설립 당시 시설에 대한 자본이 없었지만, 철저히 자본을 배제했다. 1인 여행, 가족 여행, 공정 여행이 실현될 수 있도록 계획했고 자연이 주는 선물과 느낌이 주는 미학을 추구했다. 아이디어는 기발했고, 전이되고, 확산되었다. '사회적 기업가(소셜 앙트러프러너, Social Entrepreneur)'의 대부로 불리는 '빌 드레이튼'이 1981년에 설립한 '사회적 기업가' 지원 단체인 아쇼카 재단은 (사)제주올레 서명숙 이사장을 '아쇼카 펠로(아쇼카 특별회원)'로 선정 발표했다.

아름다운 가게

아름다운 가게는 2002년 10월 탄생했다. 미션은 '모두가 함께하는 나눔과 순환의 아름다운 세상 만들기'이다. 설립취지는 물건의 재사용과 재순환을 도모하여 우리 사회의 생태적·친환경적 변화를 추구한다. 우리 삶의 근본이 변하게 하여 사람과 자연이 아름답게 공존하게 하는 '조용한 생활의 혁명'을 긴 안목으로 전망한다. 재사용과 재순환의 과정에서 얻어지는 수익금과 기부금을 지치고 힘든 이웃과 그들을 위해 일하는 사람들, 단체들과 함께 나눈다.

아름다운 재단은 재사용가게를 운영하면서 지역사회 주민들의 생활 속에 뿌리내리고 그 지역 풀뿌리 시민들의 문화와 공육共育의 사랑방이 되고자 한다. 더 나아가 저개발국가의 가난하고 소외된 사람들에게 경제활동의 기회를 제공하며, 그들이 생산한 물건들에 대해 공정한 가격을 지불하여 경제적 자립을 돕기 위한 사업인 '공정무역'에 정성과 힘을 기울이고 있다. 비전은 '공익성과 전문성을 갖춘 세계적 수준의 NGO'로서 국내외 소외계층 및 공익활동을 지원하며, 시민의식 성장과 공동체 발전에 기여하는 것이다. 2016년 기준으로 전국에 200여 개 매장이 있고, 해외에도 매장을 보유하고 있다.

노리단

재활용 악기로 퍼포먼스도 하고, 교육도 하고, 놀이터도 만드는 곳, 경계를 넘나드는 조직과 운영으로 프로와 아마추어, 진로를 찾는 10대부터 제2의 삶을 찾는 60대까지 80명의 다양한 사회 경험을 가진 단원들이 운영하는 사회적 기업이 노리단이다. 필요한 악기를 함께 제작해 나가는 과정을 통해 서로의 잠재 능력을 발견하고 '동료'로 관계 맺는다. 2004년 설립된 노리단은 2007년 사회적 기업으로 인증받으면서 퍼포먼스, 워크숍, 커뮤니티 디자인 영역으로 사업을 확장하여 운영한다.

노리단은 재활용을 바탕으로 사회적 활력과 지속가능한 즐거운 디자

인을 지향하는 공공적 문화예술기업이다. 2004년, 하자센터(서울시립 청소년 직업센터) 내의 신나고 의미 있는 일을 원했던 예술가, 청소년, 기획가 11명으로 이루어진 팀으로 시작되었고 2007년에 노동부로부터 사회적 기업 인증을 받았다. 노리단은 10세 어린이부터 40대 중년까지 다세대가 함께 참여할 수 있고 구성원 모두가 공연하는 배우이고, 워크숍을 하는 교사, 손공예를 하는 제작자로서, 경험을 순환하는 삶을 지향한다. 누군가의 예술 작품을 감상하거나 구경하기 위한 예술 교육이 아니라 삶의 문제를 해결하고 지혜를 얻기 위한 미적 기술을 습득한다. 노리단은 가난한 소년들과 청년 신부로 이루어진 어린이 서커스단 '벤포 스타'와 미국 앨라배마

주 헤일카운티라는 가난한 마을의 사람들에게 재활용 주택을 지어준 '루럴 스튜디오'의 설립자인 사무엘 막비의 '희망을 짓는 건축가'에서 영감을 받았다. 노리단의 사업분야는 공연사업, 교육사업, 디자인사업이다.

1. 공연사업: 퍼포먼스, 산업폐자재로 만든 움직이는 악기, 자동차 스프로킷과 폐자전거를 업사이클링[17]한 자전거 악기 등 휴먼에너지로 이동 및 퍼포밍(뮤지컬, 연극, 발레 등)하는 악기들로 구성된 퍼레이드이다. 매년 20여 개국에서, 200여 회 공연을 펼친다.
2. 교육사업: 워크숍, 상상력과 창의력, 예술적 감성을 키우려는 어린이, 청소년, 창의적인 리더십과 파트너십을 개발하려는 사람들이 참가하는데 매년 100여 회 4,000여 명이 참가한다.
3. 디자인사업: 커뮤니티 디자인, 악기개발, 소리놀이터 제작, 친환경 공원과 놀이터를 만들고 이를 기반으로 지역 주민들과 문화 예술 교육을 진행하며, 마을 만들기 사업을 진행하고 있다. 그림 비즈니스 사업이 지속적인 연구 개발을 바탕으로 공간 디자인, 공공 미술, 상품 개발로 이어질 수 있도록 디자인 영역을 확대하고 있다.

"예술은 재능을 타고난 소수의 것이 아니며, 예술과 놀이와 공부와 일은 따로가 아니다. 직업과 취미, 노동과 휴식, 돈벌이와 돈 쓰기를 통합하는 것"이 노리단이 하는 일이다. 노리단의 한 해 공연 수입만 수억 원이다. 도심에 이런 살아 있는 생생한 공간이 숨 쉬고 있다는 게 믿어지지 않는다. '노리단'이 추구하는 것은 '일과 놀이가 조화를 이루는 삶'이다. 통합된 삶이 인위적으로 어느 한 요소로 치우치면 놀이도 예술도 공부도 직업도 삶에서 떨어져 나가 별개가 된다고 생각한다. 통합을 일정하게 지속하면 놀이-예술-공부-직업이 상호 연계되는 다양한 방식을 알게 되고, 그것을 전체로 익힐 수 있다. 노리단의 슬로건 중 하나가 '아침에는 장인으로, 낮에는 교사로, 밤에는 배우로 살자'이다.

17 기존에 버려지는 제품을 단순히 재활용하는 차원을 넘어서 디자인을 가미하는 등 새로운 가치를 창출하여 새로운 제품으로 재탄생시키는 것을 말한다(시사상식사전).

통합된 삶의 경험은 다른 사람과 협력하며 일하는 방법을 터득하게 하고, 다른 사람에게 영감을 불어넣는 방법을 깨닫게 한다. 그것이 문제 해결능력이고, 삶의 지혜이며, 예술이라고 생각한다. 누구나 예술과 문화를 누릴 사회적 권리가 있고, 쉽게 접할 수 있어야 한다고 믿으며, 문화와 예술은 정신세계를 열어주고 정신이 열려야 가슴도, 기회도 열린다고 생각한다. 자신을 뒤돌아보고, 만들어 가고, 자신과 세계가 어떻게 순환하고 있는지 자각하는 자기 고용의 공동프로젝트이다. 그곳에서 사람들은 삶의 기본기를 배우고, 익히며, 디자인한다. 고정 관념을 뒤집는 창의성과 실패를 두려워하지 않는 도전정신, 다양성의 공존, 민주적 의사결정 구조 등이 문화이자 경쟁력이다. '노리단'은 '내가 하고 싶은 일'과 '세상에 필요한 일' 사이의 접점을 찾아 사업을 만들어 가고 있다.

메자닌 아이팩

메자닌 아이팩Mezzanine I -PAK의 근로자 대부분은 자유를 찾아 대한민국에 온 새터민(탈북자)이다. 2008년 5월 문을 연 박스 제조업체인 메자닌(좋은 좌석) 아이팩은 새터민들이 빈곤층으로 전락하지 않도록 돕기 위해 설립된 사회적 기업이다. 베푸는 방식의 지원은 새터민들을 일방적 자선의 대상으로 전락시킨다고 생각하여 안정적인 일자리를 만들었다. 열매나눔재단에서 5억 원, SK에너지에서 1억 5000만 원을 투자하여 경기도 파주에 400평 규모의 공장을 설립하고, 탈북자 20명, 일반기술자 5명을 고용하여 사업을 시작했다.

성공 요인은 기본 물량을 납품할 기업과 협약을 체결하여(B2B, 기업거래방식) 사업을 진행한 결과, 설립 10개월 만에 흑자 경영을 하게 되었다. 2019년 현재, 대부분의 노동자는 200만 원 이상의 월급을 받고 있으며, 설립 당시 근로자 80%가 지금도 일하고 있다. 매출도 꾸준히 늘어 2009년에 12억 원을 달성했고, 2013년에는 14억 5,000만 원의 매출을 돌파하여 성공모델로 평가받고 있다. 2009년 그라민뱅크의 유누스 총재가 방문하여 "30명의 북한 이탈주민 문제를 해결할 수 있다면, 3,000명의 탈북주민 문제도 해결할 수 있다. 그래서 여러분은 그 희망의 씨앗을 심는 것이다."라고 말했다.

그라민뱅크의 무함마드 유누스와 함께한 이창호 대표

2008년 5월 박스제조를 시작으로 메자닌 에코원(블라인드 제조)을 설립하였고, 2009년에는 고마운 손(핸드백, 지갑)을 설립하여 사업을 다각화하고 있다. 40명의 종업원 중 22명이 새터민이다. 메자닌 에코원은 이윤을 추구하기보다 사회적 소외계층의 안정적인 고용에 큰 가치를 두고 있다. 사회적 기업으로서 탈북새터민들의 사회적응을 돕는 인큐베이터 역할을 하고 있다. 메자닌 에코원이 생산하는 제품은 우드블라인드 썬스크린, 롤블라인드, 커튼 등의 상품이다. 직원들이 직접 가공하고 만들 수 있는 기술과 능력을 갖추고 있다. 또한 매월 1회 봉사활동을 통해 자신을 뒤돌아보고, 발전할 수 있도록 노력한다.

메자닌 에코원은 직원의 70%가 새터민으로 이뤄져 있어 남북한의 작은 통일을 이루고 있다. 우리나라에 입국하는 탈북자는 매년 2,000명에 이르고, 누적 숫자는 2만여 명에 달한다. 동남아시아에 떠도는 탈북자는 20만~30만 명으로 추정되고 있다. 새터민들이 한국에서 적응을 잘할 수 있도록 하고, 북한과 남한이 함께 사는 통일된 세상을 꿈꾸고 있다.

(사)더불어사는사람들, 금융복지 실천

2011년 이창호 성임대표는 취약하고 민곤한 계층의 자립을 위해 무이자, 무담보, 무보증, 무대면의 착한대출, 복지지원, 창업대출을 목적으로 '사단법인 더불어사는사람들'을 설립했다. 나눔, 신용, 협동사회를 만드는 '대안 사회적 금융과 복지'를 꿈꾸었다. '무이자 착한대출'을 기반으로 창업대출, 복지지원, 가정경제 주치의 상담 사업을 한다. 사업 기금은 후원금, 상환금, 출자금 등으로 구성되어 있다. 열정과 긍정으로 섬김과 헌신, 사랑과 봉사를 실천하고, 사업의 투명성을 기반으로 지속가능한 경영을 추구한다.

세상에는 "내가 힘들고 어려울 때 나를 믿어주고 인정해 주는 고마운 무이자 대출(무이자, 무보증, 무담보, 비대면+복지지원+전국대상)"도 있다. 대출금우수상환자들에게는 금융기관 연계 3%대 대출을 알선해 주기도 한다. 처음에는 인지도가 없어 추천을 받으면 최고 100만 원을 1년 기간으로 원금 균등 상환하는 대출을 진행했다. '착한 일을 하는 사람들'이라는 '(사)더불어사는사람들'의 소식이 신문과 방송에 보도되면서 전국에서 대출신청이 폭주하였고, 전국 각지로부터 후원금이 들어오기도 하였다. 명목적인 금전의 액수가 아니라 소중한 마음을 담은 '귀중한 가치'의 자금이었다. 2012년 첫해, 3,000만 원을 시작으로 2016년에는 1억 원을 돌파하였다. 2020년 현재, 누적대출실적은 3,058건 10억 2,100만 원, 상환금 7억 7,900만 원, 상환율 87%, 대출 잔액 2억 1,300만 원, 대출누적, 대손상각 2,900만 원이다. 구호비, 의료비(치과, MRI, 기타) 등의 복지지원과 주거비, 생필품, 학자금, 난방비 등을 지원하며, 의류, 신발, 법률, PC, 각종상담 및 정보를 제공한다. 대출받은 사람에게는 출자금을 권유하기도 하고, 저축과 추가대출을 유도하여 상호금융의 기반을 구축하기도 한다. 어떤 사람은 모친의 MRI 촬영에 필요한 돈을 대출신청으로 빌려 줄 것이 아니라 의사를 빌려주면 되겠다는 생각으로 병원을 수소문하여 무상 촬영 서비스를 제공하기도 했고, 의뢰인의 딱한 사정을 들은 어느 치과에서는 무상으로 치아를 치료해 주도록 중재하기도 했다. 현재는 의료비, 의류, 생필품, 법률 상담 등 소비자의 눈높이에 맞는 복지를 연계하고 지원하는 서비스로 확장하고 있다.

대출이 이루어지는 과정을 보면, 전화나 홈페이지에 신청자가 대출사연을 남기면 전화 상담을 진행하는데 신용조사도 하지 않는다. '제도 금융권의 신용불량자라 하더라도 마음의 신용불량자는 아니다.'라는 마음으로 "내가 어렵고 힘들 때 나를 믿어준 고마운 착한 대출"이라는 캐치프레이즈 아래 몇 만 원에서 시작한 자금이 티끌을 모아 태산을 이룰 수 있다는 비전과 사명으로 과업을 진행하고 있다. '㈔더불어사는사람들'에게는 무보수, 자원봉사의 힘과 열정, 긍정, 투명의 원칙이 있고, 금융대출 수혜자를 사랑하는 마음을 가지고 실천하는 경영철학이 있다.[18]

㈜더사랑, '사랑이 함께하는 행복한 일터'

㈜더사랑The Sarang은 2011년 장애인 고용창출을 목적으로 설립된 법인으로서, 서울시 노원구에 위치하고 있다. 서울형 예비사회적 기업을 거쳐 장애인표준사업장으로서 중증지적장애청년과 고령자들을 고용하여 구급키트, 친환경문구 등의 제품을 생산하는데 지금은 고용노동부로부터 인증받은 사회적 기업이다. 회사 이름을 '더사랑'이라고 지은 것은 리더십, 행복, 성공 모두가 '사랑의 힘'으로 이룰 수 있다고 생각하기 때문이다.

소셜벤처의 진정한 창업 목적은 사회문제를 해결하기 위한 모델을 제

18 사단법인 더불어사는사람늘 홈페이지www.mfk.or.kr 참조.

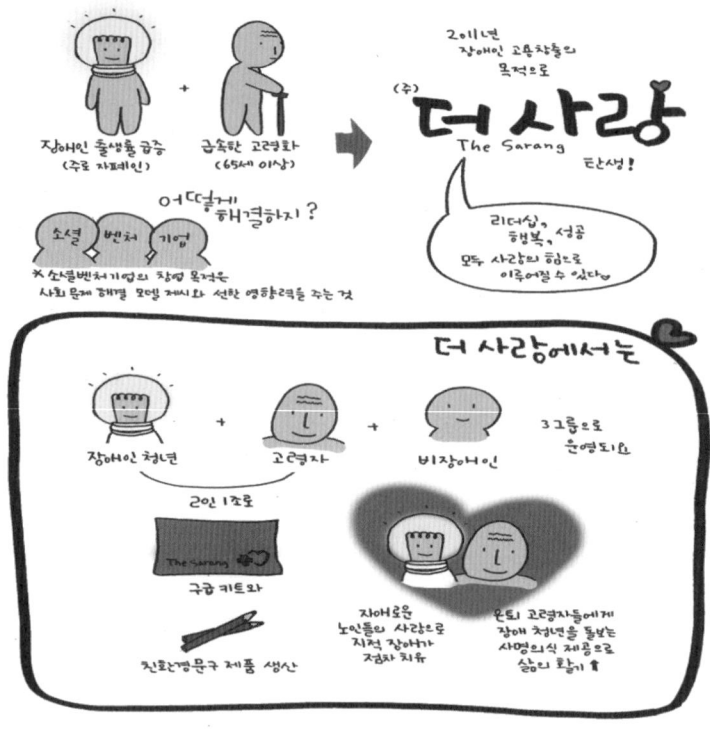

시하는 데 있어야 한다고 믿고 있다. 이 때문에 더사랑을 구성하는 3개의 그룹은 장애인청년, 고령자, 비장애인 일반직원인데, 중증지적장애인 청년과 고령자가 2인 1조로 함께 일하는 새로운 고용모델을 제시하고 있다.

'최고의 리더십은 사랑이라는 신념'으로 3그룹이 하나가 되어 이루는 행복한 일터가 더사랑이다. 비록 작은 기업이지만 우수한 모델로 많은 사람들에게 벤치마킹의 대상이 되고 있으며, 이 사회에 선한 영향력을 끼치고 있다. 창업한 지 6년이 되면서 '사랑의 힘'으로 모두가 행복하게 일하는 아름다운 일터가 되고 있다.

사회적 기업 (주)두루행복한세상

㈜두루행복한세상은 인증 사회적 기업이다. 장애인표준사업장, 여성기업, 장애인기업, 벤처기업 등 정부 인증서를 두루 갖추었다. 정부의 우선구매제도에 힘입어 인쇄 및 사무용품 등 MRO(Maintenance, Repair and Operation,

기업에서 생산과 관련된 원자재를 제외한 모든 소모성 기자재) 제품을 공공기관에 납품한다. 대표이사 이시우 대표(46)가 직접 디자인 및 인쇄 제조에 참여하여 소비자의 다양한 욕구를 신속히 해결하는 소량, 다품종 인쇄물을 공급한다. 2015년 창업한 후 가파른 성장세를 유지 하고 있다. 이후 매출은 급증하였고, 50여 명의 직원을 직접 고용하였으며, 50%가 넘는 장애인 우수기업인데도 사회적 기업으로서는 유례를 찾아 볼 수 없을만큼 가파른 성장을 거듭하고 있다. "기술과 경험도 중요하겠지만 구성원 모두가 사회적경

제 기업과 실무 전반을 충분히 이해하는 것이 자립·성장할 수 있는 중요한 기반이 된다."라고 말한다. 기업운영 방식은 분업 대신 팀 프로젝트 운영방식으로 영업·계약·생산·납품을 팀 내에서 책임지고 진행하고 성과에 대해서도 공유한

(주)두루행복한세상 이시우 대표

다. 자연스럽게 구성원 모두가 업무 전반에 대해 충분히 이해할 수 있는 계기가 되어 효율을 극대화한다.

이와 같은 회사운영 방식은 이 대표의 경험에서 비롯되었다. 장애인을

주로 고용하는 사회적 기업에서 일하는 것이 일반회사에서 일하는 것보다 훨씬 더 의미있는 일이라 생각했기 때문에 2013년 디자인·인쇄업의 사회적 기업에 입사했다. 하지만 기대와는 달리 회사는 취업에 대한 장애인들의 절박한 현실을 이용해 임금체불을 일삼았고, 쫓겨나면 재취업이 어렵기 때문에 불합리한 근무조건과 상황에 대해 정당한 항의도 못하는 분위기였다. 몇 명의 장애인들과 창업을 준비했으나 단순 업무가 전부여서 업무 전반을 이해하는 사람이 드물었다. "디자인을 하던 사람은 디자인만 알고, 인쇄를 하던 사람은 할 수 있는 게 인쇄뿐이었다. 영업·계약·디자인·인쇄·납품으로 이어지는 업무 흐름에서 자기 분야를 조금이라도 벗어나면 아는 것이 별로 없었다." 청각장애 3급의 이 대표 처지도 이와 비슷하여 회사를 그만두고 창업하고 싶었지만 20여 년간 디자인 업무만 해서 엄두가 나지 않았다. 다행히 영업·마케팅·인쇄 등 각자 분야에 있던 직원 3명이 뜻을 모아 창업에 도전할 수 있었다.

2015년 디자인·인쇄와 문구류 유통기업 ㈜두루행복한세상을 창업하면서 확실한 목표를 세웠다. 첫째, 회사는 경영자 한 사람이 운영하는 것이 아니라 직원 전체가 소유하고 경영한다는 철학으로 회사를 운영한다. 둘째, 과거 자신이 경험했던 문제를 또 다시 겪게 하지 않겠다는 다짐으로 업무를 수행함에서 분업제가 아닌 팀 프로젝트 방식을 고수했다. "장애인 직업학교는 한 분야의 기술만 가르칠 뿐 업무 전반을 알려주지 않았다. 하지만 우리 같은 작은 기업의 실제 운영 방식은 혼자서 A부터 Z까지 모든 업무를 이해하고 실행해야 하므로 팀 프로젝트 방식이 이상적이고, 효율적이다."라고 설명한다. 직원들의 미래를 위해 시작한 팀 프로젝트 방식의 근무는 생산성 향상이란 열매도 맺게 되었다. 덕분에 유통품목을 다양화하면서 용인·강원·전남·세종에 지사를 늘렸다. "모두가 자신이 맡은 계약에서만큼은 '사장님'처럼 책임감을 갖고 일해준 덕분"이라고 강조했다. 아직까지 업력이 짧아 자립한 직원은 없지만 자립하는 직원이 생기면

물심양면으로 지원할 예정이다.

사업을 하면서 뒤돌아보니 '장애'가 정말 많은 걸림돌이었다. 사회적 기업을 운영하려면 정부의 지원제도를 잘 활용해야 하는데, 이를 위해서는 다양한 면접과 PT발표 심사 등을 통과해야 했다. 하지만 본인이 청각장애인이라서 도대체 무슨 말을 하는지 이해하지 못하여 엉뚱한 답변을 하는 경우가 많았다. 그러나, 대부분의 고객들은 공기관, 공기업 근무자들이므로 잘못 듣더라도 이해를 해주고, 격려도 해주며 꾸준히 재구매하여 회사가 많이 성장할 수 있었다. 또한 중소벤처기업진흥공단과 신용보증기금 등 정책보증기관에서는 열심히 일하는 여성장애인 사업과 매출 실적을 확인하고는 지원을 많이 해주었다. 회사 규모에 적합한 운영 시스템, 직원과 경영자의 수평적 구조와 관계 등이 회사 성장의 지름길이었다고 이 대표는 술회한다.

㈜두루행복한세상은 최근 회사 밖 장애인에게도 관심을 갖기 시작했다. 서울시와 업무협약을 맺고, 장애인의 현장실습을 돕고 있다. 특성화고등학교의 기업현장실습과 유사한 개념이다. 또, 제2, 제3의 '이시우'가 나올 수 있도록 경영 노하우를 사회적경제 기업에게 전수할 수 있는 협동조합 설립하여 외연을 넓히고 있다.

탐스 슈즈

'탐스 슈즈'는 '한 켤레 구매 시 한 켤레 기부'라는 원포원 마케팅으로 잘 알려졌으나 경영난으로 내리막길을 걷고 있다. 국내에서는 온오프라인 채널을 철수하고 미국 본사는 채권단 공동관리 절차에 들어갔다. 2005년 블레이크 마이코스키가 '탐스'를 탄생시킨 지 약 14년 만이다. 국내에서는 13년 만에 공식 수입사 '코넥스 솔루션'과의 라이선스 계약을 종료하고 상품 판매를 종료했다. 백화점·쇼핑몰 등에 입점하면서 인기를 끌었던 탐스는 매출 규모가 줄자 오프라인 매장을 축소해 왔다. 실제로 코넥스 솔루션의 매출은 탐스의 국내 시장 전성기인 2013년에 570억 원, 2014년에 515억 원을 기록했다. 하지만 이후 2015~2016년 매출이 300억 원대로 급감한 데 이어 지난 2017년과 2018년에는 매출이 각각 235억 원, 143억 원에 그쳤다. 국내에서만 경영난에 봉착한 것이 아니다. 제프리스 파이낸셜그룹JEF에서 3,500만 달러의 자금을 지원받았던 채권단의 공동관리 절차에 돌입했다. 국제 신용평가사인 무디스는 2019년 12월 초 "2020년 탐스의 부채 만기가 다가오는 가운데 채무 불이행의 가능성이 높아졌다"면서 투자 부적격 등급으로 신용을 강등시켰다. 과거의 명성을 잃은 탐스의 부진을 안타깝게 보는 시선이 적지 않았지만, 10여 년의 시간 동안 디자인 변화가 크지 않았던 만큼 소비자들을 계속 붙잡지 못한 것이 원인으로 지목되고 있다.

탐스 몰락의 본질은 사회공헌이나 기부활동과는 별개로 시장에서 판매되는 제품에 대한 품질, 가격, 디자인, 다양성 등에서 경쟁력을 확보하지 못했기 때문이다. 소비자들이 구매한 제품이 불만족하다면 회사가 표방하는 사회공헌 모델에 공감한다고 하더라도 기업경영 행위가 구걸에 가깝고, 지속성을 담보하기 어렵다. 탐스의 '신발 한 켤레를 사면 어려운 이웃과 후진국에도 한 켤레가 기부되는 경영 모델'은 너무 단순하여 누구나 모방할 수 있고, 더 값싸고 좋은 제품과 경쟁하면서 소비자들로부터 선택받지 못했기 때문이다. 선의의 비즈니스 모델을 갖고 있더라도 제품의 경쟁력과 차별성에서 고객의 기대에 부응하지 못했기 때문이다. 또, 탐스의 신발 기부방식은 개발도상국 문제를 근본적으로 변화시키지 못했을 뿐만 아니라 오히려 개발도상국의 산업과 시장, 지역경제를 왜곡시킬 수 있는 위험한 선의였기 때문이다. 개발도상국에 제공하는 구호품이나 자선물품은 자칫 자립심이나 생존 역량을 하락시킬 수 있고, 기부를 통한 사회공헌의 형식에서 이제는 자신의 환경을 스스로 개선시키는 지원의 형식으로 전환하고 있는 시대적 흐름을 제대로 기업경영에 반영하지 못했기 때문이다. 탐스는 선의의 기부모델을 제외하면 일반 기업경영 방식과 형태면에서 차별성이 없었다.

특히, 탐스를 인수한 사모펀드는 수익 창출을 목적으로 낮은 가격으로 기업을 인수하고 가치를 최대한 끌어올려 되팔아 시장을 나오는 기업사냥꾼에 지나지 않았다. 양심기업이나 윤리적인 기업경영 방식도 아니었고, 하나 더하기 하나의 스토리 모델은 퇴색되었으며, 제품과 서비스에 사회적 가치사슬은 존재하지 않았다. 반면, 미국에서 인기를 끌고 있는 신발 브랜드 '올버즈All Birds'는 주목할 만한 친환경적 가치창출로 각광받고 있다. 창업자 팀 브라운은 지구의 탄소 배출량을 줄이겠다는 목표로 화학소재가 아니라 친환경적인 가벼운 양털로 표면을 만들고. 밑창은 사탕수수를 이용하여 신발을 만들었다. 올버즈는 친환경주의자 영화배우인 레오나르도 디카프리오의 투자를 받으면서 입소문을 얻게 되었다. 2018년부터는 유칼립투스 나무 섬유를 원료로 한 신발을 개발하면서 친환경적 원료의 공급, 공정한 생산의 혁신을 지속적으로 전개하면서 2019년 '올버즈'의 브랜드 가치는 약 1조 6,000억 원으로 껑충 뛰었다. 올버즈는 사회적 가치를 반영하고 만들어내는 기업이 소비자들로부터 얼마나 호응을 얻을 수 있고, 빠르게 성장할 수 있는지 잘 보여주고 있다.

한편, 세계 굴지의 글로벌기업 아디다스는 2017년부터 해양 환경보호 비영리단체, '팔리Parley'[19]와 협업하여 폐플라스틱을 원료로 하는 신발을 판매하고 있다. 스니커 역사에 한 획을 그었던 울트라부스트도 새로울 것이 없는 모델이 되고 말았지만, 매년 발매되는 팔리의 울트라부스트는 늘 새로운 디자인을 선보이고 있다. 플라스틱을 줄이고, 폐품을 재활용하여 신발을 만드는 것은 지구를 위한, 또 다음 세대를 위한 이로운 일이다. 덕분에 아디다스의 브랜드 가치는 2018년 83억 달러에서 2019년 125억 달

---

19 해변과 해안가에 버려진 플라스틱 병, 그물, 폐품 등이 바다로 흘러가기 전에 수거하여 재활용한다.

러로 50% 상승했다. 아디다스 본사는 2024년 자사의 모든 제품을 폐플라스틱으로 만들겠다고 선언했다. 팔리 제품이 놀라운 것은 환경을 위한 제품인 만큼, 슈트리도 제거되어 있고, 신발에 달린 택을 잇는 플라스틱 끈도 종이끈으로 대체되었다. 매장 디스플레이에 사용되는 집기들 모두 재활용 카드보드지 소재를 사용했다.

아디다스 팔리의 울트라부스트

아디다스와 팔리는 바다는 생명이고, 그 바다를 지키는 것이 곧 우리가 사는 길이라고 말한다. 기업의 경영활동에서 추가적인 자원이나 비용을 수반하지 않더라도 기업의 인지도나 브랜딩 같은 비재정적 경쟁력 요소에서 혜택을 볼 수 있지만, 기업 활동 자체에 비용을 줄이거나 환경을 개선하는 차별성으로 사회적 가치를 창출하는 것이 기업의 브랜드 가치를 얼마나 올리고 소비자들에게 긍정적인 이미지를 부각시킬 수 있는지 아디다스는 잘 보여주고 있다. 아디다스는 해양에 버려지는 폐플라스틱으로 제품을 만들어 파는 것으로부터 시작하여 자사의 모든 제품을 재활용플라스틱으로 만들겠다는 미션과 비전을 가지고 있다.

IV
협동조합

1. 협동조합의 탄생과 원리

2. 협동조합의 발전과 전개

3. 협동조합 비즈니스 해외사례

4. 우리나라 협동조합의 기원과 운영사례

1983년 이탈리아에는 다양한 협동조합이 운영되고 있었다. 정신과 의사 프랑코 바자리아가 만든 정신적 장애를 가진 환자도 사회 참여를 통해 마음을 개방하고 치료할 수 있도록 한 '바자리아법'(1978)이 발효되면서 병원이 점진적으로 폐쇄된다. 그러던 어느 날 급진적, 파격적인 활동으로 이단아 취급을 받은 정의감 강한 '넬로'가 변두리 병원부속 '협동조합 180'으로 좌천된다. 매니저 넬로는 조합원이자 환자인 이들에게도 하고 싶은 일이 있고, 꿈을 간직하고 있음을 발견하고 '있는 그대로를 인정하고 평등하게' 대한다. 이후, 정당한 보수를 받을 수 있는 마룻바닥 시공 사업을 하면서 성공하지만 정상인과의 소통으로부터 상처를 받으면서 조합은 해체되고 다시 병원으로 돌아간다는 이야기가 밝고 유쾌하게 때로는 마음을 울리면서 흘러간다. 「위캔두댓」(2008)은 정신이 온전치 못하거나 장애를 가진 사람이더라도 잘 이끌어 주면 '할 수 있다'는 인간의 가능성과 존엄성을 보여주는 영화이다. 협동조합 기업 방식으로 문제를 해결하려는 것은 오늘을 사는 우리에게도 시사하는 바가 크다.

1. 협동조합의 탄생과 원리

찰스 다윈은 진화의 원동력을 '이기적인 유전자와 적자생존'으로 보면서 지구상의 생물계와 인간의 본성을 설명하였다. 치열한 생존경쟁이 벌어지는 세계에서 남을 밟고 일어서야 살아남는다는 적자생존의 메시지이다. 하지만 하버드대 생물학과 수학과 교수인 마틴 노왁Martin Nowak은 최후의 승자는 이기적인 유전자가 아니라 바로 협력하는 우리이고 협력이야말로 혁신의 힘이자 진화의 설계자라고 반론한다.

협동조합의 기원

프랑스 남부 론 강 주변은 비옥한 땅이 많아 품질 좋은 곡식과 명품 와인이 생산된다. 로마제국은 프랑스에서 수확한 곡식을 로마로 가져가기 위해 항구도시 툴롱의 론 강 하구에 둑을 쌓고 수백 개의 대형 물레방아를 설치했다. 한꺼번에 수만 포대의 밀을 빻아 밀가루를 만들었다. 로마제국 멸망 후에는 물레방아의 원동력을 이용한 공장들이 생겨 론 강 하류는 농공업단지로 성장한다. 론 강 중류 마을 사람들은 하류 사람들이 돈을 많이 벌고, 잘사는 게 배가 아픈지 방망이와 곡괭이를 들고 하류 마을로 쳐들어가서 강에서 번 돈을 자신들에게도 나눠줘야 한다고 생떼를 부렸다. 중류 사람들의 횡포가 심해지자 하류 마을 사람들은 기사를 고용하여 중류 사람이 얼씬도 못하도록 했다. 그러자 중류 마을 사람들은 강 중간에 둑을 짓고 물레방아를 만들어 하류사람들과 경쟁했다. 이권 다툼은 수십 년간 끊이지 않았다. 이를 지켜보던 상류 마을 사람들도 상류에 댐을 지으면서 론 강의 물줄기가 끊길 위험에 놓인다. 물이 댐에 막혀 제대로 흐르지 않게 되면서 물레방아 사업과 관련이 없는 선량한 농민들까지 굶어 죽을 판이었다. 하류, 중류, 상류의 세 마을 사람들은 론 강을 다스리는 영주를 찾아가 시시비비를 가리는 재판을 했지만 판결에 승복하지 않았다. 항소를 거듭하면서 재판은 무려 90년 동안 이어졌다. 결국, 세 마을 사람들이 공동 주주로 하는 세 개의 협동조합을 만들었고, 나중에는 세개의 협동조합을 합병시켜 강변 사람들 모두에게 수익을 나누도록 조치했다. 역사가 장 김펠은 '프랑스 최초의 M&A'라고 전하는데, 이것이 1200년대에 설립된 800년 역사의 '툴롱 강 협동조합'이다.

산업혁명 이전까지 '지역의 시장'은 오래된 관습과 전통으로 '도덕적 경제'의 공공선을 보호해 왔다. 경제체제 원리는 호혜, 재분배, 가족단위 농업 등의 조합이었고 사회적·경제적 가치가 균형을 이뤘다. 그러나 18세기 산업혁명 이후부터는 '시장'에 부정적 영향을 미칠 수 있다는 핑계로 공공의 이익을 감시하거나 통제하기 시작했다. 1799~1800년에 제정된 '단결금지법'은 노동자들의 단체 결정을 사형에 처할 수 있는 범죄로 규정하기까지 했다. 자본주의는 인간의 본성에 대해 빈곤하거나 한쪽에 치우친 사고로 시민의 정치·경제적 자유를 제한했으며, 사회문제를 발생시키거나 유보시켰음에도 성장을 거듭해 왔다.

유럽에서 '시장경제'가 번성하기 시작한 것은 14~16세기 도시공화국 시절 은행업과 주식회사가 나타나면서부터이다. 당시의 상인계급들은 세계무역체제를 구축했는데 이것은 르네상스(문예부흥)를 위한 재원 조달의 통로역할을 했다. '자유 시장경제'는 노동의 분업을 통해 일자리를 만들고, 경제발전을 통한 부의 축적으로 자본을 축적하며, 혁신의 기업가정신으로 위험에 도전하는 사업의 자유가 핵심이다. 사업은 경제적 가치와 사회적 가치를 동시에 달성하는 것이 목표여야 했지만 시장은 '사회 그 자체'를 종속시키고자 했다. 이런 체제가 낳은 불편, 부당, 불의에 대한 사회적 반응은 협동조합 운동과 참여의 계기가 되었다. 자기 파괴적 속성을 가진 자본주의로부터 사회적 가치를 보호하기 위해 노력한 결과이다. 자본주의가 고도화되고 부富가 증가함에 따라 경제적인 것만이 아니라 정치적 이념과 사상, 삶의 방식과 사고, 불행과 행복, 빈곤과 풍요, 환경문제 등이 복잡하게 얽혔다. 물질에 대한 절대적 빈곤과 상대적 빈곤에 대한 사회적 박탈감이 누구에게나 찾아왔고, 공동체에 엄습했다.

    1776년 영국에서 시작된 산업혁명은 방직공장 기술개발과 증기기관 발명으로 생산성 확대, 개인주의와 자유주의 철학과 사상의 시민혁명이 조응하면서 전개되었다. 기계문명의 발전과 대중적 소비생활의 향유, 신분에 따른 봉건적 대소유의 특권타파, 민주주의 제도 등은 자본주의 사회를 출현시키는 원동력이었다. 인류를 진보시키고 대량생산의 근대화가 가능하도록 이끈 자본주의는 상품 생산을 통해 부가가치를 창출하고 이윤 추구를 체제화하면서 역사의 전면에 등장했다. 자본주의 경제 질서는 경제 주체들의 자유로운 경제 활동, 생산수단의 소유, 시장에 의한 가격결정으로 유지되고 발전했다. 가장 큰 특징은 농업 및 가내 수공업에서 공장제 공업으로의 전환이었고, 이들에 의한 생산력의 발전은 국부를 증가시키고 도시를 부흥시켰다. 하지만, 늘어난 생산력과 부만큼 서민 생활이 나아지거나 풍족해지지 않았다. 오히려 경제적 불평등이 심화되고 빈곤이 사회문제로 떠올랐다. 전 세계적으로 약 150여 년간 진행된 산업혁명은 공장주나 광산주, 자본가들에게는 번영과 풍요를 누리게 했지만 대다수 노동자와 여성, 어린이에게는 가혹한 것이었다. 일반 노동자는 열악한 환경에서 하루 16시간 가까이 일해야 했고, 유아노동이 법적으로 제한받기 100여 년 전까지는 10세 미만의 어린이도 비참한 노동자 대열에 합류해야 했다. 가족구성원 모두가 노동자가 되어 노동력을 팔아도 가정생활은 평안하거나 안정되지 않았을 뿐만 아니라 오히려 곤궁했다. 노동력을 팔아야 먹고 살 수 있었던 노동자들의 삶과 빈곤의 정도는 1810년경 당시 다섯 살 이하 유아사망률이 50% 이상일 정도로 심각한 것이었다. 자본주의 초입부터 자본, 이윤, 가격, 경쟁을 특징으로 하는 '시장경제'로 변실되면서 생산주체에서는 자본과 노동을 분리하고, 노동력을 자본에 종속시켰다. 생산 현장에서 인간을 기계의 일부처럼 여겼으며, 삶의 방식에도 극대화와 최적화를 적용시켰으나 기계화와 대량생산으로 얻은 부富는 한곳으로 집중되었다. 자유경쟁과 사적 이윤추구를 중심으로 하는 시장경제 체제는 발전과정에서 필연적으로 사회적 약자를 양산했다.

  자본주의가 발달하면서 신흥 산업도시 인구가 급증했는데 이러한 현상은 반대로 농촌지역을 쇠퇴시켰다. 농촌으로부터 추방당하거나 생산수단을 잃은 농업인은 저임금 도시노동자로 전락했다. 도시에서는 자동화의 공장제 공업이 발달함에 따라 숙련된 수공업자들은 대부분 하청노동자로 전락했다. 외부로부터 몰려드는 값싼 수입 노동력을 받아들이면서 사용자들은 넘쳐나는 노동자의 임금을 지속적으로 하락시켰다. 1820~1840년대 도시노동자의 저임금은 부녀자와 어린이까지 노동 현장으로 내몰았지만 허기진 배를 채울 수 없을 만큼 낮은 임금이었다. 질병에 취약했을 뿐만 아니라 대부분의 가정에서는 체온을 유지할 수 있는 이불조차 없어 추위에 떨어야 했고, 굶기를 밥 먹듯 했으니 질병에 걸려 죽어 나가는 게 다반사였다. 엎친 데 덮친 격으로 유럽의 면직 산업은 노예노동으로 생산되는 값싼 미국산 제품과 경쟁해야 했다. 산업적 착취가 심해진 생산 현장과 노동자들의 참혹한 가정생활은 공동체 전체에 큰 재앙이었다. 이즈음 농촌에서는 대부분의 농경지를 양모생산지로 전환하는 인클로저 운동으로 식량생산 경작지가 감소했다. 이로 인해 식량가격이 폭등하면서 노동자의 삶은 더욱 더 힘들어졌다. 이익은 개인화되고, 손실은 사회화되면서 사회문제를 증폭시켰다. 그 어디에도 도덕이 통용되는 공동체는 존재하지 않았다. 지속적으로 개인을 사회로부터 분리하면서 사회 관계망과 안전망을 잃은 개인은 정신적 소외와 질병을 스스로 감내해야 했다. 곤궁한 도시 빈민들은 스스로를 구제하기 위한 방책을 마련하지 않을 수 없었다.

산업혁명 이후 영국의 로치데일 지방에는 수많은 면綿 공장이 생겼다. 식량이 부족한 당시의 장사꾼들은 밀가루에 분필가루를 섞고 우유에 물을 타는 등 나쁜 행동을 했다. 인류는 물질주의를 초월할 수 있는 가치, 의미를 추구할 수 있는 윤리적 경제와 이상을 찾아야 했다. 임금노동자, 농어민 그리고 생산수단으로부터 분리된 사회적 취약계층도 '사람을 희생시키는 생산'이라는 시장원리에 편입되면서 발생하는 사회경제적 현상을 극복해야 했다.

어느 한 사람만의 이윤이 아니라 공평한 이윤과 분배를 원했던 사상가, 노동자, 수공업자는 자본주의 경제체제를 대신할 가능성을 '공동체' 방식에서 찾았다. 노동자 스스로 자본가가 될 수 없음도 깨달으면서 노동조합운동과 함께 소비협동조합운동으로 생활방위운동을 전개하게 되었다. 생산과 소비의 통일을 꾀하고, 자주적인 조직체를 갖고자 했으며, 상품의 교환과 분배를 통해 평등을 실현하고자 했던 간절한 열망과 필요가 19세기 중엽 '협동조합'을 탄생시켰다.

영국 협동조합의 아버지, 조지 제이콥 홀리요크(1817~1906)는 로치데일의 선구자들과 별반 다를 바 없는 노동자 출신으로 평생을 자유와 사회 개혁을 위해 헌신한 사람이다. 임금인상 파업에서 실패한 후 실의에 빠진 노동자들에게 노동조합 운동과 함께 소비협동조합 설립을 호소하여 생활방위운동을 전개했다. 이에 동의한 28명의 사람들은 좋은 먹거리를 팔기 위한 식료품가게를 창업했다. 이윤을 목적으로 하는 경제를 호혜로 바꾸고, 효율을 목적으로 하는 경쟁의 교환 원리를 협동의 모델로 바꾸면서 조합원의 삶의 질이 개선되고 생활이 여유로워졌다. '협동'을 하다 보니 세상이 바뀌는 것을 실감한 것이다. 구성원들의 필요를 충족시킬 수 있는 수단과 부를 창출하고 정의로운 사회를 이룰 수 있는 방법을 '협동'에서 찾았다. 절대적 빈곤을 해결할 수 있는 운동이 '협동마을'이었고, 달리는 주자가 '상호호혜의 정신'이었다. 좋은 인격을 형성하고 사회를 변화시킬 수 있는 것은 '조합원 교육'이라고 믿고 조합원 교육에 충실했다. 홀리요크는 로치데일 공정선구자 조합의 발자취를 자세히 기록하여 후세에 남기게 되는데 그가 기록한 '로치데일 원칙'은 국제협동운동의 기본원칙으로 계승되어 세계 협동조합 운동에 커다란 발자취를 남겼다.

협동조합은 자발적으로 조직하고 민주적으로 운영하는 자조自助의 사업이고, 경영이 자율적인 인본주의 공동기업이다. 조합원 자체적으로 자본을 마련하여 자신들의 필요를 충족하기 위해 설립하고, 경제활동의 목적이 조합의 이윤 추구에 있지 않고 조합원의 권익도모에 있다. 정부와 시장의 실패에 대해 상도덕을 재건하거나 경제 질서를 회복하는 데 이바지할 뿐만 아니라 지역사회 발전에도 일익을 담당하고 있어 주식회사와 구별된다. 공동체적 측면에서 운동이고, 경제적 측면에서는 인간 중심의 공동사업체로서 소유와 경영이 일치한다. 상부상조의 마음으로 협동하고 연대하여 시민의 시민에 의한 시민을 위한 경제민주주의를 실현한다. 조합의 구성원은 동무이고, 동지이며, 동맹의 관계이다. 경제적 약자들이 모인 필요의 산물이며, 상상력의 소산으로 시장경제가 망각하거나 보지 않으려는 부분을 발굴하여 개선시킨다. 자신들의 문제를 사회에 전가하는 것이 아니라 직접 회사를 운영하여 해결하는데 실패한 길, 없는 길을 함께 만들어 가다 보니 더디 가지만 멀리 갈 수 있다. 하지만 협동과 연대의 민주적 사업체로서 경쟁력을 갖추어야 하고, 경제적·공동체적 가치 창출의 이중적 가치와 목적 실현은 매력적이지만 복잡하고, 실패하기 쉽고, 경영하기도 어렵다.

협동조합은 재화와 용역을 생산, 유통, 소비하는 실체에 대한 과학적 본질과 경제행위에 대한 가치 규범을 공통분모화한다. 시장의 힘을 이해하는 친기업적 정서이고, 통제하는 수단은 공정경제로 사회적 목적을 수행한다. 좋은 재화와 서비스를 적정 가격에 판매하여 소비자에게 실질적 이익을 제공한다. 삶터와 일터에서 방기한 것을 성찰하여 민주주의를 확대

재생산하고, 사회를 변혁시키기 위해 집단 지성들이 모여 온건하고 다원적이며 비정치적인 성격을 띤다. 불의에 저항하고, 불공정 시장에 대응하면서 정의의 정치, 공정한 경제, 윤리적 가치 실현을 위해 새로운 대안을 제시했으며, 공동체를 진화시켜 왔다.

2. 협동조합의 선구자들

협동조합은 사회적 배제 계층의 (노동자)결사체였고, 소유, 이윤, 사회불평등, 경쟁의 시장원리에 비판적이며, 사람의 관계망으로 사회안전망을 구축한다. 사회를 '운명공동체'로 보았으며 '공익경제'를 중시한다. 자발적 참여, 민주적 의사결정, 조직의 자율성과 독립성, 다중을 위한 잉여의 사용, 연대와 책임정신, 사회혁신성을 강조하는데 다음과 같이 분류·변화·전개되었다.

㉠ 공동체 사회주의자(생시몽, 푸리에, 오웬)는 산업혁명으로부터 생계를 위협받는 노동자들의 생활조건을 개선하였다. 도덕의 토대 위에 형제애를 조화시켜 유토피아의 전통을 잇는 새로운 대안사회 건설을 꿈꾸었다.
㉡ 기독사회주의자(푸르동, 라이파이젠)는 빈곤층들의 삶의 조건을 개선하기 위해 스스로의 자조보다는 부유층의 후원을 강조하였다. 불평등을 양산하는 소유를 폐지하고 구성원 상호서비스를 제공하는 공제조합에 주력하였다.
㉢ 자유주의자, 연대주의자(밀James Mill)는 과학적 기초를 강조한 철학적 급진주의 또는 공리주의자로서 기술발전에 따른 생산력 향상의 과실이 분배로 이어져야 한다고 생각한다. 노동 결사체를 통해 소득의 재분배를 실현시키고 동시에 임금노동을 종식하는 인간본위의 정치·경제를 주장했다.

로버트 오웬

로버트 오웬(Robert Owen, 1771~1858)은 영국 최초의 사회주의자로서 생시몽·푸리에와 함께 3대 공상적 사회주의자로 불린다. 그는 자신의 사상에 대하여 최초로 '사회주의socialism'라는 용어를 사용했다. 협동조합 창시자이자 전 세계 협동조합 설립운동의 아버지, 세계 최초의 유치원을 설립하면서 '사회혁신'의 선구자로도 평가받는다. 협동조합 운동은 물론 오늘날의 노동조합, 산업합리화 운동, 아동교육과 공동체 운동, 세속적 합리주의와 사회주의 운동에 결정적인 영감을 불어넣으면서 사회운동사와 인류 정신사에서 불멸의 위치를 차지한다.

오웬은 영국 산업혁명 초기, 사업에 성공하면서 스코틀랜드의 신식 방직공장을 소유한다. 당시의 노동환경은 열악하여 대부분의 노동자는 일주일에 6일간 70~80시간을 일해야 했다. 여름에는 기계의 열기로 노동자들이 질식해 실신하거나, 기계 소음으로 인한 청각장애는 보통이었다. 안전사고는 다반사였고 부상을 당해도 해고하면 끝이었다. 상황이 이렇다 보니 당시 노동자들의 근무태도 또한 근무환경만큼 나빴다. 어린이들의 노동환경 또한 너무 비참했다. 이러한 노동현장의 참상을 보고 경험한 오웬은 고용자와 피고용자 어느 한쪽만을 나무랄 수 없었다. 하지만, "인간의 품성은 자신이 만드는 것이 아니라 환경에 의해 만들어진다Not made by him but for him"고 생각했다. 인간을 다루는 가혹한 방식과 비인간적 환경의 영향으로 인간의 선한 본성이 오염되었다고 본 오웬은 이 악순환의 고리를 자신이 먼저 깨야겠다고 마음먹었다. 노동자들의 임금을 올리고, 노동조건과 근무환경을 개선하여 근로의욕을 북돋았다. 관리와 교육, 협동조합 운동을 벌이는 등 복지후생제도를 적극 실시했다. 노동 환경을 개선하면 노동자들의 생각이 바뀌고 그러면 더 열심히 일해 결국, 더 좋은 경영성과를 낼 수 있을 것으로 생각하고 이를 실천했다.

오웬은 장인이 운영하던 2,500명이 일하는 '뉴 라나크' 방적공장을 인수하게 된다. 유해한 환경을 개선하고, 공장경영에 생산관리와 노무관리를 하나로 연결하는 시스템을 개발하여 공장 분위기를 완전히 바꿔 놓았다. 특히, 노동자의 복지에 투자하는 비용은 비용이 아니라 경영자와 자본가에도 이익을 준다는 획기적인 경영기법을 도입했다. 과잉 노동과 노동자의 절대적 빈곤은 노동생산성을 하락시키기 때문에 노동자의 복지를 향상시키는 것이 생산성을 증가시킬 것이라는 놀라운 기업경영 혁신을 단행했다. 그는 관행처럼 이어온 아동 노동을 제외시키고, 하루 17시간의 노동을 10시간 반으로 줄였다. 높은 임금, 좋은 근무조건, 자율적인 작업환경을 만들고 개선하면서 생산과 이윤이 현격히 늘어나는 탁월한 성과를 보여 노동자들로부터 무한신뢰를 얻는다. 노동자의 작업의지를 불태우면서 제품의 품질이 개선되었다. 이익은 노동환경 개선을 위한 투자를 보상하고도 남았으니 엄청난 기업혁신 전략이었다. 이후에도 오웬은 아동 교육을 위한 학교 건설, 노동자 복지에 대한 투자를 지속적으로 전개했다.

오웬에 대한 노동자들의 신뢰는 영원히 잊지 못할 광경을 연출하기도 하였다. "말 네 마리가 끄는 마차를 타고 뉴 라나크 공장으로 돌아오는 길에 수십 리 밖에서 오웬을 기다리던 주민들은 말에서 마차를 분리해 자신들 손으로 직접 말을 끌고 언덕을 올랐다. 마을의 모든 창문과 문에는 아이와 어른들이 달라붙어 환영의 손을 흔들었다. 그들의 감사와 사랑과 환희가 정말 몸으로 느낄 정도였다."라고 전해지고 있으니 이름하여 오늘날의 카퍼레이드이다. 노동자를 보살핀 노고에 대한 진정한 감사의 표시는 이것만이 아니었다. 오웬의 공장은 그동안 투자한 금액의 4배에 해당하는 수익이 4년에 걸쳐 나오는 놀라운 성과를 거두게 된다. 이 수익으로 학교와 유아원, 노동자 근무 환경 개선을 위한 투자를 지속적으로 전개했다. '인간의 행복'에 대한 자신의 생각이 옳았다는 사실을 기업 경영의 성공으로 증명한 것이다. 세상 어디에도 찾아볼 수 없는 뉴 라나크 공장 경영의 실험과 성공은 사회개혁의 근거지가 되고, 신호탄이 되었다. 오웬은 1814년 공장경영의 성과를 정리한 『사회에 대한 새로운 견해』(부제, 성격 형성론)에서 "노동자들의 성품을 비천하게 만들고 있는 것은 타고난 천성 때문이 아니라 사회적 환경 때문"이라는 이론을 발표했다. 그는 '산업혁명이 가져온 새롭고 거대한 생산력은 사회개혁의 기초가 되어야 한다'고 생각하고 실천한 자본주의 사회혁신의 '전사'戰士였다.

산업혁명 초창기 엄혹하고 흉악한 시기에 인간의 얼굴을 한 오웬의 자본주의 이론과 실천은 많은 사람들에게 공감을 주었고 찬사를 받았다. 그러나 자신의 이론을 영국 전역으로 넓히려는 시도는 실패한다. 이윤보다 노동자들의 인간다운 삶을 보호하고 싶었던 그의 노력이 자본가들로부터 외면받았기 때문이다. 정의로운 사회를 만들고 부를 창출할 수 있는 방법은 '협동'이며, 노동자의 빈곤을 해방하기 위하여 협동조합 공동체 건설이 필요하다고 믿었다. 자그마치 200여 년 전에 노동자들이 자본주의에 얽매인 사슬로부터 벗어나 발전할 수 있도록 협동조합, 노동조합, 노동자 자주경영, 대안화폐 운동을 전개하였다. 오웬은 사회가 경제영역과 정치영역으로 나뉜다는 관념을 받아들이지 않았던 것이다.

1844년 오웬의 제자들은 품질 좋은 생필품을 유통시키는 생활협동조합을 만들게 되는데 이것이 세계 최초로 성공한 '로치데일 협동조합'이다. 다른 상점과 달리 좋은 상품을 적절한 가격에 팔았다. 그렇게 할 수 있었던 근거는 상품을 공장에서 대량으로 직접 구입했기 때문이다. 소비자들은 믿을 수 있는 제품을 최소 25% 이상 저렴한 가격으로 구입하게 되었다. 이 제도는 지금도 영국 시중에서 볼 수 있는 'The Co-operrative food 슈퍼마켓' 편의점 같은 생필품 공동구매조합 형태로 남아있다. 이 회사가 설립된 것은 1850년으로 역사가 170년이나 되었다. Co-op 그룹은 식품 외에도 금융, 전기, 보험, 여행 등의 사업을 하는 매우 큰 회사로 성장했다.

오웬은 협동사회를 건설하여 생산과 분배와 소비가 함께 일어나고 충족되는 이상사회를 꿈꾸었다. 노동자 계급에 대한 자본가의 동정은 불가능하다는 것을 깨달으면서 주식을 팔았다. 800여 명이 미국 인디애나주로 건너가 자립의 공산주의적 협동촌, '뉴 하모니 커뮤니티'(Community, 공동체)를 시작한다. 1825년 종교단체로부터 미국 인디애나에 있는 1,215헥타르의 땅을 매입하여 모든 면에서 완벽하게 자급자족할 수 있는 공동체, '뉴하모니' 계획을 실행에 옮겼다. 공동체는 자본주의 시장경제의 한계를 극복하고 대체할 수 있는 자급자족의 공동체 경제체제였다. 생산과 소비가 함께 이루어지고, 분배와 교환이 평등과 상호부조의 원리로 이루어진다. 모든 생활이 통합되어 운영되는 공동체 협동조합으로 사유재산을 인정하지 않는다. 조합원들이 일정금액을 출자하여 자본이 모이면 소매점을 경영하고, 이윤은 배당하지 않고 축적하여 조합원을 고용한다. 아동교육과 조합원 지식을 보급하는 데 사용할 수 있도록 공동체 기금을 축적했다. 한동안 공동체 사회에서의 생활이 오웬의 인도하에서 잘 정돈되고 만족스럽게 진행되었으나 오래지 않아 정부 형태나 종교의 역할 등에 견해차가 생기면서 균열이 갔다. 결국 공동체를 재조직하려는 많은 시도들이 실패로 귀결되면서 1828년 뉴 하모니 공동체에서 손을 뗀다. 손실액은 약 4만 파운드로 추정되는데, 이것은 오웬의 재산 중 80%에 상당하는 금액이었다.

이후에도 여러 곳에서 공동체 운동이 시도되었으나 오웬은 더 이상 공동체 사회에는 관여하지 않았다. 그러나 그의 공동체주의 사상은 전 세계적인 소비자조합 운동의 기초가 된다. 완전한 협동체를 통한 평화적 변혁을 꿈꾸고, 실행했으나 뉴 하모니의 이상이 깨지면서 이후, 협동조합은 소비만을 중심으로 한 소비조합으로 축소되어 운영된다. 그는 자본주의의 '이윤'을 대체할 수 있는 것을 '사람'과 '협동'에서 찾았고, 노동자들의 협동으로 새로운 도덕질서가 가능하다고 믿었다. 초기의 오웬은 가진 자의 협력을 얻어 사회변혁이 가능하다고 생각했지만 인생 후반기에는 노동자들의 자주와 자조를 통한 협동사회 건설이 가능하다는 입장이었다. 오웬이 꿈꾼 공동체는 뜻대로 되지 않았지만 자본주의 대안공동체를 고민하는 많은 사람들에게 존중받았고, 이론적 토양과 영감을 주었다. 1834년 이후 오웬은 교육, 도덕, 합리주의, 결혼제도 개혁에 헌신한다.

19세기 사회·정치 현안들이 실패를 거듭할 때, 경제적 운동과 실천으로 성공한 것이 '협동조합 운동'이었고, 그곳에 선각자 오웬이 있다. 어떤 사람이 노인이 된 오웬에게 물었다. "당신의 사도使徒는 누구입니까? 얼마나 많은 사람들이 당신의 사상을 가지고 있습니까? 당신이 죽으면 누가 남아서 당신의 사상들을 실천에 옮길 겁니까?" 그 당시 오웬은 "아무도 없소."라고 대답했다고 한다. 하지만 2020년 지금, 지구촌에는 협동조합 조합원이거나 협동조합 활동을 하는 사람들이 통계에 잡힌 숫자만 자그마치 10억 명이 넘는다(ICA, 세계협동조합연맹). 그들은 모두 제자는 아니더라도 최소한 그의 사상에 동조하는 사람이고, 그에게 감사하는 사람이다. 사회가 경제영역과 정치영역으로 나뉜다는 관념을 받아들이지 않았던 오웬은 '지금도 현재 진행형의 위대한 사회개혁가'이다.

오웬은 마르크스와 엥겔스가 주장한 '노동자에 의한 독재'는 귀족과 자본가에 의한 독재와 다르지 않다는 입장이다. 노동자는 스스로를 직접 관리할 수 없는 존재들이라고 보았다. 스스로의 문제를 해결하기 위하여 공동체를 만드는 방식이 아니었기 때문에 마르크스와 엥겔스로부터 '유토피안 사회주의자'(1848)라는 비판을 받았다. 노동자를 역사의 주체로 받아들이지 않고, 고통 받는 노동자들을 동정하는 부르주아들의 박애에 의존하는 사회개혁을 꿈꾸었다는 이유에서이다. 그러면서도 마르크스와 엥겔스는 오웬을 비롯한 유토피안 사회주의자들의 이론과 계획을 사회개혁의 방법으로 깊이 존중한다.

카를 마르크스가 생각한 '미래사회'

사회와 인간에 대한 마르크스의 변혁적 사고의 결론은 지구촌에 인간적인 경제를 건설하는 것이다. 지금은 더 나은 세상으로의 정치·경제·사회 이론에 근거한 자본주의 분석과 비판을 상식처럼 받아들이지만, 그는 자본주의 초창기에 다른 세상을 보고 미래사회의 모범은 아니더라도 사회주의라는 새로운 대안 모델을 제시했다. 그동안의 변화를 생각하면 역사상 가장 영향력 있는 인물이었지만 세계 경제사의 주류가 되지 못하고 사상의 한 줄기를 차지하는 데 만족해야 했다. 하지만 그의 철학과 사상은 자본주의 위기의 순간에 등장하여 잘못을 지적하거나 부족한 것을 메워

주었다. 경제적 양극화의 소용돌이 속에서 사회공동체 질서에 편입되지 못한 소외된 사람들에게 편안한 안식처와 투쟁의 근거를 제공했다.

자본주의에서 주식회사는 임금노동자를 고용하여 시장가격으로 대가를 지불하고 남은 이윤을 자본가가 모두 차지한다. 하지만 따지고 보면, 주식회사의 돈(자본)은 여러 사람의 돈인데도 일정한 비율로 배당을 한 후 모두 사주가 가져가면서도 회사 운영에서는 전권을 행사한다. 마르크스는 "'자본'은 공기를 호흡하지 않고, 밥과 고기도 먹지 않으며, 오직 이윤이 있어야 숨을 쉬고, 이윤을 얻지 못하면 죽는다"고 분석했다. 자본에 의한 시장경제체제 모순을 극복할 수 있는 방안으로 협동조합 방식을 주장하기도 했다. '협동조합 노동'은 자본을 고용해 시장가격으로 그 대가를 지불하고, 남은 이윤을 조합원이 고루 나누거나 조합에 재투자할 수 있기 때문에 새로운 사회의 모델이 될 것이라고 예견한다.

마르크스가 생각한 새로운 사회는 '자본주의의 착취로부터 해방되고, 노동자들이 연합하여 생산수단을 공동으로 소유하여 운영'하는 것이다. 다수 노동자들의 공동 작업을 통해 사회적 노동과 사회적 생산을 낳을 것이라고 보았다. 여기에서 생산수단의 소유는 이윤을 얻기 위해서가 아니라 인간의 필요와 욕구를 충족시키기 위해서이다. 그에게 새로운 사회란 지식을 공유하고 인간의 능력을 최대로 발휘하며, 노동의 소외를 발생시키지 않고 능력에 따라 노동하는, '노동이 사회화'된 공평한 분배가 이루어지는 사회였다. 대립과 투쟁이 아니라 인간과 자연이 조화로운 관계를 맺는 '사회화된 자본'이라는 인류의 새로운 공동체이다. 자본가의 부를 위한 '노동력의 상품화'와 '노동력의 착취'를 용납할 수 없다는 입장이다. 노동이라는 '공공의 이익'을 개인의 이해관계와 '시장'(가격에 의해 생산 전체를 규제할 수 있는 상품의 매매장소)의 판단에 맡기는 것은 너무 위험하다고 경고했다.

마르크스는 "자본주의 이후의 사회주의나 공산주의에서는 노동하는 개인들이 생산수단과 생활수단의 노동조건을 공동으로 소유함으로써 자본가들도 함께 일하는 동지가 된다"고 생각했다. 노동자와 자본가가 해방되어 모든 인간이 해방되는 '새로운 사회'가 공산주의(사회주의)라고 주장했다. 하지만 지난 20세기 사회주의는 공산당과 정부 관료들이 인민대중의 해방은커녕, 자본주의 사회보다 더 어렵고 힘들게 했으며, 사회의 역동성마저 잃고 스스로 무너졌다. 작고한 김수행 교수의 말대로 "소련식 자본주의가 내부의 위기 때문에 1990년 '일반적 자본주의'로 성장·전환한 것"이 소련 사회의 붕괴 원인이었다. 반면, '자본주의'도 반복되는 공황, 실업, 2007년의 미국금융시장 붕괴, 생태계 파괴, 끝없이 계속되는 빈익빈 부익부의 현상에 갈 곳을 잃고 헤매고 있다.

지구촌의 존속이 불확실한 상황에서 이를 대체할 수 있는 새로운 사회에 대한 희망과 열망은 "자본주의 사회가 새로운 사회를 자기의 태내에 잉태하고 있다"고 예견한 마르크스를 상기하게 한다. 그는 미래사회는 자본주의 안에서 볼 수 있다고 생각했다. "자본주의는 어떤 속성을 가지고 있는가? 태아는 누구인가? 어떻게 자라야 하는가? 출산의 진통은 얼마나 느끼고, 모체는 언제, 어떻게 힘을 주어야 하는가? 모체에 대한 분석과 역사적 경향과 경제적 상황을 파악해야 해소할 수 있고, 예측해야 대비할 수 있다."[1]

우리는 자본주의 문제를 드러내어 대다수 사람들의 공통된 문제와 과제를 공유하고 그에 저항하여 해법을 찾아야 한다. 생산관계가 생산력의 발전을 저지하지 않고, 상부의 이데올로기 형태를 변질시키지 않는 사회 구성체이다. 정치적, 경제적으로 모두에게 공정하게 기회가 주어지는 사회, 경제성장의 결과가 복지의 향상으로 귀결되어 선순환의 관계를 유지하는 사회가 미래공동체일 것이다.

마르크스는 인간생활의 본질이 실천을 통해 목적을 달성함으로써 자

---

[1] 김수행, 『마르크스가 예측한 미래사회』, 2012.

기의 욕구를 충족시키는데 인간의 행동 중에 노동이 가장 근본적인 실천이라고 보았다. 합목적 변혁 활동의 노동은 욕구를 충족시킬 뿐만 아니라 기쁨의 원천이고 매력 있는 것인데, 자본주의에서는 먹고살기 위해 하지 않으면 안 되는 강제된 '노동의 소외' 현상을 없애야 한다고 주장했다. 자본주의 태내에서 발견할 수 있는 새로운 사회를 어소시에이션(Association, 자발적 연합이나 조직결사)으로 불렀고, 노동자의 정치혁명으로 자본가의 생산수단 독점을 철폐하면 자본주의를 청산할 수 있다고 보았다. 자본주의 이후의 사회에 대해 '생산수단 공유에 의한 협동조합적 사회'라고 주장하면서 저급한 임금노동은 협동조합 공장의 위대한 사회적 실험의 가치에 자리를 내줄 수밖에 없고, 자기 일을 부지런히 하는 연합 노동 앞에서 사라질 운명이라고 예견했다. 협동조합 운동이 근로대중을 구출하기 위해서는 전국 규모로 발전해야 하는데, 이를 위해서는 정치권력을 획득하고, 사회 전반적인 조건들을 변화시키기 위해 국가권력을 자본가에서 생산자로 이전해야 한다고 주장했다. 협동조합 운동이 사회를 변혁할 세력의 하나라고 인정하면서 협동조합 상점을 통해서가 아니라 협동조합적 생산 공장 설립을 통해 노동의 종속이 종식될 것으로 보았다. 협동조합 공장은 노동자의 의식적, 자발적 결합이므로 자유롭고 평등한 생산자들의 연합에 의한 공화주의적이고, 복지창조적인 시스템이라고 생각한 것이다.

마르크스는 부르주아 계급이 사회 전체의 이익을 대변하는 역사적 책무를 저버렸기 때문에 사회변혁은 개인 간의 관계를 넘어 계급 간 이루어지는 역사적 투쟁이라고 믿었다. 인간 해방을 이끌 계급은 노동자라고 주장하면서 인간적·사회적 삶의 모든 측면을 경제에 종속시켰다. '시장'을 자본주의적 착취의 수단으로 보고, 이를 거부하면서 역사적 유물론과 프롤레타리아의 혁명적 계급투쟁을 주창했지만, 자본의 독재를 노동의 독재로 대체하고자 한 사회주의 이념은 끔찍한 폭력을 잉태한 불씨였다. 사회주의의 몰락은 첫째, 노동계급 자체의 몰락이었다. 원인은 마르크스의 예측과 달리 산업화된 사회에서 노동계급이 자본주의에서 이익을 누리는 중산층으로 변형되면서 전통적 계급의 구분이 흐려졌다. 분명한 것은 현재의 임금노동자 삶의 여건은 혁명적 저항을 촉발한 초기 산업혁명 시대의 생활상과 비교하면 완전히 달라졌고 향상되었다. 둘째, 사회 변화와 함께 생활방식도 달라졌다. 20세기 가장 혁명적인 변화는 사람들이 자신을 계급의 구성원으로 생각지 않는다는 것이다. 대중적 순응주의에 대한 거부로 이어진 개인화는 계급의 의미를 상실케 하였다. 셋째, 산업화를 겪은 사회만이 아니라 사회주의 국가에서도 개인에 대한 숨막히는 통제는 견디기 어렵고, 받아들일 수도 없는 심리적 부담이었다. 특히, 자본주의의 상품에 노출되면서 시장에 대한 국가의 통제는 약화될 수밖에 없었다. 넷째, 가장 치명적인 원인은 사회주의 경제가 자본주의 경제보다 재화를 충분히 생산하지 못했으면서도 발전된 상품을 소유하고 싶은 욕망은 통신의 발달과 정보 이용으로 커졌다는 것이다.

한편, 사회주의 혁명을 거부한 독일 등의 '사회민주주의' 운동은 시장이 경제적, 사회적 진보에 기여할 수 있음을 인정하고 자유주의 세력과 공통의 목표를 추구했다. 민주적 절차에 의해 좀 더 인간적인 경제 질서를 만들 수 있다는 점을 받아들이면서 유럽을 좀 더 인간적이고, 진보된 사회로 이끌었다.

하버드대학교 사회학자 탈코트 파슨스Talcott Parsons는 40년 전에 자본주의는 오래 지속되는 제도로, 공산주의는 그렇지 못한 제도로 분류했다. 오래 지속될 수 있는 종교, 친족관계, 화폐, 시장, 민주주의 등을 '진화적 보편 요소'의 사례로 들면서 역사는 자본주의와 민주주의로 귀결될 것으로 보았다. 화폐, 시장, 사적 재산권을 갖게 되면 이 제도를 포기할 수 있는 사회가 거의 없다는 것이다. 반면, 마르크스는 자본주의는 기본적으로 변화를 가져오는 체제이기 때문에 역사는 자본주의로 끝나지 않고 다음 사회로 신화할 것으로 보았다. 계납이 없고 참여적인 사회주의이다. 자본주가 다른 사회경제체제를 대체하였듯이 자본주의도 대체될 것으로 예견하였으나 새로운 환경에 적응하는 자본주의를 과소평가했다. 자본주의는 대부분의 국가들에서 민주화가 진행되면서 의료보험, 실업보험, 사회보장, 공교육 등 사회주의의 장점을 복지정책으로 제도화했다. 이와 같은 사회복지 제도의 도입과 과학기술의 발전은 자본주의 체제의 수명을 연장시켜 주었고, 점점 자본가와 노동자의 불평등과 불균형을 보완하는 능력을 발휘하기도 했다. 새로운 사회가 온다면 지금과는 많은 질적 변화의 경제체제가 등장할 것으로 보이는데, 예상되는 모델은 칼 폴라니의 다원적 경제발전 모델의 공동체사회이다. 『자본주의 이해하기』의 저자 새뮤얼 보울스는 미래사회를 다음과 같이 정리·예견한다.

① 기술 특허 정보, IT기술의 변화와 인간이 자연에 미치는 영향, 특히 지구온난화가 가속화됨으로써 우리는 앞으로 몇 십 년 동안 전례가 없는 도전에 직면할 것이다.
② 이런 도전에 대응하여 경제를 새로운 방식으로 조직하고 현대적 기술을 이용해 인류의 행복을 증진시킬 수 있게 하는 새로운 제도가 등장할 것이다.
③ 새로운 제도는 진화적 보편의 몇몇 요소들을 포함할 수도 있지만 동시에 진정으로 새로운 특징을 가질 수 있다. 지구 온난화와 환경파괴 그리고 정보혁명은 위협의 요소이면서 자본주의 발전의 산물이기도 하다.

산업화 이전에는 모두가 평등하게 못 살았으니 불평등 또한 느끼지 못하는 상대적 빈곤이 없는 세상이었다. 오늘날에 비해 19세기 부자들은 더 부자였고, 가난한 사람들은 더 가난했다. 19세기는 제국주의 전성기로 서구 사회는 수탈을 통해 경제발전과 평등을 이루었다. 마르크스는 앞으로도 빈부격차는 심해질 것으로 예견한다. 그는 자본주의 초창기에 이미 다른 세상을 보고 있었고, 미래사회의 '유토피아'를 건설하려고 했던 철학자이자 혁명가였다.

반면, 러시아 태생 미국의 경제학자이자 통계학자인 쿠즈네츠Simon Kuznets는 성장을 통해 빈부격차가 완화될 것으로 보았지만 결과는 아니었다. 프랑스 경제학자 토마 피케티Thomas Piketty는 빈부 격차가 심화될 것이고, 이를 해결하기 위해서는 소득재분배 정책을 써서 불평등을 완화해야 한다고 주장한다. 분명한 것은 미래의 '새로운 사회에서의 경제'는 사회로부터 분리된 경제가 아니라, 도덕적·정치적·사회적이어서 사회질서를 통합하여 고루 영향을 미치는 구조여야 한다는 것이다.

라살, '사회민주주의와 협동조합'

페르디난트 요한 고틀리프 라살(Ferdinand Johann Gottlieb Lassalle, 1825~1864)은 독일 사회민주당의 전신인 '독일 노동자협회' 창설자, 독일 사회주의 운동의 창시자이다. 그는 경제를 점진적으로 사회화(사유재산의 국유화)하는 노동자조합 보장의 '국가사회주의' 사상을 주창했다. 라살은 독일 시민계급은 혁명투쟁을 수행할 수 없다고 생각했기 때문에 마르크스와 엥겔스 등의 좌파들로부터 '수정주의'라고 공격받았다. 라살의 사상과 대중운동에 대한 영향력은 '분노를 느낄 정도'로 완만하게 진전되었지만, 명성과 조직은 현재 독일의 국가이념 '사회민주주의Sozialdemokratie'로 자리 잡아 오늘날까지 이어져 '독일 사민당'으로 존속하고 있다. 사회개혁은 재산의 사유화를 국유화로 대체하는 프롤레타리아의 혁명에 의해서가 아니라, 민주주의의 적법한 절차에 따라 이행되어야 하고, '국가'는 전복되어야 할 대상이 아니라 신뢰를 보내고 가치를 부여해야 할 대상으로 생각했다.

'사회민주주의' 운동은 시장이 경제적·사회적 진보에 기여할 수 있음을 인정한다. 자유주의 세력과 공통의 목표를 추구할 수 있다는 점과 민주적 절차를 거쳐 좀 더 인간적인 경제 질서를 만들 수 있다는 점을 받아들이면서, 사회민주주의는 유럽을 좀 더 인간적인 사회로 변화시키려는 전략이라고 보았다. 라살은 역사가 진행되면서 '자유' 이념이 더 많이 구현되겠지만, '계급'이 인간의 자유 이념을 실현시킬 수 있는 혁명의 역량으로 발휘되리라고는 생각지 않았다. "국가는 개인들의 종합이지만 하나의 통일체가 되면 모든 개별자의 힘을 수백만 배 증강시켜 준다"는 헤겔의 철학을 정치적 신조로 삼아 독일 사회민주주의 이념을 확립시키는 데 사용했다. '국가'는 보편적 인륜이 구현된 완벽한 조직체이므로 더 나은 공동체를 위해 해야 할 역할이 있다고 생각했다. 군주제의 큰 틀에서 노동자의 권익이 보장되는 복지국가의 가능성을 모색했다. 사회주의로의 변환은 국가 친화적 사회민주주의 개혁을 통해 자연스럽고 평화적으로 이루어져야 한다고 믿었던 라살의 '큰 국가' 사상은, 오늘날 '복지국가' 이념으로 진화하게 된다. 마르크스는 '국가계급론'을 주장하면서 자본주의의 본질은 한 계급이 다른 계급을 압박하여 지배하는 데 있고, 계급 대립에 의해 국가가 소멸되는 '국가소멸론'을 주장했다. 반면, 라살은 '국가'란 도덕성을 가지고 인류 전체의 자유와 발전을 실현해야 할 기능을 가진다고 생각했으며, 정권장악을 통해 국가의 윤리적 사명을 수행할 수 있다고 본 것이다.

라살은 1863년 노동자중앙위원회에 초청받아 노동운동 프로그램을 발제하면서 일치된 이해관계를 가진 노동자들이 독자적인 정당으로 뭉쳐 '생산협동조합'을 설립하고, 자신의 이익을 보장받아야 한다고 주장했다. 이 문서가 기폭제가 되어 '전술독일노동자협회'가 세워졌고, 후에 다른 조직들과 합병하면서 '독일 사민당'SPD으로 발전한다. 노동자협회는 두 가지 핵심 공약을 발표했는데 첫째는 보통, 평등, 직접 선거의 요구이고, 둘째는 국가의 신용 보증을 받는 생산조합의 설립이었다. 그는 참정권의 확대를 통해 노동자계급의 목소리가 정치에 반영되고 확산되는 시스템이 구축되기를 원했기 때문에 자유주의 이념을 가진 시민 계급에 기대를 걸었다. 생산수단을 독점하고 있는 자본주의하에서의 임금노동자는 자본가에게 의존적인 삶을 살 수밖에 없기 때문에 생산수단의 사적 소유를 금지시키고, 노동자들이 단합하여 생산수단의 동일한 소유권을 가진 '생산협동조합'을 만들어야 한다고 주장했다. 그가 생각한 생산협동조합 방식은 오늘날 지구촌 곳곳에서 다양한 형태로 수정되면서 시도되고 있다.

자본주의는 거시적 관점에서 효율성을 무기로 생산성을 증대시키고 경제적 풍요와 사회발전을 이룩한 것으로 보이지만 미시적 관점으로 보면 실업, 빈부격차, 분배문제, 생태계 파괴 등 미래를 소비하여 현재를 살고 있다. 라살은 자본과 생산수단의 사유화는 불평등과 불의를 심화시킬 것이고, 노동자 계급의 예속이 모든 비참의 원인이라고 보았다. 인간해방과 인간소외 극복을 위해 자본의 사회화를 주장한 라살의 생각은 오늘날 '수정자본주의'로 받아들여지면서 주목받고 있다. 정부가 적극적으로 시장에 개입하여 실업과 소득불평등을 제거하고, 주요 금융기관들을 국유화하여 경제를 계획적으로 운영하는 모델이다. 교육과 의료는 무료이고, 모든 시민에게 공공임대 주택을 제공한다. 이윤추구에 지배되는 사적영역을 줄이고, 공공영역을 넓혀 복지국가를 건설하려는 것이 유럽의 '사회민주주의'이다. 우리나라도 이 사상을 검토해야 할 때가 되었다.

가가와 도요히코, '일본 협동조합의 아버지'

사랑과 정의의 사도라 일컬어지는 일본 협동조합의 아버지, 가가와 도요히코는 1917년 미국 프린스턴신학교를 졸업하고 귀국하여 노동운동, 협동조합운동, 농민운동, 무산계급정당운동으로 일본 사회운동에 큰 발자취를 남겼다. 남자 보통선거권 쟁취운동에도 참여하고, 일본 노동조합 총동맹의 결성을 돕는 등 노동운동에 관여해 투옥되기도 했다. 평화주의자로서 1928년 전국반전동맹을 결성했으며, 1940년 일본의 중국 침략에 대해 중국 측에 사과했다는 이유로 체포되기도 하였다. 노동운동 및 사회복지사업에 뛰어들면서 빈민가에 들어가 빈민구제에 힘썼다. 종교적 가치관에 기초하여 '이웃사람'이라는 큰 틀에서 생명과 노동과 인격적 자유에 기초한 사회실현을 실천했다. '기독교 사회주의'의 한 갈래인 '사랑의 사회주의'를 제창했는데 예수의 복음에 철저하나, 예수처럼 사기 자신보다 남을 배려하는 기독교, 개인의 자유보다 사회적 책임을 다하는 기독교, 모으는 것보다 나누는 것에 우선 가치를 두었다. 이 사상은 19세기 유럽에서 발원하여 현대까지 이어온 신앙운동이자 사회운동이다.

'기독교 사회주의'는 ① 자유경쟁의 자본주의를 비판하고, 생명가치설과 노동가치설 그리고 인격적 가치설을 믿고 '도덕사관'을 내세우며, 상품주의와 기계적 노예제도에 반대한다. ② 사랑을 기본으로 하여 법률과 정치를 전환하려는 운동이다. 기독교 형제애에 바탕을 둔 협동의 원리를 산업사회에 적용해 사회적 약자의 권익을 옹호하고, 사랑의 수고가 동반된 사회주의 운동을 강조하였다. 공창제도 폐지, 노동조합의 결성, 빈민문제 해소 방안 등을 제시하면서 모든 사회문제를 기독교 사회주의 측면에서 해결하고자 하였다. 해결방식에서는 사회조직과 사회제도를 파괴하는 것이 아니라 '무저항주의적 예수주의'에 바탕을 둔다. 형제애와 협동원리에 기초한 민중적 사회의 대안을 모색했다는 점에서 혁명과 투쟁을 강조하는 마르크스의 사회주의 즉, 공산주의와 구별된다.

가가와 도요히코의 기독교 사회주의 사상은 노동가치의 신성함과 경쟁 원리에 바탕을 둔 자본주의를 반대하는 것에서 출발한다. 자본주의는 약탈시스템이고, 소수의 상류계급과 유한계급을 만들어 자본을 축적시키고 세력을 집중시켜 저임금 노동자나 무산자 수가 점점 늘어날 수밖에 없는 구조라고 비판하였다. 노동자와 상류계급 간의 계급투쟁과 공황 발생, 실업 증가는 결국 공산주의를 낳는 자본주의의 비극적 현상이라고 분석하였다. 그는 자본의 독점적 운영과 착취를 비판하고, 사랑이 없는 노동자들의 폭력적인 노동운동을 반대했다. 국가와 사회에 헌신하고, 폭력에 의한 혁명이 아니라 인간의 희생을 통한 사회문제 해결방안을 모색하였다. 봉사정신으로 일본의 농촌 문제를 해결하고, 영리를 위한 생산이 아니라 회원의 필요와 생활을 충실하게 하는 강력한 정신운동의 필요성을 가진 생활협동조합 방안을 모색했다.

가가와 도요히코는 하나님의 나라가 영적인 세계임과 동시에 경제적이고 사회적인 양자의 통일로 이해했다. 경제적 가치의 원리는 생명가치로부터 시작하는데 생명에 대하여 건강보험이나 생명보험협동조합이 필요하고 노동에는 생산자협동조합, 교환에는 상업협동조합, 성장 발전에는 신용조합이 필요하다는 입장이다. 또, 직업선택에는 상부상조의 협동조합이나 지원조직, 질서의 유지를 위해서는 공익사업의 협동조합, 생활을 위해서는 소비자생활협동조합이 필요하다고 생각했다. 협동조합을 통해 생활 속에서 참되고 조용한 혁명이 일어나기를 바랐다.

일본은 유럽과 미국 이외의 국가 중 유일하게 산업혁명을 완수하여 선진국에 오른 나라이다. 신민주국가로서의 역량과 야망을 가지고 아시아에서 유일하게 제국주의 정책을 폈다. 일본에서 협동조합은 서양의 경제 발전 신문물 중 하나로 인식하여 받아들였고, 1897년 일본 고베에 소비자협동조합이 조직되면서 전국으로 확산되었다. 제2차 세계대전 후에는 시민 삶의 질을 향상시키기 위한 시장과 사회 그리고 환경적 가치를 조화시키는 문화로서 번창하였다.

가가와 도요히코는 가난을 구제하기보다는 가난을 막는 데 힘을 쓰면서 일본 사회가 안고 있는 여러 문제를 '협동조합 국가론'을 통해 해결하고자 했다. 세계를 국제협동조합화하면 자원문제나 전쟁의 원인이 되는 것을 해소할 수 있다는 '세계평화론'을 전개하였다. 그는 '협동조합'은 경제를 적절하고 공정하게 하기 위한, 사랑에 근거한 형제애운동이라고 해석했다.

레이들로 보고서, '협동조합 교과서'

협동조합에 관심이 있는 사람이라면 한 번쯤은 들어봤을 '레이들로 보고서'의 실제 제목은 '서기 2000년의 협동조합Co-operatives in the year 2000'이다. 이 보고서는 협동조합의 발전 방안을 연구해야 할 필요성을 느낀 '국제협동조합연맹'ICA이 연구 작업을 레이들로 A. F. Laidlaw 박사에게 요청하여 협동조합의 역사를 개괄한 것이다. 21세기 협동조합 운동이 직면한 도전과 극복 과제, 전망을 담고 있다. 신자유주의 확산과 다국적 기업의 성장이라는 세계경제 변화 속에서 세계 협동조합은 위기의식을 가질 수밖에 없었다. 협동조합 시스템이 현대에 적응하지 못하거나, 다국적 글로벌 기업의 세력에 대항하지 못할지도 모른다는 불안감이 있었기 때문이다.

180여 년의 역사를 간직한 협동조합의 내적 힘을 앞세워 추진력을 갖기 위해서는 협동조합 자체의 근본적 변화와 구조조정이 필요하고 '협동조합의 사회적 역할이나 사회적 책임'이 강조되어야 한다고 보았다. 이 보고서의 작성 시점은 1980년인데 오늘날에도 '협동조합 운동의 교과서'라는 평가를 받고 있다. '레이들로 보고서'는 '협동조합은 온전한 정신이 모이는 장소'islands of sanity가 되도록 해야 한다고 주장한다. 협동조합 지도자가 식량, 고용, 소비재 유통, 지역사회, 환경 분야 등 불확실성의 21세기에 지속 가능한 사회를 위한 방법을 찾는 데 집중할 것을 권고한다.

'레이들로 보고서'는 협동조합이 인류에게 기여할 수 있는 가장 가치 있는 일은 식량 분야에서 세계의 기아를 극복하는 일이라고 하였다. 사회 질서를 위해 할 수 있는 기여는 다양한 종류의 노동자 생산협동조합에서 양질의 고용을 만드는 일이라고 보았다. 노동자협동조합이 발전하여 '자본이 노동을 고용하는 것이 아니라 노동이 자본을 고용'하는 새로운 산업혁명을 이끌어 낼 것을 주문하고 있다. 또한 윤리적 소비를 통한 절약과 검소로 후기산업 소비사회의 거품과 낭비를 없애는 역할에 공헌할 것을 주문하고 있다. 협동조합은 지역사회를 건설하고 마을을 만들 수 있는 조직과 방식인데 경제적, 사회적 필요도 충족하고, 새로운 것을 창조할 수 있는 환경도 만들어야 한다는 것이다. 지역에 사는 사람의 시선을 지역 내부로 돌리게 하여 자신들의 자원을 발견하고, 필요한 서비스를 제공할 수 있어야 한다는 것이다.

'레이들로 보고서'는 주택, 저축과 신용, 보육, 의료, 식품, 주간보호 등 폭 넓은 범위의 경제, 사회서비스를 포괄하는 협동조합 복합체 구성을 주문한다. 미래의 지역사회는 다양하면서도 다목적의 협동조합을 필요로 할 것으로 예상한다. 협동조합과 그의 민주적 성격은 협동조합 시스템의 모든 단계와 측면에서 보장되어야 하고, 경제적으로 효율적이면서 사회적으로 영향력 있는 협동조합이야말로 새로운 시대의 가장 매력적인 기업 방식이라고 믿는다. 협동조합과 국가 간의 상호작용은 가까운 장래에 크게 늘고 강화될 것이며, 협동조합 시스템의 발전은 각국의 경제 부문을 화합하도록 할 것이라고 예견한다. 보고서는 "기업이 무시무시한 권력을 갖고 있는 시대이다. 이 시대에 수많은 사람이 인권을 누리고, 나아가 서로에게 희생을 강요하지 않을 수 있는 방법은 협동조합 방식"이라고 확신하고 있다.

"사회적 목적이 전혀 없는 완전 사업체인 협동조합은 성격이 다른 협동조합보다 더 오래 생존하겠지만, 길게 보면 점차 약해져서 마침내 해체될 것이다. 반면에 사회적 임무에 역점을 두면서 건실한 사업을 위한 실천을 도외시하는 협동조합은 아마도 꽤 빨리 무너질 것"이라면서 "전체 시스템 내부에서 상식적인 균형을 유지하는 일이 필요하고 경제적인 것과 사회적인 것, 사업과 이상주의, 실용적인 전문 경영인과 비전을 가진 일반 지도자를 잘 섞는 일이 필요하다"고 충고한다.

'레이들로 보고서'는 협동조합이 지닌 문제와 취약점을 살피고, 우선과제를 제시한다. 분명한 계획을 제공하기보다 토론을 활성화하고, 확실한 답을 주기보다는 정확한 질문을 던지며, 다양한 선택을 제안한다. 세계와 인류의 당면 과제에 대해 끝없는 질문과 대답, 성찰과 토론의 장을 펼치길 기대한다. 협동조합의 문제를 되짚어 보고, 21세기 협동조합은 어떻게 나아가야 할 것인지를 제시하고 있다. 협동조합이 우선 해결해야 하는 네 가지는 첫째, 세계적 기아 해방, 둘째, 인간적이고 생산적인 일자리 마련(노동자생산협동조합), 셋째, 보호(보존, 절약)자 사회 the Conserver Society를 위한 역할, 넷째, 지역사회 건설이라고 주장한다. 그런데, 이런 분야는 보고서가 출간된 지 40여 년이 지난 지금도 매우 유효하다.

이윤을 추구하는 기업들이 상생과 사회적 의무를 강조하지만 현실에서는 생색 내는 수준을 벗어나지 못하고 있는 데 반해, 협동조합은 태생적으로 협동과 공생과 공존을 신조로 하여 설립·운영되는 조직이다. 무한경쟁과 양극화를 유발하는 시장경제 속에서 가장 정의로운 기업 운영방식이라고 할 수 있다. 경제·사회 양극화와 환경위험 그리고 불평등을 줄일 수 있는 가장 효율적이고, 인간적이며, 지속가능한 보완이자 대안이다. 시민 모두가 주인이 되는 공익사업체라는 아이디어는 마르크스가 말하는 '자유롭고 평등한 생산자들의 연합 association of free producers'에 비유할 수 있다. 이 연합은 자본가와 노동자의 불평등한 관계를 제거한 지금의 협동조합이나 사회적 기업과 같은 구조형태이다. 사회를 시장에 맡기거나 국가에 맡기는 체제가 아니라, '자개연(자유로운 개인들의 연합)'들 모두가 자신의 필요와 욕망을 충족시키기 위해 사회의 인적·물적 자원을 민주적인 합의와 통제 아래에서 사용하게 되는 것이다.

3. 협동조합의 발전과 전개

산업의 90% 이상을 농업에 의존했던 봉건시대의 보통사람들 생활수준은 낮았지만 영주로부터 생산수단을 위탁받은 농노들의 삶은 그리 나쁘지 않았다. 땅이 있는 한 인간의 생계는 보장되어 있어 생활수단에 대한 직접적인 사용권이 있었다. 하지만 자본주의가 발달하면서 농민은 땅으로부터 축출되고, 시장 의존적인 사람이 되고 말았다. 사람들은 자신의 노동력을 임금과 교환할 수 있는지가 생계유지의 결정적인 요인이 되었다. 시장이 인간 행복의 통제자가 된 것이다. 1차 산업혁명으로 자본주의 생산과 경제양식이 전개되면서 노동자의 생활이 극도로 악화되었다. 농지가 대규모 목양지로 바뀌면서 노동과 생활의 근거지를 잃은 농노들이 간 곳은 도시 주변부 빈민굴이었다. 자본주의는 넘쳐나는 노동력에 '값싼 임금'으로 대처했고, 생산수단을 잃은 노동자들은 먹고 살기 위해 여자와 어린아이까지 생산현장으로 내몰 수밖에 없었다.

1800년대 자본주의 산업은 10세의 아동을 하루 12~15시간 내외로 부려먹었고, 인간의 수명을 단축시켰다. 윈윈WinWin을 기대했던 사회는 극소수의 윈Win으로 내달렸고, 더 나은 삶을 약속했던 새로운 사회자본주의는 노동자들의 삶을 피폐하게 했고, 지구촌 환경을 구석구석 파괴했다. 새로운 철학과 정치, 경제, 사회, 인생 등에 대한 견해나 대안의 사상思想이 필요했는데 진취적 사회 사상가들이 찾아낸 방법 중 하나가 '협동조합'이었다.

삶의 기반이 송두리째 부정당하는 사회에서 일군 노동자들의 협동조합 운동과 경영은 그나마 희망의 등불이었다. 협동조합을 노동소외 문제를 해결하고, 노동자가 함께 일하고 생활할 수 있게 하는 인간해방의 주요한 도구라고 생각했다. 공동체 생산과 소비에 대한 이데올로기적 성격과 특성을 내포하고 있지만 불우한 시대에 새로운 희망을 찾고자 했던 시대적 열망의 소산이 협동조합이었다. 노동자 협동조합은 기업의 착취와 폭력성을 부각시켰고, 이를 해소했으며, 조합원들은 협동조합기업에서의 잉여가 자본가가 아니라 노동자에게 전해지는 신기한 경험을 하였다. 이러한 추가소득 현상은 노동자로 하여금 더욱 자발성과 책임성을 갖게 하였고, 새로운 가능성의 동력이 되기도 하였다.

　사회주의운동과 협동조합운동[2]의 선구자로 불리는 영국의 사업가 로버트 오웬은 학교를 세우고, 아동의 일일 노동시간을 제한하거나, 열 살 이하의 아이들은 고용하지 않는 공장개혁 운동을 전개했다. 1802년 휴머니즘을 장착한 사업조직 '뉴 라나크New Lanark'의 방적공장 운영방식은 공동체 공장과 협동조합 운동에 많은 영향을 주었다. 하지만, 모든 협동조합의 취지와 동기가 사회적 선과 공익에 부합하거나 '뉴 라나크 공장'처럼 성공으로 직결된 것도 아니었다. 개인의 이익과 사회의 이익을 일치시키는 계획에 부자들이 동참할 것이라고 믿거나, 인간의 이성을 믿고 참여해 줄 것으로 생각했으나 사회는 호응해 주지 않았다. 계급과 착취가 없는, 공동으로 노동하고 소유하며 필요에 따라 분배되는 1,200명 정도의 유토피아 자치공동체 '뉴하모니'처럼 이상주의적인 접근이 구성원의 탐욕과 반목反目으로 좌초되기도 했다. 반면, 윌리엄 킹(1786~1865)은 자본주의 폐해를 극복하거나 치유할 수 있고 시장에서 공동의 이익을 실현할 수 있는 방안을 '협동'의 사상에서 찾았다. 인간이 행복할 수 있는 조직된 사상체계와 사회적 자본 창출을 위한 방법론적 기초를 '협동의 결사체'와 '기업 방식'에서 발견하고 이를 실행에 옮겼다.

　'로치데일공정선구자협동조합Rochidale Society of Equitable Pioneers'은 1844년 12월 영국 맨체스터 북부 공장지대에서 절실한 물질적 필요에 의해 탄생하고 성공한 협동조합의 효시이다. 산업혁명에 의한 자본주의 사회 성립과

2　당시에는 '사회주의'와 '협동조합'은 거의 같은 의미로 사용되고 있었다.

발달 과정에서 발생한 빈부격차, 실업, 저임금 등의 사회문제를 해결하기 위해 등장한 소비자생활협동조합이다. 오웬의 실패를 경험한 협동조합은 조합원 편익과 기업의 지속성이라는 두 마리 토끼를 잡는 데 성공하였다.

영국 협동조합의 아버지로 불리는 '홀리요크'는 각 지역을 돌아다니면서 사회주의와 협동조합 강연을 했다. 그는 1843년 강연 도중 머물게 된 영국의 작은 마을 로치데일에서 '28인의 선구자들'을 만나게 된다.[3] 산업혁명 이후, 로치데일에는 수많은 면공장이 생겼다. 이 시기에는 식량이 부족했는데 당시 장사꾼들은 밀가루에 분필가루를 섞거나 우유에 물을 타는 등의 나쁜 행동을 했다. 홀리요크는 임금인상을 목표로 한 파업에서 실패해 실의에 빠진 사람들에게 협동조합 매장을 만들 것을 호소했다. 이에 동의한 28명의 사람들이 좋은 먹거리를 팔기 위한 식료품가게를 창업했다. 홀리요크는 로치데일 공정선구자 조합의 발자취를 상세히 기록하여 후세에 남긴다. 그가 기록한 '로치데일 원칙'은 국제협동운동의 기본원칙으로 계승되어 세계 협동조합 운동에 커다란 영향을 미치게 된다.

지도자 홀리요크와 윌리엄 킹은 노동자들이 '필요한 식품과 생필품을 자신이 소유한 가게에서 구입할 수 있으면 좋겠다'는 생각을 했다. 정직, 공개, 사회적 책임, 타인에 대한 배려 등의 윤리적 가치 창출을 목적으로 협동조합을 설립했다. 당시로는 공동체에 존재하는 '사회적 관계를 사회적 목적으로 변화'시킨 매우 이상한 공동체운영 방식의 기업이었다. 조합원들은 1구좌 1파운드로 출자하여 자금을 모았다. 방직노동자 28명이 설립한 '로치데일 협동조합'은 소비자 편익을 위해 좋은 물건을 정직하게 공급하되 시장가격으로 판매하는 소비자생활협동조합이었다. '협동조합의 7원칙'으로 대변될 수 있는 조직규범과 업무원칙을 근간으로 개방적인 회원제도, 민주적 관리, 종교적·정치적 불평등의 제거, 공정한 시장가격의

---

[3] 조지 제이콥 홀리요그, 『로치데일 공정선구자 협동조합. 역사의 사람들』, 정광민 역, 그물코, 2013 참조.

유지, 교육을 위한 수익금 적립의 원칙을 수립하여 운영했다. 처음 취급한 물품은 밀가루, 버터, 사탕, 오트밀 등이 고작이었다. 하지만 반세기가 지나지 않은 1891년 조합원 수 1만 1,647명, 출자금 37만 792파운드, 매출 29만 6,025파운드까지 성장하

1844년, 로치데일 협동조합 전경

면서 창대하게 발전했다. 실업과 저임금의 조합원에게 안정된 고용을 제공하고, 조합원의 생활개선을 위해 주택을 구입하고 건설했으며, 식료와 의복, 생필품 생산과 판매 등으로 확대·운영되었다. 상업적 가치보다 인간적, 사회적 가치가 우선하는 인간존엄과 사회정의를 실현하는 소박하면서도 거대한 전환을 스스로 입증한 것이다. 성장이라는 미명 아래 미래를 위해 현재를 희생하는 일은 하지 않았다. 출자금 중심으로 이자와 배당을 주는 기존의 주식회사 방식과 달리 매장을 이용하면 할수록 더욱 이득이 되는 이용실적 배당을 했다. 이러한 이용실적 배당 원칙은 조합을 크게 번창시켰다.

10여 년 후 협동조합 운동과 공동체기업 방식은 프랑스·독일·스웨덴 등의 도시 노동자계급과 노르웨이·네덜란드·덴마크·핀란드의 농촌주민에게 큰 영향을 끼쳤다. 프랑스에서는 중소 수공업의 근대 공장제 공업 생산조합이 만들어졌다. 1860년 독일 농촌에 신용협동조합의 조상이라고 할 수 있는 농촌 농업의 생산력 증대를 위한 신용(금융)조합 '라이파이젠 신용협동조합'을 설립하였다. 일 년 내내 열심히 일해도 가난으로부터 벗어나지 못하는 농민의 삶을 지켜본 공무원 '라이파이젠'은 그 원인이 봄부터 가을까지 농사짓고 생활하는 데 필요한 돈을 고리대금업자들로부터 미

리 가져다 썼기 때문이라는 것을 알았다. 이러한 불합리한 상황이 해마다 반복되는 것을 본 그는 마을 농민회의를 개최하여 문제해결 방안을 찾아냈다. "액수가 많든 적든 관계없이 돈을 모으고, 그 돈을 가장 가난한 농민들부터 우선 빌려 주자. 이자는 고리대금업자들이 받는 이율의 절반 정도로 하자."라고 결정했다. 이런 제안이 받아들여지면서 금융협동조합이 결성되었고, 이듬해 돈을 빌려주기 시작했다. 불과 몇 년이 지나지 않아 농민의 삶이 윤택해지기 시작하자 자연스럽게 이와 같은 물결이 신용, 농업, 축협, 수협조합으로 확산되었다. 프랑스와 이탈리아 등에서도 몇 명의 장인이 돈을 모아 공동작업장을 만들었다. 공장주가 운영하는 작업장에 취직하여 임금을 받는 것보다 더 나은 조건에서 일할 수 있었고, 더 많은 돈을 받을 수 있었다. 요리사들은 돈을 모아 공동으로 식당을 운영하면서 이전보다 훨씬 더 인간적인 대접을 받으면서 일할 수 있었다. 각기 다른 악기를 연주하는 음악가들이 오케스트라협동조합이나 노동자협동조합, 직원협동조합 등을 설립하여 간섭받지 않으면서 자유롭게 연주활동을 할 수도 있었다. 협동조합에 대한 사고와 변화의 물결이 19세기 후반에는 산업을 초월하고, 유럽을 건너 전 세계로 전파되면서 보편화되었다.

협동조합은 회사의 원리와 사회의 원리가 동시에 활용되면서 운영되는 곳이다. 공동생활을 하는 사람의 조직화된 집단이나 세계를 말하는 '사회'와 상법에 근거하여 상행위나 영리를 목적으로 하는 '회사'의 어순은 반대이지만 의미는 매우 다르다. 사회는 민주주의를 기반으로 작동하지만 회사는 이윤을 기반으로 작동한다. 협동조합의 조합원들은 사람이 우선하는 세상을 만들기 위한 실천적 방안을 찾고, 자신들의 문제를 사회에 전가하는 것이 아니라 직접 회사를 운영하여 해결하려는 전투적 입장을 견지해 왔다. 치열하게 토론하고 공부하며 답을 찾아갔던 것이 협동조합 180여 년의 역사이다. 1인 1표제의 민주적 운영방식에 따라 경제적 약자 다수가 서로 뭉치고 나누는 호혜의 힘으로 시장지배력을 키우고, 자본주

각국의 협동조합 진화

영국(1843년): 소비자협동조합(경제적 편익, 생활 향상)
· 1877년 영국의 협동조합은 1,661개로 불어나 100만 조합원을 보유

프랑스(1848년): 노동자, 생산자협동조합
· 협동조합을 자본주의 시장에 대한 해독제로 보았다.

독일(1850년): 신용협동조합(상호금융)
· 1910년에는 조합 수가 1만 5,517개에 이르고, 조합원도 260만 명

네덜란드(1882년): 연합농민협동조합
· 낙농, 도축가공, 가축수출협동조합

이탈리아(1854년): 토리노의 소비자협동조합이 기원
· 공제조합(연대의 정신, 직업이 아니라 지역에 기반. 전통적인 사회보험에 시대의 문화적, 경제적인 요구를 반영
· 볼로냐(1963년): 사회적협동조합(교육, 사회 강조 ⇒ 상호협력, 오늘날 '사회적 사업의 원형'으로 인정. 교육, 훈련, 돌봄, 오락, 장애자 지원

인도
· 개발도상국 중 규모가 가장 크며, 신분제도에 많은 기여를 하고 있다.

미국
· 조합원 1억 2천만 명이 한 개 이상의 협동조합 조합원이다.

캐나다
· 세계에서 가장 선도적인 협동조합의 나라이다.

일본
· 약 6천만 명이 조합원, 일본 농업의 시장점유율 70%를 장악하고 있다.

의의 치명적 폐해를 극복하려고 노력한다. 노동자가 남을 위해서 일하는 것이 아니라 자기 자신을 위해서 일하는 곳이기 때문에 노동과 자본이 화해하는 기업이다. 그런 의미에서 협동조합은 자본주의 탄생과 전개, 발전하는 곳에 언제나 등장하여 공동체 기업 방식으로 자본주의 약점을 보완하거나 대안이 되기도 했다.

협동조합은 경제적으로 약소한 처지에 있는 소비자, 농어산촌민, 중소기업자 등이 한정된 자원을 효율적으로 사용하고, 공동의 필요와 열망과 권익을 도모하기 위해 사업을 영위하거나 조직한 협력단체이거나 '착한 기업'이다. 공동으로 소유하여 운영하고 사업의 편익을 누리며 자본을 올바르게 이용한다. 역사적으로 민주적 기업운영과 리더십을 양성하여 시민사회 발전에 크게 이바지하였다. 조합원에게는 사업에 대한 출자와 사업의 이용, 사업체의 운영에 대한 참여는 떼어놓을 수 없는 활동인데, 이 세 가지 측면이 결합되어 운영되는 것이 일반기업과는 다른 점이다. 협동하지 않으면 공멸한다는 위기가 가르쳐준 지혜의 소산이다. 조합원 모두가 주주株主이므로 잉여금이 생기면 구성원 전체에게 돌려주거나 사업에 재투자한다. 이윤이 목표가 아니라 오히려 이윤극대화를 목적으로 하는 '시장경제'에 대응한다.

협동조합의 핵심은 신뢰, 호혜, 상생, 연대, 나눔인데 사회정신으로 이어져 공동체를 따뜻한 곳으로 변화시켜 왔다.

협동조합은 19세기 경제 선진국들에서 태동하여 경제적 하위 계층 스스로가 시장 지배력을 키워 사회적 배제를 막아내자는 목적으로 설립·운영되었다. 20세기 후기 산업사회에서는 개인서비스와 같은 영역에서 자본주의기업보다 협동조합의 효율성이 더 뛰어날 수 있음을 실증하기도 했다. 진보적 사회질서를 강화하고, 소득분배의 불평등을 축소하면서 '사회적자본'을 창출하기 위해 노력한다. 20세기에는 개발도상국, 국제투자가 미치지 못하는 분야나 지역에 적합한 기업형태로 대두되었다. 21세기

'지속가능한 공동체 발전 모델'에서는 협동조합이 로컬푸드 운동과 함께 그 중심 역할을 할 것으로 보인다. 협동조합은 대부분 개발도상국 농업분야에서 발전하지만 서유럽과 미국, 캐나다에서는 공업이나 서비스 분야 그리고 도시에서도 활발하게 진화하고, 복지국가 스웨덴의 사회복지 발전에도 중요한 역할을 했다. 미국에는 1억 2,000만여 명 협동조합 조합원이 있고, 캐나다는 선도적인 협동조합 국가로 평가받는다. 폴란드에서는 새로운 주택건설의 75% 이상을 협동조합이 한다. 스웨덴의 석유협동조합은 자국 최대의 정유공장을 소유하여 석유시장의 20%를 차지한다. 프랑스에는 2만 1,000개의 협동조합이 있고, 1,000만 명이 협동조합에서 일하며, 300만 유로의 매출액을 달성했다. 프랑스 사회적경제(사회연대경제)는 GDP의 10%를 차지하고, 지난 십 년 동안 일자리 수를 24% 늘렸다. 농업협동조합은 세계에서 두 번째로 큰 신용은행을 운영할 정도이다. 이탈리아에서는 공장 폐쇄 시 각종 노동자조합이 가장 효과적인 고용유지 기업으로 인식되고 있다. 인도에서는 협동조합이 개발도상국 중 가장 큰 규모이고 설탕 생산의 50%를 협동조합이 담당하며 신분제로 인한 문제 해결에 크게 기여하고 있다. 말레이시아의 가장 큰 보험조직도 협동조합이다. 일본에는 6,000만여 명의 조합원이 있고, 일본 농업 시장 점유율은 70%이다. 국제협동조합연맹 ICA는 2019년 현재, 전 세계 100여 개 국가에 140만여 개의 협동조합이 있고, 조합원 수는 10억 명이 넘는다고 추산하면서, 이 고용인원은 다국적기업의 고용인원보다 많다고 보고했다.

협동조합은 경제민주주의를 운영원리로 하여 180여 년간 진화되어 온 기업이다. 시장경제를 보완하거나 때로는 거부하면서 자본의 무제한적 힘의 논리에 맞서 인간적 접근방법의 길을 찾아 새로운 경제 질서가 가능하도록 노력해 왔는데, 그 과정을 보면 아래와 같다.

1단계는 1817년부터 1840년까지로 산업혁명이 발생시킨 비인간적 경제 환경에 대응하기 위해, 그리고 미래사회의 새로운 이상을 꿈꾸면서 선한 목적의 협동조합 모델을 고안하고 실천에 옮겼다. 사회적 실험의 협동공동체가 수백 개 만들어졌던 시기이다.

2단계는 1844년부터 1900년대 초까지로 유토피아 공동체 건설에서 실용적 접근으로 전환된 시기이다. 로치데일협동조합 등이 협동조합 방식으로 사업을 구상하고 직접 시장에 적용하여 성공을 거두었다. 세계화 물결에 영향을 받던 시기인데 협동조합 모델이 영국, 프랑스, 독일, 덴마크 등 유럽을 중심으로 퍼져 나갔다.

3단계는 제1차 세계대전에서 1960년대까지로 협동조합 모델이 세계 각국으로 확산되고 뿌리내리면서 수많은 협동조합이 설립된 시기이다. 네덜란드 등 북유럽은 농업부문의 협동조합이, 프랑스에서는 노동자협동조합과 소비자협동조합이 나타난다. 이탈리아에서는 전국에 걸쳐 여러 산업부문과 융복합하면서 시장경제 작동방식에 영향을 주었다. 협동조합이 특별한 역량을 키워 나가면서 캐나다와 미국에 신용, 소비자, 농업마케팅 협동조합 등 지역의 산업과 기업으로 자리 잡았던 시기이다.

4단계는 1960년대 이후로서 이 시기에 협동조합은 노동운동과 사회운동이 연대하면서 이전보다 개방적인 태도를 갖게 된다. 정치, 경제, 문화, 사회에서 좀 더 민주적이고 포용적인 대안을 추구했다. 캐나다와 미국에서는 건강식품, 유기농, 주택 등의 새로운 산업을 개척했으며 협동공동체, 협동농장, 환경운동 등으로 외연을 확장했다. 하지만 제도적 차원에서는 협동조합 모델에 주목하지 않아 그 의미가 퇴색되었다. 1980년 세계화 정책이 지구촌을 강타하면서 각국의 정부는 공공서비스를 축소했으나 협동조합은 공장모델과 소매업모델을 넘어 사회적 돌봄과 공공서비스 영역으로 공백을 메워 나갔다. 우리가 주목해야 할 것은 글로벌 경제에 노출된 개발도상국 내에서의 협동조합 운동과 대응이다. 민주적 제도, 금융질서와 경제 부패 등 개인의 삶과 사회의 안녕과 질서, 환경오염의 재앙으로부터 가상 효과적이고 유효한 대안으로 협농조합이 부각되었다.

협동조합 연보

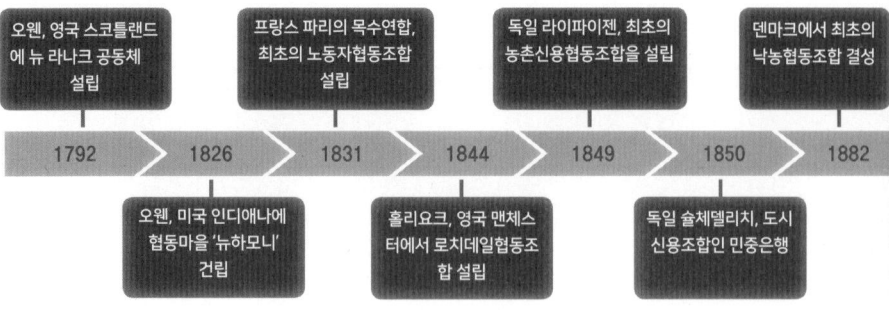

인류의 역사에서 협동이라는 생활양식이 공동체에서 그 기능과 소임을 한 예를 찾아볼 때, 공동 목적을 수행하기 위하여 일정한 자격이 있는 사람들이 조직하는 조합組合의 형태를 띤 것은 중세시대까지 올라간다. 구체적인 기업으로 활동한 것은 약 200여 년 전 '다 같이 잘 살자'는 운동에서 비롯되었다. 소규모 생산자와 소비자들이 의기투합하여 운영하는 결사체기업 방식이었다. 조합구성원들이 함께 갹출하여 자본화하고, 생산수단도 출자자 전원이 소유했으며, 기업 경영도 같이 했다. 조합원들의 필요를 생산·구비하여 사용하였고, 함께 나누고, 공동 소유함으로써 빈부의 차이를 없애려는 소규모 공산주의communism였기 때문에 자유주의보다 사회주의socialism 사상에 더 가깝다. 또, 자본주의 모순을 극복할 수 있는 동일한 문제의식과 기반 위에 서있었기 때문에 협동조합 사상과 운동은 사회주의 사상과 운동의 동의어로 사용되었다. 산업혁명이 낳은 불의를 바로잡겠다는 노력에서 협동조합 운동이 시작되었지만, 사회의 모든 계급을 포용하면서 무절제한 자본주의가 불러온 불평등을 제거하고자 했다. 유럽 중세시대와 우리나라 조선시대에도 협동조합의 원시적 모습이 보이는 것은 협동이라는 기제가 인간이 살아가는 데 필요한 생산수단을 확보, 소비, 분배함에서 매우 중요한 기능과 역할을 하기 때문이다. 그러나 철학적 기반을 세우고, 사상적 기초를 제공받은 것은 19세기 초, 1차 산업혁명 이

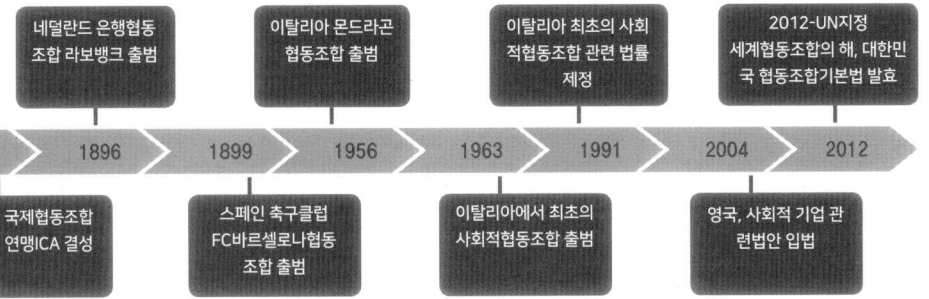

후 자본주의가 본격적으로 전개되면서부터이다.

　협동조합은 조합원의 집단소유와 민주적 통제를 바탕으로 하여 조합원 공동의 이익을 추구하는 결사체기업 조직이다. 협동조합 운동이 경제적 변혁의 추진력을 확보하기 위해서는 역량 있는 지도부, 잘 훈련된 지도자, 뛰어난 조직 역량, 영감을 주는 리더와 구성원들의 자율적 협동 문화가 필요하다. 갑자기 생겨나는 것도 아니고, 지시에 따라 만들어지지도 않으므로 성장의 토양이 마련된 가운데 지난至難한 노력과 시간을 필요로 한다. 강제적 협동이 아니라 자유와 호혜와 신뢰의 바탕 위에 경제 민주적 결사체가 조직된다. 이러한 기반 위에 진행된 협동조합 운동은 사회에 적응하고 변화하면서 여러 단계로 진화한다.

　협동조합은 경제적 약자들이 공동체를 조직·구성할 수 있는 유대와 기회를 제공했으며, 범지구적 경제활동과 민주적 정치행동의 모태가 되기도 했다. 협동조합이 자본주의 시장경제가 토해낸 과정과 결과의 모순을 극복할 수 있는 유력한 대안으로 떠오른 것은 부정할 수 없는 사실이다. 공통의 이해관계를 중심으로 공동체 문제에 맞설 수 있는 역사적 근거와 결사된 조직을 갖추었기 때문이다.

　우리가 상호 호혜적 생활 공동조직으로 협동하면 여러 가지 이익을 얻을 수 있다. 중간이윤을 배제하여 공동구입을 통해 품질 좋고 저렴한 소매

가격으로 생활필수품을 구매할 수 있다. 공동생활을 통해 경비를 절감할 수도 있다. 직접 농업과 제조업을 경영하여 구성원들의 고용을 창출할 수 있다. 협동조합은 경제조직이면서 동시에 사회정치적 정체성을 가지고 있다. 사회적경제와 풀뿌리 민주주의 교집합으로 자본주의를 제어할 수 있을 정도로 의미있는 성장을 해야 하지만 스테파노 자마니 교수는 협동조합 기업이 성장을 위해 자본을 조달할 때 정체성의 위기를 겪게 되는 치명적 약점을 가지고 있다고 분석한다. 상호성을 장착한 연합·연대와 성장의 경제라는 두 마리의 토끼를 잡으려고 할 때 협동조합 고유의 본성을 놓치게 될 위험성이 있다고 지적했다.

협동조합의 정의

조합원의 결합으로 성립되는 협동조합은 협동하지 않으면 공멸한다는 위기가 가르쳐준 지혜의 산물이었다. 생존하기 위해 나눔과 협동의 가치를 실현시키는 경제행위이고, 자원을 효율적으로 사용하기 위하여, 사업의 개선과 권익옹호 등을 위하여 조직한 공동체 회사이다. 주식회사와 같은 경제조직체로서 공통의 목적을 가진 사람이 모여 만든 경제조직이다. 복지단체나 자선단체의 도움을 기다리거나 국가에 의존하지 않고, 경제적 약자 다수가 뭉치고 나누는 호혜의 힘으로 시장지배력을 키우고 자본주의 독점의 폐해를 극복하고자 노력하는 기업이다.

"공동으로 소유하고 민주적으로 운영되는 사업체를 통하여 공통의 경제적, 사회적, 문화적 필요와 욕구를 충족시키고자 하는 사람들이 자발적으로 결성한 자율적인 조직(국제협동조합연맹 ICA)", "재화 또는 용역의 구매, 생산, 판매, 제공 등을 협동으로 운영함으로써 조합원의 권익을 향상하고 지역사회에 공헌하고자 하는 사업조직(대한민국 협동조합기본법)", "이용자가 소유하고, 이용자가 통제하며, 이용규모를 기준으로 이익을 배분하는 사업체(미국 농무성)", 정리하면, 협동조합이란, "자발적으로 결성한 사람들이

협동조합의 정의

방법	공동으로 소유하고 민주적으로 운영하는
수단	사업체를 통하여
목적	공통의 경제, 사회 문화적 필요와 열망을 위해
주체	자발적으로 결성한 사람들의
성격	자율적인 조직

(주체), 공통의 경제적, 사회적, 문화적, 필요와 욕구를 충족시키기 위해(목적), 사업을 통해(수단), 공동 소유하고 민주적으로 운영하는(소유, 운영방법), 사업체(성격)"이다.

그동안 협동조합은 사회가 올바르고, 더 나은 방향으로 나아가도록 자유와 평등과 정의의 새 질서를 구축해 왔다. 좋은 상품을 적정한 가격에 제공하고, 출자금의 규모와 관계없이 1인 1표의 민주적 운영원리를 따르며, 경제위기에 강하고 해고가 없는 장점이 있다. 단점은 마음이 맞아야 가능하고, 모두가 주인이다 보니 의사결정 과정이 더디고 힘들다. 따라서 협동조합에서는 조합원의 교육을 강화하고, 참여의식을 고취시키는 것이 매우 중요한 성공전략이다.

조합원들에게 있어 사업을 위한 출자, 이용, 운영 등에 대한 참여는 필수 활동이다. 이 세 측면이 결합되어 있는 것이 일반기업과 협동조합의 차이다. 돈(자본)이 아니라 조합원(사람)의 결합으로 성립되는 협동조합은 주주가 없으므로 이윤을 배당하지 않고, 조합원에게 되돌려주거나 재투자하는 방식으로 사회에 환원한다. 이러한 사업방식은 자본주의하에서도 발전하여 주식회사 다음으로 큰 기업모델이 되었다. 협동조합의 정관定款은 회사의 목적과 조직, 업무 집행에 관한 자주적이고 근본적인 규칙으로 기업운영의 원리와 모든 조합원이 지키기로 약속한 규칙과 규정을 담고 있다. 조합원의 평등에는 예외가 없는데 예외를 인정하게 되면, 그 사회와 협동조합은 가치를 훼손하거나 상실하게 되어 파괴되기 때문이다. 우리는 그러한 상태를 불평등사회라고 하는데 대체적으로 독재국가에서 나타나는 정의가 배제된 불편한 사회이다. 협동조합은 불평등을 배척한 민주적 운영원리를 따르고, 조합원의 권리를 보장하며 이익으로부터도 공평하다. 필요가 절실하여 설립한 기업이므로 가치중심 기업이다. 특정사회의 계급, 계층, 집단의 이익과 욕망, 꿈이 충돌하면서도 서로 절충하여 어떠한 가치를 중심에 놓을 것인지 분명히 하면서도 다른 가치와 소통하고 타협을 추구하여 사회가 올바르고, 더 나은 방향으로 나아가도록 한다.

협동조합은 유휴자산의 활용도를 최대화하는 '공유경제'를 핵심가치로 한다. 지구상의 모든 자원은 유한하고, 모든 자원은 쓰레기가 되며, 환경을 오염시킬 수 있다고 생각하여 친환경 농업, 로컬푸드, 환경문제 등에 대해 깊이 개입한다. 경제적 측면에서는 공급자중심의 방식에서 수요자중심으로 패턴이 바뀌는 것을 의미한다. 가진 것을 모으고 협동하면 모두의 염원과 문제를 해결할 수 있다는 생각이다.

협동조합 운영의 모순矛盾은 한 개인에게만 영향을 주는 데 끝나지 않고 구성원 모두의 아픔으로 진화하기 때문에 언제 어디서나 분별력 있는 관찰자가 필요하다. '모든 것을 이기면 썩는다'는 생각으로 불법과 탈법을 단죄하고, 편법에 반항하는 사람이 모여 활동하는 곳이 협동조합이다. 권위주의 체제에서는 창의성이 발휘되지 않으며, 혁신도 일어나기 어렵다. 다름을 포용하면서도 옳고 그름의 관점으로 판단하고, 원리나 원칙을 훼손하지 않는 수준의 수평적 관계를 유지한다. 협동조합은 선의가 악의로 변할 수 있는 가능성이 언제나 존재한다. 협동조합에 참여한 사람이 조직에 문제를 제기하는 것은 누군가의 잘못을 단죄하기 위함이 아니라 스스로 성찰의 기회를 갖고, 새로운 대안을 마련하기 위함이다. 그 대안을 마련할 방법은 오직 투명성과 민주성밖에 없고, 협동조합 7원칙에 입각하여 대승적으로 판단해야 한다.

다섯 명의 유대인을 다루는 것이 오십 명의 미국인을 다루는 것보다 어렵다고 하고, 유대인은 둘인데 의견은 셋이라는 말도 있다. 유대인은 서로의 의견 차이를 존중하고, 끊임없이 토론하여 해법을 찾고, 논의하여 결과를 도출한다. 협동조합은 서로가 다름을 인정하는 데서 출발하는 신뢰와 협동의 공동체로서 민주성을 보증할 규범과 규정이 실핏줄처럼 연결되어 강물처럼 흐르는 곳이다. 공동체에서의 타인은 내 삶의 계기가 되는 곳으로 "한 사람이 꾸는 꿈은 꿈에 불과하지만, 여러 사람이 함께 꾸는 꿈은 현실이 된다".

그럼에도 불구하고, 협동조합이 자본주의하에서도 소리 없이 발전하여 지속 가능한 미래의 기업모델로 주목받고 있지만 대세가 되지 못한 이유에 대해 '정태인, 이수연'은 『협동의 경제학』에서 다음과 같이 정리한다.

첫째, 자본주의 기업이 투자자 관리 기업이라면 협동조합은 노동자 관리 기업이다. 투자자가 기업을 소유하여 노동을 고용하느냐, 노동자가 기업을 소유하고 투자를 고용하느냐의 차이가 있다.

둘째, 자본은 쉽게 이동하고 양도될 수 있지만 노동은 그렇지 못하다. 자본은 화폐의 양으로 환원이 가능하지만 노동은 사람의 속성이어서 양으로 환원할 수 없다.

셋째, 자본주의 기업은 주식시장을 통해 유한 책임의 소유권을 자유롭게 이전시킬 수 있기 때문에 대규모 자본을 동원할 수 있다. 반면, 협동조합은 조합비로만 자본을 동원할 수 있으며 자본의 사회적 성격을 강조한다. 결국, 협동조합에서 소유권 이전이 일어나려면 조합원 구성이 변화해야 한다.

넷째, 협동조합은 자본주의 기업에 비해 금융기관으로부터 대출 받기가 힘들고, 자금 확보를 위해 협동조합에서 주식을 발행한다면 주식 매입 자체가 조합원이 된다는 것을 의미한다.

다섯째, 운영 면에서 자본주의 기업의 1주 1표에 의한 의사 결정은 최대 주주에 의해 신속하게 할 수 있지만 협동조합의 1인 1표 의사 결정은 구성이 이질적이고 규모가 클수록 구성원 간의 갈등을 야기할 소지가 있다. 이 외에도 배당 문제, 고용 문제 등이 있다.

협동조합 운영원리와 핵심가치

국제협동조합연맹ICA은 1995년 맨체스터총회에서 협동조합의 기본가치에 대해 "협동조합은 자조, 자기책임, 민주, 평등, 형평성 그리고 연대의 가치를 기반으로 하여, 조합원은 협동조합 선구자들의 전통에 따라 정직, 공개, 사회적 책임, 타인에 대한 배려 등의 윤리적 가치를 신조로 한다."라고 선언하였다. 협동조합의 "원칙이란 계율 이상의 의미를 갖고 있으며, 행동 판단과 의사결정의 기준이 된다. 협동조합은 정신을 따라야 하며, 각 원칙이 품고 있는 정신을 협동조합의 일상적인 활동에 적용하는 것이 필요하다. 따라서 연례행사에서 꺼내는 진부한 목록이 아니라 미래를 열어갈 수 있도록 힘을 이끄는 틀이자 에너지를 제공하는 요인이다."라고 설명하고 있다.

협동조합의 7원칙은 각기 다른 상황에 놓인 협동조합기업이 지켜야 할 최소한의 요건을 정리한 결과물이다. 1843년 로치데일 협동조합으로부터 시작된 수많은 성공과 실패의 경험을 정리한 소중한 조직운영원리인데 1937년에 처음 채택되어 1966년과 1995년에 각각 수정되어 오늘에 이르게 되었다. 협동조합 발전과정과 시대에 따라 변화가능성을 열어 두고 있다.

제1원칙은 자발적이고 개방적인 조합원제도이다. 모든 사람들에게 성별, 사회적, 인종적, 종교적 차별 없이 열려 있어야 한다.

제2원칙은 조합원에 의한 민주적 관리이다. 모든 조합원은 1인 1표의 동등한 투표권을 가진다. 조합원들은 정책수립과 의사결정에 활발하게 참여하고 선출된 임원들은 조합원에게 책임을 갖고 봉사해야 하며, 민주

협동조합의 가치와 특징

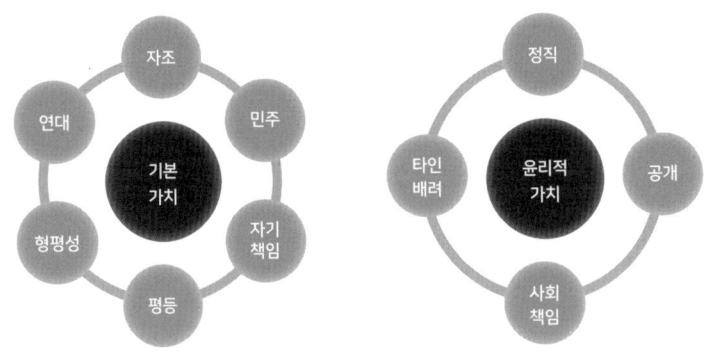

적인 방식으로 조직을 운영해야 한다.

제3원칙은 조합원의 경제적 참여이다. 협동조합의 자본은 공정하게 조성되고 민주적으로 통제되어야 한다.

제4원칙은 자율과 독립이다. 협동조합이 다른 조직과 약정을 맺거나 외부에서 자본을 조달할 때 조합원에 의한 민주적 관리가 보장되고, 협동조합의 자율성이 유지되어야 한다.

제5원칙은 교육, 훈련 및 정보의 제공이다. 조합원, 선출된 임원, 경영자, 직원들에게 교육과 훈련을 끊임없이 실시하고 제공해야 한다.

제6원칙은 협동조합 간의 협동이다. 국내외에서 공통으로 협력 사업을 전개하여 협동조합 운동의 힘을 강화해야 한다.

제7원칙은 지역사회에 대한 기여이다. 조합원의 동의를 토대로 조합이 속한 지역사회의 지속가능한 발전을 위해 노력해야 한다.

협동조합 7원칙은 우리나라 '협동조합기본법'에도 명시되어 있고, 협동조합 표준정관례에도 반드시 들어가야 하는 내용이다. 이 원칙은 평범해 보이지만 소중한 가치를 포함한다. 따라서 협동조합의 발전을 이야기하거나 개별 협동조합을 운영할 때, 시장과 사회적 요구, 성공과 실패에 대한 다양한 협동조합 진화과정과 이해, 조합원의 필요와 가치에 대한 생각의 공유, 사람을 중시하고 이윤을 수단화하는 기업경영문화와 생태계 보전, 공공성 확보, 정부의 중간조직에 대한 필요와 조합원 참여에 대한 이해가 전제되어야 한다. 협동조합기업이 성공하기 위해서는 다음과 같은 과제를 수행해야 한다. 첫째, 비즈니스 경영능력을 확보한 리더십을 가진 경영자가 조직 관리해야 한다. 둘째, 경영진이 조합원과 수요자를 위해 상상하고 존재하고 운영해야 한다. 셋째, 사회적경제 인재를 양성하고, 조직에 새로운 아이디어와 혁신이 가능한 소셜비즈니스를 탑재해야 한다. 넷째, 사회공동체에서 확보하고 있는 종교적, 시민적, 지역적인 역량과 자산을 조직에 끌어들여야 한다. 다섯째, 협동조합의 시장은 공급자중심이라기보다는 수요자중심의 회사이지만 수익을 창출해야 한다.

협동조합의 강점은 인적 결사체이고, 약점은 자본력과 탁월한 공동체 방식을 이해하고 적용시키는 경영능력자를 확보하기 어렵다는 것이다. 경제적 목적만 아니라 사회적·공동체적 목적도 있다. 사회적 목적이 없는 협동조합은 생존할 수 있겠지만, 길게 보면 해체될 가능성이 높다. 반면, 사회적 가치에 역점을 두고 경제적 가치 창출에 비중을 적게 두는 협동조합은 더 일찍 무너질 수 있다. 따라서 협동조합을 운영함에서 현실적 차원의 경제적 가치, 이상적 차원의 사회적 가치 창출에 대한 균형이 조화롭게 이루어져야 한다. 미션의 공유와 비전을 가진 조합원과 리더, 실용적이고 능력 있는 전문경영인의 구성이 협동조합 지속가능성의 필요충분조건이다.

협동조합 운동에는 전통적으로 두 가지 큰 흐름이 있다. 하나는 노동자의 자주와 자립으로 새로운 사회를 건설하고자 하는 운동이다. 생산과 소비가 함께 이루어지고, 상호부조[4]의 원리를 통해 분배와 교환의 사회질서를 전망하는 공동체이다. 이윤을 대신하는 협동의 사상과 인간의 생활을 통합하는 협동공동체 방식으로서 종교적, 이념적 색채가 강했다. 다른 하

4 相互扶助. 서로 돕는 것.

나는 생활 전체가 아니라, 소비부문만 조직하여 소비조합으로 축소, 정착하는 운동방향으로 우리나라의 한살림, 두레생협, 아이쿱생협 등이 그것이다.

협동조합의 운영원리

자본주의 사회에서 주식회사는 제품과 서비스를 판매하여 생산비용을 제외한 나머지 이윤은 투자자가 가져간다. 협동조합은 함께 행동함으로써 조합원의 권익을 향상하고, 사회에 공헌하는 공익적 가치와 책임의 사업조직이다. 취약계층 등에게 일자리와 사회서비스를 제공하여 일을 통한 복지가 가능하도록 하는 기업이다. 따라서 제품과 서비스를 판매하여 생긴 '이윤'을 설립형태에 따라 조합원이나 소비자가 가져가는 형태와 구조이다. 예를 들어, 연필 한 자루를 100원에 팔아 생산비용(원료, 노동자 임금 등) 80원을 지불하고 20원의 이윤이 남았다고 가정한다면, 각 협동조합의 성격을 규정짓는 것은 20원의 행방이다. 20원의 판매가격을 인하하여 소비자에게 골고루 나눠 준다면 소비자가 조합원인 소비자협동조합이다. 농민들의 생산자협동조합이라면 20원의 농산물 값을 더 비싸게 사주는

쪽으로 사용하게 된다. 노동자협동조합은 노동자의 급여나 근로조건을 개선하는 재원으로 사용된다. 신용협동조합에서는 대출금리를 낮추거나 예금금리를 높이는 곳에 '이윤'을 사용하게 된다. 주식회사에서는 투자자나 자본가가 20원의 투자이윤을 모두 가져가겠지만 '사회적협동조합'에서는 공익적 서비스를 사회에 제공하거나 장애인을 추가로 고용한다.

주주가 주인인 주식회사는 소유한 주식의 양만큼 권한이 부여되고, 배당도 그에 따라 지급하는 1원 1표의 운영원리이다. 돈을 투자한 이들에게 돌아가는 몫(배당)을 극대화하는 것이 주식회사이다. 협동조합은 출자금 규모에 관계없이 철저히 1인 1표의 민주주의 원리에 입각하여 운영한다. 다수의 소비자와 생산자, 노동자가 주인이고, 그들에게 '최고의 상품', '최선의 가격'을 제공하려고 노력한다. 그래서 협동조합을 '자본이 사람을 고용하는 것이 아니라, 사람이 자본을 고용하여 운영하는 기업'이라고 하는 것이다.

협동조합의 유형

협동조합의 유형은 다음의 다섯 가지이다.

첫째로 소비자협동조합이다. 소비자가 소비생활을 협동함으로써 가계를 더 잘 영위하기 위해 설립한 협동조합이다. 예를 들면, 공동육아협동조합이나 소비자구매를 협동으로 하는 생활협동조합 등이 있다.

둘째로 사업자(생산자)협동조합이다. 사업체를 경영하는 조합원이 개별적으로 운영하기 어려운 사업을 공동위임하여 사업성과를 높임으로써 조합원의 경영개선과 안정을 이루려고 만든 협동조합이다. 공동브랜드 사용이나 생산물의 공동판매에 유용하게 적용할 수 있다. 다른 협동조합 모델과 비교하여 가장 큰 특징은 조합원이 이미 사업을 하고 있어서 협동조합 자체가 단일사업체가 아닌 연합사업의 성격을 지닌다. 개별사업자의 연합이라는 의미에서 가맹점과 본사라는 프랜차이즈 사업조직과 유사할 수 있다. 다른 점은 프랜차이즈 가맹점은 본사경영에 대한 의사결정과정에 참여할 수 없지만, 협동조합의 의사결정은 사업자조합원에 의해 이루어진다. 따라서 프랜차이즈가 본사의 횡포, 비민주적이고 불투명한 사업구조, 가맹점은 망해도 본사만 살아남는 구조라는 비판을 받는다면, 사업자협동조합은 갈등요소를 해소하고 협력적 관계를 이끌어낼 수 있는 상생의 협력구조이다.

셋째로 노동자(직원)협동조합이다. 직원이 협동조합활동을 통하여 안정적인 일자리를 늘려나가고, 국민경제의 균형발전에 기여하는 것을 목적으로 하는 협동조합이다. 직원협동조합은 조합원인 직원이 전체 직원의 3분의 2 이상인 협동조합이다.

넷째로 다중이해관계자협동조합이다. 상부상조의 협동정신을 바탕으로 둘 이상 유형의 조합원이 모여 상호배려하면서 자주, 독립, 자치적인 협동조합활동을 통하여 조합원의 경영개선과 생활향상에 이바지하고, 국가균형발전을 도모함을 목적으로 하는 협동조합이다.

마지막으로 사회적협동조합이다. 협동조합 중 지역주민의 권익, 복리증진과 관련된 사업을 수행하거나, 취약계층에게 사회서비스나 일자리를 제공하는 조합이다. 영리를 목적으로 하지 않고, 공익성과 사회적 책임을 더욱 강조한다. 따라서 사회적협동조합은 지역사회 재생, 취약계층 일자리 제공 등의 공익적인 기능과 의무를 가지며 지역경제 활성화, 취약계층 일자리 제공, 정부위탁사업 등이 전체 사업량의 40% 이상을 차지해야 한다. 사회적협동조합은 다음 중 하나 이상을 주사업으로 해야 한다.

- 지역사회의 재생, 지역경제의 활성화, 지역주민들의 권익, 복리증진 및 그 밖에 지역사회가 당면한 문제해결에 기여하는 사업
- 위약계층에 복지, 의료, 환경 등의 분야에서 사회서비스를 제공하는 사업
- 취약계층에 일자리를 제공하는 사업
- 국가, 지방단체로부터 위탁받은 사업

- 그 밖에 공익증진에 이바지하는 사업

(사회적)협동조합과 일반 법인의 차이점[5]

구분	주식회사	협동조합		사단법인
		일반	사회적	
근거법률	상법	협동조합기본법	협동조합기본법	민법
사업목적	이윤 극대화	조합원 실익 증진	공익실현, 조합원 실익 증진	공익
운영방식	1주 1표	1인 1표	1인 1표	1인 1표
설립방식	신고	신고((비)영리)	인가(비영리)	인가
규모	대규모	소규모+대규모	소규모+대규모	주로 소규모
잉여금 (배당)	주식배당	법정적립금 잉여금의 10% 이상 배당가능	법정적립금 잉여금의 30% 이상 배당금지	해당 없음
성격	물적 결합	인적 결합	인적 결합	인적 결합
사업분야	중소기업 대기업 등	모든 사업분야 (금융, 보험분야 제외)	공익사업 40% 이상 수행	학교, 병원 자선단체, 종교단체 등

협동조합과 사회적협동조합은 사실상 운영과 절차, 방식에서의 차이는 거의 없다. 다만, 사회적협동조합은 관계 중앙행정기관장의 '인가'를 받아야 하며 감독 대상이 된다. 배당은 금지되고, 청산 시 잔여재산을 국고, 유사단체, 협회, 다른 비영리법인 등에 귀속해야 하는 의무가 발생한다. 잉여금의 적립금 규모도 사회적협동조합은 일반 협동조합의 10%보다 높은 30%를 적립해야 한다. 사회적협동조합은 공익성이 강화된 비영리법인격을 부여받은 단체로서 기존에는 사립학교, 병원, 종교단체, 복지시설, 고아원, 어린이집 등에만 비영리법인격을 부여하던 데서 경제활동을 하면서도 비영리법인격을 부여받은 최초의 단체이다.

---

5 기획재정부(2015), 「협동조합 업무지침」.

마을주민이 모여 슈퍼마켓 협동조합을 설립하고 직원이 될 수 있다. 대리운전 기사가 협동조합을 설립하여 경영도 하고, 자신이 직원이 될 수 있다. 원료를 공동구매하고 제품을 공동생산, 공동마케팅, 공동판매함으로써 비용을 절감하거나 대량으로 구매하고 이용할 수 있다. 소상공인 간의 협업으로 대기업과 가격경쟁을 할 수도 있다. 각 지역별 유사업종이나 다른 업종 간, 협동조합 간 연대로 상생의 구조를 구축할 수 있다. 협동조합이 살아남고, 성장하려면 각 단위 조합 간의 협력 외에 상품유통망 구축, 우선구매 등에 대한 정부의 직·간접적인 지원이 필요하다. 정부가 보호하고 지원해야 하는 이유는 협동조합이 민주주의를 실현시키는 기업이고, 지역과 공동체의 문제를 해결하며, 사회를 변화, 개혁, 혁신, 진화시키기 때문이다.

4. 협동조합 비즈니스 해외사례

이탈리아, 에밀리아 로마냐 주

'르네상스(재생)'는 14~16세기 유럽에서 일어난 인문주의 문화운동이다. 고대 그리스·로마의 감정, 사상, 학문과 지식의 가치가 고조되어 이 시기에 신대륙 발견, 지동설 등장, 봉건제 몰락, 상업의 성장, 종이·인쇄술·항해술·화약과 같은 신기술이 발명되었다. 인간성 해방을 위한 문화혁신으로 근대화의 원류가 되는데, 처음 발생하고 열매를 맺은 곳은 이탈리아였다. 르네상스 운동은 신학

코시모 메디치(1389~1464), '이탈리아 르네상스 시대를 열다!'

을 학문으로 이해하는 종교개혁이다. 인문주의의 미술, 건축, 철학, 문화 부흥 등의 지적 운동으로서 인간이 우주의 중심이라는 최초의 생각이다. 해양무역으로 자본을 축적한 이탈리아 메디치 가문은 상인들의 수많은 조합 중 하나였다. 가문의 영광과 자신들의 명예를 드높이기 위하여 예술에 투자하고, 예술적 장인의 후견인이 되었다. 그 결과 재능의 풀pool이 뭉치고, 서로 다른 영역임에도 협력하고, 때로는 경쟁하면서 자신의 재능과 끼를 마음껏 발휘했다. 예술적 장인들은 적극적 후견인을 만나 자신의 기량을 마음껏 발휘할 수 있었고, 예술의 다양성을 인정해 주는 사회적 분위기가 충만했다.

이탈리아 에밀리아 로마냐 주州의 코시모 메디치(1389~1464)는 15세기 이탈리아의 금융인이자 인문학적 열정을 가진 지식인이다. 그는 철학자, 학자, 천재들을 모아 "하고 싶은 대로 하시오."라면서 별장을 내주고 지원했다. 그러자 지식인이 모여들면서 동양과 서양의 사상과 철학이 만나고, 의학이 발전했으며, 빛나는 예술을 꽃피웠다. 서로 다른 영역이 충돌하기도 했지만 융화, 융합되어 이질적이고 달라 보이는 것까지 공통점을 찾아냈다. '나는 누구인가, 어떻게 살 것인가'에 대한 철학적 질문을 하면서 창조적인 삶을 살기 위한 바른 마음과 인간의 아름다운 삶에 대해 답을 구하고자 노력했다. 과학, 의학, 철학, 예술 등 각 영역의 네트워크는 서로의 허브 역할을 하면서 1400년대 이탈리아 르네상스시대를 열었다.

수세기에 걸친 문화혁신 운동에 기반한 21세기 이탈리아는 전국에 300여 개에 달하는 컨소시엄(연합)으로 협동조합의 설립과 발전을 위한 훈련, 기술·지식·정보 제공, 회계서비스를 지원한다. 협동조합연합회의 전폭적인 지원을 받아 '사회적 기업과 협동조합기업'이 설립되는 구조이다. 교육서비스, 사회서비스와 보건서비스, 취약계층의 노동통합, 환경보호, 문화 보존과 증진, 사회적 관광 문화 서비스 등 다양한 분야에 서비스를 공급하고 일자리를 창출한다. 지역에 기반한 사회적 공동체나 협동조합이 '기업'과 '사회적 기업'을 탄생시키는 모태가 되고 있다.

이탈리아에는 20개의 광역단체가 있다. 에밀리아 로마냐 주는 북동부에 위치한 르네상스시대의 중심지역으로 인문주의 전통이 살아 있는 도시이다. 면적은 경기도의 2배, 인구는 430만, 1인당 GDP는 4만 달러로 이탈리아 국가 평균의 2배이고, 로마냐 주에는 40만 개에 달하는 기업이 있는데 이 중 협동조합은 1만 5,000개이다. 우리나라로 치면, 도 지역이 각 시군구의 서로 다른 산업으로 특화되어 있다. 10인 이하의 중소기업 네트워크가 수요 변화에 유연하게 반응하면서 세계적 경쟁력을 자랑한다. 강력한 국제경쟁 속에서도 선도기업이 생성되어 있고, 세계화에 대응하면서 서로 공동체의 삶의 질을 높이고 있다. 지역주민의 3분의 2가 협동조합에 가입되어 있다. 협동조합 간의 협력을 이끄는 강력한 연합회가 있어 협동조합기업에서 생산하는 상품을 판매하는 대규모 생협매장이 판로를 제공한다.

로마냐에서는 사회적 자본이 충만하고, 노동자는 기업가정신이 넘쳐 아주 작은 전문화된 소기업이 지속적이고 효율적인 네트워크를 형성하고 있다. 좌파 노동조합이 강한 곳이지만 사회적 합의를 이끌어내는 데 탁월하여 웬만한 외부충격은 반자동적으로 흡수하는 적응능력을 갖췄다. 전국 차원의 컨소시엄을 결성하여 당기 순이익의 3%를 출연받아 사회적협동조합의 설립과 발전을 위한 자금을 지원한다. 사회적협동조합은 서비스 이용자뿐 아니라 직원, 투자자 모두 조합원이 될 수 있는데 조합원의 이익뿐 아니라 지역사회의 발전이라는 공공적 기능을 수행한다.

로마냐 주의 볼로냐 시에는 38만 명이 살고 있는데 400여 개의 협동조합이 있다. 이곳은 제2차 세계대전 중 파시즘에 투쟁하는 레지스탕스의 거점이었고, 전쟁이 끝난 후에는 공산당의 지지기반이 되었던 곳이다. 1854년 토리노 노동자들이 만든 소비자협동조합을 시작으로 150년의 협동조합 역사가 내재되어 있다. 지역에 기반을 둔 공동체나 협동조합이 '기업'과 '사회적 기업'을 인큐베이팅한다. 볼로냐 시는 현재, 유럽에서 가장 소득이 높은 5개 지역 중 하나이다. 1950년대까지는 유럽에서 못 사는 지역이었지만 지금은 잘 사는 지역에 속한다. 비결에는 협동조합 기업 모델이 있다. 9명당 1개의 기업이 있고, 신뢰와 협동으로 뭉쳐져 있다. 대기업 없이 협동조합과 중소기업의 힘으로 경제기적을 이뤄낸 사례이다. 실업률은 3.1%로 매우 낮고 여성고용률은 60.5%로 이탈리아 평균보다 10% 가량 높다. 이러한 상황이 가능했던 것은 시민의 삶에 협동조합이 깊게 영향을 미쳤기 때문이다. 볼로냐 시민 10명 중 7명은 협동조합 조합원이고, 50대 기업 중 15개가 협동조합이다.

'레가코프legacoop'는 지역공동체의 사회경제 전반에 걸친 의사결정과 복지, 지역산업과 경제에 영향을 미치는 상위개념의 '협동조합연합회'이다. 레가코프에 가입한 협동조합은 300여 개에 이르고, 2만 5,000명의 직원이 있으며, 볼로냐 시의 거의 모든 시민이 협동조합 조합원이다. 협동조합연합회에 다양한 업종의 협동조합이 소속되어 상호 협력적 네트워크를 구축하고 조합원에 대한 교육과 훈련, 그리고 협동조합 설립을 지원한다. 볼로냐 시의 협동조합은 2008년 미국, 2012년 그리스로부터 파생된 경제위기에서도 대기업에 속한 협동조합은 노동자를 좀처럼 해고하지 않는 모습을 보여주었다. 협동조합연합회인 '레가코프'가 단위협동조합이 어려워질 때 '조합기금'을 투자해서 실업자를 다른 협동조합에 취직시키거나 기업에 보조금을 주었기 때문이다. 경기가 어려워지면 고용을 축소하는 것이 아니라, 전체 임금을 삭감해서 일자리를 나눈다. 볼로냐 지방이 지속가능한 협동조합생태계를 구축할 수 있었던 것은 '레가코프'와 같은 명실상부한 협동조합 중간지원기관이 있었기 때문이다.

볼로냐에는 우리나라의 생협과 같은 소비자생활협동조합부터 생산자협동조합, 택시협동조합, 와인협동조합 등 수많은 종류의 다양한 협동조합이 있다. 그 중 '무리Murri'는 주택 수요자가 원하는 집을 직접 짓는 것을 목표로 1963년 설립된 주택건설협동조합이다. 지금까지 건설한 주택이 1만 3,000여 채, 현재 가입된 조합원만 2만 3,000명으로 이탈리아에서 가장 큰 주택건설협동조합이다. 조합에서는 공장노동자와 가난한 서민이 집을 구입할 수 있도록 은행으로부터 대출을 받아 지원하기도 한다. 그 결과 볼로냐에서는 주민의 85%가 주택을 소유하고 있다. 이곳에서 부동산투기란 있을 수 없다. 협동조합을 통해 주택을 구입할 수 없는 조합원은 10년간 임대료를 내면서 거주한다. 거주하던 집을 살 때는 임대료도 주택가격에 포함되어 저렴하게 구입할 수 있다.

로마냐 주에서 협동조합이 성공할 수 있었던 요인은 우선 이 지역에 인

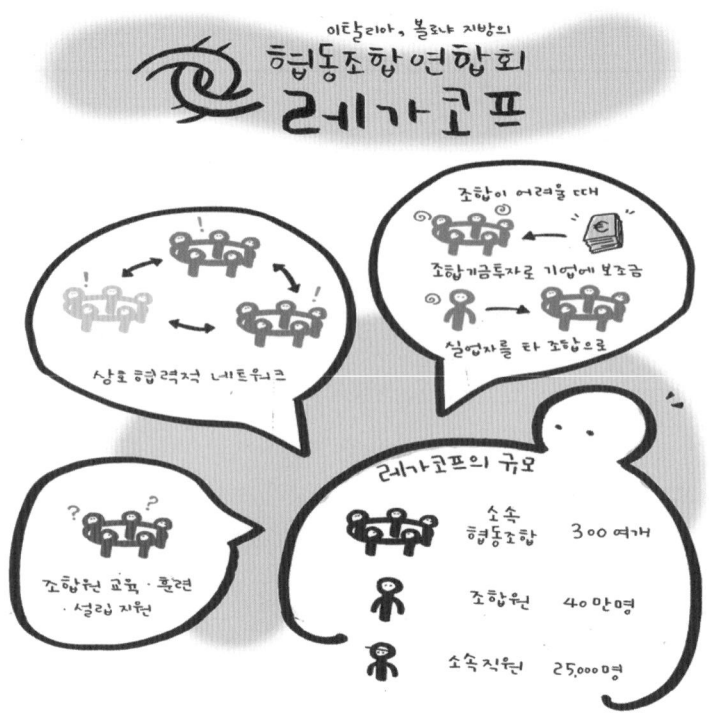

문주의가 발전했고, 그 전통이 그대로 이어져 연대와 신뢰를 바탕으로 하는 우정, 공동체의식, 시민의식이 싹틀 수 있는 기반이 있었기 때문이다. 조합원의 충성심과 원가경영, 종교나 정파와 관계없는 공동체의식이야말로 에밀리아모델의 핵심이다.

이탈리아 헌법 제1조는 "이탈리아는 노동에 기초를 둔 민주공화국"이다. 헌법으로 협동조합을 장려하고 적정한 감독을 통해 협동조합의 성격과 목적이 유지되도록 한다. 다른 나라와 다른 것은 사회주의사상이 강하게 나타나며, 중앙의 총연맹체제가 잘 형성되어 있다. 목표는 모든 사람을 위한 자본주의를 만드는 것이고 그 중심에 협동조합이 있다. 인간답게 살면서 동시에 자본주의적 경쟁에서도 뒤처지지 않는 곳으로 평가받는

다. 로마냐 주는 교육, 훈련, 돌봄, 오락, 장애자 지원, 상호협력사회를 구축(1963)하여 '사회적 기업'의 원형(사회적협동조합)으로 인정받고 있다.

스페인, 호세 마리아 신부의 '몬드라곤협동조합'

'호세 마리아 아리스멘 디아리에타'(1915~1976)는 1915년에 스페인 바스크지역 마르키나의 농장주 아들로 태어났다. 그는 세 살 때 왼쪽 눈을 실명하여 평생 검은 선글라스를 쓰고 다녔다. '선글라스를 끼고 자전거 탄 호세 마리아 신부'는 트레이드마크가 되었다. 신학교에 진학하여 공부를 마치고

'몬드라곤' 신부로 부임하면서 사회를 혁신하고, 변화시키기 위해 '몬드라곤협동조합'을 설립한다. 이후, 몬드라곤협동조합은 지구상 가장 성공한 협동조합 롤 모델로 평가받는다. 스페인 북부 피레네산맥 끝자락의 산악도시

몬드라곤Mondragon은 스페인 공업도시 빌바오에서 50킬로미터 떨어진 외진 산골이다. 이 산골도시에 자본주의 병폐인 '이기주의', '물질 만능주의'를 넘어서 사회적협동조합의 모범이 된 몬드라곤협동조합 공동체가 있다. 스페인내전 이후 가난이 전쟁의 상흔처럼 자리잡은 작은 마을에 아이들을 위한 기술학교를 세우고, 석유난로공장 울고Ulgor(1956)를 다섯 명의 노동자로 설립했다. 서로 연대하는 협동조합기업 공동체를 만들어 모두가 주인이 되어 즐겁게 일하는 것이 목표였다.

인본주의자·실용적 이상주의자·협동조합주의자인 호세 마리아 신부는 인간의 존엄성은 언제 어디서나 지켜져야 하고, 사람은 경제적인 것으로만 살아가는 것은 아니라고 생각했다. 사회주의자이면서도 공상적 사상이 아니라 현실적인 비전으로 사람을 설득했다. 사회주의 폭력성에 대해서는 철저히 경계했다. "우리는 공동체 속에서 뿌리를 내리고 살아간다. 인간의 존엄성에 대한 권리와 의무를 주장하면서 사람들의 마을에서 살고 있는 것이지 무산계급의 마을에서 사는 것이 아니다."라고 말했다. '자유'에 대한 그의 견해는 현재의 개인주의와는 크게 다르다. "사상의 자유는 어떠한 종류건 간에 폭력으로부터 자유로워야 한다." 성공한 공산

주의적 사회시스템을 현실화한 사람의 주장이라고는 믿기 어려운 대목이다. 자유를 위한 '연대'를 강조하고 집중하는데, 그에게서 '자유'란 개인이 홀로 쟁취할 수 있는 것이 아니라 사회적 단결을 통해서 쟁취해야 하는 것이었다. 책임과 도덕 또한 자유에 대한 의무였기 때문에 자신이 누리는 만큼 사회에 반환해야 한다는 입장이다.

호세 마리아 신부는 인간을 가장 인간답게 하는 것은 '교육'이고, 경제적 사회적으로 평등을 이루기 위해서도 '교육'이 필요하다고 생각했다. 지식이 곧 권력이라고 믿었다. 부르주아 계급이 왜 귀족을 능가했는지, 어떤 것들이 사회를 변화시키는지 분석한 후, 새로운 사회질서를 지향하는 경제적 진보를 위해서는 교육이 선행되어야 하고 교육을 계층이동의 주요 수단으로 보았다. "사람은 그 사람이 태어나기 100년 전부터 만들어지기 시작한다."라고 할 만큼 교육 시스템을 강조했다. "협동조합은 인간의 존엄성이 넘치는 결정체로서 정의와 사랑, 협동의 메시지를 얻을 수 있다."라고 하면서 인간의 존엄과 노동을 위한 적합하고, 다원적이고, 자유로운 협동조합 체제를 꿈꾸었다. 일상의 삶으로부터 변화를 꾀하고자 마을주민과 함께 축구 등의 운동경기를 하면서 사람과 사회를 협동과 평화, 우애의 관계로 변화시켰다. 목적을 위해 사람을 도구화하는 것을 극도로 싫어한 호세 마리아 신부는 자본주의의 경쟁적 인간관계를 경계하면서 인간의 존엄이 모두에게 존중받을 수 있는 공동소유의 협동조합에 기초한 사회질서를 기획했지만 보수주의자들로부터 '빨갱이 신부'라는 평가를 받기도 했다.

'이상理想은 지식과 경험을 통해 접근하고 실천을 통해 완성된다.'라고 믿었던 호세 마리아 신부의 생각은 협동조합 기업으로 귀결되었다. 민중의 해방이나 혁명에 의해서가 아니라 단결과 연대와 협력을 통해 궁극적인 인간 해방을 달성할 수 있다는 입장이다. 이후, 협동조합 회사를 설립하여 함께 일하고 공평하게 나누고 더불어 사는 사회개혁을 멋지게 실현시켜 사회공헌에 크게 이바지했다. 마르크스의 사상에 근거한 노동의 존엄성에 높은 가치를 부여하면서 과도한 노동을 배척하였다. 분노의 원천이 되는 노동에 대해 경계하면서도 노동에서의 단절, 일상에서의 단절 등 사회적 관계망을 통한 사회구성원의 행복을 최고의 가치로 여겼다. '토마스 모어'의 정형화된 유토피아 공동체 유형은 디스토피아로 변할 수 있다면서 비판적 입장을 견지見地했다. 몬드라곤의 이러한 실험과 경험은 필요한 인적·물적 자원을 수직적인 조직보다 수평적인 교환과 관계를 통한 분배가 가능하고, 그런 발전이 더 중요하고 의미가 있다는 사실을 증언하고 있다.

호세 마리아 신부는 자본주의가 이기적이고 물질적 욕망을 부추기면서 발전해왔다고 생각했다. 자본주의가 자신의 배타적인 이익을 위해 타인의 노동을 이용하는 것을 허용하는 사회제도이므로 일종의 '사회적 괴물'이라고 주장했다. 이에 반해 '협동조합주의'는 인간의 존엄성과 개인의 가치를 개선시키고, 자본주의적 방식과 동력을 활용하여 자본주의를 능가할 수 있다고 믿었다. 인간은 협동조합주의자로 태어난 것이 아니므로 협동조합을 하려면 이기적인 본능을 억제하고, 협동이라는 원칙에 적응하는 것을 배워야 하고 사회적 성숙과 훈련이 필요하다고 생각했다. 협동조합은 동시대의 같은 경제 분야에 존재하는 다른 모든 조직형태로부터 어떠한 도전도 받지 않으며, 그들과 아무런 갈등관계도 만들지 않는다고 보았다. 민주주의는 제도적 과정을 민주화함으로써 경제와 재무분야, 교육과 사회분야에도 영향력을 미치고 이를 반영하는 기제機制인데, 협동조합은 정치와 경제 양쪽 모두에서 민주주의를 이룰 것이라고 확신했다. 특권계급의 형성을 경제민주화와 협동을 통해 저지하고, 협동조합을 통해 새로운 국면의 인간 삶이 가능한 문화와 환경을 창조하고자 했다. 몬드라곤협동조합은 특정 가문이나 대주주의 지배 없이 노동자이면서 조합원 자격을 가진 시민이 소유권과 경영권을 행사하는 노동자 협동조합이다.

전체의 절반이 소매기업인데 협동조합복합체에 소속되어 있는 노동자는 해고당하지 않는다. 계절별 요인과 파트타임 노동을 선호하는 여성 때문에 비정규직이 있긴 하지만 임금은 정규직과 똑같고, 오히려 1년이 지나면 정규직이 될 것을 요구받는다.

몬드라곤협동조합은 바스크 지역의 선도 기업은 물론 2020년 현재, 120개 협동조합과 130개 자회사 등 총 260여 개의 복합 사업체가 있다. 총자산 54조 원, 연 매출액 130억 유로, 25조 원의 스페인 국내 매출 7위의 기업이다. 스페인 평균 1인당 국민소득은 2만 3,678유로인데 바스크지방의 1인당 소득은 3만 459유로이다. 금융·제조·유통·지식부문 등에서 약 10만 명의 노동자가 소속된 세계에서 가장 큰 다국적 협동조합 기업집단으로 성장했다. 교육센터 학생 수 1만 2,000명, 산업분야 R&D 및 부가가치 비율 8.9%, 기술센터와 R&D단위 15개, 연구자 1,676명을 거느리는 거대한 협동조합기업 집단으로 바스크 지역경제를 윤택하게 하는 데 중추적 역할을 담당한다. 하지만, 스페인도 신자유주의의 세계화 정책에서 자유로울 수 없었다. 외국 자본이 유입되어 부동산과 금융시장에 뿌려졌고, 2008년 미국발 금융위기에 휘청거렸다. 정부는 공공 사회 서비스를 줄이고 기업은 노동자를 해고했다. 특히, 청년실업이 무려 60%에 달하자 젊은이들은 꿈과 미래를 잃고 거리를 방황해야 했다. 이런 위기에도 몬드라곤 지역의 협동조합은 수출을 58% 증가시켜 스페인 경제의 견인차 역할을 했으며, 1만 5,000명의 일자리를 창출하여 세상을 놀라게 했다.

몬드라곤협동조합의 성공에는 역사와 고난을 함께한 바스크 지방 사람들의 협동과 단결이라는 가치가 깔려 있다. 그들의 노력과 이상사회에 대한 열망과 성과를 사회주의자라는 진영논리로 저평가해서는 안 된다. 어쩌면 우리는 진정한 공산주의와 사회주의에 대한 가치를 잘 알지도 못하면서 지레 겁먹거나 선입견을 가지고 바라보는 것일지도 모른다. 몬드라곤협동조합은 글로벌 생산 네트워크를 적극 확대함으로써 공업생산 매출수입의 3분의 2 정도를 국외에서 얻는다. 그러나 민주적 지배구조를 지닌 경제조직도 경제위기, 글로벌화, 기술혁명의 도전을 비켜갈 수 없다. 몬드라곤 그룹은 평등주의와 산업경영능력을 잘 결합해 왔지만 당면한 경제위기는 몬드라곤에 심각한 부담이다. 제조업의 격변, 생산방식의 급격한 유연화, 디지털 매뉴팩처링의 발전, 로봇 사용의 증대와 노동투입의 감소 등 새로운 환경에 직면하고 있다. 21세기의 로봇과 인공지능시대의 혁명적 현상에 부합하는 경영능력을 어떻게 발전시킬 수 있을지, 새로운 환경에 대한 적응과 시대의 요청에 대한 혁신의 과제와 관문을 어떻게 넘을지 귀추가 주목된다.

스페인 '마리날레다 농장협동조합'

주민의 90%가 1년에 겨우 한 달 일해 번 돈으로 가족과 먹고 살아야 했던 버림받은 땅이 세상의 대안으로 각광받고 있다. 기본적인 삶의 필요를 확보하기 위해 정당을 만들고, 노조를 결성하여 토지와 자유를 달라면서 10년 동안 공항, 기차역, 정부청사, 농장을 점거하였다. 낮에는 열심히 일하고 저녁이면 가족과 걱정 없이 식사하는 삶을 살기 위한 지극히 평범한 바람에 대한 투쟁은 힘겨운 것이었다. 그들의 저항에 못 이긴 스페인정부는 1991년 토지가 없는 농장노동자공동체에게 귀족의 소유지 1,200헥타르의 땅을 사들여 넘겨주었다. 20세기 공산주의 혁명과 붕괴, 21세기 자본주의의 한계에도 마을공동체 마리날레다는 '또 다른 세계'에 대한 상상으로 우리를 이끈다. 스페인 남부 안달루시아의 세비야에서 동쪽으로 97킬로미터 떨어진 곳에 있는 인구 2,700명의 이 마을은 우파들에게 '공산주의 테마파크'로 불린다. 마리날레다 시는 농산물과 올리브를 재배하고 가공하는 농장과 공장을 협동조합의 형태로 꾸리고 판매와 수출까지 하지만 이윤은 분배하지 않고 재투자한다. 마을 사람들이 직접 지은 350채의 가정집은 한 달 15유로에 임대되고, 주민들은 협동조합 형태로 운영되는 농장, 공장에서 하루 여섯 시간 반씩 일하고 스페인 최저 임금의 두 배를 받는다.

2008년 글로벌 경제위기 이후 서구 언론은 이 마을을 '사회주의 유토피아'로 소개했다. "TV를 끄고 네 마음의 소리를 들어라", "자본에 저항하는 사회적 전쟁", "단결된 마을은 누구도 억압할 수 없다" 같은 구호들이 즐비하다. 시청 건물 외벽에는 "마리날레다, 평화를 향한 유토피아"라는 구호가 써있다. 스스로 '투쟁에서 승리했다'는 자긍심을 마리날레다 어디에서나 느낄 수 있다. 왕정을 부정하는 마리날레다 시내에는 스페인왕국의 깃발도 없고, 경찰도 없어 한 해 예산 3억 7,000만 원가량을 절감한다. 월평균 세 차례 열리는 회의에서 시장이 의제를 설명하고 주민회의로 모든 것을 결정한다. 300~400명의 주민이 참여하는 회의에서는 시장도 탄핵할 수 있다. '우모소농장'에서는 올리브, 아티초크, 콩, 고추 등을 재배하고 농장에 붙어 있는 제1공장에서는 올리브오일을, 제2공장에서는 통조림을 만든다. 생산품의 70%는 다른 식료품업체에 판매하고 30%는 '우마르'라는 자체 브랜드로 판매한다. 농장과 공장은 '우마르협동조합'이 운영한다. 마리날레다가 '사회주의 유토피아'라고 불리는 것은 이 협동조합 때문이다. 마리날레다의 모든 노동자는 노동자연합SOC이라고 불리는 노조에 가입되어 있다. 이들은 업무에 관계없이 동일임금을 받는다. 하루 47유로(약 7만 원)씩 월평균 1,200유로(약 180만 원)이다. 넉넉하지는 않지만 스페인의 최저임금이 월 700유로를 넘지 못하는 것을 고려하면 적지도 않다.

노조에 가입된 이들은 '우마르협동조합'을 통해 일거리를 찾고, 원하면 누구나 협동조합을 통해 일자리를 구할 수 있다. 일자리를 '공유'하기 때문에 완전고용을 달성한다(글로벌 경제위기 이후 안달루시아 지역의 실업률은 36%였다). 스페인 전체 실업률은 26% 수준이다. 100명이 전일 근무할 노동량에 200명이 지원할 경우 반일 근무로 조정해 모두에게 배분하는 방식이다. 이들은 많은 돈을 버는 게 목적이 아니라, 누구에게나 노동의 공간을 만들어 주어 지속적으로 일할 수 있게 하는 것이 목표이다. 이 마을에 '변화가 없다'는 것은 스페인 내 우파들이 비판할 때 사용되는 용어이다. 공산주의적 생활방식 때문에 수십 년째 쳇바퀴만 굴리고 있어 '혁신'의 분위기는 없지만 마리날레다의 목표는 경쟁이나 개발이 아니라 연대와 통합이다. 자본주의적 '성장' 담론을 거부하면서도 그에 익숙해진 우리에겐 이해하기 어려운 측면도 있지만, 이곳에 사람이 살고, 인구는 10년 동안 지속적으로 늘고 있다. 대안을 찾는 몽상가들이 마을로 꾸준히 모여들기 때문이다. 속도는 느리지만 1950~70년대 빈곤에 시달리던 농민들이 고향을 등졌던 것을 고려하면 큰 변화이다.

'빚'은 경제적 기회이지만, 경제적 죽음을 언제나 각오해야 하는 '파산'으로 가는 지름길이다. 인생을 저당 잡힐 만큼 큰돈을 빌릴 일이 없기 때문에 마리날레다 주민은 빚 걱정을 하지 않는다. 스페인정부가 무상의료를 제공하여 의료비를 내지 않아도 되고, 재산을 탕진할 일이 없고, 빚 내서 집을 살 일도 없다. 그래서 적은 임금, 고된 노동에도 마리날레다 주민의 얼굴은 밝고, 자신의 마을을 '유토피아'라고 부른다. 마리날레다에서는 월 15유로(약 2만 1천 원)의 비용만으로 자신의 집을 지을 수 있다. 사실상 무상주거이고, 자녀에게 상속도 가능하다. 2년 이상 마리날레다에 거주한 주민이라면 누구나 주택조합을 만들고 지원을 요청할 수 있다. 주요 결정은 모두 주민회의를 통한 '직접민주주의' 원칙이다. 노동에 참여하거나 주거지원을 받으려면 주민회의에 의무적으로 참석해야 한다. 누구나 참석하고 발언할 수 있지만 16세 이상만 투표에 참여할 수 있다. 건축 허가가 떨어지면 시는 땅을 제공하고, 건축가에게 임금을 주고, 자재비는 안달루시아 정부가 지원한다. 이렇게 지은 주택이 350채가 넘는다. 집 구조를 어떻게 디자인할지도 자유이고, 사업 허가만 받는다면, 집을 개조해 가게를 내는 것도 자유다. 완벽하다고 말할 수는 없지만 기본적 삶의 조건과 필요성이 해결된 상태에서 삶을 영위한다.

이스라엘 '키부츠'

1948년 이스라엘이 건국될 당시 인구는 약 80만 명이었다. 지금은 9배가 늘어 710만 명에 이른다. 70여 개국에서 70여 개의 문화를 가지고 모여든 사람들의 모국인 이스라엘은 이민자들의 나라이고, 기업가들의 나라이다. 국민들은 전쟁이나 사회적 혼란기에도 벤처정신을 감소시키지 않고 창업의 에너지가 유지되도록 하여 세계적으로 가장 활발한 '창업국가'라는 평가를 받는다. 한쪽에서는 싸우더라도, 다른 쪽에서는 열심히 일하는 곳이 이스라엘이다.

키부츠kibbutz는 1946년 불모의 언덕과 황무지로 둘러싸인 곳에 도착한 5명의 여자와 25명의 남자가 공동체를 세우면서 시작되었다. 주민 대부분이 농업에 종사하지만 일부는 공업 분야에서도 일한다. 재산은 모두가 공유하며, 주민들의 의식주와 복지·의료 활동에 쓰고 남은 재산은 키부츠에 재투자된다. 성인은 개인 숙소에서 생활하지만 어린이들은 대개 집단 양육되고, 요리와 식사도 공동으로 한다.

현재 이스라엘에는 200개 이상의 키부츠에 10만 명 이상의 주민이 거주하고 있다. 주 1회 모든 구성원이 모인 가운데 전체회의를 개최하여 정책을 결정한다. 키부츠에서의 민주적이고 평등한 운영방식은 전체인구의 적은 부분을 차지하면서도 이스라엘의 정치, 경제, 사회에 많은 기여를 하고 영향을 끼친다. 특히, 키부츠에서의 급속한 주택건설 사업은 이스라엘의 건설과 공공시설 성장에 커다란 기폭제 역할을 했다. 키부츠의 발전은 농업과 기술의 발전에 기인하는데 그들의 대담함과 형식적이지 않은 태도는 이스라엘을 상징하게 되었고, 금욕적 생활양식을 낳았다.

프랑스 사업고용협동조합

프랑스 사업고용협동조합의 본격적인 시작은 론-알프스라는 노동자협동조합연합회의 주도 아래 1995년 설립된 '캡 서비스'Cap Services였다. 사업고용협동조합의 모델은 먼저 사업 아이디어를 가진 사람이 자신의 아이디어를 협동조합에 제출하고, 심사를 거쳐 3년 동안 자신의 꿈을 조립해 본다. 이 시간 동안 '사업자 직원'과 기업의 관계이지만 기업의 홍보와 마케팅, 경영컨설팅을 협동조합에서 지원해 준다. 그러면서 사업구조를 다져 매출이 발생하면 협동조합과 계약을 맺는다. 사업자 직원에서 사업자 조합원으로 변화되는 것이다. 노동자로서의 권리를 보장해 사회보장 혜택을 받을 수 있도록 하기 위해서이다. "혼자 고군분투하면서 창업했다가 실패하면 그저 실업자가 되지만 협동조합에 소속됨으로써 위험을 최소화하고 기술과 경영을 습득할 수 있게 된다. 한마디로 내 꿈을 안정적으로 꿈꿀 수 있게 도와주는 것이다."

한신대 장종익 교수는 프랑스 사업고용협동조합이 몇 가지 운영원칙이 있다면서 다음과 같이 추론했다.

① 독립성, 공동의 브랜드를 사용하지만 점포 각자가 독립적인 운영권을 갖고 있다.
② 인적, 물적 자원의 공유, 점포 간 교류가 매우 활발하다.
③ 민주적 운영과 조합원의 적극적 참여
④ 소유와 이용의 일치
⑤ 연대 강조

장교수는 프랑스 활동가들이 자신들의 구조를 두고 "'성과에서 인간으로, 인간에서 수익으로'라는 모토로 선순환구조를 만들고 있는 '연대적 자본주의'라고 설명한 것이 인상적이었다."라고 평가하고 있다. 그런데 사업고용협동조합의 가맹본부가 로열티 이익만 가지고 가맹사업을 운영할 수 있겠는가라는 의문이 남고, 물류로 얼마의 이익을 남길 수 있느냐이다. 하지만 가맹본부는 이윤을 내고 성장하면서, 가맹점은 망하는 한참 잘못된 가맹사업 시장에 '사업고용협동조합'의 우수성을 잘 활용한다면 우리나라 프랜차이즈 사업시장의 한 줄기 빛이 될 수도 있을 것이다.

(주)FC바르셀로나

축구를 좋아하는 7만 5,000여 명의 출자자 조합원과 1,343개의 팬클럽이 주인인 세계 유일의 협동조합이 FC바로셀로나이다. 축구클럽 선수가 행정 및 관리 업무를 직접 수행하고 회원들의 정당한 대우를 위해 옴부즈맨(권력 남용에 대한 불평을 조사하고 회원들의 권리가 보호되고 있는지 감시하는 위원) 제도를 실시하고 있다. 전 세계 낙후된 지역의 어린이를 위해 12개의 비영리 센터를 운영하면서 에이즈예방주사를 놓고, 스포츠와 교육을 통한 구호활동을 펼친다. 돈으로 구단을 사고팔지 않으며, 6년마다 조합원들이 1인 1표를 행사하여 클럽회장을 선출한다.

미국, AP통신

AP(Associated Press)는 1846년 설립되어 신문사와 방송국 업무를 하는 미국의 세계적인 통신사인데 협동조합 형태로 운영된다. 현재는 미국 내 약 5,000개의 텔레비전 방송국과 라디오 방송국, 700개의 신문사와 기사 제휴계약을 맺고 1,400여 개 이상의 신문사, 잡지사, 방송사가 회원으로 참여한다. 전 세계에 243개의 지국을 운영하고 있고, 121개 국가에서 기자들이 활동한다. AP통신은 스스로는 뉴스를 발표하지 않고, 뉴스를 모아 다른 신문사나 잡지사, 방송 사업체에 제공한다. 공동의 이익을 위해 각 회사의 발행부수에 따라 경비를 분담하고, 영리추구를 목적으로 하지 않는 협동조합이다.

5. 우리나라 협동조합의 기원과 운영

우리나라 협동조합 운동과 전개

우리나라에도 전통적인 협동의 모습이 있었다. 계契는 옛날부터 전해 오는 상부상조의 민간 협동단체 기능을 했으며, 고려 후기에는 사교를 목적의 단체로 발전하였다. 조선시대에 들어와서는 경제적 곤란을 타개하기 위한 목적으로 친목과 공제共濟[6], 혼상계婚喪契 등이 조직되었다. 계는 공동체에서 발생한 사안을 십시일반으로 해결하면서 공동체의 결속을 다지던 전통적인 문화이다. 오늘날까지도 역사적인 변화를 거치면서 존속하고 있는 덕목이다. 마을의 문제와 관심사를 해결하면서 구성원들의 삶을 서로 보듬어 주는 역할을 하였다. 자연과 인간이 더불어 사는 상생과 공생의 실천적 문화였으며 마을의 발전을 위해 언제든 서로 소통하고 정기적으로 결산하는 기능을 했다.

우리나라 협동조합 운동의 역사는 다음과 같이 4단계로 구분하여 설명할 수 있다.

첫째, 구성원들의 주체의식과 자발성에 의한 근대적 협동조합은 1907년 5월, '지방금융조합규칙'으로 전라도 광주에 설립된 지방금융조합에서 시작되었다. 이후 1920년대 조선총독부 관제 조합의 성격 띤 100~300개, 4만여 명의 조합원이 있었다. 소비자의 경제적 이익, 계몽교육, 공동경작제, 농민공생조합의 사업을 하였다. 이 당시는 기독교농촌운동YMCA이 활발히 전개되었는데, 신뢰, 자율, 평등, 조합우선, 책임의 농촌지도자를 양성하였다. 농촌계몽, 생산지도, 협동조합 운동과 설립, 유토피아 예수촌

---

6 ① 힘을 합하여 서로 도움, ② 공동으로 일을 함.

건설, 공동체 생활 등을 추진하였다.

둘째, 1960년대 초, 개발독재시대 역시 관제협동조합의 시대였다. 천주교 신협운동(1972년 신용협동조합법), 의료협동조합 등의 풀뿌리 협동조합운동이 전개되었다.

셋째, 시장경제시기로 정체성을 찾고 자기 조직화, 재주체화를 구축하였다. 1980년대에 광산협동조합, 원주 한살림 등이 설립되면서 생명의 세계관으로 생명의 가치와 윤리적 소비의 생활협동조합운동을 전개하였다. 1998년에는 생협법이 제정되면서 생태주의 세계관, 공동체적 삶, 자율과 자유의 교육 구상, 공동육아협동조합, 주거복지공동체, 조합원 주권과 지역생명운동(두레생협), 밥상살림과 농업살림, 지역살림(한살림), 대중의 윤리적 소비(아이쿱생협) 운동 등이 전국 곳곳에서 뿌리내리기 시작했다.

넷째, 21세기 들어서면서는 고용 없는 성장, 빈곤, 실업과 사회양극화 현상에 '사회적경제'가 대안으로 급부상하면서 지속가능한 일자리 제공, 지역사회 활성화, 사회서비스 증대로 사회안전망의 역할과 윤리적 시장이 확산되고 있고 사회통합 실현의 사회적 자본 창출을 목표로 활성화되고 있다.

우리나라의 전통적 민족경제는 일제 침략을 당하면서 완전히 무너졌고, 농촌 공동체는 해체되었다. '조선의 간디'로 불렸던 교육자·종교인·언론인·정치인·독립운동가 조만식(1883~1950) 선생은 1920년부터 1932년까지 조선물산장려회를 조직하여 조선물산장려운동·외화배척운동·납세거부운동·소작쟁의·민립대학설립 등 민간 협동조합 운동을 벌였는데, 이는 우리나라 협동조합의 실질적 효시嚆矢라고 할 수 있다. 협동조합 운동은 전통적 협동조직인 계와 향약을 바탕으로 한 농민·노동자·지식인·일반 시민이 주체가 되어 자발적으로 소비조합과 신용조합을 조직하고, 경제적 자력갱생 운동의 계몽활동을 병행하면서 전국적으로 확대되었다. 협동조합 운동이 일제치하에서 발현되었기 때문에 민족의식 고취와 조국해방을 염원하는 정치적 색채를 띠게 된 것은 당연한 결과였지만, 그런 이유 때문에 일제의 탄압을 받아 1930년대 초, 자연 소멸되거나 강제 해산되었다. 해방과 전쟁의 혼란기를 겪은 1950~60년대, 좌익과 우익이 각자 협동조합운동을 일으켰으나 갈등과 대립의 시대에 지주와 자본가들의 반대로 별다른 진전을 보지 못했다. 그럼에도 서민이 사는 도시 지역의 노동운동 현장과 농촌에서 협동조합 운동이 산발적으로 일어났다. 낮은 임금노동자들이 적은 수입으로 품질 좋은 상품을 저렴하게 구매하기 위해 소비자 협동조합을 만들었으나 이 시기의 소비조합들도 군사 정부의 탄압, 경영의 부실, 일부 지도부의 비리 등으로 사라졌다. 노동조합과 소비자협동조합 운동이 굴곡진 근현대사를 겪으면서 성장기로 도약하지 못하고 대부분 해체되었던 것이다.

1957년 국회에서 농업협동조합법과 농업은행법을 제정함으로써 정부와 농협중앙회 주도로 농업협동조합과 농업은행이 전국에 설립되었다. 정책자금을 농업은행이 맡고, 구매·판매·이용·가공 등을 농업협동조합이 담당하는 이원적인 조직은 일본 식민지시기의 구조와 비슷했다. 하지만 농민과 자본, 정부 간에 불협화음과 비능률을 드러내면서 협동조합 본연의 기능을 수행하지 못했다. 5·16군사정변 이후, 농업은행과 농업협동조합을 통합한 종합협동조합으로 재편되면서 우리나라의 협동조합운동은 새로운 환경을 맞이한다. 이때 설립된 종합농협이 현재 NH농협의 전신이다. 그러나 농민 중심의 조합이라기보다는 금융기관으로서의 역할이 컸고, 정부에서 조합장을 임명하는 등 정권의 도구로 전락하면서 국가금융 지주회사가 되고 말았다.

1962년에는 수산업협동조합이 설립되고 조합중앙회가 각 도의 어업조합연합회를 대체하면서 해당 업무를 관장했다. 하부조직으로는 어촌계를 조직·운영했다. 1972년 정부입법으로 '신용협동조합법'이 국회를 통과하면서 1973년에는 277개 조합대표가 모여 신협법에 의한 특별법인 신용협동조합연합회를 공식 발족했다. 그러나 70년대 정부 지원을 받고 있던 새마을금고와 경쟁해야 했고, 80년대에는 금융사고가 일어나 정부 규제를 받으면서 신용협동조합 운동이 활발히 전개되지 못했다. 1988년 말에는 국회에서 농업협동조합법·수산업협동조합법·축산업협동조합법 개정안이 통과되면서 각 조합의 중앙회장을 회원조합장들이 직접 선출하게 되었고, 회원조합장은 조합원이 직접 선출함으로써 새로운 계기가 마련되었으나 구태를 벗어나지 못했다. 이후 2012년 12월 '협동조합기본법'이 시행되면서 조합 설립에 대한 출자금 제한이 없어지고, 조합원들의 책임도 유한책임으로 바뀌었으며, 정치적 중립성, 타 법인의 협동조합으로 전환 허용, 협동조합연합회의 공제사업 허용, 사회적협동조합에 대한 공공기관 우선구매 등의 인센티브가 주어지면서 오늘에 이르게 되었다.

   2008년 글로벌 금융위기에도 불구하고 세계의 협동조합들은 구조조정을 최소화했고, 빠른 경영 정상화 등으로 경제 안정에 기여하는 새로운 경제사회 발전의 대안 모델로 주목받았다. UN도 협동조합의 경제 안정 효과와 사회통합 기능에 주목하면서 2012년을 '세계협동조합의 해'로 선포하고 각국에 관련 법제도의 정비를 권고하였다. 우리나라는 사회양극화 확산을 극복하고 새로운 일자리 창출의 동력을 확보하기 위한 방안의 하나로 협동조합의 필요성을 인식하게 되었다. '협동조합기본법'은 "재화와 용역을 생산, 구매, 유통, 판매, 제공 등을 협동으로 영위함으로써 조합원의 권익을 향상하고 지역 사회에 공헌하고자 하는 사업조직"으로 정의했다. 일반협동조합(영리기업)과 사회적협동조합(비영리기업)으로 구분되고, 조합원이 공동으로 소유하고 민주적인 운영구조를 가지며 지역사회에 기여하도록 했다.

   유럽에서의 협동조합이 각 국가의 경제적 상황과 역사적 경험을 달리하면서 다양한 모습으로 설립되고 발전했듯이 우리나라의 소비자생활협동조합(생협)이 만들어지고 확산된 것도 역사와 경제 상황, 지역 공동체의 조건에 대한 반영으로 전개되었다. 현재의 협동조합 운동은 '한살림 생협'과 '아이쿱 생협', '의료 생협' 등의 성장, '협동조합기본법'에 의한 조합설립과 함께 자본주의 문제를 극복할 수 있는 지속 가능한 새로운 대안으로 확산되고, 곳곳에서 뿌리내리고 있다. 정부는 소비자 편익 증가, 생산자의 안정적 수익 보장, 근로자의 고용불안정 해결 등 각 경제주체의 만족도를 증가시킬 것으로 예측하고 있다. 경제적으로는 소액·소규모 창업 활성화를 통한 일자리 확대, 생산자·소비자 직거래를 통한 유통구조 개선으로 물가를 안정시키고, 협동조합 간 협력을 통한 경제안정화에 기여할 것으로 보고 있다. 사회적으로는 취약계층에게 사회서비스와 일자리를 제공하여 기존의 복지시스템을 보완하고, 주민들이 모여 자신들의 근린 서비스, 복지서비스를 마련하는 등 민간차원의 맞춤형 복지서비스 제공의 효과를 기대하고 있다.

강원도 원주, '한살림'

무위당 장일순(1928~1994)은 대성중고등학교 초대 이사장을 역임한 교육자였다. 1960~70년대 노동자, 농민 교육, 신용협동조합, 소비자협동조합 운동, 반독재 투쟁을 했다. 1980년대부터는 강원도 원주를 중심으로 자연과 인간의 생명사상을 펼쳤는데 바로 협동조합 '한살림' 운동이다. 1994년 작고한 장일순 선생은 한국의 협동조합과 한살림 운동의 스승으로 추앙받고 있다. 그는 협동조합의 리더들에게 계급적 대립구도를 넘어 좁게는 산업혁명, 넓게는 인류문명사 전체의 논리에 대해 근원적으로 접근할 것을 주문했다. "하늘과 땅은 나와 한 뿌리요, 만물은 나와 한 몸이고, 밥 한 그릇을 알면 만사를 안다"는 생명근원 사상의 협동운동을 실천했다. "혁명은 때리는 것이 아니라 어루만지는 것"이라고 생각하는 비폭력주의 사상가였다. 그리고 자기중심적 사고의 배타적 욕망에서 벗어나고자 했던 풀뿌리 경세민주화를 향한 협동조합의 실천가이었다.

강원도 원주 '한살림'은 생활협동조합 운동을 통해 지역을 바꾸고자 했다. 농민과 여성을 자본주의 사회의 주변인으로부터 운동의 주체로 등장시켰다. 원주협동조합은 사회경제네트워크를 형성하면서 민주화운동, 농촌계몽, 교육운동, 생명운동을 전개하였으며, 현재는 19개 협동조합에 약 4만 명의 조합원들이 있다. 먹거리·의료·보육·금융 등 지역공동체 내에서 생활경제를 해결하면서 '한국의 몬드라곤'이라고 평가받고 있다. 우리에게도 유럽의 협동조합처럼 지역 주민들 일상의 삶에 깊이 뿌리박은 협

동 경제를 배우고 복제하여 확산시킬 수 있는 모델을 보유하고 있는 것이다. '한살림'은 전국적으로 약 40만 명의 조합원과 2,500여 명의 생산자로 구성된 협동조합이다. 지금과 같은 국내산 친환경농산물을 중심으로 취급하는 소비자협동조합은 1980년대 중반 이후에 형성되었고, 명칭도 소비자생활협동조합('생협')으로 바뀌었다.

충남 홍성군 홍동마을(홍성협동사회경제네트워크)[7]

충남 홍성의 '홍동마을'(대표 홍순명)은 원주의 협동사회경제네트워크처럼 한마디로 정의 내리기 어렵다. 그럼에도 불구하고 홍동마을공동체, 홍성협동사회경제네트워크 같은 '마을거버넌스'로 표현해 볼 수 있을 것이다. 마을에는 협동조합, 마을사업, 마을교육, 환경농업 부문 등 약 60여 개 이상의 법인과 공동체가 유기적으로 운영된다. 홍동마을은 지역경제 활성화 우수사례로서 우리 사회에 중요한 동기를 부여한다. 서로 돕고 공생하는 공동체를 이루면서 더불어 함께하는 모델을 제시하고 있다. 친환경 오리농법 논농사가 생겨난 곳이며, 학교, 빵집, 목공소, 출판사, 도서관, 농산물가공공장, 은퇴자농장, 어린이집, 농업전문학교, 비누공장, 로컬푸드매장, 마을주점, 책방 등 마을 공동체가 구심점이 되는 다양한 유·무형의 인프라를 지니고 있다.

1969년 풀무학교 교사와 졸업생 18명이 모여 설립한 풀무신협을 시작으로 1976년에는 자연환경과 생태질서를 보존하는 사명을 가지고 농약, 제초제, 화학비료를 사용하지 않고 유기농업을 실천하는 '정농회'를 설립하였다. 1977년에는 친환경 농산물과 가공품을 판매하는 풀무학교생협을 설립하였고, 1981년 이후, 시간 연장 보육시설인 갓골어린이집(저녁 9시 30분까지 운영)을 설립·운영하고 있다. 1995년에는 은퇴농장을 만들었으며, 혼자 살아가기 힘든 장애인들이 함께 모여 살아가는 가족 성격의 하늘공동체가 2002년부터 운영되고 있다.

풀무학교 개교 50돌을 맞아 '학교와 지역은 하나다'라는 생각으로 학교와 지역이 같이 이용하는 '홍동밝맑도서관'을 2011년 개관하였다. 도서관에서 책을 빌려주듯 씨앗을 빌려 주는 이른바 씨앗도서관도 운영하고 있

---

[7] 충남발전연구원·홍동마을 사람들, 『홍동마을 이야기』, 2014; 홍동면 마을활력소 홈페이지 hongseongcb.net/2015/와 블로그 treemom05.blog.me/220517677650 참조.

는데 토종씨앗을 보급하고 교환하는 데 힘을 쏟고 있다. 토종씨앗을 소중하게 여기시던 어르신들의 이야기도 기록으로 남겨 후세에 남기는 작업도 하고 있다. 2015년부터는 씨앗도서관에서 귀농귀촌인의 임시 거주공간, 장기체류 공간을 운영하고 있다. 지역의 필요에 의해 설립되고 운영하며 생명농업·순환농업을 실천하면서 우리 농생물 씨앗의 소중함을 간직하는 홍성 홍동마을의 소중한 가치가 오래도록 지켜지기를 기대해 본다.

아산제터먹이사회적협동조합, '농촌마을과 어르신들의 미래를 위해'

아산제터먹이사회적협동조합(이하 제터먹이)은 로컬푸드 시스템과 오랫동안 농사를 지어 온 농민들의 지속가능한 공동체 회복을 통해 지역 주민의 복지를 스스로 해결해 나간다. 한살림의 주요 생산처인 '푸른들영농조합'을 시작으로 하는 국내 유기농업 1세대, 한살림 생산자 1세대이다. 조금 생소한 이름의 '제터먹이'는 '로컬푸드'를 순우리말로 바꾼 것이다.

아산시 음봉면은 유동인구가 많지 않아 옛날 그대로의 모습이 남아 있는 지역이다. 아산제터먹이사회적협동조합 이호열 이사장은 고등학교를 졸업하고 농사를 지으면서 고소득 작물을 개발하고, 연구하다가 '유기농업'을 발견하곤 이를 바람직하게 생각하면서 친환경 유기농법으로 농사를 지었다. 지난 2000년에는 유기농 콩으로 콩나물을 생산하는 푸른들 영농조합을 설립하였다. 푸른들 영농조합은 쌀을 주생산물로 하면서 식품가공업과 유기축산 등으로 사업을 다각화하여 매출 300억 원, 직원 80명 규모로 운영되고 있다.

제터먹이는 콩나물 사업을 물려받으면서 사회적협동조합으로 새롭게 탄생했다. 2015년 현재, 한살림의 전체 생산자 조합원 중 35%가 아산시에 소재한다. 국가 보조금이나 세금 혜택 등도 받을 수 있는 영농조합을 두고 사회적협동조합을 만든 이유는 사회에 환원해야 한다는 공감대 때문이다. 푸른들 영농조합은 발전했지만, 아산시 전체 농민의 삶의 질을 개선하

아산 제터먹이 사회적 협동조합

현재

*제터먹이란? 로컬푸드를 순우리말로 바꾼 것

로컬푸드
+ 농민의 지속가능한 공동체

국내 유기농업 1세대
+ 한살림 생산자 1세대

생산자 + 소비자
+ 직원 조합원

무농약 콩나물
(하루 1400봉지 출하)

무농약 원료콩 생산
(3,000평 직영농장)

유기농 밤 생산
(30,000평 직영 농장)

목표

로컬푸드 전자 상거래

공탁·쨈 가공 생산

에너지 자립 마을 건설

겠다는 생각이었다. 고령의 원주민이 많고 귀농자가 없는 지역 특성상, 어르신들의 노후 문제를 자체적으로 해결할 수 있는 모델이 필요했으며 지역 복지에 주력할 수 있는 법인이 필요했다. 하지만 농업 현장을 위협하는 불안한 경제상황, FTA 시장 개방 등 위험요소도 많았고, 내부적인 갈등도 있었다. '조합원 배당도 없이 지역 사회를 위해 조합을 하는 것이 맞는 것인가?'에 대한 고민이다. 그러나 자연과 사람이 함께 어우러지는 유기농업의 철학을 가진 제터먹이는 복지 사각지대가 훨씬 넓어진 농촌의 현

실을 외면할 수 없었다. 결국, '지역을 잘 아는 우리 스스로 지역 복지를 잘 챙겨나갈 수 있으리라'는 뜻을 모아 사회적협동조합을 설립했다.

현재 '제터먹이'의 조합원은 126명으로 생산자, 소비자, 직원조합원으로 구성되어 있다. 제터먹이 콩나물 생산장에 취업한 결혼이주여성, 안양과 천안의 한살림 조합원, 서울, 광명 등에서 참여한 조합원도 있다. 농업과 농촌이 살아야 한다는 뜻에 동의하여 출자했기 때문에 협동조합에 대한 이해도는 높은 편이다. 조합원들은 자체 축제와 교육에 참여하고, 3만 평 규모의 제터먹이 밤 동산 체험 등의 활동을 한다. 제터먹이는 주로 콩나물을 생산하여 한살림에 고정적으로 공급하고 있는데 앞으로는 공공급식에도 납품할 예정이다. 2015년 현재, 하루 출하량은 평균 1,400봉지 정도이다. '콩'생산을 주로 하는 이유는 '지금 잘할 수 있는 것'이고, 다른 측면에서는 '식량주권회복' 때문이다. 제터먹이는 지역의 취약계층을 위한 일자리를 창출하고, 지역 복지 확대에 매진하고 있으며 2013년 6월, 고용노동부로부터 사회적 기업으로 인증 받았다.

가공식품을 개발하여 로컬푸드시스템을 갖춰 나가는 비전과 유기 순환농법에 참여하는 육가공 업체 '한들식품'의 한우뼈를 곰탕으로 가공하여 판매하는 계획도 수립하고 있다. 배즙, 토마토즙 등의 식품가공도 제조할 예정이고, 제터먹이 농산물 판매장, 제터먹이 전문식당 등의 운영도 계획하고 있다.

유기농법을 도시농업에 확대 적용하기 위해 경기도 광명시의 광명텃밭보급소에 기술을 전수했다. 광명텃밭보급소와는 제터먹이의 잉여농산물을 공동구매하여 판매해 주는 도농협력의 관계이다. 아산제터먹이사회적협동조합은 농민중심의 '제터먹이'와 에너지 자립, 자연부락 단위로부터 시작하여 행복에 대한 인문학적 고민을 바탕으로 한 공동체 마을을 만드는 것이 '꿈'이다. '소비뿐인 도시문명의 부작용'에 대한 대안은 '생산으로 순환하는 농업문명'이라고 믿는다.

충남 아산시에 자리한 사회적 협동조합으로서 출자금은 1억 2,600만 원이고 조합원 수는 126명이다. 1구좌는 10만 원이다. 1구좌 이상 출자하면 조합원으로 가입할 수 있고, 최대 50구좌까지 출자할 수 있다.[8]

전북 완주군, 완주한우협동조합 '고산미소'

전북 완주군은 인구 9만 명, 1헥타르 미만의 소농 73%, 65세 이상 고령농부가 40%를 차지한다. 고령화, 인구감소로 인해 마을공동체가 붕괴되고 있다. 하지만 완주군은 지역공동체 회복이 이런 문제해결의 열쇠로 보고 커뮤니티 비즈니스 방식을 도입하였다. 2009년부터 지속 가능한 미래 가치를 창조하기 위해 주민 중심의 상향식 경영을 과제로 설정하고 지역자원 재발견을 실행에 옮겼다. 약속Promise 프로젝트 5개년 계획을 세우고 생산혁신(지역순환농업), 유통혁신(로컬푸드), 경영회생(농가경영 회생기금), 농촌활력증진(마을공동체 100개 육성), 복지혁신(두레농장 설립) 등 5개 정책과제를 추진했다.

우선 지역 자산 기초조사를 통해 445개 자원(자연생태, 역사문화, 경제, 공동

---

8 홈페이지 http://cafe.daum.net/localfoodsocialcoop 참조.

체, 인적자원)을 도출했다. 2010년 7월에는 농촌활력과를 신설했으며 지역공동체 활성화사업육성 조례도 제정했다. 중간지원조직으로

농촌활력 저하의 대명사인 폐교에 완주군 지역경제 순환센터를 설립하여 주민역량 강화를 위한 교육을 하였다. 그 결과 마을공동체 회사로 안덕 힐링마을, 서계마을 부스게, 용진 도계마을 김치공장 등이 탄생했다. 참나물, 표고버섯, 토마토 등을 생산하는 두레농장도 만들어졌다. 특히, 한우는 항생제나 기타 사료를 전혀 먹이지 않는 등 전통적인 방식으로 쇠죽을 끓여 사육하는 방식으로 키우고 있다. '고산미소'는 완주군 고산면의 한우 생산자 협동조합의 브랜드명으로 품질 좋은 한우를 생산하고 소비할 수 있는 직거래 매장과 직영식당을 운영하고 있다.

완주를 전국적으로 유명하게 만든 로컬푸드 매장도 성공적으로 안착했다. 1호점인 용진농협 로컬푸드 직매장은 한국 로컬푸드의 상징이 되었다. 유기농, 무농약 등의 친환경 농산물 생산에 노력을 기울인다. 폐교, 급수탑을 활용한 농가레스토랑도 인기를 끌었다. 평균연령 75세의 고산창포 다듬이 할머니 공연단, 완주 풍류학교, 삼례 문화예술촌 등 주민주도 문화예술 사업도 활기를 띠었다. 완주군은 몇 년 만에 지속가능한 농업, 농촌이 수도가 되었다. 마을기업을 통해 월급을 받는 농부가 1,500명에 이르자 생기를 되찾았다.

해피브릿지협동조합HBM, 외식 프랜차이즈 업체

해피브릿지는 1997년 식자재 유통업을 시작으로 국수나무, 화평동 더

파이브, 도쿄스테이크, 나무소반, 해피쿱투어 등 전국에 400여 개의 직영점과 가맹점을 보유한 외식프랜차이즈 기업이다. '주식회사 해피브릿지'는 2013년 2월 '노동자협동조합'으로 경영방식을 바꾸었다. 처음 회사를 설립했을 때부터 창업자들은 이윤을 많이 남기는 기업이 되기보다 사람을 중심으로 하는 회사가 되고자 했다. 규모가 커지고, 사람이 많은 주식회사가 되면서 직원들이 주체적으로 일하기 어렵다는 점을 발견했다. 경영진이 문제를 주식회사가 가진 구조적 문제로 분석하고 기업경영에 새로운 방식이 필요함을 느꼈던 것이다.

2011년 스페인 몬드라곤협동조합 복합체와 이탈리아 볼로냐 시를 방문하면서 잘 운영되고 있는 다양한 협동조합의 사례를 볼 수 있었다. 그들은 협동조합 형태와 방식으로 기업을 운영하면서 경제 양극화를 해소하고 일자리를 만들고 있었다. 협동조합의 목표가 조합원의 '삶의 질을 높이는 것'이고, 해피브릿지 또한 사람중심의 기업 가치를 추구한다는 측면에서 목적에 부합했다. 해피브릿지 이사장과 경영진은 한국에 돌아오자마자 주식회사를 협동조합으로 전환할 준비를 했으며, 2012년 협동조합기본법 시행 이후 곧바로 협동조합으로 전환한다.

사업형식을 협동조합으로 전환하고 난 뒤 많은 변화가 생겼는데 특히, 조합원이 된 직원들의 역할 변화였다. 주어진 일만을 소극적으로 하던 역할이 회사 살림과 경영에 직접 참여하면서 적극적으로 바뀌었다. 회사를 함께 책임져야 하는 '주인'이 되다 보니, 업무에 대한 태도나 회사에 대한 애정이 달라졌다. 이제는 구성원 모두가 회사의 비전을 함께 세워나가는 든든한 동반자가 되었다. '직원과 고객의 경제적 만족과 자아실현을 추구하는 지속 가능한 협동조합'이 비전인데, 해피브릿지의 비전은 3년마다 새롭게 바꾸기로 했다. 비전의 변천사를 통해 해피브릿지와 조합원의 성장을 돌아볼 수 있기 때문이다. 첫 번째 비전이 조합원 내부의 고민이었다면, 앞으로의 비전은 지역과 사회를 아우르는 비전을 세워 이 땅의 모든 노동자(직원 조합원)가 더 행복해지는 날을 일궈가는 것이 '해피브릿지 협동조합'의 꿈이다. 해피브릿지 협동조합은 사람 중심 기업이 되기 위해 노력하며 '자본, 경쟁, 독점'과 대비되는 '행복, 사람, 협동, 상생'을 핵심가치로 하는 기업이다. 협동조합은 '삶을 살아가는 또 하나의 방식'이며, 이를 추구하는 가치의 선택이고, 실현해 나가는 과정으로 생각하고 있다. 더 많은 일자리를 나누고 조합원 모두에게 삶의 터전이 되는 기업이 되고자 노력하고 있다.

해피브릿지만의 외식 프랜차이즈 기업으로서의 경쟁력으로는 직영공장과 직영물류의 차별화된 시스템이다. 엄선된 식재료를 확보하고 공급하며 품질을 보증한다. 외식브랜드의 핵심인 원천제조기술을 보유하여 타 기업과 차별화된 맛과 품질을 유지하고, 직영물류로 '당일배송'을 실시해 신선하고 건강한 재료공급은 물론, 물류비 감소를 통한 안정적인 수익구조를 확보하고 있다. 해피브릿지의 '국수나무'는 회사를 대표하고, 소비자가 인정하는 외식공간이다. 이 밖에도 장수브랜드 화평동, 캐주얼 일본식 레스토랑 '도쿄스테이크', PC방 shop in shop, 푸드코트 브랜드 '나무소반' 등이 있다. 외식 프랜차이즈뿐만 아니라 지속가능한 기업을 위한 사업다각화를 모색하고 있다.

특히, 2014년 2월 세계 최대의 노동자협동조합인 스페인 몬드라곤협동조합의 몬드라곤대학교와 MOU를 체결, HBM협동조합경영연구소를 설립함으로써 해외 유수한 협동조합들과의 협력과 상생을 통해 사업의 혁신과 확대를 도모하고 있다. 한국에서의 노동자협동조합 성장모듈을 확장하여 성장산업진출을 통한 고용창출을 위해 노력하고 있다. 또한 사회적 기업으로서 지속가능 경영과 혁신을 위한 소셜비즈니스 센터를 설립하여 공공기관 및 사회적 기업들과의 공동사업을 구축, 전문적인 요리교육과 외식창업 컨설팅, 취약계층에 대한 사회적 배려, 협동조합형 창업까지 건강한 창업생태계 조성을 위해 힘쓰고 있다.

V
마을기업

1. 마을기업의 이해

2. 마을기업 정부정책

3. 마을과 지역화폐

4. 마을기업의 혁신사례

「모던 타임즈Modern Times」(1936)는 빈부격차가 심해 극빈자가 1,000만 명에 달하고, 노동자 평균 노동시간은 60시간이나 되었는데도 임금은 턱없이 낮았던 1920-1930년대 산업화한 미국 자본주의를 풍자했다. 주인공이 기업의 생산성을 위해 숨 쉴 틈도 없이 나사를 돌리면서 기계에 지배당하고 종속 받는 장면은 부속화하고 파편화된 노동의 소외를 극대화한다. 반복적 노동, 기계에 의한 자동급식의 명령과 복종의 위계질서가 노동자를 질식시키고, 보는 이를 아연실색하게 만든다. 유성영화 시대로 접어든 후에도 무성영화 상영을 고수했던 찰리 채플린(Charles Chaplin, 1889~1977)이 제작하고 특유의 떠돌이 캐릭터로 직접 출연한 마지막 영화이자 마지막 무성영화로서 영화사적으로도 중요한 작품이다. 관객들에게 자본의 의미와 기업의 존재이유, 불평등 사회와 노동의 가치 등을 묻는다. 1989년 미국 국회 산하 국립영화등록소에 '문화적으로 중요한Culturally Significant 영화'로 영구 보존되었으며, 영화 사이트 로튼 토마토Rotten Tomotoes 53명의 평론단으로부터 '100% 평점'을 받은 불멸의 영화이다.

1. 마을기업의 이해

마을이란 무엇인가?

'마을'은 우리나라 고유의 언어이다. 한자로는 촌村, 부락部落, 동리洞里이다. 공간적 측면에서 마을은 '안과 밖'이 있는데, '안'은 '우리의 것'으로 '우리 마을 사람', '우리 마을 이야기' 등과 같은 소유와 소속감을 가진 공동체 의미가 담겨 '우리'로 사용된다. 마을은 소속감을 가진 공간적 개념과 의미로 사용되며, 사람들이 모여살고 있는 장소의 차이에 따라 농촌, 어촌, 산촌 마을 그리고 도시마을(동단위 규모)로 구분할 수 있다. 조직적 개념으로 볼 때, 마을 사람들이 필요에 따라 자생적으로 발생되는 조직과 행정단위 정보전달, 마을사업 추진, 마을복지 등 협력과 정책추진을 위한 인위적 조직으로 구분된다. 마을 내 자생적 조직은 전통적 조직인 향약, 계, 두레 등이 있고, 인위적으로는 읍, 면, 동, 마을 등의 행정단위 조직이 있다. 결국, 마을은 정주定住를 목적으로 우리가 생활하는 공간의 장소적 영역으로 행정의 최소 단위이다.

'마을'은 상호 호혜적인 상부상조의 정서적 공감대가 형성되고, 협동을 통해 주민의 공생을 추구하는 자율적 생활공동체이다. 국가와 사회를 유지하는 기본 단위로서 전통적으로는 촌계, 두레, 각종 계契 등의 활동을 한다. 촌계村契는 생활문화를 기반으로 마을 단위에 존속하면서 민속제의民俗祭儀나 공동노역(잡역, 울력[1]), 마을축제 등을 담당했으며, 마을 공동의 재산과 건물을 맡아 관리했다. 두레는 촌계와 밀접한 관계를 가지고 농사

---

[1] 일손이 모자라는 집에 시기를 놓쳐서는 안 될 급한 농사일이 있을 때 마을 사람들이 보수나 노동대가를 기대하지 않고 도와주는 봉사석 노농협동 방식을 말한다(두산백과).

를 짓기 위해 조직된 협력적 노동조직이다. 마을의 혼례나 장례를 주관하던 혼장계, 목적계도 공동 자치와 문화 분야에서 중요한 역할을 담당했다. 이렇게 우리의 전통 마을은 자치와 자율을 기본 바탕으로 한 공동체적 모습과 문화를 지니고 있었다.

하지만 일본 제국주의가 우리나라를 식민지 수탈에 유리한 행정과 체제로 재편하면서 전통적인 마을의 자치와 공동체가 해체되었다. 일제가 파괴했던 '마을'은 해방 이후에도 복구되지 못하고, 6.25전쟁과 분단으로 타격을 입었다. 이후 박정희 정부에서 '새마을 운동'이라는 농촌 근대화 정책을 추진해 전개했지만 주민자치가 아니라 정부 주도라는 한계를 벗어날 수 없었다. 산업화 과정에서 발생한 이촌향도離村向都 현상으로 마을은 해체되고, 농업에서의 기계화는 협업의 필요성을 줄여 개인영농 중심으로 변모하게 했다. 전통적·관습적으로 존재하던 공동체적 협업마저 사라지게 되었다.

현대화 이후에는 농산물 판매와 유통에 시장 원리가 도입되어 상업적이고 경쟁적인 농업으로 바뀌었다. 1980년 이후 추진된 세계화 정책으로 경쟁력이 약한 농업이 세계시장에 편입되면서 무방비 상태로 시장에 노출되었고, 세계 시장과 경쟁해야 했다. 그러나 21세기에 들어서면서 생태적인 삶과 친환경 농법이 피폐화된 농촌마을의 대안이 될 수 있다는 생각이 부각되면서 새로운 마을과 마을공동체가 복원되고 지속가능한 동리로 탈바꿈하고 있다. '마을공동체 운동'은 도시와 농촌 등 주민참여를 근간으로 일상생활과 환경문제를 해결하고 개선하여 살기 좋은 공동체, 건강한 사회를 만들자는 것이다. 물리적 환경은 사람들의 관계 형성 도구일 뿐이라고 생각하면서 사람들 사이에 형성되어 있는 갈등을 넘어 관계를 새롭게 정립시키고 변화시키고자 노력한다.

마을만들기

주민참여는 각자 생각의 차이들을 펼쳐놓고 공통분모를 도출하여 과제를 실현시켜 나가는 과정이다. 마을만들기는 사람 만들기이고, 주민참여는 마을만들기의 과정이다. 참여자가 많을수록 참여도가 높을수록 의견충돌이 많아지고, 강해질 수 있다. 비슷하면서도 서로 다른 사람들이 모여 진솔하게 대화하고, 이해하면서 의견을 조율하는 경험을 통해 더욱 가까워진다. 갈등은 갈망의 또 다른 표현인데 갈망하는 가치가 다를 경우 이를 조정하고 통합하는 것은 쉽지 않다. 참여는 갈등을 낳지만 시간을 충분히 갖는 소통은 마을만들기 과정 중 생기는 갈등을 긍정적인 방향으로 전환할 수 있게 한다. 필요한 것을 직접 계획하고 만들고 나누는 경험을 통해 서로의 목마름을 해소한다. 나의 필요에 의해 주민 모임이 만들어지고, 마을의 필요에 의해 마을 모임이 만들어지고 문제가 해결되는 관계망이 '마을'이다. 사람은 마을 안에서 성장하고, 관계망은 재해석되며, 확장된다.

'마을'은 민주주의, 평등, 분배, 생태계 보존, 공존과 공생 등의 가치를 공유하고 현재화하는 과정을 통해 만들어지고 발전한다. 또한 지리적으로 타 지역과 구분되는 경계를 가지면서 지역 내부에 상호관계나 정서적 공감대가 형성되어 있는 곳이다.

마을기업

지역공동체를 중심으로 한 지역단위 사업 + 비즈니스 활동을 통한 자립기반 → 안전적인 일자리 창출 + 지역 주민 소득 증대 → 지역공동체와 지역경제 활성화 + 지속가능한 생태계 조성

'마을기업'은 커뮤니티와 비즈니스의 합성어로 지역에 기반하여 지역문제를 비즈니스로 활용하여 해결하며, 그 이익을 지역사회에 환원하는 기업이다. 사업을 통해 지역사회 구성원의 삶의 질과 복지의 향상을 실현하는데 영농조합, 농업회사법인, 협동조합, 주식회사 등의 기업형태로 운영되고 있다. 잠자고 있는 지역자원을 활용하여 지역주민이 직접 이익을 창출하는 지속가능한 사업모델을 찾고 실행한다. 마을기업의 역할과 기능은 지역 공동체를 중심으로 사업을 추진하고, 행정에서 할 수 없는 마을 문제를 해결하기 위해 정부와 주민의 협력을 필요로 하는 마을 중심의 경제 공동체이다. 마을기업 정책은 지역 경제공동체 활성화와 사회공헌 활동을 목적으로 하는 공동체 중심의 기업 정책이다. 마을기업에 대한 정부의 정의는 "지역주민이 각종 지역자원을 활용한 수익사업을 통해 공동의 지역문제를 해결하고, 소득 및 일자리를 창출하여 지역공동체 이익을 효과적으로 실현하기 위해 설립·운영하는 마을단위의 기업"이다.

'지역자원'은 현재 지역 공동체가 활동하고 있는 마을에서 생산되는 대표적인 농산물, 지역의 인적자원에서 발현되는 기술과 역량, 지역 내 유·무형의 문화유산, 지역의 아름다운 경관자원 등을 이용하여 수익사업을 발굴할 수 있는 자원을 의미한다. '지역문제'는 지역주민 생활의 질 향상을 위해 지역 공동체 중심으로 문제해결을 추진한다. 일반적으로 지역문제는 지역 내 유휴공간의 이용, 마을 공동자산의 활용방안, 지역 내 잉여 농수산물 등 지역 공동체에서 사업 아이템으로 발굴하여 지역의 문제를 해결한다. '지역 공동체의 이익'이란 마을기업의 이익과 마을기업을 통해 이루어진 지역사회 전체가 얻게 되는 편익의 종합을 말한다. 지역공동체의 이익은 마을공동체 중심의 비즈니스 사업을 추진하여 얻은 직접적 이익으로서 마을 내 일자리와 소득창출 그리고 지역공동체 이익사업으로 마을 어르신 돌봄(공동식사, 목욕봉사, 글쓰기 지원)사업, 장학금 지원 사업 등 마을기업을 통한 다양한 사회공헌 활동도 포함한다.

마을만들기는 지역에서의 사람관계를 중시하고, 인적·물적자원의 활용을 강조하며, 주민자치를 강화·발전시킨다. 환경을 개선하거나 삶의 질을 높이는 것에 한정하는 것이 아니라, 사회발전 패러다임을 적자생존의 법칙에서 상호부조 방식으로 전환시킨다. 시민단체는 자발적인 마을만들기를 통해 1990년대 초부터 현행 제도나 법과 행정이 해결하지 못하거나 해결하지 않는 과제를 주민들 스스로 해결하고자 하였다. 2000년대 들어서면서 지역사회에 대한 새로운 가치와 인식이 확산되면서 주민참여를 통한 마을공동체 형성, 지역 정체성 확립, 지방자치활성화가 전개되고 있다.

살기 좋은 지역(마을) 만들기

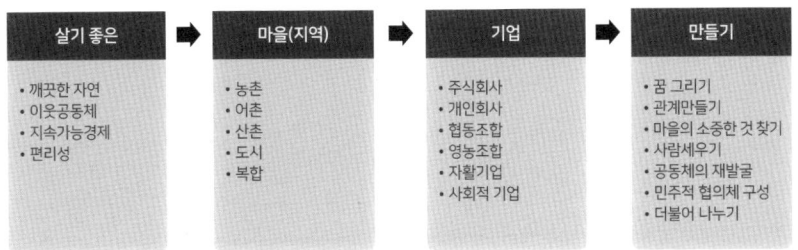

마을을 만들기 전에 점검해야 하는 인적 구조와 인프라 구축의 중심에 사람이 있다. 경제적으로 압박을 받고 있는 지역사회는 능력 있는 경영자를 양성하는 것이 가장 큰 도전일 수 있다. 지도력(동기, 추진력, 재능)이 요구되고, 열정과 도덕적 헌신이 필요하다. 지역사회공동체는 일정 규모의 자산을 보유하고 있는데 문제는 그것을 동원하는 데 따른 동기부여와 조직화, 이윤 보장, 성과 지급이 필요하다. 소셜벤처에 대한 아이디어를 실현시킬 수 있는 환경을 조성해야 하고, 정부 정책을 알아야 지원받을 수 있는 가능성이 열리므로 (지방)정부와 좋은 관계를 맺는 것도 중요하다.

마을기업의 사회적 가치

마을기업 정책의 추진 목적은 지역사회의 문제해결과 경제공동체를 통해 건전하고 지속가능한 공동체를 육성하며, 지역사회에 공헌하는 것이다. 경상남도 마을기업들의 지역사회 공헌활동은 마을주민과의 공동급식을 통한 독거노인과의 공동체 생활을 유도, 수익금을 이용한 지역학생들에게 장학금 지원, 목욕봉사, 문화·예술공연 등 다양한 형태로 진화하고 있다. 마을기업 활동이 사회적 가치실현의 대표적 활동으로 나타나고 있는 것이다.

'마을기업 가치 측정'은 사회적 기업, 협동조합과 차이가 있다. 마을기업의 사회적 가치 지표 항목은 마을기업의 경제적 운영에 대한 '기업성', 마을주민이 참여하는 비율에 따른 '공동체성', 수익금에 대한 지역사회공헌 또는 환원사업의 정도를 파악하는 '공공성', 그리고 마을기업의 존속 여부를 평가하는 지속성에 대한 부문에 사회적 가치 지표가 적용된다. '사회적 가치측정' 부문에서 사회적 기업과 비교해 보면, 마을기업에서 추가되어야 할 사회적 가치평가 부문은 혁신성과 경제생태계 구축을 위한 노력 등이다.

대부분의 마을기업은 사회적 가치 실현을 위해 장학금 전달, 점심식사 제공, 목욕봉사, 마을에서 필요한 농자재 공동구매, 지역 내 농산물 수매, 독거노인 돌봄, 문화체험, 강습, 레크리에이션 등의 공동체 공헌 활동이다. 마을기업에서 추진하는 사회적 공헌에 대한 가치는 행정력 부족의 문제를 마을 공동체에서 해결하는 것으로 유의미한 사회적 활동으로 평가받고 있다.

2. 마을기업의 정부지원

마을기업의 유형

마을기업은 지역성, 지역자원, 공동체의 특성에 따라 달리 구분되는 특징이 있다. 마을기업의 설립은 광역자치단체장에 의해 선정되는 예비마을기업과 행정안전부 장관이 지정하는 마을기업이 있다. '예비마을기업'은 마을기업 지정에 앞서 마을기업 추진의 준비단계로 보면 된다. 사업 아이템 발굴, 지역사회공헌활동 등의 내용과 학습 및 체험 그리고 시제품을 생산하여 판로 등 실제 사업화를 준비한다. '마을기업'은 행정안전부의 요건인 기업성, 공동체성, 공공성, 지역성 네 가지가 갖추어진 기업이다. 행정안전부는 일반적인 마을기업,[2] 청년 참여형 마을기업, 예비마을기업, 신(新)유형 마을기업, 유통형 마을기업 등 다섯 가지 유형으로 구분한다. '청년 참여형'은 마을기업 추진 시 청년의 참여비율에 따라 결정되고, '예비마을기업'은 마을기업 선정 이전 마을기업으로 성장하기 위한 준비단계의 마을기업, '신유형 마을기업'은 마을기업의 인적자원의 활용가치를 공익사업에 실현하는 마을기업, '유통형 마을기업'은 마을기업에서 생산된 제품을 전문적으로 판매하는 마을기업이다.

가. 청년 참여형 마을기업

청년 참여형 마을기업은 마을기업 내 청년자원의 이식을 통해 청년 일

---

[2] 행정안전부, 「2018년 마을기업육성사업 지침」, 2018 참조.
마을기업이라 함은 지역주민이 각종 자원을 활용한 수익사업을 통해 공동의 지역문제를 해결하고 소득 및 일자리를 창출하여 지역공동체 이익을 효과적으로 실현하기 위해 설립 운영하는 마을단위의 기업을 말한다.

자리를 창출하고, 청년을 중심으로 한 마을사업을 발굴하는 내용의 행정안전부 시범 사업이다. '청년 참여형 마을기업'에서 청년은 39세 이하[3]이고, 마을기업에 참여하는 구성원 중 청년이 50% 이상이 되어야 마을기업으로 인정받는다. 청년 참여형 마을기업은 기존의 마을기업과는 다르게 자부담의 지원기준을 보조금의 10%, 회원의 50% 이상, 가점을 부여하는 등 청년 참여형 마을기업 확산에 정부의 관심이 높아지고 있는 부문이다.

나. 예비마을기업

예비마을기업은 마을기업으로 진입하기 이전에 마을기업에 대한 정체성과 사업성에 대한 경쟁력을 확보하기 위해 준비단계에 있는 기업이다. 예비마을기업의 특징은 광역자치시·도에서 자체적으로 선정하며, 마을기업으로의 진입을 위한 컨설팅 및 교육 등의 준비자금으로 사업별로 1,000만 원을 지원한다. 예비마을기업이 마을기업으로 진입하기 위해서는 1,000만 원에 대한 보조금 정산이 완료되어야 한다.

다. 신新유형 마을기업

신유형 마을기업은 지역 공동체 이슈, 지역 문제를 창의적으로 해결하여 지역사회의 발전을 선도하는 기업이다. 인지도 확산과 새로운 형태의 마을기업 자원 발굴을 목적으로 한다. 신유형 마을기업은 크게 인력자원 활용(퇴직한 전문가, 경력 단절 여성 등), 공공자원 활용(향교·서원, 문화재, 폐교 등의 유·무형의 자원 활용), 전문기술의 활용(IT, 디자인 등)을 통해 설립된 마을기업이다.

라. 유통형 마을기업

유통형 마을기업은 마을기업에서 생산된 제품을 전문적이며, 안정적

---

3 '청년'의 정의를 보면, "전통시장 및 상점가 육성을 위한 특별법"에서는 청년 상인을 39세 이하로 정의하고 있음.

으로 판매하는 것을 목적으로 설립된 마을기업이다. 유통형 마을기업은 광역시·도 단위로 하나씩 설립할 수 있고, 시·도 마을기업협회를 중심으로 이루어져야 한다. 유통형 마을기업이 되기 위해서는 의사결정기구(운영위원회 설치), 지정요건, 판매제품, 지원 금액(사전수요조사를 통해 지원금 확정) 등에 대한 검토가 선행되어야 한다.

마을기업의 설립요건

주관부서 행정안전부는 마을기업의 체계적 성장 지원을 위한 「마을기업육성지원법」의 입법 추진 상황을 공유하고, 현장의 의견을 청취하고 있다. 제도 시행 10년째를 맞이하는 마을기업은 일자리·소득 창출, 생활환경 개선 등 지역의 고민을 해결하기 위해 주민 스스로 만들어 운영하는 마을 단위 기업이다. 2019년 현재 전국적으로 1,555개사가 설립·운영되고 있는 사회적경제 조직으로 1만 9,261명의 고용과 1,645억 원의 매출액을 달성하였다. 마을기업 활동과 수익금을 활용한 직·간접적인 지역사회 공헌 규모는 172억 원에 달하며 사회적 기업, 협동조합, 자활기업 등과 함께 사회적경제의 중심축으로 자리매김하였다. 특히, 마을기업은 지역 단위의 공동체 회복과 마을 활성화를 위해 다양한 활동을 하고 있는 효자 조직이다. 하지만, 다른 사회적경제 조직과 달리 법적 근거가 없어 체계적인 정책 수립이 어렵고, 안정적 운영을 위한 육성 지원책 마련이 부족하여 마을기업 지원의 내실화를 위한 민생법안으로 「마을기업육성지원법」 제정을 요구하고 있다. 지역성과 공동체성, 공익적 가치 등으로 대표되는 마을기업의 정체성을 유지하면서도 안정적으로 성장할 수 있는 기반이 조성되어야 하는 것이다.

마을기업의 설립요건은 기업성, 공동체성, 공공성, 지역성 등 4가지이다. '기업성'은 마을의 자원을 활용한 사업과 수익을 추구하는 공동체 중심의 경제조직으로서의 시장경쟁력 확보이다. 기업으로서 조직형태는 민법에 의한 법인, 상법에 따른 회사, 협동조합기본법의 협동조합, 영농조합 법인 등이다. '공동체성' 부분은 마을기업 회원 모두가 마을기업(법인)에 출자하여 공동체의 일원으로 역할과 의무를 다해야 한다. 마을에 출자한 회원 각자의 이익뿐 아니라 마을 전체의 이익이 공동으로 실현되는 것을 원칙으로 한다. '공공성'은 정부의 예산지원에 대한 사회적 가치실현의 의미를 담고 있다. 마을기업은 다양한 방법으로 이윤의 일부를 다시 사회에 환원한다. 지역사회와 함께 공존할 수 있는 공공의 책임을 지니고 있다. '지역성'은 지역에 뿌리를 두고, 지역 주민 중심으로, 지역 자원을 활용하여 법인을 설립·운영하여야 한다.

마을기업 선정과정

마을기업으로 지정되기 위해서는 다음과 같은 각 과정에 따른 절차가 진행된다. ① 광역 및 기초자치단체에서 모집 공고, ② 마을기업 지원기관에서 설립 전 교육 시행, ③ 현장 컨설팅, ⑤ 시·군 적격 검토 후 광역단체에 추천, ⑥ 광역단체 마을기업 실사 후 심의위원회를 구성하여 심사, ⑦ 행정안전부 최종심사, ⑧ 해당 지역의 기초단체와 사업시행 약정체결, ⑨ 사업 시행이다.

마을기업 설립 시 총사업비는 중앙정부와 지방정부가 지원하는 보조금과 자부담(보조금의 20%)을 합한 사업비를 의미한다. 예를 들어 초기투자형 마을기업으로 지정된다고 가정하면, 보조금 5,000만 원에 자부담(보조금의 20%) 1,000만 원이 더해져서 총사업비는 6,000만 원이 된다. 마을기업을 설립하고자 하는 공동체는 기업성, 공동체성, 공공성, 지역성 4가지 조건을 갖추어야 심사받을 수 있는 자격이 주어진다. 이 중 어느 한 가지라도 충족되지 않으면 마을기업이 될 수 없다. 마을기업을 설립하고자 하는 마을 공동체는 5명 이상이 참석하여 입문교육, 기본교육, 심화교육에 대해 24시간 교육을 이수해야 한다. 교육은 입문교육 4시간, 기본교육 10시간,

마을기업 선정 절차

구분	세부내용	추진 주체
지원기관 선정	· 지원기관 선정 및 계약체결	광역
마을기업 교육	· 교육 프로그램 신청자 공모	광역/기초
	· 신규대상 설립 전 교육 프로그램 운영 · 2차지원 신청 예정 기업 대상 교육 운영	지원기관 등
공모	· 마을기업 공모 및 신청 접수	광역
적격검토	· 신청단체 현지 조사 및 적격 검토 · 선정단체 시·도에 추천	기초
심사	· 시·도 심사위원회 구성·심사 · 선정기업 행정안전부에 제출	광역
	· 문제사업 등에 한하여 현지실사 · 행정안전부 심사위원회 구성, 최종심사	행정안전부
	· 예비마을기업, 시·도 심사위원회 구성·심사 · 예비마을기업 선정 결과 제출	광역
사업 추진	· 사업시행 약정체결 및 사업수행 · 사업관리 등 모니터링	기초-마을기업 기초-광역-행정안전부
점검·평가	· 현장점검 후 결과 제출 · 마을기업 실적보고서, 정산보고서 제출 · 마을기업 재무제표 제출	기초→광역 마을기업→기초 마을기업→기초

심화교육 10시간이다. 입문교육은 마을기업 사례, 마을기업 지침 내용, 지역공헌, 마을기업 윤리 등에 대한 교육이다. 기본교육은 마을공동체 이해, 마을자원 조사, 마을문제 해결, 지속가능한 마을기업 등의 교육이 이루어진다. 심화교육은 마을기업 사업계획 수립, 재무기초, 마케팅 등의 교육이다. 마을기업을 신청하는 마을공동체는 반드시 법인설립, 사업장 임대차 계약서 또는 마을기업(법인) 소유의 사업장에 대해 확인 가능한 등기부 등본, 사업자등록증 등을 준비해야 한다. 마을기업 신청 시 제출서류는 ① 사업신청서, ② 사업계획서, ③ 법인등기부등본, ④ 정관, ⑤ 회원명부, ⑥ 법인명의 통장(자부담 금액 입금된 통장), ⑦ 주주 또는 조합원 명부, ⑧ 원명부와 주주 또는 조합원 명부가 일치하는지에 대한 확인서가 필요하다. 그 외에도 사업 아이템에 따라 자격증, 사업 준비사항과 관련된 증빙서류 등이 있으면 도움이 된다. 마을기업 2차 보조금 신청 시에도 마을기업 지원기관에서 시행하는 전문교육 4시간을 이수해야 한다. 2차 보조금 신청 시 제출 서류는 실적보고서, 정산보고서, 재무상태표 등이다. 마을기업에 대한 심사는 3단계로 이루어지는데 기초자치단체에서 실시하는 적격심사와 광역시도의 심사, 마지막으로 행정안전부의 심사가 이루어진다. 참고로 '예비마을기업'은 마을기업 선정 이전에 경쟁력 있는 마을기업을 발굴하기 위한 정책으로 이에 선정된 법인은 보조금 1,000만 원을 지원해 준다.

마을기업 지원과 관리

마을기업과 관련한 정부의 지원과 관리는 마을기업 선정 및 사업비 교부신청 등의 행정지원과 마을기업의 물품관리 및 사업관리 등 관리·감독 기능이 동시에 이루어진다. 행정안전부의 마을기업 지정 이후 사업비 지원은 1차 지원, 2차 지원, 고도화사업지원 3단계로 이루어져 있으며, 별도 우수마을기업에 선정되면 등급에 따라 차등 지원이 이루어진다. 신규마을로 지정되면 초기 투자형(1차년도 5,000만 원 지원, 2차년도 3,000만 원), 후기 투자형(1차년도 3,000만 원, 2차년도 5,000만 원을 지원)에 따라 지원 금액에 차이가 있다. 고도화 사업지원은 2차 지원까지 사업을 완료한 마을기업을 대상으로 운영 실적이 우수한 기업에 보조금을 지원했을 경우 안정적인 자립기반이 가능한 마을기업을 대상으로 2,000만 원을 지원한다. 그 외에도 마을기업의 자립화를 위해 교육, 컨설팅, 박람회 개최, 판로 지원, 멘토링 사업 등을 지원하고 있다.

마을기업 지원기관의 역할은 중앙부처(행정안전부), 광역 및 기초자치단체, 당사자 조직들 간의 행정지원 서비스 부문, 신규 마을기업 및 예비마을기업 선정을 위한 1차, 2차, 고도화를 교육·컨설팅 지원, 현장지원 등 다양하다. 그 외에도 마을기업 상시 컨설팅 지원업무, 행정과의 협력사업, 마을기업 온라인마케팅, 판로지원사업도 운영한다. 마을기업 지원기관은 행정, 마을기업, 지원기관과의 거버넌스(민관협치) 체계 구축을 위한 협력적 역할이 필수이다. 마을 문제를 해결하려는 지역주민들을 위한 지역사회 공동체 활성화를 유도하고, 지역발전을 위한 협력적 기관으로 정착되어야 성과를 낼 수 있다.

초기 마을기업은 2010년 당시 행정자치부가 '자립형 지역 공동체 사업'을 시범적으로 도입하면서 시작된 사업이다. 2011년부터 안정적 일자리 창출에 중점을 둔 마을 기업 사업으로 명칭이 변경되어 현재에 이르고 있다. 2018년 현재 전국 마을기업은 1,524개 기업으로 성장하였고, 지역의 문제해결, 지역 일자리 창출 등 지역발전에 많은 기여를 하고 있다.

전국 마을기업 지정 수

지역	서울	부산	대구	인천	광주	대전	울산	세종	경기	강원	충북	충남	전북	전남	경북	경남	제주	계
지정수	97	75	82	60	60	54	37	24	175	118	83	127	104	148	120	118	32	1,524

행정안전부 내부자료, 2018년 기준

전국 지정 마을기업의 특징은 도 단위 광역자치단체는 농산물 가공 및 체험 중심으로 마을기업 수가 증가하고, 시 단위 광역자치단체는 서비스 (숙박, 판매 등) 중심으로 성장하고 있다. 농산어촌의 경우, 1차 농어업 생산물 중심으로 활동이 이루어져 대부분 농산물 가공과 체험 마을기업의 지정이 증가하는 추세이다.

3. 마을과 지역화폐

지역화폐 개념

화폐는 상품의 교환 가치를 나타내는데 물품과 서비스의 가치척도이며, 지불과 저장, 축적의 수단이 되는 돈(주화 또는 은행권 따위의 지폐)을 말한다. 지역화폐는 200여 년의 역사를 가지고 다양한 형태로 실험되어 왔다. 원형적 형태는 1832년 영국 런던에서 도입된 '노동증서'로부터 출발하지만 지역화폐의 이론적 개념은 독일의 경제학자 실비오 게젤Silvio Gesell의 저서 『자유토지와 자유화폐에 의한 자연적 경제 질서』(1916)에 등장한다. 그는 법적화폐가 가진 통화제도의 불공평을 해결하기 위해 시간에 대비한 상품과 화폐의 가치에 주목했다. 보통의 상품은 시간에 비례하여 가치가 떨어지지만 화폐는 그러한 손실과 무관하므로 인간은 상품보다 돈을 소유하는 욕망이 크다고 생각했다.

지역화폐는 법정화폐와 대비되는 말인데 몇 가지 특징이 있다. 첫째, 지역 안에서만 유통되어 자조自助의 지역사회 건설을 목적으로 하며, 둘째, 유통과정에서 이자가 전혀 붙지 않으며, 셋째, 발행주체는 중앙은행이 아닌 지역사회의 모든 구성원 및 구성체들이 될 수 있다. 21세기의 지역화폐는 자본주의 세계화 경제 운용과 순환의 폐해와 그에 대한 영향을 최소화하기 위한 운동으로 확산되고 있다. 인적·물적 자원의 지역 내 교환을 장려하여 소기업과 자영업자를 지원·활성화하고, 구성원들에게 필요한 일자리를 창출함으로써 자립적自立的인 삶이 가능하도록 하는 특성과 원리이다.

중앙집권화된 화폐 없이도 경제활동을 할 수 있고, 구성원들이 필요를 충족할 수 있도록 돕고, 일자리의 기회를 공평하게 제공한다. 현금이 없더라도 상호 필요에 따라 지역화폐를 발행하거나 소비하도록 한다. 경제적 시민권을 누리지 못했던 사람들 누구나 권리를 갖고, 온전한 시민권을 누릴 수 있도록 개개인이 화폐 창출의 주체가 되는 것이다. 참여 회원 전체의 자산 계정과 부채 계정의 합이 상쇄되므로 중간에 어떠한 착취나 이윤도 발생하지 않는 구조이다.

개인과 공동체 모두에게 유익하고 잠재력이 풍부한 지역화폐는 지역사회 자조 네트워크 창출이라는 결코 소홀히 다룰 수 없는 부가가치를 창조한다. 실제로 영국과 아일랜드에서는 지역화폐가 생겨난 지 얼마 지나지 않아 사람들의 삶에 중요한 영향을 미쳤다. 수평적 호혜관계와 상호부조를 강조함에 따라 공동체 정신의 함양과 고양 그리고 정체성을 확립하는 데 큰 역할을 했다. 경제적 측면에서도 지역경제의 자립과 활성화를 촉진하는 기능을 담당했다. 공동체 활성화, 신뢰사회의 구축, 사회자본의 형성과 같은 정책적 효과를 기대할 수 있으며, 지역순환경제의 구축, 지역 일자리 창출, 지역경제 활성화와 같은 효과를 발휘한다. 하지만 지역화폐는 거래하는 데 번거롭고 불편한 점이 있고, 타임달러 유형의 지역화폐는 대중화될 가능성이 높지 않다는 문제도 상존한다.

지역화폐 운동

필요한 물품과 서비스를 제공받기 위해서는 돈이 있어야 하는데 현대사회는 돈이 없으면 거의 아무것도 할 수 없다. 또, 필요한 것을 얻기 위해 돈을 벌지만 이에 매달리다 보니 돈을 좇는 인간으로 변했고, 돈이 없으면 사회안전망도 기대할 수 없게 되었다. 그런데 돈을 사용하지 않고도 물건이나 서비스를 제공받을 수 있고, 교환할 수 있다면 문제는 달라진다. 이러한 생각이 상상에 머물지 않고 세계 각지에서 지역화폐 실험으로 현실화되어 확산되고 있다. 돈을 본래의 목적과 위치로 돌려놓고 인간다움을 되찾기 위한 사회운동이 '지역화폐'인데 쓰임새에 따라 레츠LETS 유형, 아워즈Hours 유형, 타임달러의 유형으로 구분할 수 있다.

지역화폐 체제에서는 재화나 서비스를 만드는 사람과 공급하는 사람이 동일하여 생산자가 공급자이고, 소비의 주체가 되기도 한다. 이 상황에서는 일이 없는 사람에게 일자리를 제공하고, 남의 도움을 받으면서 사는 저소득층이나 취약계층에게 다른 사람을 돕거나 서비스를 제공할 수 있는 기회를 준다. 현금 경제에서 능력과 자질을 인정받지 못한 사람에게도 이를 실현시킬 수 있는 기회를 제공함으로써 경제적, 공동체적 시민권을 되찾아 줄 수 있는 장점이 있다. 거래가 실명으로 이루어지므로 인격을 존중하며, 홀대받거나 재화와 용역의 대가가 저평가되지 않는다.

지역화폐 운동은 일정한 지역 내 거래를 장려하므로 자원과 에너지의 유출을 방지하고 낭비를 줄일 수 있을 뿐만 아니라 오히려 이를 활성화하고, 지속 가능한 자원 순환의 경제 체제를 촉진한다. 지역화폐 회원은 가입 즉시 자기 이름의 계좌를 개설하는데 잔액이 0으로 시작하지만 누구나 화폐를 발행할 수 있다. 계좌에 잔액이 없다고 거래를 못하는 것이 아니라 마이너스 거래가 가능하다. 화폐 발행은 거래 상대방의 계좌에 거래량만큼의 지역화폐를 기록함에 따라 성사되지만 이를 빠짐없이 거래사무소에 통보하여 관리할 수 있도록 해야 한다. 지역화폐 관리 은행이나 관리사무소에서는 물품이나 서비스의 목록을 게시하고, 표준가격을 공시하여 이용자가 불편하지 않도록 한다. 회원은 정해진 지역화폐 가격으로 거래하면 되지만 가격이 항상 똑같아야 하는 것은 아니다.

'레츠' 방식의 지역화폐는 물품이나 서비스를 제공한 사람의 계좌에 책정된 해당 금액이 자산으로 기록됨에 따라 거래가 완성된다. 반면, 구매자의 계좌에는 마이너스(부채)로 차감되거나 기록된다. 따라서 당사자 간 거래 내역에 대해 정확히 기록해야 하고, 사무국에 통보되어 관리되어야 하며, 거래 내역이 분명하고도 완전히 공개되어야 하는 번거로움이 있다.

모든 거래는 회원 간의 거래이므로 개별적인 채무관계는 성립되지 않으며, 거래는 신뢰를 바탕으로 한다. 부채가 지속적으로 늘어나는 사람은 회원 사이에서 신뢰를 잃어 기피될 가능성이 있다. 또, 자신의 계좌에 많은 지역화폐가 쌓여 있어도 이자가 붙지 않으므로 쌓인 자산을 적정한 시간에 사용하는 것이 효용을 늘리는 방법이다.

지역화폐 적용의 문제점

구분	쟁점	세부사항
재정	빚의 개념	돈과 자원을 소비한다는 것은 빚인가?
	화폐에 대한 욕구	지역통화에 대한 제한과 한계, 빈곤은 참여에 배제시킬 수 있음
수요와 공급의 불일치	불일치 재화와 서비스의 유용성	레츠에서 제공하는 재화와 서비스에 간극이 존재
	공급의 효율성	필요할 때 재화와 서비스 접근이 불가능
조직의 장애물	지역, 계획	조직의 사회적 만남과 사건, 레츠의 촉진, 명세서의 준비, 책임자의 이동, 막대한 관리상의 업무량
	국가	모범적 실천 모델의 형성, 국가적 차원의 합법화
공동체와 규모의 효과	신뢰, 확약	레츠 작업은 밀접한 접촉과 공동의 연결을 가진 안정적인 공동체 안에서 최상의 효과, 다양한 인구 이동은 신뢰 형성에 장애물이 될 수 있음
	규모	레츠는 작을 때 최상, 자치단체 수준에서는 문제 발생

자료출처 : Aldridge & Patterson(2002)

지역화폐 유형

레츠 유형LETS: Local Exchange and Trading System

1983년 캐나다 밴쿠버의 코목스 밸리의 조그마한 섬마을에서는 공군기지 이전과 목재산업 침체로 실업률이 18%까지 오르게 되었다. 이 지역 주민이자 컴퓨터 프로그래머 마이클린턴은 일할 능력과 의지가 있는 사람들이 경기불황에 실업자가 되어 궁핍하게 생활하는 것을 보면서 '돈의 필요와 가치'에 대해 의구심을 품었다. 중앙집권화된 통화제도 없이 서로의 필요를 채워 줄 수 있는 새로운 아이디어를 떠올리고, '지역의 니즈를 충족시킬 수 있는 화폐를 만들고 이를 사용하기 위한 시스템을 개발'하여 만든 것이 '레츠LETS: Local Exchange and Trading System'이다.

그는 새로운 일자리 창출을 목적으로 '녹색달러'라는 이름으로 지역통화를 시작했다. 간단한 컴퓨터 프로그램을 이용하여 지역주민 사이에 물건과 기술, 서비스를 서로 교환하도록 하였다. 공개된 거래 내역에 의하면, 4년 동안 지역에서 거래된 녹색화폐 총액은 35만 달러에 이른다. 특별한 투자나 특정자원을 개발하지 않고도 '지역화폐'만으로 지역 내 상호교환을 통해 수입을 얻을 수 있었고 새로운 일자리 창출이 가능했다.

'레츠' 방식은 무형의 화폐이므로 재화와 용역에 대한 교환(거래)은 신뢰를 바탕으로 하는 연대의 경제, 사회 자립적 지역화폐 생활 방식이다. 회원들은 자신이 제공할 수 있는 물품과 기술, 서비스를 고시하거나 회보에 올려 다자간 거래에 참여할 수 있으며, 거래 조건은 당사자 협상에 의해 정해진다. 레츠의 회계 관리는 모든 거래를 기록하고, 모든 회원에게 공개하는 것을 원칙으로 한다.

아워즈Hours 유형

지역화폐 유형 중 '아워즈'는 원리와 철학에서는 레츠와 같지만 유형의 화폐를 사용한다는 점이 레츠와 다르다. 아워즈 자체가 유형의 화폐이므로 참여자가 법정 화폐처럼 사용하면 그만이고, 사무국이 거래를 관리할 필요도 없다. 아워즈의 발행과 관리는 유통위원회에서 한다. 누구나 아워즈 화폐를 사용할 수 있고 일반화폐와 달리 이자가 붙지 않는다는 특징이 있다.

아워즈 제도는 회원만 참여할 수 있는 레츠와는 다르며, 노동의 가치는 시간으로 계산된다. 예를 들면, 한 시간의 기초 노동이 1아워즈가 되지만 모든 노동의 가치와 거래가 반드시 1아워일 필요는 없다. 거래 참여자가 자신의 물품이나 서비스 교환 가격을 협상할 수도 있다. 고도의 훈련과 기술, 훈련을 요하는 노동과 서비스에 대해서는 여러 시간의 단순 노동과 등가等價하여 교환할 수 있다. 지역주민 모두가 참여할 수 있으므로 우리나라에서는 자원봉사 마일리지 운동에서 많이 활용되고 있다.

타임달러Time Dollar 유형

아워즈와 비슷한 지역화폐는 자원봉사 은행의 성격을 띤 '타임달러'이다. 특징은 물품의 거래가 없다는 것이고 상호신용에 의해 창출된다. 타임달러 시스템에 참여하는 사람은 지역사회에 토대를 둔 비전문적인 서비스를 교환하고, 거래의 단위는 한 시간 동안의 지역사회 봉사이다. 예를 들면, 지역사회 봉사를 한 시간 하면 1타임 달러를 얻는 방식으로 시간당 노동의 가치는 동일한 것으로 간주된다. 축적된 타임달러는 자신이 추천한 곳이나 자신의 필요시에 이용할 수 있고 인력서비스를 제공받을 수 있다. 자원봉사 인력은행은 노인들에게 자원봉사 활동의 동기를 부여하는 효과를 내기도 하였다.

지역화폐 유형 분류

구분	레츠	아워즈	타임뱅크
가치평가	시간	시간	시간
실물화폐	없음	지폐발행	없음
화폐형태	계좌거래	계좌거래 지폐	계좌거래
법정화폐 환전	안 됨	안 됨	안 됨
한도	적자한도 존재	없음	적자한도 없음
지향점	수평적 호혜관계와 상호 부조, 지역경제 자립과 활성화		

비교하여 분석해 보면, '레츠'와 '아워즈'는 유형 화폐를 사용하는가 하지 않는가에 따라 차이가 있지만 이념과 원리는 같다. 두 유형 모두 지역

경제의 보존과 강화, 지역사회의 활성화와 재구축이라는 장기적이고 근본적인 목표를 추구한다. 반면, '타임 달러'는 자원봉사를 촉진하기 위한 성격이 강하여 가격 기능이 없어 희소 자원에 대한 배분이 어렵다. 또, 이타적 행위에 지나치게 의존하는 단점이 있고, 자원봉사의 성격을 벗어나지 못하는 한계를 지니고 있다.

지역화폐 레츠는 지폐방식, 어음방식, 계좌방식이 있는데 거래내역을 사무국에 보고하지 않으면 파악되지 않는 불편함이 있다. 거래 범위를 특정 지역으로 한정할 뿐, 일반 시장경제 원리 그대로를 유지하면서도 이윤을 목적으로 하거나 경쟁해야 할 이유가 없는 방식이다. 하지만 레츠 역시 시장성이 있는 기술과 서비스를 지닌 사람을 선호하는 경향이 있기 때문에 레츠 방식에서도 장애인과 같은 비시장형 사람이 참여하는 데 일정한 한계가 있다.

외국의 지역 화폐 사례

'지역화폐'는 지역사회를 활성화하려는 차원에서 시작되어 실업자 및 저소득층 보호, 자원봉사운동의 활성화, 지역사회 상부상조 증진, 국가를 대체하는 마을공동체의 운영도구로서의 기능, 주민의 행복도구로서 사회적 관계에 기반하는 특징을 가지고 있다. 1990년대로 들어오면서 지역화폐 운동은 영국에서 약 500여 건, 호주와 뉴질랜드에서 약 300여 건이 진행됐다. 스위스, 일본, 프랑스, 이탈리아, 독일, 네덜란드 등과 남미, 아시아에도 빠르게 퍼지는 추세여서 현재 전 세계적으로는 3,000여 개의 지역사회와 조직이 지역화폐의 가능성을 실험하고 있다.

호주, 레츠

세계에서 레츠가 가장 활발한 나라로 알려진 호주에서 주목할 만한 지역은 퀸즐랜드 주 멜라니 시 인구 4,000여 명의 작은 마을이다. 지역시민

앤 마거릿(87) 할머니는 나날이 치솟는 물가를 정부의 복지수당만으론 감당하기 어려웠다. 할머니는 지역화폐 '레츠 운동' 이야기를 듣고, 늙었어도 무슨 일이든 몸을 움직여 남을 도울 수 있다면, 필요한 것을 살 수 있고 서비스도 받을 수 있다는 정보에 레츠 회원이 됐다.

매월 발행되는 레츠 소식지에 '아이들을 돌볼 수 있고, 환자의 말벗이 될 수 있다'는 내용의 서비스 광고를 냈다. 그 후 회원 가정들로부터 연락이 왔고, 할머니는 별로 힘들지 않은 봉사활동을 할 수 있었다. 그러자 할머니의 '지역화폐 통장'엔 사용할 수 있는 돈(사용가치)이 차곡차곡 쌓였다. 그 돈으로 회원 가게에서 빵과 우유를 사고, 무료로 전화기 수리 서비스를 받을 수 있었다. 가끔씩 지역화폐 운영사무소에 들러 자신의 지역화폐 계좌에 돈이 얼마나 남았는가를 체크한다. 할머니는 "레츠 회원이 된 이후로는 늘 부자가 된 기분"이라고 말한다.

이와 같이 '레츠'는 현대판 품앗이이며, 물물교환 운동이다. 호주에서는 '타임 달러Time Dollar'라고도 불리는데 1987년 일반 지역주민들뿐 아니라 고등학생, 실업자 등을 대상으로 지역 내 공공시설, 행정기관이나 서비스 클럽 같은 곳에서 사업발표회를 가지면서 참여를 유도했다. 지역인구의 10%에 해당하는 수치인 410여 명이 회원으로 등록하여 이용한다. 회원들은 멜라니 지역화폐 사무실에서 발행하는 소식지에 물품과 서비스를 내놓고, 필요로 하는 품목을 싣기도 한다.

각종 어학이나 학과공부 지도, 컴퓨터나 요리를 비롯하여 요가나 치료, 예술 활동에 이르기까지 다양한 서비스 품목을 거래할 수 있다. 이를 통해 지역주민들의 자기개발 효과가 증대되고, 주민들 사이의 교류가 활발해지면서 사회관계망과 안전망이 구축되었다. 크리스마스를 앞두고 열리는 '멜라니 크리스마스 마켓'에서는 크리스마스 파티에 필요한 모든 물건(집에서 만든 물건, 공예품, 크리스마스 선물, 직접 구운 빵, 재사용할 수 있는 것 등)을 사고 팔 수 있다.

모두 100% 지역화폐로 거래하면서 멜라니 지역 사람들은 돈 없이도 삶의 질을 향상시키고, 누리면서 살 수 있게 되었다. 호주 지역화폐는 현재 250개 정도가 운영 중인 것으로 추산되며, 평균 회원 수는 레츠당 145명 정도인데 오래된 레츠는 회원수가 800명 이상인 곳도 있다. 호주 전체로 보면 약 2만 5,000명 정도가 레츠에 참여하고 연간 총 거래액은 약 1,000만 달러에 이른다.

미국의 이타카 아워즈

1991년 미국 뉴욕 주 이타카에서 폴 글로버가 주도해서 시작하였다. 이타카 아워즈는 자원봉사활동이 발전하면서 탄생한, 화폐를 사용하는 지역 화폐 제도이다. 한 시간의 기초 노동이 1이타카 아워이고, 이것은 미화 10달러에 해당하는 가치를 지닌다.

영국, 레츠

영국 최초의 레츠는 1985년, 잉글랜드 동부 노퍽 주, 웬섬 강 연안 노리치Norwich에서 만들어졌다. 지역에 관심이 있는 사람들이 모여 해당지역의 고유화폐를 만들어 운영한다. 현금이 없어도 사람들 간의 상품과 서비스를 사고 팔 수 있는 일종의 물물교환 거래망이다. 최근의 자료에 의하면, 영국에는 약 400개의 레츠가 운영 중이며, 참여 회원의 수는 2만 2,000명, 총 거래액은 140만 파운드 정도이다.

일본, 피너츠

일본의 지바 시 유리노키 영세 상점들은 지역에 들어선 대형백화점과 마켓 때문에 어려움을 겪었다. 30여 개 상점들이 이를 타개하기 위하여 1999년 지역 특산품인 땅콩에서 유래한 '피너츠'라는 지역화폐를 도입했다. 피너츠 클럽에서는 미장원, 식당, 중화요리집 등과 같은 상점과 지역

주민들이 회원으로 가입한다. 상점 이용 시 지불하는 비용의 5~10% 정도를 피너츠로 지불하고, 피너츠를 사용한 지역주민은 지역을 위해 자원봉사 활동을 했다. 2년이 지나면서 상점의 매상이 오르고, 피너츠 클럽 상점들은 경쟁관계가 아니라 서로 상생하는 협력관계로 변하고 상점과 주민들이 서로 친해지는 긍정적인 효과를 이끌어냈다. 일본에서는 대략 150여 가지의 지역화폐가 쓰이고 있는데, 홋카이도처럼 전통 품앗이 형태로 운영되고 있는 곳이 있는가 하면 도심의 소비자생활협동조합 회원들이 지역화폐 운동에 앞장서기도 하고, 상점들이 경기불황을 이겨내기 위해 중심에 나서는 '지바일본 유리노키' 같은 곳이 있기도 하다.

우리나라 민간의 지역화폐 운동

우리나라의 지역화폐 운동은 1996년 『녹색평론』이 레츠를 소개하면서부터 시작되었다. 1998년 신과학 운동을 하는 조직인 '미래를 내다보는 사람들의 모임'이 '미래화폐'라는 이름으로 지역화폐를 운영했고, 이후 송파품앗이(1999), 대전한밭레츠(2000) 등으로 전파되었다. 이제는 환경단체, 지역주민단체, 대안교육단체, 유기농산물업체 등의 민간부문에서부터 광역단체, 구청, 동사무소 등 공공영역에서도 시도하고 있다. 우리나라 지역화폐 운동은 생활필수품과 관련된 거래는 드물고 서비스 제공이 많은 편이다. 이러한 현상은 점점 증가하고 있는 고용 불안과 저임금 노동시장, 마을공동체의 해체로 인한 사회안전망 파괴 등의 위기 상황에 대한 대응방안으로 보인다. 사회문제를 지역공동체 복원의 모형에서 찾는 시도인데 우리의 전통문화 '품앗이'와 비슷하다.

서울시 송파구 자원봉사센터에서 운영하고 있는 레츠는 무형의 송파머니를 사용한다. 회원자격은 18세 이상의 송파구와 인접한 지역주민이며, 품앗이 센터에서 거래할 물품과 서비스를 신고함으로써 거래가 시작된다.

최근 가장 활발하게 운영되는 곳은 대전의 '한밭레츠'로서 지역 활동가들에 의해 시작되어 1명의 관리자와 10명의 운영위원이 중심이 되어 운영된다. 2000년 2월부터 운영되기 시작해 2017년 현재 650가구의 회원들이 공동체를 형성하여 생산과 소비를 함께 병행하고 있다. 한밭레츠의 화폐 단위는 '두루'인데 국내에서 성공한 지역화폐로 거론된다. 지난 2000년에 나온 두루는 지역민들의 노동과 물품을 거래할 수 있는 교환제도이다. 자신이 보유한 노동과 물품을 이웃에게 제공하고 자신도 다른 사람으로부터 필요한 노동과 물품을 제공받을 수 있는 다자간 품앗이인데 이 과정에서 두루가 사용된다. 주민들이 주체가 되어 인간성 회복, 지역사회로의 회귀를 목적으로 만들었다.

회원들은 현금 부담에서 벗어나 '두루'로 다양한 기술과 교육 품앗이를 배우고 강사료를 지급한다. 거래할 수 있는 품목은 홈페이지 제작학교, 목공교실, 도예교실, 대전지역문화유산답사학교, 전통매듭교실 등이 있고, 농산물 직거래에서는 '지역생산물 품앗이' 등 환경농업을 하고 있는 회원들이 농산물을 제공한다. 거래 품목은 요리, 옷 만들기, 아기 돌보기 등 '살림 품앗이'와 병원, 한의원, 약국, 건강강좌 등 '건강 품앗이', 배움 품앗이의 '강좌와 강습 품앗이', '취미, 문화 품앗이', '기술 품앗이', '서비스, 상담 품앗이', '노동력 품앗이'도 있다.

물품 공유는 각자 구입하기 어렵거나 자주 사용하지 않는 물품을 회원 간에 공동으로 사용하고 있는데, 비디오카메라, 디지털카메라, 행사용 그릇, 재봉틀 등이 등록되어 있다. 한밭레츠의 회원들은 상당수가 중산층이며, 대부분 자신의 직업과 관련된 부분을 거래품목으로 내놓는다. 저소득층과 실업자 등 다양한 회원 참여를 유도하고 있는데 점점 의식주 등으로 거래품목을 확대하고 있다.

지역화폐는 지역공동체를 통해 다양한 서비스를 나누고 제공함으로써 개인의 소비지출 부담을 줄이는 장점을 가지고 있다. 주부, 노인 등 교육서비스의 수혜로부터 자기개발의 기회를 제공하고, 지역공동체의 자생력을 회복시킨다. 실업, 빈곤으로 인한 부작용을 최소화시키는 사회안전망의 역할을 하는 등 지역주민의 삶의 질을 향상시킨다. 문제는 지역화폐의 거래 품목이 매우 제한적이라는 데 있다. 지역에 따라서는 생활필수품이 거래에 포함되기도 하지만 대부분 서비스 거래가 주종이며, 거래가 이루어진다고 해도 그 양과 질이 매우 제한적이다. 대안 화폐를 지향하기 위해서는 생활필수품과 관련된 거래가 많이 이루어져야 하는데 아직까지는 거기까지 발전하지 못하고 있는 상태이다.

거래 품목과 내용이 제한적이거나 단조로우면 운동의 동력이 떨어질 수 있으므로 지역은 한정적이면서도 집중적이고, 필요는 절실한 품목의 거래가 이루어질 수 있도록 질과 양과 내용을 갖추어야 한다. 지역화폐 운동은 돈 중심의 교환이 아니라, 사람과 사람 사이의 거래를 통해 지식과 정보를 나누고, 생활 문화로 진화한다. 사람이 사람답게 사는 신선한 공기를 제공하는 지역화폐의 발전은 새로운 문명전환의 계기가 될 수도 있다는 점에서 마을공동체 운동에 시사하는 바가 적지 않다.

지방정부의 지역화폐 정책

지역화폐는 특정 행정구역 내에서만 통용되는 화폐이다. 행정구역 주민들이 소유한 자원을 교환하도록 하여 지역경제를 활성화시키고, 행정구역 외로 자원이 유출되는 것을 막으며, 외부 자원은 유입되도록 하는 목적을 가진다. 지방정부, 자치구의 경제를 살리고 지역민끼리의 소통과 연계로 공동체를 복원하고 연대와 연합을 꾀할 수 있는 대안화폐의 성격을 띠고 있다.

하지만, 광역단체가 지역화폐 사업에 나섬에 따라 목표는 거대하지만 이용과 실질적 거래가 밑받침되지 않아 흐지부지되는 경우가 생기고 있다. 지자체가 관심을 갖는 것은 마다할 일이 아니지만 자칫 목표를 이루기 위해 규모와 범위가 지나치게 커지는 것은 대안화폐 운동에 하등의 도움이 되지 않는다. 지역화폐는 그 자체의 이름에서 유추 해석할 수 있듯이 소속감, 유대감 등에 기반한 회원 상호간의 결속력에 따른 적정 수준의 회원규모와 시간과 에너지 낭비를 줄일 수 있는 지리적 한계를 유지하는 것이 중요하다.

지역화폐는 기존 화폐보다 제한적인 기능을 발휘할 수밖에 없지만 지역화폐를 가상화폐(Electronic money, 假想貨幣)로 사용할 경우 이러한 단점을 보완할 수 있다. 지역화폐의 활성화 분위기는 '비트코인', '이더리움'과 같은 가상화폐 붐으로 더 커지고 있는 추세이다. 서울시와 제주시, 경기도에서는 블록체인Blockchain[4]에 기반한 전자화폐를 통해 지역화폐를 내놓는 방안을 고심 중이다. 특히, 박원순 서울시장은 '에스코인'을 출범하기 위해 준비 작업을 벌이고 있는데, 에스코인은 기업 육성을 위해 현금이나 카드 없이 전통시장에서 QR코드로 결제할 수 있는 디지털 화폐를 일컫는다.

서울 e-품앗이

서울 e-품앗이는 서울복지재단에서 추진하는 공동체 화폐 사업명으로 서울 시내 지역에서 통용되는 화폐를 통해 회원들의 품과 물품을 거래할 수 있는 교환제도이다. 품앗이, 두레, 계와 같은 민족 전통의 상부상조 정신을 되살려 회원들 간 누구와도 도움을 주고받을 수 있다. 서울 e-품앗이 사업의 목적은 상호신뢰와 공유를 통해 복지공동체를 구현하는 것이며, 누구나 동등하게 거래에 참여할 수 있다는 기본 원리를 유지한다. 공동체 화폐를 주민 교류 촉진 수단으로 활용하도록 하는 데 주안점을 두고 있다.

---

4   데이터를 거래할 때 중앙집중형 서버에 기록을 보관하는 기존의 방식과 달리 거래 참가자 모두에게 내용을 공개하는 개방형 거래 방식이다.

서울시 마포공동체경제네트워크 '모아'

서울시 마포공동체경제네트워크 '모아'는 돈과 이윤만을 추구하는 자본주의 경제를 넘어 자립과 연대를 만들기 위해 2015년 만들어진 비영리 조직이다. '모아'라는 명칭은 마포의 시민단체, 정당, 노동조합, 지역운동단체, 시장 상인, 골목상권 상인, 문화예술인, 개별 소비자 등 다양한 공동체의 힘을 모으자는 취지이다. 더불어 사는 경제, 지속가능한 경제, 미래를 위한 대안을 마련하기 위해 공동체경제의 첫 번째 실천 중의 하나로 지역화폐 '모아'를 발행했다.

'모아'는 공동체경제와 협약을 맺은 지역 내 가게로서 맛도 좋고, 서비스도 좋지만 더불어 함께 행복하자는 뜻에 공감하는 가게인 '공동체가게'에서 사용할 수 있다. 불과 세 곳에서 시작한 공동체가게가 망원시장 85개 점포를 포함하여 어느덧 135개에 이른다. 공동체가게는 입소문을 타고 점점 더 늘어나고 있는 추세이다.

천 원, 오천 원, 만 원권으로 구성된 '모아'는 공동체가게 어느 곳에서나 현금처럼 사용할 수 있다. 사무국을 포함하여 18개의 공동체가게에서 지역화폐 '모아'를 구입할 수 있는데, 모아를 구입하면 5% 추가 이용권 혜택도 제공된다. 이용방법은 다음과 같다.

① 모아 사무국을 포함한 18개 공동체가게 판매처를 확인 후 찾아간다.
② 가능하면 2만 원, 4만 원, 6만 원 식으로 짝수 모아 단위로 구입한다.
  (*모아는 동전 단위 화폐가 없기 때문에 홀수 모아 단위는 절삭하고 제공될 수밖에 없다.)
③ 130여 개 공동체가게에서 모아를 사용한다.
④ SNS를 적극 활용하여 공동체가게와 지역화폐 '모아'를 사용해본 소감을 널리 퍼뜨린다.
⑤ 계속 사용할 것 같다면 '모아' 약정제에 가입하고 능동적인 소비계획도 세워본다.

경기도 지역화폐

경기도에서는 광역시 최초로 블록체인을 통한 주민제안사업 공모심사를 실시했다. 기존 단순 기표 방식이 아닌 블록체인을 통한 공동체 전원의 참여로 직접 민주주의를 실현했다는 평가이다. 남경필 경기도지사는 "블록체인이라는 새로운 4차 산업혁명으로 대의민주주의 한계를 직접민주주의 방식으로 보완해 나가자"고 말했다. 지역화폐는 이처럼 전자화폐 등의 방식으로 향후 활발히 진행될 것으로 보인다. 문제는 지역화폐나 가상화폐를 시행하기 위해서는 자영업자의 영업환경을 개선하는 조치들이 함께 발표·시행될 수 있도록 해야 한다는 것이다. 정부가 복지 예산을 지출할 때 지역의 골목상권이나 자영업, 전통시장에서 쓸 수 있는 지역 화폐로 주게 되면 자원의 유출은 막고 지역경제는 활성화시켜 지역 내수 경제가 살아날 수 있기 때문이다.

지역화폐와 관련한 논의는 1800년대부터 이론적으로 거론되기 시작하여 1900년대부터 현재에 이르기까지 축적되어 왔다. 지역화폐가 한국 사회에 본격적으로 소개되고 도입된 시기는 1997년 외환위기 이후이다. 풀뿌리 시민사회를 중심으로 지속적으로 실험되어 왔으나 아직 일반시민에게 대중화된 개념은 아니다. 하지만 세계화에 대한 대안적 사상의 실현가능성을 마을에서 찾고, 공동체를 운영할 수 있는 근간의 도구로서 '지역화폐'가 등장하고 있고 많이 활성화되고 있다.

'지역화폐'에 대한 조사와 연구는 정량적 지표보다는 실증적 연구와 참여자의 실체적 인식조사, 지역화폐를 사용함에 따른 필요성과 편리성, 효과성, 행복지수, 공동체적 가치 창출 등의 정성적 조사와 분석이 병행되어야 한다. 우선, 지역공동체 운동 차원에서 실행되는 주민참여 통로 역할 수행의 기능적·정량적 차원과 지역화폐 경험과 활용이 인류의 삶과 의식에 어떠한 변화를 일으키는지에 대한 지속적이고도 정성적인 평가가 이루어져야 한다.

4. 마을기업의 혁신 사례

　　마을기업은 지역 문제를 해결하고 경제 공동체로서의 지속적 발전을 이끌기 위한 정책이다. 마을기업 정책은 2010년부터 추진되면서 많은 정책적 변화가 있었다. 2010년 당시는 공동체마을을 대상으로 마을기업 지원 사업이 추진되었으나, 지금은 마을단위 '공동체 법인'이 되어야 지원할 수 있다. 마을기업 형태도 신新유형마을기업, 예비마을기업, 청년형 마을기업 등 여러 유형의 변화가 나타나고 있다. 내부에서는 사회적 변화 속에서도 마을기업 자원이 계속 발굴되고 있으며, 마을기업에 선정된 이후에도 '건강한 마을기업'이 유지됨에 따라 지역공동체의 활성화, 마을의 발전, 주민 삶의 질 향상이 지속적으로 이루어지고 있다. 대부분의 지역에서 마을기업 자원이 고령화되거나 지역공동체 인구감소 현상이 공통적으로 나타나고 있지만 베이비부머들의 은퇴시기와 맞물려 귀농과 귀어촌에 의한 시대적 흐름을 잘 활용하면, 충성스러운 마을기업의 소비자 회원을 확보할 수 있고, 마을 지속성에 대한 해법을 찾을 수 있을 것이다. '해울림 마을기업'은 인구감소 해결을 위해 지역으로 이주해오는 사람들에게 일자리를 제공하고, 함께 살아가는 공공성의 발전을 이끌어가고 있는 사례이다. 지역주민의 행복과 복지사업을 추진하기 위해서 설립한 '양떡메 마을기업'은 마을기업을 통해 주민들 간의 복지생활에 활력을 주는 공동체 활성화 모델이다. 일본의 가와바 지역의 전원플라자 마을기업은 지방의 인구감소, 일자리창출 등의 문제를 해결하고 지역 정주인구의 500배가 넘는 한 해 200만 명의 관광객이 찾는 마을로 성장한 혁신적 비즈니스모델이다. 하지만 마을기업의 성공을 위해서는 첫째, 리더의 혁신과 열정뿐만 아니라 지역주민들의 협력과 의지가 필요하다. 둘째, 공동체문화의 확산과 공동체에 대한 신뢰가 구축되어야 한다. 셋째, 지속가능하고 성장 가능한 사업아이템을 발굴해야 한다. 이와 같은 필요·충분조건들을 충족시키기 위해 교육받고, 연구하고, 성공한 사례들을 탐색하는 자세가 절실히 요구된다.

남해 창선 '해울림 마을기업'

경남 남해군 창선면 진동리 지역은 마을 공동소유의 유휴 건물과 갯벌 체험장을 이용하여 마을공동체 중심의 경제 활성화 방안이 필요했다. 특히, 지역주민들은 유휴건물을 이용하여 주민공동체 중심의 수익사업을 발굴하고, 마을소유의 건물을 관리하는 것이 경제적으로 마을에 도움이 되며, 지속적으로 관리가 가능할 것이라는 의견이 모아졌다. 자연스럽게 마을이장과 주민들은 마을의 문제해결과 자립형 경제공동체로서 성장하기 위한 방안으로 행정안전부의 마을기업 정책에 대해 관심을 가지게 되었다.

남해 창선의 '해울림 마을기업'은 생산과 체험 분야에 강점을 가진 마을 공동체이다. 마을의 소중한 자원인 바다를 배경으로 하는 갯벌과 공동의 유휴시설을 활용하여 농어촌 체험을 하도록 하였으며, 남해의 지역특산물인 고사리를 콘텐츠로 하여 사업을 준비하였다. 행정안전부는 이 마을을 2016년 '신유형 마을기업'으로 선정하고 지속적 성장을 유도하였다. 2018년에는 전국우수마을기업 상을 수상하기도 했다.

해울림 마을기업은 마을주민의 협력을 통해 사업의 콘텐츠를 지속적으로 발전시키고 있다. 초기 지역문제 해결을 위해 발굴된 콘텐츠가 점차 사업성 영역과 지역사회 환원에 대한 부문으로 확장되고 있다. 처음 시작된 고사리사업과 갯벌 체험장 사업은 숙박까지 연계되는 사업으로 확장되었고, 2차년도 지원 사업인 표고버섯 재배와 식용곤충사업으로 지속·성장·발전하고 있다. 사회 환원사업으로 지역공동체 활성화에도 기여하고 있는데, 지역 어르신들을 위해 목욕봉사와 식사를 제공하고, 지역의 인구 증가를 위해서 귀농 및 귀어촌을 적극 유치하고 있다. 예를 들면, 귀농을 원할 경우 고사리생산, 귀어촌을 원할 경우 어업인으로 취업할 수 있는 기회를 제공한다. "우리 마을에도 어린아이의 울음소리를 듣고 싶다"는 간절한 소망과 노력은 지역소멸을 예방하고, 고령화되는 공동체의 문제를 해결해 줄 것이다.

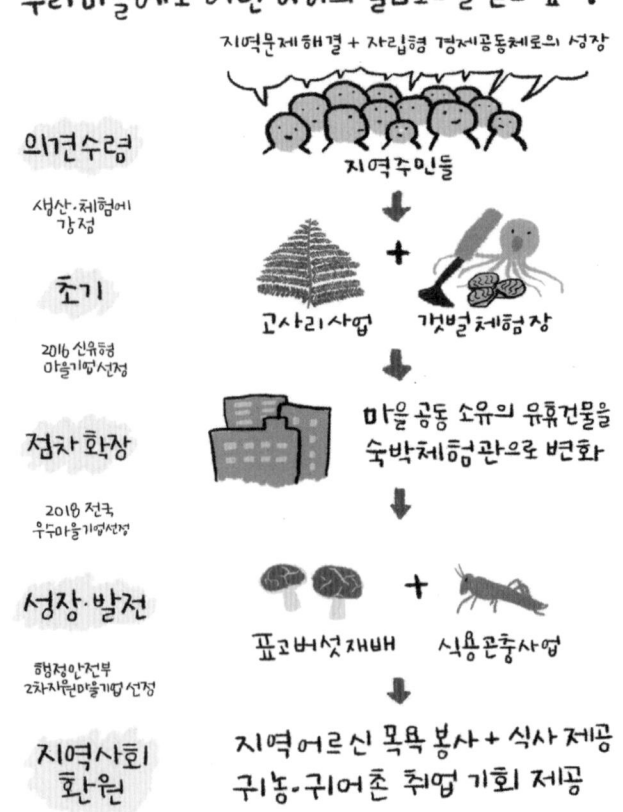

합천 하남 '양떡메' 마을기업

합천군 하남의 '양떡메' 마을은 초계면에 위치하여 밭농사와 벼농사를 중심으로 콩, 쌀, 양파 등의 1차 농산물을 생산하고, 이를 이용하여 양파즙, 떡가래, 메주를 만들어 소득을 증대시키고 있다.

'양떡메'는 매출 소득 순서대로 가공품명의 첫 자를 따서 붙여진 이름이다. 마을에서는 재배한 농산물로 사업화하여 일자리 발굴, 문화, 환경 등을 개선하는 등 복지사업을 추진하고 있다. 초기에는 마을 가꾸기 사업과 '정보화 마을'을 통해 공동체를 형성하고 사업추진의 새싹을 틔우는 기반을 마련하였다. 이후에는 지역공동체 중심의 마을기업으로 성장·발전하고 있다. 양떡메 마을공동체는 지역주민들의 농산물을 높은 가격으로 매입하여 주민소득을 증대시키고, 생산된 제품은 유통을 줄여 소비자들에게 직접 판매하는 방식으로 소득을 창출한다. 마을기업으로 지정받으면서 형태를 갖추기 시작했고, 지금은 생산, 가공, 판매까지 이어지는 6차 산업 마을기업으로 발전하는 중이다.

양떡메 마을기업은 기업의 지속성을 담보하기 위해 쌀 요리 강습, 풍물놀이, 문화동아리 활동 등 마을공동체를 활성화한다. 마을의 공동체성을 강화하고, 지역 환원 사업을 통해 지역공동체의 동력을 얻는다. 마을기업에서 창출한 이윤으로 지역의 초·중·고 학생들에게 장학 사업을 추진하고, 식사를 제공하는 공동급식소를 통해 소통의 공간뿐만 아니라 독거노인들의 생활도 함께 보살피는 공간으로서 일석이조의 효과를 거두고 있다. 지금은 지역의 노령화 인구문제 해결을 위한 사업으로 마을 내 요양원을 건립하여 서로 돕고 보살피는 공동체마을로 발전하는 꿈을 꾸고 있다.

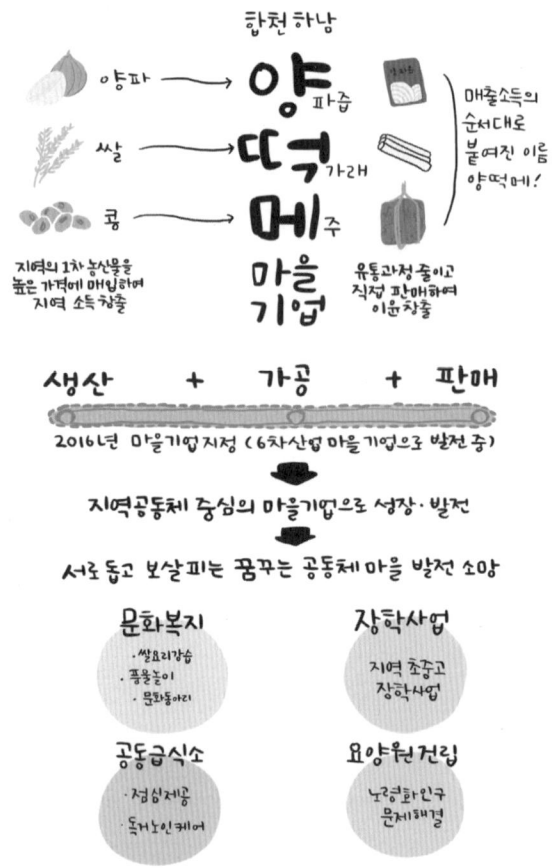

친환경 지역혁신기업, '(주)돈마루'

충남 예산의 '돈마루'는 가정에서 배출되는 폐비닐과 복합재질 포장재와 농업에서의 비닐하우스·멀칭비닐과 어업에서의 폐어망·각종폐어구 등 마구잡이로 버려져 환경문제를 야기하는 폐비닐을 수거하고 가공하여 돼지, 염소 등 사육에 필요한 축산기자재를 생산한다. 특허증, 상표등록증, 디자인등록증을 보유한 친환경 합성수지 재질의 축산용 바닥재와 기자재를 생산하는 업사이클링Upcycling, Upgrade + Recycling의 대표적인 사례이다. 버려진 산업폐기물을 단순히 재활용하는 차원을 넘어 실용성과 디자인을 가미하여 환경개선의 사회적 가치를 창출하는 등 완전히 새로운 고부가 가치 상품으로 재탄생시켜 환경문제를 개선하였다.

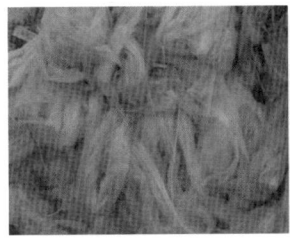  

상품생산 과정: 농업 및 어업의 폐비닐 수거 → 분쇄 → 가공 → 제품생산

폐비닐을 이용한 바닥재는 합성수지 재질이기 때문에 기존의 제품과 달리 습기나 가스로 인한 부식이 없고, 가축들이 미끄러지지 않도록 표면에 수많은 기능성 돌기 구조로 설계되어 있다. 습기를 머금지 않아 부패현상이 없어 곰팡이·박테리아 등 세균 번식이 불가능하고 청소가 쉬워서 청결한 축사 환경을 유지할 수 있다. 일반적 축산바닥재로 사용하는 '콘슬라트'는 재활용이 불가능하지만 '돈마루'는 사용 후에도 재활용할 수 있어 환경 친화적이며, 반영구적이다. 바닥파임 현상도 없고, 겨울철 냉기 발생으로 인한 냉해로부터 축산물을 보호한다. 쾌적한 축사 환경을 제공함으로써 동물복지 차원에서도 긍정적 효과를 발휘할 뿐만 아니라 가축 생육을 좋게 하여 생산성을 향상시킨다.

폐비닐을 이용한 바닥재는 콘슬라트 제품보다 무게가 50% 이상 가벼워 설치 및 철거작업이 편리하고, 여타의 콘슬라트 제품과 동일규격으로 개발되어 교체 작업이나 맞춤제작도 가능하다. 분뇨 배출구 규격을 10mm, 18mm로 설계하여 배출이 쉽고 눌림 현상이 없어 고압 물청소반으로도 청소가 가능하다. 재질이 합성수지이기 때문에 바닥재 내부에 철 보강재(평철)를 내장하여 무거운 하중으로 인한 변형을 방지하였다. 또한, 육성/비육/임신용, 자돈/육성용, 육성/비육/임신용 등 용도별로 규격이 다양하다.

㈜돈마루는 옛날 방식으로 가축을 기르는 것이 아니라 산업으로서 축산업이 가능하도록 하였고, 가축들에게 좀 더 좋은 환경을 제공하기 위한 방안을 끊임없이 고민하고 연구하고 있다.

㈜돈마루는 농축산 분야에서 환경을 개선해야겠다는 불타는 열정과 끝없는 도전정신으로 혁신하여 최상의 상품을 만들어 냈다. 2019년에는 축산기자재 기초인 바닥재와 칸막이, 기초대(기둥+지지부) 개발을 완성하여 지구촌을 살리는 축산농가의 도우미를 자처했다. 안전한 축산과 깨끗한 환경을 후손들에게 물려주고자 하는 노력은 환경오염의 심각성을 극복할 수 있게 했을 뿐만 아니라, 축산산업화, 환경오염방지, 동물복지, 지속가능한 지구촌이라는 융복합 혁신을 가능케 하여 일석사조의 쾌거를 거두었다고 평가할 수 있다.

일본 '가와바 마을기업'

일본 군마현, 가와바 마을은 1965년부터 지역 내 인구가 감소하면서 주민들은 마을의 새로운 활로를 찾기 위한 관심을 갖기 시작했다. 가와바 마을은 지역에서 생산되는 농산물과 아름다운 지역의 자연환경을 기반으로 공동체 중심의 마을 소득을 향상시키기 위해 노력하였다. 마을 청년들이 지역에 남아 농업에 종사할 수 있는 일자리와 생활토대를 마련하면서 도시로 빠져나가는 인구가 줄었다. 마을에서는 1998년에 지역에서 생산된 농산물을 전시·판매할 수 있는 '㈜전원플라자 가와바'를 설립·운영하였다. 이것은 제2의 고향프로젝트 일환으로 전개되었고, 도시와 농촌이 서로 교류할 수 있는 사업을 통해 마을을 부흥시키는 계기가 되었다.

　가와바 마을은 전체 면적 중 80% 이상이 산지형이었기 때문에 농업으로 마을을 발전시키기에는 한계가 있었다. 주민들은 농업과 관광산업을 접목하는 방법을 모색하였다. 마을을 찾는 관광객들이 현지에서 생산된 신선하고 저렴한 농산물을 직접 구매함으로써 지역의 이미지를 높일 수 있었다. 1차 산업인 농업을 3차 산업의 관광과 접목시켰고, 마을의 수로 정비와 소규모 농지를 구획정리하여 단지화하면서 농업 경쟁력을 확보했다. 숙박시설을 편리하고 좋게 하면서 지역 관광 사업을 추진했다. 숙박시설의 특징 중 하나는 1977년 D51증기기관차와 침대칸 열차 7량을 이용하여 호텔 SL을 오픈한 것이다. 낡은 철도를 이용한 관광객 숙박시설을 통해 지역의 이미지를 개선하고, 다시 방문하고 싶은 마을로 변모시켰다. 농업과 관광을 접목하는 마을정책은 평범한 농촌마을을 일본 최고의 마을로 변모시키는 계기가 되었다. 이러한 마을의 발전은 '불도저, 아이디어맨'으로 불리는 '나가이 촌장'의 헌신과 뚝심으로 만들어낸 결과였다. 나가이 촌장은 일본 전역을 대상으로 주조회사를 운영한 경험이 있는 출향인사였다. 그는 고향의 농업기반 사업과 관광을 접목하는 것이 마을 발전의 기폭제가 되리라고 예견한 것이다. 마을에 새로운 콘텐츠인 건강촌, 제2의 고향, 우호의 숲, 전원플라자 등의 사업을 전개하면서 마을을 완전히 탈바꿈시켰고, 지속성장이 가능하게 했다.

　일본 군마현의 전원플라자 마을기업은 지역의 농산물인 1차 산업을 2차, 3차 산업으로 연결하면서 부가가치를 높이는 마을이 되었다. 현재 가와바 마을은 정주인구 4,000명의 500배가 넘어서는 200만 명의 관광객을 유치하는 마을로 발전했다. 1차 산업 환경을 2차, 3차 산업으로 변화시키기 위해 외부로부터 전문기술자를 데려오고, 상품의 고급화와 종류의 다변화 전략을 펼친 결과이다. 가와바 마을은 관광객들에게 사케, 요구르트, 수제맥주, 아이스크림 등 질 높은 상품을 개발하여 판매하였다. 지역의 물적자원과 외부 전문인력을 결합하는 방법으로 새로운 비즈니스 모델을 탄생시킨 것이다. 마을주민의 협력과 혁신 그리고 마을경영리더십이 성공의 비결이었다. 현재 가와바 마을은 2019년 기준으로 200억 원에 이르는 매출을 달성하는 마을로 성장하였다. 이제는 지역을 떠나 도시로 향하던 청년들이 마을에 남아 경제활동을 하게 되면서 활력을 되찾았다.

VI
자활기업

1. 자활사업
2. 자활기업의 정부정책

켄 로치 감독의 「나, 다니엘 블레이크」(2016)는 21세기 영국 사회의 부조리한 복지제도 문제점을 예리하게 짚어내면서도 사람과 사람 사이의 거리를 온기와 감동으로 채운다. 평생을 성실하게 목수로 살아가던 '다니엘'은 지병인 심장병이 악화되어 일을 계속 할 수 없는 상황에 처한다. 실업급여를 받기 위해 찾아간 관공서의 복잡하고 비인간적 조직문화와 관료적인 절차에 좌절한 다니엘은 두려움과 불안으로 하루하루를 보낸다. 그러던 어느 날 두 아이와 함께 런던에서 이주한 싱글맘 '케이티'를 만나 도움을 주게 되면서 서로를 의지하게 된다. 제작자 켄 로치 감독은 2016 칸영화제 황금종려상 수상작 소감에서 "우리는 희망의 메시지를 사람들에게 보여줘야 한다. 다른 세상이 가능하다고 말해야 한다"라는 가슴 뭉클한 소감을 전하여 참석자들로부터 뜨거운 박수갈채를 받았다.

1. 자활사업

자활사업의 이해

'자활사업'은 자본주의 시장경제와는 다른 '사회적경제'를 실현하기 위한 공간적·실천적 의미를 가진다. 1970년대 후반부터 1990년대 초까지 지역 빈민운동을 중심으로 한 자조적 생산공동체나 협동조합 운동의 연장선상이다. 「저소득층 실태변화와 정책과제: 자활지원을 중심으로」(김용하 외, 1995) 연구보고서에서 자활지원센터 설치의 필요성과 그 모형을 제시하여 시범사업으로 도입되었다. 사실상 우리나라에서 사회적경제가 자리 잡는 데 가장 큰 기여를 한 것이 자활기업이었다. 자활기업은 협동조합과 비교하면 역사도 짧고 규모나 사회적 영향력 측면에서도 약한 것이 사실이지만 그 역할과 의미는 과소평가할 수 없다. 시기적으로 자활사업이 자리 매김하는 즈음에 사회적경제가 대두되었고, 그에 대한 실천이 자활 현장에서 주도적으로 전개되었기 때문이다. '자활기업'은 본래 자활공동체라고 불렸으며, 1996년 자활에 대한 시범사업이 전개되면서부터 이 말이 사용되었다. 현장에서의 자활공동체는 '사회적 기업'의 역할을 하고 있었기 때문에 자활공동체는 사회적 기업의 초기 단계였고, 스스로도 사회적 기업이라는 인식을 갖고 있었다.

자활공동체는 2011년 국민기초생활보장법을 개정하면서 2012년 '자활기업'으로 정식 명칭이 변경되었다. 관할 행정부서인 보건복지부는 자활기업을 "자활근로사업을 거쳐 자립하는 자활경로의 최종단계로 저소득층의 공동창업을 통한 탈빈곤을 지향하고, 사회적 기업의 모태로서 역할을 수행하는 능 취약계층의 일자리 창출 및 사회서비스 제공에 중요한 역할을 수행한다. 자활기업은 사업단(지자체) 과정을 거쳐, 시장에서 수급자, 차상위층에 일자리 제공을 통해 탈수급·자립을 지원하는 제도로서 자활급여를 제공하는 수단"이라고 정의하고 있다.

'자활'은 자립自立과 함께 사용된 용어로 '자신의 삶을 스스로 책임진다'는 의미이다. 경제적인 측면뿐만 아니라 사회적·심리적 측면에서 다른 사람의 도움이나 개입 없이 혼자서 자신의 삶을 주도적으로 계획하고 살아간다는 뜻으로 생활 조건보다는 사람 그 자체에 초점을 맞춘다. '스스로 활력을 불어 넣는' 자활(自活, self-sufficiency)은 사회복지실천에서 강조하는 임파워먼트empowerment의 '스스로 역량을 창출하고 통제하도록 지원'하는 개념과 유사하다. 근로 가능한 저소득층이 생활여건과 한계로 자포자기할 수 있는 삶으로부터 경제활동 참여를 통해 현실을 극복하는 과정이자 결과이다. 정부는 자활사업을 도입하면서 저소득층이 스스로 자활할 수 있는 능력과 기능을 배양할 수 있도록 지원할 뿐만 아니라 근로기회도 제공하고 있다.

자활공동체

'공동체'란 집단 구성원 전체가 하나의 몸과 마음이 된다는 뜻이다. 개별 근로능력자가 혼자 힘으로는 자신의 어려운 현실을 극복하기 어렵기 때문에 가난한 사람들끼리 서로 협력하고 연대하여 집단의 힘으로 해결하자는 의미이다. '자활공동체'는 가난으로 인하여 무력감에 빠진 저소득층들을 조직하여 권한부여의 집단을 형성하도록 하고, 다양한 교육과 훈련을 통해 빈곤으로부터 벗어나기 위한 자조조직의 성장을 목적으로 구성된 사회적경제 조직이다. '자활기업'은 좁은 의미로는 자활공동체와 자활근로사업단을 포함하는 용어로 사용되고, 넓게는 협동조합, 마을기업, 사회적 기업과 그 궤를 같이하는 지역사회 공동창업, 돌봄 관련 협회 등 다양한 유형의 기업들을 포괄하는 의미로 사용되기도 한다.

자활사업은 2000년 국민기초생활보장법이 제정되면서 본격적으로 제도화되었고, 주로 '자활공동체'를 중심으로 전개되었다. 이문국은 그의 논문 「사회적경제와 자활기업」(2012) "자활공동체·자활기업의 의미"에서 자활사업의 변화과정을 역사적 측면에서 각 이해관계자들이 가지고 있는 의미, 개념적 이해 등이 어떻게 발전되고 정리될 수 있는지 다음과 같이 구분하여 설명한다.

첫째, 자활사업 이전 단계(1990~1995)의 생산공동체 시기이다. 대도시의 두레공동체운동에서 자활공동체 출발을 찾아볼 수 있다. 두레는 전통사회에서 농사일을 주민들이 공동으로 수행하기 위하여 마을 및 부락 단위로 형성된 조직체이다. 두레의 핵심적 특징은 상호부조, 공동오락, 협동노동이다. 1990년대 초 '건설일꾼 두레' 등 주민조직이 형성되기도 하였지만, 노동자협동조합이나 사회적 기업으로 성장하지 못하고 도시 하층노동자들의 모임 수준이나 공동작업장 수준에 머물렀다. 이러한 두레공동체운동과 이후의 노동자협동조합운동 등을 통칭하여 생산공동체 운동이라고 한다.

둘째, 시범 자활사업 단계(1996~1999)로 1996년 보건복지부 시범사업으로 자활사업이 출현하였고, 1996년 5개소에서 1999년 전국 20개로 확대되어 운영되었다. 이 시기 생활보호사업의 취로사업 위주이던 자활급여에 대해 시혜가 아닌 참여, 민관협력체계 구축의 필요성, 일자리와 관련된 지역공동체의 필요성, 협동조합운동의 필요성 제기 등에 대한 구체적인 대안으로 자활사업을 시범 운영하게 되었다. 이러한 측면에서 보면, 생산공동체, 협동조합, 자활공동체는 같은 뿌리에서 출발했다는 것을 알 수 있다. 김영삼 정부에서 대통령산하 특별기구인 「국민복지기획단」에서 보고한 '국민복지기본구상'(보건복지부, 1996)에서 생산적, 예방적 복지를 위해 '영세민 자활공동체 결성 제도화'라는 목표를 제시하였고, 이를 구체화하여 시범 자활사업을 운영하게 된 것이다. 여기서 주목할 만한 점은 '영세민'이라는 용어이다. 저소득층만을 대상으로 한다면 당연히 생활보호대상자들을 중심으로 자활사업을 추진하였겠지만, 자활사업의 참여자들은 생활보호대상자들만이 아닌 도시빈민 전반(오늘날 차상위계층이라고 할 수 있다)을 대상으로 하였다. 이때 자활지원센터의 역할은 '영세민들의 자영업 창업지원, 생산공동체 활동을 지원하는 것'으로 명시하였다.

셋째, 자활사업 제도와 진입단계(2000~2004)로 자활공동체가 전국적으로 모델화되었다. 2000년 국민기초생활보장제도가 시행되면서 자활사업이 제도화되고, 근로연계복지제도의 지향 등 기존 자활사업의 수행방식을 본질적으로 변화시키는 데 영향을 미쳤다. 이것은 영국 토니 블레어 정부에서의 사회투자국가, 미국의 클린턴 정부에서의 '일을 통한 복지welfare to work' 등의 영향을 많이 받았다. 미취업자의 자발적 참여와 협동조합을 지향하는 생산공동체 운동과는 달리, 자활사업의 제도화 이후 국민기초생활보장 수급자 중 근로능력이 있는 미취업자를 대상으로 취업과 창업을 촉진하는 방식으로 전환되었다. 문제는 자활사업이 미취업자의 자립보다는 공공부조체계에서 밀어내기 위한 사후 치료적 성격의 사업으로 의미와 기능이 바뀌었다는 것이다. 또한 생산공동체 사업방식을 택한 자활공동체는 참여자들의 자발성과 어느 정도의 근로능력과 사업기술을 가지고 있지 않으면 성공하기 어려웠다. 그런데 조건부 수급자들 중 인적자본이나 자활 측면에서 가장 어려운 수급자들이 창업대상자로 선정되고 자활공동체의 핵심사업군이 되었다는 점이다. 이로 인해 생산, 협동, 나눔이라는 생산공동체 운동이 지향했던 본래의 철학과 정신이 스며들 여지가 거의 없었던 것이다. 이렇게 제도화 초기 시절 자활공동체의 의미는 가장 열악한 인적·물적 자원을 가진 수급자들이 공공부조체계로부터의 이탈을 강제하는 경제사회적 도구로서의 성격을 가졌던 것으로 정리된다.

넷째, 자활사업 제도화 시기(2005~2010)로 사회적 기업과의 관계이다. 자활공동체가 생산공동체 유형 중 하나인 사회적 기업과 동일한 실체의 다른 이름이라는 측면을 지속적으로 강조하였다. 자활공동체는 이탈리아의 사회적 협동조합이나 프랑스의 사회적 기업의 한국식 명칭일 뿐이라는 것이다. 이 당시 정부에서 펴낸 각국의 자활기업 소개 책자나 자활사업 관련 저서에 나타난 자활기업은 대부분 사회적 기업이었다. 고용노동부 차원에서 공식적으로 인증된 사회적 기업의 주요 업체 중 상당수는 자활공동체에서 발전한 것이다.

다섯째, 자활기업의 법제화단계(2011~)이다. 중앙정부 차원에서 사회적 기업이 법제화된 지 10여 년이 경과하였다. 이후 지방자치단체 수준에서 사회적 기업 및 마을기업이 본격적으로 확산되었다. 2012년을 세계협동조합의 해로 지정하려는 UN의 움직임에 대응하여 우리나라에서는 「협동조합기본법」이 제정(2011년 12월 31일)되었다. 또한 2012년 2월 1일에는 「국민기초생활보장법」(제18조 자활기업)을 개정하여 자활공동체의 명칭을 자활기업으로 변경하고, '자활기업은 조합 또는 「부가가치세법」상의 사업자로 한다'(법률 제18조 2항)고 명시하였다. 자활기업의 설립조건도 2인 이상 공동창업에서 1인으로 완화하였다.

자활기업과 다른 사회적경제 조직의 특성비교

구분	자활기업	마을기업	사회적 기업
정부부처	보건복지부	행정안전부	고용노동부
정책목표	탈빈곤	고용창출을 통한 지역공동체 활성화	고용창출
주 참여자	취약계층 중심 (수급자 및 차상위계층)	취약계층과 일반시민	취약계층 중심
주요 지원 인프라	지역자활센터	교육 및 컨설팅기관 위탁	사회적 기업지원센터
주요 경로	자활근로를 통한 창업과 기초지자체의 인정	지역공동체 일자리사업을 통한 창업과 인증	예비사회적 기업 지정 및 고용노동부의 인증
법적 근거	국민기초생활보장법		사회적 기업육성법
시기	2000년	2011년	2007년

자활기업

'자활근로사업'은 저소득층의 자활촉진을 위해 장기 실직이나 질병 등으로 일정기준(최저생계비) 이하의 소득, 재산을 가진 저소득층 중에 근로 능력이 있는 사람들이 일을 통해 자립·자활할 수 있도록 개인의 특성과 능력에 맞는 다양한 교육과 일할 수 있는 기회를 제공하고 자기 삶의 주체로 살아갈 수 있도록 국가와 사회가 지원하는 사업이다. 저소득층의 자활공동체 창업 등을 위한 기초능력 배양에 중점을 두며, 근로능력 향상과 자활공동체 창업 등 자립을 위한 전단계 프로그램이다. 정부는 자활근로사업을 통해 자활공동체로 전환하는 것을 목적으로 사회적일자리형, 시장진입형, 인턴형, 근로유지형의 네 가지로 구분하여 지원하고 있다. 지역자활센터에서 실시하는 자활근로사업은 저소득 주민들의 경제적 자립을 지향하는 시장진입형과 사회적일자리형 사업으로 나뉘어 있다.

기초생활보장제도에서 정리하고 있는 '자활기업'은 "1인 이상의 수급자 또는 저소득층이 상호 협력하여, 조합 또는 공동사업자의 형태로 탈빈곤을 위한 자활사업을 운영하는 업체"이다. "국민기초생활보장법에 의한 자활기업 요건을 갖추고 보장기관으로부터 인정을 받은 인정자활기업"으로 운영의 핵심기관은 지역자활센터이다. 자활기업의 원활한 수행을 위하여 자활기업 참여자는 관할 시·군·구 지역 거주자에 국한하지 않는다. 보장기관은 시장진입형 자활근로사업의 기술향상·경험축적 등 수행능력을 제고하고, 기존 자활기업 성공사례를 벤치마킹하여 자활기업으로 육성 및 지원한다. 지역자활센터는 보건복지부로부터 지정받아 근로능력이 있는 저소득 주민의 자립과 자활을 지원하기 위해 설립된 자활지원사업 전문 사회복지시설이다. 2000년 국민기초생활보장법 시행에 따라 확대되어 현재 전국 247개 지역자활센터가 지역 주민들을 위한 근거리 일터를 만들고 가난한 이웃들과 함께 생산, 나눔, 협동의 공동체를 만들어 간다.

자활기업 추진체계

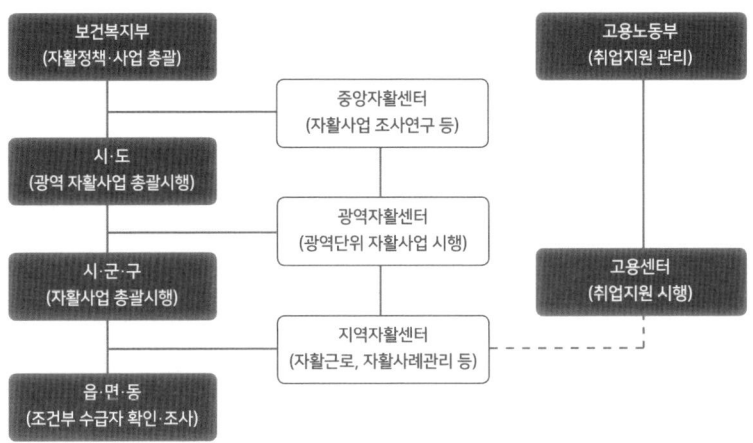

　자활사업대상자 선정은 자활사업에 참여하기 위한 사전조치로서 수급권자 근로능력의 유무를 판정해 이루어진다. 근로능력평가 대상자는 생계·의료급여 수급권자에 한정되는데, 근로능력이 있는 수급자에 대하여 조건부과 및 유예를 결정하고, 확인조사 등 대상자를 선정·관리하며 필요한 조치를 안내한다. '조건부과 유예자'란 국민기초생활 수급자 중 근로능력은 있지만 가족의 양육·간병, 대학생, 임산부, 법률상 의무이행자(공익근무요원) 등 경제활동 참여가 어려운 기초생계급여 수급자를 말한다.

　자활사업 참여 자격에서 ① 조건부수급자는 자활사업 참여를 조건으로 생계급여를 지급받는 수급자이다. ② 자활급여 특례자는 고용노동부의 생계·의료급여 수급자가 자활근로, 자활기업 등 자활사업 및 취업 성공패키지에 참가하여 발생한 소득으로 인하여 소득 인정액이 기준 중위 소득의 40%를 초과한 자이다. ③ 일반수급자는 참여 희망자(만 65세 이상 등 근로무능력자도 희망 시 참여 가능)이다. 단, 정신질환·알코올질환자 등은 시·군·구청장의 판단하에 참여가 제한될 수 있다. 일반수급자는 근로능력이 없는 생계급여수급권자 및 조건부과유예자, 의료·주거·교육급여수급(권)자, 기타수급유형(의료·주거·교육급여)은 별도 차상위 책정 절차 없이 수급권 자격을 받는 동시에 바로 자활사업에 참여할 수 있다. ④ 특례수급가구의 가구원은 의료급여특례, 이행급여특례가구의 근로능력이 있는 가구원 중 자활사업 참여를 희망하는 자이다. ⑤ 차상위자는 근로 능력이 있고, 소득인정액이 기준 중위소득 50% 이하인 사람 중 비수급권자이다. 소득인정액이 기준 중위소득 50% 이하인 자로서 한국 국적의 미성년 자녀를 양육하고 있는 국적 미취득의 결혼이민자도 포함한다. 만 65세 이상 등 근로능력이 없는 차상위자가 자활사업 참여를 원할 경우 시·군·구의 자활사업 및 지원예산·자원의 여건을 감안하여 시·군·구청장 결정에 따라 참여할 수 있다. ⑥ 근로능력이 있는 시설수급자는 시설수급자 중 생계·의료급여 수급자이다.

2. 자활기업의 정부정책

자활기업의 설립요건

자활기업의 설립요건은 구성원 1인 이상의 수급자 또는 차상위자로 구성한다. 조건부수급자가 자활기업으로 취·창업한 경우에는 "근로"로 인한 조건부과제외자로 처리하지 않고 조건부수급자로서 자활사업에 참여하는 것으로 한다. 설립방식은 조합 또는 부가가치세법상 1인 이상 사업자로 설립한다. 조합형태로 설립을 추진하더라도 사업자 등록을 해야 하며, 사업자등록이 없으면 자활기업으로 인정하지 않는다. 자활사업 실시기관 종사자(센터장 포함) 명의의 사업자등록 및 대표직 겸직을 금지한다. 단, 사회적협동조합으로 유형을 변경한 자활기업은 제외이다. 자활기업 설립·운영 시 정관을 작성하여 자활기업 사업의 명칭·목적·내용, 조직 및 구성원의 권리와 의무, 회의의 종류 및 결의, 운영원칙 및 회계방식 등을 정해야 한다. 자활기업의 적절한 수익금 배분이 불가능한 경우에는 해당 자활기업에 참여하고 있는 수급자를 타 자활근로사업 등으로 재배치하여야 한다. 인건비 지원 자활기업은 과도한 인원이 성원으로 구성되지 않도록 해야 한다. 자활기업은 자발적 운영이 원칙이나 최초 설립일로부터 지원대상 자활기업 요건 유지기간 동안 사업내용 및 인적구성 등 기업경영에 필요한 교육과 훈련 등을 적극 지원한다. 자활기업의 사업에서 발생한 수익금은 독립된 계정으로 관리한다. 수익금의 배분을 원칙으로 하되, 시설·장비·재료비, 퇴직적립금, 차입금상환을 위한 충당금 등 사업추진을 위한 필요경비를 고려하여 배분한다.

'광역자활기업'은 광역 단위의 자활사업 추진을 목적으로 광역자치단체에서 인정한 자활기업을 말한다. '전국자활기업'은 전국 단위의 자활사업 추진을 목적으로 보건복지부에서 인정한 자활기업이다.

자활기업 인증

지역자활센터 등 자활사업실시기관은 수급자에게 배분되는 소득(월급, 성과급 등 전체 소득 포함)을 보장기관에 다음달 5일 전까지 통보한다. 보장기관은 통보받은 내용을 근거로 당월 생계비를 조정 및 인정받은 모든 자활기업을 중앙자활센터 자활정보시스템에 가입시키고, 자활사업 실시 기관과 연계하여 분기별로 사업성과를 입력한다. 광역자활기업은 광역자활센터와 연계하여 광역자활기업의 사업성과를 자활정보시스템에 분기별로 등록한다. 전국자활기업의 사업성과는 중앙자활센터를 통해 별도로 관리된다.

자활기업은 각 기초 지방자치단체의 지역자활센터에서 운영하는 자활근로 참여자가 정부의 인정을 받을 수 있는 아래와 같은 요건을 갖추면 인정받을 수 있다. 전체 구성원 중 수급자가 3분의 1 이상이어야 하며, 모든 구성원들에게 자활근로의 표준 소득액 이상(2018년 기준 1일 4만 2,410원으로 만근 시 월 101만 1,660원)의 임금 지급이 가능해야 한다. 구성원은 2인 이상이나 조합 또는 부가가치세법상 1인 이상 사업자로 설립 가능하다. 자활기업 근로일수가 주당 평균 3일 이상 근로에 종사하거나 주당 평균 4일 이상의 기간 동안 22시간 이상의 근로에 종사하는 기준을 충족해야 한다. 자활근로사업단의 자활기업 전환 시 사업의 동일성은 유지하도록 한다. 설립절차는 부가가치세법상 사업자 등록절차 및 다른 법령에 제시하고 있는 조합 설립 절차에 따른다.

지역자활센터 등 자활사업 실시기관(읍·면·동 포함)은 국민기초생활보장법에 의한 자활기업 성립요건을 갖추고 관련 서류를 제출하여 시·군·구청장에게 신고해야 한다. 관련서류로는 사업계획서 또는 기술·경영 지도 등의 지원요청서에 자활기업의 정관 또는 규약을 첨부하여 광역자활센터의 장, 지역자활센터의 장 또는 보장기관에게 제출해야 한다. 이 경우 광역자활센터의 장, 지역자활센터의 장 또는 보장기관은 자활기업의 지원요건, 사업계획 및 기술지원 등의 타당성과 사업수행능력 등을 고려하여 지원여부를 결정한다.

"자활기업 설립 요건"을 모두 갖춘 자활근로사업단 및 사업자(자활근로사업단을 거치지 않은 자활기업 인정 예정자)는 지역자활센터 등 자활사업 실시기관을 통해 다음의 서류를 제출하여 보장기관에 신청해야 한다. 구비서류는 ① 요건 충족에 관한 증빙서류 및 구성원 명단, ② 사업계획서(향후 매출계획 포함), ③ 최근 3월간의 매출 실적, ④ 예산계획서(창업자금 포함), ⑤ 자활기업의 정관 및 취업규칙, ⑥ 사업자등록증, ⑦ 창업전 교육 수료증, ⑧ (필요 시) 기술·경영지도 등의 지원요청서이다. 지원 신청 당시 사업자등록증을 제출하지 못할 경우 자활기업 인정 후 3개월 이내에 제출하면 된다. 미제출 시 인정이 취소된다(자활근로사업단을 통해 창업하는 경우에 한함). 사업자 등록 완료 후 자활정보시스템 계정 생성 및 지원대상 자활기업 확인서 신청이 가능하다.

자활근로사업단을 거치지 않는 사업자의 관리를 위해 보장기관은 해당 사업장의 소재지 내 실시기관을 지정해야 하며, 지정된 실시기관은 해당 사업자가 결격사유가 없는 한 관리해야 한다. 전국 및 광역자활기업을 제외한 다른 기업에 종사하는 자는 자활기업 구성원으로 참여할 수 없다(겸직금지). 보장기관은 자활기업의 지원요건, 사업계획 및 기술지원 등의 타당성과 사업 수행능력 등을 고려하여 인정 여부를 결정하고, 보장기관장 명의의 자활기업 인정서를 발급받는다. 이 경우 보장기관은 필요 시 자활기업의 사업타당성 검토를 해당 광역자활센터에 의뢰할 수 있다.

보장기관은 인정된 자활기업의 조속한 사업안정을 위해 필요한 지원을 할 수 있다. 지역자활센터 등 자활사업 실시기관은 사활기업의 실립을 도와야 하며, 운영과 판로개척 등 자활기업 육성에 대하여 적극적으로 지원·관리하여야 한다. 지원대상 자활기업은 보장기관이 인정한 자활기업 중 광역자활센터에서 지원대상 자활기업 확인서를 발급받은 기업이다. 자활기업 구성원 중 기초생활보장 수급자 및 차상위자가 3분의 1 이상이어야 한다(단, 수급자는 반드시 5분의 1 이상이어야 함). 기존 자활기업에 참여하던 수급자가 탈수급하는 경우 수급자로 산정한다. 기존 자활기업에 참여하던 수급자 및 차상위자가 전·출입 등 변동요인에 의해 감소한 경우는 5분의 1까지 인정한다.

'사회형 자활기업'은 총 고용인원이 5인 이상이고 창업 이후 5년이 경과한 법인 형태의 자활기업이 사회적 기업 육성법 시행령 제2조에 따른 취약계층을 전체 고용인원의 30% 이상 고용한 경우 지원 대상 자활기업으로 인정한다[시행규칙 개정(2019년 상반기 예정) 후 시행]. '자립형 자활기업'은 사회형 자활¹기업을 제외한 모든 자활기업을 말한다.

모든 자활기업 참여자에 대해 노동관계법령상의 최저임금 이상의 임금 지급이 가능하여야 한다. 참여자에 대해 노동관계법령상의 최저임금

---

1 <취약계층 범위> 1. 가구 월평균 소득이 전국 가구 월평균 소득의 100분의 60 이하인 사람 2. 「고용상 연령차별금지 및 고령자고용촉진에 관한 법률」 제2조제1호에 따른 고령자 3. 「장애인고용촉진 및 직업재활법」 제2조제1호에 따른 장애인 4. 「성매매알선 등 행위의 처벌에 관한 법률」 제2조제1항제4호에 따른 성매매피해자 5. 「청년고용촉진 특별법」 제2조제1호에 따른 청년 중 또는 「경력단절여성등의 경제활동 촉진법」 제2조제1호에 따른 경력단절여성등 중 「고용보험법 시행령」 제26조제1항 및 별표 1에 따른 신규고용촉진 장려금의 지급대상이 되는 사람 6. 「북한이탈주민의 보호 및 정착지원에 관한 법률」 제2조제1호에 따른 북한이탈주민 7. 「가정폭력방지 및 피해자보호 등에 관한 법률」 제2조제3호에 따른 피해자 8. 「한부모가족 지원법」 제5조 및 제5조의2에 따른 보호대상자 9. 「재한외국인 처우 기본법」 제2조제3호에 따른 결혼이민자 10. 「보호관찰 등에 관한 법률」 제3조제3항에 따른 갱생보호 대상자 11. 다음 각 목의 어느 하나에 해당하는 사람 가. 「범죄피해자 보호법」 제16조에 따른 구조피해자가 장해를 입은 경우 그 구조피해자 및 그 구조피해자와 생계를 같이하는 배우자, 직계혈족 및 형제자매 나. 「범죄피해자 보호법」 제16조에 따른 구조피해자가 사망한 경우 그 구조피해자와 생계를 같이 하던 배우자, 직계혈족 및 형제자매 12. 그 밖에 1년 이상 장기실업자 등 고용노동부장관이 취업 상황 등을 고려하여 「고용정책 기본법」 제10조에 따른 고용정책심의회(이하 "정책심의회"라 한다)의 심의를 거쳐 취약계층으로 인정한 사람이다.

이상의 임금 지급이 지속적으로 가능한 자활사업단은 특별한 사유가 없는 한 자활기업으로 전환해야 한다. 단, 노동관계법령상의 최저임금 이상의 임금 지급이 당해 시점에서 불가능한 경우라 하더라도, 최근의 수익 실적의 상승추세와 생산성 향상 추세를 감안하여 자활기업으로 독립하여 자체적으로 운영하는 것이 바람직하다고 보장기관이 판단할 경우 자활기업으로 전환할 수 있다(자활기업 전환 시 자활근로사업단 매출액이 자체 수입이 됨에 따라 생산성이 크게 향상될 것으로 판단되어 전환 즉시 최저임금 이상의 임금액을 지급할 수 있을 경우 등). 한시적 인건비를 지원받는 수급자의 경우 자활기업 근로일수가 시장형 자활근로 사업단의 조건이행 기준을 충족해야 한다.

자활근로사업단의 자활기업 전환 시 사업의 동일성을 유지해야 한다. 자활근로사업단이 수행한 사업과 동일하여야 하며, 보장기관의 승인을 얻어 사업을 추가할 수 있다. 단, 자활근로사업단에서 전환되는 자활기업이 아닌 신규로 자활기업을 구성하는 경우에는 적용하지 않는다. 자활기업 전환 시 자활근로사업단에 소속되지 않았던 사람을 참여시키고자 할 경우에는 경영·기술상의 필요성이 있는 경우로 한하고, 자활기업 전체 인원의 3분의 1을 초과할 수 없다. "창업 설립 교육"과 "보수 교육"을 이수해야 한다. 자활기업 창업 예정자 중 절반 이상은 한국자활연수원의 "창업 설립 교육"을 반드시 수료해야 한다.

자활기업은 매출적립금을 활용하여 창업자금을 지원받을 수 있다. 지원금액은 3분의 2 이상 전환 시 적립된 창업자금의 100% 이내, 2분의 1 이상 전환 시 적립된 창업자금의 70% 이내, 2분의 1 미만 전환 시 적립된 창업자금의 50% 이내이다. '사업단 구성인원'은 사업단의 사업종료 전월로부터 최근 6월간 평균 참여자 수이다. 매출적립금 지원 시 전세자금 및 임대보증금 등은 센터 명의로 관리하며, 현금성 자산을 제외한 시설 및 장비는 보장기관 승인을 거쳐 자활기업 명의로 직접 지원이 가능하다, 단, 지원된 시설 및 장비는 자활기업이 임의로 처분할 수 없으며 자활기업 인성서 반납 및 회수, 휴·폐업 등 자활기업 종료 시 잔여재산 반납 또는 매각 후 자활기금 및 중앙자산키움펀드로 반납해야 한다.

한시적 인건비 지원은 수급자 및 취약계층의 자활기업 참여를 촉진하고 자활기업의 경영안정화를 도모하기 위함이다. 자활기업에서 인력지원 형태로 자활근로참여자를 같은 사업에 투입하는 경우 자활근로 참여자가 자활기업의 구성원이 되지 못하는 불이익을 해소하기 위해서이다. 자활근로사업단의 자활기업 전환 시 최대한 많은 수급자가 자활기업 구성원으로 포함되도록 유도한다. 신규 창업(인정) 자활기업의 수급자 채용 유도 및 초기 안정 지원이 목적이다. 자활기업 "지원대상 자활기업 요건"을 충족한 자활기업으로서 자활사업 실시기관 또는 자활기업으로부터 지원요청이 있는 자활기업 대상이다.

지원대상자별 지원기간 및 재원은 ① 국민기초생활보장수급자(생계, 의료, 주거, 교육급여 수급자, 자활특례자)의 지원기간은 최초 한시적 인건비 지원결정일로부터 최대 5년까지이다. 6개월 단위로 보장기관이 한시적 인건비 지원 적절성 여부를 판단(재신청 필요)한다. 자활근로사업 인건비에 대해 보장기관은 동 인건비지원에 관한 예산을 최우선으로 편성하여 집행토록 해야 한다. 자활기업 구성원 간의 급여차이로 인한 갈등을 방지하기 위하여 인건비 지원 자활기업 참가자의 기술정도에 따라 한시적인건비 지원과 별도로 자활기업 수익금으로 추가임금을 지급할 수 있다. ② 비수급 자활근로참여자에 대한 지원기간은 자활기업 인정 후 초기 6개월간이고, 재원은 기존 자활근로사업단의 수익잉여금이다. ③ 전문인력에 대한 한시적 인건비는 최초 인건비 지원결정일로부터 최대 5년간 지원한다. 6개월 단위로 보장기관이 한시적 인건비 지원 적절성 여부를 판단(재신청 필요)하고, 재신청 시 전문인력 채용 필요성 및 효과성(기대효과)에 대한 증빙자료를 제출하여야 한다. 전문인력 범위는 기획, 인사·노무, 영업, 마케팅·홍보, 교육·훈련, 회계·재무, 법무 등 기업 경영에 필요한 특정 분야 업무에 3년 이상 종사한 자이다. 국가기술자격법상 기술사, 기능장 등의 자격증을 소지하거나, 기사·산업기사·기능사 자격증 또는 개별법상 국가자격증을 소지하고 해당 분야에서 2년 이상 근무한 자, 자활사업 3년 이상 종사한 자 중 사회복지사 자격증 소지자이다.

신청방법은 자활기업 대표 또는 자활사업 실시기관장은 신청서, 고용유지확약서, 근로(고용)계약서, 지원대상자활기업 확인서 등을 보장기관에 제출해야 한다. 자활기업 공동대표자의 한시적 인건비를 신청할 때는 1인을 제외한 나머지에 대해서는 근로(고용)계약서 대신 사업자등록증을 제출한다. 이 경우, 보장기관은 광역자활센터 및 중앙자활센터가 발급하는「지원대상자활기업 확인서」를 확인하여 지급 여부를 결정하여야 한다. 전문인력 한시적 인건비 신청 시 자격(경력)관련 서류를 제출하여야 하며 재신청 시 전문인력 채용 필요성 및 효과성에 대한 증빙자료를 제출해야 한다.

지원 내용은 인건비로서 시장진입형 자활근로 기준 인건비(급여), 기타 주차·월차 수당, 실비 수당, ① 국민기초생활보장수급자(생계, 의료, 주거, 교육급여 수급자, 자활특례자)로 2년까지 인건비 및 기타 수당 지원 금액의 100%, 2년 초과 5년까지 인건비 및 기타 수당 지원 금액의 50%, ② 비수급 자활근로참여자는 초기 3개월은 100%, 이후 3개월은 50%를 지원한다. ③ 전문

업무처리 절차

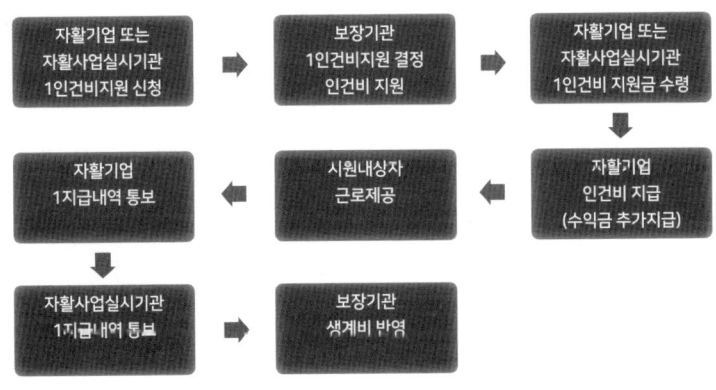

인력 인건비 한시적 지원은 자활기업의 업종유형 및 경력산정에 따라 월 250만 원 한도 지원(기업부담 4대보험료 포함)하고, 자활기업의 수익금으로 추가로 임금 지급이 가능하다.

자활기업의 지원내용

자활기업은 매출적립금을 활용하여 창업자금을 지원받는다. 자활기금[2]을 활용하여 사업자금을 융자해 주거나 전세점포 임대를 지원한다. 자활기업의 사업에 필요한 작업장 등의 장소를 마련해야 할 경우에는 국·공유지를 우선 임대하여 지원한다. 국가 또는 지방자치단체가 실시하는 사업의 경우에는 우선 위탁한다. 국가 또는 지방자치단체의 조달 구매 시 자활기업의 생산품을 우선 구매하도록 한다. 기초생활보장수급자를 채용할 경우에는 인건비를 지원한다. 기타 수급자의 자활 촉진을 위한 각종 사업을 지원한다. 보장기관은 지원 대상 자활기업으로 결정한 날로부터 2년 동안 직접 또는 지역자활센터를 통해 지원(단, 보장기관이 필요하다고 인정하는 경우 3년까지 지원)한다. 기간별로 한시적 인건비를 지원한다.[3] 비수급 자활근로 참여자는 초기 3개월은 100%, 이후 3개월은 50%를 지원한다.

지원기간이 경과한 자활기업에 대하여 지방자치단체는 "지원대상 자활기업 인정" 요건에 따라 추가 지원 여부를 판단한다. 자활기업 추가 지원기간은 2년(최대 5년)이다. 최초 자활기업 참여 당시에는 수급자였으나, 자활기업 참여 도중 탈수급한 참여자가 계속해서 참여하고 있는 경우에는 수급자로 지정한다. 보장기관 및 지역자활센터는 원칙적으로 지원대상 자활기업을 지원기간 동안만 관리하고, 지원기간이 종료된 이후에는 자활기업에 대한 관리도 종료하도록 한다. 자활기업 지원기간이 종료되

---

2 자활지원사업의 원활한 추진을 위하여 국가나 지방자치단체에서 일정한 금액을 정하여 적립할 수 있도록 하고 있다.

3 수급자(자활특례포함). 1년까지 인건비 및 기타 수당 지원 금액의 100%, 1년 초과~2년까지 인건비 및 기타 수당 지원 금액의 50%를 지원한다.

고, 관리대상자(수급자)가 없는 자활기업은 중앙자활센터 및 광역자활센터에서 관리하도록 한다. 전국 자활기업이 위치한 사무소의 소재지를 관할하는 시·도에서는 자활기금에서 사업비를 지원한다.

사업비를 지원할 때에는 우선 자활기금에서 지급하고, 자활기금에서 지급이 어려운 경우에는 자활근로예산에서 지원한다. 사업비는 전문가 사용(기업당 3명 이내), 홍보 등 전국자활기업 활성화를 위해 필요한 사업추진에 사용하도록 하고 있다. 시·도지사는 적합한 자활사업 실시기관을 지정 관리한다. 전국 자활기업의 회원 사업체 추가 및 변경은 중앙자활센터 승인을 통해 할 수 있고, 규모화를 위해 필요한 경우 자활근로사업단이 준회원으로서 전국 자활기업에 참여할 수 있도록 허용한다. 창업자금을 지원할 경우에는 차량 및 시설·장비(1,000만 원 이상)는 보장기관의 승인을 거쳐 자활기업 명의로 직접 지원할 수 있다. 한시적 인건비 신청기간(자활기업 인정일로부터 3년)이 경과하더라도 지원요건을 충족하는 '지원대상 자활기업'은 계속 신청 가능(단, 소속기업과 관계없이 최대 5년 동안 수급자 인건비의 50%를 지원)하다. 탈수급자에 대한 4대 보험료를 기업 부담금에서 지원할 수 있는 근거를 명시하도록 한다. 기존 자활기업 참여자의 사회보험료 지원을 탈수급자에 대한 자활기업의 기업부담금으로 지원할 수 있도록 범위를 확대하도록 하고 있다. 분야별 우수한 자활기업에 대하여 지원한다. 창업 후 5년이 경과한 우수 자활기업에 최대 1억 원의 사업비를 지원하고, 공공조달 시장에 진출할 수 있도록 지원(공공기관 입점, 복지부 위탁 사업 시 우선권 부여)한다. 자활기업이 사업장(점포 등)을 임대할 경우 주변 시세를 참고하여 2억 원을 초과하여 지원할 수 있다.

지역자활센터의 지정, 변경 및 지정취소

지역자활센터로 지정받을 수 있는 단체는 지역사회복지사업 및 자활지원사업의 수행능력과 경험 등이 있는 사회복지법인 등 비영리법인이다. 사회복지법인 등 비영리법인이 없거나 자활사업 수행이 어렵다고 판단되는 지역의 경우, 지방자치단체에서 지역자활센터를 직접 신청(운영)할 수 있다. 지정 시 고려사항은 신청인의 지역사회 복지사업 및 자활지원사업의 수행능력 및 경험 등이다. 사업계획서의 타당성 여부는 지역자활센터의 지역간 균형 배치 1개, 시·군·구별 1개 센터 설치 원칙하에 판단하고 구조조정 등을 추진한다. 신청인 소재지의 자활지원 수요 및 저소득층 밀집 정도, 그 밖에 신청인의 소재지를 관할하는 시장·군수·구청장 및 시·도지사의 의견 등을 반영한다.

지역자활센터로 지정을 받고자 하는 자는 다음 서류를 첨부하여 관할 시장·군수·구청장 및 시·도지사를 거쳐 보건복지부장관에게 신청해야 하고, 지역자활센터를 설치하고자 하는 각 시·도 및 시·군·구는 관할지역에 다수의 신청인(법인 등)이 있을 경우 자체심사 등을 통하여 최종 하나의 신청인(법인 등)을 선정한 후 지정 신청한다. 첨부서류는 지역자활센터 지정 신청서[자활서식 45]가 필요하고[4] '사업계획서'에는 다음의 내용이 포함되어야 한다.

① 지역특성 및 지역자활센터 설치의 필요성
② 지역자활센터의 운영 목표
③ 신청자(기관) 관련사항: 고유목적사업내용 및 수행실적, 운영책임자 및 실무수행인력의 경력, 창업 및 자활지원사업 수행경험, 지역사회 공공·민간기관과의 연계관련 실적
④ 지역자활센터 운영계획: 실시예정 사업내용, 직원채용 및 시설 확보 계획, 지역자활센터 사업의 시행·정착을 위한 단계별 계획, 지역사회와 다른 자원과의 연계계획
⑤ 사업별 세부계획: 사업실시배경(지역사회 조사결과 등), 사업내용, 사업

---

[4] 법인인 경우 법인등기부등본 및 정관 사본, 단체인 경우 회칙·규약 등(사본).

별 예상매출액 및 수익금과 자활기업 발전가능성에 대한 진단, 지역자활센터의 역할, 일감 또는 판매처 확보계획, 기대효과 등
⑥ 예산안(세부 사업별 예산 포함)
⑦ 다른 기관의 지원에 의하여 수행하고 있는 복지·자활관련 사업이 있는 경우 그 내용 및 예산

자활센터 지정절차

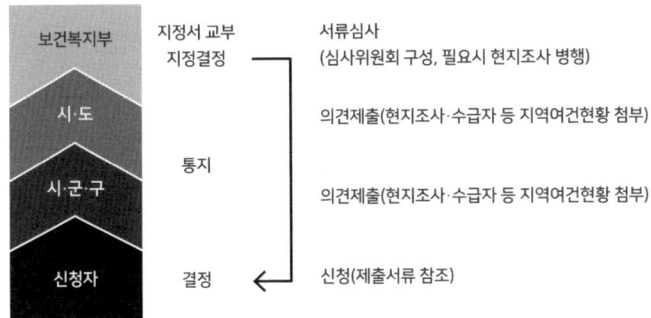

지역자활센터 운영현황

구분	계	서울	부산	대구	인천	광주	대전	울산	세종
현황	249	30	18	9	11	9	5	5	2
구분		경기	강원	충북	충남	전북	전남	경북	경남	제주
현황		33	17	12	14	17	23	20	20	4

'지역자활센터'는 근로능력이 있는 저소득층에게 집중적·체계적인 자활지원서비스를 제공함으로써 자활의욕 고취 및 자립능력 향상을 지원한다. 기초수급자 및 차상위계층의 자활 촉진에 필요한 사업을 수행하는 핵심 인프라로서의 역할을 수행할 수 있도록 하기 위함이다.[5] 또한 자활을 위한 정보제공·상담·직업교육 및 취업알선을 하는데, 창업을 통해 자활할

---

5 이는 국민기초생활보장법 제16조에 근거한다.

수 있도록 기술·경영지원을 하고, 창업 후에도 적극적인 사후관리를 통해 완전 자립할 수 있도록 지원한다. 사회서비스지원 사업, 장애인, 산모·신생아, 노인 돌보미 바우처사업 등 사회서비스사업을 위탁 수행한다. 수급자나 차상위자의 자활사업 참여나 취업·창업으로 인하여 지원이 필요하게 된 가구에 대하여 사회복지서비스 등 필요한 서비스를 연계하고, 그 밖에 수급자 등의 자활을 위한 각종 사업을 전개한다.

중앙자활센터 내부자료에 의한 자활기업 현황을 보면, 자활기업은 전국 5대 표준화사업(간병, 집수리, 청소, 폐자원활용, 음식물재활용) 및 외식·도시락, 산모도우미 등에 종사하고 있고, 2019년 기준 자활기업은 1,100여 개, 광역자활기업은 34개, 전국자활기업은 4개로 운영하고 있다. 자활기업의 지속년수는 3년 미만이 31.4%이고, 10년 이상 유지되는 기업도 107개로 7.9%를 차지한다.

2019년도 지역자활센터 규모별 현황

계	확대형(25%)	표준형(50%)	기본형(22%)	최소형(3%)
249	62	125	58	4

*2017년도 실시한 규모평가 결과를 2018~2020 3년간 적용

보건복지부는 자활기업 활성화 대책을 통해, 빈곤층을 대상으로 일자리를 확대하고, 소득 재분배와 저소득층의 계층 이동이 가능한 환경을 조성하기 위해 노력한다는 방침이다. 이를 위해 2022년까지 자활기업 수를 현재 1,100개에서 2,100개로, 총 고용수를 1만 1,000명에서 3만 1,500명으로, 자활기업 종사자 중 청년 고용비율을 3%에서 10%로 증가하도록 지원하겠다고 밝혔다. 보건복지부가 제시한 청년 취·창업 지원 방안 등 5가지 대책은 다음과 같다.

① 청년 취·창업 지원 강화(자활근로 사업단 및 자활장려금 도입)
② 자활기업 문호 개방 및 규모화 지원
③ 자활사업 참여절차 개편 및 참여자 역량 강화
④ 자활기업 지원 기반(인프라) 개편
⑤ 자활기금 적극 지원 체계 마련 등

자활기업에서는 참여자들의 소득에 근간을 두되, 참여자들의 인적자본의 개발에 좀 더 초점을 두는 사람중심의 투자가 필요하다. 기초생활보장제도의 조건부수급자 중 상대적으로 근로능력 점수가 높은 참여자들도 사업이나 취업경험, 교육 등의 인적자본 역량과 관련 지표가 매우 낮은 것이 현실이다. 자활기업 참여자의 상당수가 중장년층, 여성, 그리고 대부분이 고등학교 졸업 이하이다. 소위 취업취약계층의 인적 자본이 낮은 것은 당연한 것 같지만, 취약계층이 자활사업에 참여하면서도 근로 역량과 인적 자본의 수준과 범위를 크게 올릴 수 있는 기회가 주어지지 않고, 그러한 지원체계가 마련되어 있지 않다는 것이 더 큰 문제라고 할 수 있다. 게다가 자활기업 참여자의 공동체 참여는 자발적이기보다 조건을 부과하였기 때문이다. 그리고 인적자본이 취약한 참여자들에게 단기간에 '자활근로 → 자활기업 → 자립'의 경로로 이끌어야 하는 지역자활센터에 모든 책임을 부여하면서도 재정지원과 자활수단은 제한하고 있기 때문이다.

지역자활센터에서는 자활 역량이 있다고 판단되는 참여자들에게 1년 정도의 교육이나 근로위탁 등의 수단은 원천적으로 활용할 수 없는 구조이다. 창업과 경영이 십수년의 경험을 통해서도 어려운 것이 현실인데 자활근로사업단에서 1년여의 경험을 토대로 취업·창업을 하라고 하는 것은 애초부터 무리한 요구이다. 따라서 향후 자활기업 지원은 참여자 중심, 사람중심으로 개편되어야 한다. 참여자들의 다양한 특성을 반영한 다양한 지원체계와 교육훈련체계가 구축되고, 지역자활센터가 이를 자유롭게 활용할 수 있어야 한다.

현재의 자활기업 참여자들은 빈곤에서 벗어났다고 볼 수 있을까? 대부분의 자활 전문가들의 의견과 자활기업 참여자들의 소득을 볼 때, 탈빈곤 상태라고 하기 어려운 것이 사실이다. 자활기업이 활성화되기 위해서는 자활기업 참여자들에 대한 급여체계의 개선과 참여기간의 조정이 필요하다. 단지 2년간의 준비기간을 거쳐 창업으로 밀어내고 있기 때문에, 지역자활센터에는 강한 자극이 될 수 있지만 궁극적으로는 부실한 자활기업을 양산하는 결과를 초래하고 만다. 그리고 자활기업 활성화를 위해서는 자활기업 생산품에 대한 우선 구매, 사회투자비 지원, 품질개선 비용 지원 등과 판로개척에 대한 지원이 따라야 할 것이다.

보건복지부에서는 2018년 자활기업의 활성화, 구체적으로 저소득층 지원과 일할 권리 보장을 위해 대책을 발표했다. 기초생활보장 수급자나 차상위계층 등 빈곤층의 일자리 확대와 근로소득 증가를 통해 소득불평등을 개선한다는 것이다. 소득이 낮은 사람의 소득증가율이 소득이 높은 사람의 소득증가율보다 높은 경우 소득불평등이 개선되었다고 볼 수 있기 때문에, 저소득층의 소득증가에 집중적인 지원을 하겠다는 것이다. 이것은 문재인 정부의 소득주도성장과 맥락을 같이하는 것이라고 볼 수 있다. 또한 저소득층의 일할 권리 보장을 위해 취업성공패키지, 자산형성지원사업, 자활근로·자활기업 취·창업 등에 대한 지원을 확대할 계획이다. 청년키움통장 등 자산형성지원사업은 탈수급률이 64%나 되어 성공적으로 보이지만, 자활기업에 대한 참여가 낮아 재편이 필요한 상황이다.

자활기업은 근로빈곤층의 공동창업을 통한 탈빈곤의 통로뿐 아니라 사회적 기업 등 사회적경제 조직으로 성장할 수 있는 기저 역할을 한다. 현재 자활기업의 약 37%가 사회적 기업이나 사회적협동조합으로 성장하였다. 따라서, 종전의 창업 전단계에서 집중적으로 지원하던 것을 자활기업의 창업과 시장에서의 자립을 체계적으로 지원하는 체제로 전환할 필요가 있다. 이제는 자활기업에 대한 보건복지부만의 지원에서 벗어나 정부 부처 간 협업을 통해 자활기업의 지속가능성을 담보하고, 일자리 창출에 만전을 기해야 한다.

참고자료

참고문헌

강수돌, 2017, 『영화관에 간 경제학자』, 동녘.
강태진 외, 2017, 『코리아아젠다 2017』, 나녹.
강태진, 2016, 『코리아4.0 지금이다』, 나녹.
강태진, 2016, 『패션 공학을 입다』, 나녹.
게르하르트 슈레더, 2017, 『게르하르트 자서전』, 김택환 옮김, 메디치미디어.
경기도교육청, 2012, 『학교혁신과 창의성 교육의 세계적 흐름』, 경기도교육청.
고이 평화재단, 2010, 『깨어 있는 자본주의』, 이수경 옮김, 에이지21.
김경희, 2019, 『틀 밖에서 놀게 하라』, 포르체.
김대호, 2009, 『노무현 이후, 새시대 플랫폼은 무엇인가』, 한걸음더.
김민주, 2015, 『자본주의이야기』, 미래의 창.
김상근 외, 2015, 『어떻게 살 것인가』, 21세기북스.
김상조, 2012, 『종횡무진 한국경제』, 오마이북.
김성오 외, 2013, 『우리, 협동조합 만들자』, 겨울나무.
김수행, 1993, 『정치경제학 특강』, 새날.
김수행, 2009, 『알기쉬운 정치경제학』, 서울대학교출판부.
김수행, 2009, 『자본론으로 한국경제를 말하다』, 시대의 창.
김수행, 2010, 『청소년을 위한 국부론』, 두리미디어.
김수행, 2012, 『마르크스가 예측한 미래사회』, 한울.
김수행, 2013, 『청소년을 위한 자본론』, 두리미디어.
김수행, 2014, 『자본론 공부』, 돌베개.
김신양 외, 2016, 『한국사회적경제의 역사』, 한울.
김의영·마우라 히로키 편, 2015, 『한중일사회적경제』, 진인진.
김현대 외, 2012, 『협동조합, 참 좋다』, 푸른지식.
노무현, 2009, 『진보의 미래』, 동녘.
노엄 촘스키, 2017, 『공공선을 위하여』, 강주헌 옮김, 시대의창.

노엄 촘스키·미셸 푸코, 2017, 『인간의 본성을 말하다』, 이종인 옮김, 시대의창.
니콜라우스 피퍼, 2006, 『경제의 역사』, 비룡소.
니콜라우스 피퍼, 2008, 『청소년을 위한 경제의 역사, 유해자 옮김, 비룡소.
닉 라킨·베로니카 슈벨, 2011, 『지역과 상생하는 기업핵심전략』, 강주현·김정수 옮김, 생각비행.
데이비드 맥낼리, 2011, 『글로벌 슬럼프』, 강수돌·김낙중 옮김, 그린비.
데이비드 브룩스, 2015, 『인간의 품격』, 김희정 옮김, 부키.
라즈 파텔, 2011, 『경제학의 배신』, 제현주 옮김, 북돋움.
레이첼 카슨, 2011, 『침묵의 봄』, 김은령 옮김, 에코리브르.
로레타 나폴레오니, 2009, 『적과의 동침』 황숙혜 옮김, 웅진윙스.
로저 백하우스, 2019, 『경제학의 역사』, 김현규 옮김, 시아.
루이기 진갈레스, 2016, 『사람들을 위한 자본주의』, 김석진·박영준 옮김, 한국경제신문.
루이기 진갈레스, 2018, 『사람들을 위한 자본주의』, 김석진·박영준 옮김, 한국경제신문.
뤼트허르 브레히만, 2016, 『리얼리스트를 위한 유토피아 플랜』, 안기순 옮김, 김영사.
리처드 파인만, 2008, 『과학이란 무엇인가?』, 정무광·정재승 옮김, 승산.
마스다 하로야, 2015, 『지방소멸』, 김정환 옮김, 미래엔.
마크 블라이스, 2016, 『긴축』, 이유영 옮김, 부키.
문선희, 2016, 『묻다』, 책공장 더불어.
문소영, 2014, 『그림 속 경제학』, 이다미디어.
문재인, 2011, 『운명』, 가교출판.
미국국가정보위원회, 『NIC 미래예측보고서』(2017), 이미숙 옮김, 예문.
미쓰하시 다카아키, 2012, 『누가 한국경제를 망쳤는가』, 정영태 옮김, 초록물고기.
박경철, 2011, 『시골의사 박경철의 자기혁명』, 리더스북,
박영숙·제롬 글렌, 2019, 『세계미래보고서 2019』, 비즈니스북스.
박웅현, 2011, 『책은 도끼다』, 북하우스.
박원순, 2011, 『세상을 바꾸는 1,000개의 직업』, 문학동네.
벤저 휴브레츠, 2016, 『공정무역 사회적 기업』, 한국공정무역연합 옮김, 시대의창.
변형윤, 2019, 『학현일지』, 현대경영사.
새뮤얼 보울스 외, 2009, 『자본주의 이해하기』, 최민식·이강국·최규규 옮김, 후마니타스.
수전 손택, 2011, 『타인의 고통』, 이재원 옮김, 이후.
스테파노 자마니 외, 2015, 『21세기 시민경제학의 탄생』, 북돋움 제현수 옮김,

스테파노 자마니·베리 자마니, 2012, 『협동조합으로 기업하라』, 송성호 옮김, 김현대 감수, 북돋움, 한국협동조합연구소.
신성식·차형석, 2013, 『당신의 쇼핑이 세상을 바꾼다』, 알마.
신필균, 2011, 『복지국가 스웨덴』, 후마니타스.
아서 C. 브룩스, 2010, 『사회적 기업을 디자인하라』, (재)함께일하는재단 옮김, 함께일하는재단.
알렉산더 F. 레이들로, 2000, 『레이들로 보고서』, 김동희 옮김, (사)한국협동조합연구소 출판부.
앤드류 매클라우드, 2013, 『협동조합, 성경의 눈으로 보다』, 홍병룡 옮김, 아바서원.
야마모토 시게루, 2011, 『사회적 기업 창업 교과서』, 김래은 옮김, 생각비행.
오세철, 2004, 『사회주의와 노동자 정치』, 박종철출판사.
오연천, 2017, 『국가재정의 정치경제학』, 21세기북스.
오형규, 2013, 『경제학 인문의 경계를 넘나들다』, 한국문학사.
윌리엄 F. 화이트 외, 2012, 『몬드라곤에서 배우자』, 김성오 옮김, 역사비평사.
유시민, 2011, 『국가란 무엇인가』, 돌베개.
유영제, 2019, 『적정기술이 만드는 아름다운 세상』, 나녹.
윤형근, 2013, 『협동조합의 오래된 미래 선구자들』, 그물코..
이준구·이창용, 2012, 『경제학 원론』(2012), 법문사.
장용석 외, 2015, 『사회적 혁신 생태계』, CS컨설팅&미디어.
장종익, 2015, 『협동조합비즈니스 전략』, 동하.
장하준, 2010, 『그들이 말하지 않는 23가지』, 부키.
장하준, 2014, 『장하준의 경제학강의』, 부키.
장하준·정승일, 2009, 『쾌도난마 한국경제』, 이종태 엮음, 부키.
저스민 폭스, 2010, 『죽은 경제학자들의 만찬』, 윤태경 옮김, 랜덤하우스.
정운영, 2006, 『자본주의 경제산책』, 웅진씽크빅.
정운영, 2006, 『자본주의 경제산책』, 웅진지식하우스.
정태인·이수연, 2013, 『협동의 경제학』, 레디앙.
제러미 리프킨, 2005, 『유러피안 드림』, 민음사.
제러미 리프킨, 2010, 『공감의 시대』, 이경남 옮김, 민음사.
제러미 리프킨, 2012, 『3차 산업혁명』, 안진환 옮김, 민음사
조국, 2011, 『진보집권플랜』, 오마이북.

조나단 B. 와이트, 2003, 『애덤 스미스 구하기』, 안진환 옮김, 생각의 나무.
조승연, 2015, 『비즈니스 인문학』, 김영사.
조우석, 2011, 『나는 보수다』, 동아시아.
조재석 외, 2014, 『기독교사회적 기업』, 동연출판사.
조재석 외, 2015, 『교회를 위한 사회적 기업 가이드북』, 만우와 장공.
조재석 외, 2016, 『알기쉬운 사회적경제』, 아산시청.
조재석 외, 2019, 『경남 사회적경제 이해하기』, 경상남도 사회적경제통합지원센터.
조재석, 2014, 『사회적경제플랫폼』(), 교보문고 퍼플.
조재석, 2016, 『알기쉬운 사회적경제』, 아산시.
조지 제이콥 홀리요크, 2013, 『로치데일 공정선구자협동조합』, 정광민 옮김, 그물코.
존 레스타키스, 2011, 『협동조합은 어떻게 세상을 바꾸는가』, 착한책가게.
존스턴 버첼, 2012, 『사람중심 비즈니스, 협동조합』, 장승권·김동준·박상선 옮김, 한울.
줄리엣 B. 쇼어, 2011, 『제3의 경제학』, 구계원 옮김, 위즈덤하우스.
지역재단, 2011, 『지역을 일구는 사람들』, 지역재단.
지역재단, 2012, 『협동과 연대의 주체, 새로운 협동조합을 말한다』, 지역재단.
최인석, 2020, 『사회적 가치 비즈니스』, 지형.
최진기, 2016, 『21세기 자본』, 휴먼큐브.
최진석, 2015, 『생각하는 힘 노자인문학』, 위즈덤하우스.
KBS 명견만리제작팀, 2016, 『명견만리』, 인플루엔셜.
케이트 레이워스, 2018, 『도넛 경제학』, 홍기빈 옮김, 학고재.
클라우드 슈밥 외, 2016, 『4차산업혁명의 충격』, 김진희 외 옮김, 흐름출판.
토리 로젬 외, 2007, 『에퀴티』, 이동환 외 옮김, 지식공작소.
토머스 모어, 2007, 『유토피아』, 주경철 옮김, 을유문화사.
팀 잭슨, 2013, 『성장 없는 번영』, 전광철 옮김, 착한책가게.
파커 J. 파머, 2018, 『비통한 자들을 위한 정치학』, 김찬호 옮김, 글항아리.
파크 피셔, 2018, 『자본주의 리얼리즘』, 박진철 옮김, 리시올.
페터 울리히, 2010, 『신자유주의시대 경제윤리』, 이혁배 옮김, 바이북스.

참고자료

- 버블 프로젝트: 강대성, 2013, 「사회적 기업의 혁신」, 아시아경제
- 시빅 벤처스: 최숙희, 2012, 「사회공헌형 고령자 일자리 활성화 방안」, 한국소비자원 소비자칼럼
- 자이푸르, 군제이: 변진경, 2010, 「세상을 바꾸는 아시아 착한 기업들」, 『시사in』, 2010
- 주마벤처스: 김진오, 2009, 「미국 '주마벤처스' 매년 청소년 400명에게 '희망의 일자리'」, 아시아경제.
- 노리단: 편성희, 2010, 「신나게 놀며 돈 벌고 환경도 살리고…」, 아름다운 동행.
- 로치데일: 조지 제이콥 홀리요크, 2013, 『로치데일 공정선구자 협동조합 역사와 사람들』, 그물코.
- 협동조합 원리: 김현대, 2012, 「대안적 삶, 세계 협동조합」, 『녹색평론』.
- 사회적 협동조합과 일반 법인의 차이점: 기획재정부, 2015, 「협동조합 업무지침」.
- 협동조합 7원칙: '협동조합 정체성에 대한 선언(Statement on the Co-Operative Identity)', ICA 100주년 총회, 1995.
- 몬드라곤 위치: https://www.google.co.kr/maps/@
- 홍동마을: 충남발전연구원·홍동마을 사람들, 2014, 『홍동마을 이야기』.
- 로컬푸드: 윤병선, 2015, 「로컬푸드 활성화를 위한 과제」.
- 사회적 기업의 비즈니스 모델: 라준영, 2010, 「사회적 기업의 비즈니스 모델」.
- 도시재생 대상, 범위: http://www.gico.or.kr/business/urban/urbanintro.do
- 거버넌스 정의 : https://ko.wikipedia.org/wiki/%EB%89%B4_%EA%B1%B0%EB%B2%84%EB%84%8C%EC%8A%A4
- 영국 사회적 기업 Charity Awards 평가기준: 희망제작소 www.makehope.org ()

방송, 토론 및 대담 등

- 홍기빈, 2013, 「살림살이 경제학을 위하여(사회적 경제의 개념 및 역사)」
- 라준영, 2015, 「사회적경제 리더십 포럼 5회, (사회적경제 생태계와 성장자본)」.
- 지역재단, ????, 「로컬푸드 활성화를 위한 거버넌스 구축방안」, 제35차 지역리더 포럼.
- 전국사회연대경제지방정부협의회, 2015, 제7차 사회적경제 국제공동포럼,
- 전국사회연대경제지방정부협의회, 2015, 제8차 사회적경제 국제공동포럼.
- 서울시사회적경제지원센터, 2015, 『서울시 협동조합 활동 보고서』.

- 아산시, 2015, 『아산시 사회적경제인 육성 아카데미 교육』.
- MBC, 2011, 『착한 기업: 지역의 운명을 가르다』.
- KBS, 2011, 『명품도시: 뉴욕』.
- SBS, 2013, 『최후의 제국』.

홈페이지

- 아쇼카 한국: korca.ashoka.org
- 아라빈드 병원: www.aravind.org - Life straw : www. vestergaard.com   /our-products/lifestraw
- 룸투리드 홈페이지: www.roomtoread.org
- 키바: www.kiva.org - 마이크로 플레이스 : www.microplace.com/
- 리모션디자인: http://www.remotiondesigns.org
- 프라이탁: www.freitag.ch - Table for 2 : www.tablefortwoblog.com
- 군제이: goonj.org - Per Scholas : perscholas.org
- 주마벤처스: www.jumaventures.org/
- 아름다운가게: www.beautifulstore.org
- 메자닌아이팩: http://www.m-box.co.kr/
- 더불어사는사람들: mfk.or.kr
- 더사랑: thesarang.co.kr
- 행복한동행 사업단: www.happypartner.co.kr
- 제주올레: www.jejuolle.org
- 레가쿠프: www.legacoop.coop
- 무리(MURRI): http://www.cooperativa-murri.it/
- 몬드라곤협동조합 복합체: www.mondragon.mcc.es
- FC바르셀로나: www.fcbarcelona.com/
- AP통신: www.ap.org/
- 라보뱅크: www.rabobank.com
- 한살림: www.hansalim.or.kr/
- 홍동면 마을활력소: hongseongcb.net/2015/ 블로그 : treemom05.blog.me   /220517677650
- 아산제터먹이사회적협동조합: http://cafe.daum.net/localfoodsocialcoop
- 해피브릿지 협동조합(HBM): www.happybridgecoop.com
- 완주공동체지원센터: www.wanjucb.org
- 통인커뮤니티: http://blog.naver.com/yachtpia?Redirect=Log&logNo=80191921917
- 행복한동행사업단: www.happypartner.co.kr

사진

- 아라빈드 병원 : http://marketinghightech.net/the-book/chapter-4/ch4-aravind
- 룸투리드 quintessentially foundation 히말라야 도서관 http://www.lavanlegal.com.au/index.php/community-engagement/room_to_read#room_to_read
- 자이푸르니 : http://www.medgadget.com/2013/08/update-on-the-jaipurknee-knee-joint-for-developingworld-amputees.html
- 자이푸르니, 군제이 사진 : http://www.sisainlive.com/news/articleView.html?idxno=9005
- 주마벤처스 : http://blog.naver.com/sk_sesang?Redirect=Log&logNo=220165248695
- 로치데일 협동조합 : https://commons.wikimedia.org/wiki/File:ToadLane2009.jpg
- 백석올미마을 : http://matgoon.co.kr/goods/view?no=73
- 프롬나드 플랑테 : http://www.u-story.kr/m/post/228# https://www.likealocalguide.com/paris/promenade-plantee-coulee-verte
- 마을기업 슬로우푸드 : http://www.agrinet.co.kr/news/articleView.html?idxno=139844

# 찾아보기

AP통신 422
DJSI 236
EU 106, 121, 289, 303
FC바르셀로나 421
FTA 59, 65, 185, 198, 432
GDP 72, 73, 85, 109, 126, 198, 202, 207, 208, 223, 224, 276, 390, 407
GIIRS 252, 254
IRIS 251, 254, 255, 256
KOTRA 296
OECD 65, 66, 72, 82, 84, 87, 88, 89, 90, 100, 101, 102, 104, 110, 111, 112, 113, 114, 122, 123, 198, 207, 208
REDF 253
SOC 152, 295, 417
SROI 251, 253, 254, 255

ㄱ

가가와 도요히코 377, 378, 379
가격탄력성 171
가렛 하딘 173
가상화폐 467, 469
갓골어린이집 430
거버넌스 131, 159, 203, 214, 215, 216, 217, 218, 219, 224, 226, 294, 430, 453
거시경제학 43, 50
경제권력 38, 66, 75, 161, 211, 229
경제민주화정책 101
경제발전이론 51
경제표 22
경제학원리 47
계획경제 9, 20, 32, 56, 167, 259

고령화사회 111
고빈다파 벤카타스와미 320, 322
고산미소 434, 435
고용노동부 102, 110, 236, 238, 263, 267, 280, 281, 283, 288, 300, 309, 310, 347, 433, 487, 489, 494
고전적 자유주의 25
고타강령비판 42
공공구매 246, 296, 306, 308, 309, 310, 311, 312
공공영역 172, 216, 217, 377, 464
공공지출 49, 50, 87, 198
공동 소유 20, 392, 395
공동운명공동체 137
공산당 선언 43
공영쇼핑 311, 312
공유 가치 창출 237
공유재 30, 79
공익경제 364
공정무역가게 울림 185
공정무역학생네트워크 185
국부론 10, 24, 35, 36, 37, 56
국수나무 435, 437
국제노동기구 95, 99, 109, 183
국제통화기금 59, 60, 65, 78, 85, 94, 95, 126, 143, 163, 184
국제협동조합연맹 152, 379, 390, 393, 394, 398
군제이 331, 332, 333
권운혁 337
규슈올레 339
균형가격 171, 172, 173
그라운드 워크 운동 224, 225

찾아보기 513

글로벌 기업 62, 65, 161, 185, 186, 236, 380
기독교 사회주의 377, 378
기업시민 232, 234, 237, 246
김수행 14, 28, 43, 61, 98, 214, 371

ㄴ

낙수효과 78, 86
노동증서 157, 455
노리단 341, 342, 343, 344
노블레스 오블리주 82
녹색평론 464
농촌활력과 197, 435
뉴거버넌스 217
뉴딜정책 28, 102
뉴 라나크 365, 366, 384, 392
뉴 하모니 커뮤니티 367

ㄷ

다원적 경제발전 모델 167, 170, 374
담보증권 60
대전한밭레츠 464
더불어사는사람들 345, 346, 347
더사랑 347, 348
데이비드 리카도 40
데이비드 챈들러 231
도연명 32
돈마루 474, 475, 476
두레생활협동조합 157, 185
두루행복한세상 349, 350, 351
디브레인 314
디자인21 323

ㄹ

라우지 잡 74
라이프스트로 322, 323

라이프인 301, 306
러블리 잡 74
레가코프 409
레이들로 보고서 379, 380, 381
로버트 오웬 11, 157, 167, 169, 364, 384
로저 마틴 273
로치데일공정선구자협동조합 384
로치데일 협동조합 367, 385, 386, 398
로커보어 193, 194
로컬푸드 142, 191, 192, 196, 197, 198, 396, 430, 431, 433, 434, 435
로컬푸드 운동 193, 194, 195, 390
론-알프스 420
룸투리드 326, 327
리바이어던 32
리비히 177, 178
리 험버 128

ㅁ

마리날레다 농장협동조합 416
마을거버넌스 430
마을공동체 운동 442, 466
마을기업육성지원법 449
마이크 데이비스 127
마이크로 플레이스 328
마이클 로버츠 127
마튼 구스 74
마틴 노왁 357
막스 베버 81
맥도날드식 수술 시스템 320
메자닌 아이팩 344
모기지 60, 62
몬드라곤협동조합 221, 411, 412, 414, 415, 436, 437
무리 38, 52, 59, 77, 78, 92, 119, 167, 205, 307, 338, 409, 503
무하마드 유누스 319

묻다 124, 125
미래학 132, 159, 180, 230
미셸 푸코 165
미시경제학 42, 47

ㅂ

박형미 237
버블 프로젝트 315
버트런드 러셀 110
베버리지 보고서 204
벤저민 프랭클린 229
보이는 손 8, 9, 12, 67, 73, 89, 144, 145
보이지 않는 손 8, 12, 24, 27, 36, 37, 38, 43, 48, 56, 73, 89, 144, 167, 172
보편적 복지 27, 73, 115, 158, 179, 205, 213
보호무역 10, 20, 22, 24, 25, 35, 75, 163, 168, 182
복지국가 14, 29, 49, 61, 73, 75, 76, 138, 145, 151, 155, 156, 204, 205, 207, 208, 209, 210, 211, 218, 221, 274, 376, 377, 390
비정규직 보호법 104
빅 데이터 26
빈익빈 부익부 29, 58, 76, 139, 178, 371
빌 드레이튼 267, 315, 316, 340

ㅅ

사업고용협동조합 420, 421
사유재 8, 31, 43, 55, 56, 63, 79, 145, 186, 368, 375
사회계약론 34, 35
사회민주주의 29, 53, 106, 209, 210, 373, 375, 376, 377
사회안전망 58, 79, 86, 87, 90, 94, 112, 113, 140, 142, 198, 213, 364, 424, 456, 464, 466

사회적 가치 지표 251, 296, 446
사회적 기업 육성법 151, 283, 290, 293, 308, 494
사회적 딜레마 59, 137, 171, 172
사회적 자본 9, 20, 79, 82, 84, 112, 123, 135, 142, 145, 149, 153, 159, 193, 198, 199, 200, 201, 202, 203, 204, 216, 217, 218, 259, 278, 384, 408, 424
사회적증권거래소 259, 260, 261, 262, 263
사회정의 11, 59, 80, 94, 155, 158, 209, 211, 213, 229, 270, 386
사회책임투자 252
산업혁명 7, 15, 19, 20, 22, 23, 24, 26, 31, 38, 44, 119, 135, 140, 142, 145, 157, 158, 161, 169, 228, 270, 358, 359, 361, 364, 365, 366, 373, 379, 380, 383, 384, 385, 390, 392, 427, 469
새마을 운동 442
새뮤얼 보울스 374
생물권 116
생산 계급 22
생시몽 31, 140, 364
생태계 12, 13, 14, 29, 64, 69, 116, 117, 118, 119, 123, 124, 129, 132, 133, 135, 138, 142, 157, 159, 161, 163, 182, 211, 234, 240, 242, 244, 252, 256, 263, 279, 286, 293, 294, 296, 302, 305, 306, 371, 377, 400, 409, 437, 443, 446
생태복지 123
샤를 지드 138
샹티에 222, 223
서명숙 338, 340
세계경제전망 95
세계공정무역상표기구 185
세계공정무역연합 185
세계대공황 28
세계무역기구 143, 163

세계은행 59, 60, 143, 163, 184, 187
세계지속가능발전기업협의회 234
세계행복지수 86, 87
세계협동조합연맹 369
세습자본주의 113
소득주도 포용성장 정책 49
소비자생활협동조합 379, 385, 409, 426, 429, 464
소셜벤처 261, 289, 294, 300, 301, 302, 305, 310, 347, 445
쇼마주 파르티엘 97
수정자본주의 20, 50, 211, 377
쉐어링 179
슈족 254, 255
슘페터 28, 51, 52, 53, 54, 276
스컹크 워크 244
스콧 스톤 217
승수 효과 49
시빅 벤처스 325
시장경제 7, 9, 11, 17, 38, 43, 48, 49, 55, 56, 58, 59, 71, 73, 78, 89, 133, 134, 136, 137, 138, 139, 140, 141, 142, 145, 151, 156, 160, 161, 162, 163, 167, 169, 170, 172, 178, 182, 193, 212, 216, 219, 222, 228, 230, 239, 251, 259, 270, 271, 303, 358, 359, 360, 362, 367, 370, 382, 389, 390, 391, 393, 424, 461, 483
신경제재단 110
신용협동조합법 424, 425
신자유주의 7, 13, 20, 29, 39, 47, 54, 55, 59, 60, 61, 62, 64, 65, 66, 127, 135, 138, 143, 156, 161, 163, 165, 167, 168, 170, 182, 187, 188, 207, 216, 380, 415
신토불이 193
실비오 게젤 455
쓰레기 방정식 117

ㅇ

아라빈드 병원 319, 320
아름다운 가게 184, 185, 340, 341
아리스토텔레스 7
아산제터먹이사회적협동조합 431, 434
아쇼카 재단 315, 316, 317, 318, 319, 340
아웃소싱 62
아치 캐럴 233
안슈 굽타 331, 332, 333
앙트르프러너 250, 316, 318, 340
앙헬 구리아 114
애덤 스미스 10, 21, 24, 33, 35, 36, 37, 38, 39, 40, 41, 43, 56, 164, 173
앨런 매닝 74
앨프레드 마샬 47
양떡메 마을기업 470, 473
언니네 텃밭 194
에두아르도 갈레아노 266
에듀파인 314
에어비앤비 180
에이브러햄 링컨 25
에이브럼 노암 촘스키 164
여민락 27
여성기업 298, 299, 311, 349
오로랩 322
옥스팜 71, 76, 184, 187
올버즈 353
완주공동체지원센터 197
외부효과 174, 175, 176, 199
우마르협동조합 417, 418
우버 180
우시리협동조합 189
운명공동체 119, 137, 364
워킹푸어 113
웬디 콥 319
위키피디아 180
윌리엄 워서 231

윌리엄 킹 384, 385
유러피안 드림 146, 203, 204
유럽공정무역가게협회 185
유물사관 45
유엔개발계획 184, 214
유엔미래보고서 157
유토피아 30, 31, 32, 109, 136, 139, 140, 266, 364, 374, 384, 391, 414, 417, 418, 423
유효수요 이론 49
이노센티브 180
이수연 397
이시우 349, 351
이이 145, 166, 167, 462
이창호 345
이황 166, 167
인구론 39
인클로저 운동 31, 168, 360
임금노동자 20, 23, 41, 42, 55, 89, 90, 105, 361, 370, 373, 376, 425
임팩트얼라이언스 305

ㅈ

자본가 계급 21, 42, 46, 64
자본론 10, 43, 44
자영업자 64, 74, 88, 89, 90, 91, 92, 93, 99, 126, 206, 455, 469
자유방임주의 25, 56, 162, 168, 204, 228
자이푸르 무릎 329, 330, 331
자활공동체 153, 483, 484, 485, 486, 487, 488
장 바티스트 콜베르 22
장일순 427
장 자크 루소 34
장종익 421
저스트잇 180
정농회 430

정운영 14, 67
정치경제학 10, 28, 42, 45, 128
정태인 397
제국주의 20, 24, 25, 31, 184, 374, 379, 442
제드 에머슨 253
제러미 리프킨 140, 148, 180
제로섬 게임 21, 90
제인 폴튼 127
제임스 뷰캐넌 148
제주 올레 338, 339, 340
조만식 424
조엘 새들러 329, 330
조지 제이콥 홀리요크 361, 385
조지프 슘페터 51
조지프 스티글리츠 78, 178
존 레스타키스 160
존 로크 33, 34
존 메이너드 케인스 48
존 스투키 336
존 스튜어트 밀 33, 40, 56
종합복지지수 87
주마 벤처스 337, 338
중상주의 21, 22, 35, 36
지방금융조합규칙 423
지산지소 193
지역자활센터 487, 488, 489, 492, 493, 498, 499, 500, 501, 502, 503, 504
지역통화운동 157
직접접속 180, 181

ㅊ

찰스 나윈 357
채무불이행 60
체인지 메이커 318
최소가격제 185
최소율의 법칙 177, 178

ㅋ

카를 마르크스 10, 20, 31, 41, 42, 43, 44, 45, 46, 115, 139, 369
칼 폴라니 11, 89, 139, 141, 156, 167, 169, 170, 374
캡 서비스 420
케네 22, 200
케인스 10, 48, 49, 51, 52, 110, 178, 196, 211
케인스 경제학 26, 28, 50, 59
케임브리지학파 47
코로나19 13, 14, 29, 58, 82, 83, 84, 94, 95, 96, 97, 98, 126, 127, 128, 129, 310, 311, 312
코뮌 41, 210
코시모 메디치 406, 407
쿠어츠아르바이트 97
쿠이만 214, 216
쿠즈네츠 374
키바 328, 329
키부츠 164, 419, 420

ㅌ

탈코트 파슨스 373
탐스 슈즈 351
테스코 194
테이블 포-투 335
텐사우전드 빌리지 184
토마 피케티 375
토머스 맬서스 39
토머스 모어 30, 31, 32
토머스 홉스 32, 33, 162
툴롱 강 협동조합 358
트리플바텀라인 261

ㅍ

파트타임 105, 106, 415
팔리 181, 353, 354
퍼 스콜라스 336
페르디난트 요한 고틀리프 라살 375
페어트레이드코리아 185
포브스 65, 76
포테스 199
폴 고갱 132
푸드 마일리지 194
푸리에 31, 140, 364
풀무학교 430
품앗이 80, 462, 464, 465, 467
프라이탁 334
프란스 판 데어 호프 189
프랜차이즈 90, 92, 105, 296, 305, 337, 402, 403, 421, 435, 436, 437
프리드리히 엥겔스 43
피너츠 클럽 463, 464
피에르 조제프 프루동 41

ㅎ

한계이론 47
한국공정무역연합 185
한국공정무역카페 185
한국사회가치연대기금 293, 305
한살림 69, 157, 401, 424, 427, 428, 429, 431, 433
해울림 마을기업 470, 471
해피브릿지협동조합 435
헬조선 113
협동의 경제학 397
협동조합 교과서 379
협동조합 국가론 379
협동조합주의 412, 414
호모 사피엔스 147, 149

호모 심비우스 147, 148
호모 에티쿠스 147, 149
호모 엠파티쿠스 147, 148
호모 이코노미쿠스 147
호세마리아 아리스멘 디아리에타 411
혼상계 423

혼합경제 50, 56, 229
홀푸드마켓 194
홍동마을 430, 431
홍동밝맑도서관 430
홍순명 430
흙수저 77, 113